C'est la
"Il faut cul

et "Écraser L'infâme.
J'en ai marre: ici sont
des citations nouvelles.

Bon Anniversaire,

Jea

n"

EXPRESSION

DICTIONNAIRE DES

citations françaises

LAROUSSE

21, RUE DU MONTPARNASSE 75283 PARIS CEDEX 06

Coordination éditoriale
Janine Faure

Lecture-Correction
Service lecture-correction Larousse

Coordination technique
Claudine Ridouard

Couverture
Olivier Caldéron

ISBN 2-03-340911-2

Composition MCP, Fleury-les-Aubrais
Imprimerie «LA TIPOGRAFICA VARESE S.p.A.» - Italie
Dépôt légal : mai 1998
Imprimé en Italie (**Printed in Italy**)
340911.01 - Mai 1998

ouvrage publié sous la direction de

Robert CARLIER   Pierre JOSSERAND

Jean-Louis LALANNE   Samuel S. de SACY

et de

Monique Alexandre
Michel Arnaud
Marie Avril
Jacques Bailbé
Basilio
Jean-François Battail
Lucien Biton
Nora Borsos
Jacques Branchu
Francine Chevalier
Antonio Coïmbra-Martins
Else Dahl
Marie-Louise Demange
Yves Florenne
Yvette de La Fontinelle
Jean Frappier

Robert Garapon
Sylvie Girard
Pierre Grappin
Noé Gruss
Mounir Hafez
Danielle Heger-Hainaut
Marguerite Heinemann
Björn Huseby
Ernesto Jareño
Hubert Juin
R. P. Jacques Leclercq
Louis Malbos
Claude Margueron
Marielle Martin-Kalus
Olsen Munk
Pascal Pia

Claude Pichois
Pierre Pierrard
Marie-Hélène Piwnik
Jean Queval
Guy Rachet
Louise Rapacka
Jeanne A. Renault
Jacques Roger
Jacqueline de Romilly
Pierre Roudil
Grand Rabbin
          Henri Schilli
René Sieffert
Monique Trede
Diana Tsan
Guy Vogelweith

Secrétariat de rédaction :   Denyse S. de Sacy

Maquette et mise en pages :   Marie-Solange Gossot

Correction-révision :   André Jouette ● Dominique Le Bourg ● Maud Sissung

EXERGUE

Car je fais dire aux autres ce que je ne puis si bien dire, tantôt par faiblesse de mon langage, tantôt par faiblesse de mon sens.

Montaigne, Essais (II, 10).

Je n'ai jamais méprisé ces hommes de l'autre génération, qui parlaient par citations ; cela valait toujours mieux que ce qu'ils auraient dit à leur manière. [...] Le beau nous somme de penser. Devant un beau vers ou devant une belle maxime, l'esprit est tenu de rendre compte de cet immense pouvoir ; et, puisque le commentaire n'égale jamais le trait, c'est la preuve qu'il faut revenir et rassembler ses pensées, comme des troupes, autour du signe.

Alain, Propos de littérature (nº XXXV)
[Flammarion]

Dès qu'une vérité dépasse cinq lignes, c'est du roman.

Jules Renard, Journal (3 sept. 1902) [Gallimard].

Il n'appartient qu'à ceux qui n'ont jamais été cités de ne citer personne.

Gabriel Naudé,
Avis pour dresser une bibliothèque.

Le moyen infaillible de rajeunir une citation est de la faire exacte.

Émile Faguet,
cité lui-même par André Chaumeix (discours
de réception à l'Académie française, 1931).

Un dictionnaire commencerait à partir du moment où il ne donnerait plus le sens mais les besognes des mots.

Georges Bataille, Documents
(Mercure de France).

Votre fils ne sait rien ? Que vous êtes heureux, il ne citera pas !

Ninon de Londres,
rapporté par Stendhal dans son Journal.

Ne fais donc jamais de citations classiques : tu exhumes ta grand-mère en présence de ta maîtresse.

Léon-Paul Fargue, Sous la lampe (Gallimard).

On est vraiment confus de penser au temps que les hommes perdent à feuilleter des dictionnaires, quand on a eu le bonheur de causer quelque temps avec un chien danois bien élevé, comme le bailli de l'île de Man.

Charles Nodier, la Fée aux miettes.

La plupart des faiseurs de recueils de vers et de bons mots ressemblent à ceux qui mangent des cerises ou des huîtres, choisissant d'abord les meilleures et finissant par tout manger.

Chamfort, Maximes et pensées.

Pas trop de citations d'anglais, d'italien, d'espagnol. Tu as l'air d'un larbin d'hôtel qui colle des étiquettes sur des bagages.

Léon-Paul Fargue, Suite familière (Gallimard).

Pourquoi donc [...] citez-vous un certain Aristote en grec ? — C'est, répliqua le savant, qu'il faut bien citer ce qu'on ne comprend point du tout dans la langue qu'on entend le moins.

Voltaire, Micromégas.

PRÉFACE

Qu'est-ce qu'une citation ?

Pour Littré, c'est un « passage emprunté à un auteur qui peut faire autorité ». Le *Larousse* en trois volumes la définit ainsi : « Action de citer, de rapporter les mots ou les phrases de quelqu'un : *les citations de Montaigne*. Paroles, passages empruntés à une personne ou à un auteur célèbre, pour illustrer un autre texte, parlé ou écrit. »

Les autres lexiques consultés, les différentes préfaces aux recueils de citations, tant français qu'étrangers, présentent tous le même degré d'imprécision quant à l'objet qu'ils prétendent expliciter ou recueillir.

Si l'on s'en tient à la seule étymologie, rien, en effet, n'autorise à préférer aux autres l'une des quelconques formes que peut revêtir ce terme protée. Une citation doit-elle être longue ou brève, illustre ou quasi ignorée, brillante ou typique, réelle ou potentielle ? Tolère-t-elle le proverbe, ou le mot historique, l'apophtegme ou la tirade ?

Nombre d'options semblables sont encore possibles, aussi nous apparaît-il essentiel d'énoncer clairement les critères qui ont présidé à notre choix et d'essayer d'en établir le bien-fondé.

De la dimension d'une citation

Quand Littré éclaire sa définition avec cette phrase de Pascal : « Je justifierai dans cette lettre la véracité de mes citations contre les faussetés que vous m'imposez » *(les Provinciales),* il n'est guère besoin de s'avancer davantage pour s'apercevoir vers quels contresens *de fait* la fidélité à une telle référence entraînerait notre entreprise.

Nous ne contestons nullement que les arquebusades de théologiens, tout comme les controverses juridiques ou historiques, se fassent à grand renfort de citations ; mais ce sont là, nous le savons aussi, querelles *ad usum docti* s'inscrivant dans le cercle étroit de leurs spécialités.

Pourtant, à l'usage constant qui en est fait dans les discours (« émaillés » ou « truffés » de citations), dans la presse, dans les romans ; épigraphe d'un poème ou inscription au fronton d'un monument, il apparaît d'évidence que *la citation* telle que nous la concevons ici se différencie fondamentalement *des citations* au sens très laxiste invoqué par Littré. « Le sens commun nous enseigne que toute phrase d'un auteur quelconque, si elle est originale, ingénieuse ou simplement piquante, peut devenir une citation » (O. Guerlac, *les Citations françaises*, A. Colin, 1931).

Un consensus universel non explicité, mais déjà fort ancien, impose donc qu'au-delà de son évidente généralité la qualité première d'une citation réside dans sa concision, dans sa formulation lapidaire. Cette vertu trouve son écho le plus authentique dans la phrase de Jules Renard que nous avons placée en exergue, tout comme dans cette formule d'Hérault de Séchelles : « Citer peu et fondre toujours la citation dans le discours, de peur d'en couper le fil et de le refroidir » *(Théorie de l'ambition)*.

La citation, monnaie vivante de la sagesse et du savoir, circule d'un siècle l'un, d'une civilisation l'autre, mais elle doit toujours sonner d'or bref sur les comptoirs de l'humanisme.

Un dictionnaire de citations n'est pas un recueil de morceaux choisis

Notre premier critère de sélection a donc été le souci de ne recenser que les phrases cursives, celles qui peuvent de la sorte demeurer commodément en mémoire et s'insérer, avec bonheur, dans l'économie d'un texte. A de rares exceptions près — tenant, par exemple, à la nécessité de conserver dans leur intégralité certains passages illustres —, nous nous sommes efforcés de suivre scrupuleusement cette ligne directrice.

Nous devons cependant à la vérité de reconnaître que, si elle a toujours été acceptée d'emblée comme évidente, bien peu, pourtant, de nos collaborateurs l'ont respectée dans la pratique. Très vite la confusion s'est établie entre le dictionnaire qu'avec eux nous désirions réaliser et la tentation universitaire du recueil de morceaux choisis, de la chrestomathie ou des miscellanées.

La lecture attentive des *Books of quotations, Geflügelte Worte, Citations françaises,* etc., nous avait déjà mis en garde contre le parti pris fâcheux, qui s'y manifeste souvent, d'habiller l'ouvrage au « prêt à citer » du carreau du Parnasse.

Cinq ou six extraits, pris au hasard, de Stuart Mill ou de Leopardi, de Colette ou de Spengler ne remplaceront jamais cependant, par leur copieuse insignifiance, la quête infiniment plus exigeante d'une citation, de deux peut-être, mais réduites à leur plus exacte essence.

Une nécessité opposée — mais tout aussi contraignante — nous a fait écarter souvent avec regret, dans le domaine poétique, telle image ou tel groupe de vers, admirables certes, mais qui ne feront jamais, pour autant, l'objet d'une citation.

Fréquence, valeur et caducité d'une citation

Encore que nous ne partagions nullement ses prises de position, il nous plaît de rendre ici hommage à Othon Guerlac, dont nous avons déjà cité le recueil. Certes, son ouvrage est relativement ancien, mais il est le seul, à notre connaissance, à avoir affronté les écueils du genre avec une sorte d'honnêteté bourrue d'humaniste :

« Ce que l'on présente au public, c'est un dictionnaire non pas des citations possibles, mais le dictionnaire des citations réelles, des citations familières, des citations classiques de la langue française.

« Est citation donc, pour notre ouvrage, non pas tout ce qui peut se citer ou devrait être cité, mais tout ce qui, en fait, a été cité ou se cite tous les jours. Ce qu'on a essayé d'établir, c'est le recueil des principales citations françaises, celles qui, citées une fois, dix fois ou cent mille fois, constituent le fonds commun de citations où ont puisé et puiseront les hommes cultivés de langue française. »

Sans nous attarder sur l'infini redoutable que recouvre le « tout ce qui, en fait, a été cité » et dont la matière occuperait d'innombrables volumes, retenons qu'il met l'accent sur la fréquence d'une citation bien davantage que sur sa valeur intrinsèque.

Le bien-fondé d'un tel principe statistique ne saurait être mis en doute, mais, ajoute-t-il, « une fois qu'on a épuisé les phrases banales, les vers de Corneille, de Boileau, de La Fontaine, les mots de Molière, de La Rochefoucauld…, toutes les citations que les moins lettrés n'osent citer que par allusion, on se trouve devant la liste infiniment extensible des phrases douteuses… qui sont des citations pour les uns sans l'être nécessairement pour les autres ».

Au-delà donc de ce trésor commun rassemblant quelques milliers de citations, la loi de la répétition cesse de jouer. Guerlac est le premier à reconnaître que nous pénétrons dans un nouvel univers — comportant cette fois-ci des jugements de valeur —, où « il faut naturellement faire crédit à l'expérience et au jugement du compilateur ». Il admet sans réticence que « la popularité ou, simplement, la familiarité d'une citation varie d'un homme à l'autre, d'un temps à l'autre, d'un pays à l'autre ».

On ne saurait, en si peu d'espace, contredire plus innocemment les règles de fer édictées au départ pour l'admission ou le rejet d'une citation. D'un relevé numérique nous passons aux pesées individuelles du citateur qui, dans le cas présent, a réservé sept pages à Musset mais aucune à Nerval, n'a retenu que quatre vers de Rimbaud contre deux pages pour Béranger et une pour Déroulède, etc.

Élaboré dans le premier quart de ce siècle, l'ouvrage a montré la voie à nos dictionnaires modernes de citations (dont celui de P. Dupré, qui reste un modèle). Il ne faut donc voir nulle critique dans les réserves que nous énonçons ci-dessus : elles illustrent la précarité d'une sélection individuelle. Guerlac n'en a pas moins exposé avec clarté combien fluctuante, imprécise demeure la cote d'expressions tributaires d'un siècle, d'une mode, de la fortune d'un écrivain. Il faudrait parler aussi d'un niveau de culture, d'une fréquentation de textes classiques qui va, chaque année, diminuant. Nous demeurons convaincu qu'un sondage à l'étiage des classes terminales révélerait que la quantité de citations actuellement en circulation ne dépasse pas le quart de celles qui sont contenues dans les pages roses du *Petit Larousse* et que bon nombre de celles-ci n'ont plus qu'une simple valeur archéologique.

Du bon usage d'un dictionnaire de citations

O. Guerlac se montre d'une sévérité déconcertante pour tous ceux qui, dit-il, n'ont « ni assez de lecture ni assez de mémoire pour agrémenter leur style ». Il se refuse énergiquement à produire un livre où « le journaliste trouve, à point nommé, la formule qui lui sert à condenser un argument, le prédicateur la phrase par laquelle il termine son sermon, l'orateur de cimetière le vers qui ornera son oraison funèbre, n'importe qui le mot, l'expression ou l'image qui prêtera à son œuvre une petite teinte littéraire dont l'éclat, pour être emprunté, n'en sera pas moins flatteur ».

Nous savons bien qu'il stigmatise de la sorte les recueils d'anas et de maximes qui ont fleuri surtout au XVIIIe siècle et dont la veine ne s'est pas éteinte au nôtre. Nous en condamnons d'ailleurs, mais avec plus d'indulgence, les aimables incertitudes tout comme les languissantes vertus.

Mais nous sommes, pour l'essentiel, en total désaccord avec la conception de Guerlac. En pleine période de « déflation » humaniste, un refus si hautain de toute fonction utilitaire ne nous paraît nullement répondre à la vocation de notre ouvrage.

Il n'est plus possible aujourd'hui d'épouser les options de ces scarabées sacrés de l'érudition dont les boulettes ont la sphéricité parfaite de celles de naphtaline, qui répugnent à citer tel vers de La Fontaine ou de Baudelaire, d'eux trop connus, mais qui n'épargnent ni temps ni peine à rechercher la phrase perdue de Vauvenargues dont Auguste Comte fit ses délices secrètes.

Nous pensons fermement, au contraire, que si l'un des objectifs d'un dictionnaire de citations doit être de permettre de *retrouver*, son rôle complémentaire, à nos yeux presque plus important, doit être de *proposer*, d'*offrir*.

Dans un temps où la lecture est passée du rang de « vice impuni » à celui de vertu presque condamnée, nous devons, au contraire, essayer de redonner à tous : ouvriers, techniciens, cadres, étudiants, etc., cette saveur d'une culture perdue dont, heureusement, certaines émissions de radio ou télévisées éveillent en eux tout à la fois la conscience et la nostalgie.

Nous tiendrons à honneur — contrairement à Guerlac — que notre dictionnaire soit plus à même d'éclairer une dissertation, d'enrichir un discours, une conférence ou un rapport, que de pallier une défaillance de mémoire.

Citations réelles et citations potentielles

La diffusion fantastique du savoir en ces trois dernières décennies, la multiplication des traductions et des medias audiovisuels, la croissance exponentielle des publications ont complètement bouleversé notre conception classique de la citation.

Les définitions de Littré et du *Larousse* rapportées plus haut n'ont, pour seuls univers de référence, que les « librairies » bien closes de Montaigne et de Pascal, avec leur Xénophon ou leur Tacite, leur Bible ou leur saint Augustin soigneusement engrangés mais, surtout, dénombrables.

On n'a pas assez souligné, dans une entreprise comme la nôtre, que la culture dévore aujourd'hui la culture. Nous sommes devant un océan illimité de textes et, comme d'évidence toute citation n'a d'existence étymologique qu'hors du livre dont elle est tirée, seul un bataillon d'ordinateurs pourrait se livrer au vain safari de dépister ses résurgences successives. Une telle impossibilité s'imposait déjà bien avant le siècle de Guerlac et il faut toute sa candeur un peu rouée de mandarin pour croire que nous ne devinerons pas qu'il feint de l'ignorer.

Devant une telle impossibilité de fait, une seule solution s'imposait : recruter des lecteurs privilégiés dont la familiarité entretenue avec tels auteurs et leurs œuvres pouvait, seule, nous permettre de retrouver, çà et là, des citations déjà utilisées et, de surcroît, *celles qui auraient mérité de l'être.*

Pour la commodité nous avons souligné cette fausse différence par les qualifications de *réelles* et de *potentielles.* Cette disparate ne nous paraît, en effet, correspondre à aucune réalité dans l'impossibilité où nous sommes — et où nous resterons toujours — de dépouiller des tonnes et des tonnes de journaux, d'hebdomadaires et de revues pour retrouver la présence et la fréquence de telles ou telles citations ignorées ou peu connues.

Nous avons donc préféré faire procéder à une relecture attentive des œuvres (surtout de 1890 à nos jours) et recueillir tout ce qui nous a été signalé comme ayant été cité ou — dans l'ignorance — valablement citable.

De l'exactitude et de la source d'une citation

Bayle avait raison déjà de louer, dans son *Dictionnaire historique et critique* (1696-97), « l'exactitude de citer » comme « un talent beaucoup plus rare qu'on ne pense », tout comme Faguet d'affirmer : « Le moyen infaillible de rajeunir une citation est de la faire exacte. »

Notre propos n'est pas de revenir ici sur les bévues maintes fois relevées de citations erronées, tronquées, approximatives, voire apocryphes, mais d'exposer une autre règle impérative qui a présidé à nos travaux : la référence obligatoire au texte originel.

Combien de notations séduisantes, de crayonnages alertes, de burins féroces ou drôles avons-nous dû refuser, à grand regret, n'ayant pu les authentifier. Leur nombre est tout aussi considérable que celui des volumes compulsés pour tenter leur redécouverte.

Une telle exigence n'est pas vaine, qu'une anecdote peut éclairer. Henry de Montherlant avait été vivement frappé par une citation de Valéry inscrite en 1968 sur un des murs de la Sorbonne : « Toute vue des choses qui n'est pas étrange est fausse. » Il la désirait pour épigraphe au roman qu'il venait d'achever *(les Garçons)* et nous demanda de la lui retrouver. Elle figure dans *Choses vues (Œuvres,* II, p. 501, « Bibl. de la Pléiade », Gallimard) : « Toute vue de choses qui n'est pas étrange est fausse. Si quelque chose est *réelle,* elle ne peut que perdre de sa réalité en devenant familière. Méditer en philosophe, c'est revenir du familier à l'étrange, et dans l'étrange affronter le réel. » On voit que le simple remplacement du « *de* choses » par « *des* choses » a faussé et amoindri la pensée de Valéry tout en lui conservant néanmoins une aura d'étrangeté.

De l'ordre et des clés

Pour tous les auteurs tant français qu'étrangers nous avons résolument adopté l'ordre alphabétique qui permet seul une consultation aisée de l'ouvrage.

Rien d'essentiel ne justifie d'ailleurs un classement chronologique des auteurs selon leur seule date de naissance. Ce parti pris impose d'abord, en fin de volume, la nécessité d'un index alphabétique permettant de retrouver la ou les pages où figure l'écrivain recherché. Qui peut se vanter d'avoir, autrement, la connaissance préalable, ici demandée, des dates de quelque douze cents auteurs français ? D'autre part, ce mode de classement ne repose sur aucune réalité littéraire sérieuse, faisant cohabiter étrangement des œuvres, des genres, des écoles que tout sépare. Ainsi Anatole France est né dix ans avant Rimbaud qu'il a ignoré, et il mourra, en 1924, trente-trois ans après lui, à la naissance du mouvement surréaliste qui lancera à l'occasion de ses funérailles un féroce brûlot.

Quant aux clés, elles n'ont d'utilité véritable que si les citations n'ont pas trop de serrures — en l'occurrence, si elles ne dépassent pas les trois à cinq lignes au maximum, dimensions que nous avons, tout au long, essayé de respecter.

Nous espérons donc — en raison même de cette économie sémantique — que les dispositions classiques que nous avons adoptées pour la recherche d'un texte ou d'un thème se révéleront efficaces en raison même de leur simplicité.

Un crible collégial

Conscient de toutes les erreurs entraînées par des choix trop personnels, il nous a semblé que la meilleure protection contre tous les écarts inéluctables — relevant de la sensibilité ou de la formation de chacun d'entre nous — était d'instaurer un débat collégial. Passer ainsi au crible collectif les glanes que nous recevions, éprouver les joies et les risques du tri, nous a conforté beaucoup plus rapidement que nous ne l'escomptions dans la véracité et l'efficacité de nos critères. Ainsi nous est soudain apparue irrecevable la répétition maladroite par un auteur (que l'un de nous estimait) d'une citation que nous avions déjà acceptée, plus brillante et plus concise, chez un autre. Nous affûtions nos massicots tout en devenant, paradoxalement, plus réceptifs, plus sensibles à des apports que, seuls, nous aurions rejetés.

R. C.

NOTE DE L'ÉDITEUR

Contrairement aux principes de classement adoptés pour les ouvrages de ce genre, nous avons choisi délibérément l'ordre alphabétique, qui, seul, permet une consultation aisée.

Rien d'essentiel ne justifie, en effet, une répartition chronologique des auteurs selon leur seule date de naissance. Ce parti pris impose, de surcroît, en fin de volume, la nécessité d'un index alphabétique permettant de retrouver le (ou les) page où figure l'écrivain concerné. Qui peut se vanter, par ailleurs, d'avoir la connaissance préalable, ici demandée, des dates de quelque douze cents auteurs français ? D'autre part, ce mode de rangement ne repose sur aucune réalité littéraire sérieuse, faisant cohabiter étrangement des œuvres, des genres, des écoles que tout sépare.

En contrepoint, donc, d'une répartition alphabétique par noms d'auteurs, notre index propose une classification par idées mères, mots clés, incipits et noms propres existant dans le corps des citations. Nous avions la possibilité d'organiser quatre index, mais nous avons préféré rassembler en un seul toutes ces données, afin de rendre plus commodes la recherche et le repérage des citations.

Les références chiffrées de cet index sont doubles : le premier numéro (**en gras**) est celui de l'auteur ; le second (en maigre) est affecté à la citation elle-même.

Nous entendons par *mots clés* (dont le nombre ne dépasse pas deux en général) ceux qui figurent expressément dans le texte d'une citation et facilitent ainsi au lecteur leur identification, leur redécouverte, leur formulation exacte ou leur paternité.

Ainsi, dans les trois textes suivants, *trouver* et *chercher* sont évidemment les mots clés.

Cocteau **185**-18
Trouver d'abord, chercher après.

Pascal **535**-16
Console-toi, tu ne me chercherais pas si tu ne m'avais trouvé.

Picasso **549**-21
[...] À mon avis, chercher ne signifie rien en peinture. Ce qui compte, c'est trouver.

L'idée, en revanche, comprend dans son champ sémantique les concepts qui, par leur équivalence, leur synonymie, correspondent à ceux qu'exprime la citation.

Ainsi, dans les exemples ci-dessus, à *trouver* et à *chercher* doivent s'ajouter également comme idées mères : *découvrir* pour la première ; *foi* ou *Dieu* pour la deuxième ; *peinture* pour la troisième.

Les idées mères ont donc une signification plus vaste que celle des mots clés, qu'elles englobent dans leur compréhension. Elles permettent ainsi le renvoi immédiat à tout un éventail de citations que le lecteur ignore ou dont il a perdu le souvenir.

Les clés n'ayant d'utilité véritable que si les citations n'ont pas trop de serrures — en l'occurrence si elles ne dépassent pas trois à cinq lignes —, nous nous sommes donné comme règle d'or, tout au long de cet ouvrage, de respecter ces normes minimales, faisant nôtre cette pensée de Jules Renard exprimée dans son *Journal* : « Dès qu'une vérité dépasse cinq lignes, c'est du roman. »

À aucun moment, en tout cas, la recherche d'une citation par le canal de l'index n'impose au lecteur de consulter la pagination de l'ouvrage, cette dernière n'étant conservée que par pure tradition, comme dans les autres dictionnaires.

Domaine public et propriété littéraire

Aux termes de la loi française, toute œuvre littéraire donnée dans notre langue — original ou traduction — tombe dans le domaine public cinquante ans après la mort de son auteur, délai prolongé des périodes de guerre et de la durée du droit conféré au Centre national des lettres. Pour faciliter les recherches et dans un esprit de large interprétation, toutes les citations d'auteurs disparus depuis 1890 sont accompagnées de l'indication, entre parenthèses, du nom de l'éditeur de l'ouvrage dont elles sont extraites.

En principe, l'éditeur mentionné est celui de la première édition, sauf en certains cas, tels que :

— disparition de l'éditeur d'origine, dont le nom est remplacé par celui de la firme qui a repris l'œuvre considérée ;

— édition d'abord publiée sous un pseudonyme par un écrivain contraint à la clandestinité (comme ce fut le cas pendant la Seconde Guerre Mondiale), puis parue chez un autre éditeur sous le patronyme de l'auteur ;

— édition revue, corrigée ou augmentée publiée chez un second éditeur, qui sera donnée de préférence à la première ;

— « Œuvres complètes » faisant autorité, dont l'éditeur sera cité plutôt que tout autre. Ainsi de la collection « Bibliothèque de la Pléiade » (Gallimard).

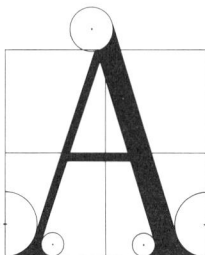

Marcel ACHARD 1899-1974	**1**

On n'aime que les femmes qu'on rend heureuses.
Auprès de ma blonde, II, Frédéric
(La Table Ronde).

1

Vous autres, hommes, vous ne devenez jamais de grandes personnes.
Ibid., II, Émilie.

2

Il n'y a pas d'amour perdu.
Le Corsaire, II, Kid (Gallimard).

3

Il y a chez les femmes une certaine dose de fourberie [...] Une fois qu'on l'a mise
en route, rien ne l'arrête.
Domino, III, 2, Lorette (Gallimard).

4

J'ai trop d'énergie pour travailler.
Ibid., I, 9, Domino.

5

Rien égale tout.
Ibid., I, 9, Domino.

6

Les idiotes ne sont jamais aussi idiotes qu'on croit; les idiots, si.
L'Idiote (Gallimard).

7

— [...] La Justice coûte cher.
— C'est pour ça qu'on l'économise.
Ibid., III, Sévigné, puis Josefa.

8

Mon corps n'en fait qu'à sa tête.
Ibid., III, Josefa.

9

10	**L'amour, c'est être toujours inquiet de l'autre.** *Jean de la Lune*, III, Marceline (Gallimard).
11	**On se donne des souvenirs quand on se quitte.** *Ibid.*, III, Clotaire.
12	**Oui, je t'ai trompé... C'est pour ça que je t'aime.** *Ibid.*, I, 6, Marceline.
13	**Ne disons surtout pas la vérité... La vérité salit les puits.** *Nous irons à Valparaiso*, I, Thérèse à Valérie (La Table Ronde).
14	**L'amour est à ceux qui y pensent.** *Patate*, épigraphe (La Table Ronde).
2	**Louise ACKERMANN** **1813-1890**
1	**La Nature sourit, mais elle est insensible :** **Que lui font vos bonheurs ?** *Poésies philosophiques* (Caisson).
3	**ADAM DE LA HALLE ou Adam le Bossu** **v. 1240 - v. 1285**
1	**On voit bien encore aux tessons ce que fut le pot.** *Le Jeu de la feuillée.*
4	**Arthur ADAMOV** **1908-1970**
1	**L'homme ne saurait connaître la loi, mesurer ses limites, qu'en passant outre.** *L'Aveu* (Le Sagittaire).
2	**L'Église, voilà l'homme d'affaires des grandes affaires durables.** *Le Ping-pong* (Gallimard).
3	**Je n'aime pas travailler, mais j'admets que les autres travaillent.** *Ibid.*
5	**ADENET LE ROI** **v. 1240 - v. 1300**
1	***Bien doit chascuns son affaire arréer**** ***A ce qu'il puist sa vie en bien user.*** *Les Enfances Ogier.* * Régler sa conduite.
	Mère AGNÈS *V. Agnès ARNAULD.*

Henri-François d'AGUESSEAU
1668-1751

6

[...] L'esprit le plus pénétrant a besoin du secours du temps pour s'assurer, par ses secondes pensées, de la justice des premières.
Mercuriales.

1

Jean AICARD
1848-1921

7

Je suis l'insecte aimé du poète et des dieux.
Poèmes de Provence, la Cigale (Lemerre).

1

Jean AJALBERT
1863-1947

8

Platon avait tort de vouloir proscrire les poètes. Même les mauvais vers n'ont jamais fait de mal à personne.
Lettre à G. Walch (Delagrave).

1

ALAIN (Émile Chartier, dit)
1868-1951

9

Ce que j'appelle République, c'est plutôt une énergique résistance à l'esprit monarchique, d'ailleurs nécessaire partout.
Avec Balzac (Gallimard).

1

L'erreur propre aux artistes est de croire qu'ils trouveront mieux en méditant qu'en essayant [...] Ce qu'on voulait faire, c'est en le faisant qu'on le découvre.
Ibid.

Picasso : « Je ne cherche pas, je trouve. » Voir A-**549**-21.

2

Le style est la poésie dans la prose, je veux dire une manière d'exprimer que la pensée n'explique pas.
Ibid.

3

Si on ne suppose pas que les hommes ont tous la même intelligence, et l'ont toute, il n'y a plus ni vérité ni erreur.
Cahiers de Lorient (Gallimard).

4

L'homme juste produit la justice hors de lui parce qu'il porte la justice en lui.
Cent un propos, 5ᵉ série (Marcelle Lesage).

5

L'âme, c'est ce qui refuse le corps.
Définitions (Gallimard).

6

Aimer, c'est trouver sa richesse hors de soi.
Éléments de philosophie (Gallimard).

7

C'est la foi même qui est Dieu.
Ibid.

8

9   Il y a une forte raison de ne pas dire au premier arrivant ce qui vient à l'esprit,
c'est qu'on ne le pense point.
Ibid.

10   La vraie méthode pour former la notion de philosophie, c'est de penser
qu'il y eut des philosophes.
Ibid.

11   Exister, c'est dépendre, c'est être battu du flot extérieur.
Entretiens au bord de la mer (Gallimard).

12   [...] Je ne sais ce que c'est que vouloir sans faire.
Ibid.

13   Apprendre à ne plus penser, c'est une partie, et non la moindre,
de l'art de penser.
Esquisses de l'homme (Gallimard).

14   Le plus bel amour ne va pas loin si on le regarde courir.
Mais plutôt il faut le porter à bras comme un enfant chéri.
Ibid.

15   La bonne opinion que j'ai de mes semblables sans exception est corrigée
par cette idée qu'ils sont bien capables de faire les imbéciles, et longtemps,
s'ils en font seulement le stupide pari.
Histoire de mes pensées (Gallimard).

16   Cette autre vie qu'est cette vie dès qu'on se soucie de son âme.
Ibid.

17   Les confidences [...] sont toujours de fausses confidences.
Ibid.

18   [...] Les idées, même les plus sublimes, ne sont jamais à inventer,
et elles se trouvent inscrites dans le vocabulaire consacré par l'usage.
Ibid.

19   Je sus toujours mieux louer que blâmer.
Ibid.

20   Je voyais donc l'imagination à sa naissance, l'imagination qui n'est que naissance,
car elle n'est que le premier état de toutes nos idées. C'est pourquoi
tous les dieux sont au passé.
Ibid.

21   Penser (peser) est fonction de peseur, non fonction de balance.
Ibid.

22   Le plus difficile au monde est de dire en y pensant ce que tout le monde dit
sans y penser.
Ibid.

Une idée que j'ai, il faut que je la nie : c'est ma manière de l'essayer.
Ibid.

23

[...] Un sage se distingue des autres hommes, non par moins de folie,
mais par plus de raison.
Idées, Étude sur Descartes (Flammarion).

24

Est bourgeois tout ce qui vit de persuader.
Les Idées et les Âges (Gallimard).

25

La morale consiste à se savoir esprit et, à ce titre, obligé, absolument;
car noblesse oblige.
Lettres sur la philosophie de Kant
(Flammarion).

26

Ce sont les passions et non les intérêts qui mènent le monde.
Mars ou la Guerre jugée (Gallimard).

27

C'est par l'esprit que l'homme se sauve, mais c'est par l'esprit
que l'homme se perd.
Ibid.

28

Il n'y a de paix qu'entre esprit et esprit.
Ibid.

29

Le Prolétariat tient pour l'Humanité contre les Pouvoirs.
Ibid.

30

Ce qui est aisé à croire ne vaut pas la peine de croire.
Minerve ou De la sagesse (Gallimard).

31

L'ennui est une sorte de jugement d'avance.
Ibid.

32

Il n'y a de bonheur possible pour personne sans le soutien du courage.
Ibid.

33

On peut défaire n'importe quel bonheur par la mauvaise volonté.
Ibid.

34

Le petit mot « Je ferai » a perdu des empires. Le futur n'a de sens
qu'à la pointe de l'outil.
Ibid.

35

Qui serre toujours serre mal.
Ibid.

36

Toutes les passions, comme le nom l'indique, viennent de ce que l'on subit
au lieu de gouverner.
Ibid.

37

38   L'individu qui pense contre la société qui dort, voilà l'histoire éternelle,
et le printemps aura toujours le même hiver à vaincre.
Politique (P.U.F.).

39   Si les locomotives étaient conduites comme l'État,
le machiniste aurait une femme sur les genoux.
Ibid.

40   Tout pouvoir sans contrôle rend fou.
Ibid.

41   Il n'y a guère que le sublime qui puisse nous aider dans l'ordinaire de la vie.
Préliminaires à l'esthétique (Gallimard).

42   La Prose va sans Dieu.
Ibid.

43   Le vrai poète est celui qui trouve l'idée en forgeant le vers.
Ibid.

44   L'art et la religion ne sont pas deux choses, mais plutôt l'envers
et l'endroit d'une même étoffe.
Préliminaires à la mythologie (Flammarion).

45   Les grands hommes sont plus grands que nature dans le souvenir.
Ce que nous voyons en eux, c'est à la fois le meilleur d'eux et le meilleur de nous.
Ibid.

46   Il n'est pas difficile d'avoir une idée. Le difficile, c'est de les avoir toutes.
Propos (Gallimard).

47   Nous respectons la raison, mais nous aimons nos passions.
Ibid.

48   L'idée n'est pas au ciel de l'abstraction ; mais plutôt elle monte
des terres et des travaux.
Propos d'économique (Gallimard).

49   Ma grande objection à l'argent, c'est que l'argent est bête.
Ibid.

50   L'art d'écrire précède la pensée.
Propos de littérature (Gallimard).

51   L'homme pense son propre chant, et ne pense rien d'autre.
Ibid.

52   Je hais sottise encore plus que méchanceté ; mais réellement je ne crois
ni à l'une ni à l'autre.
Ibid.

69	**L'enseignement doit être résolument retardataire.** *Propos sur l'éducation* (P.U.F.).
70	**Il n'y a qu'une méthode pour inventer, qui est d'imiter. Il n'y a qu'une méthode pour bien penser, qui est de continuer quelque pensée ancienne et éprouvée.** *Ibid.*
71	**Jamais un orateur n'a pensé en parlant ; jamais un auditeur n'a pensé en écoutant.** *Ibid.*
72	**On dit que les nouvelles générations seront difficiles à gouverner. Je l'espère bien.** *Ibid.*
73	**Tous les moyens de l'esprit sont enfermés dans le langage ; et qui n'a point réfléchi sur le langage n'a point réfléchi du tout.** *Ibid.*
74	**On doit appeler machine, dans le sens le plus étendu, toute idée sans penseur.** *Propos sur la religion* (P.U.F.).
75	**Penser c'est dire non.** *Ibid.*
76	**Réfléchir, c'est nier ce que l'on croit.** *Ibid.*
77	**Rien n'est plus dangereux qu'une idée, quand on n'a qu'une idée.** *Ibid.*
78	**L'histoire est composée de ce que les hommes font contre leur propre génie.** *Correspondance avec Romain Rolland,* « Salut et Fraternité » (Albin Michel).
79	**La loi du juste avenir se trouve dans les consciences solitaires et libres et ne se trouve nulle part ailleurs.** *Ibid.*
80	**Les nations étant inévitablement plus bêtes que les individus, toute pensée a le devoir de se sentir en révolte.** *Ibid.*
81	**La connaissance craque, aussi bien que l'amour, aux hommes sans courage.** *Sentiments, passions et signes* (Gallimard).
82	**La tentation d'être un chef juste et humain est naturelle dans un homme instruit ; mais il faut savoir que le pouvoir change profondément celui qui l'exerce ; et cela ne tient pas seulement à une contagion de société : la raison en est dans les nécessités du commandement, qui sont inflexibles.** *Souvenirs de guerre* (Flammarion).

Aucun possible n'est beau ; le réel seul est beau. *Système des beaux-arts* (Gallimard).	83
Le corps humain est le tombeau des dieux. *Ibid.*	84
Désordre dans le corps, erreur dans l'esprit, l'un nourrissant l'autre, voilà le réel de l'imagination. *Ibid.*	85
La loi suprême de l'invention humaine est que l'on n'invente qu'en travaillant. *Ibid.*	86
La raison est virile devant l'objet, puérile devant le récit. *Vigiles de l'esprit* (Gallimard).	87
Se réveiller, c'est se mettre à la recherche du monde. *Ibid.*	88
Tout homme est sensible quand il est spectateur. Tout homme est insensible quand il agit. *Ibid.*	89
Le langage absolu se retrouve en tous les arts, qui, en ce sens, sont comme des énigmes, signifiant impérieusement et beaucoup sans qu'on puisse dire quoi. *Vingt Leçons sur les beaux-arts* (Gallimard).	90
Vouloir à partir de ce qu'on a fait sans le vouloir, c'est le vouloir même. *Ibid.*	91
En toute œuvre d'art, la pensée sort de l'œuvre, et jamais une œuvre ne sort d'une pensée. *La Visite au musicien,* les Arts et les Dieux (Gallimard).	92

ALAIN-FOURNIER (Henri-Alain Fournier, dit) **1886-1914**	**10**
L'amour comme un vertige, comme un sacrifice, et comme le dernier mot de tout. *Correspondance avec Jacques Rivière* (Gallimard).	1
L'approche est toujours plus belle que l'arrivée. *Ibid.*	2
Le bonheur est une chose terrible à supporter. *Ibid.*	3
Je me demande pourquoi on n'aime et ne désire pas davantage la Mort. *Ibid.*	4

| 5 | Le mariage est une chose impossible et pourtant la seule solution. *Ibid.* |

| 6 | Seules les femmes qui m'ont aimé peuvent savoir à quel point je suis cruel. *Ibid.* |

| 7 | Seul m'importe l'essentiel. *Ibid.* |

| 8 | Ce qui me plaît en vous, ce sont mes souvenirs. *Le Grand Meaulnes* (Émile-Paul). |

| 9 | Peut-être quand nous mourrons, peut-être la mort seule nous donnera la clef et la suite et la fin de cette aventure manquée. *Ibid.* |

11 Jean Le Rond d'ALEMBERT
1717-1783

| 1 | La nature de l'homme, dont l'étude est si nécessaire, est un mystère impénétrable à l'homme même, quand il n'est éclairé que par la raison seule. *Discours préliminaire à l'« Encyclopédie ».* |

| 2 | On nuit plus aux progrès de l'esprit en plaçant mal les récompenses qu'en les supprimant. *Ibid.* |

| 3 | Pour avoir le droit d'admirer les erreurs d'un grand homme, il faut savoir les reconnaître, quand le temps les a mises au grand jour. *Ibid.* |

| 4 | Que ne coûtent point les premiers pas en tout genre ? Le mérite de les faire dispense de celui d'en faire de grands. *Ibid.* |

12 Alphonse ALLAIS
1855-1905

| 1 | En voilà des sales types, les gens ! *À se tordre* (Ollendorf). |

| 2 | Les gens simples vont tout droit leur chemin, à moins qu'il n'y ait une barricade qui les contraigne à faire un détour. *Ibid.* |

| 3 | Dieu a sagement agi en plaçant la naissance avant la mort ; sans cela, que saurait-on de la vie ? *Le Chat noir* (La Table Ronde). |

| 4 | La misère a cela de bon qu'elle supprime la crainte des voleurs. *Ibid.* |

Ventre affamé n'a pas d'oreilles, mais il a un sacré nez.
Ibid.

5

**Avant de prendre congé de ses hôtes, Dieu convint, de la meilleure grâce du monde,
qu'il n'existait pas.**
Le Courrier français (La Table Ronde).

6

**Toutes les fois qu'on a l'occasion de réaliser une métaphore,
doit-on hésiter un seul instant ?**
Deux et deux font cinq (Ollendorf).

7

En dormant à moitié, il avait beaucoup retenu.
Ne nous frappons pas (Revue Blanche).

8

L'homme propose (la femme accepte souvent) et Dieu dispose.
Ibid.

9

**Il y a des femmes qui sont comme le bâton enduit de confiture de roses
dont parle le poète persan : on ne sait par quel bout les prendre.**
On n'est pas des bœufs (Ollendorf).

10

La logique mène à tout, à condition d'en sortir.
Pas de bile (Flammarion).

11

**Si l'homme est véritablement le roi de la création, le chien peut,
sans être taxé d'exagération, en passer pour le baron, tout au moins.**
Ibid.

12

La soif de l'or — *auri sacra fames — est devenue tellement impérieuse au jour
d'aujourd'hui, que beaucoup de gens n'hésitent pas, pour se procurer des sommes,
à employer le meurtre, la félonie, parfois même l'indélicatesse.**
Rose et vert pomme (Ollendorf).
* VIRGILE, *Énéide, III, 57.*

13

Il faut vous dire qu'à la suite d'une chute de cheval j'ai perdu tout sens moral.
Silvérie (Flammarion).

14

Henri-Frédéric AMIEL
1821-1881

13

**Respecter dans chaque homme l'*homme*, sinon celui qu'il est,
au moins celui qu'il *pourrait* être, qu'il *devrait* être.**
Journal intime, 10 février 1846.

1

Chaque vie se fait son destin.
Ibid., 16 décembre 1847.

2

Le devoir est la nécessité volontaire.
Ibid., 5 mai 1848.

3

Un paysage quelconque est un état de l'âme.
Ibid., 31 octobre 1852.

4

5   Revois deux fois pour voir juste, ne vois qu'une pour voir beau.
Ibid., 26 décembre 1852.

6   Une erreur est d'autant plus dangereuse qu'elle contient plus de vérité.
Ibid., 26 décembre 1852.

7   Il y a deux degrés d'orgueil : l'un où l'on s'approuve soi-même ;
l'autre où l'on ne peut s'accepter. Celui-ci est probablement le plus raffiné.
Ibid., 27 octobre 1853.

8   Ce que l'homme redoute le plus, c'est ce qui lui convient.
Ibid., 31 mars 1857.

9   Nous ne sommes jamais plus mécontents des autres que
lorsque nous sommes mécontents de nous. La conscience d'un tort nous rend
impatients, et notre cœur rusé querelle au-dehors pour s'étourdir au-dedans.
Ibid., 24 septembre 1857.

10   L'inachevé n'est rien.
Ibid., 25 novembre 1861.

11   Si nationalité, c'est contentement, État, c'est contrainte.
Ibid., 4 décembre 1863.

12   La misère me fait plus peur que la solitude, parce qu'elle est l'humiliation
et l'abaissement, et que celle-ci est seulement l'ennui ou la tristesse.
Ibid., 5 janvier 1866.

13   Le dégoût est une chose curieuse. Il fait prendre en grippe jusqu'à la raison
et au bon sens, par antipathie pour la vulgarité.
Ibid., 20 janvier 1866.

14   Les vilains caractères aiment à déprimer le prochain et s'en font un devoir,
presque une vocation.
Ibid., 24 janvier 1866.

15   Le mariage tel qu'il est est une singulière chose,
mais après tout, on n'a encore rien trouvé de mieux.
Ibid., 13 février 1866.

16   On estime beaucoup les femmes bonnes, mais sans esprit, [...]
mais on finit par bâiller auprès d'elles.
Ibid., 12 juillet 1866.

17   Les poètes célibataires sont une peste publique ; ils troublent, sans le savoir
et le vouloir, tous les cœurs féminins sans emploi.
Ibid., 12 juillet 1866.

18   La femme nue est belle une fois sur vingt, et trois ans sur soixante et dix.
C'est-à-dire qu'il y a quatre cent soixante-dix à parier contre un
qu'en photographiant une femme sans voile on fait une indécence,
sans arriver à un effet esthétique.
Ibid., 28 juillet 1866.

Dis-moi de quoi tu te piques et je te dirai ce que tu n'es pas.
Ibid., *8 septembre 1866.*

19

L'honnête homme est celui qui ne se pique de rien.
Ibid., *8 septembre 1866.*

LA ROCHEFOUCAULD, *Maximes* : « Le vrai honnête homme est celui qui ne se pique de rien. » Voir A-**418**-130.

20

L'inconstance perd tout, en ne laissant mûrir aucune semence.
Ibid., *8 septembre 1866.*

21

On devient charlatan sans le savoir, et comédien sans le vouloir.
Ibid., *8 septembre 1866.*

22

La plus légère économie de mauvaise humeur a son prix.
Ibid., *13 septembre 1866.*

23

On se lasse d'être quarante ans dans sa propre compagnie ; on finit par se subir
comme un ennui et se traîner comme un boulet.
Ibid., *20 septembre 1866.*

24

L'héroïsme est un luxe qui n'est pas à la portée des faibles
et des gens de petite foi.
Ibid., *27 novembre 1866.*

25

Plus on aime, plus on souffre. La somme des douleurs possibles pour chaque âme
est proportionnelle à son degré de perfection.
Ibid., *26 décembre 1868.*

26

Le beau est supérieur au sublime parce qu'il est permanent et ne rassasie pas ;
tandis que le sublime est relatif, passager et violent.
Ibid., *6 décembre 1870.*

27

Il est dangereux de se laisser aller à la volupté des larmes ;
elle ôte le courage et même la volonté de guérir.
Ibid., *29 décembre 1871.*

28

[La France] a toujours cru qu'une chose dite était une chose faite.
Ibid., *23 mai 1873.*

29

Que vivre est difficile, ô mon cœur fatigué !
Ibid., *dernière page.*

30

Jacques AMYOT
1513-1593

14

Car qui ne donne nourriture et entretenement* de bois au feu, il l'éteint :
aussi qui ne donne sur le commencement nourriture à son ire**
et qui ne se souffle soi-même, il l'évite ou la dissipe.
Œuvres morales.

* Entretien.
** Colère.

1

2	C'est un point de grande importance, pour bien mettre son esprit à repos, de se considérer principalement soi-même, son état et sa condition. *Ibid.*
3	Le jugement qui s'oppose sur le champ promptement au courroux, et le supprime, ne remédie pas seulement au présent, ains* fortifie et rend l'âme plus raide et plus ferme à l'avenir. *Ibid.* * Mais
4	Car n'être point ambitieux est une grande partie de la privauté et facilité requise à celui qui veut vivre entre les hommes au gouvernement d'une chose publique. *Les Vies des hommes illustres.*

15	**Jacques ANCELOT** 1794-1854
1	L'emploi de favori n'est pas inamovible. *L'Important.*
2	On ne plaisante pas avec la Préfecture. *Ibid.*
3	Oui, mieux que la raison l'estomac nous dirige. *Ibid.*

16	**François ANDRIEUX** 1759-1833
1	Ce sont là jeux de prince : On respecte un moulin ; on vole une province. *Le Meunier sans souci.* LA FONTAINE : « Le bonhomme disait : ''Ce sont là jeux de prince.'' » *(Fables, IV, 4,* « le Jardinier et son Seigneur »). Voir A-**404-**
2	Hélas ! Est-ce une loi sur notre pauvre terre Que toujours deux voisins auront entre eux la guerre ; Que la soif d'envahir et d'étendre ses droits Tourmentera toujours les meuniers et les rois ? *Ibid.*
3	Les rois malaisément souffrent qu'on leur résiste. *Ibid.*
4	[...] si nous n'avions pas des juges à Berlin. *Ibid.* Ces mots sont cités pour opposer le bon droit à la force : un meunier résistait au roi de Prusse (Frédéric II) qui voulait agrandir son parc au détriment des biens du meunier : « Je suis le maître (dit le roi). — Vous ? de prendre mon moulin ? — Oui, si nous n'avions pas des juges à Berlin. »

17	**Auguste ANGELLIER** 1848-1911
1	Les caresses des yeux sont les plus adorables. *À l'amie perdue* (Chailley).

ANNE D'AUTRICHE
1601-1666

18

Mon prix n'est pas dans ma couronne.
Devise d'Anne d'Autriche.

1

ANONYMES
XIIᵉ-XVᵉ siècle

19

La brise souffle et les branches se balancent : que ceux qui s'aiment dorment en paix !
Vente l'ore et li raim crollent :
Qui s'entraiment soef dorment.
Chanson de toile, refrain.

Chanson d'amour, à thème narratif, des tisseurs du Nord, d'où son nom. On retrouve chez Apollinaire (le Pont Mirabeau) l'écho fidèle de ce distique : Vienne le jour sonne l'heure / Les jours s'en vont je demeure.

1

C'était un gentilhomme, ses chiens l'aimaient beaucoup.
Gentis hons fu, moult l'amoient si chien.
Chanson de geste.

2

Le cœur d'un homme vaut tout l'or d'un pays.
Li cuers d'un home vaut tot l'or d'un païs.
Ibid.

3

Il meurt à juste titre dans le déshonneur celui qui n'aime pas les livres
et n'a pas confiance en eux.
A desanor muert a bon droit qui n'aime livre ne ne croit.
Roman de Renart.

4

Il est bien fou celui qui prête son attention à parole de femme.
[...] *Foux est qui met s'entente en fame n'en riens qu'ele die.*
Ibid.

5

Il n'est pas d'homme si sage qu'il ne commette parfois une sottise,
ni de sot qui ne fasse aucun acte sensé.
Il n'est hons qui si sages soit qui aucune eure ne foloit,
ne fol qui aucuns sans ne face.
Ibid.

6

Tant va la cruche à l'eau qu'elle se brise.
Tant va poz a l'iaue qu'il brise.
Ibid.

7

Tel en pleurera qui maintenant en rit.
Tiex en plorra qui or en rit.
Ibid.

8

Vous êtes semblable au chien qui crie avant que la pierre
ne lui soit tombée dessus.
Vos resamblez le chien qui crie ainz que la pierre soit cheüe.
Ibid.

9

10	Celui qui poursuit la vaine gloire court après sa perte et sa honte. *Qui vainne gloire quiert et chace* *Sa perte et sa honte pourchace.* *Isopet de Lyon, De Renard et du Corbeau.* Le terme d'*isopet*, dérivé du nom d'Ésope, désigne un recueil d'apologues et de fables, de toute provenance.
11	Sus ! Revenons à ces moutons. *La Farce de Maistre Pierre Pathelin.* RABELAIS, *Pantagruel, III, 34* : « Retournons à nos moutons. » Voir A-**574**-29 et B-**110**-19.

20 Jean ANOUILH
1910-1987

1	[...] Avec Dieu, ce qu'il y a de terrible, c'est qu'on ne sait jamais si ce n'est pas un coup du diable... *L'Alouette, l'archevêque* (La Table Ronde).
2	Quand une fille dit deux mots de bon sens et qu'on l'écoute, c'est que Dieu est là. *Ibid., Jeanne.*
3	Rien n'est irréparable en politique. *Ibid., Warwick.*
4	Sauver la France ? Sauver la France ? Et qui gardera mes vaches pendant ce temps-là ? *Ibid., le père.*
5	C'est bon pour les hommes de croire aux idées et de mourir pour elles. *Antigone, Ismène* (La Table Ronde).
6	[...] C'est reposant, la tragédie, parce qu'on sait qu'il n'y a plus d'espoir, le sale espoir. *Ibid., le chœur.*
7	Chacun de nous a un jour, plus ou moins triste, plus ou moins lointain, où il doit enfin accepter d'être un homme. *Ibid., Créon.*
8	Comprendre. Toujours comprendre. Moi, je ne veux pas comprendre. *Ibid., Antigone.*
9	Rien n'est vrai, que ce qu'on ne dit pas. *Ibid., Créon.*
10	Ce sont toujours nos bons sentiments qui nous font faire de vilaines choses. *Ardèle ou la Marguerite, le comte* (La Table Ronde).
11	Il y a l'amour [...] Et puis il y a la vie, son ennemie. *Ibid., le général.*
12	Si Dieu avait voulu que l'amour soit éternel [...] il se serait arrangé pour que les conditions du désir le demeurent. *Ibid.*

Si nous ne nous conduisons pas tout à fait bien, c'est parce qu'il nous reste, à tous, une vague petite notion de devoir au fond de notre désordre qui fait que nous n'avons pas le courage de nous conduire tout à fait mal.
Ibid., le comte.

| | 13 |

Si tes amants t'ennuient, marie-toi, cela leur donnera du piquant.
Le Bal des voleurs, Lady Hurf (La Table Ronde).

14

La sainteté aussi est une tentation.
Becket ou l'Honneur de Dieu, Becket
(La Table Ronde).

15

La mort est belle. Elle seule donne à l'amour son vrai climat.
Eurydice, IV, M. Henry (La Table Ronde).

16

[...] Je sais de quelles petitesses meurent les plus grandes amours.
L'Hermine, II, Frantz (La Table Ronde).

17

L'homme que j'aime doit être noble et courageux, mais l'homme que je trompe aussi.
L'Invitation au château, III, Lady India
(La Table Ronde).

18

On est fidèle à soi-même, et c'est tout.
Ibid., V, Frédéric.

19

Je ne sais pas quelle conjuration de cagots et de vieilles filles a pu réussir, en deux siècles, à discréditer le mot plaisir.
La Répétition ou l'Amour puni, II, le comte
(La Table Ronde).

20

Mourir, ce n'est rien. Commence donc par vivre. C'est moins drôle et c'est plus long.
Roméo et Jeannette, III, Lucien
(La Table Ronde).

21

[...] J'aurai beau tricher et fermer les yeux de toutes mes forces...
Il y aura toujours un chien perdu quelque part qui m'empêchera d'être heureuse...
La Sauvage, III, Thérèse (La Table Ronde).

22

Guillaume APOLLINAIRE
(Guillaume Apollinaris de Kostrowitzky, dit)
1880-1918

21

Bergère ô tour Eiffel le troupeau des ponts bêle ce matin.
Alcools, Zone (Gallimard).

1

Les feuilles
Qu'on foule
Un train
Qui roule
La vie
S'écoule.
Ibid., Automne malade.

2

3   [...] **Fondés en poésie nous avons des droits sur les paroles**
qui forment et défont l'Univers.

Ibid., Poème lu au mariage d'André Salmon.

4   **J'ai cueilli ce brin de bruyère**
L'automne est morte souviens-t'en
Nous ne nous verrons plus sur terre
Odeur du temps brin de bruyère
Et souviens-toi que je t'attends.

Ibid., l'Adieu.

5   **Je connais gens de toutes sortes**
Ils n'égalent pas leurs destins.

Ibid., Marizibill.

6   **Je passais au bord de la Seine**
Un livre ancien sous le bras
Le fleuve est pareil à ma peine
Il s'écoule et ne tarit pas
Quand donc finira la semaine.

Ibid., Marie.

7   **La joie venait toujours après la peine.**

Ibid., le Pont Mirabeau.

8   **Moi qui sais des lais pour les reines**
Les complaintes de mes années
Des hymnes d'esclave aux murènes
La romance du mal-aimé
Et des chansons pour les sirènes.

Ibid., la Chanson du Mal-Aimé.

9   **Mon Automne éternelle ô ma saison mentale**
Les mains des amantes d'antan jonchent ton sol
Une épouse me suit c'est mon ombre fatale
Les colombes ce soir prennent leur dernier vol.

Ibid., Signe.

10   **Mon beau navire ô ma mémoire**
Avons-nous assez navigué
Dans une onde mauvaise à boire
Avons-nous assez divagué
De la belle aube au triste soir.

Ibid., la Chanson du Mal-Aimé.

11   **Ouvrez-moi cette porte où je frappe en pleurant.**

Ibid., le Voyageur.

12   **Passent les jours et passent les semaines**
Ni temps passé
Ni les amours reviennent
Sous le pont Mirabeau coule la Seine.

Ibid., le Pont Mirabeau.

Passons passons puisque tout passe
Je me retournerai souvent
Les souvenirs sont cors de chasse
Dont meurt le bruit parmi le vent.
Ibid., Cors de chasse.

13

Le pré est vénéneux mais joli en automne
Les vaches y paissant
Lentement s'empoisonnent
Le colchique couleur de cerne et de lilas
Y fleurit tes yeux sont comme cette fleur-là
Violâtres comme leur cerne et comme cet automne
Et ma vie pour tes yeux lentement s'empoisonne.
Ibid., les Colchiques.

14

Rien n'est mort que ce qui n'existe pas encore
Près du passé luisant demain est incolore.
Ibid., Cortège.

15

Tu pleureras l'heure où tu pleures
Qui passera trop vitement
Comme passent toutes les heures.
Ibid., À la Santé.

16

Vienne la nuit sonne l'heure
Les jours s'en vont je demeure.
Ibid., le Pont Mirabeau.

17

Voie lactée ô sœur lumineuse
Des blancs ruisseaux de Chanaan
Et des corps blancs des amoureuses [...]
Ibid., la Chanson du Mal-Aimé.

18

Ah! Dieu que la guerre est jolie
Avec ses chants ses longs loisirs.
Calligrammes, l'Adieu du cavalier (Gallimard).

19

L'Honneur tient souvent à l'heure que marque la pendule.
Ibid., Lundi rue Christine.

20

Il y a un poème à faire sur l'oiseau qui n'a qu'une aile.
Ibid., les Fenêtres.

21

Je chante la joie d'errer et le plaisir d'en mourir.
Ibid., le Musicien de Saint-Merry.

22

Nous voulons explorer la bonté contrée énorme où tout se tait.
Ibid., la Jolie Rousse.

23

Où sont-ils ces beaux militaires
Soldats passés Où sont les guerres
Où sont les guerres d'autrefois.
Ibid., C'est Lou qu'on la nommait.

24

25

Une belle Minerve est l'enfant de ma tête
Une étoile de sang me couronne à jamais [...]

Ibid., Tristesse d'une étoile.

Apollinaire, blessé en 1916 d'un éclat d'obus à la tête, avait été trépané deux fois.

26

Ô ma jeunesse abandonnée
Comme une guirlande fanée
Voici que s'en vient la saison
Des regrets et de la raison.

Vitam impendere amori.

27

[...] L'hérésiarque était pareil à tous les hommes car tous sont à la fois
pécheurs et saints quand ils ne sont pas criminels et martyrs.

L'Hérésiarque et Cie (Stock).

28

On ne peut pas transporter partout avec soi le cadavre de son père.

Les Peintres cubistes (Hermann).

22

Louis ARAGON
1897-1982

1

Je raconte ma vie comme on fait les rêves au réveil.

Blanche ou l'Oubli (Gallimard).

2

Jusqu'ici, les romanciers se sont contentés de parodier le monde. Il s'agit
maintenant de l'inventer.

Ibid.

3

Il n'y a pas de poésie, si lointaine qu'on la prétende des *circonstances,*
qui ne tienne des circonstances sa force, sa naissance et son prolongement.

Chronique du bel canto (Skira).

4

La poésie est le miroir brouillé de notre société. Et chaque poète
souffle sur ce miroir : son haleine différemment l'embue.

Ibid.

5

La poésie, notre poésie se lit comme le journal. Le journal du monde qui va venir.

Ibid.

6

L'extraordinaire du roman, c'est que pour comprendre le réel objectif,
il invente d'inventer.

Les Cloches de Bâle (Denoël).

7

Jamais peut-être faire chanter les choses n'a été plus urgente
et noble mission à l'homme...

Le Crève-Cœur, la Rime en 1940 (Gallimard).

8

Rendez-moi rendez-moi mon ciel et ma musique
Ma femme sans qui rien n'a chanson ni couleur.

Ibid., le Printemps.

Rien n'est jamais acquis à l'homme. *La Diane française,* Il n'y a pas d'amour heureux (Seghers).	9
Il est plus facile de mourir que d'aimer. **C'est pourquoi je me donne le mal de vivre** **Mon amour...** *Elsa* (Gallimard).	10
Poésie ô danger des mots à la dérive. *En français dans le texte* (Ides et Calendes).	11
L'avenir c'est ce qui dépasse la main tendue. *Le Fou d'Elsa* (Gallimard).	12
J'ai réinventé le passé pour voir la beauté de l'avenir. *Ibid.*	13
La critique devrait, en matière de littérature, être une sorte de pédagogie **de l'enthousiasme.** *J'abats mon jeu* (Éditeurs français réunis).	14
Je n'ai jamais rien demandé à ce que je lis que le vertige. *Ibid.*	15
On pense à partir de ce qu'on écrit et pas le contraire. *Je n'ai jamais appris à écrire ou les Incipits* (Skira).	16
En France tout finit par des fleurs de rhétorique. *Le Libertinage* (Gallimard).	17
Je ne serai pour personne une excuse, pour personne un exemple. *Ibid.*	18
La parole n'a pas été donnée à l'homme : il l'a prise. *Ibid.*	19
Pas un geste, pas un cillement qui ne m'engage à fond, qui ne fasse dévier ma vie. *Ibid.*	20
Les hommes, j'entends les hommes qui ont l'espoir de la victoire de l'homme, **jugent des phares à leur clarté, et non à l'ombre qui tourne après elle.** *Littératures soviétiques* (Denoël).	21
Un livre n'est pas écrit une fois pour toutes : quand il est un vraiment grand livre, **l'histoire des hommes y vient ajouter sa passion propre.** *Ibid.*	22
Un beau soir l'avenir s'appelle le passé **C'est alors qu'on se tourne et qu'on voit sa jeunesse.** *Le Nouveau Crève-Cœur* (Gallimard).	23

24   À toute erreur des sens correspondent d'étranges fleurs de raison.
Le Paysan de Paris (Gallimard).

25   C'est à la poésie que tend l'homme.
Il n'y a de connaissance que du particulier.
Il n'y a de poésie que du concret.
Ibid.

26   Il est temps d'instaurer la religion de l'amour.
Ibid.

27   Il est permis de rêver. Il est recommandé de rêver.
Sur les livres et les souvenirs. Sur l'Histoire et sur la vie.
Préface à la traduction française de « Michael Kolhaas » (Éditeurs français réunis).

28   Mon Dieu, comme le monde est encore jeune et beau !
Ibid.

29   De la femme vient la lumière.
Le Roman inachevé (Gallimard).

30   La rose naît du mal qu'a le rosier.
Mais elle est la rose.
Ibid.

31   Tu n'as pas eu le choix entre l'âge d'or et l'âge de pierre.
Ibid.

32   C'est un grand moment de la vie d'un peuple que celui où tout le monde,
ou presque tout le monde, s'applique à employer les mots dans leur sens véritable.
Servitude et Grandeur des Français
(Éditeurs français réunis).

33   La critique, c'est le bagne à perpétuité.
Traité du style (Gallimard).

34   Le propre du génie est de fournir des idées aux crétins
une vingtaine d'années plus tard.
Ibid.

35   La vie est un voyageur qui laisse traîner son manteau derrière lui,
pour effacer ses traces.
Les Voyageurs de l'impériale (Gallimard).

36   En étrange pays dans mon pays lui-même
Je sais bien ce que c'est qu'un amour malheureux.
Les Yeux d'Elsa (Cahiers du Rhône).

37   Je chante parce que l'orage n'est pas assez fort pour couvrir mon chant.
Ibid.

On pourra m'ôter cette vie, mais on n'éteindra pas mon chant. *Ibid.*	38
Paris de nos malheurs Paris du Cours-la-Reine Paris des Blancs-Manteaux Paris de Février Du Faubourg Saint-Antoine aux coteaux de Suresnes Paris plus déchirant qu'un cri de vitrier. *Ibid.*	39
L'enfer existe. Il est la part du plus grand nombre. *Les Yeux et la Mémoire* (Gallimard).	40

Paul ARÈNE
1843-1896

23

La vie parfois se présente vulgaire ; mais le sage, pour en relever l'originelle bassesse, a cette ressource de rêver. *La Veine d'argile* (Pitois-Levrault).	1

Marcel ARLAND
1899-1986

24

Nous portons deux ou trois chants, que notre vie se passe à exprimer. *Antarès* (Gallimard).	1
Il faut juger un homme à son enfer. *Carnets de Gilbert* (Gallimard).	2
Je n'ai jamais aimé une femme qu'autant qu'elle me paraissait un miracle. *Ibid.*	3
Il n'est point de création puissante qui ne se nourrisse de quelque monstruosité. *Chronique de la peinture moderne* (Corrêa).	4
Si je ne m'occupe pas de nos morts, qui s'en occupera ? *La Consolation du voyageur* (Stock).	5
Ma sympathie tend toujours vers la révolte, de quelque parti qu'elle s'élève. *Étapes* (Gallimard).	6
Le corps est un des noms de l'âme, et non pas le plus indécent. *Où le cœur se partage* (Gallimard).	7
Je ne conçois pas de littérature sans éthique. *La Route obscure* (Gallimard).	8
Le mensonge n'est pas haïssable en lui-même, mais parce qu'on finit par y croire. *Ibid.*	9
Chacun de mes actes est une destruction. *Terres étrangères* (Gallimard).	10

25	## ARLINCOURT (Charles-Victor Prévot, vicomte d') 1789-1856

1

J'habite la montagne et j'aime à la vallée.
Le Siège de Paris.

<small>Du burlesque involontaire de ce vers on rapprochera les deux citations suivantes du même auteur. Voir à l'index « Burlesque involontaire ».</small>

2

Mon père, en ma prison, seul à manger m'apporte.
Ibid.

3

Le roi Louis s'avance avec vingt mille Francs.
Ibid.

26	## Agnès ARNAULD, dite Mère Agnès 1593-1671

1

Notre Dieu est au ciel qui fait tout ce qu'il veut par le moyen de ceux-là mêmes
qui ne font pas sa volonté.
Lettre à M. Arnauld.

27	## Antoine-Vincent ARNAULT 1766-1834

1

Je vais où le vent me mène,
Sans me plaindre ou m'effrayer ;
Je vais où va toute chose,
Où va la feuille de rose
Et la feuille de laurier.
Fables.

28	## Alexandre ARNOUX 1884-1973

1

La vérité, frappée d'un éclairage intolérant et d'une intensité partiale,
devient mensonge.
Bilan provisoire (Albin Michel).

2

« Ô mon fils, connais-toi toi-même, mais pas trop. »
Cent Sept Quatrains (J. Haumont).

3

Il existe une euphorie du mal, aussi ouatée, aussi paisible, aussi délicate
que celle de la vertu et de la charité, mais moins fade sans doute
et relevée d'un certain piment.
Les Crimes innocents (Albin Michel).

4

Que deviendrait la Police, si l'innocence l'intimidait ?
L'Enchantement de Grenade (Gallimard).

5

L'état d'innocence contient en germe tout le péché futur.
Études et Caprices (Albin Michel).

Ne vieillis que dans la plus faible mesure. Il s'agit de mourir jeune. *Ibid.*	6
Tant qu'il y a une étincelle, il y a une espérance de brasier. *Faut-il brûler Jeanne ?* (Gallimard).	7
La victoire s'use par ses excès ; on ne réussit véritablement qu'à force de patientes défaites. *Ibid.*	8
Qui t'autorise à parler de l'absurdité d'un monde auquel tu ne peux comparer nul autre ? Existe-t-il donc une absurdité absolue ? *Le Seigneur de l'heure* (Gallimard).	9

Raymond ARON
1905-1983

29

L'homme est un être raisonnable, mais les hommes le sont-ils ? *Dimensions de la conscience historique* (Plon).	1

Robert ARON
1898-1975

30

Je ne sais si je crois en Dieu. Mais, tout au moins suis-je sûr, grâce à l'histoire qui me recueille, de croire en ceux qui de tout temps et partout ont cru en Lui. *Ce que je crois* (Grasset).	1
Dieu qu'il faut retrouver sans cesse et dont les silences apparents naissent alternativement de la distraction ou de l'exigence des hommes. *Ibid.*	2
Toute foi nouvelle commence par une hérésie. *Ibid.*	3

Hans ARP
1887-1966

31

J'aime les calculs faux, car ils donnent des résultats plus justes. *Jours effeuillés* (Gallimard).	1
Si quelqu'un a des oreilles, qu'il voie, si quelqu'un a des yeux, qu'il entende. *Ibid.*	2

Antonin ARTAUD
1896-1948

32

Toute matière commence par un dérangement spirituel. *À la grande nuit ou le Bluff surréaliste* (Gallimard).	1

2

Tout vrai langage est incompréhensible.
Ci-gît (Gallimard).

3

**L'absolu n'a besoin de rien. Ni de dieu, ni d'ange, ni d'homme,
ni d'esprit, ni de principe, ni de matière, ni de continuité.**
Héliogabale ou l'Anarchiste couronné
(Gallimard).

4

**Avoir le sens de l'unité profonde des choses, c'est avoir le sens de l'anarchie,
et de l'effort à faire pour réduire les choses en les ramenant à l'unité.**
Ibid.

5

**Dans la matière, il n'y a pas de dieux. Dans l'équilibre, il n'y a pas de dieux.
Les dieux sont nés de la séparation des forces et ils mourront de leur réunion.**
Ibid.

6

**Je sais bien que le plus petit élan d'amour vrai nous rapproche
beaucoup plus de Dieu que toute la science que nous pouvons avoir
de la création et de ses degrés.**
Ibid.

7

Les Nombres, c'est-à-dire les degrés de la vibration.
Ibid.

8

On gagne l'amour par la conscience d'abord, et par la force de l'amour après.
Ibid.

9

La poésie, c'est de la multiplicité broyée et qui rend des flammes.
Ibid.

10

Il faut suivre la foule pour la diriger. Lui tout céder pour tout lui reprendre.
Lettre à Mᵐᵉ Allendy, 19 avril 1929 (Gallimard).

11

On ne nie bien que dans le concret.
Lettre à André Breton, 14 septembre 1937 (Gallimard).

12

L'esprit a tendance à se délivrer du palpable pour arriver à ses fins.
Lettre à Léon Daudet, 26 avril 1931 (Gallimard).

13

**Le tricheur est celui qui corrige le sort, donc le réel :
c'est un mystique en son genre.**
Lettre à Steve Passeur, 13 décembre 1931 (Gallimard).

14

Le bien est voulu, il est le résultat d'un acte, le mal est permanent.
Lettre à Jean Paulhan, 12 septembre 1932 (Gallimard).

15

**Il ne faut pas trop se hâter de juger les hommes, il faut leur faire crédit
jusqu'à l'absurde, jusqu'à la lie.**
Lettre à Jacques Rivière, 6 juin 1924 (Gallimard).

Il faut plus de vertu à l'acteur furieux pour ne pas accomplir réellement un crime, qu'il ne faut de courage à l'assassin pour parvenir à réaliser le sien. *Lettre à André Rolland, 8 avril 1933* (Gallimard).	16
L'obsession des femmes est vitale, elle correspond à un besoin de vertu. *Les Nouvelles Révélations de l'être* (Gallimard).	17
Là où d'autres proposent des œuvres, je ne prétends pas autre chose que de montrer mon esprit. *L'Ombilic des limbes* (Gallimard).	18
La vie est de brûler des questions. *Ibid.*	19
Là où ça sent la merde ça sent l'être. *Pour en finir avec le jugement de Dieu* (Gallimard).	20
Je n'ai jamais rien étudié, mais tout vécu et cela m'a appris quelque chose. in *revue 84*, *n° 16.*	21
[...] ce fantastique dont on s'aperçoit toujours plus qu'il est en réalité tout le réel, [...] *Sorcellerie et Cinéma* (Gallimard).	22
Un théâtre qui soumet la mise en scène et la réalisation, c'est-à-dire tout ce qu'il y a en lui de spécifiquement théâtral, au texte est un théâtre d'idiot, de fou, d'inverti, de grammairien, d'épicier, d'anti-poète et de positiviste, c'est-à-dire d'Occidental. *Le Théâtre et son Double* (Gallimard).	23
Nul n'a jamais écrit ou peint, sculpté, modelé, construit, inventé, que pour sortir en fait de l'enfer. *Van Gogh, le suicidé de la société* (Gallimard).	24
Qui ne sent pas la bombe cuite et le vertige comprimé n'est pas digne d'être vivant. *Ibid.*	25

Alexis-Félix ARVERS
1806-1850
33

Mon âme a son secret, ma vie a son mystère. *Mes heures perdues.*	1
Toujours à ses côtés, et pourtant solitaire. *Ibid.*	2
Le mal est sans espoir, aussi j'ai dû le taire, Et celle qui l'a fait n'en a jamais rien su. *Ibid.*	3

4	Elle dira, lisant ces vers tout remplis d'elle : Quelle est donc cette femme ? et ne comprendra pas. *Ibid.*

34   Théodore Agrippa d'AUBIGNÉ
1552-1630

1	Car l'espoir des vaincus est de n'espérer point. *Hécatombe à Diane.*
2	Quand la vérité met le poignard à la gorge, il faut baiser sa main blanche, quoique tachée de notre sang. *Histoire universelle.*
3	Voici moins de plaisirs, mais voici moins de peines : Le rossignol se taist, se taisent les Syrènes : Nous ne voyons cueillir ni les fruits ni les fleurs : L'espérance n'est plus bien souvent tromperesse, L'hiver jouit de tout, bien heureuse vieillesse, La saison de l'usage, et non plus des labeurs. *L'Hiver.*
4	Combien des maux passés douce est la souvenance. *Stances.*
5	J'aime à voir de beautés la branche déchargée À fouler le feuillage étendu par l'effort D'Automne, sans espoir leur couleur orangée Me donne pour plaisir l'image de la mort. *Ibid.*
6	L'air n'est plus que rayons tant il est semé d'anges. *Les Tragiques.*
7	Ce siècle, autre en ses mœurs, demande un autre style. *Ibid.*
8	Cet épineux fardeau qu'on nomme vérité. *Ibid.*
9	Cités ivres de sang, et encore altérées, Qui avez soif de sang, et de sang enivrées, Vous sentirez de Dieu l'épouvantable main : Vos terres seront feu, et votre ciel d'airain. *Ibid.*
10	Comme un nageur venant du profond de son plonge, Tous sortent de la mort comme l'on sort d'un songe. *Ibid.*
11	De l'enfer il ne sort Que l'éternelle soif de l'impossible mort. *Ibid.*

Désirs, parfaits amours, hauts désirs sans absence, Car les fruits et les fleurs n'y font qu'une naissance. *Ibid.*	12
Et le soleil voyant le spectacle nouveau À regret éleva son pâle front des ondes, Transi de se mirer en nos larmes profondes. *Ibid.*	13
L'homme est en proie à l'homme, un loup à son pareil. *Ibid.*	14
Mais le vice n'a point pour mère la science, Et la vertu n'est pas fille de l'ignorance. *Ibid.*	15
Mes sens n'ont plus de sens, l'esprit de moi s'envole, Le cœur ravi se tait, ma bouche est sans parole : Tout meurt, l'âme s'enfuit, et reprenant son lieu Extatique se pâme au giron de son Dieu. *Ibid.*	16
Notre temps n'est rien plus qu'un ombrage qui passe. *Ibid.*	17
Retire-toi dans toi, parais moins, et sois plus. *Ibid.*	18
Satan fut son conseil, l'enfer son espérance. *Ibid.*	19
Une rose d'automne est plus qu'une autre exquise. *Ibid.*	20

Jacques AUDIBERTI
1899-1965

35

Ça peut être génial sans que ce soit idiot. *L'Effet Glapion* (Gallimard).	1
Un bon tiens vaut mieux que deux tu l'as eu. *Ibid.*	2
La vie est faite d'illusions. Parmi ces illusions, certaines réussissent. Ce sont elles qui constituent la réalité. *Ibid.*	3
Hormis ce qui dépasse, je n'écraserai rien. *La Fourmi dans le corps* (Gallimard).	4
L'homme et la femme ne se rencontrent qu'une fois. *Le Mal court* (Gallimard).	5

| 6 | Les larmes de la femme moisissent le cœur de l'homme. |
| | *Ibid.* |

7	La plus grande couardise consiste à éprouver sa puissance
	sur la faiblesse d'autrui.
	Ibid.

| 8 | Si les cœurs étaient clairs, le monde serait clair. |
| | *Ibid.* |

| 9 | Un baiser apaise la faim, la soif. On y dort. On y habite. On y oublie. |
| | *La Poupée* (Gallimard). |

10	Un bon mari ne se souvient jamais de l'âge de sa femme,
	mais de son anniversaire, toujours.
	Ibid.

36 Émile AUGIER
1820-1889

| 1 | Tout tourne autour de lui*! C'est le centre du monde! |
| | *L'Aventurière, II, 5, Annibal* (Hetzel). |

* L'ivrogne.

| 2 | Crève donc, société! |
| | *Les Effrontés, I, 7, le marquis* (Michel Lévy). |

| 3 | Il est honnête... Il a donc de quoi? |
| | *Ibid., III, 8, Giboyer.* |

| 4 | La presse étant un sacerdoce, il faut bien pourvoir aux frais du culte. |
| | *Ibid., III, 3, le marquis.* |

5	MADAME DE LA VIEUXTOUR :
	Il a eu sur la charité des pensées si touchantes, si nouvelles!
	GIBOYER, *à part :*
	A-t-il dit qu'il ne fallait pas la faire?
	Le Fils de Giboyer, IV, 6 (Michel Lévy).

| 6 | Ô père de famille, ô poète, je t'aime. |
| | *Gabrielle, dernier vers.* |

7	On dirait, ma parole, que dans ce pays-ci
	le gouvernement est le passe-temps naturel des gens qui n'ont plus rien à faire.
	Le Gendre de M. Poirier, I, 4, Verdelet
	(Michel Lévy).

8	Qu'on protège les arts, bien! mais les artistes, non...
	ce sont tous des fainéants et des débauchés!
	Ibid., I, 6, Poirier.

| 9 | Quand les femmes ne prêtent plus à la médisance, elles s'y adonnent. |
| | *Les Lionnes pauvres* (Michel Lévy). |

On ne doit que la vérité aux absents.   10
Maître Guérin, III, Guérin (Michel Lévy).

Joseph AUTRAN
1813-1877   **37**

Laissons ses secrets à l'amour   1
Et ses mystères à la femme !
Les Poèmes de la mer (Michel Lévy).

Claude AVELINE
1901-1992   **38**

Dans chaque vie, dans chaque cœur, un jour — parfois la durée d'un instant —   1
résonne la douleur du monde. Et l'homme est justifié.
Avec toi-même, etc. (Mercure de France).

Être libre, c'est [...] la certitude intérieure que   2
chaque homme est responsable *de* l'humanité, et non pas seulement devant elle.
Ibid.

Fais que chaque heure de ta vie soit belle. Le moindre geste est un souvenir futur.   3
Ibid.

L'homme qui réclame la liberté, c'est au bonheur qu'il pense.   4
Ibid.

Imprudentes et vaines réflexions que celles qu'inspire le malheur !   5
Pour méditer sagement, il faut des jours heureux.
Ibid.

Inutile d'interroger le Ciel, il a réponse à tout.   6
Ibid.

Ne crois pas que tu t'es trompé de route, quand tu n'es pas allé assez loin.   7
Ibid.

Ne jamais dire : « C'est *leur* faute. » C'est toujours notre faute.   8
Ibid.

Nous serions insensibles à l'ingratitude si nous ne tenions pas le compte   9
de nos bienfaits.
Ibid.

Le pire est l'ennemi du mal.   10
Ibid.

Un homme blanc, un homme noir, un homme jaune : toutes les larmes sont salées.   11
Ibid.

12	Un jour par an, le Mardi gras par exemple, les hommes devraient retirer leur masque des autres jours. *Ibid.*
13	C'est une mission de l'intellectuel que d'empêcher la métamorphose d'un moyen politique en article de foi, en mythe. *Les Devoirs de l'esprit* (Grasset).
14	L'imagination la plus folle a moins de ressources que le destin. *La Double Mort de Frédéric Belot* (Mercure de France).
15	L'absence de l'être aimé laisse derrière soi un lent poison qui s'appelle l'oubli. *Et tout le reste n'est rien* (Mercure de France).
16	Il n'est pas d'amour sans fierté, et par conséquent sans témoin. *Ibid.*
17	La mort d'autrui soumet le vivant, résigné, aux lois inévitables. La sienne, il la considère comme un assassinat. *Les Mots de la fin* (Hachette).
18	Il n'est pas moins facile de réveiller Lazare que de se retrouver soi-même. *Le Point du jour* (Mercure de France).

39	**Marcel AYMÉ** 1902-1967
1	La parole arrive à faner l'espérance. *Le Chemin des écoliers* (Gallimard).
2	[...] Une certaine espèce de menteurs dont chaque mensonge est un enchaînement d'authentiques accès de sincérité. *Ibid.*
3	Les vieilles choses, il faut les laisser pour les rats. *Ibid.*
4	Celui qui demande la charité travaille plus pour son prochain que pour lui-même. *Clérambard, III, 7* (Grasset).
5	La forêt, c'est encore un peu du Paradis perdu. Dieu n'a pas voulu que le premier jardin fût effacé par le premier péché. *Ibid., I, 10, le moine.*
6	L'humilité est l'antichambre de toutes les perfections. *Ibid., II, 3, Clérambard.*
7	Être heureux, ce n'est pas bon signe, c'est que le malheur a manqué le coche, il arrivera par le suivant. *En arrière* (Gallimard).

Les mâles sont surtout hardis avec les filles pauvres.
La Jument verte (Gallimard).

8

**La vie n'est jamais aussi compliquée que se plaisent à l'imaginer
les têtes faibles.**
La Mouche bleue (Gallimard).

9

La vie, ça finit toujours mal.
Les Oiseaux de lune (Gallimard).

10

**En France, les peines d'argent durent plus longtemps que les peines de cœur
et se transmettent de génération en génération.**
Silhouette du scandale (Le Sagittaire).

11

**L'injustice sociale est une évidence si familière,
elle est d'une constitution si robuste, qu'elle paraît facilement naturelle
à ceux mêmes qui en sont victimes.**
Ibid.

12

Quand Paris se sent morveux, c'est la France tout entière qui se mouche.
Ibid.

Voir à ce propos la formule de FRÉDÉRIC II, roi de Prusse, A-**312**-5.

13

**Les riches d'aujourd'hui, c'est comme les fromages trop faits,
ça ne sait plus garder les distances.**
Travelingue (Gallimard).

14

**Dès qu'on s'écarte de deux et deux font quatre,
les raisons ne sont que la façade des sentiments.**
Uranus (Gallimard).

15

**L'argent ne se souvient de rien. Il faut le prendre quand on peut,
et le jeter par les fenêtres. Ce qui est salissant, c'est de le garder
dans ses poches, il finit toujours par sentir mauvais.**
Le Vaurien (Gallimard).

16

Nos bonnes actions sont souvent plus troubles que nos péchés.
Vogue la galère, III, 3, le capitaine (Grasset).

17

B

40	**Gracchus BABEUF (François Noël Babeuf, dit)** **1760-1797**
1	**La propriété est odieuse dans son principe et meurtrière dans ses effets.** *La Tribune du peuple.*
41	**Gaston BACHELARD** 1884-1962
1	**Il faut que l'imagination prenne trop pour que la pensée ait assez.** *L'Air et les Songes* (José Corti).
2	**La pensée pure doit commencer par un refus de la vie. La première pensée claire, c'est la pensée du néant.** *La Dialectique de la durée* (P.U.F.).
3	**Au fond de la nature pousse une végétation obscure ; dans la nuit de la matière fleurissent des fleurs noires.** *L'Eau et les Rêves* (José Corti).
4	**La barque de Caron va toujours aux enfers. Il n'y a pas de nautonier du bonheur.** *Ibid.*
5	**Devant une flamme, dès qu'on rêve, ce que l'on perçoit n'est rien au regard de ce qu'on imagine.** *La Flamme d'une chandelle* (P.U.F.).
6	**Nous comprenons la Nature en lui résistant*.** *La Formation de l'esprit scientifique* (Vrin). <small>* Rappel de la formule de Francis Bacon : « On ne triomphe de la nature qu'en lui obéissant. »</small>
7	**Une expérience *scientifique* est [...] une expérience qui *contredit* l'expérience *commune*.** *Ibid.*

C'est encore en méditant l'objet que le sujet a le plus de chance de s'approfondir. *Le Nouvel Esprit scientifique* (P.U.F.).	8
Dans la pensée scientifique, la méditation de l'objet par le sujet prend toujours la forme du projet. *Ibid.*	9
On ne pourra bien dessiner le simple qu'après une étude approfondie du complexe. *Ibid.*	10
Dès l'époque secondaire, les mollusques construisaient leur coquille en suivant les leçons de la géométrie transcendante. *La Poétique de l'espace* (P.U.F.).	11
C'est à l'*animus* qu'appartiennent les projets et les soucis, deux manières de n'être pas présent à soi-même. À l'*anima** appartient la rêverie qui vit le présent des heureuses images. *La Poétique de la rêverie* (P.U.F.). * Distinction classique, reprise des philosophes grecs, entre *anima (alogon)*, c'est-à-dire l'âme en tant que principe vital distinct du corps, et *animus (logikon)*, siège de la pensée, de l'intelligence.	12
La langue de l'alchimie est une langue de la rêverie, la langue maternelle de la rêverie cosmique. *Ibid.*	13
La conquête du superflu donne une excitation spirituelle plus grande que la conquête du nécessaire. *La Psychanalyse du feu* (Gallimard).	14
L'homme est une création du désir, non pas une création du besoin. *Ibid.*	15
L'imagination n'est rien autre que le sujet transporté dans les choses. *La Terre et les Rêveries du repos* (José Corti).	16

Jean-Antoine de BAÏF
1532-1589

42

Car un plus grand remords on ne pourrait avoir Que celui que l'on cèle, et qui dans le cœur touche. *Les Amours de Francine.*	1
Cessez, amis, cessez de plus me remontrer, Vous perdez votre peine. On ne peut par sagesse, La jeunesse et l'amour joints ensemble, donter*. *Ibid.* * Dompter.	2
[...] Ô trop vaine science, qui ne pourrait donner à l'amour guérison ! *Ibid.*	3

4	Si d'un vent elle entend quelque sifflante haleine, Par le feuillage épais des chênes se ployant, Qu'il lui semble écouter les soupirs de ma peine. *Ibid.*
5	Tout autre état mondain il me déplait de suivre : Si l'on m'oste l'amour, sans pouvoir faire rien, Par force et nuit et jour oisif me faudra vivre. *Ibid.*

43	**Jacques BAINVILLE** 1879-1936
1	L'optimisme est la foi des Révolutions. *Lectures* (Fayard).
2	Le pouvoir d'oublier, très fort chez les individus, l'est encore plus dans les sociétés humaines. *Ibid.*
3	Les vieux se répètent et les jeunes n'ont rien à dire. L'ennui est réciproque. *Ibid.*

44	**Honoré de BALZAC** 1799-1850
1	Les femmes sont des poêles à dessus de marbre. *Autre étude de femme.*
2	Les hommes ne veulent jamais distinguer entre la constance et la fidélité. *Ibid.*
3	Il y a toujours un fameux singe dans la plus jolie et la plus angélique des femmes ! *Ibid.*
4	Nous avons fait tant d'histoire que les historiens manqueront ! *Ibid.*
5	Le hasard est le plus grand romancier du monde ; pour être fécond, il n'y a qu'à l'étudier. *La Comédie humaine,* Avant-propos.
6	L'homme n'est ni bon ni méchant, il naît avec des instincts et des aptitudes. *Ibid.*
7	La société ne fait-elle pas de l'homme, suivant les milieux où son action se déploie, autant d'hommes différents qu'il y a de variétés en zoologie ? [...] Il a donc existé, il existera de tout temps des espèces sociales comme il y a des espèces zoologiques. *Ibid.*

L'admiration est toujours une fatigue pour l'espèce humaine. *Le Bal de Sceaux.*	8
Il n'y a que les pauvres de généreux. *Ibid.*	9
Les rois aiment plus qu'on ne le croit la contradiction. *Ibid.*	10
Il n'y a rien de violent à Paris comme ce qui doit être éphémère. *Béatrix.*	11
Quand l'avarice se propose un but, elle cesse d'être un vice, elle est le moyen d'une vertu. *Ibid.*	12
Nos sentiments ne sont-ils pas, pour ainsi dire, écrits sur les choses qui nous entourent? *La Bourse.*	13
Il est aussi facile de rêver un livre qu'il est difficile de le faire. *Le Cabinet des antiques,* Préface.	14
Il y a du bonheur dans toute espèce de talent. *Ibid.*	15
Le vrai littéraire ne saurait être le vrai de la nature. *Ibid.*	16
La douleur ennoblit les personnes les plus vulgaires, car elle a sa grandeur, et pour en recevoir du lustre, il suffit d'être vrai. *César Birotteau.*	17
En se résignant, le malheureux consomme son malheur. *Ibid.*	18
Le malheur est un marche-pied pour le génie, une piscine pour le chrétien, un trésor pour l'homme habile, pour les faibles un abîme. *Ibid.*	19
Oublier est le grand secret des existences fortes et créatrices. *Ibid.*	20
Plus un bénéfice est illégal, plus l'homme y tient. *Ibid.*	21
La prospérité porte avec elle une ivresse à laquelle les hommes inférieurs ne résistent jamais. *Ibid.*	22
Toutes les femmes, même les dévotes et les sottes, s'entendent en fait d'amour. *Ibid.*	23

24   **La mission de l'art n'est pas de copier la nature, mais de l'exprimer!**
Le Chef-d'œuvre inconnu.

25   **Les peintres ne doivent méditer que les brosses à la main.**
Ibid.

26   **L'amour est la seule passion qui ne souffre ni passé ni avenir.**
Les Chouans.

27   **[...] Ces êtres vulgaires m'intéressent plus qu'ils ne vous intéressent.**
Je les grandis, je les idéalise en sens inverse, dans leur laideur ou leur bêtise.
Je donne à leurs difformités des proportions effrayantes ou grotesques.
Confidences rapportées par George Sand dans *Histoire de ma vie.*

28   **Les âmes fortes ne sont ni jalouses ni craintives : la jalousie est un doute,**
la crainte est une petitesse.
Le Contrat de mariage.

29   **La haine, comme l'amour, se nourrit des plus petites choses, tout lui va.**
Ibid.

30   **Au premier coup d'œil jeté sur un intérieur, on sait qui y règne de l'amour**
ou du désespoir.
La Cousine Bette.

31   **Les sentiments nobles poussés à l'absolu produisent des résultats semblables**
à ceux des plus grands vices.
Ibid.

32   **Un crime est, avant tout, un manque de raisonnement.**
Ibid.

33   **Il n'est pas de douleur que le sommeil ne sache vaincre.**
Le Cousin Pons.

34   **La jeunesse a d'étonnants privilèges ; elle n'effraye pas.**
Ibid.

35   **Une manie, c'est le plaisir passé à l'état d'idée!**
Ibid.

36   **L'intérêt et le talent sont les seuls conseillers consciencieux et lucides.**
Le Curé de Tours.

37   **Les dynasties qui commencent ont, comme les enfants, des langes tachés.**
Le Député d'Arcis.

38   **L'illusion est une foi démesurée!**
Les Employés.

39   **La méchanceté combinée avec l'intérêt personnel équivaut à beaucoup d'esprit.**
Ibid.

De même que le mal, le sublime a sa contagion. *L'Envers de l'histoire contemporaine.*	40
Tout pouvoir humain est un composé de patience et de temps. Les gens puissants veulent et veillent. *Eugénie Grandet.*	41
La coquetterie ne va bien qu'à la femme heureuse. *La Femme abandonnée.*	42
La volupté, comme une fleur rare, demande les soins de la culture la plus ingénieuse. *Ibid.*	43
Le cœur d'une mère est un abîme au fond duquel se trouve toujours un pardon. *La Femme de trente ans.*	44
Il l'atteignit si furieusement de son poignard qu'il le manqua. *Ibid.*	45
Les vieillards sont assez enclins à doter de leurs chagrins l'avenir des jeunes gens. *Ibid.*	46
Les âmes grandes sont toujours disposées à faire une vertu d'un malheur. *Illusions perdues.*	47
L'avarice a comme l'amour un don de seconde vue sur les futurs contingents, elle les flaire, elle les presse. *Ibid.*	48
Les gens généreux font de mauvais commerçants. *Ibid.*	49
Choisir! c'est l'éclair de l'intelligence. Hésitez-vous?... tout est dit, vous vous trompez. *L'Illustre Gaudissart.*	50
Tous les vrais grands hommes aiment à se laisser tyranniser par un être faible. *Ibid.*	51
Une génération est un drame à quatre ou cinq mille personnages saillants. Ce drame, c'est mon livre*. *Lettre à Hippolyte Castille, 1846.* <small>* *La Comédie humaine*, considérée dans son ensemble comme un seul ouvrage.</small>	52
Dans ces grandes crises, le cœur se brise ou se bronze. *La Maison du Chat-qui-pelote.* <small>Balzac transpose ici un mot de Chamfort : « En vivant et en voyant les hommes, il faut que le cœur se brise ou se bronze. » Voir A∙**158**∙2.</small>	53
Les lois sont des toiles d'araignées à travers lesquelles passent les grosses mouches et où restent les petites. *La Maison Nucingen.*	54

55 Un grand politique doit être un scélérat abstrait, sans quoi les sociétés
sont mal menées.
Ibid.

56 Les vocations manquées déteignent sur toute l'existence.
Ibid.

57 Il en est des passions nobles comme des vices : plus elles se satisfont,
plus elles s'accroissent.
Les Marana.

58 Quand on observe la nature, on y découvre les plaisanteries d'une ironie supérieure :
elle a, par exemple, placé les crapauds près des fleurs...
Massimilla Doni.

59 L'amour qui économise n'est jamais le véritable amour.
Melmoth réconcilié.

60 La vie militaire exige peu d'idées.
Ibid.

61 Un enfant est un grand politique dont on se rend maître comme du grand politique...
par ses passions.
Mémoires de deux jeunes mariées.

62 Pour savoir jusqu'où va la cruauté de ces charmants êtres que nos passions
grandissent tant, il faut voir les femmes entre elles.
Modeste Mignon.

63 [La femme de chambre] lui cria deux mots à voix basse.
La Muse du département.

64 Quand tout le monde est bossu, la belle taille devient la monstruosité.
Ibid.

65 La volonté peut et doit être un sujet d'orgueil bien plus que le talent.
Ibid.

66 [...] Comme tous les êtres réellement forts, il avait l'humeur égale.
Les Paysans.

67 En France, le provisoire est éternel, quoique le Français soit soupçonné
d'aimer le changement.
Ibid.

68 Jamais la police n'aura d'espions comparables à ceux qui se mettent au service
de la haine.
Ibid.

69 Le despotisme fait illégalement de grandes choses,
la liberté ne se donne même pas la peine d'en faire légalement de très petites.
La Peau de chagrin.

Un pouvoir impunément bravé touche à sa ruine. *Ibid.*	70
Le sentiment que l'homme supporte le plus difficilement est la pitié, surtout quand il la mérite. La haine est un tonique, elle fait vivre, elle inspire la vengeance ; mais la pitié tue, elle affaiblit encore notre faiblesse. *Ibid.*	71
L'amour véritable s'enveloppe toujours des mystères de la pudeur, même dans son expression, car il se prouve par lui-même ; il ne sent pas la nécessité, comme l'amour faux, d'allumer un incendie. *Les Petits Bourgeois.*	72
En révolution, le premier de tous les principes est de diriger le mal qu'on ne saurait empêcher. *Physiologie du mariage.*	73
En toute chose, l'on ne reçoit qu'en raison de ce que l'on donne. *Ibid.*	74
Il ne se rencontre pas plus dans la vie de l'homme deux moments de plaisir semblables, qu'il n'y a deux feuilles exactement pareilles sur un même arbre. *Ibid.*	75
Ne commencez jamais le mariage par un viol. *Ibid.*	76
Parler d'amour, c'est faire l'amour. *Ibid.*	77
La puissance ne consiste pas à frapper fort ou souvent, mais à frapper juste. *Ibid.*	78
Le sort d'un ménage dépend de la première nuit. *Ibid.*	79
Il n'y a que les gens médiocres pour penser à tout. *Pierre Grassou.*	80
La bêtise a deux manières d'être : elle se tait ou elle parle. La bêtise muette est supportable. *Pierrette.*	81
Quand il y a une vieille fille dans une maison, les chiens de garde sont inutiles. *Ibid.*	82
L'amour n'est pas seulement un sentiment, il est un art aussi. *La Recherche de l'absolu.*	83
La gloire est le soleil des morts. *Ibid.*	84

85	Il arrive un moment, dans la vie intérieure des familles, où les enfants deviennent, soit volontairement, soit involontairement, les juges de leurs parents. *Ibid.*
86	Il n'est pas de créature qui n'ait plus de force pour supporter le chagrin que pour résister à l'extrême félicité. *Les Secrets de la princesse de Cadignan.*
87	Rien ne grise comme le vin du malheur. *Splendeurs et Misères des courtisanes.*
88	On respecte un homme qui se respecte lui-même. *Sur Catherine de Médicis.*
89	Tout pouvoir est une conspiration permanente. *Ibid.*
90	Jamais les hommes d'imagination, pour lesquels l'espérance est le fond de la vie, ne veulent se dire qu'en affaires le moment le plus périlleux est celui où tout va selon leurs souhaits. *Une fille d'Ève.*
91	[Le désert,] c'est Dieu sans les hommes. *Une passion dans le désert.*
92	Les gens qui aiment ne doutent de rien, ou doutent de tout. *Une ténébreuse affaire.*
93	La Police et les Jésuites ont la vertu de ne jamais abandonner ni leurs ennemis ni leurs amis. *Ibid.*
94	Les pleurs des vieillards sont aussi terribles que ceux des enfants sont naturels. *Ursule Mirouët.*
95	Les gens qui veulent fortement une chose sont presque toujours bien servis par le hasard. *La Vendetta.*
96	La joie ne peut éclater que parmi des gens qui se sentent égaux. *Ibid.*
97	On reproche sévèrement à la Vertu ses défauts, tandis qu'on est plein d'indulgence pour les qualités du Vice. *La Vieille Fille.*
45	**Jean Louis Guez de BALZAC** 1597-1654
1	Il faut que les femmes soient tout à fait femmes. *Lettres, 20 septembre 1628.*

La beauté me plaît en quelque lieu que je la rencontre.
Ibid., *7 mars 1634.*

2

Il y a eu de la lâcheté partout où il y a eu de la tyrannie.
Le Prince.

3

Théodore de BANVILLE
1823-1891

46

« Cherchez les effets et les causes »,
Nous disent les rêveurs moroses.
Des mots! des mots! cueillons les roses!
Les Cariatides.

1

Vous en qui je salue une nouvelle aurore, [...]
Jeunes hommes des temps qui ne sont pas encore...
Ibid.

2

Enfin, de son vil échafaud,
Le clown sauta si haut, si haut,
Qu'il creva le plafond de toiles
Au son du cor et du tambour,
Et, le cœur dévoré d'amour,
Alla rouler dans les étoiles.
Odes funambulesques.

3

Et ceux qui ne font rien ne se trompent jamais.
Ibid.

4

On mourra de dégoût si l'on ne prend pas, de-ci de-là, un grand bain d'azur.
Ibid.

5

Sans la justesse de l'expression, pas de poésie.
Petit Traité de poésie française.

6

Jules BARBEY d'AUREVILLY
1808-1889

47

Les crimes de l'extrême civilisation sont certainement plus atroces
que ceux de l'extrême barbarie.
Les Diaboliques.

1

[...] Les êtres heureux sont graves.
Ibid.

2

L'avantage de la gloire — avoir un nom trimbalé par la bouche des sots!
Disjecta membra.

3

Dans une société qui devient de plus en plus matérialiste, le confesseur,
c'est le médecin.
Ibid.

4

5   Être au-dessus de ce qu'on sait, chose rare. L'érudition par-dessus
c'est le fardeau, par-dessous c'est le piédestal.
Ibid.

6   Être belle et aimée, ce n'est être que femme. Être laide et savoir se faire aimer,
c'est être princesse.
Ibid.

7   Être poli avec un sot, c'est s'en isoler. Quelle bonne politique !
Ibid.

8   Sait-on bien juste à quel point il faut peu de talent pour réussir ?...
Ibid.

9   C'est surtout ce qu'on ne comprend pas qu'on explique.
L'Ensorcelée.

10   Les bêtes ne sont pas sottes, elles ne peuvent qu'être bêtes.
Omnia.

11   L'idéal économique des bourgeois est d'augmenter indéfiniment le nombre
des consommateurs.
Ibid.

12 |Zola, ...| l'auteur de *l'Assommoir*, cet Hercule souillé qui remue le fumier d'Augias
et qui y ajoute.
Le Roman contemporain.

13   Où les historiens s'arrêtent, ne sachant plus rien, les poètes apparaissent
et devinent.
Une page d'histoire.

14   [...] Les passions tendent toujours à diminuer, tandis que l'ennui tend toujours
à s'accroître.
Une vieille maîtresse.

48   Auguste BARBIER
1805-1882

1   C'est que la liberté n'est pas une comtesse
Du noble faubourg Saint-Germain.
Iambes et Poèmes.

2   Ô Corse à cheveux plats ! que ta France était belle
Au grand soleil de Messidor !
C'était une cavale indomptable et rebelle
Sans frein d'acier ni rênes d'or !
Ibid.

Jules BARBIER
V. CARRÉ ET BARBIER

Henri BARBUSSE
1873-1935

49

À l'ulcère du monde, il y a une grande cause générale : c'est l'asservissement au passé, le préjugé séculaire qui empêche de tout refaire proprement selon la raison et la morale.
L'Enfer (Librairie Mondiale).

1

On ne peut pas plus regarder face à face la destinée que le soleil et pourtant elle est grise.
Ibid.

2

Où est donc Dieu ?
Ibid.

3

Le réel et le surnaturel, c'est la même chose.
Ibid.

4

Si on nous enlevait tout ce qui nous fait mal, que resterait-il ?
Ibid.

5

L'avenir est dans les mains des esclaves.
Le Feu (Flammarion).

6

Combien de crimes dont ils ont fait des vertus en les appelant nationales !
Ibid.

7

Faut tuer la guerre dans le ventre de tous les pays.
Ibid.

8

Jean-Louis BARRAULT
1910-1994

50

Le théâtre est le premier sérum que l'homme ait inventé pour se protéger de la maladie de l'Angoisse.
Nouvelles Réflexions sur le théâtre
(Flammarion).

1

Maurice BARRÈS
1862-1923

51

Il est des lieux où souffle l'esprit.
La Colline inspirée (Plon).

1

Au-delà d'une amante avec laquelle on jouit de la vie, il y a une sœur avec qui l'on pleure.
L'Ennemi des lois (Plon).

2

L'autorité, c'est moins la qualité d'un homme qu'une relation entre deux êtres.
Ibid.

3

Ce n'est pas la raison qui nous fournit une direction morale, c'est la sensibilité.
La Grande Pitié des églises de France (Plon).

4

5	[Balzac,] son métier c'est son génie. *Mes cahiers* (Plon).
6	[Rousseau,] cet extravagant musicien. *Ibid.*
7	Une œuvre d'art, c'est le moyen d'une âme. *Ibid.*
8	[...] le magnifique équilibre des imbéciles. *Stanislas de Guaita* (Plon).
9	Tout livre a pour collaborateur son lecteur. *Ibid.*

52   Théodore BARRIÈRE et Ernest CAPENDU
1823-1877   1826-1868

1	Les affaires sont les affaires. *Les Faux Bonshommes.* <small>De cette réplique Octave Mirbeau a fait le titre de sa pièce créée en 1903.</small>

Guillaume de Salluste DU BARTAS
V. *DU BARTAS*

53   Roland BARTHES
1915-1980

1	C'est l'un des traits constants de toute mythologie petite-bourgeoise, que cette impuissance à imaginer l'Autre. *Mythologies* (Le Seuil).
2	Il n'y a pas de grande œuvre qui soit dogmatique. *Ibid.*

54   Marie BASHKIRTSEFF
1860-1884

1	Mais si je ne suis rien, si je ne dois rien être, pourquoi ces rêves de gloire depuis que je pense ? *Journal,* <small>25 juin 1884</small> (Fasquelle).

55   Georges BATAILLE
1897-1962

1	Qu'il est beau, qu'il est sale de savoir ! *L'Abbé C.* (Éditions de Minuit).
2	Aimer sans doute est le possible le plus lointain. *L'Alleluiah* (Gallimard).

Nous n'avons d'autre possibilité que l'impossible. *Ibid.*	3
Comment nous attarder à des livres auxquels, sensiblement, l'auteur n'a pas été *contraint ?* *Le Bleu du ciel* (Pauvert).	4
L'orgueil est la même chose que l'humilité : c'est toujours le mensonge. *Le Coupable* (Gallimard).	5
L'amusement est le besoin le plus criant et, bien entendu, le plus terrifiant de la nature humaine. *Documents* (Mercure de France).	6
Il est hors de doute que tout a été dit, écrit, imprimé, crié ou gémi sur le malheur, à cette réserve près que ce n'est jamais le malheur qui parle, mais n'importe quel heureux bavard au nom du malheur. *Ibid.*	7
Un dictionnaire commencerait à partir du moment où il ne donnerait plus le sens mais les besognes des mots. *Ibid.*	8
L'homme ne peut se trouver qu'à la condition, sans relâche, de se dérober lui-même à l'avarice qui l'étreint. *L'Expérience intérieure* (Gallimard).	9
[La poésie, ...] le sacrifice où les mots sont victimes. *Ibid.*	10
Qui ne « meurt » pas de n'être qu'un homme ne sera jamais qu'un homme. *Ibid.*	11
Ce que l'art est tout d'abord, et ce qu'il demeure avant tout, est un jeu. *Lascaux ou la naissance de l'art* (Skira).	12
L'érotisme est l'approbation de la vie jusque dans la mort. *La Littérature et le mal* (Gallimard).	13
La malédiction est le chemin de la bénédiction la moins illusoire. *Ibid.*	14
Une conscience sans scandale est une conscience aliénée. *Ibid.*	15
L'apparent relâchement de la rigueur peut n'exprimer qu'une rigueur plus grande à laquelle il fallait répondre en premier lieu. *Méthode de méditation* (Gallimard).	16
Ce qui n'est pas servile est inavouable. *Ibid.*	17

18	Du savoir extrême à la connaissance vulgaire, la différence est nulle. *Ibid.*
19	Je pense comme une fille enlève sa robe. *Ibid.*
20	La souveraineté est révolte, ce n'est pas l'exercice du pouvoir. L'authentique souveraineté refuse... *Ibid.*
21	Le cœur est humain dans la mesure où il se révolte. *L'Orestie* (Éditions des Quatre-Vents).
22	L'éclat de la poésie se révèle hors des moments qu'elle atteint dans un désordre de mort. *Ibid.*
23	Dieu est pire ou plus loin que le mal, [c']est l'innocence du mal. *Le Petit* (Pauvert).
24	La vérité je crois n'a qu'un visage : celui d'un démenti violent. *Le Mort,* préface (Pauvert).
25	L'aveu est la tentation du coupable. *Le Procès de Gilles de Rais* (Pauvert).
56	**Henry BATAILLE** **1872-1922**
1	Cette cérémonie de Zoulous qu'on appelle la journée du mariage. *Maman Colibri* (Fayard).
2	C'est toujours par ce qu'elle contient de vérité qu'une œuvre nouvelle choque ses contemporains. *La Marche nuptiale* (Fasquelle).
3	Chaque âge a ses déplaisirs. *Ibid.*
4	Il y a deux manières de prendre une femme : par la taille et par le sentiment. *Poliche* (Fasquelle).
5	Le passé n'est jamais tout à fait le passé. *Le Songe d'un soir d'amour* (Fasquelle).
57	**Charles BAUDELAIRE** **1821-1867**
1	Chacun, chez Balzac, même les portières, a du génie. *L'Art romantique.*

En matière d'art, j'avoue que je ne hais pas l'outrance ;
la modération ne m'a jamais semblé le signe d'une nature artistique vigoureuse.
Ibid.

2

J'ai maintes fois été étonné que la grande gloire de Balzac fût de passer pour
un observateur ; il m'avait toujours semblé que son principal mérite était d'être
visionnaire, et visionnaire passionné.
Ibid.

3

Manier savamment une langue, c'est pratiquer une espèce de sorcellerie évocatoire.
Ibid.

4

Tous les grands poètes deviennent naturellement, fatalement, critiques.
Ibid.

5

Tout homme bien portant peut se passer de manger pendant deux jours — de poésie, jamais.
Ibid.

6

Le beau est toujours bizarre.
Curiosités esthétiques.

7

Il est une chose mille fois plus dangereuse que le bourgeois, c'est l'artiste bourgeois.
Ibid.

8

L'imagination est la reine du vrai, et le *possible* est une des provinces du vrai.
Ibid.

9

Le mal se fait sans effort, *naturellement,* par fatalité ; le bien est toujours
le produit d'un art.
Ibid.

10

[Goya] Nul n'a osé plus que lui dans le sens de l'absurde possible.
Ibid.

11

Un éclectique est un navire qui voudrait marcher avec quatre vents.
Ibid.

12

Dieu est le seul être qui, pour régner, n'ait même pas besoin d'exister.
Choix de maximes consolantes sur l'amour.

13

Un homme qui ne boit que de l'eau a un secret à cacher à ses semblables.
Du vin et du haschisch.

14

— Ah ! Seigneur ! donnez-moi la force et le courage
De contempler mon cœur et mon corps sans dégoût !
Les Fleurs du Mal, Un voyage à Cythère.

15

Alors, ô ma beauté ! dites à la vermine
Qui vous mangera de baisers,
Que j'ai gardé la forme et l'essence divine
De mes amours décomposés !
Ibid., Une charogne.

16

17	**Amer savoir, celui qu'on tire du voyage !** *Ibid., le Voyage.*
18	**[...] l'Angoisse, atroce, despotique,** **Sur mon crâne incliné plante son drapeau noir.** *Ibid., Spleen.*
19	**L'aurore grelottante en robe rose et verte.** *Ibid., le Crépuscule du matin.*
20	**Beauté forte à genoux devant la beauté frêle !** *Ibid., Femmes damnées.*
21	**La Bêtise au front de taureau.** *Ibid., l'Examen de minuit.*
22	**Bientôt nous plongerons dans les froides ténèbres ;** **Adieu, vive clarté de nos étés trop courts !** *Ibid., Chant d'automne.*
23	**Car c'est enfin, Seigneur, le meilleur témoignage** **Que nous puissions donner de notre dignité,** **Que cet ardent sanglot qui roule d'âge en âge** **Et vient mourir au bord de votre éternité !** *Ibid., les Phares.*
24	**— Certes, je sortirai quant à moi satisfait** **D'un monde où l'action n'est pas la sœur du rêve...** *Ibid., le Reniement de saint Pierre.*
25	**C'était l'heure où l'essaim des rêves malfaisants** **Tord sur leurs oreillers les bruns adolescents.** *Ibid., le Crépuscule du matin.*
26	**Le charme inattendu d'un bijou rose et noir.** *Ibid., Lola de Valence.*
27	**Les charmes de l'horreur n'enivrent que les forts.** *Ibid., Danse macabre.*
28	**Amis de la science et de la volupté,** **Ils cherchent le silence et l'horreur des ténèbres.** *Ibid., les Chats.*
29	**Delacroix, lac de sang hanté des mauvais anges [...]** *Ibid., les Phares.*
30	**Entends, ma chère, entends la douce Nuit qui marche.** *Ibid., Recueillement.*
31	**Goya, cauchemar plein de choses inconnues [...]** *Ibid., les Phares.*

Grands bois, vous m'effrayez comme des cathédrales. *Ibid.*, Obsession.	32
Homme libre, toujours tu chériras la mer. *Ibid.*, l'Homme et la Mer.	33
Hypocrite lecteur, — mon semblable, — mon frère! *Ibid.*, Au lecteur.	34
Il est des parfums frais comme des chairs d'enfants, Doux comme les hautbois, verts comme les prairies, — Et d'autres, corrompus, riches et triomphants. *Ibid.*, Correspondances.	35
J'ai longtemps habité sous de vastes portiques Que les soleils marins teignaient de mille feux. *Ibid.*, la Vie antérieure.	36
J'ai plus de souvenirs que si j'avais mille ans. *Ibid.*, Spleen.	37
Je hais le mouvement qui déplace les lignes [...] *Ibid.*, la Beauté.	38
Je sais l'art d'évoquer les minutes heureuses. *Ibid.*, le Balcon.	39
Je suis la plaie et le couteau! Je suis le soufflet et la joue! Je suis les membres et la roue, Et la victime et le bourreau. *Ibid.*, l'Héautontimorouménos.	40
Je veux dormir! dormir plutôt que vivre! *Ibid.*, le Léthé.	41
Là, tout n'est qu'ordre et beauté, Luxe, calme et volupté. *Ibid.*, l'Invitation au voyage.	42
Léonard de Vinci, miroir profond et sombre [...] *Ibid.*, les Phares.	43
Mais les vrais voyageurs sont ceux-là seuls qui partent Pour partir [...] *Ibid.*, le Voyage.	44
Mais le vert paradis des amours enfantines [...] *Ibid.*, Mœsta et errabunda.	45
Ma jeunesse ne fut qu'un ténébreux orage. *Ibid.*, l'Ennemi.	46

47
Maudit soit à jamais le rêveur inutile
Qui voulut le premier, dans sa stupidité,
S'éprenant d'un problème insoluble et stérile,
Aux choses de l'amour mêler l'honnêteté !
Ibid., Femmes damnées.

48
Même quand elle marche on croirait qu'elle danse.
Ibid., Avec ses vêtements ondoyants et nacrés.

49
Michel-Ange, lieu vague où l'on voit des Hercules [...]
Ibid., les Phares.

50
Mon enfant, ma sœur,
Songe à la douceur
D'aller là-bas vivre ensemble.
Ibid., l'Invitation au voyage.

51
Les morts, les pauvres morts ont de grandes douleurs.
Ibid., la Servante au grand cœur.

52
La Nature est un temple où de vivants piliers
Laissent parfois sortir de confuses paroles ;
L'homme y passe à travers des forêts de symboles
Qui l'observent avec des regards familiers.
Ibid., Correspondances.

53
Nous aurons des lits pleins d'odeurs légères,
Des divans profonds comme des tombeaux [...]
Ibid., la Mort des amants.

54
Ô femme dangereuse, ô séduisants climats !
Ibid., Ciel brouillé.

55
Ô mort, vieux capitaine, il est temps ! levons l'ancre.
Ce pays nous ennuie, ô mort ! Appareillons !
Si le ciel et la mer sont noirs comme de l'encre,
Nos cœurs que tu connais sont remplis de rayons !
Ibid., le Voyage.

56
Ô Satan, prends pitié de ma longue misère !
Ibid., les Litanies de Satan.

57
Ô toi que j'eusse aimée, ô toi qui le savais !
Ibid., À une passante.

58
Les parfums, les couleurs et les sons se répondent.
Ibid., Correspondances.

59
Le Poète est semblable au prince des nuées [...]
Ses ailes de géant l'empêchent de marcher.
Ibid., l'Albatros.

[...] Pour entendre un de ces concerts riches de cuivre
Dont les soldats parfois inondent nos jardins
Et qui, dans ces soirs d'or où l'on se sent revivre,
Versent quelque héroïsme au cœur des citadins.

Ibid., *les Petites Vieilles.*

60

Pour l'enfant, amoureux de cartes et d'estampes,
L'univers est égal à son vaste appétit.
Ah! que le monde est grand à la clarté des lampes!
Aux yeux du souvenir que le monde est petit!

Ibid., *le Voyage.*

61

Quel démon a doté la mer, rauque chanteuse,
Qu'accompagne l'immense orgue des vents grondeurs,
De cette fonction sublime de berceuse?

Ibid., *Mœsta et errabunda.*

62

Rembrandt, triste hôpital tout rempli de murmures [...]

Ibid., *les Phares.*

63

Rubens, fleuve d'oubli, jardin de la paresse [...]

Ibid., *les Phares.*

64

La servante au grand cœur dont vous étiez jalouse [...]

Ibid., *la Servante au grand cœur.*

65

Sois charmante et tais-toi!

Ibid., *Sonnet d'automne.*

66

Sois sage, ô ma douleur, et tiens-toi plus tranquille.

Ibid., *Recueillement.*

67

Soyez béni, mon Dieu, qui donnez la souffrance
Comme un divin remède à nos impuretés.

Ibid., *Bénédiction.*

68

Un soir, l'âme du vin chantait dans les bouteilles.

Ibid., *l'Âme du vin.*

69

Le vieux Paris n'est plus (la forme d'une ville
Change plus vite, hélas! que le cœur d'un mortel).

Ibid., *le Cygne.*

70

Aimer les femmes intelligentes est un plaisir de pédéraste.

Fusées.

71

Ce qui est créé par l'esprit est plus vivant que la matière.

Ibid.

72

Faire son devoir tous les jours, et se fier à Dieu pour le lendemain.

Ibid.

73

74	Il y a dans l'acte de l'amour une grande ressemblance avec la torture ou avec une opération chirurgicale. *Ibid.*
75	Il y a des moments dans l'existence où le temps et l'étendue sont plus profonds, et le sentiment de l'existence intensément augmente. *Ibid.*
76	La Musique creuse le ciel. *Ibid.*
77	Les nations n'ont de grands hommes que malgré elles, — comme les familles. *Ibid.*
78	Plus on veut, mieux on veut. *Ibid.*
79	La volupté unique et suprême de l'amour gît dans la certitude de faire le *mal*. — Et l'homme et la femme savent de naissance que dans le mal se trouve toute volupté. *Ibid.*
80	*Avant tout,* être *un grand homme* et *un saint* pour soi-même. *Mon cœur mis à nu.*
81	La femme est *naturelle,* c'est-à-dire abominable. *Ibid.*
82	La femme ne sait pas séparer l'âme du corps. *Ibid.*
83	Glorifier le culte des images (ma grande, mon unique, ma primitive passion). *Ibid.*
84	Il faut travailler, sinon par goût, au moins par désespoir, puisque, tout bien vérifié, travailler est moins ennuyeux que s'amuser. *Ibid.*
85	Il n'existe que trois êtres respectables : le prêtre, le guerrier, le poète. Savoir, tuer et créer. *Ibid.*
86	Il serait peut-être doux d'être alternativement victime et bourreau. *Ibid.*
87	Il y a dans tout homme, à toute heure, deux postulations simultanées, l'une vers Dieu, l'autre vers Satan. *Ibid.*
88	J'ai toujours été étonné qu'on laissât les femmes entrer dans les églises. Quelle conversation peuvent-elles tenir avec Dieu ? *Ibid.*

La jeune fille, ce qu'elle est en réalité. Une petite sotte et une petite salope ; la plus grande imbécillité unie à la plus grande dépravation. *Ibid.*	89
Ne pouvant pas supprimer l'amour, l'Église a voulu au moins le désinfecter, et elle a fait le mariage. *Ibid.*	90
La Révolution a été faite par des voluptueux. *Notes sur « les Liaisons dangereuses ».*	91
Le génie n'est que l'enfance nettement formulée, douée maintenant, pour s'exprimer, d'organes virils et puissants. *Les Paradis artificiels.*	92
[...] Robespierre, dans son style de glace ardente, recuit et congelé comme l'abstraction [...] *Ibid.*	93
Toute débauche parfaite a besoin d'un parfait loisir. *Ibid.*	94
Volontiers je n'écrirais que pour les morts. *Ibid.*	95
Il faut être toujours ivre. [...] De vin, de poésie ou de vertu, à votre guise. Mais enivrez-vous. *Le Spleen de Paris, Enivrez-vous.*	96
J'aime les nuages... les nuages qui passent... là-bas... là-bas... les merveilleux nuages. *Ibid., l'Étranger.*	97
Mon âme voyage sur le parfum comme l'âme des autres hommes sur la musique. *Ibid., Un hémisphère dans une chevelure.*	98
Seigneur, ayez pitié, ayez pitié des fous et des folles ! Ô Créateur ! peut-il exister des monstres aux yeux de Celui-là seul qui sait pourquoi ils existent, comment ils *se sont faits* et comment ils auraient pu *ne pas se faire* ? *Ibid., Mademoiselle Bistouri.*	99

Gérard BAUËR
1888-1967

58

J'admire et méprise les hommes pour tout ce qu'ils sont capables d'endurer. *Carnets* (Gallimard).	1
La voix est un second visage. *Ibid.*	2
L'art de plaire est plus difficile, quoi qu'on pense, que l'art de déplaire. *Chroniques I* (Gallimard).	3

4	Il y a une chose pire encore que l'infamie des chaines, c'est de ne plus en sentir le poids. *Ibid.*
5	La grâce n'a pas d'âge. *Ibid., II.*
6	Nous avons les souvenirs que nous méritons. *Ibid.*
7	Toute facilité apparente, toute réussite, sont les fruits d'une rigueur intime. *Ibid., III.*

59	**Pierre BAYLE** **1647-1706**
1	Croire que la religion dans laquelle on a été élevé est fort bonne et pratiquer tous les vices qu'elle défend sont des choses extrêmement compatibles, aussi bien dans le grand monde que par le peuple. *Nouvelles de la République des Lettres.*
2	Il n'y a point de prescription contre la vérité. *Ibid.*
3	Comme ce serait déplaire à Dieu que de respecter la vérité que l'on s'imaginerait être le mensonge, ce serait aussi l'offenser que de ne pas respecter le mensonge que l'on croirait être la vérité. *Critique de l'Histoire du calvinisme* *par le P. Maimbourg.*
4	Il n'est pas plus étrange qu'un athée vive vertueusement qu'il n'est étrange qu'un chrétien se porte à toutes sortes de crimes. *Pensées diverses sur la comète.*
5	La joie est le nerf de toutes les affaires humaines. *Ibid.*
6	La raison ne peut tenir contre le tempérament, elle se laisse mener en triomphe ou en qualité de captive, ou en qualité de flatteuse. *Réponse aux questions d'un provincial.*

60	**Pierre Augustin Caron de BEAUMARCHAIS** **1732-1799**
1	Aujourd'hui, ce qui ne vaut pas la peine d'être dit, on le chante. *Le Barbier de Séville, I, 2.*
2	Aux vertus qu'on exige dans un domestique, Votre Excellence connaît-elle beaucoup de maîtres qui fussent dignes d'être valets ? *Ibid., I, 2.*

Croyez qu'il n'y a pas de plate méchanceté, pas d'horreurs, pas de conte absurde, qu'on ne fasse adopter aux oisifs d'une grande ville en s'y prenant bien : et nous avons ici des gens d'une adresse!... 3
D'abord un bruit léger, rasant le sol comme hirondelle avant l'orage, *pianissimo* murmure et file, et sème en courant le trait empoisonné. Telle bouche le recueille, et *piano, piano,* vous le glisse en l'oreille adroitement. Le mal est fait, il germe, il rampe, il chemine, et *rinforzando* de bouche en bouche il va le diable ; puis tout à coup, [je] ne sais comment, vous voyez calomnie se dresser, siffler, s'enfler, grandir à vue d'œil. Elle s'élance, étend son vol, tourbillonne, enveloppe, arrache, entraîne, éclate, et tonne, et devient, grâce au ciel, un cri général, un *crescendo* public, un *chorus* universel de haine et de proscription. Qui diable y résisterait?

Ibid., II, 8.

En occupant les gens de leur propre intérêt, on les empêche de nuire à l'intérêt d'autrui. 4

Ibid., I, 4.

Il est doux d'être aimé pour soi-même. 5

Ibid., I, 1.

Je me presse de rire de tout, de peur d'être obligé d'en pleurer. 6

Ibid., I, 2.

Loué par ceux-ci, blâmé par ceux-là, aidant au bon temps, supportant le mauvais, me moquant des sots, bravant les méchants, riant de ma misère et faisant la barbe à tout le monde... 7

Ibid., I, 2.

Quand on cède à la peur du mal, on ressent déjà le mal de la peur. 8

Ibid., II, 2.

Qui diable est-ce donc qu'on trompe ici? 9

Ibid., III, 11.

— Savez-vous que c'est fort mal d'écouter? 10
— C'est pourtant tout ce qu'il y a de mieux pour bien entendre.

Ibid., II, 10, Rosine puis Figaro.

Un grand nous fait assez de bien quand il ne nous fait pas de mal. 11

Ibid., I, 2.

Je voudrais que chacun ne fût pas plus égaux l'un que l'autre. 12
Les maîtres seraient bien attrapés!

Les Deux Amis ou le Négociant de Lyon, IV, 1.

C'est un domestique qui parle.

La-a forme, monseigneur. Tenez, tel rit d'un juge en habit court, 13
qui-i tremble au seul aspect d'un procureur en robe. La-a forme, monseigneur, la-a forme.

Le Mariage de Figaro, III, 14.

L'amour n'est que le roman du cœur : c'est le plaisir qui en est l'histoire. 14

Ibid., V, 7.

15   Boire sans soif et faire l'amour en tout temps, madame,
il n'y a que ça qui nous distingue des autres bêtes.
Ibid., II, 21.

Thème repris de Rabelais.

16   [...] La colère chez les bons cœurs, n'est qu'un besoin pressant de pardonner!
La Mère coupable, IV, 18.

17   De toutes les choses sérieuses, le mariage étant la plus bouffonne...
Le Mariage de Figaro, I, 9.

18   Médiocre et rampant, et l'on arrive à tout.
Ibid., III, 5.

19   Que les gens d'esprit sont bêtes!
Ibid., I, 1.

20   Ne pouvant avilir l'esprit, on se venge en le maltraitant.
Ibid., V, 3.

21   On est toujours l'enfant de quelqu'un.
Ibid., III, 18.

22   On pense à moi pour une place mais par malheur j'y étais propre :
il fallait un calculateur, ce fut un danseur qui l'obtint.
Ibid., V, 3.

23   Parce que vous êtes un grand seigneur, vous vous croyez un grand génie!
Ibid., V, 3.

24   Pour gagner du bien, le savoir-faire vaut mieux que le savoir.
Ibid., V, 3.

25   [...] Pourvu que je ne parle en mes écrits ni de l'autorité, ni du culte,
ni de la politique, ni de la morale, ni des gens en place, ni des corps en crédit,
ni de l'opéra, ni des autres spectacles, ni de personne qui tienne à quelque chose,
je puis tout imprimer librement, sous l'inspection de deux ou trois censeurs.
Ibid., V, 3.

26   Prouver que j'ai raison serait accorder que je puis avoir tort.
Ibid., I, 1.

27   Qu'avez-vous fait pour tant de biens? Vous vous êtes donné la peine de naître,
et rien de plus.
Ibid., V, 3.

28   Quel diable d'homme, et qu'il est contrariant! il dit du bien
de tout le monde!
Ibid., préface.

29   [...] Sans la liberté de blâmer, il n'est point d'éloge flatteur.
Ibid., V, 3.

Tout finit par des chansons. *Ibid., v. 19.*	30
... Toute vérité n'est pas bonne à croire. *Ibid., iv. 1.*	31

Jean-Baptiste de BEAUVAIS, évêque de Senez
1731-1790
61

Le silence des peuples est la leçon des rois. *Oraison funèbre de Louis XV.* Voir Mirabeau A-**502**-2 et B-**118**-1.	1

Simone de BEAUVOIR
1908-1986
62

[...] La fatalité triomphe dès qu'on croit en elle. *L'Amérique au jour le jour* (Gallimard).	1
Le couple heureux qui se reconnaît dans l'amour défie l'univers et le temps ; **il se suffit, il réalise l'absolu.** *Le Deuxième Sexe, t. 1* (Gallimard).	2
[...] L'érotisme implique une revendication de l'instant contre le temps, **de l'individu contre la collectivité.** *Ibid., t. 1.*	3
L'écrivain original, tant qu'il n'est pas mort, est toujours scandaleux. *Ibid., t. 11.*	4
En un sens le mystère de l'incarnation se répète en chaque femme ; **tout enfant qui naît est un dieu qui se fait homme.** *Ibid., t. 11.*	5
Qu'est-ce qu'un adulte ? Un enfant gonflé d'âge. *La Femme rompue* (Gallimard).	6
La beauté se raconte encore moins que le bonheur. *La Force de l'âge* (Gallimard).	7
Écrire est un métier [...] qui s'apprend en écrivant. *Ibid.*	8
Entre deux individus, l'harmonie n'est jamais donnée, elle doit indéfiniment se conquérir. *Ibid.*	9
[...] Lorsqu'on prétend se jouer des salauds, en vérité on se compromet avec eux. *Ibid.*	10
Nous considérons l'artisanat comme une des formes exemplaires de l'activité humaine. *Ibid.*	11

12 La parole ne représente parfois qu'une manière, plus adroite que le silence, de se taire.
Ibid.

13 L'art est une tentative pour intégrer le mal.
Les Mandarins (Gallimard).

14 [...] Dans toutes les larmes s'attarde un espoir.
Ibid.

15 La jeunesse n'aime pas les vaincus.
Ibid.

16 La mort semble bien moins terrible, quand on est fatigué.
Ibid.

17 [...] On ne peut rien écrire dans l'indifférence.
Ibid.

18 [...] Pour parler de soi, il faut parler de tout le reste.
Ibid.

19 Quand vraiment on ne veut plus aimer, on n'aime plus : mais on ne veut pas à volonté.
Ibid.

20 Si seulement on pouvait être tout à fait pour, ou tout à fait contre !
Ibid.

21 Il me semblait que la terre n'aurait pas été habitable si je n'avais eu personne à admirer.
Mémoires d'une jeune fille rangée (Gallimard).

22 Il m'était plus facile de penser un monde sans créateur qu'un créateur chargé de toutes les contradictions du monde.
Ibid.

23 [...] Je me passais très bien de Dieu et si j'utilisais son nom, c'était pour désigner un vide qui avait à mes yeux l'éclat de la plénitude.
Ibid.

24 Toute réussite déguise une abdication.
Ibid.

25 Un seul printemps dans l'année..., et dans la vie une seule jeunesse.
Ibid.

26 C'est le désir qui crée le désirable, et le projet qui pose la fin.
Pour une morale de l'ambiguïté (Gallimard).

27 L'homme est libre ; mais il trouve sa loi dans sa liberté même.
Ibid.

Sans échec, pas de morale. *Ibid.*	28
C'est dans l'Art que l'homme se dépasse définitivement lui-même. *Privilèges* (Gallimard).	29
Pensée de vaincus, pensée vaincue. *Ibid.*	30
Une absurdité responsable d'elle-même, voilà ce que je suis. *Le Sang des autres* (Gallimard).	31
Ils se contentent de tuer le temps en attendant que le temps les tue. *Tous les hommes sont mortels* (Gallimard).	32
[...] Le meilleur des princes a toujours sur la conscience des centaines de morts. *Ibid.*	33
Quel homme peut prévoir les conséquences de ses actes ? *Ibid.*	34
Si l'on vit assez longtemps, on voit que toute victoire se change un jour en défaite. *Ibid.*	35

Samuel BECKETT
1906-1989

63

Les larmes du monde sont immuables. Pour chacun qui se met à pleurer, quelque part un autre s'arrête. Il en va de même du rire. *En attendant Godot* (Éditions de Minuit).	1
Rien n'est plus drôle que le malheur... c'est la chose la plus comique du monde. *Fin de partie* (Éditions de Minuit).	2
Il est plus facile d'élever un temple que d'y faire descendre l'objet du culte. *L'Innommable* (Éditions de Minuit).	3
Je dis *je* en sachant que ce n'est pas moi. Voir Rimbaud A-**593**-2. *Ibid.*	4
L'humanité [...] est un puits à deux seaux. Pendant que l'un descend pour être rempli, l'autre monte pour être vidé. *Murphy* (Éditions de Minuit).	5
N'importe quel imbécile peut fermer l'œil, mais qui sait ce que voit l'autruche dans le sable. *Ibid.*	6
Avoir toujours été celle que je suis et être si différente de celle que j'étais ! *Oh ! les beaux jours* (Éditions de Minuit).	7

64	### Henry BECQUE 1837-1899
1	La décision est souvent l'art d'être cruel à temps. *Notes d'album* (G. Crès).
2	L'élite, c'est la canaille. *Ibid.*
3	En vieillissant, on s'aperçoit que la vengeance est encore la forme la plus sûre de la justice. *Ibid.*
4	Il ne faut pas voir ses amis si l'on veut les conserver. *Ibid.*
5	La morale est peut-être la forme la plus cruelle de la méchanceté. *Ibid.*
65	### Maurice BEDEL 1884-1954
1	La peur est une récréation de la volonté, la dilection des faibles. *Jérôme 60º latitude Nord* (Gallimard).
2	Entre tant de plaisirs que dispense l'amour, il n'en est pas de plus grand que de parler de soi à l'être que l'on chérit. *Le Laurier d'Apollon* (Gallimard).
3	Il y a des moments où l'on croit que l'impossible est la base même de l'espérance. *Ibid.*
66	### Albert BÉGUIN 1901-1957
1	L'humanité vit, sur terre, dans une épaisse nuit, où les événements surgissent, dans un inextricable désordre, comme les songes incohérents d'un dormant. *Bloy, mystique de la douleur* (Labergerie).
2	L'humanité est en marche vers quelque chose qui dépasse de bien loin l'organisation de la société. *Faiblesse de l'Allemagne* (Corréa).
3	Au cœur du rêve, je suis seul [...] Je me retrouve dans l'isolement parfait de la créature devant le monde. *Poésie de la présence* (Le Seuil).
4	La mystique n'est pas ivresse, mais progrès, et cheminement vers une lumière *certaine*. *Ibid.*
5	La solitude de la poésie et du rêve nous enlève à notre désolante solitude. *Ibid.*

Joachim du BELLAY
V. DU BELLAY.

Rémi BELLEAU
1528-1577

67

Non, mon cœur n'est pas un feu couvert. *Petites Inventions et Autres Poésies.*	1

Qui veut gagner, il faut dépendre*. *La Reconnue, comédie,* IV. 2. * Dépenser.	2

Qui vous a pris baisers, s'il n'a pris davantage, Était digne de perdre encor ce qu'il a pris. *La Seconde Journée de la Bergerie ; sur les baisers de R. Belleau.*	3

Dormont de BELLOY (Pierre-Laurent Buirette, dit)
1727-1775

68

Hélas ! qu'aux cœurs heureux les vertus sont faciles ! *Gabrielle de Vergy.*	1

Plus je vis d'étrangers, plus j'aimai ma patrie. *Le Siège de Calais.*	2

Julien BENDA
1867-1956

69

[...] Les belles époques littéraires sont d'un demi-siècle alors que les littératures dites de décadence durent six cents ans. *La France byzantine* (Gallimard).	1

Si l'on excepte le cas unique du cartésianisme, il n'y a pas de snobisme du bon sens. *Ibid.*	2

Nous ne demandons pas au chrétien de ne point violer la loi chrétienne ; nous lui demandons, s'il la viole, de savoir qu'il la viole. *La Trahison des clercs* (Grasset).	3

Le propre de l'action morale est précisément de créer son objet en l'affirmant. *Ibid.*	4

Isaac de BENSERADE
1613-1691

70

Amants agneaux deviennent maris loups. *Poème sur l'accomplissement du mariage de Leurs Majestés.*	1

Plus on se tient couvert, plus on est recherché. *Vingt sonnets sur la beauté et sur la laideur.*	2

71	**Pierre-Jean de BÉRANGER** 1780-1857

1

Chapeau bas! Chapeau bas!
Gloire au marquis de Carabas!
Chansons.

2

Combien je regrette
Mon bras si dodu
Ma jambe bien faite
Et le temps perdu!
Ibid.

3

Dans un grenier qu'on est bien à vingt ans!
Ibid.

4

Il est un petit homme
Tout habillé de gris,
Dans Paris,
Joufflu comme une pomme,
Qui, sans un sou comptant,
Vit content...
Ibid.

5

Il était un roi d'Yvetot
Peu connu dans l'histoire;
Se levant tard, se couchant tôt,
Dormant fort bien sans gloire,
Et couronné par Jeanneton
D'un simple bonnet de coton,
Dit-on
Oh! oh! oh! oh! ah! ah! ah! ah!
Quel bon petit roi c'était là!
La, la.
Ibid.

6

Il s'est assis là, grand'mère!
Il s'est assis là!
Ibid.

7

J'ai pris goût à la république,
Depuis que j'ai vu tant de rois.
Ibid.

8

J'avais vingt ans, une folle maîtresse,
De francs amis et l'amour des chansons.
Ibid.

9

On parlera de sa gloire*
Sous le chaume bien longtemps.
Ibid.
* Celle de Napoléon Ier

Joseph BERCHOUX
1765-1839

72

Qui me délivrera des Grecs et des Romains!
Élégie.

1

Rien ne doit déranger l'honnête homme qui dîne.
La Gastronomie.

2

Un poème jamais ne valut un dîner.
Ibid.

3

Gaston BERGER
1896-1960

73

Demain ne sera pas comme hier. Il sera nouveau et il dépendra de nous.
Il est moins à découvrir qu'à inventer.
Phénoménologie du temps et prospective
(P.U.F.).

1

Henri BERGSON
1859-1941

74

[...] la fonction essentielle de l'univers, qui est une machine à faire des dieux.
Les Deux Sources de la morale
et de la religion (P.U.F.).

1

L'humanité gémit, à demi écrasée sous le poids des progrès qu'elle a faits.
Elle ne sait pas assez que son avenir dépend d'elle.
Ibid.

2

Il n'y a pas de loi historique inéluctable.
Ibid.

3

La morale de l'Évangile est essentiellement celle de l'âme ouverte.
Ibid.

4

Un être ne se sent obligé que s'il est libre, et chaque obligation,
prise à part, implique la liberté.
Ibid.

5

La durée est essentiellement une continuation de ce qui n'est plus dans ce qui est.
Durée et simultanéité (P.U.F.).

6

Il faut agir en homme de pensée et penser en homme d'action.
Écrits et paroles, Message au Congrès Descartes
(P.U.F.).

7

Nous devons entendre par esprit une réalité qui est capable de tirer d'elle-même
plus qu'elle ne contient.
Ibid.

8

9	Agir librement, c'est reprendre possession de soi, c'est se replacer dans la pure durée. *Essai sur les données immédiates* *de la conscience* (P.U.F.).
10	L'art vise à imprimer en nous des sentiments plutôt qu'à les exprimer. *Ibid.*
11	L'idée de l'avenir est plus féconde que l'avenir lui-même. *Ibid.*
12	[...] La forme n'est qu'un instantané pris sur une transition. *L'Évolution créatrice* (P.U.F.).
13	[...] L'humanité entière, dans l'espace et dans le temps, est une immense armée qui galope à côté de chacun de nous, en avant et en arrière de nous... *Ibid.*
14	Il y a des choses que l'intelligence seule est capable de chercher, mais que, par elle-même, elle ne trouvera jamais. Ces choses, l'instinct seul les trouverait ; mais il ne les cherchera jamais. *Ibid.*
15	Instinct et intelligence représentent deux solutions divergentes, également élégantes, d'un seul et même problème. *Ibid.*
16	L'intelligence est caractérisée par une incompréhension naturelle de la vie. *Ibid.*
17	L'intelligence ne se représente clairement que le discontinu. *Ibid.*
18	Le rôle de la vie est d'insérer de l'indétermination dans la matière. *Ibid.*
19	La spéculation est un luxe, tandis que l'action est une nécessité. *Ibid.*
20	Le temps est invention, ou il n'est rien du tout. *Ibid.*
21	Toutes les opérations de notre intelligence tendent à la géométrie, comme au terme où elles trouvent leur parfait achèvement. *Ibid.*
22	Toutes nos analyses nous montrent dans la vie un effort pour remonter la pente que la matière descend. *Ibid.*
23	Il y aurait un moyen, et un seul, de réfuter le matérialisme : ce serait d'établir que la matière est absolument comme elle paraît être. *Matière et mémoire* (P.U.F.).

La perception dispose de l'espace dans l'exacte proportion où l'action dispose du temps. *Ibid.*	24
Les attitudes, gestes et mouvements du corps humain sont risibles dans l'exacte mesure où ce corps nous fait penser à une simple mécanique. *Le Rire* (P.U.F.).	25
Il n'y a pas de comique en dehors de ce qui est proprement *humain*. *Ibid.*	26
Le rire châtie certains défauts à peu près comme la maladie châtie certains excès. *Ibid.*	27

Emmanuel BERL
1892-1976

75

[Le langage] peut se servir de nous quand nous pensons nous servir de lui. *Fin de la IIIᵉ République* (Gallimard).	1
Le bourgeois croit qu'il est dans le même rapport avec le prolétaire que l'âme avec le corps. *Mort de la morale bourgeoise* (Gallimard).	2
Le bourgeois ne prétend pas que les choses aillent bien ; tout ce qu'il affirme, c'est qu'elles ne peuvent aller mieux. *Ibid.*	3
L'idéalisme tend vers le bureaucrate, le bureaucrate vers l'idéalisme. *Ibid.*	4
La matière, c'est ce qui ne dure pas. *Ibid.*	5
Le capitalisme ne peut être pensé que par le communisme. *Mort de la pensée bourgeoise* (Grasset).	6
La nature de l'esprit comporte qu'il n'est jamais serf de ce qu'il considère, mais de ce qu'il néglige. *Ibid.*	7
La pensée est révolutionnaire, ou elle n'est pas. *Ibid.*	8
Le propre du conformisme, c'est de n'être point senti par ceux qu'il domine. *Ibid.*	9
Le véritable Éros est muet et tout notre discours ne peut porter ici que sur notre impuissance. *Ibid.*	10

76	**Hector BERLIOZ** 1803-1869

1	Le temps est un grand maître, dit-on. Le malheur est qu'il tue ses élèves. *Almanach des Lettres françaises* *et étrangères.*

2	Bach, c'est Bach, comme Dieu c'est Dieu. *Mémoires.*

3	Ah! quel talent je vais avoir demain. *Ibid.*

77	**Georges BERNANOS** 1888-1948

1	Ce que nous appelons hasard, c'est peut-être la logique de Dieu. *Dialogues des carmélites* (Le Seuil).

2	Les plus dangereux de nos calculs sont ceux que nous appelons des illusions. *Ibid.*

3	L'intellectuel est si souvent un imbécile que nous devrions toujours le tenir pour tel, jusqu'à ce qu'il nous ait prouvé le contraire. *La France contre les robots* (Robert Laffont).

4	Une collectivité n'a pas de conscience. Lorsqu'elle paraît en avoir une, c'est qu'il y subsiste le nombre indispensable de consciences réfractaires. *Ibid.*

5	Un monde gagné pour la Technique est perdu pour la Liberté. *Ibid.*

6	C'est une grande duperie de croire que l'homme moyen n'est susceptible que de passions moyennes. *Les Grands Cimetières sous la lune* (Plon).

7	La colère des imbéciles remplit le monde. *Ibid.*

8	L'idée de grandeur n'a jamais rassuré la conscience des imbéciles. *Ibid.*

9	Il faut expier pour les morts. *Ibid.*

10	L'imbécile est d'abord d'habitude et de parti pris. *Ibid.*

11	Le monde va être jugé par les enfants. *Ibid.*

On ne refera pas la France par les élites, on la refera par la base. *Ibid.*	12
La réforme des institutions vient trop tard, lorsque le cœur des peuples est brisé. *Ibid.*	13
La vie n'apporte aucune désillusion, la vie n'a qu'une parole, elle la tient. *Ibid.*	14
Béni soit celui qui a préservé du désespoir un cœur d'enfant! *Journal d'un curé de campagne* (Plon).	15
Chacun de nous vaut le sang de Dieu. *Ibid.*	16
L'enfer, [...] c'est de ne plus aimer. *Ibid.*	17
Les familles me font peur. *Ibid.*	18
Il est beau de s'élever au-dessus de la fierté. Encore faut-il l'atteindre. *Ibid.*	19
Il n'y a pas de vérités moyennes. *Ibid.*	20
On ne va jamais jusqu'au fond de sa solitude. *Ibid.*	21
Les petites choses n'ont l'air de rien, mais elles donnent la paix [...] Dans chaque petite chose, il y a un Ange. *Ibid.*	22
Les autres, hélas! c'est nous. *Lettre de Palma, janvier 1945.*	23
L'espérance [...] est la plus grande et la plus difficile victoire qu'un homme puisse remporter sur son âme. *La liberté, pour quoi faire?* (Gallimard).	24
On ne subit pas l'avenir, on le fait. *Ibid.*	25
Qui n'a pas vu la route à l'aube, entre ses deux rangées d'arbres, toute fraîche, toute vivante, ne sait pas ce que c'est que l'espérance. *Monsieur Ouine* (Plon).	26
Les dictatures sont un grand effort manqué des peuples pour échapper au dégoût, à ce désœuvrement de l'âme. *Nous autres Français* (Gallimard).	27

28	La force et la faiblesse des dictateurs est d'avoir fait un pacte avec le désespoir des peuples. *Ibid.*
29	Nous ne sommes pas responsables de la manière dont nous sommes compris, mais de celle dont nous sommes aimés. *Ibid.*
30	Les vrais ennemis de la société ne sont pas ceux qu'elle exploite ou tyrannise, ce sont ceux qu'elle humilie. *Ibid.*
31	La charité, comme la raison, est un des éléments de notre connaissance. *Sous le soleil de Satan* (Plon).
32	Le hasard nous ressemble. *Ibid.*
78	**Claude BERNARD** **1813-1878**
1	L'esprit de l'observateur doit être passif, c'est-à-dire se taire. *Introduction à l'étude de la médecine* *expérimentale.*
2	Il ne suffit pas de dire : Je me suis trompé ; il faut dire comment on s'est trompé. *Ibid.*
3	L'*observation* est l'investigation d'un phénomène naturel, et l'*expérience* est l'investigation d'un phénomène modifié par l'investigateur. *Ibid.*
4	S'il fallait tenir compte des services rendus à la science, la grenouille occuperait la première place. *Ibid.*
5	... le terrain fétide et palpitant de la vie. *Ibid.*
6	Un fait n'est rien par lui-même, il ne vaut que par l'idée qui s'y rattache ou par la preuve qu'il fournit. *Ibid.*
79	**Jean-Marc BERNARD** **1881-1915**
1	Du plus profond de la tranchée, Nous élevons les mains vers vous, Seigneur ! ayez pitié de nous Et de notre âme desséchée ! *De profundis* (Revue française de l'élite). _{Jean-Marc Bernard a été tué au front en 1915.}

Tristan BERNARD (Paul Bernard, dit)
1866-1947

80

Les hommes sont toujours sincères. Ils changent de sincérité, voilà tout.
Ce que l'on dit aux femmes (Fayard).

1

Au théâtre les spectateurs veulent être surpris. Mais avec ce qu'ils attendent.
Contes, Répliques et Bons Mots
(Livre-Club du Libraire).

2

C'est Dieu qui a créé le monde, mais c'est le Diable qui le fait vivre.
Ibid.

3

Deux pigeons s'aimaient d'amour tendre*.
Moralité
L'un d'eux s'ennuyait au logis.
Ibid.

* Premier vers de la fable de La Fontaine *les Deux Pigeons (livre IX, fable 2)*. Voir A-**404**-68.

4

L'humanité qui devrait avoir six mille ans d'expérience retombe en enfance
à chaque génération.
Ibid.

5

Je suis un contemplateur fervent de l'effort d'autrui.
Ibid.

6

On tuait le veau gras et l'on faisait la noce.
Et la vache disait : « Ça va bien ! ça va bien !
Ces gens qui retrouvent leur gosse
Commencent par tuer le mien. »
Ibid.

7

Ce que nous aimons dans nos amis, c'est le cas qu'ils font de nous.
Deux amateurs de femmes (Ollendorf).

8

Le véritable ami est celui à qui on n'a rien à dire. Il contente à la fois
notre sauvagerie et notre besoin de sociabilité.
La Faune des plateaux (Flammarion).

9

On se lasse de dominer, on ne se lasse point d'être dominé.
Féerie bourgeoise (Flammarion).

10

Je n'ai aucune espèce de joie à faire le bonheur des gens qui ne me plaisent pas.
Jules, Juliette et Julien (L'Illustration).

11

Personne dans un théâtre n'a moins d'importance que l'auteur de la pièce.
Monsieur Codomat, prologue (Calmann-Lévy).

12

Vide les baignoires et remplit les lavabos.
Mots-croisés (Grasset).

Définition devenue célèbre pour : *entracte* et que l'on attribue aussi à Renée David.

13

| 14 | **Pour un homme intelligent, vous n'êtes pas si bête que ça.**
Le Petit Café (Calmann-Lévy). |

| 15 | **J'appartiens à ce peuple qu'on a souvent appelé élu... Élu ? Enfin, disons : en ballottage.**
Propos, Conférence à Nice, 1942. |

| 16 | **Il vaut mieux ne pas réfléchir du tout que de ne pas réfléchir assez.**
Triplepatte (Librairie théâtrale). |

| 17 | **Je suis comme tout le monde : je ne pense à rien.**
Ibid. |

| 18 | **La femme est une louve pour la femme.**
La Volonté de l'homme (Calmann-Lévy).
<small>Allusion à PLAUTE, *Asinaria, II, 4, 88* : « *Homo homini lupus,* L'homme est un loup pour l'homme. »</small> |

81   Jacques-Henri BERNARDIN de SAINT-PIERRE
1737-1814

| 1 | **Les femmes sont fausses dans les pays où les hommes sont tyrans. Partout la violence produit la ruse.**
Paul et Virginie. |

| 2 | **Les hommes ne veulent connaître que l'histoire des grands et des rois, qui ne sert à personne.**
Ibid. |

| 3 | **La nécessité donne de l'industrie, et souvent les inventions les plus utiles ont été dues aux hommes les plus misérables.**
Ibid. |

| 4 | **[...] Les teintes inimitables du blanc qui fuient à perte de vue dans le blanc.**
Études de la nature. |

82   François Joachim de Pierres, cardinal de BERNIS
1715-1794

| 1 | **Il y a à parier que le grand Newton ne vivra pas aussi longtemps que le vieux Homère.**
Discours sur la poésie. |

| 2 | **À force d'art, l'art lui-même est banni.**
Épîtres. |

| 3 | **La plus méprisable des nations est aujourd'hui la nôtre, parce qu'elle n'a nulle espèce d'honneur et qu'elle ne songe qu'à l'argent et au repos.**
Lettre au comte de Choiseul, 1758. |

| 4 | **Trop de culture épuise un champ fertile.**
Poésies diverses. |

François BÉROALDE de VERVILLE
v. 1556 - v. 1621

83

Boire du vin, c'est être bon catholique.
Le Moyen de parvenir.

1

— Mais de quoi sont composées les affaires du monde ?
— Du bien d'autrui.
Ibid.

2

André BERRY
1902-1986

84

Si le vin de toi n'est aimé,
Visiteur retourne en arrière :
Le Pont de Bordeaux t'est fermé.
Les Esprits de Garonne (Julliard, Sequana).

1

Jean BERTAUT
1552-1611

85

[...] une douleur n'étant ni petite ni grande,
Qu'autant que le courage est ou grand ou petit.
Cantique.

1

J'aime mieux, en soucis et pensers élevés,
Être un aigle abattu d'un grand coup de tonnerre
Qu'un cygne vieillissant ès jardins cultivés.
Stances.

2

J'aime qu'à mes desseins la fortune s'oppose :
Car la peine de vaincre en accroît le plaisir.
Ibid.

3

Aloysius BERTRAND (Louis Bertrand, dit)
1807-1841

86

Le diable existe [...] On le voit partout comme je vous vois.
C'est pour lui épiler mieux la barbe que les miroirs de poche ont été inventés.
Gaspard de la Nuit.

1

Il n'y a pas de serrure dont le crime n'ait la clef.
Ibid.

2

Henri BEYLE
V. *STENDHAL.*

Charles BEYS
1610-1659

87

Pour perdre une moisson il ne faut qu'une nuit.
Un laboureur déplore sa ruine.

1

88	**Théodore de BÈZE** 1519-1605
1	**Tel menace qui a grand peur.** *Comédie du pape malade.*

89	**François Xavier BICHAT** 1771-1802
1	**La vie est l'ensemble des fonctions qui résistent à la mort.** *Recherches physiologiques sur la vie* *et la mort.*

90	**André BILLY** 1882-1971
1	**La maladie du scrupule est un des fléaux de la vie spirituelle.** *L'Approbaniste* (Flammarion).
2	**Il y a un pays natal dans le temps comme il y en a un dans l'espace.** *Le Pont des Saints-Pères* (Fayard).
3	**Il y a malheureusement pour un critique autant de chances d'errer** **en étant imprudent qu'en étant prudent.** *Propos du samedi* (Mercure de France).

91	**Louis BLANC** 1811-1882
1	**Ce qui effraie le plus dans les partis, ce n'est pas ce qu'ils disent,** **c'est ce qu'ils négligent ou refusent de dire.** *Organisation du travail.*
2	**L'homme qui s'adjuge, en vertu de sa supériorité intellectuelle, une plus large part** **des biens terrestres, perd le droit de maudire l'homme fort qui, aux époques** **de barbarie, asservissait le faible en vertu de sa supériorité physique.** *Ibid.*

92	**Maurice BLANCHOT** 1907
1	**Lorsque tu affirmes, tu interroges encore.** *L'Attente, l'Oubli* (Gallimard).
2	**La réponse est le malheur de la question.** *L'Entretien infini* (Gallimard).
3	**Dans les périodes dites heureuses, seules les réponses semblent vivantes.** *L'Espace littéraire* (Gallimard).
4	**Là où la légèreté nous est donnée, la gravité ne manque pas.** *Ibid.*

Pour écrire, il faut déjà écrire.
Ibid.

5

Qui séjourne auprès de la négation ne peut se servir d'elle.
Ibid.

6

Le rêve est le semblable qui renvoie éternellement au semblable.
Ibid.

7

La banalité est faite d'un mystère qui n'a pas jugé utile de se dénoncer.
Faux Pas (Gallimard).

8

L'ordre et les dieux meurent dès qu'un seul homme a poussé son accomplissement jusqu'au terme de la liberté.
Ibid.

9

L'art nous offre des énigmes, mais par bonheur aucun héros.
Le Livre à venir (Gallimard).

10

La lecture est un bonheur qui demande plus d'innocence et de liberté que de considération.
Ibid.

11

Penser est désormais ce pas toujours à porter en arrière.
Ibid.

12

Tout art tire son origine d'un défaut exceptionnel.
Ibid.

13

Auguste BLANQUI
1805-1881

93

Le capital est du travail volé.
Critique sociale.

1

M. de Lamartine [...] est bien toujours le même, un pied dans chaque camp et sur chaque rive, un vrai colosse de Rhodes, ce qui fait que le vaisseau de l'État lui passe toujours entre les jambes.
Ibid.

2

Jean-Richard BLOCH
1884-1947

94

Les aspirations sentimentales et le goût profond du public sont universellement médiocres, paresseux et vulgaires.
Naissance d'une culture (Rieder).

1

Il n'y a guère de révolution esthétique qui puisse se priver du support d'une révolution politique.
Ibid.

2

3	Les parvenus, les nouveaux riches et les imbéciles sont les ferments indispensables de l'évolution esthétique. *Ibid.*
4	Le public aspire au poncif, inlassablement. *Ibid.*

95 Maurice BLONDEL
1861-1949

1	Le besoin de l'homme, c'est de s'égaler soi-même, en sorte que rien de ce qu'il est ne demeure étranger ou contraire à son vouloir [...] *L'Action* (P.U.F.).
2	La charité est l'organe de la parfaite connaissance. *Ibid.*
3	Le dernier effort de l'art, c'est de faire faire aux hommes ce qu'ils veulent, comme de leur faire connaître ce qu'ils savent. *Ibid.*

96 Léon BLOY
1846-1917

1	Nous crevons de la nostalgie de l'Être. *Belluaires et Porchers* (Stock).
2	Le signe incontestable du grand poète, c'est l'inconscience prophétique, la troublante faculté de proférer par-dessus les hommes et le temps, des paroles inouïes dont il ignore lui-même la portée. *Ibid.*
3	Combien d'âmes réellement vivantes dans ce grouillement d'êtres humains ? *Dans les ténèbres* (Mercure de France).
4	Les événements ont ceci de commun avec les oies qu'ils vont en troupe. *Le Désespéré* (Mercure de France).
5	[Le monde moderne] : une Atlantide submergée dans un dépotoir. *Ibid.*
6	Un homme couvert de crimes est toujours intéressant. C'est une cible pour la Miséricorde. *Ibid.*
7	On ne peut être et avoir été. Mais si ! On peut avoir été un imbécile et l'être toujours. *Exégèse des lieux communs* (Mercure de France).
8	En présence de la mort d'un petit enfant, l'Art et la Poésie ressemblent vraiment à de très grandes misères. *La Femme pauvre* (Mercure de France).

Il n'y a qu'une tristesse [...] c'est de n'être pas des saints. *Ibid.*	9
Mon existence est une campagne triste où il pleut toujours. *Ibid.*	10
Plus on approche de Dieu, plus on est seul. C'est l'infini de la solitude. *Méditations d'un solitaire en 1916* (Mercure de France).	11
Napoléon est si grand qu'on dirait que l'empire du monde ne fut pour lui qu'un pis-aller. *Le Pèlerin de l'absolu* (Mercure de France).	12
Tout chrétien sans héroïsme est un porc. *Quatre Ans de captivité à Cochons-sur-Marne* (Mercure de France).	13
Je me suis demandé souvent quelle pouvait être la différence entre la *charité* de tant de chrétiens et la *méchanceté* des démons. *Le Sang du pauvre* (Stock).	14
Le riche est une brute inexorable qu'on est forcé d'arrêter avec une faux ou un paquet de mitraille dans le ventre. *Ibid.*	15
Le sang du pauvre, c'est l'argent. On en vit et on en meurt depuis des siècles. Il résume expressivement toute souffrance. *Ibid.*	16

Léon BLUM
1872-1950

97

À l'issue d'une longue guerre nationale, la victoire bouleverse comme la défaite. *À l'échelle humaine* (Gallimard).	1
Les poisons sont quelquefois des remèdes, mais certains poisons ne sont pourtant que des poisons. *Ibid.*	2
Toute classe dirigeante qui ne peut maintenir sa cohésion qu'à la condition de ne pas agir, qui ne peut durer qu'à la condition de ne pas changer, qui n'est capable ni de s'adapter au cours des événements ni d'employer la force fraîche des générations montantes, est condamnée à disparaître de l'histoire. *Ibid.*	3
L'abnégation, la charité résultent le plus souvent d'un défaut de vie personnelle. *Nouvelles Conversations de Goethe* *avec Eckermann* (Gallimard).	4
Toute société qui prétend assurer aux hommes la liberté, doit commencer par leur garantir l'existence. *Ibid.*	5

6	À vingt ans l'enfant déforme les femmes, à trente ans il les conserve et je crois bien qu'à quarante il les rajeunit. *Du mariage.*

Jean BODEL, trouvère d'Arras
98
v. 1170-1210

1	Ne sont que trois matières à nul homme entendant* De France, de Bretagne et de Rome la grant. *Chanson des Saxons.* <small>* Intelligent, instruit</small> <small>Notre histoire littéraire fonde sur ces deux vers sa classification des cycles épiques et romanesques du Moyen Âge.</small>
2	Tel cuyde* avancer qui recule. *La Vache au prêtre.* <small>* Croit</small>

Jean BODIN
99
1530-1596

1	La principale cause qui enchérit toutes choses en quelque lieu que ce soit est l'abondance de ce qui donne estimation et prix aux choses. *Réponse au paradoxe de monsieur de Malestroit.*

BOILEAU-DESPRÉAUX (Nicolas Boileau, dit)
100
1636-1711

1	Aimez donc la raison ; que toujours vos écrits Empruntent d'elle seule et leur lustre et leur prix. *L'Art poétique.*
2	Aimez qu'on vous conseille, et non pas qu'on vous loue. *Ibid.*
3	Ainsi qu'en sots auteurs, Notre siècle est fertile en sots admirateurs. *Ibid.*
4	Avant donc que d'écrire, apprenez à penser. *Ibid.*
5	Ce que l'on conçoit bien s'énonce clairement, Et les mots pour le dire arrivent aisément. *Ibid.*
6	C'est en vain qu'au Parnasse un téméraire auteur Pense de l'art des vers atteindre la hauteur [...] Si son astre en naissant ne l'a formé poète [...] Pour lui Phébus est sourd, et Pegase est rétif. *Ibid.*
7	C'est un droit* qu'à la porte on achète en entrant. *Ibid.* <small>* Le droit de siffler au théâtre</small>

Chaque âge a ses plaisirs, son esprit et ses mœurs.
Ibid.

8

Chez elle* un beau désordre est un effet de l'art.
Ibid.

* L'ode

9

Dans ce sac ridicule où Scapin s'enveloppe,
Je ne reconnais plus l'auteur du *Misanthrope*.
Ibid.

10

De la foi des chrétiens les mystères terribles
D'ornements égayés ne sont pas susceptibles.
Ibid.

11

Enfin Malherbe vint, et, le premier en France,
Fit sentir dans les vers une juste cadence.
Ibid.

12

Faites choix d'un censeur solide et salutaire,
Que la raison conduise et le savoir éclaire.
Ibid.

13

Le Français, né malin, forma le vaudeville.
Ibid.

14

Hâtez-vous lentement, et sans perdre courage
Vingt fois sur le métier remettez votre ouvrage.
Polissez-le sans cesse et le repolissez.
Ibid.

15

L'ignorance toujours est prête à s'admirer.
Ibid.

16

Il n'est point de serpent ni de monstre odieux
Qui, par l'art imité, ne puisse plaire aux yeux.
Ibid.

17

Imitons de Marot l'élégant badinage,
Et laissons le burlesque aux plaisants du Pont-Neuf.
Ibid.

18

Le latin dans les mots brave l'honnêteté,
Mais le lecteur français veut être respecté.
Ibid.

19

Mais dans l'art dangereux de rimer et d'écrire,
Il n'est pas de degré du médiocre au pire.
Ibid.

20

La plaintive élégie, en longs habits de deuil,
Sait, les cheveux épars, gémir sur un cercueil.
Ibid.

21

22	Pour me tirer des pleurs, il faut que vous pleuriez. *Ibid.*
23	Que la nature donc soit votre étude unique. *Ibid.*
24	Quelque sujet qu'on traite, ou plaisant, ou sublime, Que toujours le bon sens s'accorde avec la rime. *Ibid.*
25	Qu'en un lieu, qu'en un jour, un seul fait accompli Tienne jusqu'à la fin le théâtre rempli. *Ibid.*
26	Qui ne sait se borner ne sut jamais écrire. *Ibid.*
27	La rime est une esclave et ne doit qu'obéir. *Ibid.*
28	Ronsard, qui le suivit, par une autre méthode, Réglant tout, brouilla tout, fit un art à sa mode [...] Mais sa muse, en français parlant grec et latin, Vit dans l'âge suivant, par un retour grotesque, Tomber de ses grands mots le faste pédantesque. *Ibid.*
29	Souvent la peur d'un mal nous conduit dans un pire : Un vers était trop faible, et vous le rendez dur ; J'évite d'être long, et je deviens obscur. *Ibid.*
30	Soyez plutôt maçon si c'est votre talent. *Ibid.*
31	[...] Soyez simple avec art. *Ibid.*
32	Soyez-vous à vous-même un sévère critique. *Ibid.*
33	Surtout qu'en vos écrits la langue révérée Dans vos plus grands excès vous soit toujours sacrée. *Ibid.*
34	Travaillez pour la gloire, et qu'un sordide gain Ne soit jamais l'objet d'un illustre écrivain. *Ibid.*
35	Un sonnet sans défaut vaut seul un long poème. *Ibid.*

Un sot trouve toujours un plus sot qui l'admire. *Ibid.*	36
Le vers se sent toujours des bassesses du cœur. *Ibid.*	37
Villon sut le premier, dans ces siècles grossiers, **Débrouiller l'art confus de nos vieux romanciers.** *Ibid.*	38
Le vrai peut quelquefois n'être pas vraisemblable. *Ibid.*	39
Après l'*Agésilas*, **Hélas !** **Mais après l'*Attila*,** **Holà !** *Épigrammes.* <small>Deux tragédies tardives de Corneille, créées respectivement en 1666 et 1667.</small>	40
[...] Ami de la vertu plutôt que vertueux. *Épîtres.* <small>Brossette assure que Boileau considérait ce vers comme « un des plus beaux et un des plus sensés qu'il ait faits ».</small>	41
Le chagrin monte en croupe, et galope avec lui. *Ibid.*	42
Grand roi, cesse de vaincre, ou je cesse d'écrire. *Ibid.*	43
Hâtons-nous ; le temps fuit, et nous traîne avec soi : **Le moment où je parle est déjà loin de moi.** *Ibid.*	44
L'ignorance vaut mieux qu'un savoir affecté. *Ibid.*	45
J'imite de Conrart le silence prudent. *Ibid.* <small>Valentin Conrart, premier secrétaire de l'Académie française, a laissé de nombreux manuscrits sans jamais rien publier.</small>	46
La libre vérité fut mon unique étude. *Ibid.*	47
Ma pensée au grand jour partout s'offre et s'expose, **Et mon vers, bien ou mal, dit toujours quelque chose.** *Ibid.*	48
On peut être héros sans ravager la terre. *Ibid.*	49

50   Le pénible fardeau de n'avoir rien à faire.
Ibid.

51   Rien n'est beau que le vrai : le vrai seul est aimable.
Ibid.

52   C'est là que le prélat, muni d'un déjeuner,
Dormant d'un léger somme, attendait le diner.
Le Lutrin.

53   La Mollesse, oppressée,
Dans sa bouche à ce mot sent sa langue glacée,
Et, lasse de parler, succombant sous l'effort,
Soupire, étend les bras, ferme l'œil et s'endort.
Ibid.

54   Reprenez vos esprits et souvenez-vous bien
Qu'un diner réchauffé ne valut jamais rien.
Ibid.

55   Tant de fiel entre-t-il dans l'âme des dévots ?
Ibid.

56   L'Académie en corps a beau le censurer,
Le public révolté s'obstine à l'admirer.
Satires.

57   Aimez-vous la muscade ? on en a mis partout.
Ibid.

58   Dans les combats d'esprit savant maître d'escrime,
Enseigne-moi, Molière, où tu trouves la rime.
Ibid.

59   De Paris au Pérou, du Japon jusqu'à Rome,
Le plus sot animal, à mon avis, c'est l'homme.
Ibid.

60   Et tous ces lieux communs de morale lubrique
Que Lulli réchauffa des sons de sa musique [...]
Ibid.

61   Les héros chez Quinault parlent bien autrement,
Et jusqu'à *Je vous hais,* tout s'y dit tendrement.
Ibid.

62   Il se tue à rimer, que n'écrit-il en prose ?
Ibid.

63   Jamais surintendant ne trouva de cruelles.
Ibid.

J'appelle un chat un chat, et Rolet un fripon. *Ibid.*	64
Le mal qu'on dit d'autrui ne produit que du mal. *Ibid.*	65
[...] Marchant à pas comptés, Comme un recteur suivi des quatre Facultés. *Ibid.*	66
Maudit soit le premier dont la verve insensée Dans les bornes d'un vers renferma sa pensée, Et, donnant à ses mots une étroite prison, Voulut avec la rime enchaîner la raison. *Ibid.*	67
On a porté partout des verres à la ronde, Où les doigts des laquais dans la crasse tracés Témoignaient par écrit qu'on les avait rincés. *Ibid.*	68
On sera ridicule, et je n'oserai rire ? *Ibid.*	69
L'or, même à la laideur, donne un teint de beauté. *Ibid.*	70
Le plus sage est celui qui ne pense point l'être. *Ibid.*	71
Qui frappe l'air, bon Dieu ! de ces lugubres cris ? Est-ce donc pour veiller qu'on se couche à Paris ? *Ibid.*	72
Qui ne vole au sommet tombe au plus bas degré. *Ibid.*	73
Si je pense exprimer un auteur sans défaut, La raison dit Virgile, et la rime Quinault. *Ibid.*	74
Tout protestant fut pape, une Bible à la main. *Ibid.*	75
Un livre vous déplaît : qui vous force à le lire ? *Ibid.*	76

Louis de BONALD
1754-1840
101

Dans les crises politiques, le plus difficile pour un honnête homme n'est pas de faire son devoir, mais de le connaître. *Considérations sur la Révolution française.*	1

2   La parole est dans le commerce des pensées ce que l'argent est dans le commerce
des marchandises, expression réelle des valeurs, parce qu'elle est valeur elle-même.
Législation primitive considérée dans les
derniers temps par les seules lumières
de la raison.

3   Les hommes qui, par leurs sentiments, appartiennent au passé et,
par leurs pensées à l'avenir, trouvent difficilement place dans le présent.
Lettre à Joseph de Maistre, 22 mars 1817.

4   L'irreligion sied mal aux femmes ; il y a trop d'orgueil pour leur faiblesse.
Pensées sur divers sujets.

5   La littérature est l'expression de la société, comme la parole
est l'expression de l'homme.
Ibid.

6   Des sottises faites par des gens habiles ; des extravagances dites
par des gens d'esprit ; des crimes commis par d'honnêtes gens... voilà les révolutions.
Ibid.

7   On ne devrait assembler les hommes qu'à l'église ou sous les armes ;
parce que là, ils ne délibèrent point, ils écoutent et obéissent.
Ibid.

102   Abel BONNARD
1883-1968

1   Les vrais amis sont les solitaires ensemble.
L'Amitié (Hachette).

2   Il faut reconnaître que les hommes de l'aristocratie française ont presque toujours su
dépenser l'argent très élégamment : ils n'ont fait de bassesses que pour en avoir.
L'Argent (Hachette).

3   La richesse illumine la médiocrité.
Ibid.

4   Aimer, c'est [...] échapper par un seul être à la médiocrité de tous les autres.
Savoir aimer (Albin Michel).

103   Yves BONNEFOY
1923

1   La connaissance est le dernier recours de la nostalgie.
L'Improbable (Mercure de France).

2   Le dormeur est une ombre, lui qui ouvre sa porte aux ombres.
Ibid.

3   Le feu qui nous réchauffe dit qu'il n'est pas le vrai feu.
Ibid.

Fils du savoir, le péché est le père du savoir. *Ibid.*	4
Il est aisé d'être poète parmi les dieux. *Ibid.*	5
Il y a des mirages de la clarté. *Ibid.*	6
Il y a des yeux grands ouverts au secret des yeux fermés. *Ibid.*	7
Rien n'est vrai qui ne se prouve par la mort. *Ibid.*	8
Il n'est plus de désert puisque tout est en nous. *Pierre écrite* (Mercure de France).	9
Pour avoir voulu libérer, il rend esclave. *Rimbaud par lui-même* (Le Seuil).	10
Le silence est comme l'ébauche de mille métamorphoses. *Ibid.*	11

Charles BONNET
1720-1793
104

L'âme humaine placée dans le cerveau de l'huître, y acquerrait-elle jamais des notions de morale et de métaphysique ? *Essai analytique sur les facultés de l'âme.*	1
Le bonheur et le malheur sont toujours relatifs à quelque situation antécédente dont on conserve le souvenir. *Ibid.*	2

Henry BORDEAUX
1870-1963
105

[...] Transmettre la vie, c'est admettre l'immortalité. *Les Roquevillard* (Plon).	1

Pétrus BOREL (Joseph Borel d'Hauterive, dit)
1809-1859
106

Celui qui a inventé le nœud du mariage a trouvé un bel et spécieux expédient pour se venger des humains, une chausse-trape ou un filet pour attraper les bêtes ; et puis les faire languir à petit feu. *Champavert.*	1
Conçoit-on être témoin à charge ?... Quelle horreur ! Il n'y a que l'humanité qui donne de pareils exemples de monstruosité ! *Ibid.*	2

107	**Henri de BORNIER** 1825-1901

1	La France dans ce siècle eut deux grandes épées. L'une avait nom Joyeuse, et l'autre Durandal. *La Fille de Roland* (Dentu).
2	Maudit soit le premier soldat qui fut archer; C'était un lâche au fond; il n'osait approcher! *Ibid.*
3	Tout homme a deux pays, le sien et puis la France! *Ibid.*

108	**Henri BOSCO** 1888-1976

1	Les bêtes savent trop de choses, et ne sont pas heureuses. *L'Âne Culotte* (Gallimard).
2	Il est d'un esprit économique de l'âme de réserver une part de désir jusqu'à la fin. *Ibid.*
3	[...] des mots bien usés, des mots utiles qui sentaient l'assiette, le pain, l'huile, le linge et le feu de bois. *Le Jardin d'Hyacinthe* (Gallimard).
4	Il arrive que les grandes décisions ne se prennent pas, mais se forment d'elles-mêmes. *Malicroix* (Gallimard).
5	Il n'y a pas deux temps pareils de solitude car on n'est jamais seul de la même façon. *Ibid.*
6	Ce qui reste finit par nous rendre ce qu'on a perdu. *Un oubli moins profond* (Gallimard).
7	Ce qu'on doit être, on l'est. On l'est avant le fruit, avant la fleur, avant même la graine close. *Ibid.*

109	**Jacques Bénigne BOSSUET** 1627-1704

1	Dieu n'est pas un tout qui se partage. *Discours sur l'histoire universelle.*
2	Dieu est celui en qui le non-être n'a pas de lieu. *Élévations à Dieu sur tous les mystères de la religion chrétienne.*

Le propre de l'hérétique, c'est-à-dire de celui qui a une opinion particulière, est de s'attacher à ses propres pensées.
Histoire des variations des Églises protestantes.

3

[...] Il faut aller jusqu'à l'horreur quand on se connaît.
Lettre au maréchal de Bellefonds.

4

Ah! que nous avons bien raison de dire que nous passons notre temps! nous le passons véritablement, et nous passons avec lui.
Méditation sur la brièveté de la vie.

5

Considérez, Messieurs, ces grandes puissances que nous regardons de si bas; pendant que nous tremblons sous leur main, Dieu les frappe pour nous avertir.
Oraison funèbre d'Henriette-Anne d'Angleterre, duchesse d'Orléans.

6

Madame cependant a passé* du matin au soir, ainsi que l'herbe des champs; le matin elle fleurissait; avec quelles grâces, vous le savez : le soir nous la vîmes séchée...

* Se faner, disparaître.

Ibid.

7

Ô mort! éloigne-toi de notre pensée, et laisse-nous tromper pour un peu de temps la violence de notre douleur par le souvenir de notre joie.
Ibid.

8

Ô nuit désastreuse! ô nuit effroyable, où retentit tout à coup, comme un éclat de tonnerre, cette étonnante nouvelle : Madame se meurt, Madame est morte!
Ibid.

9

[...] Tout ce qui est né pour finir n'est pas tout à fait sorti du néant, où il est aussitôt replongé.
Ibid.

10

Tout est vain en nous, excepté le sincère aveu que nous faisons devant Dieu de nos vanités.
Ibid.

11

Celui qui règne dans les cieux, et de qui relèvent tous les empires, à qui seul appartient la gloire, la majesté et l'indépendance, est aussi le seul qui se glorifie de faire la loi aux rois, et de leur donner, quand il lui plaît, de grandes et terribles leçons.
Oraison funèbre d'Henriette Marie de France, reine de la Grande-Bretagne.

12

[...] Dans les grandes actions il faut uniquement songer à bien faire, et laisser venir la gloire après la vertu.
Oraison funèbre de Louis de Bourbon, prince de Condé.

13

14
**Non, je ne veux rien voir en vous de ce que la mort y efface ;
vous aurez dans cette image des traits immortels ; je vous y verrai tel
que vous étiez à ce dernier jour sous la main de Dieu, lorsque sa gloire
sembla commencer à vous apparaître.**
Ibid.

15
La piété est le tout de l'homme.
Ibid.

16
**Restait cette redoutable infanterie de l'armée d'Espagne,
dont les gros bataillons serrés, semblables à autant de tours, mais à des tours
qui sauraient réparer leurs brèches, demeuraient inébranlables au milieu
de tout le reste en déroute, et lançaient des feux de toutes parts.**
Ibid.

17
Nos vrais ennemis sont en nous-mêmes.
*Oraison funèbre de Marie-Thérèse d'Autriche,
reine de France.*

18
[...] Le temps peut être en quelque sorte dans l'éternité.
Oraison funèbre de Mme de Monterby.

19
**Il n'y a point de *hasard* dans le gouvernement des choses humaines,
et la *fortune* n'est qu'un mot qui n'a aucun sens.**
*Politique tirée des propres paroles
de l'Écriture Sainte.*

20
**Où il n'y a point de maître, tout le monde est maître ; où tout le monde
est maître, tout le monde est esclave.**
Ibid.

21
**En faisant des œuvres de surabondance, gardez-vous bien d'oublier celles
qui sont de nécessité.**
*Sermon sur la Conception
de la Sainte Vierge.*

22
**Est-ce là ce grand arbre qui portait son faîte jusqu'aux nues ? Il n'en reste plus
qu'un tronc inutile. Est-ce là ce fleuve impétueux qui semblait devoir inonder
toute la terre ? Je n'aperçois plus qu'un peu d'écume.**
Sermon sur l'ambition.

23
**Cette recrue continuelle du genre humain, je veux dire les enfants qui naissent,
à mesure qu'ils croissent et qu'ils s'avancent, semblent nous pousser de l'épaule
et nous dire : Retirez-vous, c'est maintenant notre tour.**
Sermon sur la mort.

24
**Peut-être que vous trouverez que ce qui semble confusion est un art caché,
et si vous savez rencontrer le point par où il faut regarder les choses,
toutes les inégalités se rectifieront, et vous ne verrez que sagesse
où vous n'imaginiez que désordre.**
Sermon sur la providence.

La possession des richesses a des filets invisibles où le cœur se prend insensiblement.
Ibid.

25

Les contraires se connaissent l'un par l'autre : l'injustice de l'amour-propre se connaît par la justice de la charité.
Traité de la concupiscence.

26

Le plus grand dérèglement de l'esprit, c'est de croire les choses parce qu'on veut qu'elles soient, et non parce qu'on a vu qu'elles sont en effet.
Traité de la connaissance de Dieu et de soi-même.

27

Qu'il y ait un seul moment où rien ne soit, éternellement rien ne sera.
Ibid.

28

[...] Le bien de Dieu, c'est lui-même ; et tout le bien qui est hors de lui vient de lui seul.
Traité du libre arbitre.

29

Guillaume BOUCHET
v. 1513-1593

110

En vieille maison, il y a toujours quelque gouttière.
Les Sérées.

1

Il y a mille inventions pour faire parler les femmes, mais pas une seule pour les faire taire.
Ibid.

2

La vraie noblesse s'acquiert en vivant, et non pas en naissant.
Ibid.

3

Je voudrais [...] que l'on fît comme en un certain pays, là où si les malades meurent, on fait payer les médecines à leurs médecins.
Ibid.

4

Louis BOUILHET
1821-1869

111

Tu n'as jamais été, dans tes jours les plus rares,
Qu'un banal instrument sous mon archet vainqueur,
Et, comme un air qui sonne au bois creux des guitares,
J'ai fait chanter mon rêve au vide de ton cœur.
Festons et astragales.

1

Qu'importe ton sein maigre, ô mon objet aimé !
On est plus près du cœur quand la poitrine est plate :
Et je vois, comme un merle en sa cage enfermé,
L'amour entre tes os rêvant sur une patte.
Dernières Poésies.

2

112	**Pierre BOULEZ**
	1925

1	Il faut aussi rêver sa révolution, pas seulement la construire.
	Relevés d'apprenti (Le Seuil).

113	**Louis BOURDALOUE**
	1632-1704

1	Il n'est rien de plus précieux que le temps, puisque c'est le prix de l'éternité.
	Sermon sur la perte de temps.

2	Aimons la vérité qui nous reprend, et défions-nous de celle qui nous flatte.
	Sermon sur l'amour et la crainte de la vérité.

3	Un chemin étroit ne peut jamais avoir de proportion avec une conscience large.
	Sermon sur la fausse conscience.

4	[...] Nous voulons nous convertir quand nous serons rebutés du monde ou plutôt quand le monde sera rebuté de nous.
	Sermon sur la pénitence.

5	[...] Ce jour présent est le seul point de l'éternité auquel vous ayez droit.
	Sermon sur le retardement de la pénitence.

6	Crains, malheureux, et défie-toi de ton espérance même.
	Ibid.

114	**Édouard BOURDET**
	1887-1945

1	Quand une femme s'engage à vous aimer, il ne faut pas toujours la croire. Mais quand elle s'engage à ne pas vous aimer, eh bien ! il ne faut pas trop la croire non plus.
	La Prisonnière (Stock).

2	L'argent, c'est comme les femmes : pour le garder, il faut s'en occuper un peu ou alors... il va faire le bonheur de quelqu'un d'autre.
	Les Temps difficiles (Stock).

3	Il faut choisir dans la vie entre gagner de l'argent et le dépenser : on n'a pas le temps de faire les deux.
	Ibid.

115	**Anicet BOURGEOIS et Adolphe d'ENNERY**
	1806-1871 1811-1899

1	Pour une année où il y a des pommes, n'y a pas de pommes ; mais pour une année où n'y a pas de pommes, y a des pommes.
	La Fille du paysan.

Léon BOURGEOIS
1851-1925

116

Les partis sont toujours en retard sur les idées.
Solidarité (Armand Colin).

1

Élémir BOURGES
1852-1925

117

L'égalité est l'idéal de l'esprit de l'homme, et l'inégalité,
le penchant de son cœur.
Les oiseaux s'envolent et les fleurs tombent
(Mercure de France).

1

Jusque pour les martyrs et les saints, le succès est la pierre de touche ;
on y éprouve leur auréole.
Ibid.

2

Paul BOURGET
1852-1935

118

Il faut vivre comme on pense, sinon tôt ou tard on finit par penser comme on a vécu.
Le Démon de midi (Plon).

1

Il est rare qu'un homme soit lancé dans la bataille des idées sans vite devenir
le comédien de ses premières sincérités.
Le Disciple (Plon).

2

Les souffrances extrêmes ont les intuitions infaillibles de l'instinct.
Ibid.

3

Se découvrir un style, c'est tout simplement avoir le courage de noter
les mouvements de son *moi*.
Essais de psychologie contemporaine (Plon).

4

Le flirt, c'est l'aquarelle de l'amour.
Physiologie de l'amour moderne (Plon).

5

Edme BOURSAULT
1638-1701

119

Dans le nombre de quarante
Ne faut-il pas un zéro ?
Contre La Bruyère.

1

Épigramme contre La Bruyère, candidat à l'Académie française.

Joë BOUSQUET
1897-1950

120

Les doctrines ne s'élèvent pas vers la vérité, elles procèdent d'elle.
Correspondance (Gallimard).

1

2 | Celui qui a vu son semblable au plus bas de la déchéance n'a plus les mêmes yeux :
il a détruit sans le savoir le mur qui séparait l'homme de son image.
D'une autre vie (Rougerie).

3 | À force de tout regarder, il a appris qu'il n'y avait pas d'étoiles,
et que chaque homme est une étoile.
Langage entier (Rougerie).

4 | Il faut atteindre sans la philosophie le but qu'elle devrait s'assigner.
Ibid.

5 | Il n'y a pas d'amour de la part d'un être sans liberté. Ce qu'il appelle son amour
n'est que la passion de cette liberté.
Ibid.

6 | Si tu ne trouves pas Dieu en toi, laisse-le où il se trouve...
Ibid.

7 | J'ai voulu être capable de me faire aimer de ma vie.
Lettres à Poisson d'Or (Gallimard).

121

René BOYLESVE
1867-1926

1 | Il faut savoir faire la part du médiocre.
Feuilles tombées (Schiffrin).

2 | Nous sommes toujours préoccupés de perdre notre jeunesse. Mais le bien
le plus précieux que nous ayons possédé, c'est l'enfance ;
et elle est toujours perdue.
Ibid.

122

Pierre de BRACH
v. 1548-1605

1 | J'estime plus qu'un roi l'homme heureux qui n'a rien,
Sinon ce que sa main journellement lui baille.
Sonnets.

123

Pierre de Bourdeille, seigneur de BRANTÔME
1540-1614

1 | Femmes et amours sont compagnes, marchent ensemble et ont une même sympathie.
Les vies des dames galantes.

2 | *Si tous les cocus et leurs femmes qui les font se tenoyent tous par la main
et qu'il s'en pust faire un cerne*, je croy qu'il seroit assez bastant***
pour entourer et circuire*** la moitié de la terre.
Ibid.

* Une ronde.
** Suffisant.
*** Ceindre.
Il est piquant de rapprocher cette phrase de Brantôme et *la Ronde* de Paul Fort. Voir A-**302**-2.

Toute belle femme s'estant une fois essayée au jeu d'amour ne le désapprend jamais.   3
[...]   *Ibid.*

Georges BRAQUE
1882-1963
124

L'art est fait pour troubler. La science rassure.   1
Le Jour et la Nuit (Gallimard).

Il faut se contenter de découvrir, mais se garder d'expliquer.   2
Ibid.

Il faut toujours avoir deux idées : l'une pour tuer l'autre.   3
Ibid.

Où l'on fait appel au talent, c'est que l'imagination fait défaut.   4
Ibid.

La vérité existe. On n'invente que le mensonge.   5
Ibid.

Robert BRASILLACH
1909-1945
125

Les plus pessimistes sur les hommes sont toujours dépassés par la réalité.   1
Chant pour André Chénier (Plon).

Le bonheur s'attache aux plus fragiles aspects, et naît, de préférence,   2
des choses minimes et du vent.
L'Enfant de la nuit (Plon).

L'histoire est écrite par les vainqueurs.   3
Les Frères ennemis (Plon).

Tout est bon pour la défense, excepté la lâcheté.   4
Journal d'un homme occupé
(Les Sept Couleurs).

Les deux seules vertus auxquelles je crois : la hauteur et l'espérance.   5
Lettre à un soldat de la classe 60
(Les Sept Couleurs).

La Justice, c'est six mille ans d'erreurs judiciaires.   6
Ibid.

Et ceux que l'on mène au poteau   7
Dans le petit matin glacé,
Au front la pâleur des cachots,
Au cœur le dernier chant d'Orphée,
Tu leur tends la main sans un mot,
Ô mon frère au col dégrafé...
Poèmes de Fresnes (Les Sept Couleurs).

8   S'approche l'oiseleur avec son sac au poing :
     Ma vie est un oiseau aux filets du chasseur.
     Ibid.

Extraits d'un poème daté du 1er février 1945 ; emprisonné à Fresnes pour faits de collaboration, Brasillach allait être fusillé cinq jours plus tard.

9   La jeunesse attend toujours d'un nouveau dieu, d'un nouveau chef
     ce qu'elle n'obtiendra qu'à force de vieillir.
     La Reine de Césarée (Plon).

10   On a toujours les alliés de son adversaire pour alliés.
     Ibid.

11   Chaque âge a sa beauté, et cette beauté doit toujours être une liberté.
     Les Sept Couleurs (Plon).

12   Si j'avais à donner une belle image, peinte ou sculptée, de la volupté,
     je ne choisirais pas de jeunes amants.
     Ibid.

126   Louis BRAUQUIER
1900-1976

1   La liberté des mers, avec leur solitude,
     Qui parleront toujours au sel de notre sang...
     Eau douce pour navires (Gallimard).

127   Nicolas BRAZIER
1783-1838

1   En vous voyant sous l'habit militaire,
     J'ai deviné que vous étiez soldat.
     L'Enfant du régiment.

128   Abbé Henri BRÉMOND
1865-1933

1   Pour lire un poème comme il faut, je veux dire poétiquement, il ne suffit pas,
     et, d'ailleurs, il n'est pas toujours nécessaire, d'en saisir le sens.
     La Poésie pure (Champion).

2   Tout poème doit son caractère proprement poétique à la présence, au rayonnement,
     à l'action transformante et unifiante d'une réalité mystérieuse, que nous appelons
     poésie pure.
     Ibid.

129   André BRETON
1896-1966

1   Le temps serait venu de faire valoir les idées de la femme aux dépens de celles
     de l'homme, dont la faillite se consomme assez tumultueusement aujourd'hui.
     Arcane 17 (Brentano's, New York).

L'histoire tombe au-dehors comme la neige.
Avis aux lecteurs pour « La Femme 100 têtes »
de Max Ernst (Éditions du Carrefour).

2

L'art à tort tant décrié de brûler la chandelle par les deux bouts [...]
Les États généraux (Fontaine).

3

Dis ce qui est dessous, parle...
Ibid.

4

[...] coïncidences
Véritables fanaux dans la nuit du sens.
Fata Morgana (Le Sagittaire).

5

Le plus beau présent de la vie est la liberté qu'elle vous laisse d'en sortir
à votre heure.
Introduction à Jacques Rigaut dans
« Anthologie de l'humour noir » (Pauvert).

6

Je cherche l'or du temps.
Introduction au « Discours sur le peu de
réalité » (Gallimard).

7

C'est par la force des images que, par la suite des temps, pourraient bien
s'accomplir les « vraies » révolutions.
Les Nouvelles littéraires,
Hommage à Saint-Pol Roux, 1925.

8

C'est vivre et cesser de vivre qui sont des solutions imaginaires.
L'existence est ailleurs.
Manifeste du surréalisme (Pauvert).

9

Chère imagination, ce que j'aime surtout en toi, c'est que tu ne pardonnes pas.
Ibid.

10

Les confidences de fous, je passerais ma vie à les provoquer. Ce sont gens
d'une honnêteté scrupuleuse, et dont l'innocence n'a d'égale que la mienne.
Ibid.

11

Dites-vous bien que la littérature est un des plus tristes chemins qui mènent à tout.
Ibid.

12

Les dons les plus précieux de l'esprit ne résistent pas à la perte
d'une parcelle d'honneur.
Ibid.

13

L'homme, ce rêveur définitif...
Ibid.

14

L'homme propose et dispose. Il ne tient qu'à lui de s'appartenir tout entier.
Ibid.

15

16   Le merveilleux est toujours beau, n'importe quel merveilleux est beau,
il n'y a même que le merveilleux qui soit beau.
Ibid.

17   La beauté sera convulsive ou ne sera pas.
Nadja (Gallimard).

18   Est-il vrai que l'au-delà, tout l'au-delà soit dans cette vie ?
Ibid.

19   Ne pas alourdir ses pensées du poids de ses souliers.
Ibid.

20   Rien ne sert d'être vivant, s'il faut que l'on travaille.
Ibid.

21   Au grand scandale des uns sous l'œil à peine moins sévère des autres
soulevant son poids d'ailes ta liberté.
Ode à Charles Fourier (Fontaine).

22   Aucune vérité ne mérite de demeurer exemplaire.
Les Pas perdus (Gallimard).

23   Les mots font l'amour.
Ibid.

24   La poésie n'a de rôle à jouer qu'au-delà de la philosophie.
Ibid.

25   La vie est donnée à l'homme avec des séductions comparables à celles
que doit offrir aux fourmis la langue du fourmilier.
Première Exposition Dali, préface, 1929.

26   Il semble que de toutes parts la civilisation bourgeoise se trouve plus
inexorablement condamnée du fait de son manque absolu de justification poétique.
Position politique de l'art d'aujourd'hui
(Pauvert).

27   Il faut que l'homme passe, avec armes et bagages, du côté de l'homme.
Prolégomènes à un troisième manifeste du
Surréalisme ou non (Pauvert).

28   L'imaginaire est ce qui tend à devenir réel.
Le Revolver à cheveux blancs (Gallimard).

29   Un mot et tout est sauvé
Un mot et tout est perdu.
Ibid.

30   L'acte surréaliste le plus simple consiste, revolvers aux poings,
à descendre dans la rue et à tirer au hasard, tant qu'on peut, dans la foule.
Second manifeste du surréalisme (Pauvert).

En matière de révolte, aucun de nous ne doit avoir besoin d'ancêtres. *Ibid.*	31
Tout porte à croire qu'il existe un certain point de l'esprit d'où la vie et la mort, le réel et l'imaginaire, le passé et le futur, le communicable et l'incommunicable, le haut et le bas cessent d'être perçus contradictoirement. *Ibid.*	32
Deux mains qui se cherchent c'est assez pour le toit de demain. *Signe ascendant* (Gallimard).	33
L'amour est toujours devant vous. Aimez. *Le Surréalisme et la Peinture* (Gallimard).	34
Aucune règle n'existe, les exemples ne viennent qu'au secours des règles en peine d'exister. *Ibid.*	35
Ce qu'on cache ne vaut ni plus ni moins que ce qu'on trouve. *Ibid.*	36
C'est avant tout la poursuite de l'expérience qui importe : la raison suivra toujours, son bandeau phosphorescent sur les yeux. *Ibid.*	37
C'est l'univers qui doit être interrogé tout d'abord sur l'homme et non l'homme sur l'univers. *Ibid.*	38
Errez, à vos côtés viendront se fixer les ailes de l'augure. *Ibid.*	39
L'œil existe à l'état sauvage. *Ibid.*	40
Privez-vous. La révélation est fille du refus. *Ibid.*	41
Rien de ce qui nous entoure ne nous est objet, tout nous est sujet. *Ibid.*	42
Tout doit pouvoir être libéré de sa coque [...] Ne vous croyez pas à l'intérieur d'une caverne, mais à la surface d'un œuf. *Ibid.*	43

Aristide BRIAND
1862-1932

130

Pour défendre l'existence de la nation, s'il avait fallu aller jusqu'à l'illégalité, je n'aurais pas hésité. *Discours devant le Parlement, octobre 1910.*	1

| 2 | Pour faire la paix, il faut être deux : soi-même et le voisin d'en face.
Paroles de paix (Figuière). |

131 — Anthelme BRILLAT-SAVARIN
1755-1826

1	Les animaux se repaissent ; l'homme mange ; l'homme d'esprit seul sait manger. *Physiologie du goût.*
2	La découverte d'un mets nouveau fait plus pour le genre humain que la découverte d'une étoile. *Ibid.*
3	La destinée des nations dépend de la manière dont elles se nourrissent. *Ibid.*
4	Dis-moi ce que tu manges, je te dirai ce que tu es. *Ibid.*
5	On devient cuisinier mais on naît rôtisseur. *Ibid.*
6	La table est le seul endroit où l'on ne s'ennuie jamais pendant la première heure. *Ibid.*
7	Un dessert sans fromage est une belle à qui il manque un œil. *Ibid.*

132 — Auguste BRIZEUX
1803-1858

| 1 | Dans l'ombre de mon cœur, mes plus fraîches amours,
Mes amours de quinze ans refleuriront toujours !
Marie. |

133 — Président Charles de BROSSES
1709-1777

1	Le manteau de la liberté sert à couvrir nombre de petites chaînes. *Lettres,* à Voltaire (septembre 1758).
2	L'amour de la patrie, vertu dominante des grandes âmes, me saisit toujours à l'aspect d'une bouteille de vin de Bourgogne. *Lettres italiennes,* à MM. de Tournay et de Neuilly.
3	À Paris, la décence est aussi grande dans les usages que l'indécence l'est dans les mœurs. *Voyage en Italie.*
4	Chez nos femmes qui sont revenues du monde, c'est-à-dire dont le monde est revenu [...] *Ibid.*

La Provence n'est qu'une gueuse parfumée. 5
Ibid.

De Brosses reprend l'expression même de Godeau : « La Provence est fort pauvre. [...] On peut l'appeler une gueuse parfumée. »
Voir A-**339**-1.

Léon BRUNSCHVICG
1869-1944

134

La caractéristique d'un chef-d'œuvre est qu'il s'arrête à sa propre affirmation ; 1
comme on dit communément, il est une *impasse*.
Le Progrès de la conscience dans
la philosophie occidentale (P.U.F.).

Georges-Louis Leclerc, comte de BUFFON
1707-1788

135

Tout ce qui peut être est. 1
Histoire naturelle, Premier discours.

On admire toujours d'autant plus qu'on observe davantage et qu'on raisonne moins. 2
Ibid., Des animaux.

Une mouche ne doit pas tenir, dans la tête d'un naturaliste, plus de place 3
qu'elle n'en tient dans la nature.
Ibid.

Ceux qui écrivent comme ils parlent, quoiqu'ils parlent très bien, écrivent mal. 4
Discours sur le style, prononcé à l'Académie française,
le jour de sa réception, 25 août 1753.

Le style est l'homme même. 5
Ibid.

Le style n'est que l'ordre et le mouvement qu'on met dans ses pensées. 6
Ibid.

Qui sait jusqu'à quel point l'homme pourrait perfectionner sa nature, 7
soit au moral, soit au physique ?
Histoire naturelle, Les Époques de la nature.

L'esprit humain n'a pas de bornes, il s'étend à mesure que l'univers se déploie. 8
Ibid., De l'homme.

Être et penser sont pour nous la même chose. 9
Ibid.

L'Homme n'est l'homme que parce qu'il a su se réunir à l'homme. 10
Ibid.

Il n'y a que le physique de cette passion* qui soit bon [...] 11
Malgré ce que peuvent dire les gens épris, le moral n'en vaut rien.
Ibid.

* L'amour.

12	**Nos vrais plaisirs consistent dans le libre usage de nous-mêmes.** *Ibid.*
13	**La plus noble conquête que l'homme ait jamais faite est celle de ce fier et fougueux animal, qui partage avec lui les fatigues de la guerre et la gloire des combats.** *Ibid.*
14	**Rassemblons des faits pour nous donner des idées.** . *Ibid.*
15	**Les singes sont tout au plus des gens à talents, que nous prenons pour des gens d'esprit.** *Ibid.*
16	**Tout ce qui est bon dans l'amour appartient aux animaux aussi bien qu'à nous.** *Ibid.*
17	**Je prends le bon partout où je le trouve.** *Lettre à Duhamel du Montceau.* A rapprocher de : « Il m'est permis, disait Molière, de reprendre mon bien où je le trouve. » Voir A-**504**-125.
18	**Le génie n'est qu'une plus grande aptitude à la patience.** Parole attribuée à Buffon par Hérault de Séchelles. Voir A-**368**-6.
19	**J'apprends tous les jours à écrire.** *Ibid.*
136	**BUSSY-RABUTIN (Roger de Rabutin, comte de Bussy)** **1618-1693**
1	**Honnête homme est un homme poli et qui sait vivre.** *Lettres*, *à Corbinelli, 6 mars 1679.*
2	**Quand on n'a pas ce que l'on aime, il faut aimer ce que l'on a.** *Lettres*, *à Madame de Sévigné, 23 mai 1667.* Cette citation se retrouve dans une tragédie héroique de Thomas Corneille, *l'Inconnu* (1675).
3	**Il faut bien de la force pour dire en mourant les mêmes choses qu'on dirait en bonne santé.** *Lettres*, *à Madame de Sévigné, 6 janvier 1681.*
4	**Dieu est d'ordinaire pour les gros escadrons contre les petits.** *Lettres*, *au comte de Limoges, 18 octobre 1677.* Mot repris par Voltaire : « On dit que Dieu est toujours pour les gros bataillons. » Voir A-**683**-16.
5	**Les malheureux qu'on accable ont si grand-peur qu'on ne les méprise, qu'ils en sont moins modestes.** *Lettres*, *au P. Raquin, octobre 1677.*
6	**Quand on n'aime pas trop, on n'aime pas assez.** *Maximes d'amour pour les femmes.*

Michel **BUTOR**
1926

137

Chaque mot écrit est une victoire contre la mort.
Entretiens avec Georges Charbonnier
(Gallimard).

1

Toute tête est un entrepôt, où dorment des statues de dieux et de démons
de toute taille et de tout âge, dont l'inventaire n'est jamais dressé.
Passage de Milan (Éditions de Minuit).

2

La nouvelle apparition de l'enfant qui dort au fond de nous-mêmes,
recouvert par une si épaisse nappe de déceptions et d'oublis, exige attention
et silence.
Répertoire (Éditions de Minuit).

3

Il ne peut y avoir de réalisme véritable que si l'on fait sa part
à l'imagination, si l'on comprend que l'imaginaire est dans le réel,
et que nous voyons le réel par lui.
Répertoire II (Éditions de Minuit).

4

Notre existence quotidienne est un mauvais feuilleton par lequel
nous nous laissons envoûter.
Ibid.

5

Le dandysme, forme moderne du stoïcisme, est finalement une religion
dont le seul sacrement est le suicide.
Une histoire extraordinaire (Gallimard).

6

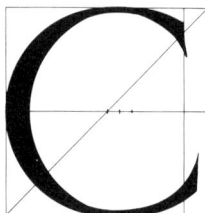

138	**José CABANIS** 1922
1	On meurt chaque soir. Mais nous sommes des morts qui se souviennent. *Des jardins en Espagne* (Gallimard).
2	Connaissant les hommes, je donne toujours raison aux femmes. *Plaisir et lectures* (Gallimard).
3	Crébillon fils, c'est du Marivaux sur canapé. *Ibid.*
4	Peut-être dans le domaine de la religion, comme dans celui de l'amour, est-il inévitable de recourir à des termes *vagues :* tout y est vrai, pourvu qu'on y croie. *Ibid.*
139	**Pierre-Jean-Georges CABANIS** 1757-1808
1	L'étude de l'homme physique est également intéressante pour le médecin et pour le moraliste. *Rapports du physique et du moral de l'homme.*
2	La physiologie, l'analyse des idées et la morale, ne sont que les trois branches d'une seule et même science, qui peut s'appeler, à juste titre, *la science de l'homme.* *Ibid.*
140	**Étienne CABET** 1788-1856
1	À chacun suivant ses besoins. De chacun suivant ses forces. *Voyage en Icarie.*

Tous pour chacun. Chacun pour tous. *Ibid.*	2

Gaston ARMAN de CAILLAVET
V. Robert de FLERS et Gaston ARMAN de CAILLAVET.

## Roger CAILLOIS 1913-1978	**141**

Il est bon d'étonner, mais [...] il faut étonner justement. *Art poétique* (Gallimard).	1
Tout pouvoir vient d'une discipline et se corrompt dès qu'on en néglige les contraintes. *Ibid.*	2
L'artiste qui abdique le privilège de la création délibérée pour favoriser et capter de divines surprises ne parvient qu'à produire de l'accidentel. *Cases d'un échiquier* (Gallimard).	3
Le monde abonde en alphabets hors d'usage, dont le code est perdu. *Ibid.*	4
Il n'est pas pour la civilisation de danger plus redoutable que le fossé que l'on voit parfois s'élargir entre le discours et la coutume. *Circonstancielles* (Gallimard).	5
Il n'y a pas d'efforts inutiles, Sisyphe se faisait les muscles. *Ibid.*	6
Nommer est toujours appeler, c'est déjà ordonner. *L'Homme et le sacré* (Gallimard).	7
Le sacré est ce qui donne la vie et ce qui la ravit, c'est la source d'où elle coule, l'estuaire où elle se perd. *Ibid.*	8
La soumission implique la possibilité de l'arrogance et de la révolte : de la stabilité sort le mouvement. *Ibid.*	9
Le fantastique suppose la solidité du monde réel, mais pour mieux la ravager. *Images, images...* (José Corti).	10
D'où l'homme tirera-t-il sa force, s'il n'entretient pas en soi la colère et l'appétit de plusieurs fauves ? *Les Impostures de la poésie* (Gallimard).	11
Je rends grâce à cette terre qui exagère tant la part du ciel. *Ibid.*	12
On ne doit pas attendre de l'éclair une clarté qui permette la contemplation. *Ibid.*	13

14	La liberté n'existe que là où l'intelligence et le courage parviennent à mordre sur la fatalité. *L'Incertitude qui vient des rêves* (Gallimard).
15	Le bourreau et le souverain forment couple. *Instincts et société* (Denoël).
16	Le jeu n'a pas d'autre sens que lui-même. *Les Jeux et les hommes* (Gallimard).

142   Henri CALET
1903-1955

1	Je n'ai pas peur des mots, ce sont les mots qui ont peur de moi. *Acteur et témoin* (Mercure de France).
2	On ne se demande rien, de peur d'entendre ses propres réponses. *Ibid.*
3	Pour que je travaille, il me faut m'enfermer à double tour dans l'ennui. *Ibid.*
4	Ce n'est pas ma faute, si, en écrivant, mon stylo se transforme en scalpel. *Peau d'ours* (Gallimard).
5	Ma vie est difficile parce que j'ai horreur du mensonge. *Ibid.*
6	Ne me secouez pas. Je suis plein de larmes. Dernière ligne écrite de la main de Calet. *Ibid.*
7	On vit très bien sans avenir. *Ibid.*
8	Elle sentait rudement bon marché. *Trente et quarante* (Éditions de Minuit).

143   Jean CALVIN
1509-1564

1	C'est chose notoire que l'homme ne parvient jamais à la pure connaissance de soi-même jusqu'à ce qu'il ait contemplé la face de Dieu, et que, du regard de celle-ci, il descende à regarder soi. *Institution de la religion chrétienne.*
2	C'est quasi le propre de la parole de Dieu, que jamais elle ne vient en avant, que Satan ne s'esveille et escarmouche. *Ibid.*
3	La majesté de Dieu est trop haute pour dire que les hommes mortels y puissent parvenir, vu qu'ils ne font que ramper sur la terre comme petits vers. *Ibid.*

Nous doit aussi souvenir que Satan a ses miracles. *Ibid.*	4
Si on nous apporte sous le titre de l'esprit quelque chose qui ne soit contenue en l'Évangile, ne le croyons pas. *Ibid.*	5
Les païens ont bien connu qu'il y avait quelque divinité souveraine, mais ils ont toujours voulu avoir une garenne de petits dieux à leur porte. *Œuvres.*	6
Car les oiselets chantant chantaient Dieu, les bêtes le réclamaient, les éléments le redoutaient, les montagnes le résonnaient, les fleuves et fontaines lui jetaient œillades, les herbes et les fleurs lui riaient. Préface à la *Bible d'Olivetan.*	7
Nous ne sommes que terre et poudre et toutes nos vertus ne sont que fumée qui s'écoule et s'évanouit. *Sermon sur la Résurrection.*	8
La vraie pénitence est ferme et constante : pourtant*, elle nous fait, non pas pour un jour ou une semaine, mais sans fin et sans cesse, batailler contre le mal qui est en nous. *Traité de la sainte Cène.* * Par conséquent.	9
Ainsi en est-il des reliques : tout y est si brouillé et confus, qu'on ne saurait adorer les os d'un martyr qu'on ne soit en danger d'adorer les os de quelque brigand ou larron, ou bien d'un âne, ou d'un chien, ou d'un cheval. *Traité des reliques.*	10
C'est la ruse ordinaire de Satan de corrompre et abâtardir par tous moyens qu'il peut la bonne semence de Dieu, afin qu'elle ne mûrisse point pour apporter fruit. *Traité des scandales.*	11
Il faut que nous ayons un cœur bien dompté, devant que pouvoir profiter en l'école de Dieu. *Ibid.*	12
Sachons que Dieu nous met devant les yeux autant de miroirs de sa vengeance pour nous faire priser la dignité et excellence de son Évangile. *Ibid.*	13

Albert CAMUS
1913-1960

144

Faire souffrir est la seule façon de se tromper. *Caligula* (Gallimard).	1
Aller jusqu'au bout, ce n'est pas seulement résister, mais aussi se laisser aller. *Carnets* (Gallimard).	2

3	Le besoin d'avoir raison, — marque d'esprit vulgaire. *Ibid.*
4	Oui, j'ai une patrie : la langue française. *Ibid.*
5	Je ne connais qu'un seul devoir, et c'est celui d'aimer. *Ibid.*
6	La passion la plus forte du vingtième siècle : la servitude. *Ibid.*
7	Pour la plupart des hommes, la guerre est la fin de la solitude. Pour moi, elle est la solitude définitive. *Ibid.*
8	Se donner n'a de sens que si l'on se possède. *Ibid.*
9	Si l'homme échoue à concilier la justice et la liberté, alors il échoue à tout. *Ibid.*
10	La tentation la plus dangereuse : ne ressembler à rien. *Ibid.*
11	La tragédie n'est pas une solution. *Ibid.*
12	La grandeur de l'homme est dans sa décision d'être plus fort que sa condition. *Chroniques* (Gallimard).
13	Le charme : une manière de s'entendre répondre « oui » sans avoir posé aucune question claire. *La Chute* (Gallimard).
14	L'homme a deux faces : il ne peut pas aimer sans s'aimer. *Ibid.*
15	N'attendez pas le Jugement dernier. Il a lieu tous les jours. *Ibid.*
16	Le plus haut des tourments humains est d'être jugé sans loi. *Ibid.*
17	La vérité, comme la lumière, aveugle. Le mensonge, au contraire, est un beau crépuscule qui met chaque objet en valeur. *Ibid.*
18	Il faut mettre ses principes dans les grandes choses, aux petites la miséricorde suffit. *L'Envers et l'endroit* (Gallimard).

Il n'y a pas d'amour de vivre sans désespoir de vivre. 19
Ibid.

Je ne sais pas posséder. 20
Ibid.

L'homme est du bois dont on fait les bûchers. 21
L'État de siège (Gallimard).

Qui aurait besoin de pitié, sinon ceux qui n'ont compassion de personne ! 22
Ibid.

L'homme n'est pas entièrement coupable : il n'a pas commencé l'histoire ; ni tout à fait 23
innocent, puisqu'il la continue.
L'Été (Gallimard).

Il y a seulement de la malchance à n'être pas aimé : il y a du malheur 24
à ne point aimer.
Ibid.

Je me révolte, donc je suis. 25
Ibid.

Ce n'est pas la souffrance de l'enfant qui est révoltante en elle-même, 26
mais le fait que cette souffrance ne soit pas justifiée.
L'Homme révolté (Gallimard).

La révolte est une ascèse, quoique aveugle. Si le révolté blasphème alors, 27
c'est dans l'espoir d'un nouveau Dieu.
Ibid.

Toute forme de mépris, si elle intervient en politique, prépare ou instaure le fascisme. 28
Ibid.

La vraie générosité envers l'avenir consiste à tout donner au présent. 29
Ibid.

C'est tuer pour rien, parfois, que de ne pas tuer assez. 30
Les Justes (Gallimard).

Ceux qui aiment vraiment la justice n'ont pas droit à l'amour. 31
Ibid.

Imaginer Dieu sans les prisons. Quelle solitude ! 32
Ibid.

Pitié pour les justes ! 33
Ibid.

L'héroïsme est peu de chose, le bonheur est plus difficile. 34
Lettres à un ami allemand (Gallimard).

35	Qu'est-ce que l'homme ? Il est cette force qui finit toujours par balancer les tyrans et les dieux. *Ibid.*
36	L'absurde, c'est la raison lucide qui constate ses limites. *Le Mythe de Sisyphe* (Gallimard).
37	Ce qui vient après la mort est futile. *Ibid.*
38	Il n'est pas de destin qui ne se surmonte par le mépris. *Ibid.*
39	La lutte elle-même vers les sommets suffit à remplir un cœur d'homme. Il faut imaginer Sisyphe heureux. *Ibid.*
40	La bêtise insiste toujours. *La Peste* (Gallimard).
41	Il n'y a pas de honte à préférer le bonheur. *Ibid.*
42	Il y a dans les hommes plus de choses à admirer que de choses à mépriser. *Ibid.*
43	La joie est une brûlure qui ne se savoure pas. *Ibid.*
44	La mort n'est rien. Ce qui importe, c'est l'injustice. *Requiem pour une nonne* (Adapté de William Faulkner) (Gallimard).
45	Seule la vérité peut affronter l'injustice. La vérité, ou bien l'amour. *Ibid.*

Ernest CAPENDU
V. Théodore BARRIÈRE.

145 Albert CAPERON
1865-1898

1	Loin d'être l'apanage de certains, l'assiette au beurre doit être le privilège de tous. *Déclaration électorale du Captain Cap.* Caperon, dit le Captain Cap, s'était présenté aux élections de 1893, et son ami Alphonse Allais avait rédigé pour lui un programme « antibureaucratique et antieuropéen d'une grande fantaisie ».

146 Alfred CAPUS
1858-1922

1	Le devoir, l'honneur ! Des mots à qui on fait dire ce qu'on veut, comme aux perroquets. *Mariage bourgeois* (Fayard).

Les imbéciles ont toujours été exploités et c'est justice. Le jour où ils cesseraient de l'être, ils triompheraient, et le monde serait perdu. *Ibid.*	2
La mort d'un académicien est un événement grave à coup sûr, ce n'est pas un événement triste. *Monsieur veut rire* (Ollendorf).	3
Il y a de mauvais conseils que seule une honnête femme peut donner. *Les Passagères* (Ollendorf).	4
À notre époque, on ne se marie jamais très bien du premier coup, il faut s'y reprendre. *La Petite Fonctionnaire* (Fasquelle).	5
Dans le pardon de la femme, il y a de la vertu ; mais dans celui de l'homme, il y a du vice. *La Traversée* (L'Illustration).	6

## Francis CARCO (François Carcopino-Tusoli, dit) **1886-1958**	**147**
Le doux caboulot Fleuri sous les branches [...] *La Bohème et mon cœur* (Albin Michel).	1
Il pleut doucement sur la ville, Il pleut doucement sur les morts... *Ibid.*	2
Hélas ! la grande tristesse actuelle est que les choses n'ont pas le temps de vieillir. *Rendez-vous avec moi-même* (Albin Michel).	3

## Michel CARRÉ et Jules BARBIER **1819-1872 1825-1901**	**148**
Anges purs, anges radieux, Portez mon âme au sein des cieux ! Livret de *Faust* (opéra de Gounod).	1
Et Satan conduit le bal. *Ibid.*	2
N'ouvre ta porte, ma belle, Que la bague au doigt ! *Ibid.*	3
Salut, demeure chaste et pure ! *Ibid.*	4
Salut, ô mon dernier matin ! *Ibid.*	5

6	**Le veau d'or est encor debout!** *Ibid.*

7	**Ah! Qu'il est doux de ne rien faire** **Quand tout s'agite autour de nous!** Livret de *Galatée* (opéra-comique de Victor Massé).

8	**Connais-tu le pays où fleurit l'oranger,** **Le pays des fruits d'or et des roses vermeilles?** Livret de *Mignon* (opéra-comique d'Ambroise Thomas).

149	**Alexis CARREL** **1873-1944**

1	**Chaque homme est une histoire qui n'est identique à aucune autre.** *L'Homme, cet inconnu* (Plon).

2	**Le corps et l'âme sont des vues prises du même objet à l'aide** **de méthodes différentes.** *Ibid.*

3	**L'éminence même d'un spécialiste le rend plus dangereux.** *Ibid.*

4	**L'esprit n'est pas aussi solide que le corps.** *Ibid.*

150	**Jean-Jacques CASANOVA de SEINGALT** **1725-1798**

1	**Savoir mal est pire qu'ignorer.** *Mémoires.*

2	**Les seuls espions avoués sont les ambassadeurs.** *Ibid.*

151	**Jean CASSOU** **1897-1986**

1	**C'est un idéaliste : il n'a jamais aimé que le vin, l'amour et le tabac.** *La Clef des songes* (Émile-Paul).

2	**Il existe, dans l'étendue illimitée de l'avenir, des réponses qui ne répondent** **à aucune question.** *Dernières Pensées d'un amoureux* (Albin Michel).

3	**Il y a quelque chose de faible et d'infini dans le cœur des vieilles gens** **à quoi l'on ne devrait jamais toucher, devant quoi l'on devrait trembler** **comme avant d'enseigner une religion à des enfants.** *Les Harmonies viennoises* (Albin Michel).

Il n'y a que les pauvres qu'on puisse dépouiller. *Le Livre de Lazare* (Plon).	4
Mort à toute fortune, à l'espoir, à l'espace, **Mais non point mort au temps qui poursuit sa moisson** *Trente-Trois Sonnets composés au secret,* *Sonnet II* (Mercure de France). <small>Œuvre publiée sous le pseudonyme de Jean Noir, en 1944, pendant l'Occupation, aux Éditions de Minuit, alors clandestines.</small>	5
Les songes assidus qui par la main se tiennent **Et de tous mes parcours font un seul chemin noir [...]** *Ibid., Sonnet XII.*	6

Jean CAVAILLÈS
1903-1944
152

Une théorie de la science ne peut être que théorie de l'unité de la science. *Sur la logique et la théorie de la science* (P.U.F.).	1

Jean CAYROL
1911
153

Il n'y a ni regard, ni paysage, ni fait divers qui ne recèle le reste du monde, **en toute propriété.** *Histoire d'une prairie* (Le Seuil).	1
Le tout est d'approfondir même un murmure. *Je l'entends encore* (Le Seuil).	2
Tout poème est une mise en demeure. *Pour tous les temps* (Le Seuil).	3

Henry CÉARD
1851-1924
154

Le détachement de tout n'est jamais si complet que quelque rêve encore **ne survive à la mort des rêves.** Préface à *Snob* de Paul Gavault (Simonis Empis).	1

L.-F. CÉLINE (Louis-Ferdinand Destouches, dit)
1894-1961
155

Le culte des héros c'est le culte de la veine. *Bagatelles pour un massacre* (Denoël).	1
Plus on est haï, je trouve, plus on est tranquille [...] *Ibid.*	2
La ferveur pour le gratuit, ce qui manque le plus aujourd'hui, effroyablement. **Le gratuit seul est divin.** *Les Beaux Draps* (Nouvelles Édit. françaises).	3

4

C'est un garçon sans importance collective, c'est tout juste un individu.

Cité par J.-P. Sartre : Épigraphe de *la Nausée*.   *L'Église* (Gallimard).

5

Toute la détresse de don Juan est de ne pas être puissant comme une mouche!

Entretien avec le professeur Y (Gallimard).

6

L'histoire ne repasse pas les plats.

In l'hebdomadaire *l'Express, n° 312.*

7

Je ne veux pas que la mort me vienne des hommes, ils mentent trop! ils ne me donneraient pas l'Infini!

Féerie pour une autre fois (Gallimard).

8

Tous les lâches sont romanesques et romantiques, ils s'inventent des vies à reculons, pleines d'éclats, Campéador d'escaliers!

Ibid.

9

Les enfants c'est comme les années, on ne les revoit jamais.

Mort à crédit (Gallimard).

10

La conscience n'est dans le chaos du monde qu'une petite lumière, précieuse mais fragile.

Semmelweis (Gallimard).

11

Dans l'Histoire des temps la vie n'est qu'une ivresse, la Vérité c'est la Mort.

Ibid.

12

Il n'y a pas de petites ressources pour le génie, il n'y en a que de possibles ou d'impossibles.

Ibid.

13

L'âme, c'est la vanité et le plaisir du corps tant qu'il est bien portant.

Voyage au bout de la nuit (Gallimard).

14

L'amour, c'est l'infini mis à la portée des caniches.

Ibid.

15

C'est des hommes et d'eux seulement qu'il faut avoir peur, toujours.

Ibid.

16

Faire confiance aux hommes c'est déjà se faire tuer un peu.

Ibid.

17

Il faut choisir, mourir ou mentir.

Ibid.

18

Il y a trop de choses à comprendre en même temps.

Ibid.

19

Invoquer sa postérité, c'est faire un discours aux asticots.

Ibid.

Le mensonge, ce rêve pris sur le fait. *Ibid.*	20
On choisit parmi les rêves ceux qui vous réchauffent le mieux l'âme. *Ibid.*	21
On est puceau de l'horreur comme on l'est de la volupté. *Ibid.*	22
On ne se méfie jamais assez des mots. *Ibid.*	23
On perd la plus grande partie de sa jeunesse à coups de maladresses. *Ibid.*	24
Quand la haine des hommes ne comporte aucun risque, leur bêtise est vite convaincue, les motifs viennent tout seuls. *Ibid.*	25
Quand on n'a pas d'imagination, mourir c'est peu de chose, quand on en a, mourir c'est trop. *Ibid.*	26
S'ils se mettent à penser à vous, c'est à votre torture qu'ils songent aussitôt, les autres, rien qu'à ça. *Ibid.*	27
La vérité, c'est une agonie qui n'en finit pas. La vérité de ce monde, c'est la mort. *Ibid.*	28

Blaise CENDRARS (Frédéric Sauser, dit)
1887-1961

156

C'est dans ce que les hommes ont de plus commun qu'ils se différencient le plus. *Aujourd'hui* (Grasset).	1
Nous sommes tous l'heure qui sonne. *Ibid.*	2
Si l'on a baptisé Jules Renard « l'œil », j'appellerai Picasso le « regard ». *Ibid.*	3
[...] la vie absurde qui remue ses oreilles d'âne. *Ibid.*	4
À l'origine n'est pas le mot, mais la phrase, une modulation. Écoutez le chant des oiseaux! *Blaise Cendrars vous parle* (Denoël).	5
Un contemplatif... oui, c'est une autre forme de l'aventure! *Ibid.*	6

7	**La voie ferrée est une nouvelle géométrie.** *Du monde entier au cœur du monde* (Gallimard).
8	**Je ne trempe pas ma plume dans un encrier, mais dans la vie.** *L'Homme foudroyé* (Denoël).
9	**La sérénité ne peut être atteinte que par un esprit désespéré.** *Une nuit dans la forêt* (Le Verseau).

157	**Aimé CÉSAIRE** 1913
1	**Liberté mon seul pirate.** *Cadastre, Batouque* (Le Seuil).
2	**Il nous reste toujours des terres arbitraires.** *Ibid., Ode à la Guinée* (Le Seuil).
3	**La connaissance poétique est celle où l'homme éclabousse l'objet de toutes ses richesses mobilisées.** *Sur la poésie* (Seghers).

158	**CHAMFORT (Sébastien Roch Nicolas, dit de)** 1740-1794
1	**Dans le monde, disait M..., vous avez trois sortes d'amis : vos amis qui vous aiment; vos amis qui ne soucient pas de vous, et vos amis qui vous haïssent.** *Caractères et anecdotes.*
2	**En vivant et en voyant les hommes, il faut que le cœur se brise ou se bronze.** *Ibid.* Balzac se plaisait à citer Chamfort : « Dans ces grandes crises, le cœur se brise ou se bronze. » Voir A-**44**-53.
3	**Il n'y a que l'inutilité du premier déluge qui empêche Dieu d'en envoyer un second.** *Ibid.*
4	**Je ne sais quel homme* disait : «Je voudrais voir le dernier des Rois étranglé avec le boyau du dernier des Prêtres.»** *Ibid.* * Diderot peut-être : Voir A-**240**-59.
5	**M. de Brissac, ivre de gentilhommerie, désignait souvent Dieu par cette phrase : «Le gentilhomme d'en-haut.»** *Ibid.*
6	**M*** L. avait, pour exprimer le mépris, une formule favorite : c'est l'avant-dernier des hommes. — Pourquoi l'avant-dernier? lui demandait-on. — Pour ne décourager personne, car il y a presse.** *Ibid.*

M*** me dit un jour plaisamment, à propos des femmes et de leurs défauts : « Il faut choisir d'aimer les femmes ou de les connaître : il n'y a pas de milieu. »
Ibid.

7

M***, pour peindre d'un seul mot la rareté des honnêtes gens, me disait que, dans la société, l'honnête homme est une variété de l'espèce humaine.
Ibid.

8

On demandait à M. de Fontenelle mourant : « Comment cela va-t-il ? » — « Cela ne va pas, dit-il, cela s'en va. »
Ibid.

9

Le public, le public !... Combien faut-il de sots pour faire un public ?
Ibid.

10

Quelqu'un disait d'un homme très personnel : il brûlerait votre maison pour se faire cuire deux œufs.
Ibid.

11

Une femme, âgée de quatre-vingt-dix ans, disait à M. de Fontenelle, âgé de quatre-vingt-quinze : « La mort nous a oubliés. » — « Chut ! », lui répondit M. de Fontenelle en mettant le doigt sur sa bouche.
Ibid.

12

Un homme d'esprit me disait un jour que le gouvernement de France était une monarchie absolue tempérée par des chansons.
Ibid.

13

Tout homme qui, à quarante ans, n'est pas misanthrope, n'a jamais aimé les hommes.
Journal de Paris.

14

Amitié de cour, foi de renards et société de loups.
Maximes et pensées.

15

Amour, folie aimable ; ambition, sottise sérieuse.
Ibid.

16

L'amour plaît plus que le mariage, par la raison que les romans sont plus amusants que l'histoire.
Ibid.

17

L'amour, tel qu'il existe dans la société, n'est que l'échange de deux fantaisies et le contact de deux épidermes.
Ibid.

18

Les bourgeois, par une vanité ridicule, font de leurs filles un fumier pour les terres des gens de qualité.
Ibid.

19

La calomnie est une guêpe qui vous importune et contre laquelle il ne faut faire aucun mouvement, à moins qu'on ne soit sûr de la tuer, sans quoi elle revient à la charge, plus furieuse que jamais.
Ibid.

20

21	Ce que j'ai appris, je ne le sais plus. Le peu que je sais encore, je l'ai deviné. *Ibid.*
22	Ce qui fait le succès de quantité d'ouvrages est le rapport qui se trouve entre la médiocrité des idées de l'auteur et la médiocrité des idées du public. *Ibid.*
23	Le changement de modes est l'impôt que l'industrie du pauvre met sur la vanité du riche. *Ibid.*
24	Dans les grandes choses, les hommes se montrent comme il leur convient de se montrer ; dans les petites, ils se montrent comme ils sont. *Ibid.*
25	En France, on laisse en repos ceux qui mettent le feu et on persécute ceux qui sonnent le tocsin. *Ibid.*
26	La facilité est le plus beau don de la nature à la condition qu'on n'en use jamais. *Ibid.*
27	La fausse modestie est le plus décent de tous les mensonges. *Ibid.*
28	La générosité n'est que la pitié des âmes nobles. *Ibid.*
29	Les gens du monde ne sont pas plus tôt attroupés qu'ils se croient en société. *Ibid.*
30	Il faut être juste avant d'être généreux, comme on a des chemises avant d'avoir des dentelles. *Ibid.*
31	Il faut savoir faire les sottises que nous demande notre caractère. *Ibid.*
32	Il y a des sottises bien habillées comme il y a des sots très bien vêtus. *Ibid.*
33	Il y a peu de vices qui empêchent un homme d'avoir beaucoup d'amis, autant que peuvent le faire de trop grandes qualités. *Ibid.*
34	Il y a plus de fous que de sages, et, dans le sage même, il y a plus de folie que de sagesse. *Ibid.*
35	Il y a une mélancolie qui tient à la grandeur de l'esprit. *Ibid.*

Il y a une sorte de reconnaissance basse. *Ibid.*	36
L'importance sans mérite obtient des égards sans estime. *Ibid.*	37
La meilleure philosophie, relativement au monde, est d'allier, à son égard, le sarcasme de la gaieté avec l'indulgence du mépris. *Ibid.*	38
On croit communément que l'art de plaire est un grand moyen de faire fortune : savoir s'ennuyer est un art qui réussit bien davantage. *Ibid.*	39
On est plus heureux dans la solitude que dans le monde. Cela ne viendrait-il pas de ce que, dans la solitude, on pense aux choses et que dans le monde on est forcé de penser aux hommes. *Ibid.*	40
On gouverne les hommes avec la tête. On ne joue pas aux échecs avec un bon cœur. *Ibid.*	41
On n'imagine pas combien il faut d'esprit pour n'être pas ridicule. *Ibid.*	42
La pire de toutes les mésalliances est celle du cœur. *Ibid.*	43
La plupart des livres d'à présent ont l'air d'avoir été faits en un jour, avec des livres lus de la veille. *Ibid.*	44
La plus perdue de toutes les journées est celle où l'on n'a pas ri. *Ibid.*	45
Pour être heureux en vivant dans le monde, il y a des côtés de son âme qu'il faut entièrement paralyser. *Ibid.*	46
Quand on veut plaire dans le monde, il faut se résoudre à apprendre beaucoup de choses qu'on sait par des gens qui les ignorent. *Ibid.*	47
Quelque mal qu'un homme puisse penser des femmes, il n'y a pas de femme qui n'en pense encore plus mal que lui. *Ibid.*	48
Quelqu'un disait que la Providence était le nom de baptême du Hasard, quelque dévot dira que le Hasard est un sobriquet de la Providence. *Ibid.*	49

50 Qu'est-ce qu'une maîtresse ? Une femme près de laquelle on ne se souvient plus
de ce qu'on sait par cœur, c'est-à-dire de tous les défauts de son sexe.
Ibid.

51 Quiconque n'a pas de caractère n'est pas un homme, c'est une chose.
Ibid.

52 Si l'on doit aimer son prochain comme soi-même, il est au moins aussi juste
de s'aimer comme son prochain.
Ibid.

53 La société est composée de deux grandes classes : ceux qui ont plus de dîners
que d'appétit et ceux qui ont plus d'appétit que de dîners.
Ibid.

54 Les succès produisent les succès, comme l'argent produit l'argent.
Ibid.

55 Les trois quarts des folies ne sont que des sottises.
Ibid.

56 Un homme amoureux est un homme qui veut être plus aimable qu'il ne peut ;
et voilà pourquoi tous les amoureux sont ridicules.
Ibid.

57 Vivre est une maladie, dont le sommeil nous soulage toutes les seize heures ;
c'est un palliatif : la mort est le remède.
Ibid.

159

André CHAMSON
1900-1983

1 Chacun porte en soi sa grandeur ou son abjection, et rien ne s'ajoute ou
ne se retranche à ce qu'il doit être.
Le Chiffre de nos jours (Gallimard).

2 Ce n'est pas au moment de la prise de la ville que se montrent les hommes
les plus hideux, c'est le lendemain.
Écrit en 1940 (Gallimard).

3 Toutes nos pensées touchent à la politique.
La Galère (Gallimard).

4 Il ne faut jamais faire confiance à l'avenir. Il ne le mérite pas.
On ne voit pas les cœurs (Gallimard).

5 On peut mélanger l'espoir et le désespoir jusqu'à ne plus distinguer l'un de l'autre.
Ibid.

6 Rien n'est peut-être plus égoïste que le pardon.
Ibid.

Ausone de CHANCEL 1808-1878	**160**

On entre, on crie
Et c'est la vie !
On crie, on sort
Et c'est la mort.
Quatrain inscrit en tête d'un album. ... 1

CHANSON DE ROLAND v. 1100	**161**

Tel qui trahit se perd, et les autres avec lui.
Ki hume traïst sei ocit e altroi. ... 1

Laissons les fous, tenons-nous-en aux sages.
Laissun les fols, as sages nus tenuns ! ... 2

C'est là qu'est assis le roi qui gouverne la douce France.
Il a la barbe blanche, la tête toute fleurie,
la taille noble, la contenance majestueuse.
La siet li reis ki dulce France tient ;
Blanche ad la barbe et tut flurit le chef,
Gent ad le cors e le cuntenant fier. ... 3

L'homme a beaucoup appris qui a beaucoup souffert.
Mult ad apris ki bien conuist ahan. ... 4

Il réussit celui que Dieu protège.
Mult ben espleitet qui Damnesdeus aiuet. ... 5

« Ne plaise à Dieu ni à ses très saints anges que par moi la France perde sa gloire.
Plutôt la mort que la honte. »
« Ne placet Damnedeu ne ses angles que ja pur mei perdet sa valur France !
Melz vœill murir que huntage me venget. »
Dit par Roland à Roncevaux. ... 6

Roland est preux, et Olivier est sage.
Rollant est proz e Oliver est sage. ... 7

Jean CHAPELAIN 1595-1674	**162**

Dans le centre caché d'une clarté profonde,
Dieu repose en lui-même [...]
La Pucelle. ... 1

Maurice CHAPELAN 1906-1992	**163**

La dernière illusion est de croire qu'on les a toutes perdues.
Main courante (Grasset). ... 1

2	Le néant se nie s'il se nomme. *Ibid.*

164   **René CHAR**
1907-1988

1	La perte du croyant, c'est de rencontrer son église. *À une sérénité crispée* (Gallimard).
2	L'acte est vierge, même répété. *Feuillets d'Hypnos* (Gallimard).
3	Agir en primitif et prévoir en stratège. *Ibid.*
4	L'éternité n'est guère plus longue que la vie. *Ibid.*
5	Le fruit est aveugle. C'est l'arbre qui voit. *Ibid.*
6	On ne fait pas un lit aux larmes comme à un visiteur de passage. *Ibid.*
7	Si la vie pouvait n'être que du sommeil désappointé. *Ibid.*
8	Tiens vis-à-vis des autres ce que tu t'es promis à toi seul. *Ibid.*
9	Ce qui vient au monde pour ne rien troubler ne mérite ni égards ni patience. *Fureur et mystère* (Gallimard).
10	Il faut être l'homme de la pluie et l'enfant du beau temps. *Le Marteau sans maître* (José Corti).
11	Au plus fort de l'orage, il y a toujours un oiseau pour nous rassurer. C'est l'oiseau inconnu. Il chante avant de s'envoler. *Les Matinaux* (Gallimard).
12	Il faut souffler sur quelques lueurs pour faire de la bonne lumière. *Ibid.*
13	Imite le moins possible les hommes dans leur énigmatique maladie de faire des nœuds. *Ibid.*
14	Écoute, mais n'entends pas. *La Parole en archipel* (Gallimard).
15	On naît avec les hommes, on meurt inconsolé parmi les dieux. *Ibid.*

La terre qui reçoit la graine est triste. La graine qui va tant risquer est heureuse. *Ibid.*	16
Prend-on la vie autrement que par les épines ? *Retour amont* (Gallimard).	17
L'eau est lourde à un jour de la source. *Seuls demeurent* (Gallimard).	18
Toute respiration propose un règne. *Ibid.*	19

Jacques CHARDONNE
1884-1968

165

L'amour, c'est beaucoup plus que l'amour. *L'Amour, c'est beaucoup plus que l'amour* (Albin Michel).	1
Le couple, c'est autrui à bout portant. *Ibid.*	2
Il faut avoir le courage d'abandonner ses enfants ; leur sagesse n'est pas la nôtre. *Ibid.*	3
Les maux réels affectent moins les hommes que l'idée qu'ils se font de leur condition. *Ibid.*	4
Le monde est plein de braves gens qui ne voient partout que des gredins. *Ibid.*	5
La paresse est nécessaire. Il faut la mêler à sa vie pour prendre conscience de la vie. *Ibid.*	6
Sans morale, il n'y a plus de vin de Bordeaux, ni de style. La morale, c'est le goût de ce qui est pur et défie le temps. *Ibid.*	7
Tout est disposé en faveur du pessimiste. Mais le pessimiste s'est toujours trompé. *Ibid.*	8
Rien de précieux n'est transmissible. Une vie heureuse est un secret perdu. *Claire* (Grasset).	9
Chacun est seul de sa race. *Propos comme ça* (Grasset).	10
Les meilleurs divertissements sont les plus futiles. *Ibid.*	11

12	L'originalité est souvent un bloc de préjugés. *Ibid.*
13	Pour agir il faut une forte dose de défauts. Un homme sans défauts n'est bon à rien. *Ibid.*
14	La science et le temps ont de l'imagination ; les hommes sont des radoteurs. *Ibid.*

CHARLES d'ORLÉANS
V. ORLÉANS

166

Toussaint Nicolas CHARLET
1792-1845

1	Ce qu'il y a de meilleur dans l'homme, c'est le chien. *Légende d'une lithographie.*

167

Pierre CHARRON
1541-1603

1	C'est chose excellente que d'apprendre à mourir, c'est l'étude de la sagesse, qui se résout tout à ce but. *De la sagesse.*
2	L'homme est un sujet merveilleusement divers et ondoyant, sur lequel il est très mal aisé d'y asseoir jugement assuré. *Ibid.*

168

Alain CHARTIER
1385-1433

1	*Elas ! Pourquoy m'a elle procuree* *Mort a demy sans l'avoir assouvie ?* *Vie en langueur, telle est ma destinee,* *Quant je ne voy ma doulce dame en vie.* *Ballade de l'amie perdue.*
2	*Je n'ay bouche qui puisse rire* *Que les yeulx ne l'en dementissent.* *La Belle Dame sans mercy.*
3	*Comme osera la bouche dire* *Ce que le cuer* pas penser n'ose ?* *Rondeau.* * *Cœur.*

Émile CHARTIER, dit ALAIN
V. ALAIN.

Jean-Baptiste CHASSIGNET v. 1570 - v. 1635	**169**

Ce qui semble périr se change seulement.   1
Le Mespris de la vie et consolation
contre la mort.

Notre vie est semblable à la mer vagabonde,   2
Où le flot suit le flot, et l'onde pousse l'onde,
Surgissant à la fin au havre de la mort.
Ibid.

Le temps passé n'est plus, l'autre encore n'est pas,   3
Et le présent languit entre vie et trépas.
Ibid.

François René de CHATEAUBRIAND 1768-1848	**170**

Le goût est le bon sens du génie.   1
Essai sur la littérature anglaise.

Shakespeare est au nombre des cinq ou six écrivains qui ont suffi au besoin   2
et à l'aliment de la pensée ; ces génies-mères semblent avoir enfanté et allaité
tous les autres.
Ibid.

Les biens de la terre ne font que creuser l'âme et en augmenter le vide.   3
Le Génie du christianisme.

Il a fallu que le christianisme vînt chasser ce peuple de faunes, de satyres   4
et de nymphes, pour rendre aux grottes leur silence et aux bois leur rêverie.
Ibid.

Je suis devenu chrétien [...] Ma conviction est sortie du cœur ; j'ai pleuré et j'ai cru.   5
Ibid.

Tous les hommes ont un secret attrait pour les ruines [...] Les ruines jettent   6
une grande moralité au milieu des scènes de la nature.
Ibid.

Les idées, une fois nées, ne s'anéantissent plus ; elles peuvent être accablées   7
sous les chaînes, mais, prisonnières immortelles, elles usent les liens
de leur captivité.
Histoire de France.

La morale va au-devant de l'action ; la loi l'attend.   8
Ibid.

Le Moyen Âge offre un tableau bizarre, qui semble être le produit   9
d'une imagination puissante, mais déréglée.
Ibid.

10   **Tout arrive par les idées ; elles produisent les faits, qui ne leur servent
que d'enveloppe.**
Ibid.

11   **Toute révolution qui n'est pas accomplie dans les mœurs et dans les idées échoue.**
Ibid.

12   **Je parle éternellement de moi.**
Itinéraire de Paris à Jérusalem.

13   **C'était une de ces nuits dont les ombres transparentes semblent craindre
de cacher le beau ciel de la Grèce : ce n'étaient point des ténèbres,
c'était seulement l'absence du jour.**
Les Martyrs.

14   **L'adversité est pour moi ce qu'était la terre pour Antée ; je reprends des forces
dans le sein de ma mère.**
Mémoires d'outre-tombe.

15   **Alexandre créait des villes partout où il courait : j'ai laissé des songes
partout où j'ai traîné ma vie.**
Ibid.

16   **Après le malheur de naître, je n'en connais pas de plus grand que celui
de donner le jour à un homme.**
Ibid.

17   **Bonaparte n'est plus le vrai Bonaparte, c'est une figure légendaire composée
des lubies du poète, des devis du soldat et des contes du peuple.**
Ibid.

18   **Ce n'est pas de tuer l'innocent comme innocent qui perd la société,
c'est de le tuer comme coupable.**
Ibid.

19   **C'est le devoir qui crée le droit et non le droit qui crée le devoir.**
Ibid.

20   **L'homme qui attente à ses jours montre moins la vigueur de son âme
que la défaillance de sa nature.**
Ibid.

21   **Il est des paroles qui ne devraient servir qu'une fois.**
Ibid.

22   **J'ai en moi une impossibilité d'obéir.**
Ibid.

23   **J'ai souvent mené en main, avec une bride d'or, de vieilles rosses de souvenirs
qui ne pouvaient se tenir debout, et que je prenais pour de jeunes
et fringantes espérances.**
Ibid.

Je vois les reflets d'une aurore dont je ne verrai pas se lever le soleil. Il ne me reste qu'à m'asseoir au bord de ma fosse ; après quoi, je descendrai hardiment, le crucifix à la main, dans l'éternité. *Ibid.*	24
Je vous fais voir l'envers des événements, que l'histoire ne montre pas. *Ibid.*	25
La liberté qui capitule, ou le pouvoir qui se dégrade, n'obtient point merci de ses ennemis. *Ibid.*	26
La mémoire est souvent la qualité de la sottise. *Ibid.*	27
La menace du plus fort me fait toujours passer du côté du plus faible. *Ibid.*	28
Moi, l'homme de toutes les chimères, j'ai la haine de la déraison, l'abomination du nébuleux et le dédain des jongleries ; on n'est pas parfait. *Ibid.*	29
La mort ne révèle point les secrets de la vie. *Ibid.*	30
On n'apprend pas à mourir en tuant les autres. *Ibid.*	31
Plus le visage est sérieux, plus le sourire est beau. *Ibid.*	32
Plus vous prétendez comprimer [la presse], plus l'explosion sera violente. Il faut donc vous résoudre à vivre avec elle. *Ibid.*	33
Presque toujours, en politique, le résultat est contraire à la prévision. *Ibid.*	34
[...] la réhabilitation de ce pauvre corps, si calomnié par l'âme. *Ibid.*	35
Soyons justes pour être habiles. *Ibid.*	36
Tous mes jours sont des adieux. *Ibid.*	37
Tout me lasse : je remorque avec peine mon ennui avec mes jours, et je vais partout bâillant ma vie. *Ibid.*	38

39	**Le vice appuyé sur le bras du crime*.** *Ibid.* <small>* Talleyrand au bras de Fouché, en 1815.</small>
40	**Le vrai bonheur coûte peu ; s'il est cher, il n'est pas d'une bonne espèce.** *Ibid.*
41	**Lorsque, dans le silence de l'abjection, l'on n'entend plus retentir que la chaîne de l'esclave ou la voix du délateur ; lorsque tout tremble devant le tyran, et qu'il est aussi dangereux d'encourir sa faveur que de mériter sa disgrâce, l'historien paraît, chargé de la vengeance des peuples. C'est en vain que Néron prospère. Tacite est déjà né dans l'empire ; il croît inconnu auprès des cendres de Germanicus, et déjà l'intègre Providence a livré à un enfant obscur la gloire du maître du monde.** Article du *Mercure.* <small>Cet article du *Mercure*, que Chateaubriand dirigeait alors, suscita la fureur de Napoléon et précipita la disgrâce de l'écrivain.</small>
42	**Achille n'existe que par Homère.** *Les Natchez.*
43	**Je m'ennuie de la vie.** *Ibid.*
44	**Je suis vertueux sans plaisir ; si j'étais criminel, je le serais sans remords.** *Ibid.*
45	**On ne fait point sortir les autres de l'ordre sans avoir en soi quelque principe de désordre ; et celui qui, même involontairement, est la cause de quelque malheur ou de quelque crime, n'est jamais innocent aux yeux de Dieu.** *Ibid.*
46	**Combien j'ai douce souvenance Du joli lieu de ma naissance !** *Poésies diverses,* <small>Souvenir du Pays de France.</small>
47	**Levez-vous vite, orages désirés, qui devez emporter René dans les espaces d'une autre vie !** *René.*
48	**Admirable tremblement du temps ! Souvent les hommes de génie ont annoncé leur fin par des chefs-d'œuvre : c'est leur âme qui s'envole.** *Vie de Rancé.*
49	**L'amitié ? Elle disparaît quand celui qui est aimé tombe dans le malheur, ou quand celui qui aime devient puissant.** *Ibid.*
50	**Les danses s'établissent sur la poussière des morts, et les tombeaux poussent sous les pas de la joie.** *Ibid.*
51	**Les hommes éclatants ont un penchant pour les lieux obscurs.** *Ibid.*

Il [Saint-Simon] écrivait à la diable pour l'immortalité. *Ibid.*	52
Rompre avec les choses réelles, ce n'est rien; mais avec les souvenirs! le cœur se brise à la séparation des songes, tant il y a peu de réalité dans l'homme. *Ibid.*	53
La vieillesse est une voyageuse de nuit : la terre lui est cachée; elle ne découvre plus que le ciel. *Ibid.*	54
On compte ses aïeux lorsqu'on ne compte plus. *Ibid.*	55

Alphonse de CHATEAUBRIANT
1877-1951

171

La loi d'amour [...] fait que chacun sent en soi l'immense unité humaine, et devient fort autant que tous ensemble. *La Réponse du Seigneur* (La Mappemonde).	1
Sois semblable à Dieu est le commandement de l'humilité. *Ibid.*	2

Guillaume Amfrye, abbé de CHAULIEU
1639-1720

172

La mort est simplement le terme de la vie, De peines ni de biens elle n'est point suivie. *Épître à Mme la duchesse de Bouillon.*	1
Heureux libertin qui ne fait Jamais sien que ce qu'il désire, Et désire tout ce qu'il fait! *Épître au chevalier de Bouillon.*	2
Pour mon arrière saison, Je ne vois et n'envisage, Que le malheur d'être sage. *Sur la goutte.*	3

Malcolm de CHAZAL
1902-1981

173

Chaque Oiseau A la couleur De son cri. *Poèmes* (Gallimard).	1
Le poids ne se sent fort que dans la balance. *Ibid.*	2

3	Apprendre, c'est se retrouver. *Sens plastique* (Gallimard).
4	L'Art, c'est la nature accélérée et Dieu au ralenti. *Ibid.*
5	C'est toujours l'âne qui brait le plus fort qui est le plus racé ; la bêtise est tonitruante. *Ibid.*
6	La famille est une Cour de justice qui ne chôme ni nuit ni jour. *Ibid.*
7	L'homme cherche en lui-même ce qu'il ne trouve pas dans les autres, et cherche chez les autres ce qu'il y a de trop en lui. *Ibid.*
8	L'homme est, de tous les êtres vivants, le seul à courir deux plaisirs à la fois. *Ibid.*
9	L'homme est prêt à croire à tout, pourvu qu'on le lui dise avec mystère. Qui veut être cru, doit parler bas. *Ibid.*
10	L'idéaliste a la marche des orteils ; et le matérialiste a la marche des talons. *Ibid.*
11	Il y aurait bien moins de bavards, s'il y avait plus de faces parlantes. *Ibid.*
12	Les larmes ne sont un aphrodisiaque qu'à vingt ans. *Ibid.*
13	La liberté d'être soi est la plus haute forme de justice envers les autres. *Ibid.*
14	Nous n'accordons une âme aux gens que lorsqu'ils n'ont plus de corps. *Ibid.*
15	Rien de grand ne se fait sans l'idée fixe, ce clou à transpercer l'invisible. *Ibid.*
16	Le rire est le meilleur désinfectant du foie. *Ibid.*
17	La rose, c'est les dents de lait du soleil. *Ibid.*
174	**André de CHÉNIER** **1762-1794**
1	Qu'aimable est la vertu que la grâce environne ! *L'Aveugle.*

À peine ouverte au jour, ma rose s'est fanée.
Élégies.

2

L'art ne fait que des vers : le cœur seul est poète.
Ibid.

3

Le moment d'être sage est voisin du tombeau.
Ibid.

4

Le Messager de mort, noir recruteur des ombres [...]
Iambes.

5

Mourir sans vider mon carquois !
Sans percer, sans fouler, sans pétrir dans leur fange
Ces bourreaux barbouilleurs de lois.
Ibid.

6

Sous leur tête mobile, un cou blanc, délicat,
Se plie, et de la neige effacerait l'éclat.
Idylles.

7

Allumons nos flambeaux à leurs feux poétiques ;
Sur des pensers nouveaux faisons des vers antiques.
L'Invention.

8

L'épi naissant mûrit de la faux respecté.
Sans crainte du pressoir, le pampre tout l'été
Boit les doux présents de l'aurore.
La Jeune Captive.

9

Ma bienvenue au jour me rit dans tous les yeux.
Ibid.

10

Quoi que l'heure présente ait de trouble et d'ennui,
Je ne veux point mourir encore.
Ibid.

11

Elle est au sein des flots, la jeune Tarentine !
Son beau corps a roulé sous la vague marine.
La Jeune Tarentine.

12

Pleurez, doux Alcyons ! ô vous, oiseaux sacrés,
Oiseaux chers à Thétys, doux Alcyons, pleurez !
Elle a vécu, Myrto, la jeune Tarentine !
Ibid.

13

Le bonheur des méchants est un crime des dieux.
Poésies diverses et Fragments.

14

Pourtant j'avais quelque chose là.

15

Mots prononcés par Chénier, en se frappant le front, le 25 juillet 1794, au moment d'être guillotiné. V. B-**135**-1.

175	**Marie-Joseph de CHÉNIER** 1764-1811
1	La République nous appelle ; Sachons vaincre ou sachons périr : Un Français doit vivre pour elle ; Pour elle un Français doit mourir. *Le Chant du départ (musique de Méhul).*
2	La victoire en chantant nous ouvre la barrière La liberté guide nos pas [...] *Ibid.*
3	Ils* dînent du mensonge, et soupent du scandale. *De la calomnie.* * Les calomniateurs.
4	Trois mille ans ont passé sur la cendre d'Homère ; Et depuis trois mille ans Homère respecté Est jeune encor de gloire et d'immortalité. *Épître à Voltaire.*
176	**Philippe de CHENNEVIÈRES** 1820-1899
1	La politique, si elle n'est le rêve des génies, est d'ordinaire la causette des imbéciles. *Contes normands.*
177	**Duchesse de CHOISEUL** 1736-1801
1	Ce n'est pas que je sache bien employer mon temps, mais c'est que je sais bien le perdre ; et, soit dit sans me vanter, c'est peut-être la première de toutes les sciences. *Lettres à Mme du Deffand.*
2	Il [Jean-Jacques Rousseau] m'a toujours paru un charlatan de vertu. *Ibid.*
3	Je n'ai plus besoin de plaire à personne, puisque personne n'a plus besoin de moi. *Ibid.*
4	Méfions-nous de la métaphysique appliquée aux choses simples. *Ibid.*
178	**CHRÉTIEN de TROYES** Seconde moitié du XIIe siècle
1	Il y a plus de paroles en un plein pot de vin qu'en un muid de cervoise. *Plus a paroles an plain pot / De vin qu'an un mui de cervoise.* *Le Chevalier au Lion.*

Le corps s'en va, le cœur séjourne.
Li cors s'an vet, li cuers séjorne.
Le Chevalier à la Charrette.

2

Qui a le cœur, qu'il ait aussi le corps.
Qui a le cuer, si et le cors.
Cligès.

3

Femme qui abandonne sa bouche accorde sans peine le surplus.
Feme qui sa bouche abandone / Le surplus molt de legier done.
Le Conte du Graal (trad. L. Foulet).

4

Les morts avec les morts, les vivants avec les vivants!
Les mors as mors, les vis as vis!
Ibid.

Proverbe dit par Perceval alors qu'il vient d'apprendre la mort de sa mère.

5

Mauvais est l'homme qui oublie honte et vilenie qu'on lui fit.
Que molt est malvais qui oblie / S'on li fait honte ne laidure.
Ibid.

6

Trop de paroles, péché certain.
Qui trop parole, il se mesfait.
Ibid.

7

Le cœur a des pensées que ne dit pas la bouche.
Ce panse cuers que ne dit boche.
Érec et Énide.

8

CHRISTINE de PISAN
V. PISAN.

CHRISTOPHE (Georges Colomb, dit)
1856-1949

179

La vie, hélas! n'est qu'un tissu de coups de poignard qu'il faut savoir
boire goutte à goutte.
Les Facéties du sapeur Camember
(Armand Colin).

1

Sachez, mes filles, que nous sommes des atomes jetés dans le gouffre sans fond
de l'infini.
La Famille Fenouillard (Armand Colin).

2

Charles Albert CINGRIA
1883-1954

180

Le ciel est plein de vociférantes étoiles.
Bois sec, bois vert (Gallimard).

1

Il n'y a qu'en Italie, qu'à Rome, que j'ai vu des pavés d'église qui avaient un sens.
Ibid.

2

3 | Voilà ce que c'est que les moutons. Ils obéissent aux chiens qui obéissent
aux bergers qui obéissent aux astres.
Ibid.

181

Émile-Michel CIORAN
1911-1995

1 | L'art d'aimer? C'est savoir joindre à un tempérament de vampire la discrétion
d'une anémone.
Syllogismes de l'amertume (Gallimard).

2 | En vieillissant, on apprend à troquer ses terreurs contre ses ricanements.
Ibid.

3 | Espérer, c'est démentir l'avenir.
Ibid.

4 | Être moderne, c'est bricoler dans l'Incurable.
Ibid.

5 | Évolution : Prométhée, de nos jours, serait un député de l'opposition.
Ibid.

6 | L'histoire des idées est l'histoire de la rancune des solitaires.
Ibid.

7 | Il est aisé d'être « profond » : on n'a qu'à se laisser submerger par ses propres tares.
Ibid.

8 | Il n'est pas élégant d'abuser de la malchance ; certains individus,
comme certains peuples, s'y complaisent tant qu'ils déshonorent la tragédie.
Ibid.

9 | Il n'est qu'un esprit lézardé pour avoir des ouvertures sur l'au-delà.
Ibid.

10 | La malhonnêteté d'un penseur se reconnaît à la somme d'idées précises qu'il avance.
Ibid.

11 | La musique est le refuge des âmes ulcérées par le bonheur.
Ibid.

12 | Nous sommes tous des farceurs : nous survivons à nos problèmes.
Ibid.

13 | Nul ne peut veiller sur sa solitude, s'il ne sait se rendre odieux.
Ibid.

14 | On ne découvre une saveur aux jours que lorsqu'on se dérobe à l'obligation
d'avoir un destin.
Ibid.

Rien ne dessèche tant un esprit que sa répugnance à concevoir des idées obscures. *Ibid.*	15
Shakespeare : rendez-vous d'une rose et d'une hache [...] *Ibid.*	16
Tout problème profane un mystère ; à son tour, le problème est profané par sa solution. *Ibid.*	17
La tristesse : un appétit qu'aucun malheur ne rassasie. *Ibid.*	18

CLAIRVILLE — Paul SIRAUDIN — Victor KONING 1811-1879 1813-1883 1842-1894	**182**
Ce n'était pas la peine Non pas la peine assurément De changer le gouvernement. *La Fille de Mme Angot* (musique de Ch. Lecocq).	1

Paul CLAUDEL 1868-1955	**183**
Arthur Rimbaud fut un mystique *à l'état sauvage,* une source perdue qui ressort d'un sol saturé. *Accompagnements* (Gallimard).	1
Est-ce que le but de la vie est de vivre ? *L'Annonce faite à Marie,* IV, 5, Anne Vercors (Gallimard).	2
Il est facile d'être une sainte quand la lèpre nous sert d'appoint. *Ibid.,* III, 3, Mara.	3
Il est un temps de prendre, et un temps de laisser prendre. *Ibid.,* I, 3, Anne Vercors.	4
L'homme connaît le monde non point par ce qu'il y dérobe mais par ce qu'il y ajoute. *Art poétique* (Mercure de France).	5
Ouvrez les yeux ! Le monde est encore intact ; il est vierge comme au premier jour, frais comme le lait ! *Ibid.*	6
L'univers n'est qu'une manière totale de ne pas être ce qui est. *Ibid.*	7
Les mots que j'emploie, Ce sont les mots de tous les jours, et ce ne sont point les mêmes ! *Cinq Grandes Odes* (Gallimard).	8

9   **La femme sera toujours le danger de tous les paradis.**
Conversations dans le Loir-et-Cher
(Gallimard).

10   **Il n'y a de société vivante que celle qui est animée par l'inégalité et l'injustice.**
Ibid.

11   **Il y a une architecture qui marche.**
Ibid.

12   **Je dis que le royaume de Saint Louis entre le Rhin et le Rhône, entre la Seine et la Loire et la Garonne et le Rhône répondant à la convocation de trois mers, je dis que notre France est faite et constante de la division et de l'accord entre quatre mouvements opposés, elle est faite d'une inscription d'angles dans un cercle et d'une divine difficulté entre ces quatre fleuves qui s'écoulent de sorte que ce n'est pas par le contour seulement mais par la volonté consciente, que nous vivons à l'intérieur d'une étoile.**
Ibid.

13   **Je me réserve avec fermeté le droit de me contredire.**
Ibid.

14   **Mon désir n'est pas de créer l'ordre, mais le désordre au contraire au sein d'un ordre absurde, ni d'apporter la liberté, mais simplement de rendre la prison visible.**
Ibid.

15   **Quand l'homme essaie d'imaginer le Paradis sur terre, ça fait tout de suite un enfer très convenable.**
Ibid.

16   **Votre esprit est sans pente.**
Correspondance avec A. Gide (Gallimard).

17   **Il n'y a pas de chose qui soit tout le temps bonne.**
L'Échange, I, Thomas Pollock Nageoire
(Mercure de France).

18   **Barrès est enraciné dans un pot de fleur.**
Journal (Gallimard).

19   **Le bonheur n'est pas le but mais le moyen de la vie.**
Ibid.

20   **Le cœur qui d'abord résiste — comme un vase qu'on enfonce dans l'eau et qui se remplit tout à coup.**
Ibid.

21   **Le devoir est toujours au-dessus.**
Ibid.

22   **Les gens ne sont des héros que quand ils ne peuvent pas faire autrement.**
Ibid.

L'homme humble ne s'agenouille pas, il s'asseoit. *Ibid.*	23
Il y a des gens qui ne sont point persuasifs mais contagieux. *Ibid.*	24
La musique est l'âme de la géométrie. *Ibid.*	25
La nature n'est qu'une immense ruine. *Ibid.*	26
L'œil doit se garer de la poussière, et le pied au contraire ne pas la craindre. *Ibid.*	27
Quand il existe quelque chose d'éternel, comment ferais-je pour n'en pas être éternellement le témoin? *Ibid.*	28
Le sceptique est un homme qui ne se doute de rien. *Ibid.*	29
Se servir d'une seule âme pour être deux. *Ibid.*	30
C'étaient les précieux* de la religion. *Correspondance avec André Suarès* (Gallimard). <small>* Les jansénistes.</small>	31
Quelqu'un qui admire a toujours raison. *Ibid.*	32
Rien ne me paraît plus faux que la maxime socratique : Connais-toi toi-même. Le vrai moyen de connaissance serait plutôt : Oublie-toi toi-même. *Mémoires improvisés* (Gallimard).	33
L'eau ainsi est le regard de la terre, son appareil à regarder le temps. *L'Oiseau noir dans le soleil levant* (Gallimard).	34
La langue française est le produit, en même temps que le document, le plus parfait de notre tradition nationale. *Ibid.*	35
L'Occident regarde la mer et l'Orient regarde la montagne. *Ibid.*	36
Pour connaître la rose, quelqu'un emploie la géométrie et un autre emploie le papillon. *Ibid.*	37
Si la France est diverse au point de vue ethnographique, au point de vue géographique elle est unie et indivisible, et les conseils de rupture sont infiniment moins puissants pour elle que les nécessités de la concentration. *Ibid.*	38

39	**Valéry est avant tout un voluptueux et tout son art est une attention voluptueuse.** *Ibid.*

40	**L'arbre mort fait encore une bonne charpente.** *L'Otage,* II, 1. Sygne (Gallimard).

41	**Ce bois dont la croix est faite ne manquera jamais.** *Ibid.,* I, 1. Sygne.

42	**Celui qui aime beaucoup ne pardonne pas facilement.** *Ibid.,* I, 1. Coûfontaine.

43	**C'est une chose plus enivrante que le vin d'être une belle jeune femme !** *Ibid.,* I, 1. Sygne.

44	**Heureux qui a quelque chose à donner, car à celui qui n'a pas,** **on ôtera même ce qu'il a.** *Ibid.,* I, 1. Sygne.

45	**Heureux qui est dépouillé injustement, car il n'a plus rien à craindre de la justice.** *Ibid.,* I, 1. Sygne.

46	**Il faut dire son chapelet quand on ne dort pas et ne pas ajouter la nuit** **Au jour à qui sa propre malice suffit.** *Ibid.,* I, 2. le pape Pie.

47	**Où est le droit il n'y a plus d'affection.** *Ibid.,* I, 2. Coûfontaine.

48	**Tout le monde n'est pas fait pour être heureux.** *Ibid.,* I, 1. Coûfontaine.

49	**Ce n'est point le temps qui manque, c'est nous qui lui manquons.** *Partage de midi,* I. Mesa (Gallimard).

50	**Il ne faut pas comprendre […] Il faut perdre connaissance.** *Ibid.,* I. Ysé.

51	**Fais-leur comprendre qu'ils n'ont d'autre devoir au monde que de la joie !** *Le Père humilié,* II, 2. le pape Pie (Gallimard).

52	**Ce n'est pas le cierge qui fait la flamme, c'est la flamme qui a fait le cierge.** *Positions et propositions* (Gallimard).

53	**Les grands écrivains n'ont jamais été faits pour subir la loi des grammairiens,** **mais pour imposer la leur et non pas seulement leur volonté, mais leur caprice.** *Ibid.*

54	**Mallarmé : ce professeur d'attention.** *Ibid.*

Je n'attache absolument aucun prix à la valeur littéraire de mon œuvre [...]
Charpentier, j'aurais mis la même conscience à bien raboter une planche
que celle qu'en écrivant je mets à bien écrire.
Propos (à A. Gide) [Gallimard].

55

— L'amour se suffit à lui-même !
— Et moi, je pense que rien ne suffit à l'amour !
*Le Soulier de satin, II, 11, Don Camille puis
Don Rodrigue* (Gallimard).

56

[...] Ce n'est pas l'esprit qui est dans le corps, c'est l'esprit qui contient
le corps, et qui l'enveloppe tout entier.
Ibid., I, 6, le roi.

57

L'ordre est le plaisir de la raison : mais le désordre est le délice de l'imagination.
Ibid., Avertissement.

58

O âme, pour qui rien n'existait de trop grand !
Tête d'or, III, le roi (Mercure de France).

59

[...] Toute âme est une très vile comédie.
Ibid., III, le roi.

60

Quelqu'un qui soit en moi plus moi-même que moi.
Vers d'exil (Mercure de France).

61

Le bonheur n'est pas un luxe ; il est en nous comme nous-mêmes.
La Ville (2ᵉ version), III, Cœuvre
(Mercure de France).

62

Il est plus laborieux de conduire les hommes par la persuasion que par le fer.
Ibid., I, Lambert.

63

Un œil pur et un regard fixe voient toutes choses devant eux devenir transparentes.
Ibid., III, Cœuvre.

64

Georges CLEMENCEAU
1841-1929

184

La métaphysique est en l'air.
Nous ne pouvons que l'y laisser.
Au soir de la pensée (Plon).

1

Ce que nous dénommons vérité n'est qu'une élimination d'erreurs.
Aux embuscades de la vie (Fasquelle).

2

La bonne flèche du bon arc voudra que l'archer vise haut.
Démosthène (Plon).

3

On ne subit pas le salut. On le fait.
Ibid.

4

5	L'homme absurde est celui qui ne change jamais. *Discours de guerre* (Plon).
6	Il est plus facile de faire la guerre que la paix. *Discours de paix*, 1919 (Plon).
7	Politique intérieure : je fais la guerre ; politique étrangère : je fais la guerre. Je fais toujours la guerre ! Les Russes nous trahissent, je continue de faire la guerre. La malheureuse Roumanie est obligée de capituler : je continue de faire la guerre, et je continuerai jusqu'au dernier quart d'heure. *Réponse à une interpellation*, mars 1918.
8	La guerre ! c'est une chose trop grave pour la confier à des militaires. Cité par Suarez dans *Soixante Années* *d'histoire française : Clemenceau* (Tallandier).
9	La Révolution est un bloc. *Intervention à la Chambre des députés,* 29 janvier 1891

185	**Jean COCTEAU** 1889-1963
1	Le corps est un parasite de l'âme. *La Comtesse de Noailles, oui et non* (Perrin).
2	Car la jeunesse sait ce qu'elle ne veut pas avant de savoir ce qu'elle veut. *La Difficulté d'être* (Éd. du Rocher).
3	Je me reproche d'avoir dit trop de choses à dire et pas assez de choses à ne pas dire. *Ibid.*
4	La poésie cesse à l'idée. Toute idée la tue. *Ibid.*
5	La prose n'est pas une danse. Elle marche. *Ibid.*
6	Que la jeunesse avance par injustice, c'est justice. Car promptement arrive l'âge du recul. *Ibid.*
7	Qu'est-ce que la France, je vous le demande ? Un coq sur un fumier. Otez le fumier, le coq meurt. *Ibid.*
8	[La beauté] agit même sur ceux qui ne la constatent pas. *Les Enfants terribles* (Grasset).
9	Les miroirs feraient bien de réfléchir un peu avant de renvoyer les images. *Essai de critique indirecte* (Grasset). Voir Rigaut A-**592**-4.

Un homme pur doit être libre et suspect.
Ibid.

10

Il était victime des pénombres où les sens rencontrent le cœur.
Le Grand Écart (Stock).

11

Les mauvaises mœurs sont la seule chose que les gens prêtent sans réfléchir.
Ibid.

12

La mode meurt jeune. C'est ce qui fait sa légèreté si grave.
Ibid.

13

Aller vite lentement.
Journal d'un inconnu (Grasset).

14

Courir plus vite que la beauté.
Ibid.

15

La poésie est une religion sans espoir.
Ibid.

16

Le poète se souvient de l'avenir.
Ibid.

17

Trouver d'abord. Chercher après.
Ibid.

18

Voir Picasso A-**549**-21.

Je voudrais que l'intelligence fût reprise au démon et rendue à Dieu.
Lettre à Jacques Maritain (Stock).

19

Mon pessimisme n'est qu'une forme de l'optimisme.
Lettre aux Américains (Stock).

20

Les dieux existent : c'est le diable.
La Machine infernale (Grasset).

21

Pour que les dieux s'amusent beaucoup, il importe que leur victime tombe de haut.
Ibid.

22

Le temps des hommes est de l'éternité pliée.
Ibid.

23

Puisque ces mystères me dépassent, feignons d'en être l'organisateur.
Les Mariés de la tour Eiffel (Gallimard).

24

Je suis un mensonge qui dit toujours la vérité.
Opéra (Stock).

25

Le sommeil n'est plus un lieu sûr.
Ibid.

26

27 **Dès qu'un poète se réveille, il est idiot. Je veux dire intelligent.**
Opium (Stock).

28 **À l'impossible je suis tenu.**
Orphée (Stock).

29 **Un scandale commence à devenir scandaleux lorsque, de salubre, de vif
qu'il était, il en arrive au dogme et, dirai-je, lorsqu'il rapporte.**
Les Parents terribles (Gallimard).

30 **C'est |...| cette manière d'épauler, de viser, de tirer vite et juste,
que je nomme le style.**
Le Secret professionnel (Stock).

31 **|Le style| est une façon très simple de dire des choses compliquées.**
Ibid.

32 **De notre naissance à notre mort, nous sommes un cortège *d'autres*
qui sont reliés par un fil ténu.**
Poésie critique (Gallimard).

33 **Le génie est un cheval emballé qui gagne la course.**
Ibid.

34 **Le mouvement dort au milieu d'une roue qui tourne.**
Ibid.

35 **Ne haïr que la haine.**
Ibid.

36 **Une trop grande liberté, un *fais ce que tu veux* commode, met la jeunesse
dans l'impossibilité de désobéir, alors que rien d'audacieux n'existe
sans la désobéissance à des règles.**
Ibid.

37 **Le virtuose ne sert pas la musique ; il s'en sert.**
Portraits-souvenirs (Grasset).

38 **L'avenir n'appartient à personne. Il n'y a pas de précurseurs, il n'existe
que des retardataires.**
Le Potomak (Stock).

39 **Ce que le public te reproche, cultive-le, c'est toi.**
Ibid.

40 **Le plus grand chef-d'œuvre de la littérature n'est jamais
qu'un dictionnaire en désordre.**
Ibid.

41 **Prends garde aux conservateurs de vieilles anarchies.**
Ibid.

Voir la citation 46

L'extrême limite de la sagesse, voilà ce que le public baptise folie. *Le Rappel à l'ordre* (Stock).	42
Il faut être un homme vivant et un artiste posthume. *Ibid.*	43
Le mystère est une position trop favorable pour qu'un esprit bien élevé s'y maintienne. *Ibid.*	44
Nous abritons un ange que nous choquons sans cesse. Nous devons être les gardiens de cet ange. *Ibid.*	45
La vérité est trop nue, elle n'excite pas les hommes. *Ibid.*	46
Le tact dans l'audace c'est de savoir *jusqu'où on peut aller trop loin.* *Ibid.*	47
Un artiste original ne peut pas copier. Il n'a donc qu'à copier pour être original. *Ibid.*	48
Un rêveur est toujours mauvais poète. *Ibid.*	49
Un secret a toujours la forme d'une oreille. *Ibid.*	50
Tout homme porte sur l'épaule gauche un singe et, sur l'épaule droite, un perroquet. *Thomas l'imposteur* (Gallimard).	51
À force de plaisirs notre bonheur s'abîme. *Vocabulaire* (La Sirène).	52

Sidonie Gabrielle COLETTE
1873-1954

186

Le voyage n'est nécessaire qu'aux imaginations courtes. *Belles Saisons* (Galerie Charpentier).	1
La bonne foi n'est pas une fleur spontanée, la modestie non plus. *Ces plaisirs* (Ferenczi).	2
Ces plaisirs qu'on nomme, à la légère, physiques. *Ibid.*	3
Une femme qui reste une femme, c'est un être complet. *Ibid.*	4

5

L'homme trop occupé des femmes reçoit d'elles, un jour, sa punition.
Chambre d'hôtel (Fayard).

6

Le vice, c'est le mal qu'on fait sans plaisir.
Claudine en ménage (Mercure de France).

7

Un moment présent, même terrible, n'est pas toujours vainqueur du passé délicieux.
De ma fenêtre (Le Fleuron).

8

Je vis sur le fonds de frivolité qui vient au secours des existences longues.
L'Étoile Vesper (Le Milieu du Monde).

9

Que le mal nous façonne, il faut bien l'accepter. Mieux est de façonner le mal à notre usage, et même à notre commodité.
Ibid.

10

La plupart du temps, c'est l'ordinaire qui me pique et me vivifie.
Le Fanal bleu (Ferenczi).

11

Sois fidèle à ton impression première.
Lettres au petit corsaire (Flammarion).

12

Le tout est de changer.
Mes apprentissages (Ferenczi).

13

On croit toujours que c'est plus facile de réussir dans ce qu'on n'a pas appris que dans ce qu'on a appris, c'est naturel.
Mitsou ou Comment l'esprit vient aux filles (Fayard).

14

L'authentique méchant, le vrai, le pur, l'artiste, il est rare qu'on le rencontre même une fois dans sa vie.
La Naissance du jour (Flammarion).

15

Le difficile, ce n'est pas de donner, c'est de ne pas tout donner.
Ibid.

16

Mais est-ce très grave, souffrir ? Je viens à en douter.
Ibid.

17

Une femme se réclame d'autant de pays natals qu'elle a eu d'amours heureux.
Ibid.

18

On connaît des comédiens aigris, il n'en est guère de désillusionnés.
Paysages et portraits (Flammarion).

19

Quand je n'aurais appris qu'à m'étonner, je me trouverais bien payée de vieillir.
Prisons et paradis (Ferenczi).

20

Si vous n'êtes pas capable d'un peu de sorcellerie, ce n'est pas la peine de vous mêler de cuisine.
Ibid.

Qu'il s'agisse d'une bête ou d'un enfant, convaincre, c'est affaiblir. *Le Pur et l'impur* (Calmann-Lévy).	21
Les sens? Pourquoi pas *le* sens? Ce serait pudique et suffisant. *Ibid.*	22
Une chose qu'on connaît bien pour l'avoir possédée, on n'en est jamais tout à fait privé. *Ibid.*	23
Le visage humain fut toujours mon grand paysage. *Trait pour trait* (Le Fleuron).	24
Suis le chemin et ne t'y couche que pour mourir. *Les Vrilles de la vigne* (Flammarion).	25

Guillaume COLLETET
1598-1659
187

Je préfère à vos eaux un trait de malvoisie, Je mets pour me chauffer tous vos lauriers au feu, Et me torche le cul de votre poésie. *Adieu aux muses.*	1

Jean-François COLLIN d'HARLEVILLE
1755-1806
188

Le ciel bénit toujours les nombreuses familles. *Les Châteaux en Espagne.*	1
Rarement un valet dit du bien de son maître. *Ibid.*	2
Nous n'avions pas le sou mais nous étions contents; Nous étions malheureux, c'était là le bon temps. *Poésies fugitives.*	3

Jean COMMERSON
1802-1879
189

Soyez heureux, c'est là le vrai bonheur. *Le Dessin humoristique,* légende d'un dessin.	1
À son lit de mort, l'homme songe plutôt à élever son âme vers Dieu que des lapins. *Pensées d'un emballeur.*	2
Ceux qui écrivent le français sans savoir leur langue n'en ont que plus de mérite. *Ibid.*	3
Demandez à Napoléon Landais* ce que c'est que Dieu. Il vous répondra que c'est une diphtongue. *Ibid.*	4

* Lexicographe et grammairien (1803-1852).

| 5 | Mirabeau aimait avec force : c'est une de ses faiblesses. |
| | *Ibid.* |

| 6 | La philosophie a cela d'utile qu'elle sert à nous consoler de son inutilité. |
| | *Ibid.* |

190

Philippe de COMMYNES
1447-1511

| 1 | Je me suis souvent repenti d'avoir parlé, mais jamais de m'être tu. |
| | *Sentence gravée en latin sur la muraille du château de Loches* |

| 2 | Tous les maux viennent de faute de foi. |
| | *Mémoires.* |

191

Auguste COMTE
1798-1857

| 1 | Les anges n'ont pas de sexe, puisqu'ils sont éternels. |
| | *Catéchisme positiviste.* |

| 2 | Les morts gouvernent les vivants. |
| | *Ibid.* |

La même notion se retrouve chez Comte sous diverses formes : « Les vivants sont toujours et de plus en plus, dominés par les morts » *(Politique positive)*. « L'Humanité se compose essentiellement des morts dignes de survivre » *(Catéchisme positiviste)*. C'est aussi à Comte qu'on rapporte la formule célèbre : « L'Humanité se compose de plus de morts que de vivants. »

| 3 | La révolution féminine doit maintenant compléter la révolution prolétaire, comme celle-ci consolida la révolution bourgeoise, émanée d'abord de la révolution philosophique. |
| | *Ibid.* |

| 4 | Il n'y a qu'une maxime absolue, c'est qu'il n'y a rien d'absolu. |
| | *Cours de philosophie positive.* |

| 5 | On ne connaît pas complètement une science tant qu'on n'en sait pas l'histoire. |
| | *Ibid.* |

| 6 | [Les trois états successifs de toute pensée et de toute connaissance] : l'état théologique, ou fictif ; l'état métaphysique, ou abstrait ; l'état scientifique, ou positif. |
| | *Ibid.* |

| 7 | Si la célèbre *table rase* de Bacon et de Descartes était jamais pleinement réalisable, ce serait assurément chez les prolétaires actuels, qui, principalement en France, sont bien plus rapprochés qu'aucune classe quelconque du type idéal de cette disposition préparatoire à la positivité rationnelle. |
| | *Discours sur l'esprit positif.* |

| 8 | Dieu n'est pas plus nécessaire au fond pour aimer et pour pleurer que pour juger et pour penser. |
| | *Lettre à Mme Austin, 4 avril 1844.* |

La saine politique ne saurait avoir pour objet de faire marcher l'espèce humaine, qui se meut par une impulsion propre, suivant une loi aussi nécessaire, quoique plus modifiable, que celle de la gravitation. Mais elle a pour but de faciliter sa marche en l'éclairant.

Plan des travaux scientifiques nécessaires
pour réorganiser la société.

9

[La formule sacrée du positivisme] :
L'Amour pour principe, l'Ordre pour base, et le Progrès pour but.

Système de politique positive.

10

Nul ne possède d'autre droit que celui de toujours faire son devoir.

Ibid.

11

La principale fonction de l'Art est de construire des types sur la base fournie par la Science.

Ibid.

12

Le public humain est le véritable auteur du langage, comme son vrai conservateur.

Ibid.

13

Supérieures par l'amour, mieux disposées à toujours subordonner au sentiment l'intelligence et l'activité, les femmes constituent spontanément des êtres intermédiaires entre l'Humanité et les hommes.

Ibid.

14

Étienne Bonnot de CONDILLAC
1714-1780

192

Je regarde la grammaire comme la première partie de l'art de penser.

Cours d'étude pour l'instruction du prince
de Parme.

1

L'art de raisonner se réduit à une langue bien faite.

La Logique ou les Premiers Développements
de l'art de penser.

2

Benjamin CONSTANT (Henri-B. de Rebecque, dit)
1767-1830

193

La grande question dans la vie, c'est la douleur que l'on cause, et la métaphysique la plus ingénieuse ne justifie pas l'homme qui a déchiré le cœur qui l'aimait.

Adolphe.

1

La mort, mystère inexplicable, dont une expérience journalière paraît n'avoir pas encore convaincu les hommes [...]

Ibid.

2

Nous sommes des créatures tellement mobiles que les sentiments que nous feignons, nous finissons par les éprouver.

Ibid.

3

---

4 | [...] Cette police dont les coupables sont le prétexte, et les innocents le but.
Le Cahier rouge.

5 | L'opinion française [...] sait gré de l'hypocrisie comme d'une politesse
qu'on lui rend.
Cécile.

6 | Les précautions qu'il prit pour que ce pressentiment ne se réalisât point
furent précisément ce qui le fit se réaliser.
Ibid.

7 | Toutes les fois que les gouvernements prétendent faire nos affaires,
ils les font plus mal et plus dispendieusement que nous.
Cours de politique constitutionnelle.

8 | Les dépositaires du pouvoir ont une disposition fâcheuse à considérer tout ce qui
n'est pas eux comme une faction. Ils rangent quelquefois la nation même
dans cette catégorie.
*De la doctrine politique qui peut réunir
les partis en France.*

9 | La reconnaissance a la mémoire courte.
Ibid.

10 | Ne soyez ni obstinés dans le maintien de ce qui s'écroule, ni trop pressés
dans l'établissement de ce qui semble s'annoncer.
De l'esprit de conquête.

11 | L'arbitraire n'est pas seulement funeste lorsqu'on s'en sert pour le crime.
Employé contre le crime, il est encore dangereux.
Des réactions politiques.

12 | C'est un grand avantage dans les affaires de la vie que de savoir
prendre l'offensive : l'homme attaqué transige toujours.
Journal intime.

13 | J'ai remarqué qu'il fallait remercier les hommes le moins possible, parce que
la reconnaissance qu'on leur témoigne les persuade aisément qu'ils en font trop.
Ibid.

14 | La plupart des hommes, en politique comme en tout, concluent des résultats
de leurs imprudences à la fermeté de leurs principes.
Ibid.

15 | J'éprouve un charme inexprimable à marcher en aveugle au-devant
de ce que je crains.
Lettre à Mrs. Lindsay, 22 novembre 1800.

16 | L'unique garantie des citoyens contre l'arbitraire, c'est la publicité.
*Observations sur le Discours prononcé
par S. E. le ministre de l'Intérieur.*

Le gouvernement est stationnaire, l'espèce humaine est progressive. Il faut que la puissance du gouvernement contrarie le moins qu'il est possible la marche de l'espèce humaine. *Réflexions sur les constitutions.*	17

François COPPÉE
1842-1908
194

Et, rêvant déjà de bataille, Tous sont heureux naïvement ; Car toujours la France tressaille Au passage d'un régiment. *Contes en vers et poésies diverses* (Lemerre).	1
C'était un tout petit épicier de Montrouge Et sa boutique sombre, aux volets peints en rouge, Exhalait une odeur fade sur le trottoir. *Poésies* (Lemerre).	2
Et je n'ai pas trouvé cela si ridicule. *Ibid.*	3
Mon histoire, messieurs les juges, sera brève. Voilà. Les forgerons s'étaient tous mis en grève. *Ibid.*	4
Or, en mil huit cent neuf, nous prîmes Saragosse... *Ibid.*	5
Est-ce que les oiseaux se cachent pour mourir ? *Promenades et Intérieurs* (Lemerre).	6
Songe aux têtes de mort qui se ressemblent toutes. *Les Récits et les Élégies* (Lemerre).	7

Tristan CORBIÈRE (Édouard Joachim Corbière, dit)
1845-1875
195

Doux bedeau, pleureuse en lévite, Inventeur de la larme écrite [...]* *Les Amours jaunes.*	1
* Lamartine.	
L'esprit à sec et la tête ivre, Fini, mais ne sachant finir, Il mourut en s'attendant vivre Et vécut s'attendant mourir. *Ibid.*	2
Hugo, l'Homme apocalyptique l'Homme-ceci-tûra-cela, Meurt, gardenational épique [...] *Ibid.*	3

4

> Lord Byron, gentleman-vampire,
> Hystérique du ténébreux ;
> Anglais sec, cassé par son rire,
> Son noble rire de lépreux.
> *Ibid.*

5

> Fais de toi ton œuvre posthume.
> *Ça.*

6

> On a le pied fait à sa chaîne.
> *Ibid.*

7

> Il voyait trop.
> Et voir est un aveuglement.
> *Raccrocs.*

8

> Il fait noir, enfant, voleur d'étincelles ! [...]
> *Rondels pour après.*

196 Pierre CORNEILLE
1606-1684

1

> L'empire est quelque chose, et l'Empereur n'est rien.
> *Attila, I, 2, Valamir.*

2

> Trêve, mes tristes yeux, trêve aujourd'hui de larmes.
> *Ibid., IV, 6, Ildione.*

3

> À moi, Comte, deux mots.
> *Le Cid, II, 2, Rodrigue.*

4

> À quatre pas d'ici je te le fais savoir.
> *Ibid., II, 2, Rodrigue.*

5

> À qui venge son père, il n'est rien d'impossible.
> Ton bras est invaincu, mais non pas invincible.
> *Ibid., II, 2, Rodrigue.*

6

> À vaincre sans péril, on triomphe sans gloire.
> *Ibid., II, 2, le comte.*

7

> Ce n'est que dans le sang qu'on lave un tel outrage ;
> Meurs ou tue [...]
> *Ibid., I, 5, Don Diègue.*

8

> Cette obscure clarté qui tombe des étoiles.
> *Ibid., IV, 3, Rodrigue.*

9

> Et le combat cessa faute de combattants.
> *Ibid., IV, 3, Rodrigue.*

10

> Les exemples vivants sont d'un autre pouvoir.
> *Ibid., I, 3, le comte.*

Je cherche le silence et la nuit pour pleurer.
Ibid., *III, 4, Chimène.*

11

Je le ferais encor si j'avais à le faire.
Ibid., *III, 4, Rodrigue.*

Le même vers se retrouve dans *Polyeucte*, V, 3.

12

Je suis jeune, il est vrai ; mais aux âmes bien nées
La valeur n'attend point le nombre des années.
Ibid., *II, 2, Rodrigue.*

13

Mais qui peut vivre infâme est indigne du jour.
Ibid., *I, 5, Don Diègue.*

14

Ma plus douce espérance est de perdre l'espoir.
Ibid., *I, 2, l'infante.*

15

Mes pareils à deux fois ne se font point connaître,
Et pour leurs coups d'essai veulent des coups de maître.
Ibid., *II, 2, Rodrigue.*

16

Nos plus heureux succès sont mêlés de tristesse.
Ibid., *III, 5, Don Diègue.*

17

Nous partîmes cinq cents ; mais par un prompt renfort
Nous nous vîmes trois mille en arrivant au port.
Ibid., *IV, 3, Rodrigue.*

18

Oh ! combien d'actions, combien d'exploits célèbres
Sont demeurés sans gloire au milieu des ténèbres.
Ibid., *IV, 3, Rodrigue.*

19

Ô rage ! ô désespoir ! ô vieillesse ennemie !
Ibid., *I, 4, Don Diègue.*

20

Paraissez, Navarrais, Mores et Castillans.
Ibid., *V, 1, Rodrigue.*

21

Pleurez, pleurez, mes yeux et fondez-vous en eau !
La moitié de ma vie a mis l'autre au tombeau.
Ibid., *III, 3, Chimène.*

22

Pour grands que soient les rois, ils sont ce que nous sommes :
Ils peuvent se tromper comme les autres hommes.
Ibid., *I, 3, le comte.*

23

Que je meure au combat, ou meure de tristesse,
Je rendrai mon sang pur comme je l'ai reçu.
Ibid., *I, 6, Rodrigue.*

24

Qui m'aima généreux me haïrait infâme.
Ibid., *III, 4, Rodrigue.*

25

26
Qui ne craint point la mort ne craint point les menaces.
Ibid., II, 1, le comte.

27
Rodrigue, as-tu du cœur?
Ibid., I, 5, Don Diègue.

28
— Rodrigue, qui l'eût cru!
— Chimène, qui l'eût dit?
Ibid., III, 4.

29
... Va, cours, vole et nous venge.
Ibid., I, 5, Don Diègue.

30
Va, je ne te hais point.
Ibid., III, 4, Chimène.

31
Cinna, tu t'en souviens, et veux m'assassiner.
Cinna, V, 1, Auguste.

32
Et, monté sur le faîte, il aspire à descendre.
Ibid., II, 1, Auguste.

33
Je demeure stupide.
Ibid., V, 1, Cinna.

34
J'en accepte l'augure et j'ose l'espérer.
Ibid., V, 3, Auguste.

35
Je suis maître de moi comme de l'univers :
Je le suis, je veux l'être.
Ibid., V, 3, Auguste.

36
Mais quoi? toujours du sang, et toujours des supplices!
Ibid., IV, 2, Auguste.

37
Le pire des États, c'est l'État populaire.
Ibid., II, 1, Cinna.

38
Prends un siège, Cinna, prends et sur toute chose
Observe exactement la loi que je t'impose.
Ibid., V, 1, Auguste.

39
Rentre en toi-même, Octave, et cesse de te plaindre.
Quoi! tu veux qu'on t'épargne et n'as rien épargné!
Ibid., IV, 2, Auguste.

40
Le reste ne vaut pas l'honneur d'être nommé.
Ibid., V, 1, Auguste.

41
Soyons amis, Cinna, c'est moi qui t'en convie.
Ibid., V, 3, Auguste.

Un cœur est trop cruel quand il trouve des charmes
Aux douceurs que corrompt l'amertume des larmes.
Ibid., *I, 1, Émilie.*

42

Un tas d'hommes perdus de dettes et de crimes.
Ibid., *V, 1, Auguste.*

43

Devine, si tu peux, et choisis, si tu l'oses.
Héraclius, *IV, 4, Léontine.*

44

Le sujet d'une belle tragédie doit n'être pas vraisemblable.
Ibid., *Au lecteur.*

45

Albe vous a nommé, je ne vous connais plus.
Horace, *II, 3, Horace.*

46

Faites votre devoir, et laissez faire aux dieux.
Ibid., *II, 8, le vieil Horace.*

47

Je suis Romaine, hélas! puisqu'Horace est Romain.
Ibid., *I, 1, Sabine.*

48

On cite souvent, à titre de facétie, la variante : « Je suis Romaine, hélas ! puisque mon époux l'est ; ». Mais il s'agit bien de l'alexandrin tel qu'il fut publié dans la première édition de 1641. En 1656, Corneille donna à ce vers la forme ci-dessus, en modifiant aussi les trois suivants.

Mourir pour le pays est un si digne sort
Qu'on briguerait en foule une si belle mort.
Ibid., *II, 3, Horace.*

49

Ces deux vers reprennent et aménagent deux vers du *Cid*.

JULIE
Que vouliez-vous qu'il fît contre trois ?
LE VIEIL HORACE
— Qu'il mourût!
Ou qu'un beau désespoir alors le secourût.
Ibid., *III, 6.*

50

Rome, l'unique objet de mon ressentiment!
Rome, à qui vient ton bras d'immoler mon amant!
Rome qui t'a vu naître et que ton cœur adore!
Rome enfin que je hais parce qu'elle t'honore!
Ibid., *IV, 5, Camille.*

51

Rome, si tu te plains que c'est là te trahir,
Fais-toi des ennemis que je puisse haïr.
Ibid., *I, 1, Sabine.*

52

Ta vertu met ta gloire au-dessus de ton crime.
Ibid., *V, 3, Tulle.*

53

Voir le dernier Romain à son dernier soupir,
Moi seule en être cause, et mourir de plaisir!
Ibid., *IV, 5, Camille.*

54

55   On va d'un pas plus ferme à suivre qu'à conduire.
Imitation de Jésus-Christ, I, ch. IX (Traduction)

56   NÉRINE
— Dans un si grand revers, que vous reste-t-il ?
MÉDÉE
— Moi,
Moi, dis-je, et c'est assez.
Médée, I, 5.

57   Mais le trône soutient la majesté des rois
Au-dessus des mépris, comme au-dessus des lois.
Ibid., II, 3, Créon.

58   Un vieillard amoureux mérite qu'on en rie.
Ibid., II, 3, Créon.

59   Les gens que vous tuez se portent assez bien.
Le Menteur, IV, 2, Cliton.

60   Hélas ! je sors d'un mal pour tomber dans un pire.
Ibid., III, 2, Alcippe.

61   Il faut bonne mémoire après qu'on a menti.
Ibid., IV, 5, Cliton.

62   [...] Quand une femme a le don de se taire,
Elle a des qualités au-dessus du vulgaire.
Ibid., I, 4, Cliton.

63   Tel donne à pleines mains qui n'oblige personne :
La façon de donner vaut mieux que ce qu'on donne.
Ibid., I, 1, Cliton.

64   À force d'être juste, on est souvent coupable.
La Mort de Pompée, I, 1, Photin.

65   Ô Ciel ! Que de vertus vous me faites haïr !
Ibid., III, 4, Cornélie.

66   Ô soupirs ! Ô respect ! Oh qu'il est doux de plaindre
Le sort d'un ennemi quand il n'est plus à craindre !
Ibid., V, 1, Cornélie.

67   Ah ! ne me brouillez point avec la République...
Nicomède, II, 3, Prusias.

68   Attale a le cœur grand, l'esprit grand, l'âme grande,
Et toutes les grandeurs dont se fait un grand roi.
Ibid., II, 3, Nicomède.

69   Je ne veux point de rois qui sachent obéir.
Ibid., III, 2, Laodice.

Seigneur, si j'ai raison, qu'importe à qui je sois?
Ibid., *I, 2, Nicomède.*

70

Il m'a fait trop de bien pour en dire du mal,
Il m'a fait trop de mal pour en dire du bien.
Poésies diverses.

Écrit, en 1642, sur Richelieu, à l'occasion de sa mort.

71

Je ne dois qu'à moi seul toute ma renommée,
Et pense toutefois n'avoir point de rival
À qui je fasse tort en le traitant d'égal.
Ibid., *Excuse à Ariste.*

72

Je sais ce que je vaux, et crois ce qu'on m'en dit.
Ibid., *Excuse à Ariste.*

73

Marquise, si mon visage
A quelques traits un peu vieux,
Souvenez-vous qu'à mon âge
Vous ne vaudrez guère mieux.
Ibid., *LVIII, Stances à Marquise Du Parc.*

74

Le temps aux plus belles choses
Se plaît à faire un affront,
Et saura faner vos roses
Comme il a ridé mon front.
Ibid.

75

Vous ne passerez pour belle
Qu'autant que je l'aurai dit.
Ibid.

76

Adieu, trop malheureux et trop parfait amant.
Polyeucte, *II, 2, Pauline.*

77

Allez, honneurs, plaisirs, qui me livrez la guerre :
Toute votre félicité
Sujette à l'instabilité
En moins de rien tombe par terre ;
Et comme elle a l'éclat du verre,
Elle en a la fragilité.
Ibid., *IV, 2, Polyeucte.*

78

À raconter ses maux, souvent on les soulage.
Ibid., *I, 3, Stratonice.*

79

[...] Et le désir s'accroit quand l'effet se recule.
Ibid., *I, 1, Polyeucte.*

80

Faut-il tant de fois vaincre avant que triompher?
Ibid., *V, 3, Polyeucte.*

81

82   **Fuyez un ennemi qui sait votre défaut.**
Ibid., *I, 1, Néarque.*

83   **Je vois, je sais, je crois, je suis désabusée.**
Ibid., *V, 5, Pauline.*

84   **Je vous aime
Beaucoup moins que mon Dieu, mais bien plus que moi-même.**
Ibid., *IV, 3, Polyeucte.*

85   **Père dénaturé, malheureux politique !**
Ibid., *V, 6, Sévère.*

86   **Quoi ? vous vous arrêtez aux songes d'une femme ?**
Ibid., *I, 1, Néarque.*

87   **Seigneur, de vos bontés il faut que je l'obtienne ;
Elle a trop de vertus pour n'être pas chrétienne.**
Ibid., *IV, 3, Polyeucte.*

88   **Source délicieuse, en misères fécondes,
Que voulez-vous de moi, flatteuses voluptés ?**
Ibid., *IV, 2, Polyeucte.*

89   **Sur mes pareils, Néarque, un bel œil est bien fort.**
Ibid., *I, 1, Polyeucte.*

90   **Ta vertu m'est connue.**
Ibid., *I, 4, Félix à Pauline.*

91   **Et je dirais que je vous aime,
Seigneur, si je savais ce que c'est que d'aimer.**
Psyché, *III, 3, Psyché.*

92   **Qu'un monstre tel que vous inspire peu de crainte !**
Ibid., *III, 3, Psyché à l'Amour.*
On sait que le plan de *Psyché* est de Molière, mais que Corneille a écrit plus de la moitié des vers de cette tragédie-ballet.

93   **Je me défendrai mal : l'innocence étonnée
Ne peut s'imaginer qu'elle soit soupçonnée.**
Rodogune, *V, 4, Rodogune.*

94   **Tombe sur moi le ciel, pourvu que je me venge !**
Ibid., *V, 1, Cléopâtre.*
Ce vers se retrouve presque exactement dans *La mort d'Agrippine* de Cyrano de Bergerac. Voir A-**211**-1.

95   **Ah ! pour être Romain, je n'en suis pas moins homme.**
Sertorius, *IV, 1, Sertorius.*
« Ah ! pour être dévot, je n'en suis pas moins homme. » Voir Molière A-**504**-109.

96   **On a peine à haïr ce qu'on a bien aimé
Et le feu mal éteint est bientôt rallumé.**
Ibid., *I, 3, Sertorius.*

154

Rome n'est plus dans Rome, elle est toute où je suis. *Ibid., III, 1, Sertorius.*	97
Le temps est un grand maître, il règle bien des choses. *Ibid., II, 4, Viriate.*	98
Amour, sur ma vertu prends un peu moins d'empire! *Suréna, I, 2, Eurydice.*	99
Non, je ne pleure point, Madame, mais je meurs. *Ibid., V, 5, Eurydice.*	100
Un peu de dureté sied bien aux grandes âmes. *Ibid., V, 3, Suréna.*	101
Les esprits généreux jugent tout par eux-mêmes. *Théodore, IV, 1, Placide.*	102
Chaque instant de la vie est un pas vers la mort. *Tite et Bérénice, V, 1, Tite.*	103
Quoi ? Vous ne pouvez pas ce que peut une femme ? *Ibid., V, 2, Domitie à Tite.*	104
Un monarque a souvent des lois à s'imposer ; **Et qui veut pouvoir tout ne doit pas tout oser.** *Ibid., IV, 5, Tite.*	105
Je ne cherche en aimant que le seul bien d'aimer. *La Veuve, II, 4, Philiste.*	106
Que le plaisir se goûte au sortir des supplices ! *Ibid., III, 8, Clarice.*	107
La raison et l'amour sont ennemis jurés. *Ibid., II, 3, la nourrice.*	108

Thomas CORNEILLE
1625-1709

197

Je crains ce que je veux et veux ce que je crains. *Camma et Pyrrhus.*	1
Ce diseur de beaux mots sait dorer la pilule. *Don César d'Avalos.*	2
Ma foi ! s'il m'en souvient, il ne m'en souvient guère. *Le Geôlier de soi-même.*	3

Camille COROT
1796-1875

198

Le tout, c'est d'avoir du génie à vingt ans et du talent à quatre-vingts. Cité par Marguerite Matisse, in *les Nouvelles Littéraires*, n° 2222, 23 avril 1970.	1

199	**Abbé Charles COTIN** 1604-1682
1	Ces gens-là n'auraient rien à dire Si les autres n'avaient rien dit. *Les Pédants.*

200	**Gustave COURBET** 1819-1877
1	À quoi sert la vie si les enfants n'en font pas plus que leurs pères ? _{Manuscrit du Cabinet des Estampes.}

201	**Paul-Louis COURIER** 1772-1825
1	Ce manant devinait les droits de l'homme. Il fut pendu, cela devait être. *Lettres au rédacteur du « Censeur ».*
2	Rendons aux grands ce qui leur est dû ; mais tenons-nous-en loin le plus que nous pourrons. *Simple discours... à l'occasion d'une* *souscription proposée par S. Ex. le ministre* *de l'Intérieur, pour l'acquisition de Chambord.*

202	**Georges COURTELINE (Georges Moinaux, dit)** 1860-1929
1	Il pleut des Vérités Premières : Tendons nos rouges tabliers. *Godefroy* (Flammarion). _{Parodie de deux vers de Hugo dans *Odes et Ballades*. Voir A-**375**-175.}
2	La femme ne voit jamais ce que l'on fait pour elle ; elle ne voit que ce qu'on ne fait pas. *La Paix chez soi* (Flammarion).
3	Aux yeux de la Loi, un gredin qui la tourne est moins à craindre en son action qu'un homme de bien qui la discute avec sagesse et clairvoyance. *La Philosophie de G. Courteline* (Flammarion).
4	La douceur de l'homme pour la bête est la première manifestation de sa supériorité sur elle. *Ibid.*
5	La femme est meilleure qu'on le dit : elle ne blague les larmes des hommes que si elle les a elle-même fait couler. *Ibid.*
6	Les hommes ne sont pas très rares qui aiment à faire payer les services qu'on leur rend. *Ibid.*

Il est évidemment bien dur de ne plus être aimé quand on aime, mais cela n'est pas comparable à l'être encore quand on n'aime plus. *Ibid.*	7
Il vaut mieux gâcher sa jeunesse que de n'en rien faire du tout. *Ibid.*	8
J'étais né pour rester jeune, et j'ai eu l'avantage de m'en apercevoir, le jour où j'ai cessé de l'être. *Ibid.*	9
La Justice n'a rien à voir avec la Loi qui n'en est que la déformation, la charge et la parodie. Ce sont là deux demi-sœurs qui, sorties de deux pères, se crachent à la figure en se traitant de bâtardes et vivent à couteaux tirés, tandis que les honnêtes gens, menacés des gendarmes, se tournent les pouces et les sangs en attendant qu'elles se mettent d'accord. *Ibid.*	10
On ne saurait mieux comparer l'absurdité des demi-mesures qu'à celle des mesures absolues. *Ibid.*	11
Passer pour un idiot aux yeux d'un imbécile est une volupté de fin gourmet. *Ibid.*	12
S'il fallait tolérer aux autres tout ce qu'on se permet à soi-même, la vie ne serait plus tenable. *Ibid.*	13
Un des plus clairs effets de la présence d'un enfant dans le ménage est de rendre complètement idiots de braves parents qui, sans lui, n'eussent peut-être été que de simples imbéciles. *Ibid.*	14
Une dame disait un jour devant moi, d'elle-même, comme la chose la plus naturelle du monde : « Je ne pense jamais, cela me fatigue ; ou, si je pense, je ne pense à rien. » *Ibid.*	15
Les vieilles amitiés s'improvisent. *Ibid.*	16
[...] pour l'adjudant, dans tout homme [...] il y avait un gibier possible de *biribi*. *Le Train de 8 h 47* (Flammarion).	17

Victor COUSIN
1792-1867

203

Il faut de la religion pour la religion, de la morale pour la morale, de l'art pour l'art*. Le bien et le saint ne peuvent être la route de l'utile, ni même du beau. *Cours de philosophie.* * Cette phrase serait à l'origine de la fameuse doctrine esthétique de l'art pour l'art.	1

204	**CRÉBILLON père (Prosper Jolyot de Crébillon, dit)** 1674-1762

1	Le succès fut toujours un enfant de l'audace. *Catilina.*

2	Ah! Doit-on hériter de ceux qu'on assassine! *Rhadamiste et Zénobie.*

205	**CRÉBILLON fils (Claude-Prosper Jolyot de Crébillon, dit)** 1707-1777

1	[...] Ce qu'on croit la dernière fantaisie d'une femme est bien souvent sa première passion. *Les Égarements du cœur et de l'esprit.*

2	De toutes les vertus, celle qui, dans le monde, m'a toujours paru réussir le moins à celui qui la pratique, c'est la modestie. *Ibid.*

3	Une femme, quand elle est jeune, est plus sensible au plaisir d'inspirer des passions, qu'à celui d'en prendre. *Ibid.*

4	Une profonde ignorance avec beaucoup de modestie serait à la vérité fort incommode, mais, avec une extrême présomption, je puis vous assurer qu'elle n'a rien de gênant. *Ibid.*

5	[...] S'il est vrai qu'il y ait peu de héros pour les gens qui les voient de près, je puis dire aussi qu'il y a, pour leur sopha, bien peu de femmes vertueuses. *Le Sopha.*

206	**René CREVEL** 1900-1935

1	Croyez-vous que les endives qui blanchissent dans les caves aiment à se rappeler le soleil? *Babylone* (Seghers).

2	Dieu, tant qu'il n'aura pas été chassé comme une bête puante de l'Univers, ne cessera de donner à désespérer de tout. *Le Clavecin de Diderot* (Pauvert).

3	La Sorbonne, ce musée Dupuytren de toutes les servilités [...] *Ibid.*

4	Le surréalisme a mis les pieds dans le plat de l'opportunisme contemporain, lequel plat n'était, d'ailleurs, comme chacun sait, qu'une vulgaire assiette au beurre. *Ibid.*

Il faut beaucoup de naïveté pour faire de grandes choses.
L'Esprit contre la raison (Tchou).   5

Francis de CROISSET
V. Robert de FLERS

Fernand CROMMELYNCK
1886-1970
207

La guigne n'aime que les maigres.
Chaud et froid (Le Seuil).   1

Loin de la vérité, les mots mentent tout seuls.
Ibid.   2

Il y a plus d'héroïsme à souffrir longtemps qu'à mourir vite.
Le Cocu magnifique (Gallimard).   3

La pensée est dans le mal et le mal est dans la pensée, sans qu'on sache
qui a commencé.
Tripes d'or (Gallimard).   4

Vertu des filles, vertu mineure et secrète, qui se perd en se prouvant.
Ibid.   5

Fragments épars d'un jeu de patience pour longues soirées, la jeune fille
n'est pas rassemblée.
Une femme qui a le cœur trop petit (Le Seuil).   6

Les hommes lèvent les yeux et disent : « Le ciel est pur »,
alors qu'ils regardent sans le voir
un grand peuple d'anges bleus.
Ibid.   7

Toute parole que tu libères enchaîne.
Ibid.   8

Charles CROS
1842-1888
208

L'oubliance est douce.
Le Collier de griffes, À la plus belle.   1

Mais il vient des mots étouffants ;
On laissera les chers enfants
Livrés à de vagues désastres.
Ibid., Almanach.   2

Elles ne sont vraiment pas belles
Les personnes qui ont raison.
Ibid., Ballade des mauvaises personnes.   3

4	Rien ne vient. Notre cerveau bout Dans l'Idéal, feu qui nous tente, Et nous mourons. Restent debout, Ceux qui font le cours de la rente. *Ibid.*, Banalité.
5	Proclamons les princip's de l'art ! Que tout l' mond' s'entende ! Les contours des femm's, c'est du lard, La chair, c'est d'la viande. *Le Coffret de santal*, Chanson des sculpteurs.
6	On meurt d'avoir dormi longtemps Avec les fleurs, avec les femmes. *Ibid.*, Lendemain.
7	Tout cela vaut bien mieux que d'aller au café. *Ibid.*, Morale.
8	Je suis un homme mort depuis plusieurs années ; Mes os sont recouverts par les roses fanées. *Le Collier de griffes*, Fantaisies tragiques.
9	Le temps veut fuir, je le soumets. *Ibid.*, Inscription.
10	L'art est long et le temps est court. *Ibid.*, Insoumission.
11	Vivre tranquille en sa maison, Vertueux, ayant bien raison, Vaut autant boire du poison. *Ibid.*
12	J'ai composé cette histoire — simple, simple, simple, Pour mettre en fureur les gens — graves, graves, graves Et amuser les enfants — petits, petits, petits. *Ibid.*, Le Hareng saur.

209   François de CUREL
1854-1928

1	La connaissance du cœur humain, c'est l'érudition des flâneurs. *L'amour brode* (Stock).
2	Je ne crois pas en Dieu, mais je meurs comme si je croyais en lui. *La Nouvelle Idole* (Stock).

210   Astolphe de CUSTINE
1790-1857

1	On dit que l'égoïsme ne sait pas aimer, mais il ne sait pas mieux *se laisser aimer*. *Aloys ou le Religieux du mont Saint-Bernard*.

Tant d'hommes qu'on croit heureux parce qu'on ne les voit que passer. *Ibid.*	2
Vous savez la mort de Bonaparte. Qui nous aurait dit, il y a dix ans, que cette mort serait un si petit événement? *Lettre au marquis de la Grange, 8 juillet 1821.*	3
Les femmes sans charme sont comme les poètes qu'on ne lit pas. *Le Monde comme il est.*	4
On peut dire des Russes, grands et petits, qu'ils sont ivres d'esclavage. *La Russie en 1839.*	5

Savinien de CYRANO de BERGERAC
1619-1655

211

Périsse l'Univers, pourvu que je me venge! *La Mort d'Agrippine.* <small>Ce vers se retrouve presque exactement dans *Rodogune* de Corneille. Voir A-**196**-94.</small>	1
Un peu d'encens brûlé rajuste bien des choses. *Ibid.*	2
Peut-on être innocent, lorsqu'on aime un coupable? *Ibid.*	3
Que diable aller faire aussi dans la galère d'un Turc? *Le Pédant joué.* <small>Exclamation reprise par Molière dans *les Fourberies de Scapin.* Voir A-**504**-65.</small>	4
On peut être pendu sans corde. *Poésies, Le Ministre d'État flambé.*	5

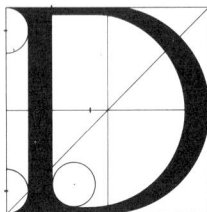

212	**Pierre DAC (André Isaac, dit)** 1893-1975
1	Si tous ceux qui croient avoir raison n'avaient pas tort, la vérité ne serait pas loin. *L'Os à moelle* (Julliard).
2	Rien ne sert de penser, faut réfléchir avant. *Ibid.*
3	Une erreur peut devenir exacte, selon que celui qui l'a commise s'est trompé ou non. *Ibid.*
4	Donner avec ostentation ce n'est pas très joli, mais ne rien donner avec discrétion ça ne vaut guère mieux. *Ibid.*
5	Rien n'est moins sûr que l'incertain. *Ibid.*
6	L'avenir c'est du passé en préparation. *Ibid.*
213	**Salvador DALI** 1904-1989
1	Le moins que l'on puisse demander à une sculpture, c'est qu'elle ne bouge pas. *Les Cocus du vieil art moderne* (Fasquelle).
2	Le poète doit, avant qui que ce soit, prouver ce qu'il dit. *Métamorphose de Narcisse* (José Corti).
3	La culture de l'esprit s'identifiera à la culture du désir. *Le Surréalisme au service de la révolution*, n°

DANIEL-ROPS (Henri Petiot, dit)
1901-1965

214

Si tu n'as rien d'autre à offrir au Seigneur, offre-lui seulement
tes fardeaux et tes peines.
Missa est (Fayard).

1

L'homme est un animal qui sécrète de la souffrance, pour lui-même
et pour les autres.
Mort, où est ta victoire ? (Plon).

2

Pierre DANINOS
1913

215

De tous les pays du monde, la France est peut-être celui où il est le plus simple
d'avoir une vie compliquée et le plus compliqué d'avoir une vie simple.
Les Carnets du major W. Marmaduke
Thompson (Hachette).

1

En France, où l'on brille par la parole, un homme qui se tait, socialement
se tue. En Angleterre, où l'art de la conversation consiste à savoir se taire,
un homme brille par son côté terne.
Ibid.

2

Le Français ? Un être qui est avant tout le contraire de ce que vous croyez.
Ibid.

3

La France est le seul pays du monde où, si vous ajoutez dix citoyens
à dix autres, vous ne faites pas une addition, mais vingt divisions.
Ibid.

4

La France ? Une nation de bourgeois qui se défendent de l'être en attaquant
les autres parce qu'ils le sont.
Ibid.

5

Le miracle est, avec la vigne, l'une des principales cultures de la France.
Ibid.

6

Le privilège de l'Anglais est de ne comprendre aucune autre langue que la sienne.
Et même s'il comprend, il ne doit en aucun cas s'abaisser à le laisser croire.
Ibid.

7

Quarante années durant, j'ai vu. Aujourd'hui, je regarde.
Ibid.

8

Georges DARIEN (Georges Adrien, dit)
1862-1921

216

La France ne veut pas d'hommes. Ce qu'il lui faut, c'est des castrats.
La Belle France (Stock).

1

2

La seule politique que veuille la France, c'est une politique incolore,
insipide, flasque ; elle est prête à payer n'importe quoi pour avoir
cette politique-là ; et elle paye, et elle l'a.
Ibid.

3

Les yeux d'un écrivain, pour être clairs, doivent être secs.
in *L'En-dehors.*

4

Il ne faut pas manger tes ongles *parce qu'ils sont à toi.*
Si tu aimes les ongles, mange ceux des autres.
Le Voleur (Stock).

5

[...] Je crois qu'il ne faut se laisser lier par rien, surtout par les serments
qu'on se fait à soi-même. Ils coûtent toujours trop cher.
Ibid.

217 Alphonse DAUDET
1840-1897

1

Il y a deux Midi. Le Midi bourgeois, le Midi paysan. L'un est comique,
l'autre est splendide.
Les Carnets inédits (Fasquelle).

2

Les femmes sont héroïques pour souffrir dans le monde, leur champ de bataille.
La Doulou (Librairie de France).

3

La haine, c'est la colère des faibles !
Lettres de mon moulin (Fasquelle).

4

Le jour, c'est la vie des êtres, mais la nuit, c'est la vie des choses.
Ibid.

5

En France tout le monde est un peu de Tarascon.
Tartarin de Tarascon (Flammarion).

6

Où serait le mérite, si les héros n'avaient jamais peur ?
Ibid.

218 Léon DAUDET
1867-1942

1

Les seules ententes internationales possibles sont des ententes gastronomiques.
Paris vécu (Gallimard).

2

Un fou peut parfaitement garder son âme intacte.
Ibid.

219 René DAUMAL
1908-1944

1

L'homme ne peut pas vivre sans feu, et l'on ne fait pas de feu sans brûler
quelque chose.
Chaque fois que l'aube paraît (Gallimard).

Mâle le NON, il regarde la femelle. *Le Contre-ciel* (Gallimard). Note de l'auteur : « La négation est un acte simple, immédiat et procréateur, autant vaut dire mâle. »	2
Ne cesse pas de reculer derrière toi-même. *Ibid.*	3
La nuit de vérité nous coupe la parole. *Ibid.*	4
Si le soleil ne s'éteint pas sur mes États, c'est que mon règne est d'un seul jour. *Ibid.*	5
La véritable nuit est dans le cœur des fleurs, des grandes fleurs noires qui ne s'ouvrent pas. *Ibid.*	6
Ceux qui croient avoir trouvé la paix, ce n'est souvent que par défaut d'amour. *Lettres à ses amis* (Gallimard).	7
Dieu est nommé pour le seul être que l'on puisse adorer en soi sans être enchaîné par l'orgueil. *Ibid.*	8
Le hasard est plus docile qu'on ne pense. Il faut l'aimer. Et dès qu'on l'aime, il n'est plus hasard, ce gros chien imprévu dans le sommeil des jeux de quilles. *Ibid.*	9
La porte de l'invisible doit être visible. *Le Mont Analogue* (Gallimard).	10
Chaque fois que l'aube paraît, le mystère est là tout entier. *Poésie noire et poésie blanche* (Gallimard).	11
Comme la magie, la poésie est noire ou blanche, selon qu'elle sert le sous-humain ou le surhumain. *Ibid.*	12
Tout poème naît d'un germe, d'abord obscur, qu'il faut rendre lumineux pour qu'il produise des fruits de lumière. *Ibid.*	13

## Claude **DEBUSSY** **1862-1918**	**220**
L'art est le plus beau des mensonges. *Monsieur Croche, antidilettante* (Gallimard).	1
Berlioz attache une boucle romantique à de vieilles perruques. *Ibid.*	2

| 3 | De tout temps la beauté a été ressentie par certains comme une secrète insulte.
Ibid. |

| 4 | Être supérieur aux autres n'a jamais représenté un grand effort
si l'on n'y joint pas le beau désir d'être supérieur à soi-même.
Ibid. |

| 5 | Massenet, l'historien musical de l'âme féminine [...]
Ibid. |

| 6 | Tout le monde ne peut pas être Shakespeare, mais on peut chercher,
sans se diminuer, à être Marivaux.
Ibid. |

| 7 | Wagner : un beau coucher de soleil que l'on a pris pour une aurore [...]
Ibid. |

221   DÉCLARATION DES DROITS DE L'HOMME ET DU CITOYEN
1789

| 1 | Les hommes naissent et demeurent libres et égaux en droits ;
les distinctions sociales ne peuvent être fondées que sur l'utilité commune.
Article premier. |

| 2 | La liberté consiste à pouvoir faire tout ce qui ne nuit pas à autrui [...]
Article IV. |

| 3 | Nul ne doit être inquiété pour ses opinions, même religieuses, pourvu que
leur manifestation ne trouble pas l'ordre public établi par la loi.
Article X. |

222   Marquise du DEFFAND (Marie de Vichy-Chamrond,)
1697-1780

| 1 | [Dans Montaigne] le « je » et le « moi » sont à chaque ligne, mais quelles sont
les connaissances qu'on peut avoir, si ce n'est par le « je » et le « moi » ?
Lettre à Horace Walpole. |

| 2 | Savez-vous, Monsieur, [...] ce qui fait que je vous trouve un grand philosophe ?
C'est que vous êtes devenu riche ! Tous ceux qui disent qu'on peut être
heureux et libre dans la pauvreté sont des menteurs, des fous et des sots.
Lettre à Voltaire. |

| 3 | Toutes les conditions, toutes les espèces me paraissent également malheureuses,
depuis l'ange jusqu'à l'huître ; le fâcheux, c'est d'être né, et l'on peut pourtant
dire de ce malheur-là que le remède est pire que le mal.
Ibid. |

| 4 | Vous combattez et détruisez toutes les erreurs ; mais que mettez-vous à leur place ?
Ibid. |

Michel DEGUY
1930

223

L'amour se résigne à ne pas savoir.
Biefs (Gallimard).

1

Chercher le gué du temps.
Ibid.

2

La virginité se reforme.
Ibid.

3

La vérité que cherche l'œuvre d'art, c'est la vérité universelle
de ce qui est singulier.
Fragment du cadastre (Gallimard).

4

Eugène DELACROIX
1798-1863

224

La peinture lâche est la peinture d'un lâche.
Journal, 22 décembre 1823.

1

Cette vie d'homme qui est si courte pour les plus frivoles entreprises
est pour les amitiés humaines une épreuve difficile et de longue haleine.
Ibid., 1er mars 1824.

2

Point de règles pour les grandes âmes : elles sont pour les gens qui n'ont
que le talent qu'on acquiert.
Ibid., 27 avril 1824.

3

Ce qui fait les hommes de génie, ou plutôt ce qu'ils font, ce ne sont point
les idées neuves, c'est cette idée, qui les possède, que ce qui a été dit
ne l'a pas encore été assez.
Ibid., 15 mai 1824.

4

L'exécution, dans la peinture, doit toujours tenir de l'improvisation.
Ibid., 27 janvier 1847.

5

Le secret de n'avoir pas d'ennuis, pour moi du moins, c'est d'avoir des idées.
Ibid., 14 juillet 1850.

6

L'homme est un animal sociable qui déteste ses semblables.
Ibid., 17 novembre 1852.

7

Il y a deux choses que l'expérience doit apprendre : la première,
c'est qu'il faut beaucoup corriger ; la seconde, c'est qu'il ne faut pas
trop corriger.
Ibid., 8 mars 1860.

8

Le livre d'un grand homme est un compromis entre le lecteur et lui.
Lettre à Balzac, 1832.

9

10	C'est l'instable qui est le fixe.
	Lettre à J.-B. Pierret, 1846.
11	Le beau [...] est le fruit d'une inspiration persévérante qui n'est qu'une suite de labeurs opiniâtres.
	Œuvres littéraires.
12	La matière retombe toujours dans la tristesse.
	Ibid.

225	**Casimir DELAVIGNE** 1793-1843
1	Aimons les nouveautés en novateurs prudents.
	Les Comédiens.
2	Aimez qui vous résiste et croyez qui vous blâme.
	Louis XI.
3	Faites ce que je dis et non ce que j'ai fait.
	Ibid.
4	Plus une calomnie est difficile à croire, Plus pour la retenir les sots ont de mémoire.
	Ibid.
5	Quoi que fasse mon maître, il a toujours raison.
	Ibid.
6	Silence au camp ! la vierge est prisonnière.
	Messéniennes.
7	Tant qu'on est redoutable on n'est point innocent.
	Les Vêpres siciliennes.

226	**Abbé Jacques DELILLE** 1738-1813
1	Laissez-le s'estimer pour qu'il soit estimable.
	L'Homme des champs.
2	Vivre pour mes amis, mes livres et moi-même.
	Ibid.
3	Le melon savoureux, la figue succulente, Et ces raisins ambrés qui parfument les airs.
	Les Jardins.
4	Ô Nice ! Heureux séjour, montagnes renommées, De lavande, de thym, de citrons parfumées, Que de fois sous tes plants d'oliviers toujours verts Dont la pâleur s'unit au sombre azur des mers [...]
	Ibid.

Le pré qui donne aux bœufs sa riante verdure,
D'une grasse litière attend la fange impure,
Et des sels du fumier se forment en secret
Le parfum de la rose et le teint de l'œillet.
Poème des Trois Règnes.

5

D'où vient des nuits d'été la lenteur paresseuse [...]
Traduction de l'Énéide.

6

L'été remplit sa grange, affaisse ses greniers ;
L'automne d'un doux poids fait gémir ses paniers ;
Et les derniers soleils, sur les côtes vineuses,
Achèvent de mûrir les grappes paresseuses.
Traduction des Géorgiques.

7

Joseph DELTEIL
1894-1978

227

La phrase de Gustave Flaubert est une belle automobile en panne.
Choléra (Grasset).

1

[...] ce magique septembre entre fruit et cadavre [...]
François d'Assise (Grasset).

2

À une belle défaite selon les règles, la naïve enfant* préfère une victoire fautive.
Jeanne d'Arc (Grasset).
* Jeanne d'Arc.

3

Les commandements de Dieu s'inscrivent aussi dans le ramage des rossignols.
Ibid.

4

Les Don Juan sont toujours jansénistes.
Saint Don Juan (Grasset).

5

Alfred DELVAU
1825-1867

228

Les femmes ne sont pas brutales, c'est vrai — elles sont féroces.
Les Cocottes de mon grand-père.

1

Paul DÉROULÈDE
1846-1914

229

L'air est pur, la route est large,
Le clairon sonne la charge.
Les Chants du soldat (Calmann-Lévy).

1

Tu l'as bien connu ? C'était un grand diable,
Leste comme un cerf et fort comme un bœuf ;
Le causeur d'ailleurs le plus agréable...
Il brisait un sou comme on casse un œuf.
Ibid.

2

n trouve une parodie de ce texte dans *À la manière de* (Reboux et Muller), troisième série : « C'était un géant, un beau capitaine », etc.

230	**Marc-Antoine DÉSAUGIERS** 1772-1827
1	Le ciel fit l'eau pour Jean qui pleure, Et fit le vin pour Jean qui rit. *Chansons.*
2	Quand on est mort, c'est pour longtemps. *Ibid.*
3	Quand on n'a pas de quoi payer son terme, Il faut avoir une maison à soi. *Monsieur Vautour.*
231	**Marceline DESBORDES-VALMORE** 1786-1859
1	Il ne faut pas compter sur la pitié des hommes quand ils peuvent se donner l'importante joie de punir. *Correspondance,* à Prosper Valmore, 17 novembre 1839
2	Il y a des temps où l'on ne peut plus soulever un brin d'herbe sans en faire sortir un serpent. *Ibid.,* à Pauline Duchambge, 11 mai 1857.
3	Qui n'a cru respirer dans la fleur renaissante, Les parfums regrettés de ses premiers printemps. *Poésies.*
4	J'ai voulu ce matin te rapporter des roses ; Mais j'en avais tant pris dans mes ceintures closes Que les nœuds trop serrés n'ont pu les contenir [...] Respires-en sur moi l'odorant souvenir. *Poésies posthumes.*
232	**René DESCARTES** 1596-1650
1	L'homme n'a de connaissance des choses naturelles que par les moyens de la correspondance avec ce qui tombe sous les sens. *Cogitationes privatae.*
2	J'appelle vices des maladies de l'âme, qui ne sont point si aisées à connaître que les maladies du corps, parce que nous faisons assez souvent l'expérience d'une parfaite santé du corps, mais jamais de l'esprit. *Ibid.*
3	Je m'avance masqué. *Ibid.* « Larvatus prodeo », dit le texte latin original de cet écrit de jeunesse. Le mot a fait l'objet de commentaires multiples. On a voulu voir la confidence de recherches ésotériques que Descartes aurait poursuivies en secret. Plus vraisemblablement, il définissait l'attitude qui restera la sienne toute sa vie : mener ses difficiles travaux — autant que possible — dans la retraite et le silence

On pourrait s'étonner que les pensées profondes se trouvent dans les écrits des poètes plutôt que des philosophes. La raison en est que les poètes écrivent par les moyens de l'enthousiasme et de la force de l'imagination : il y a en nous des semences de science, comme dans le silex, que les philosophes extraient par les moyens de la raison, tandis que les poètes, par les moyens de l'imagination, les font jaillir et davantage étinceler.

Ibid.

4

Je crains plus la réputation que je ne la désire, estimant qu'elle diminue toujours en quelque façon la liberté et le loisir de ceux qui l'acquièrent.

Correspondance, à Mersenne, 15 avril 1630.

5

Je prends beaucoup plus de plaisir à m'instruire moi-même que non pas à mettre par écrit le peu que je sais.

Ibid.

6

Au lieu que c'est une vertu d'avoir pitié des moindres afflictions qu'ont les autres, c'est une espèce de lâcheté de s'affliger pour les nôtres propres.

Ibid., à Huygens, 20 mai 1637.

7

Je ne suis pas de ceux qui estiment que les larmes et la tristesse n'appartiennent qu'aux femmes, et que, pour paraître homme de cœur, on se doive contraindre à montrer toujours un visage tranquille.

Ibid., à Pollot, janvier 1641.

8

La principale règle que j'ai toujours observée en mes études, et celle que je crois m'avoir le plus servi pour acquérir quelque connaissance, a été que je n'ai jamais employé que fort peu d'heures par jour aux pensées qui occupent l'imagination, et fort peu d'heures par an à celles qui occupent l'entendement seul, et que j'ai donné tout le reste de mon temps au relâche des sens et au repos de l'esprit.

Ibid., à Elisabeth, 28 juin 1643.

9

La cause la plus ordinaire de la fièvre lente est la tristesse.

Ibid., à Elisabeth, 18 mai 1645.

10

Je ne suis point de ces philosophes cruels qui veulent que leur sage soit insensible.

Ibid.

11

Il n'y a personne qui ne désire se rendre heureux ; mais plusieurs*
n'en savent pas le moyen.

Ibid., à Elisabeth. 1er septembre 1645.

Beaucoup.

12

Je ne suis point d'opinion [...] qu'on doive s'exempter d'avoir des passions ; il suffit qu'on les rende sujettes à la raison, et lorsqu'on les a ainsi apprivoisées, elles sont quelquefois d'autant plus utiles qu'elles penchent plus vers l'excès.

Ibid.

13

Le plus philosophe du monde ne saurait s'empêcher d'avoir de mauvais songes lorsque son tempérament l'y dispose.

Ibid.

14

15

Bien que nous ne puissions avoir des démonstrations certaines de tout,
nous devons néanmoins prendre parti, et embrasser les opinions qui nous
paraissent les plus vraisemblables, touchant toutes les choses qui viennent
en usage, afin que, lorsqu'il est question d'agir, nous ne soyons jamais
irrésolus. Car il n'y a que la seule irrésolution qui cause les regrets
et les repentirs.

Ibid., *à Elisabeth, 15 septembre 1645.*

16

Si un homme vaut plus, lui seul, que tout le reste de sa ville,
il n'aurait pas raison de se vouloir perdre pour la sauver.

Ibid.

17

La constitution de notre nature est telle que notre esprit a besoin
de beaucoup de relâche afin qu'il puisse employer utilement
quelques moments en la recherche de la vérité,
et qu'il s'assoupirait au lieu de se polir
s'il s'appliquait trop à l'étude.

Ibid., *à Elisabeth, 6 octobre 1645.*

18

La maxime que j'ai le plus observée en toute la conduite de ma vie
a été de suivre seulement le grand chemin, et de croire
que la principale finesse est de ne vouloir point du tout
user de finesse.

Ibid., *à Élisabeth, janvier 1646.*

19

J'ose croire que la joie intérieure a quelque secrète force pour se rendre
la fortune plus favorable.

Ibid., *à Élisabeth, octobre ou novembre 1646.*

20

Lorsque l'esprit est plein de joie, cela sert beaucoup à faire
que le corps se porte mieux et que les objets présents
paraissent plus agréables.

Ibid.

21

Il n'appartient qu'aux souverains, ou à ceux qui sont autorisés par eux,
de se mêler de régler les mœurs des autres.

Ibid., *à Chanut, 20 novembre 1647.*

22

La philosophie que je cultive n'est pas si barbare ni si farouche
qu'elle rejette l'usage des passions ; au contraire,
c'est en lui seul que je mets toute la douceur
et la félicité de cette vie.

Ibid., *à l'abbé Picot, 28 février 1648.*

23

Il me semble que les pensées des hommes se gèlent ici* pendant l'hiver
aussi bien que les eaux.

* À Stockholm.   *Ibid.*, *à Brégy, 15 janvier 1650.*

24

Je ne désire que la tranquillité et le repos, qui sont des biens
que les plus puissants Rois de la terre ne peuvent donner à ceux
qui ne les savent prendre d'eux-mêmes.

Ibid.

Afin que je ne demeurasse point irrésolu en mes actions pendant que la raison m'obligerait de l'être en mes jugements, et que je ne laissasse pas de vivre dès lors le plus heureusement que je pourrais, je me formai une morale par provision, qui ne consistait qu'en trois ou quatre maximes, dont je veux bien vous faire part. La première était d'obéir aux lois et aux coutumes de mon pays, retenant constamment la religion en laquelle Dieu m'a fait la grâce d'être instruit dès mon enfance, et me gouvernant en toute autre chose suivant les opinions les plus modérées et les plus éloignées de l'excès qui fussent communément reçues en pratique par les mieux sensés de ceux avec lesquels j'aurais à vivre. [...] Ma seconde maxime était d'être le plus ferme et le plus résolu en mes actions que je pourrais, et de ne suivre pas moins constamment les opinions les plus douteuses, lorsque je m'y serais une fois déterminé, que si elles eussent été très assurées [...] Ma troisième maxime était de tâcher toujours plutôt à me vaincre que la fortune, et à changer mes désirs que l'ordre du monde : et généralement de m'accoutumer à croire qu'il n'y a rien qui soit entièrement en notre pouvoir que nos pensées [...] Enfin, pour conclusion de cette morale, je m'avisai de faire une revue sur les diverses occupations qu'ont les hommes en cette vie, pour tâcher à faire choix de la meilleure, et sans que je veuille rien dire de celles des autres, je pensai que je ne pouvais mieux que de continuer en celle-là même où je me trouvais [...] *Discours de la méthode.*	25

Le principe du présent recueil est de ne donner que des citations brèves et frappantes en la forme. Toutefois, nous avons jugé indispensable de nous écarter de cette règle en ce qui concerne la méthode de Descartes et sa morale provisoire.

Après que nous avons fait notre mieux touchant les choses qui nous sont extérieures, tout ce qui manque de nous réussir est au regard de nous absolument impossible. *Ibid.*	26

Au lieu de ce grand nombre de préceptes dont la logique est composée, je crus que j'aurais assez des quatre suivants, pourvu que je prisse une ferme et constante résolution de ne manquer pas une seule fois à les observer. Le premier était de ne recevoir jamais aucune chose pour vraie que je ne la connusse évidemment être telle : c'est-à-dire d'éviter soigneusement la précipitation et la prévention, et de ne comprendre rien de plus en mes jugements que ce qui se présenterait si clairement et si distinctement à mon esprit que je n'eusse aucune occasion de le mettre en doute. Le second, de diviser chacune des difficultés que j'examinerais en autant de parcelles qu'il se pourrait, et qu'il serait requis pour les mieux résoudre. Le troisième, de conduire par ordre mes pensées, en commençant par les objets les plus simples et les plus aisés à connaître, pour monter peu à peu comme par degrés jusques à la connaissance des plus composés : et supposant même de l'ordre entre ceux qui ne se précèdent point naturellement les uns les autres. Et le dernier, de faire partout des dénombrements si entiers et des revues si générales que je fusse assuré de ne rien omettre. *Ibid.*	27

Voir la citation 25 ci-dessus.

Le bon sens est la chose du monde la mieux partagée [...] La puissance de bien juger, et distinguer le vrai d'avec le faux, qui est proprement ce qu'on nomme le bon sens, ou la raison, est naturellement égale en tous les hommes. *Ibid.*	28

Ce n'est pas assez d'avoir l'esprit bon, mais le principal est de l'appliquer bien. *Ibid.*	29

---

30 | C'est proprement ne valoir rien que de n'être utile à personne.
Ibid.

---

31 | C'est quasi le même de converser avec ceux des autres siècles que de voyager.
Ibid.

---

32 | Ceux qui ne marchent que fort lentement peuvent avancer beaucoup davantage,
s'ils suivent toujours le droit chemin, que ne font ceux qui courent,
et qui s'en éloignent.
Ibid.

---

33 | Il suffit de bien juger pour bien faire, et de juger le mieux qu'on puisse
pour faire aussi tout son mieux.
Ibid.

---

34 | Je me tiendrai toujours plus obligé à ceux par la faveur desquels je jouirai
sans empêchement de mon loisir, que je ne ferais à ceux qui m'offriraient
les plus honorables emplois de la terre.
Ibid.

---

35 | Je mettais entre les excès toutes les promesses par lesquelles on retranche
quelque chose de sa liberté.
Ibid.

---

36 | Je ne me fie quasi jamais aux premières pensées qui me viennent.
Ibid.

---

37 | Je pense, donc je suis*.
Ibid.

* « *Cogito, ergo sum.* »

---

38 | Je réputais presque pour faux tout ce qui n'était que vraisemblable.
Ibid.

---

39 | La lecture de tous bons livres est comme une conversation avec les plus honnêtes
gens des siècles passés qui en ont été les auteurs, et même une conversation étudiée,
en laquelle ils ne nous découvrent que les meilleures de leurs pensées.
Ibid.

---

40 | Lorsqu'on emploie trop de temps à voyager on devient enfin étranger en son pays.
Ibid.

---

41 | Lorsqu'on est trop curieux des choses qui se pratiquaient aux siècles passés,
on demeure ordinairement fort ignorant de celles qui se pratiquent en celui-ci.
Ibid.

---

42 | La philosophie donne moyen de parler vraisemblablement de toutes choses,
et se faire admirer des moins savants.
Ibid.

---

43 | La pluralité des voix n'est pas une preuve qui vaille rien, pour les vérités
un peu malaisées à découvrir.
Ibid.

Les plus grandes âmes sont capables des plus grands vices aussi bien que des plus grandes vertus. *Ibid.*	44
S'il est possible de trouver quelque moyen qui rende communément les hommes plus sages et plus habiles qu'ils n'ont été jusques ici, je crois que c'est dans la médecine qu'on doit le chercher. *Ibid.*	45
Je suis comme un milieu entre Dieu et le néant. *Méditations.*	46
Les hommes [que les passions] peuvent le plus émouvoir sont capables de goûter le plus de douceur en cette vie. *Les Passions de l'âme.*	47
Nous voyons [...que les passions] sont toutes bonnes de leur nature, et que nous n'avons rien à éviter que leurs mauvais usages ou leurs excès. *Ibid.*	48
Souvent une fausse joie vaut mieux qu'une tristesse dont la cause est vraie. *Ibid.*	49
L'amour est incomparablement meilleure que la haine ; elle ne saurait être trop grande. *Ibid.*	50
Car quiconque a une volonté ferme et constante d'user toujours de la raison le mieux qu'il est en son pouvoir, et de faire en toutes ses actions ce qu'il juge être le meilleur, est véritablement sage autant que sa nature permet qu'il le soit. *Principes de la philosophie.*	51
Toute la philosophie est comme un arbre, dont les racines sont la métaphysique ; le tronc est la physique, et les branches qui sortent de ce tronc sont toutes les autres sciences, qui se réduisent à trois principales, à savoir la médecine, la mécanique et la morale ; j'entends la plus haute et la plus parfaite morale, qui présupposant une entière connaissance des autres sciences est le dernier degré de la sagesse. *Ibid.*	52

Eustache DESCHAMPS
v. 1340 - v. 1407

233

Car il n'est rien qui vaille franche vie. *Ballades de moralité.*	1
Il me suffit que je soye bien aise. *Ibid.*	2
Qui pendra la sonnette au chat ? *Ibid.*	3

Question posée par les rats après avoir unanimement décidé que le chat serait pourvu dorénavant d'un système avertisseur. V. La Fontaine A-**404**-44.

234	**Robert DESNOS** 1900-1945
1	**Plus grande est notre fortune** **Et plus sombre est notre sort.** *Le Bain avec Andromède* (Éditions de Flore).
2	**Si j'aime les trains c'est sans doute parce qu'ils vont plus vite que les enterrements.** *C'est les bottes de sept lieues cette phrase :* *« Je me vois. »* (Éditions de la Galerie Simon).
3	**Aimable souvent est sable mouvant.** *Corps et biens* (Gallimard).
4	**Les disciples de la lumière n'ont jamais inventé que des ténèbres peu opaques.** *Ibid.*
5	**Les lois de nos désirs sont des dés sans loisir.** *Ibid.*
6	**Les mots sont nos esclaves...** *Ibid.*
7	**Le temps est un aigle agile dans un temple.** *Ibid.*
8	**Plus que poli pour être honnête** **Plus que poète pour être honni.** *Ibid.*
9	**La surprenante métamorphose du sommeil nous rend égaux aux dieux.** *Deuil pour deuil* (Gallimard).
10	**Si nous ne dormons pas c'est pour guetter l'aurore** **Qui prouvera qu'enfin nous vivons au présent.** *État de veille* (Robert-J. Godet).
11	**Une place pour les rêves** **Mais les rêves à leur place.** *Ibid.*
12	**[...] de toute boue** **faire un ciment, un marbre, un ciel, un nuage et une joie et une épave.** *Fortunes* (Gallimard).
13	**Homme ! il est d'autres hommes.** *Ibid.*
14	**L'homme réfléchit l'homme.** *Ibid.*
15	**Poème, je ne vous demande pas l'aumône,** **Je vous la fais.** *Ibid.*

Les trésors d'un cœur pur ne souffrent pas partage.
Ibid.

16

Fernand DESNOYERS
1828-1869

235

Il est des morts qu'il faut qu'on tue.

Écrit en 1858 contre Casimir Delavigne, mort en 1843 ; voir un curieux écho de cette citation chez André Frénaud A-**312**-5.

1

Bonaventure DES PÉRIERS
v. 1510-v. 1544

236

Le meilleur remède que je sache pour les douleurs présentes, c'est d'oublier les joies passées, en espérance de mieux avoir.
Cymbalum mundi.

1

Il vaut mieux tomber dans les mains d'un médecin heureux que d'un médecin savant.
Nouvelles Récréations et joyeux devis.

2

Philippe DESPORTES
1546-1606

237

Aux extrêmes périls, peu sert la connaissance.
Amours d'Hippolyte.

1

Épouvantable Nuit, qui tes cheveux noircis
Couvres du voile obscur des ténèbres humides,
Et des antres sortant, par tes couleurs livides
De ce grand Univers les beautés obscurcis [...]
Ibid.

2

Il* mourut, poursuivant une haute aventure,
Le Ciel fut son désir, la Mer sa sépulture ;
Est-il plus beau dessein, ou plus riche tombeau ?
Ibid.

* Icare.

3

Si je n'espère rien, rien ne me fera craindre.
Ibid.

4

L'an, comme un cercle rond qui tout en soi retourne,
En soi-même revient toujours en mouvement
Et du point de sa fin reprend commencement,
Courant d'un pied glissant qui jamais ne séjourne.
Le Cours de l'an.

5

DESTOUCHES (Philippe Néricault, dit)
1680-1754

238

Plus haute est la faveur et plus prompte est la chute.
L'Ambitieux, I, 7.

1

| 2 | **Chassez le naturel, il revient au galop.**
Le Glorieux, III, 5, Lisette. |

| 3 | **La critique est aisée, et l'art est difficile.**
Ibid., II, 5, Philinte. |

| 4 | **Il est bon quelquefois de s'aveugler soi-même,
Et bien souvent l'erreur est le bonheur suprême.**
Ibid., II, 4, Lisette. |

| 5 | **Par les airs du valet, on peut juger du maître.**
Ibid., IV, 5, Lycandre. |

| 6 | **Quand on fait trop le grand, on paraît bien petit.**
Ibid., III, 5, Lisette. |

| 7 | **Les absents ont toujours tort.**
L'Obstacle imprévu, I, 6, Nérine. |

Louis-Ferdinand DESTOUCHES
V. L.-F. CÉLINE.

| **239** | ## André DHÔTEL
1900-1991 |

| 1 | **Avant de nous promener sur les routes, [...] il faut nous envelopper d'éternel.**
La Chronique fabuleuse (Éditions de Minuit). |

| 2 | **Il y a peut-être des lieux où l'on se trouve soudain comme dans le ciel.**
Mémoires de Sébastien (Grasset). |

| 3 | **C'était une des idées maîtresses de M. Parencloud que la suprême habileté consistait à se présenter comme maladroit.**
Le Neveu de Parencloud (Grasset). |

| 4 | **Les dénominations assurées effacent la vision première.**
Rhétorique fabuleuse (Cahiers du Sud). |

| 5 | **Dès qu'il a placé le premier pas sur la route, le pèlerin sait qu'il se perd dans le monde, et qu'à mesure qu'il avancera il se perdra de mieux en mieux.**
Ibid. |

| 6 | **Une science subtile de l'égarement illuminera les plus humbles choses.**
Ibid. |

| **240** | ## Denis DIDEROT
1713-1784 |

| 1 | **Le Dieu des chrétiens est un père qui fait grand cas de ses pommes et fort peu de ses enfants.**
Addition aux Pensées philosophiques. |

Dire que l'homme est un composé de force et de faiblesse, de lumière et
d'aveuglement, de petitesse et de grandeur, ce n'est pas lui faire son procès,
c'est le définir.
Ibid.

2

Si la raison est un don du Ciel et que l'on en puisse dire autant de la foi,
le Ciel nous a fait deux présents incompatibles et contradictoires.
Ibid.

3

S'il y a cent mille damnés pour un sauvé, le diable a toujours l'avantage
sans avoir abandonné son fils à la mort.
Ibid.

4

On n'est point toujours une bête pour l'avoir été quelquefois.
Les Bijoux indiscrets.

5

[...] Quoi de plus commun que de se croire deux nez au visage, et de se moquer
de celui qui se croit deux trous au cul ?
Ibid.

6

Il y a un tact moral qui s'étend à tout et que le méchant n'a point.
Discours sur la poésie dramatique.

7

Ne vaut-il pas mieux encore faire des ingrats, que de manquer à faire le bien ?
Ibid.

8

Ô combien l'homme qui pense le plus est encore automate !
Ibid.

9

Les passions détruisent plus de préjugés que la philosophie.
Ibid.

10

Le monde est la maison du fort.
Éléments de physiologie.

11

Nous nous promenons entre des ombres, ombre nous-mêmes pour les autres
et pour nous.
Ibid.

12

Aucun homme n'a reçu de la nature le droit de commander les autres.
Encyclopédie.

13

Plus vous trouverez de raison dans un homme plus vous trouverez en lui de probité.
Ibid.

14

Si l'on bannit l'homme de dessus la surface de la terre, ce spectacle pathétique
et sublime de la nature n'est plus qu'une scène triste et muette.
L'univers se tait ; le silence et la nuit s'en emparent.
Ibid.

15

Il n'y a dans ce monde que la vertu et la vérité qui soient dignes de m'occuper.
Entretiens.

16

17   Il n'y a qu'un devoir, c'est d'être heureux.
Ibid.

18   Notre véritable sentiment n'est pas celui dans lequel nous n'avons jamais
vacillé, mais celui auquel nous sommes le plus habituellement revenus.
Ibid.

19   Il y a longtemps que le rôle de sage est dangereux parmi les fous.
Jacques le fataliste.

20   Je ne sais ce que c'est que des principes, sinon des règles qu'on prescrit
aux autres pour soi.
Ibid.

21   Il faut souvent donner à la sagesse l'air de la folie, afin de lui procurer
ses entrées.
Lettres.

22   Les amis, qu'on craint moins de mécontenter que les indifférents, sont toujours
les derniers servis.
Ibid., à Mme d'Épinay.

23   Je fais bien de ne pas rendre l'accès de mon cœur facile ; quand on y est
une fois entré, on n'en sort pas sans le déchirer ; c'est une plaie qui
ne cautérise jamais bien.
Ibid.

24   Cette femme-là* est ivre du sentiment d'immortalité, et je vous la garantis
prosternée devant l'image de la postérité.
* Catherine II.   *Lettres*, à Falconet.

25   Nous sommes l'univers entier. Vrai ou faux, j'aime ce système qui m'identifie
avec tout ce qui m'est cher.
Ibid.

26   Songez que les ouvrages que nous feuilletons le moins, avec le plus
de négligence et de partialité, ce sont ceux de nos collègues.
Ibid.

27   Une belle âme ne va guère avec un goût faux.
Ibid.

28   Cet homme* n'est que le second dans tous les genres.
* Voltaire.   *Lettres*, à Sophie Volland.

29   Oh ! que ce monde-ci serait une bonne comédie si l'on n'y faisait pas un rôle.
Ibid.

30   Qu'ai-je fait pour exister ?
Lettre sur les aveugles.

« Assommer, Monsieur, assommer ! On n'assomme personne dans une ville bien policée ! »
Le Neveu de Rameau.

31

Dans la nature, toutes les espèces se dévorent : toutes les conditions
se dévorent dans la société.
Ibid.

32

Il est dur d'être gueux, tandis qu'il y a tant de sots opulents aux dépens
desquels on peut vivre.
Ibid.

33

Il n'y a plus de patrie ; je ne vois d'un pôle à l'autre que des tyrans et des esclaves.
Ibid.

34

Imaginez l'univers sage et philosophe ; convenez qu'il serait diablement triste !
Ibid.

35

Mes pensées, ce sont mes catins.
Ibid.

36

On est dédommagé de la perte de son innocence par celle de ses préjugés.
Ibid.

37

Quoi qu'on fasse, on ne peut se déshonorer quand on est riche.
Ibid.

38

La sagesse du moine de Rabelais est la vraie sagesse, pour son repos et
pour celui des autres : faire son devoir tellement quellement* ; toujours
dire du bien de Monsieur le Prieur, et laisser aller le monde à sa fantaisie.
Ibid.

39

* Tant bien que mal.

S'il importe d'être sublime en quelque genre, c'est surtout en mal.
Ibid.

40

Si tout ici-bas était excellent, il n'y aurait rien d'excellent.
Ibid.

41

Tous les gueux se réconcilient à la gamelle.
Ibid.

42

Un sot sera plus souvent un méchant qu'un homme d'esprit.
Ibid.

43

La voix de la conscience et de l'honneur est bien faible quand les boyaux crient.
Ibid.

44

Se faire tuer ne prouve rien ; sinon qu'on n'est pas le plus fort.
Nouvelles Pensées philosophiques.

45

On a dit que l'amour qui ôtait l'esprit à ceux qui en avaient en donnait
à ceux qui n'en avaient pas.
Paradoxe sur le comédien.

46

47 **L'idée qu'il n'y a pas de Dieu ne fait trembler personne ; on tremble plutôt
qu'il y en ait un.**
Pensées philosophiques.

48 **L'ignorance et l'incuriosité sont deux oreillers fort doux, mais,
pour les trouver tels, il faut avoir la tête aussi bien faite que Montaigne.**
Cf. Montaigne, Essais, III, 13. *Ibid.*

49 **Il n'y a que les passions et les grandes passions, qui puissent élever l'âme
aux grandes choses.**
Ibid.

50 **Il y a des gens dont il ne faut pas dire qu'ils craignent Dieu
mais bien qu'ils en ont peur.**
Ibid.

51 **L'incrédulité est quelquefois le vice d'un sot, et la crédulité
le défaut d'un homme d'esprit.**
Ibid.

52 **Je suis plus sûr de mon jugement que de mes yeux.**
Ibid.

53 **On doit exiger que je cherche la vérité, mais non que je la trouve.**
Ibid.

54 **On risque autant à croire trop qu'à croire trop peu.**
Ibid.

55 **Si ces pensées* ne plaisent à personne, elles pourront n'être que mauvaises ;
mais je les tiens pour détestables si elles plaisent à tout le monde.**
* Sur Dieu *Ibid.*

56 **La superstition est plus injurieuse à Dieu que l'athéisme.**
Ibid.

57 **Tout Paris m'assurerait qu'un mort vient de ressusciter à Passy, que je
n'en croirais rien. Une seule démonstration me frappe plus que cinquante faits.**
Ibid.

58 **Il n'y a que le méchant qui soit seul.**
Le Fils naturel, IV, 3, Constance.
Cette phrase, en 1758, brouilla Diderot avec Rousseau, qui se crut visé.

59 **Et ses mains ourdiraient les entrailles du prêtre,
À défaut d'un cordon, pour étrangler les rois.**
Poésies diverses.
Diderot interprète ici le testament du curé Meslier. La Harpe, dans son *Cours de littérature ancienne et moderne* (troisième p
livre IV, chapitre III), donne de ces deux vers une version différente, qu'il attribue également à Diderot :
[...] Et des boyaux du dernier prêtre / Serrons le cou du dernier roi.
Le texte de Chamfort (voir A-**158**-4) semble plus proche de cette seconde version que de la première.

Il faut peut-être plus de force d'âme encore pour résister à la solitude qu'à la misère ; la misère avilit, la retraite déprave. *La Religieuse.*	60
Les besoins produisent les organes. *Le Rêve de d'Alembert.*	61
Je marche entre deux éternités. *Salon de 1767.*	62
Je vois le marbre des tombeaux tomber en poussière, et je ne veux pas mourir ! *Ibid.*	63
Tout s'anéantit, tout périt, tout passe ; il n'y a que le monde qui reste. Il n'y a que le temps qui dure. *Ibid.*	64
Nous parlerons contre les lois insensées jusqu'à ce qu'on les réforme, et en attendant nous nous y soumettrons aveuglément. Cité par Balzac : épigraphe de la *Physiologie du mariage.* *Supplément au Voyage de Bougainville.*	65

Léon DIERX
1838-1912
241

Un bonheur nous vient-il, cherchons-en un nouveau. *Aspirations* (Le Dentu).	1
L'homme est né pour souffrir, oublier et se taire. *Poèmes et poésies* (Sausset).	2

Jean DOLENT (Charles Antoine Fournier, dit)
1835-1909
242

Des écrivains disent : « J'aime l'odeur de sa pommade.» D'autres écrivains disent : «Les parfums de sa chevelure m'enivrent.» Voilà les Écoles. *Amoureux d'art* (Lemerre).	1
Le plus souvent les bêtises se disent à pleine voix. *Ibid.*	2
Si vous refusez, madame, ne le dites pas ; si vous cédez, je me tairai. *Ibid.*	3

Maurice DONNAY
1859-1945
243

La gaieté est aux hommes ce que la mélancolie est aux femmes ; mais la mélancolie est une voilette, et la gaieté est un voile plus difficile à soulever. *Le Geste* (Fasquelle).	1
On peut, on doit abuser de la confiance d'une femme, mais jamais de sa méfiance... C'est dangereux. *Georgette Lemeunier* (Fasquelle).	2

244	**Claude Joseph DORAT** 1734-1780
1	L'Amour est nu mais il n'est pas crotté. *Contes et nouvelles.*

DORMONT de BELLOY
V. de BELLOY.

245	**Pierre DRIEU LA ROCHELLE** 1893-1945
1	Nous saurons qui nous sommes quand nous verrons ce que nous avons fait. *Le Chef* (Gallimard).
2	L'extrême civilisation engendre l'extrême barbarie. *Les Chiens de paille* (Gallimard).
3	La guerre moderne est une révolte maléfique de la matière asservie par l'homme. *La Comédie de Charleroi* (Gallimard).
4	Les dieux naissent avec les hommes, meurent avec les hommes, mais ces races emmêlées roulent dans l'éternel. *Le Feu follet* (Gallimard).
5	Le suicide c'est la ressource des hommes dont le ressort a été rongé par la rouille. *Ibid.*
6	Ceux qui agissent, bâtissent et dépensent profitent des trésors accumulés par ceux qui rêvent, qui prient et qui amassent. *Journal d'un homme trompé* (Gallimard).
7	[...] Sans dieux ni maîtres, ceux-là étant morts, ceux-ci n'étant pas encore nés, nous n'avons que notre jeunesse. *Mesure de la France* (Grasset).

246	**DU BARTAS (Guillaume de Salluste, seigneur)** 1544-1590
1	La gentille Alouette avec son tire-lire, Tire l'ire à l'iré, et tire-lirant tire Vers la voûte du Ciel : puis son vol vers ce lieu Vire et désire dire : adieu Dieu, adieu Dieu. *La Semaine.*
2	Ô Nuit, ne vas ôtant le masque et la feintise Dont sur l'humain théâtre en vain on se déguise Tandis que le jour luit. *Ibid.*

La victoire ne rend un grand prince louable,
Ains* la cause qu'il va par armes débattant.

* Mais.

Le Triomphe de la Foi.

3

Tout art s'apprend par art, la seule poésie
Est un pur don céleste.

L'Uranie.

4

Joachim DU BELLAY
1522-1560

247

En vain le Roi sera aux armes invincible,
S'il n'est juste et ne fait la justice garder.

*Ample discours au Roi, sur le fait des
quatre états du Royaume de France.*

1

Ô mondaine inconstance !
Ce qui est ferme est par le temps détruit,
Et ce qui fuit au temps fait résistance.

Les Antiquités de Rome.

2

A vous, troupe légère,
Qui d'aile passagère
Par le monde volez [...]

D'un vanneur de blé, aux vents.

3

Déjà la nuit en son parc amassait
Un grand troupeau d'étoiles vagabondes,
Et pour entrer aux cavernes profondes,
Fuyant le jour, ses noirs chevaux chassait [...]

L'Olive.

4

France, mère des arts, des armes et des lois.

Les Regrets.

5

Heureux qui, comme Ulysse, a fait un beau voyage,
Ou comme celui-là qui conquit la toison,
Et puis est retourné, plein d'usage et raison,
Vivre entre ses parents le reste de son âge !

Quand reverrai-je, hélas, de mon petit village
Fumer la cheminée, et en quelle saison
Reverrai-je le clos de ma pauvre maison,
Qui m'est une province et beaucoup davantage ?

Plus me plaît le séjour qu'ont bâti mes aïeux
Que des palais romains le front audacieux,
Plus que le marbre dur me plaît l'ardoise fine,

Plus mon Loire gaulois que le Tibre latin,
Plus mon petit Liré que le mont Palatin,
Et plus que l'air marin la douceur angevine.

Ibid.

6

| 7 | Las ! où est maintenant ce mépris de fortune ?
Où est ce cœur vainqueur de toute adversité [...] ?
Ibid. |

| **248** | ## Charles DU BOS
1882-1939 |

| 1 | Il s'agit à tout moment de sacrifier ce que nous sommes à ce que
nous pouvons devenir.
Approximations (Le Rouge et le Noir). |

| 2 | Un Français est profond dans la mesure où, à son rang, il sait maintenir
ce dialogue* vivant en lui.
* Entre Pascal et Montaigne.　*Ibid.* |

| 3 | Les expressions de Shakespeare nous apparaissent comme celles-là mêmes
dont se serviraient les plus grands objets naturels : une montagne, un glacier,
s'ils condescendaient à s'exprimer.
Journal (Corrêa). |

| 4 | Gide vit de ces choses mêmes dont, à mon sens, il ne devrait être permis
que de mourir.
Ibid. |

| 5 | J'ai un besoin enfantin, inépuisable de pouvoir m'approuver.
Ibid. |

| 6 | Ne pourrait-on même soutenir que c'est parce que les hommes sont inégaux
qu'ils ont d'autant plus besoin d'être frères ?
Ibid. |

| 7 | Je suis une unité qui va bien ou une diversité qui va mal.
Propos à Marie Gouhier. |

| **249** | ## Jean DUBUFFET
1901-1985 |

| 1 | À nu ; toutes choses mises d'abord au pire.
Prospectus et tous Écrits suivants (Gallimard) |

| 2 | L'art est un département des aberrations.
Ibid. |

| 3 | Danser est le fin mot de vivre et c'est par danser aussi soi-même qu'on
peut seulement connaître quoi que ce soit : il faut s'approcher en dansant.
Ibid. |

| 4 | Le désespoir est une bonne chose mais il le faut entrelardé [de joie].
Ibid. |

| 5 | On ne se méfie pas qu'une chose, quand on la nomme, ça la roussit
comme un coup de soleil.
Ibid. |

Maxime DU CAMP
1822-1894

250

Tout pouvoir légitime est issu d'une usurpation.
L'Attentat Fieschi (Charpentier).

1

L'esprit est ce qu'il y a de plus bête au monde.
Ibid.

2

Isidore DUCASSE
V. LAUTRÉAMONT.

Marcel DUCHAMP
1887-1968

251

Ce sont les REGARDEURS qui font les tableaux.
Marchand du sel (Le Terrain vague).

1

Faut-il réagir contre la paresse des voies ferrées entre deux passages de trains ?
Ibid.

2

Rrose Sélavy et moi esquivons les ecchymoses des Esquimaux aux mots exquis.
Ibid.

3

Jean-François DUCIS
1733-1816

252

Notre bonheur n'est qu'un malheur plus ou moins consolé.
Cité par Sainte-Beuve : *Consolations I.*

1

Charles Pinot DUCLOS
1704-1772

253

Le meilleur des gouvernements, n'est pas celui qui fait les hommes
les plus heureux, mais celui qui fait le plus grand nombre d'heureux.
Considérations sur les mœurs de ce siècle.

1

Le mérite a sa pudeur comme la chasteté.
Ibid.

2

[La France] : Ses vertus partent du cœur, ses vices tiennent à l'esprit.
Ibid.

3

Noël DU FAIL
1520-1591

254

Dieu donne du bien aux hommes, et non des hommes aux biens.
Contes et discours d'Eutrapel.

1

La maison est à l'envers lorsque la poule chante aussi haut que le coq.
Ibid.

2

3	Quand la bourse se rétrécit, la conscience s'élargit. *Ibid.*
4	Quant aux cours des princes, il les faut, pour parler et apprendre de tout, avoir vues, et savoir de quel bois on s'y chauffe, mais s'en retirer au plus tôt qu'on peut. *Ibid.*
5	Laissez faire aux bœufs de devant. *Propos rustiques.*

255	**Raoul DUFY** 1877-1953
1	La Nature devient la stylisation d'une vérité propre à son auteur. *Carnet* (Éditions de la Galerie Carré).
2	Peindre, c'est faire apparaître une image qui n'est pas celle de l'apparence naturelle des choses, mais qui a la force de la réalité. *Ibid.*
3	Une silhouette est un mouvement, non une forme. *Ibid.*
4	Je n'ai jamais laissé dans le domaine du possible une chose qui demandait à naître. *Propos.*

256	**Georges DUHAMEL** 1884-1966
1	Le désir d'ordre est le seul ordre du monde. *Cécile parmi nous* (Mercure de France).
2	Si j'étais Dieu, je ne souffrirais pas les arrivistes du Ciel. *Ibid.*
3	Il y a toujours du courage à dire ce que tout le monde pense. *Le Combat contre les ombres* (Mercure de France).
4	Les plus grands tyrans du peuple sont presque toujours sortis du peuple. *Ibid.*
5	Le caractère, qui, parfois demeure étranger au talent, anime toujours le génie. *Défense des lettres* (Mercure de France).
6	Il arrive que l'erreur se trompe. *Ibid.*
7	Il faut tenir les promesses que l'on n'a pas faites. *Ibid.*

Le passant qui vous arrête et qui vous demande du feu, laissez-le seulement parler : au bout de dix minutes, il vous demandera Dieu.
Ibid.

8

Le cul voudrait arriver avant la tête, mais la tête ne veut quand même pas.
Le Désert de Bièvres (Mercure de France).

9

Dans un monde aussi incohérent, l'existence de Dieu ne serait pas une chose plus folle que la non-existence de Dieu.
Ibid.

10

L'homme est incapable de vivre seul, et il est incapable aussi de vivre en société.
Ibid.

11

Je respecte trop l'idée de Dieu pour la rendre responsable d'un monde aussi absurde.
Ibid.

12

Le monde est créé pour être recréé.
Deux Hommes (Mercure de France).

13

L'État est gouverné par le rebut de toutes les carrières honorables.
Les Maîtres (Mercure de France).

14

La science est comme une maladie, — une maladie qui progresse en transformant le monde et en le dévorant aussi.
Ibid.

15

L'erreur est la règle ; la vérité est l'accident de l'erreur.
Le Notaire du Havre (Mercure de France).

16

Miracle n'est pas œuvre.
Ibid.

17

Le romancier est l'historien du présent, alors que l'historien est le romancier du passé.
Ibid.
Voir Edmond et Jules de Goncourt A-**341**-9.

18

Je ne me défie pas de la machine que je regarde avec curiosité sur son socle ou sous sa verrière. Je me défie de *la machine qui est en moi.*
Paroles de médecin (Mercure de France).

19

Nombre d'actions humaines sont commandées par une sorte d'intérêt que l'on appelle, en propre terme, le désintéressement.
Positions françaises (Mercure de France).

20

Ce qu'il y a de plus utile pour former de jeunes esprits, ce sont les choses inutiles.
Querelles de famille (Mercure de France).

21

Chaque civilisation a les ordures qu'elle mérite.
Ibid.

22

23	**Le moment est venu de rechercher en toutes choses les limites de la machine et de poser en principe que, si l'on écrit à Dieu, il faut écrire à la main.** *Ibid.*
24	**Ainsi que tous les gens sérieux, je ne crois pas à la vérité historique, mais je crois à la vérité légendaire.** *Remarques sur les Mémoires imaginaires* (Mercure de France).
25	**On ne choisit pas ce qu'on voudrait.** *Les Sept Dernières Plaies* (Mercure de France).
26	**C'est la faute qui fait la vertu.** *Tel qu'en lui-même* (Mercure de France).
27	**Il y a une folie organisatrice qui est l'ennemie jurée de l'ordre.** *Vie des martyrs* (Mercure de France).

257	**Jacques DU LORENS** 1583 - v. 1655
1	**Gardez-vous bien de lui les jours qu'il communie.** *Les Satires du sieur Lorens.*
2	**Je n'en veux point aux sots, j'en veux à la sottise.** *Ibid.*

258	**Adolphe DUMAS** 1806-1861
1	**Je sortirai du camp, mais quel que soit mon sort, J'aurai montré du moins comme un vieillard en sort.** *Le Camp des croisés.*

259	**Alexandre DUMAS père** 1802-1870
1	**Rien ne réussit comme le succès.** *Ange Pitou.*
2	**Oui ! morte ! Elle me résistait... je l'ai assassinée !...** *Antony, V, 4, Antony.*
3	**Il y a des services si grands qu'on ne peut les payer que par l'ingratitude.** *Mes Mémoires.*
4	**Un pays sans police est un grand navire sans boussole et sans gouvernail.** *Les Mohicans de Paris.*
5	**Il faut se servir de ses conquêtes pour conquérir.** *Napoléon Bonaparte, III, 1.*

En général, je ne commence un livre que lorsqu'il est écrit. *Propos d'art et de cuisine.*	6
La belle nuit pour une orgie à la Tour! *La Tour de Nesle, I, 5.*	7
Dix contre un!... Dix manants contre un gentilhomme, c'est cinq de trop. *Ibid., I, 2.*	8
[...] Et, nous, enfants, à la tour de Nesle! *Ibid., I, 4, Orsini.*	9

Alexandre DUMAS fils
1824-1895

260

— Il n'y a pas d'honnêtes femmes, alors? — Si! plus qu'on ne le croit, mais pas tant qu'on le dit. *L'Ami des femmes, I, 5, Madame Leverdet puis De Ryons.*	1
L'argent [...] est un bon serviteur et un mauvais maître. Préface de *la Dame aux camélias.*	2
Que de routes prend et que de raisons se donne le cœur pour en arriver à ce qu'il veut! *Ibid.*	3
Le devoir [...] est ce qu'on exige des autres. *Denise.*	4
Si Dieu pouvait tout à coup être condamné à vivre de la vie qu'il inflige à l'homme, il se tuerait. *Pensée d'album.*	5
Les affaires [...], c'est l'argent des autres. *La Question d'argent, II, 7, Jean.*	6
Les hommes croient qu'ils sont jaloux de certaines femmes parce qu'ils en sont amoureux; ce n'est pas vrai; ils en sont amoureux parce qu'ils en sont jaloux, ce qui est bien différent. *Une visite de noces.*	7

Pierre DUPONT
1821-1870

261

Bon Français, quand je vois mon verre Plein de son vin couleur de feu, Je songe en remerciant Dieu Qu'ils n'en ont pas dans l'Angleterre. *Chansons.*	1

2	J'ai deux grands bœufs dans mon étable,

J'ai deux grands bœufs dans mon étable,
Deux grands bœufs blancs, marqués de roux ;
[...]
J'aime Jeanne ma femme, eh bien ! j'aimerais mieux
La voir mourir que voir mourir mes bœufs.
Ibid.

---

262   Pierre Samuel **DU PONT DE NEMOURS**
1739-1817

1   Il vaudrait mieux sacrifier les colonies qu'un principe.
Discours à l'Assemblée constituante,
13 mai 1791.

Le mot est cité d'ordinaire sous la forme : « Périssent les colonies plutôt qu'un principe ! » Il s'agissait de l'émancipation politique des Noirs. V. B-**141**-1.

---

263   Jean **DUTOURD**
1920

1   On ne comprend guère le mot *jeunesse* avant trente ans.
L'Âme sensible (Gallimard).

2   Se calomnier soi-même est la grande tentation des âmes nobles.
Ibid.

3   Où finit la paresse, où commence la contemplation ?
Doucin (Gallimard).

4   Une dupe, c'est un homme trompé, bien sûr, mais non pas tant trompé
par les autres que par lui-même.
Les Dupes (Gallimard).

5   En art comme ailleurs, il faut vivre au-dessus de ses moyens.
Le Fond et la forme (Gallimard).

6   Les impatients arrivent toujours trop tard.
Ibid.

7   Les parents d'aujourd'hui veulent être aimés de leurs enfants. Cette erreur
les entraîne à toutes sortes de faiblesses et de facilités.
Ibid.

8   Tout usage finit par se changer en abus.
Ibid.

---

264   Guillaume **DU VAIR**
1556-1621

1   Il n'y a rien si sujet à être trompé que la prudence humaine :
ce qu'elle espère lui manque, ce qu'elle craint
s'écoule, ce qu'elle n'attend point lui arrive.
Traité de la constance.

Henri DUVERNOIS
1875-1937

265

Les roses [...] ne savent pas, elles, qu'elles se faneront.
Beauté (Flammarion).

1

L'âge où l'on se décide à être jeune importe peu.
La Brebis galeuse (Flammarion).

2

Quand l'esclave trouve une occasion de devenir tyran, il ne la rate pas.
Cruautés (Grasset).

3

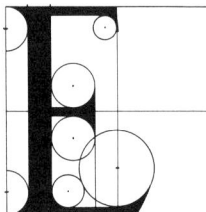

266	**Mircea ELIADE** 1907-1986
1	L'homme se fait lui-même, et il n'arrive à se faire complètement que dans la mesure où il se désacralise et désacralise le monde. *Le Sacré et le profane* (Gallimard).
2	On ne devient homme véritable qu'en se conformant à l'enseignement des mythes, en imitant les dieux. *Ibid.*
267	**Paul ÉLUARD (Eugène Grindel, dit)** 1895-1952
1	L'amour choisit l'amour sans changer de visage. *L'Amour la poésie, Premièrement* (Gallimard).
2	Chacun est l'ombre de tous. *Les Armes de la douleur, v* (Éditeurs français réunis).
3	Il nous faut peu de mots pour exprimer l'essentiel ; il nous faut tous les mots pour le rendre réel. *Avenir de la poésie, vi* (G.L.M.).
4	« Le bien et le mal doivent leur origine à l'abus de quelques erreurs. » *Capitale de la douleur, Joan Miró* (Gallimard).
5	Ce qui a été compris n'existe plus. *Ibid., le Miroir d'un moment.*

Mieux vaut mourir d'amour que d'aimer sans regrets. *152 Proverbes mis au goût du jour,* n° 125, en collaboration avec Benjamin Péret (Éditions surréalistes).	6
Un rêve sans étoiles est un rêve oublié. *Ibid.,* n° 142.	7
Les multiples erreurs donnent la main aux crimes. Dédicace sur *Poèmes pour la paix,* à André Breton (Gallimard).	8
L'honneur de vivre vaut bien qu'on s'efforce de vivifier. *Donner à voir,* Au-delà de la peinture (Gallimard).	9
Le jour est paresseux mais la nuit est active. *Le Dur Désir de durer,* Notre mouvement (Seghers).	10
Nous vivons dans l'oubli de nos métamorphoses. *Ibid.*	11
Il n'y a pas de grandeur pour qui veut grandir. Il n'y a pas de modèle **pour qui cherche ce qu'il n'a jamais vu.** *L'Évidence poétique* (Gallimard).	12
Apprécier, pour l'orgueil de choisir. *Les Nécessités de la vie et les conséquences* *des rêves,* Courir (Gallimard).	13
Il faut prendre à César tout ce qui ne lui appartient pas. *Notes sur la poésie,* Exergue, en collaboration avec André Breton (Gallimard).	14
Jeunesse ne vient pas au monde elle est constamment de ce monde. *Le Phénix,* la Petite Enfance de Dominique, VI (Seghers).	15
Par la caresse nous sortons de notre enfance mais un seul mot d'amour **et c'est notre naissance.** *Ibid.,* Écrire, dessiner, inscrire, VII.	16
Marcher en soi-même est comme un châtiment : l'on ne va pas loin. Picasso bon maître de la liberté, VII (Cahiers de la poésie nouvelle).	17
On a le monde derrière soi et devant soi. L'œuvre accomplie est œuvre à faire, **car, le temps de se retourner, elle a changé.** *Ibid.,* IX.	18
Il n'y a pas d'enthousiasme sans sagesse, ni de sagesse sans générosité. *Picasso, dessins* (Éditions Braun).	19

20
Il n'y a pas d'ange de la réalité.
Poèmes retrouvés, la Poésie de circonstance
(Gallimard).

21
[...] Un cœur n'est juste que s'il bat au rythme des autres cœurs.
Ibid., Ce que l'Amérique doit entendre.

22
L'espoir ne fait pas de poussière.
Poésie ininterrompue, Ailleurs, ici, partout
(Gallimard).

23
Il ne faut pas de tout pour faire un monde. Il faut du bonheur et rien d'autre.
Ibid., le Château des pauvres.

24
Prendre sens dans l'insensé.
Ibid.

25
Vieillir c'est organiser
Sa jeunesse au cours des ans.
Ibid., Ailleurs, ici, partout.

26
L'homme n'est pas vieux comme le monde, il ne porte que son avenir.
Première Anthologie vivante de la poésie du passé, Préface (Seghers).

27
Le poète est celui qui inspire bien plus que celui qui est inspiré.
Ralentir Travaux, Préface
(Éditions surréalistes).
En collaboration avec André Breton et René Char.

28
Le passé est un œuf cassé, l'avenir est un œuf couvé.
Les Sentiers et les routes de la poésie,
le Boniment fantastique (Gallimard).

29
Nous n'irons pas au but un par un mais par deux.
Le temps déborde, Notre vie (Seghers).

30
Il n'y a qu'une vie c'est donc qu'elle est parfaite.
Une leçon de morale, les Souvenirs et le présent
(Gallimard).

31
Rives d'amour pour nous sont rives de justice.
Ibid., Volonté d'y voir clair.

32
Voici demain qui règne aujourd'hui sur la terre.
Ibid., Tout est sauvé.

33
Nous avons inventé autrui
Comme autrui nous a inventé
Nous avions besoin l'un de l'autre.
Le Visage de la paix, 21
(Éditeurs français réunis).

Louis ÉMIÉ 1900-1967	268

La mort n'est rien puisqu'un dieu la dépasse.
L'État de grâce (Le Rond-Point). — 1

Amour, ange de neige et visage aux yeux clos [...]
Hauts Désirs sans absence (Seghers). — 2

La nuit n'attend que nous pour boire une eau plus pure :
L'éloge d'une larme est celui du pardon.
La Nuit (Seghers). — 3

Un pays aussi beau que celui qu'on invente
À l'âge où le désir ignore encore sa voix.
Nocturnes. — 4

Pierre EMMANUEL (Noël Mathieu, dit) 1916-1984	269

Le génie est dans cette alchimie supérieure qui change les vices de nature
en éléments d'une destinée.
Baudelaire (Desclée de Brouwer). — 1

Il reste dans le fruit les dents de l'origine...
Tombeau d'Orphée (Seghers). — 2

L'honneur de l'homme est d'atteindre à ce centre où la certitude se fait vertige
et le vertige certitude.
Versant de l'âge (Le Seuil). — 3

Adolphe d'ENNERY
V. Anicet BOURGEOIS.

Max ERNST 1891-1976	270

Si ce sont les plumes qui font le plumage, ce n'est pas la colle
qui fait le collage.
Au-delà de la peinture (Cahiers d'art). — 1

C'est en se débarrassant de son opacité que l'univers se fond dans l'homme.
Écritures (Gallimard). — 2

L'identité sera convulsive ou ne sera pas.
Ibid. — 3

Rappel de la célèbre affirmation de A. Breton dans *Nadja* : « La beauté sera convulsive ou ne sera pas. » Voir A-**129**-17.

Telle est la vocation de l'homme : se délivrer de sa cécité.
Ibid. — 4

271	**Édouard ESTAUNIÉ** 1862-1942
1	Les êtres ont la mobilité et l'éphémère durée des vagues ; seules, les choses qui leur ont servi de témoins sont comme la mer et demeurent immuables. *Les choses voient* (Grasset).
2	Un rêve intact est une merveille fragile. *L'Infirme aux mains de lumière* (Grasset).
272	**Henri ESTIENNE** 1531-1598
1	Il n'est miracles que de vieux saints. *Apologie pour Hérodote.*
2	À brebis tondue Dieu mesure le vent. *Les Prémices.*
3	Au chaudron des douleurs, chacun porte son écuelle. *Ibid.*
4	Si jeunesse savait, si vieillesse pouvait. *Ibid.*
273	**René ÉTIEMBLE** 1909
1	Quand de toute ma bonne foi, j'estime qu'il se trompe, je dis au prince qu'il se trompe. *Confucius* (Gallimard).
2	Du moment que le statut colonial c'est pour le colonisé le Paradis terrestre, quel colonisateur ne voudrait être colonisé ? *Parlez-vous franglais ?* (Gallimard).
274	**Charles Guillaume ÉTIENNE** 1777-1845
1	On n'est jamais si bien servi que par soi-même. *Brueys et Palaprat.*
2	Ceux qui dînent chez moi ne sont pas mes amis. *Les Deux Gendres.*

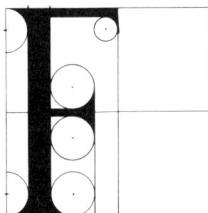

Jean Henri FABRE 1823-1915	**275**
L'égalité, la seule égalité en ce monde, l'égalité devant l'asticot. *Souvenirs entomologiques* (Delagrave).	1
L'homme succombera tué par l'excès de ce qu'il appelle la civilisation. *Ibid.*	2
Que ne ferait-on pas dans l'espoir d'une idée! *Ibid.*	3
Les ruines elles-mêmes doivent périr. *Ibid.* <small>Variante sur les mots de Lucain (*Pharsale*, IX, 969) : *etiam periere ruinæ* (les ruines mêmes ont péri) relatant la visite de César aux ruines de Troie. Voir B-**26**-1.</small>	4
Le savoir humain sera rayé des archives du monde avant que nous ayons le dernier mot d'un moucheron. *Ibid.*	5
Tout finit afin que tout recommence, tout meurt afin que tout vive. *Ibid.*	6
Philippe FABRE d'ÉGLANTINE 1750-1794	**276**
Il pleut, il pleut, bergère [...] *L'Hospitalité, romance.*	1
Antoine FABRE d'OLIVET 1768-1825	**277**
[L'homme] est une plante qui porte des pensées, comme un rosier porte des roses, et un pommier des pommes. *L'Histoire philosophique du genre humain.*	1

278	**Émile FAGUET** 1847-1916
1	L'art de lire, c'est l'art de penser avec un peu d'aide. *L'Art de lire* (Hachette).
2	Un homme comme Montaigne est un Latin, de sentiments, de pensée et même de style ; un homme comme Rabelais est un Grec, de sentiments et de pensée au moins ; de langue parfois. *Études littéraires du seizième siècle* (Calmann-Lévy).
3	L'absence de défauts n'est pas une qualité, en choses d'art, et les qualités moyennes même n'y sont presque comptées que comme absence de défauts. *Études littéraires du dix-septième siècle* (Calmann-Lévy).
4	Ce grand esprit*, c'est un chaos d'idées claires. *Études littéraires du dix-huitième siècle* (Calmann-Lévy). * Voltaire.
5	[Balzac] a des intuitions de génie, et des réflexions d'imbécile. C'est un chaos et un problème. *Études littéraires du dix-neuvième siècle* (Calmann-Lévy).
279	**Léon-Paul FARGUE** 1876-1947
1	Paix sur la terre aux hommes de bonne incohérence ! *Chroniques.*
2	Sache souffrir. Mais ne dis rien qui puisse troubler la souffrance des autres. *Poèmes* (Gallimard).
3	L'artiste contient l'intellectuel. La réciproque est rarement vraie. *Sous la lampe* (Gallimard).
4	L'art ne sera que là où vous saurez percevoir, et faire apercevoir, la solidarité haineuse qui lie l'être et le vivre. *Ibid.*
5	Le bon écrivain est celui qui enterre un mot chaque jour. *Ibid.*
6	Byron, coiffeur d'orages... *Ibid.*
7	Chateaubriand, pédicure pour reines barrées, tueur de rats musqués dans sa chambre. *Ibid.*
8	Dans nos livres, il y a trop d'appelés et trop d'élus. *Ibid.*

En art, il faut croire avant d'y aller voir. *Ibid.*	9
En art, il faut que la mathématique se mette aux ordres des fantômes. *Ibid.*	10
Le génie est une question de muqueuses. L'art est une question de virgules. *Ibid.*	11
Les grands raseurs travaillent dans l'in-folio. *Ibid.*	12
Il faut que chaque mot qui tombe soit le fruit bien mûr de la succulence intérieure, la goutte qui glisse du bec de la bécasse à point. *Ibid.*	13
Il n'y a pas de simplicité véritable. Il n'y a que des simplifications. *Ibid.*	14
L'intelligence est un capitaine qui est toujours en retard d'une bataille. Et qui discute après la bataille. *Ibid.*	15
J'appelle bourgeois quiconque renonce à soi-même, au combat et à l'amour, pour sa sécurité. *Ibid.*	16
Lamartine, fantôme de redingote aux pellicules d'étoiles. *Ibid.*	17
La mode est une fille à qui sa mère veut survivre. *Ibid.*	18
Ne fais donc jamais de citations classiques : tu exhumes ta grand-mère en présence de ta maîtresse. *Ibid.*	19
[...] La pensée, oui, dans une belle chair. *Ibid.*	20
La qualité, c'est de la quantité assimilée. *Ibid.*	21
Toute idée est une belle occasion de se taire. Elle est perdue... *Ibid.*	22
Un pas en divin, deux pas en humain [...] *Ibid.*	23

Henri FAUCONNIER
1879-1973
280

Les catholiques envisagent l'enfer sans en mourir, c'est plus confortable que rien. *Malaisie* (Stock).	1

281	**Élie FAURE** 1873-1937
1	Dieu est un enfant qui s'amuse. *L'Esprit des formes* (Pauvert).
2	Si terrible que soit la vie, l'existence de l'activité créatrice sans autre but qu'elle-même suffit à la justifier. *Ibid.*
3	La statue émerge du temple dans la mesure presque exacte où l'homme sort de la foule, et du même pas que lui. *Ibid.*
282	**François FAYOLLE** 1774-1852
1	Le temps n'épargne pas ce qu'on a fait sans lui. *Discours sur la littérature et les littérateurs.*
283	**Lucien FEBVRE** 1878-1956
1	Comprendre c'est compliquer. C'est enrichir en profondeur. C'est élargir de proche en proche. C'est mêler à la vie. *Combats pour l'histoire* (Armand Colin).
2	Pénétrer de présent la tradition elle-même : premier moyen de lui résister. *Ibid.*
284	**FÉNELON (François de Salignac de La Mothe-)** 1651-1715
1	Antisthène disait que la science la plus difficile était de désapprendre le mal. *Antisthène.*
2	Avant que de se jeter dans le péril, il faut le prévoir et le craindre ; mais quand on y est, il ne reste plus qu'à le mépriser. *Les Aventures de Télémaque.*
3	Calypso ne pouvait se consoler du départ d'Ulysse. Dans sa douleur elle se trouvait malheureuse d'être immortelle. *Ibid.*
4	Il ne suffit point de montrer la vérité, il faut la peindre aimable. *Ibid.*
5	Le plus libre de tous les hommes est celui qui peut être libre dans l'esclavage même. *Ibid.*
6	Quiconque est capable de mentir est indigne d'être compté au nombre des hommes ; et quiconque ne sait pas se taire est indigne de gouverner. *Ibid.*

Le vrai moyen de gagner beaucoup est de ne vouloir jamais trop gagner
et de savoir perdre à propos.
Ibid.

7

Rien n'est si contraire à la simplicité que le scrupule. Il cache je ne sais quoi
de double et de faux.
Correspondance, à Mme de Montberon, 26 déc. 1700.

8

D'ordinaire ceux qui gouvernent les enfants ne leur pardonnent rien,
et se pardonnent tout à eux-mêmes.
De l'éducation des filles.

9

[Dans l'éducation], il faut se contenter de suivre et d'aider la nature.
Ibid.

10

Il ne faut point s'opiniâtrer à faire goûter aux enfants
certaines personnes pieuses dont l'extérieur est dégoûtant.
Ibid.

11

La jeunesse ressent un plaisir incroyable lorsqu'on commence à se fier à elle.
Ibid.

12

La patrie d'un cochon se trouve partout où il y a du gland.
Dialogue des morts.

13

Les princes ont un pouvoir infini sur ceux qui les approchent; et ceux
qui les approchent ont une faiblesse infinie en les approchant.
*Examen de conscience sur les devoirs
de la royauté.*

14

Le bel esprit a le malheur d'affaiblir tout ce qu'il croit orner.
Lettre à l'Académie.

15

Le bon historien n'est d'aucun temps ni d'aucun pays : quoiqu'il aime sa patrie,
il ne la flatte jamais en rien.
Ibid.

16

Ce n'est pas le difficile, c'est le beau que je cherche.
Ibid.

17

Les mœurs et l'état de tout le corps de la nation ont changé d'âge en âge [...]
Il est cent fois plus important d'observer ce changement de la nation entière,
que de rapporter simplement des faits particuliers.
Ibid.

18

Pour les prédicateurs [...], ce n'est pas la religion mais leur bel esprit
qu'ils ont intérêt de persuader au monde.
Ibid.

19

Presque tous les hommes sont médiocres et superficiels pour le mal
comme pour le bien.
Ibid.

20

21	La singularité est dangereuse en tout.
	Ibid.

22	L'homme s'agite, mais Dieu le mène.
	Sermon sur la vocation des gentils.

23	Tout ce qui est plus d'un est infiniment moins qu'un.
	Traité de l'existence de Dieu.

285 — Félix FÉNÉON
1861-1944

1

Réservant au peintre la tâche sévère et contrôlable de commencer les tableaux, attribuons au spectateur le rôle avantageux, commode et gentiment comique de les achever par sa méditation ou son rêve.

Œuvres (Gallimard).

2

Vivre, c'est discerner les excitations agréables et les provoquer, c'est discerner les excitations hostiles et les fuir; problème insidieux, multiforme et qui, en chaque instant de la durée, se renouvelle.

Ibid.

286 — Charles FERRÉ
1845-1871

1

Les trahisons se châtient, tandis que les faiblesses s'excusent. Mieux vaudrait des criminels et point des hésitants.

Correspondance, à Vallès, 19 mars 1871.

287 — Jules FERRY
1832-1893

1

Je désire reposer [...] en face de cette ligne bleue des Vosges d'où monte jusqu'à mon cœur fidèle la plainte des vaincus.

Testament.

288 — Paul FÉVAL
1817-1887

1

Qui que tu sois, ta main gardera ma marque. Je te reconnaîtrai. Et si tu ne viens pas à Lagardère, Lagardère ira à toi.

Le Bossu.

289 — Georges FEYDEAU
1862-1921

1

Comment veux-tu que je te comprenne !... Tu me parles à contre-jour.

Le Dindon, II, 15 (Le Bélier).

2

Les maris des femmes qui nous plaisent sont toujours des imbéciles !

Ibid., I, 1.

Quel est l'idiot contrariant qui a fichu Paris de ce côté-ci du globe ? *Occupe-toi d'Amélie, II, 1* (Le Bélier).	3

Joseph FIÉVÉE
1767-1839
290

J'ai connu beaucoup d'hommes qui, si on leur avait demandé ce qu'ils pensent de l'Évangile, se seraient contentés de répondre : C'est ingénieux. *Correspondance et relations avec Bonaparte.*	1
La politique n'étant qu'un enchaînement de conséquences, toute vérité isolée devient un mensonge dans l'ordre social. *Ibid.*	2

Gustave FLAUBERT
1821-1880
291

Ce qu'ils admirèrent du cèdre, c'est qu'on l'eût rapporté dans un chapeau. *Bouvard et Pécuchet.*	1
Le comble de l'orgueil, c'est de se mépriser soi-même. *Carnets.*	2
Le crétin diffère moins de l'homme ordinaire que celui-ci ne diffère de l'homme de génie. *Ibid.*	3
La Critique est la dixième Muse et la Beauté la quatrième Grâce. *Ibid.*	4
Dans l'adolescence on aime les *autres* femmes parce qu'elles ressemblent plus ou moins à la première ; plus tard on les aime parce qu'elles diffèrent entre elles. *Ibid.*	5
L'excès est une preuve d'idéalité : aller au-delà du besoin. *Ibid.*	6
Il faut être assez fort pour se griser avec un verre d'eau et résister à une bouteille de rhum. *Ibid.*	7
La manière la plus profonde de sentir quelque chose est d'en souffrir. *Ibid.*	8
Ne pouvoir se passer de Paris, marque de bêtise ; ne plus l'aimer, signe de décadence. *Ibid.*	9
Le souvenir est l'espérance renversée. On regarde le fond du puits comme on a regardé le sommet de la tour. *Ibid.*	10

11   Une sottise ou une infamie, en se renforçant d'une autre, peut devenir respectable.
      Collez la peau d'un âne sur un pot de chambre, et vous en faites un tambour.
      Ibid.

12   L'artiste doit s'arranger de façon à faire croire à la postérité qu'il n'a pas vécu.
      Correspondance, 1842.

13   On fait de la critique quand on ne peut pas faire de l'art, de même
      qu'on se met mouchard quand on ne peut pas être soldat.
      Ibid., à Louise Colet, 1846.

14   La bêtise consiste à vouloir conclure.
      Ibid., à Louis Bouilhet, 1850.

15   À moins d'être un crétin, on meurt toujours dans l'incertitude de sa propre valeur
      et de celle de ses œuvres.
      Ibid., à Louise Colet, 1852.

16   La censure, quelle qu'elle soit, me paraît une monstruosité, une chose pire
      que l'homicide ; l'attentat contre la pensée est un crime de lèse-âme.
      La mort de Socrate pèse encore sur le genre humain.
      Ibid.

17   L'égalité, c'est l'esclavage. Voilà pourquoi j'aime l'art. C'est que là,
      au moins, tout est liberté dans ce monde des fictions.
      Ibid.

18   Il me semble qu'une Académie est tout ce qu'il y a de plus antipathique au monde
      à la constitution même de l'Esprit, qui n'a ni règle, ni loi, ni uniforme.
      Ibid.

19   Il y a de par le monde une conjuration générale et permanente contre deux choses,
      à savoir, la poésie et la liberté ; les gens de goût se chargent d'exterminer
      l'une, comme les gens d'ordre de poursuivre l'autre.
      Ibid.

20   Il y a des outrages qui vous vengent de tous les triomphes, des sifflets
      qui sont plus doux pour l'orgueil que des bravos.
      Ibid.

21   Plus il y a de chantres à une église, plus il est à présumer que les paroissiens
      ne sont pas dévots.
      Ibid.

22   La courtisane est un mythe. Jamais une femme n'a inventé une débauche.
      Ibid., à Mme X., 1852.

23   Quel homme aurait été Balzac s'il eût su écrire !
      Ibid.

24   Le bonheur est comme la vérole : pris trop tôt, il peut gâter complètement
      la constitution.
      Ibid., à Louise Colet, 1853.

Le génie, c'est Dieu qui le donne, mais le talent nous regarde.
Ibid.

25

Il ne faut jamais penser au bonheur ; cela attire le diable, car c'est lui
qui a inventé cette idée-là pour faire enrager le genre humain.
Ibid.

26

On ne fait rien de grand sans le fanatisme.
Ibid.

27

J'estime par-dessus tout d'abord le style, et ensuite le vrai.
Ibid., à Louis Bonenfant, 1856.

28

Le meilleur [des gouvernements] pour moi, c'est celui qui agonise,
parce qu'il va faire place à un autre.
Ibid., à Mlle Leroyer de Chantepie, 1857.

29

Plus une idée est belle, plus la phrase est sonore.
Ibid.

30

Tout amuse quand on y met de la persévérance : l'homme qui apprendrait par cœur
un dictionnaire finirait par y trouver du plaisir.
Ibid., 1858.

31

Chacun de nous a dans le cœur une *chambre royale* ; je l'ai murée,
mais elle n'est pas détruite.
Ibid., à Amélie Bosquet, 1859.
En évoquant les « chambres royales » des Pyramides, Flaubert songeait à son amour secret et constant pour Élisa Schlésinger.

32

Le style est autant *sous* les mots que *dans* les mots.
Ibid., à Ernest Feydeau, 1860.

33

On ne choisit pas son sujet. Voilà ce que le public et les critiques
ne comprennent pas. Le secret des chefs-d'œuvre est là, dans la concordance
du sujet et du tempérament de l'auteur.
Ibid., à Mme Roger des Genettes, 1861.

34

Je regarde comme un des bonheurs de ma vie de ne pas écrire dans les journaux.
Il en coûte à ma bourse — mais ma conscience s'en trouve bien.
Ibid., à la princesse Mathilde, 1866.

35

Tous les drapeaux ont été tellement souillés de sang et de m... qu'il est temps
de n'en plus avoir du tout.
Ibid., à George Sand, 1869.

36

J'ai toujours tâché de vivre dans une tour d'ivoire ; mais une marée de merde
en bat les murs, à la faire crouler...
Ibid., à Tourgueniev, 1872.

37

L'été est une saison qui prête au comique. Pourquoi ? Je n'en sais rien.
Mais cela est.
Ibid., 1874.

38

39   **Prenez garde à la tristesse. C'est un vice.**
Ibid., *à Guy de Maupassant, 1878.*

40   *Censure :* **Utile! on a beau dire.**
Dictionnaire des idées reçues.

41   *Chambre à coucher :* **Dans un vieux château : Henri IV y a toujours passé une nuit.**
Ibid.

42   *Écrit, bien écrit :* **Mot de portiers pour désigner les romans-feuilletons qui les amusent.**
Ibid.

43   *Érection :* **Ne se dit qu'en parlant des monuments.**
Ibid.

44   *Été :* **Toujours exceptionnel.**
Ibid.

45   *Extirper :* **Ce verbe ne s'emploie que pour les hérésies et les cors aux pieds.**
Ibid.

46   *Imbéciles :* **Ceux qui ne pensent pas comme nous.**
Ibid.

47   *Pédantisme :* **Doit être bafoué, si ce n'est quand il s'applique à des choses légères.**
Ibid.

48   *Police :* **A toujours tort.**
Ibid.

49   *Service :* **C'est rendre service aux enfants que de les calotter; aux animaux,
que de les battre; aux domestiques, que de les chasser; aux malfaiteurs,
que de les punir.**
Ibid.

50   *Tabac :* **Cause de toutes les maladies du cerveau et des maladies de la moelle épinière.**
Ibid.

51   *Vieillard :* **À propos d'une inondation, d'un orage, etc., les vieillards du pays
ne se rappellent jamais en avoir vu un semblable.**
Ibid.

52   **Les affections profondes ressemblent aux honnêtes femmes; elles ont peur
d'être découvertes, et passent dans la vie les yeux baissés.**
L'Éducation sentimentale.

53   **Les héros ne sentent pas bon!**
Ibid.

54   **Il y a des hommes n'ayant pour mission parmi les autres que de servir
d'intermédiaires; on les franchit comme des ponts, et l'on va plus loin.**
Ibid.

Par cela même que je connais les choses, les choses n'existent plus. *Ibid.*	55
Rien n'est humiliant comme de voir les sots réussir dans les entreprises où l'on échoue. *Ibid.*	56
C'est la faute de la fatalité! *Madame Bovary.*	57
Il ne faut pas toucher aux idoles : la dorure en reste aux mains. *Ibid.*	58
La parole est un laminoir qui allonge toujours les sentiments. *Ibid.*	59
La parole humaine est comme un chaudron fêlé où nous battons des mélodies à faire danser les ours, quand on voudrait attendrir les étoiles. *Ibid.*	60
[...] Soixante et quinze francs en pièces de quarante sous [...] *Ibid.*	61
Pour que la matière ait tant de pouvoir, il faut qu'elle contienne un esprit. *La Tentation de saint Antoine.*	62
J'appelle bourgeois quiconque pense bassement. <small>Rapporté par Guy de Maupassant dans son *Étude sur G. Flaubert.*</small>	63

Robert de FLERS et Gaston Arman de CAILLAVET
1872-1927   1869-1915

292

L'amour seul est assez fort pour défendre contre l'amour. *L'Amour veille* (Librairie théâtrale).	1
Nos femmes ne se doutent pas combien le chagrin que nous leur faisons peut nous les faire aimer davantage. *Ibid.*	2
Si vertueuse que soit une femme, c'est sur sa vertu qu'un compliment lui fait le moins de plaisir. *Ibid.*	3
Aujourd'hui, la vie va si vite que la conscience ne peut pas suivre. *La Belle Aventure* (L'Illustration).	4
Très souvent, la seule chose qui sépare un homme charmant d'une femme charmante, c'est qu'ils sont mariés ensemble. *Ibid.*	5
Démocratie est le nom que nous donnons au peuple chaque fois que nous avons besoin de lui. *L'Habit vert*, *I, 11, Durand* (Librairie théâtrale).	6

7	Une couronne d'épines, ce n'est qu'une couronne de roses d'où les roses sont tombées. *Primerose*, II, 12, *Primerose.*

293   **Robert de FLERS**   **Emmanuel ARÈNE**   **Gaston A. de CAILLAVET**
.1872-1927   1856-1908   1869-1915

1	Ce n'est qu'une question de mots. Il n'y en a jamais eu d'autres en France. *Le Roi* (Librairie théâtrale).
2	Les choses ennuyeuses ont toujours un prestige que les choses amusantes n'ont pas. *Ibid.*

294   **Robert de FLERS et Francis de CROISSET**
1872-1927   1877-1937

1	Comme une femme ment mal quand on sait qu'elle ment! *Les Nouveaux Messieurs* (L'Illustration).
2	Quand on ne peut plus remplir le cœur d'une femme, il faut encombrer sa vie. *Ibid.*
3	Le snobisme fait faire aux gens du monde autant de vilaines actions que la misère aux malheureux. *Les Précieuses de Genève* (Les Portiques).
4	On n'est pas un amant parce qu'on a une maîtresse. Ce serait trop facile. *Les Vignes du Seigneur* (L'Illustration).

295   **Jean-Pierre Claris de FLORIAN**
1755-1794

1	Aidons-nous mutuellement, La charge de nos maux en sera plus légère. *Fables*, *l'Aveugle et le Paralytique.*
2	Je marcherai pour vous, vous y verrez pour moi. *Ibid.*
3	Le chemin est assez mauvais Sans nous jeter encor des pierres. *Ibid.*, *le Bonhomme et le Trésor.*
4	C'est qu'on se croit toujours plus sage que sa mère. *Ibid.*, *la Carpe et les Carpillons.*
5	Chacun de nous a sa lunette Qu'il retourne suivant l'objet : On voit là-bas ce qui déplaît, On voit ici ce qu'on souhaite. *Ibid.*, *le Chat et la Lunette.*

Pour vivre heureux vivons caché. *Ibid., le Grillon.*	6
L'asile le plus sûr est le sein d'une mère. *Ibid., la Mère, l'Enfant et les Sarigues.*	7
[...] Les loups ne craignent guère Les pasteurs amoureux qui chantent leur bergère. *Ibid., le Roi et les Deux Bergers.*	8
Il n'avait oublié qu'un point : C'était d'éclairer sa lanterne. *Ibid., Le Singe qui montre la lanterne magique.*	9
Moi, disait un dindon, je vois bien quelque chose ; Mais je ne sais pour quelle cause Je ne distingue pas très bien. *Ibid.*	10
Ne jouons point avec les grands, Le plus doux a toujours des griffes à la patte. *Ibid., les Singes et le Léopard.*	11
[...] Chacun son métier, Les vaches seront bien gardées. *Ibid., le Vacher et le Garde-Chasse.*	12
Arriver haletant, se coucher, s'endormir ; On appelle cela naître, vivre et mourir. *Ibid., le Voyage.*	13
Plaisir d'amour ne dure qu'un moment Chagrin d'amour dure toute la vie. Romance extraite de *Célestine* (musique de J. P. Martini).	14

Maréchal Ferdinand FOCH
1851-1929
296

Il n'y a pas d'homme cultivé, il n'y a que des hommes qui se cultivent.	1
Ne me dites pas que ce problème est difficile. S'il n'était pas difficile, ce ne serait pas un problème.	2

Henri FOCILLON
1881-1943
297

Le propre de l'esprit, c'est de se décrire constamment lui-même. *Vie des formes* (P.U.F.).	1
Le signe signifie, alors que la forme *se* signifie. *Ibid.*	2

298	**Jean FOLLAIN** 1903-1971
1	**Les armes sont les bijoux des hommes.** *Appareil de la terre* (Gallimard).
2	**La durée des villages est dans l'ordre profond, et leur eau à canards veille.** *Usage du temps* (Gallimard).
3	**L'homme est hanté par la douceur de l'homme.** *Ibid.*
4	**La robe est parfois plus humaine que le corps.** *Ibid.*
299	**Nicolas FONTAINE** 1625-1709
1	**Les hommes ont leurs pensées et Dieu a les siennes.** *Mémoires pour servir à l'histoire de Port-Royal.*
300	**Bernard Le Bovier de FONTENELLE** 1657-1757
1	**Il est vrai qu'on ne peut trouver la pierre philosophale, mais il est bon qu'on la cherche.** *Dialogues des morts.*
2	**Le cœur est la source de toutes les erreurs dont nous avons besoin.** *Ibid.*
3	**Chacun est envié pendant qu'il est lui-même envieux.** *Du bonheur.*
4	**Il y a tel homme dont tous les désirs se termineraient à avoir deux bras.** *Ibid.*
5	**Le plus grand secret pour le bonheur, c'est d'être bien avec soi.** *Ibid.*
6	**Une circonstance imaginaire qu'il nous plaît d'ajouter à nos afflictions, c'est de croire que nous serons inconsolables.** *Ibid.*
7	**Un grand obstacle au bonheur, c'est de s'attendre à un trop grand bonheur.** *Ibid.*
8	**[Leibniz] pose des définitions exactes qui le privent de l'agréable liberté d'abuser des termes dans les occasions.** *Éloges des académiciens.*

On est surpris et peut-être fâché de se voir conduit par la seule philosophie aux plus rigoureuses obligations du christianisme ; on croit communément pouvoir être philosophe à meilleur marché. *Ibid.*	9
Celui qui veut être heureux [...] change peu de place et en tient peu. *Entretiens sur la pluralité des mondes.*	10
Il faut ne donner que la moitié de son esprit aux choses [...] que l'on croit, et en réserver une autre moitié libre où le contraire puisse être admis s'il en est besoin. *Ibid.*	11
On est rarement maître de se faire aimer, on l'est toujours de se faire estimer. *Ibid.*	12
Si les roses, qui ne durent qu'un jour, faisaient des histoires* [...], elles diraient : « Nous avons toujours vu le même jardinier ; de mémoire de rose on n'a vu que lui [...], assurément il ne meurt point comme nous, il ne change seulement pas. » * Écrivaient l'histoire. *Ibid.*	13
Toute la philosophie n'est fondée que sur deux choses : sur ce qu'on a l'esprit curieux et les yeux mauvais. *Ibid.*	14
Assurons-nous bien du fait avant de nous inquiéter de la cause. *Histoire des oracles.*	15
Non seulement nous n'avons pas les principes qui mènent au vrai, mais nous en avons d'autres qui s'accommodent bien avec le faux. *Ibid.*	16
L'art des conversations amoureuses est qu'elles ne soient pas toujours amoureuses. *Lettres galantes du chevalier d'Her...*	17
Ce n'est pas l'intention de l'amour que les attachements durent si longtemps. *Ibid.*	18
Il faut aimer, et ne laisser pas de vivre. *Ibid.*	19
La langueur a ses usages ; mais quand elle est perpétuelle, c'est un assoupissement. *Ibid.*	20
Mettez-vous dans l'esprit que les femmes veulent qu'on les aime, mais en même temps qu'on les divertisse. *Ibid.*	21
On se lasse d'être héros et on ne se lasse pas d'être riche. *Ibid.*	22

23	Quand je n'aime plus, j'ai autant d'envie de n'être plus aimé, que j'en ai d'être aimé quand j'aime. *Ibid.*
24	Si je tenais toutes les vérités dans ma main, je me donnerais bien garde de l'ouvrir pour les découvrir aux hommes. *Par amour de la paix.*
25	L'art est un tyran qui se plaît à gêner ses sujets, et qui ne veut pas qu'ils paraissent gênés. *Réflexions sur la poétique.*
26	Nous ne sommes parfaits sur rien, non pas même sur le mal. *Ibid.*
27	Tout le monde ne sait pas douter : on a besoin de lumière pour y parvenir, et de force pour s'en tenir là. *Ibid.*

301

Xavier FORNERET
1809-1884

1	Le suicide est le doute allant chercher le vrai. *Broussailles de la pensée de la famille des sans titre.*
2	Au temps du carnaval, l'homme se met sur son masque un visage de carton. *Sans titre, par un homme noir, blanc de visage.*
3	L'avenir est un miroir sans glace. *Ibid.*
4	Bâtissez un pont en papier de soie et jetez-y le bien que font les hommes, il tiendra bon. *Ibid.*
5	Dieu punit l'homme de ses fautes en le laissant vivre. *Ibid.*
6	La folie, c'est la mort avec des veines chaudes. *Ibid.*
7	L'Homme noir, l'auteur de ce quasi-livre, ne veut pas Écrire ; c'est Écrire qui a voulu et veut l'auteur. *Ibid.*
8	Quand le soleil est pâle, il regarde les tombes. *Ibid.*
9	C'est le miroir qui se mire dans la Femme. *Encore un an de sans titre.*

Paul FORT 1872-1960	**302**

L'amour, ça passe dans tant d'cœurs, c'est une corde à tant d'vaisseaux, **1**
et ça passe dans tant d'anneaux, à qui la faute si ça s'use ?
L'Amour marin (Flammarion).

Si toutes les filles du monde voulaient s'donner la main, tout autour **2**
de la mer elles pourraient faire une ronde. Si tous les
gars du monde voulaient bien êtr'marins, ils f'raient avec
leurs barques un joli pont sur l'onde. Alors on
pourrait faire une ronde autour du monde, si tous les gens
du monde voulaient s'donner la main.
Ballades françaises (Flammarion).

Voir Brantôme A-**123**-2.

L'amour est le seul rêve qui ne se rêve pas. **3**
Ibid., Sur les jolis ponts de Paris (Flammarion).

Il n'est qu'une espérance. Elle revient d'exil. **4**
Ibid.

Laisse penser tes sens, homme, et tu es ton Dieu. **5**
Ibid., La Vision harmonieuse de la terre
(Flammarion).

Hélas ! rien d'éternel sinon l'éternité. **6**
Ibid., Vivre en Dieu (Flammarion).

Michel FOUCAULT 1926-1984	**303**

De *l'homme* à *l'homme vrai,* le chemin passe par *l'homme fou.* **1**
Histoire de la folie à l'âge classique (Plon).

Joseph FOUCHÉ 1759-1820	**304**

Beaucoup se sont trompés, il y a peu de coupables. **1**
Mémoires.

Max-Pol FOUCHET 1913-1980	**305**

Pour que demeure le secret **1**
Nous tairons jusqu'au silence.
Demeure le secret (Mercure de France).

Jean FOURASTIÉ 1907-1990	**306**

La limite idéale vers laquelle tend la nouvelle organisation du travail est celle **1**
où le travail se bornerait à cette seule forme de l'action : l'initiative.
Le Grand Espoir du XXe siècle (Gallimard).

2	La machine conduit l'homme à se spécialiser dans l'humain. *Ibid.*

307	**Georges FOUREST** 1864-1945

1	[...] Et je lirai (trouvant Hegel et Kant arides) Ces beaux récits d'amour poivrés de cantharides. *Le Géranium ovipare* (José Corti).

2	« Dieu ! » soupire à part soi la plaintive Chimène, « Qu'il est joli garçon, l'assassin de Papa ! » *La Négresse blonde* (José Corti).

3	Que mon enterrement soit superbe et farouche, Que les bourgeois glaireux bâillent d'étonnement Et que Sadi Carnot, ouvrant sa large bouche, Se dise : « Nom-de-Dieu ! le bel enterrement ! » *Ibid.*

308	**Charles FOURIER** 1772-1837

1	Une planète est un corps androgyne, pourvu des deux sexes et fonctionnant en masculin par les copulations du pôle nord, et en féminin par celles du pôle sud. *Le Phalanstère.*

2	Ma théorie se borne à *utiliser les passions réprouvées telles que la nature les donne, et sans y rien changer.* *Théorie de l'unité universelle.*

3	Tous ces caprices philosophiques appelés *des devoirs* n'ont aucun rapport avec la nature. *Ibid.*

4	Le mariage semble inventé pour récompenser les pervers ; plus un homme est astucieux et séducteur, plus il lui est facile d'arriver par le mariage à l'opulence et à l'estime publique ; il en est de même des femmes. *Théorie des quatre mouvements.*

	Henri-Alain FOURNIER *V. ALAIN-FOURNIER.*

309	**Anatole FRANCE (Anatole François Thibault, dit)** 1844-1924

1	Quand l'homme qui témoigne est armé d'un sabre, c'est le sabre qu'il faut entendre et non l'homme. *Crainquebille* (Calmann-Lévy).

Il faut plaindre les riches : leurs biens les environnent et ne les pénètrent pas.
Le Crime de Sylvestre Bonnard
(Calmann-Lévy). | 2

La guerre civile est moins détestable que la guerre avec l'étranger.
On sait du moins pourquoi l'on s'y bat.
Dernières Pages. | 3

Les idées de la veille font les mœurs du lendemain.
Discours, au banquet des étudiants, 1895. | 4

[...] Celui qui se contredit a plus de chances qu'un autre d'exprimer quelquefois
du vrai, s'il en est au monde.
Discours, au banquet des Rabelaisants, 1912. | 5

Doutons même du doute.
Ibid. | 6

Ne souhaitons pas que tout le monde pense comme nous. L'uniformité des sentiments
serait odieuse.
Ibid. | 7

Il est beau qu'un soldat désobéisse à des ordres criminels.
L'Humanité, 30 novembre 1922. | 8

On croit mourir pour la patrie ; on meurt pour des industriels.
Ibid., 18 juillet 1922. | 9

Les imbéciles ont dans la fourberie des grâces inimitables.
L'Île des pingouins (Calmann-Lévy). | 10

Le christianisme a beaucoup fait pour l'amour en en faisant un péché.
Le Jardin d'Épicure (Calmann-Lévy). | 11

[...] Le diable s'est toujours mis du côté des savants.
Ibid. | 12

L'histoire du petit Chaperon Rouge est une grande leçon aux hommes d'action
qui portent le petit pot de beurre et ne doivent pas savoir
s'il est des noisettes dans les sentiers du bois.
Ibid. | 13

L'histoire n'est pas une science, c'est un art. On n'y réussit
que par l'imagination.
Ibid. | 14

Je tiens à mon imperfection comme à ma raison d'être.
Ibid. | 15

Mourir, c'est accomplir un acte d'une portée incalculable.
Ibid. | 16

17   Quand on dit que la vie est bonne et quand on dit qu'elle est mauvaise, on dit une chose qui n'a point de sens. Il faut dire qu'elle est bonne et mauvaise à la fois.
Ibid.

18   Songez-y, un métaphysicien n'a, pour constituer le système du monde, que le cri perfectionné des singes et des chiens.
Ibid.

19   Une femme est franche quand elle ne fait pas de mensonges inutiles.
Le Lys rouge (Calmann-Lévy).

20   La raison est ce qui effraie le plus chez un fou.
Monsieur Bergeret à Paris (Calmann-Lévy).

21   L'avenir est un lieu commode pour y mettre des songes.
Les Opinions de Jérôme Coignard
(Calmann-Lévy).

22   [...] En tout temps et dans tous les pays, la pensée des âmes méditatives fut un sujet de scandale.
Ibid.

23   L'opposition est une très mauvaise école de gouvernement, et les politiques avisés, qui se poussent par ce moyen aux affaires, ont grand soin de gouverner par des maximes tout à fait opposées à celles qu'ils professaient auparavant.
Ibid.

24   Une compagnie formée exclusivement de grands hommes serait peu nombreuse et semblerait triste.
Ibid.

25   Le cœur se trompe comme l'esprit [...]
Le Petit Pierre (Calmann-Lévy).

26   Je tiens la connaissance de soi comme une source de soucis, d'inquiétudes et de tourments. Je me suis fréquenté le moins possible.
Ibid.

27   La raison habite rarement les âmes communes et bien plus rarement encore les grands esprits.
Ibid.

28   Le mal n'est pas de vivre mais de savoir qu'on vit.
Le Puits de Sainte-Claire (Calmann-Lévy).

29   [...] La vertu, comme le corbeau, niche dans les ruines. Elle habite les creux et les rides du corps.
La Rôtisserie de la reine Pédauque (Calmann-Lévy).

30   Ce que les hommes appellent civilisation, c'est l'état actuel des mœurs et ce qu'ils appellent barbarie, ce sont les états antérieurs.
Sur la pierre blanche (Calmann-Lévy).

J'aime la vérité. Je crois que l'humanité en a besoin; mais elle a bien plus grand besoin encore du mensonge [...] *La Vie en fleur* (Calmann-Lévy).	31
J'ai rarement ouvert une porte par mégarde sans découvrir un spectacle qui me fit prendre l'humanité en pitié, en dégoût ou en horreur. *Ibid.*	32
À mesure qu'on s'avance dans la vie, on s'aperçoit que le courage le plus rare est celui de penser. *La Vie littéraire* (Calmann-Lévy).	33
Le bon critique est celui qui raconte les aventures de son âme au milieu des chefs-d'œuvre. *Ibid.*	34
Ce n'est pas avec la philosophie qu'on soutient les ministères. *Ibid.*	35
C'est pour la plupart des hommes un exemple décourageant que la sérénité d'un cochon. *Ibid.*	36
[...] Comme je n'étudiais rien, j'apprenais beaucoup. *Ibid.*	37
Il était doux de croire, même à l'enfer. *Ibid.*	38
L'ironie, c'est la gaieté et la joie de la sagesse. *Ibid.*	39
La jeunesse a cela de beau qu'elle peut admirer sans comprendre. *Ibid.*	40
La première politesse de l'écrivain, n'est-ce point d'être bref? *Ibid.*	41
[...] Sans l'ironie, le monde serait comme une forêt sans oiseaux. *Ibid.*	42
Si la science un jour règne seule, les hommes crédules n'auront plus que des crédulités scientifiques. *Ibid.*	43
Toutes les idées sur lesquelles repose aujourd'hui la société ont été subversives avant d'être tutélaires. *Ibid.*	44
Qu'ils sont beaux les mots auréolés par le souvenir de leur long usage! *Propos,* rapportés par Paul Gsell.	45

46	**Le Saint-Esprit n'inspire pas les gens intelligents.** *Ibid.*, rapportés par Marcel Le Goff.

310	## Saint FRANÇOIS de SALES 1567-1622

1	**C'est le meilleur de ne rien désirer et ne rien refuser.** *Entretiens spirituels.*
2	**Les crocodiles n'endommagent que ceux qui les craignent, ni certes la médisance, sinon ceux qui s'en mettent en peine.** *Introduction à la vie dévote.*
3	**Entre les exercices des vertus, nous devons préférer celui qui est plus conforme à notre devoir, et non pas celui qui est plus conforme à notre goût.** *Ibid.*
4	**Faites comme les petits enfants qui de l'une des mains se tiennent à leur père, et de l'autre cueillent des fraises ou des mûres le long des haies [...]** *Ibid.*
5	**Il n'y a nulle si bonne et désirable finesse que la simplicité.** *Ibid.*
6	**Mais prenez garde que l'amour-propre ne vous trompe, car quelquefois il contrefait si bien l'amour de Dieu qu'on dirait que c'est lui [...]** *Ibid.*
7	**Les maladies du cœur, aussi bien que celles du corps, viennent à cheval et en poste, mais elles s'en revont à pied et au petit pas.** *Ibid.*
8	**Ô mon âme, tu es capable de Dieu, malheur à toi si tu te contentes de moins que de Dieu!** *Ibid.*
9	**Les scrupules sont fils de l'orgueil le plus fin.** *Maximes, sentences et pensées.*

311	## FRANÇOIS Ier 1494-1547

1	**Toute femme varie.** <small>Le mot est rapporté par Brantôme (*Les Dames galantes*, septième discours). Il avait été gravé par François Ier sur le côté gauche de la chambre du roi à Chambord. Victor Hugo passe pour avoir, en visitant le château, détaché et emporté le morceau de la fenêtre portant l'inscription. Voir A-**323**-9 et A-**375**-209.</small>

312	## FRÉDÉRIC II* le Grand, roi de Prusse 1712-1786 <small>* Voir aussi les mots historiques (B-**149**) et les citations en langue allemande (C-**126**) de Frédéric II.</small>

1	**Insensés que nous sommes, nous voulons tout conquérir, comme si nous avions le temps de tout posséder!** *Anti-Machiavel ou Examen critique du* Prince *de Machiavel.*

Il est beau de faire des ingrats ; il est infâme de l'être. *Dialogue de morale à l'usage de la jeune* *noblesse.*	2
Une maladie est pour un philosophe une école de physique. *Éloge de La Mettrie.*	3
L'on peut dire, s'il m'est permis de m'exprimer ainsi, que M. de Voltaire **valait seul toute une Académie.** *Éloge de Voltaire.*	4
Lorsque Auguste buvait, la Pologne était ivre [...] *Lettre à son frère.* Phrase qui a suscité nombre de variantes. Voir notamment Marcel Aymé, A-**39**-13.	5
Ceux qui pensent être les plus sages sont les plus fous de l'espèce à deux jambes **et sans plumes dont nous avons l'honneur d'être.** *Lettre à Voltaire,* 12 mars 1759.	6
Plus on vieillit et plus on se persuade que Sa sacrée Majesté le Hasard **fait les trois quarts de la besogne de ce misérable univers.** *Ibid.*	7

André FRÉNAUD
1907-1993

313

À force de s'aimer l'on ne se connaît plus. *Il n'y a pas de paradis* (Gallimard).	1
Beauté pour nous donner des yeux semblables aux siens, sans regard. *Ibid.*	2
Hölderlin, l'aurore l'enivre. **Il s'en va par l'autre chemin.** *Ibid.*	3
Homme, enfant tragique **qui n'en finis pas...** *Ibid.*	4
Il est des morts vaincus qu'il faut précipiter encore un coup **du haut des tours en pierre.** *Ibid.* Curieux écho à la citation de Fernand Desnoyers. Voir A-**235**-1.	5
Il faut ruiner plus creux que par notre vengeance. **Nos promesses, nos témoins doivent périr.** *Ibid.*	6
Malhabiles nous sommes à nous atteindre, les hommes, **malgré la promesse entrevue dans l'eau du regard.** *Ibid.*	7

| 8 | Peu de météores sur le plat pays des vieux.
Ibid. |

| 9 | Toujours le désert prévaudra.
Ibid. |

| 10 | Tout est pour tous puisque rien ne reste à aucun.
Ibid. |

| **314** | **Élie FRÉRON**
1718-1776 |

| 1 | Le goût est un prince détrôné qui, de temps en temps, doit faire des protestations.
L'Année littéraire, 1755. |

| 2 | Quand un vrai génie paraît dans le monde, on le distingue à cette marque :
tous les sots se soulèvent contre lui.
Lettres sur quelques écrits de ce temps. |

| **315** | **Hélinand de FROIDMONT**
fin du XIIᵉ siècle |

| 1 | Mort fait à chacun sa droiture*.
* Son droit.　*Vers de la mort.* |

| **316** | **Jean FROISSART**
v. 1337 - v. 1404 |

| 1 | Mon cœur s'ébat en odorant la rose
Et s'éjouit en regardant ma dame.
Trop mieux me vaut l'une que l'autre chose.
Mon cœur s'ébat en odorant la rose.
Poésies. |

| 2 | Tel pleure au main* qui rit le soir.
* Au matin.　*Ibid.* |

| **317** | **Eugène FROMENTIN**
1820-1876 |

| 1 | Je me suis mis d'accord avec moi-même, ce qui est bien la plus grande victoire
que nous puissions remporter sur l'impossible.
Dominique. |

| 2 | Sais-tu quel est mon plus grand souci ? C'est de tuer l'ennui. Celui qui
rendrait ce service à l'humanité serait le vrai destructeur des monstres.
Ibid. |

| 3 | L'art de peindre n'est que l'art d'exprimer l'invisible par le visible.
Les Maîtres d'autrefois. |

On dirait que l'art de peindre est depuis longtemps un secret perdu
et que les derniers maîtres tout à fait expérimentés qui le pratiquèrent
en ont emporté la clef avec eux.
Ibid.

4

Antoine FURETIÈRE
1619-1688

318

[...] Il arrive beaucoup de choses entre la bouche et le verre.
Le Roman bourgeois.

1

[...] un homme amphibie, qui était le matin avocat et le soir courtisan.
Ibid.

2

Numa Denis FUSTEL de COULANGES
1830-1889

319

L'ancien droit n'est pas l'œuvre d'un législateur; il s'est, au contraire,
imposé au législateur.
La Cité antique.

1

On se trompe gravement sur la nature humaine si l'on suppose qu'une religion
puisse s'établir par convention et se soutenir par imposture.
Ibid.

2

Le passé ne meurt jamais complètement pour l'homme. L'homme peut bien l'oublier,
mais il le garde toujours en lui.
Ibid.

3

[L'histoire] n'est pas un art. Elle est une science pure.
La Monarchie française.

4

Voir Anatole France A-**309**-14.

G

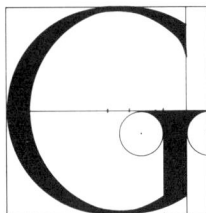

320	**Émile GABORIAU** 1832-1873
1	Le hasard, voyez-vous, ne sert que les hommes forts et c'est ce qui indigne les sots. *L'Affaire Lerouge.*
321	**Abbé Ferdinand GALIANI*** 1728-1787 <small>* Voir aussi les citations de cet auteur en langue italienne (C-**129**).</small>
1	L'éducation publique pousse à la démocratie, l'éducation particulière mène droit au despotisme. *Lettre à Mme d'Épinay.*
2	S'il y avait un seul être libre dans l'Univers, il n'y aurait plus de Dieu. *Ibid.*
3	Toutes les méthodes agréables d'apprendre aux enfants les sciences sont fausses et absurdes, car il n'est pas question d'apprendre ni la géographie ni la géométrie, il est question de s'accoutumer au travail, c'est-à-dire à l'ennui. *Ibid.*
322	**Maurice GARÇON** 1889-1967
1	Parmi les arts, celui de la parole est le plus décevant de tous. *Tableau de l'éloquence judiciaire* (Corrêa).
323	**Robert GARNIER** v. 1545 ?-1590
1	Moi, j'ai toujours l'amour cousu dans mes entrailles. *Antigone.*

Ce que je prise plus en si belle alliance, C'est qu'il ne faudra point débourser de finance. *Bradamante.*	2
L'on ne peut gouverner les enfants d'aujourd'hui. *Ibid.*	3
Le pays est partout où l'on se trouve bien, La terre est aux mortels une maison commune. *Ibid.*	4
Toute chose naît pour périr, Et tout ce qui périt retourne Pour une autre fois refleurir. *Cornélie.*	5
Nommez-vous liberté licence au populaire De faire impunément tout ce qu'il voudra faire ? *Hymne de la monarchie.*	6
Dieu préfère toujours la clémence à justice. *Les Juives.*	7
Mais la jeunesse ardente et prompte aux changements Toujours mit sous le pied nos admonestements. *Ibid.*	8
Mais quoi ? Le naturel des femmes est volage Et à chaque moment abuse leur courage*. Bien fol qui s'y abuse et qui de loyauté Pense jamais trouver compagne une beauté. *Marc Antoine.* * Courage : cœur. Sur le même thème, voir la citation de François Ier (A-**311**-1) et celle de Victor Hugo (A-**375**-209).	9
La clémence est l'honneur d'un prince débonnaire. *Porcie.*	10
Qui meurt pour le pays vit éternellement. *Ibid.*	11
La jeunesse ne peut commander à soi-même ; Cet âge toujours porte une fureur extrême. *La Troade.*	12

Pierre GASCAR (Pierre Fournier, dit)
1916-1997

324

Il n'y a pas de logique de l'histoire. *L'Arche* (Gallimard).	1
Il y a, en nous, une part d'éternité dépendant de l'ombre. *Ibid.*	2

3	**Si les animaux se mettaient à parler, on s'apercevrait qu'ils sont nus.** *Ibid.*
4	**Les vérités de l'obscur ne se formulent pas.** *Ibid.*

325

Charles de GAULLE
1890-1970

1	**La politique la plus coûteuse, la plus ruineuse, c'est d'être petit [...]** *Allocution prononcée au Champ-d'Arbaud, à Basse-Terre,* *20 mars 1964,* Discours et messages. *Pour l'effort (1962-1965)* [Plon].
2	**Dans le conflit présent comme dans ceux qui l'ont précédé, être inerte, c'est être battu.** *L'Avenir des forces mécanisées* (Plon).
3	**Il y a un pacte vingt fois séculaire entre la grandeur de la France et la liberté du monde.** *Discours prononcé à la « Réunion des Français* *de Grande-Bretagne », au Kingsway Hall, à Londres,* *1ᵉʳ mars 1941,* Discours et messages. *Pendant la guerre (1940-1946)* [Plon].
4	**[...] L'autorité ne va pas sans prestige, ni le prestige sans éloignement.** *Le Fil de l'épée* (Plon).
5	**Le Caractère, [...] vertu des temps difficiles.** *Ibid.*
6	**[...] Certains hommes répandent, pour ainsi dire de naissance, un fluide d'autorité dont on ne peut discerner au juste en quoi il consiste [...] Il en va de cette matière comme de l'amour qui ne s'explique point sans l'action d'un inexprimable charme.** *Ibid.*
7	**[...] La confiance des petits exalte l'homme de caractère.** *Ibid.*
8	**[...] L'esprit militaire, l'art des soldats, leurs vertus sont une partie intégrante du capital des humains.** *Ibid.*
9	**Face à l'événement, c'est à soi-même que recourt l'homme de caractère.** *Ibid.*
10	**[...] L'homme de caractère confère à l'action la noblesse ; sans lui morne tâche d'esclave, grâce à lui jeu divin du héros.** *Ibid.*
11	**Napoléon, dans le concours des grands hommes, est toujours avant Parmentier.** *Ibid.*

[...] Parfois, les militaires, s'exagérant l'impuissance relative de l'intelligence, négligent de s'en servir. *Ibid.*	12
Rien ne rehausse l'autorité mieux que le silence, splendeur des forts et refuge des faibles [...] *Ibid.*	13
[...] Le vent redresse l'arbre après l'avoir penché. *Ibid.*	14
[...] Les armes ont cette vertu d'ennoblir jusqu'aux moins purs. *La France et son armée* (Plon).	15
Le désir du privilège et le goût de l'égalité, passions dominantes et contradictoires des Français de toute époque [...] *Ibid.*	16
[...] La France ne peut être la France sans la grandeur. *Mémoires de guerre,* l'*Appel* (Plon).	17
Le gouvernement [...] n'a pas de propositions à faire, mais des ordres à donner. *Ibid.*	18
[...] Toujours le chef est seul en face du mauvais destin. *Ibid.*	19
Toute ma vie, je me suis fait une certaine idée de la France. *Ibid.*	20
L'action met les ardeurs en œuvre. Mais c'est la parole qui les suscite. *Ibid.,* l'*Unité.*	21
Les événements, dans les grands moments, ne supportent que des hommes susceptibles de diriger leur propre cours. *Ibid.*	22
Les exigences d'un grand peuple sont à l'échelle de ses malheurs. *Ibid.*	23
Les hommes, si lassants à voir dans les manœuvres de l'ambition, combien sont-ils attrayants dans l'action pour une grande cause ! *Ibid.*	24
La plus grande dévotion ne saurait empêcher que les affaires soient les affaires. *Ibid.* <small>Voir la citation A-**503**-1 de Mirbeau.</small>	25
[...] Aucune illusion n'adoucit mon amère sérénité ! *Ibid.,* le *Salut.*	26

27   Comme chef de l'État, deux choses lui* avaient manqué : qu'il fût un chef ;
qu'il y eût un État.
Ibid.

* Il s'agit du président Albert Lebrun.

28   Dans le tumulte des hommes et des événements, la solitude était ma tentation.
Maintenant, elle est mon amie. De quelle autre se contenter quand on a rencontré
l'Histoire ?
Ibid.

29   Quel homme vécut jamais une réussite achevée ?
Ibid.

30   Vieille France, accablée d'Histoire, meurtrie de guerres et de révolutions,
allant et venant sans relâche de la grandeur au déclin, mais redressée,
de siècle en siècle, par le génie du renouveau !
Vieil homme, recru d'épreuves, détaché des entreprises, sentant venir
le froid éternel, mais jamais las de guetter dans l'ombre la lueur de l'espérance !
Ibid.

31   La France a perdu une bataille, mais la France n'a pas perdu la guerre.
Proclamation.

Cette phrase célèbre ne figure pas, comme on le dit toujours, dans l'Appel du 18 juin ; elle est l'attaque d'une proclamation rédigée sans doute le même jour, mais *affichée* seulement en juillet à Londres.

32   L'épée est l'axe du monde et la grandeur ne se divise pas.
Vers l'armée de métier (Plon).

33   La gloire se donne seulement à ceux qui l'ont toujours rêvée.
Ibid.

34   On ne donne la valeur aux troupes comme la saveur aux fruits
qu'en contrariant la nature.
Ibid.

35   L'ambition individuelle est une passion enfantine.
Propos recueillis par Malraux dans
Les chênes qu'on abat (Gallimard).

36   Le caractère, c'est d'abord de négliger d'être outragé ou abandonné par les siens.
Ibid.

37   [...] Ce que nous pensons de la mort n'a d'importance que par ce que la mort
nous fait penser de la vie.
Ibid.

38   Les choses capitales qui ont été dites à l'humanité ont toujours été
des choses simples.
Ibid.

39   Écrire permet d'oublier la meute.
Ibid.

L'espoir est toujours vainqueur du tracassin. *Ibid.*	40
[...] Les femmes pensent à l'amour, les hommes aux galons, ou à quelque chose de ce genre. *Ibid.*	41
[...] La fin de l'espoir est le commencement de la mort. *Ibid*	42
La grandeur est un chemin vers quelque chose qu'on ne connaît pas. *Ibid.*	43
L'homme n'est pas fait pour être coupable. *Ibid.*	44
On ne fait rien de sérieux si on se soumet aux chimères, mais que faire de grand sans elles ? *Ibid.*	45
Le péché n'est pas intéressant. Il n'y a de morale que celle qui dirige l'homme vers ce qu'il porte de plus grand. *Ibid.*	46
La proportion rompue entre le but et les moyens, les combinaisons du génie sont vaines. *Ibid.*	47
Tout homme qui écrit — et qui écrit bien, sert la France. *Ibid.*	48
La vie n'est pas le travail : travailler sans cesse rend fou. *Ibid.*	49
Théophile GAUTIER 1811-1872	**326**
L'Égypte, en ce monde où tout change, Trône sur l'immobilité. *Émaux et camées.*	1
Oui, l'œuvre sort plus belle D'une forme au travail Rebelle, Vers, marbre, onyx, émail. *Ibid.*	2
Tandis qu'à leurs œuvres perverses, Les hommes courent haletants, Mars qui rit, malgré les averses, Prépare en secret le printemps. *Ibid.*	3

4	**Tout passe. — L'art robuste** **Seul a l'éternité,** **Le buste** **Survit à la cité.** *Ibid.*
5	**Le voyage est un maître aux préceptes amers [...]** *España.*
6	**La création se moque impitoyablement de la créature [...]** *Mademoiselle de Maupin.*
7	**Une femme qui est belle a toujours de l'esprit; elle a l'esprit d'être belle,** **et je ne sais pas lequel vaut celui-là.** *Ibid.*
8	**En général dès qu'une chose devient utile, elle cesse d'être belle.** *Poésies complètes,* Préface.
9	**Si le dieu n'est qu'une idole, plaignons l'idole et non le dévot.** Extrait de *La Presse,* 20 novembre 1848.
10	**Je mettrai l'orthographe même sous la main du bourreau.** Mot rapporté par Baudelaire dans *Mon cœur mis à nu.*
327	**GAVARNI (Sulpice Guillaume Chevalier, dit)** **1804-1866**
1	**L'humanité : un amas de choses sales et gluantes, de liquides puants** **suspendus à un échalas, dans un sac de peau trouée.** *Cité par E. et J. de Goncourt dans Gavarni.*
328	**Pierre GAXOTTE** **1895-1982**
1	**Dans les périodes de troubles, rien n'est plus commun que l'alliance** **du vice audacieux et de la vertu turbulente.** *Thèmes et variations,* Propos sur la liberté. (Fayard).
2	**La liberté n'est pas au commencement mais à la fin. La liberté est le fruit** **du bon ordre.** *Ibid.*
329	**Jean GENET** **1910-1986**
1	**Créer n'est pas un jeu quelque peu frivole. Le créateur s'est engagé** **dans une aventure effrayante qui est d'assumer soi-même jusqu'au bout** **les périls risqués par ses créatures.** *Journal du voleur* (Gallimard).

Mon orgueil s'est coloré avec la pourpre de ma honte.
Ibid.

2

S'ils ne sont pas toujours beaux, les hommes voués au mal possèdent
les vertus viriles.
Ibid.

3

C'est en haussant à hauteur de vertu, pour mon propre usage, l'envers
des vertus communes que j'ai cru pouvoir obtenir une solitude morale où
je ne serai pas rejoint.
Pompes funèbres (Gallimard).

4

Ils sont dans l'infamie comme un poisson dans l'eau.
Ibid.

5

Paul GÉRALDY (Paul Le Fèvre, dit)
1885-1983

330

Quand elles nous aiment, ce n'est pas vraiment nous qu'elles aiment.
Mais c'est bien nous, un beau matin, qu'elles n'aiment plus.
L'Homme et l'amour (Hachette).

1

Baisse un peu l'abat-jour, veux-tu ? Nous serons mieux.
C'est dans l'ombre que les cœurs causent,
Et l'on voit beaucoup mieux les yeux
Quand on voit un peu moins les choses.
Toi et moi (Stock).

2

Rosemonde GÉRARD
1871-1953

331

Car, vois-tu, chaque jour je t'aime davantage,
Aujourd'hui plus qu'hier et bien moins que demain.
Les Pipeaux (Fasquelle).

1

Lorsque tu seras vieux et que je serai vieille,
Lorsque mes cheveux blonds seront des cheveux blancs.
Ibid.

2

Alberto GIACOMETTI
1901-1966

332

Je n'avance qu'en tournant le dos au but, je ne fais qu'en défaisant.
Notes sur les copies, *L'Éphémère N° 1* (Maeght).

1

André GIDE
1869-1951

333

J'admire toutes les formes de la sainteté (encore que certaines
me soulèvent le cœur).
Ainsi soit-il (Gallimard).

1

2

J'aime ceux qui ne savent pas trop pourquoi ils aiment, c'est qu'alors
ils aiment vraiment.
Ibid.

3

Ma propre position dans le ciel par rapport au soleil ne doit pas
me faire trouver l'aurore moins belle.
Dernières lignes écrites par Gide.   *Ibid.*

4

Les rapports de l'homme avec Dieu m'ont de tout temps paru beaucoup plus
importants et intéressants que les rapports des hommes entre eux.
Ibid.

5

Qu'on rencontre peu de gens dont on souhaiterait fouiller les valises!
Les Caves du Vatican (Gallimard).

6

Entre le « to be » et le « not to be » pas assez de distance pour glisser
le monologue de Hamlet.
Correspondance, Gide-Martin du Gard (Gallimard).

7

Pour moi, être aimé n'est rien, c'est être préféré que je désire.
Ibid., Gide-Valéry.

8

Je n'admets qu'une chose pour ne pas être naturelle : l'art.
Corydon (Gallimard).

9

On appelle « bonheur » un concours de circonstances qui permette la joie.
Mais on appelle joie cet état de l'être qui n'a besoin de rien
pour se sentir heureux.
Divers (Gallimard).

10

Les bourgeois honnêtes ne comprennent pas qu'on puisse être honnête
autrement qu'eux.
Les Faux-Monnayeurs (Gallimard).

11

C'est le propre de l'amour [...] d'être forcé de croître, sous peine de diminuer.
Ibid.

12

La cruauté, c'est le premier des attributs de Dieu.
Ibid.

13

Dans le domaine des sentiments, le réel ne se distingue pas de l'imaginaire.
Ibid.

14

En art, comme partout, la pureté seule m'importe.
Ibid.

15

Il est bon de suivre sa pente pourvu que ce soit en montant.
Ibid.

16

Il n'a plus rien : tout est à lui!
Ibid.

Ils sont rares, de nos jours, ceux qui atteignent la quarantaine sans vérole et sans décoration. *Ibid.*	17
Je puis douter de la réalité de tout, mais pas de la réalité de mon doute. *Ibid.*	18
Quand nous sommes jeunes, nous souhaitons de chastes épouses, sans savoir tout ce que nous coûtera leur vertu. *Ibid.*	19
Que n'obtient-on pas de soi, par amour ! *Ibid.*	20
Toute recherche oblige. *Ibid.*	21
On ne peut à la fois être sincère et le paraître. *L'Immoraliste* (Mercure de France).	22
« Avoir raison »... Qui donc y tient encore : quelques sots. *Journal* (Gallimard).	23
Le catholicisme est inadmissible, le protestantisme est intolérable. *Ibid.*	24
Ce qui n'est pas, c'est ce qui ne pouvait pas être. *Ibid.*	25
C'est par nous que Dieu s'obtient. *Ibid.*	26
Les choses les plus belles sont celles que souffle la folie et qu'écrit la raison. *Ibid.*	27
De combien d'hommes ne peut-on penser que c'est par médiocrité qu'ils sont sages ? *Ibid.*	28
Dès l'instant que j'eus compris que Dieu n'était pas encore mais qu'il devenait, et qu'il dépendait de chacun de nous qu'il devînt, la morale en moi fut restaurée. *Ibid.*	29
La foi soulève des montagnes, oui : des montagnes d'absurdité. *Ibid.*	30
La foi tout court remplace la bonne. *Ibid.*	31
L'homme est plus intéressant que les hommes ; c'est lui et non pas eux que Dieu a fait à son image. Chacun est plus précieux que tous. *Ibid.*	32

33   Il entre dans toutes les actions humaines plus de hasard que de décision.
Ibid.

34   Il n'y a pas de problème ; il n'y a que des solutions. L'esprit de l'homme
invente ensuite le problème.
Ibid.

35   J'ai écrit, et je suis prêt à récrire encore ceci qui me paraît d'une évidente vérité :
« C'est avec les beaux sentiments qu'on fait de la mauvaise littérature. » Je n'ai jamais
dit, ni pensé, qu'on ne faisait de la bonne littérature qu'avec les mauvais sentiments.
Ibid.

36   Je n'écris plus une phrase affirmative sans être tenté d'y ajouter : « peut-être ».
Ibid.

37   Le meilleur moyen pour apprendre à se connaître, c'est de chercher
à comprendre autrui.
Ibid.

38   « Le moi est haïssable », dites-vous. Pas le mien.
Voir P. Valéry, A-**668**-83.   *Ibid.*

39   Le monde ne sera sauvé, s'il peut l'être, que par des *insoumis.*
Ibid.

40   Nous entrons dans une époque où le libéralisme va devenir la plus suspecte
et la plus impraticable des vertus.
Ibid.

41   L'œuvre d'art, c'est une idée qu'on exagère.
Ibid.

42   On ne triomphe que de ce que l'on s'assimile.
Ibid.

43   Le plus grand bonheur après que d'aimer, c'est de confesser son amour.
Ibid.

44   Quand les gens intelligents se piquent de ne pas comprendre, il est constant
qu'ils y réussissent mieux que les sots.
Ibid.

45   Rien d'excellent ne se fait qu'à loisir.
Ibid.

46   Il n'y a guère de « règles de vie » dont on ne puisse se dire qu'il y aurait
plus de sagesse à en prendre le contre-pied qu'à les suivre.
Journal des Faux-Monnayeurs (Gallimard).

47   Je ne puis admirer pleinement le courage de celui qui méprise la vie.
Ibid.

Les plus douteux égarements de la chair m'ont laissé l'âme plus tranquille
que la moindre incorrection de mon esprit.
Ibid.

48

Les extrêmes me touchent.
Morceaux choisis, Épigraphe (Gallimard).

49

Familles! je vous hais! Foyers clos; portes refermées; possessions jalouses
du bonheur.
Les Nourritures terrestres (Gallimard).

50

Je te le dis en vérité, Nathanaël, chaque désir m'a plus enrichi
que la possession toujours fausse de l'objet même de mon désir.
Ibid.

51

La mélancolie n'est que de la ferveur retombée.
Ibid.

52

Nathanaël, je t'enseignerai la ferveur.
Ibid.

53

Nathanaël, jette mon livre.
Ibid.

54

Ne crois pas que *ta* vérité puisse être trouvée par quelque autre.
Ibid.

55

Ne distingue pas Dieu du bonheur et place tout ton bonheur dans l'instant.
Ibid.

56

Où tu ne peux pas dire tant mieux, dis : tant pis, Nathanaël. Il y a là
de grandes promesses de bonheur.
Ibid.

57

Le présent serait plein de tous les avenirs, si le passé n'y projetait déjà une histoire.
Ibid.

58

Que l'*importance* soit dans ton regard, non dans la chose regardée.
Ibid.

59

Le sage est celui qui s'étonne de tout.
Ibid.

60

Toute connaissance que n'a pas précédé une sensation m'est inutile.
Ibid.

61

L'important n'est pas que vous soyez ou non licencieux. L'important c'est que
vous ayez le droit de l'être.
Nouveaux Prétextes (Mercure de France).

62

Quand je cesserai de m'indigner, j'aurai commencé ma vieillesse.
Ibid.

63

64	L'appétit de savoir naît du doute. Cesse de croire et instruis-toi. *Les Nouvelles Nourritures* (Gallimard).
65	Ce que je sens divers, c'est toujours moi. *Ibid.*
66	Je sais à présent goûter la quiète éternité dans l'instant. *Ibid.*
67	Ne peut rien pour le bonheur d'autrui celui qui ne sait être heureux lui-même. *Ibid.*
68	Le seul mot de passe pour n'être pas dévoré par le sphinx, c'est — l'Homme. *Œdipe* (Gallimard).
69	Je hais la foule. *Prétextes* (Mercure de France).
70	C'est une vaine ambition que de tâcher de ressembler à tout le monde, puisque tout le monde est composé de chacun et que chacun ne ressemble à personne. *Le Prométhée mal enchaîné* (Gallimard).
71	Je n'aime pas les hommes, j'aime ce qui les dévore. *Ibid.*
72	Avec qui l'homme se consolerait-il d'une déchéance, sinon avec ce qui l'a déchu ? *Saül* (Gallimard).
73	Nos actes les plus sincères sont aussi les plus calculés. *Si le grain ne meurt* (Gallimard).
74	Les plus détestables mensonges sont ceux qui se rapprochent le plus de la vérité. *Ibid.*
75	Le mal n'est jamais dans l'amour. *La Symphonie pastorale* (Gallimard).
76	Tout coup vaille. *Thésée* (Gallimard).
77	Vas-y, mais passe outre. *Ibid.*
78	Toutes choses sont dites déjà ; mais comme personne n'écoute, il faut toujours recommencer. *Traité du Narcisse* (Gallimard).

334 — Nicolas Joseph Laurent GILBERT
1751-1780

1	Malheureuse, j'appris à plaindre le malheur. *Héroïdes.*

Sur les mondes détruits le temps dort immobile. 2
Le Jugement dernier.

Au banquet de la vie, infortuné convive, 3
J'apparus un jour, et je meurs :
Je meurs, et sur ma tombe, où lentement j'arrive
Nul ne viendra verser des pleurs.
Ode imitée de plusieurs psaumes.

La faim mit au tombeau Malfilâtre ignoré ; 4
S'il n'eût été qu'un sot, il aurait prospéré.
Le XVIIIᵉ Siècle.

Pierre-Louis GINGUENÉ
1748-1816
335

Odieuse et funeste armée, 1
Du Fisc affreuse légion,
Dont l'ardeur, de gain affamée,
A dévoré la Nation !
Ode sur les États généraux.

Jean GIONO
1895-1970
336

Le poète doit être un professeur d'espérance. 1
L'Eau vive (Gallimard).

La notion de péché est en complet désaccord avec la rose des vents. 2
Ennemonde (Gallimard).

Quand les mystères sont très malins, ils se cachent dans la lumière. 3
Ibid.

Est-ce que je me trompe [...] si je me crois plus grand quand j'agis seul ? 4
Le Hussard sur le toit (Gallimard).

La première vertu révolutionnaire, c'est l'art de faire foutre les autres 5
au garde-à-vous.
Ibid.

Ici, c'est autre chose que loin, c'est ailleurs. 6
L'Iris de Suse (Gallimard).

La mort attrape d'abord ceux qui courent. 7
Ibid.

Il y a dans la sensualité une sorte d'allégresse cosmique. 8
Jean le Bleu (Grasset).

Imaginer c'est choisir. 9
Noé (Gallimard).

10	L'homme, on a dit qu'il était fait de cellules et de sang. Mais en réalité, il est comme un feuillage. Il faut que le vent passe pour que ça chante. *Que ma joie demeure* (Grasset).
11	Les joies du monde sont notre seule nourriture. La dernière petite goutte nous fait encore vivre. *Ibid.*
12	Laisse-toi vivre dans la vie sans penser que tu joues de la flûte, et alors tu joueras. *Ibid.*
13	Il n'y a pas de Provence. Qui l'aime aime le monde ou n'aime rien. *Rondeur des jours* (Charlot).
14	Les jours sont des fruits et notre rôle est de les manger. *Ibid.*
15	Homme plus libre que la liberté des fumées, si seulement tu comprenais ta grande liberté. *Le Serpent d'étoiles* (Grasset).
16	La jeunesse, c'est la passion pour l'inutile. *Triomphe de la vie* (Grasset).
17	Méfiez-vous de la vérité, dit ce procureur (parait-il), elle est vraie pour tout le monde. *Un roi sans divertissement* (Gallimard).
18	On nous veut avec les stigmates des grandes écoles, je le veux avec les stigmates de la vie. Savoir s'il est agrégé en soleil. S'il a ses grades en désespoir. *Virgile* (Corrèa).
19	Il n'y a pas un millimètre du monde qui ne soit savoureux. *Les Vraies Richesses* (Grasset).
20	La richesse de l'homme est dans son cœur. C'est dans son cœur qu'il est le roi du monde. Vivre n'exige pas la possession de tant de choses. *Ibid.*
21	Les spéculations purement intellectuelles dépouillent l'univers de son manteau sacré. *Ibid.*

337	## Jean GIRAUDOUX **1882-1944**
1	L'amant est toujours plus près de l'amour que de l'aimée. *Amphitryon 38*, *I. 6. Alcmène* (Grasset).
2	C'est avec leurs mensonges du matin que les femmes font leurs vérités du soir. *Ibid.*, *II. 5. Mercure.*

Les femmes fidèles sont toutes les mêmes, elles ne pensent qu'à leur fidélité
et jamais à leurs maris.
Ibid., III, 1, Sosie.

3

La principale difficulté avec les femmes honnêtes n'est pas de les séduire,
c'est de les amener dans un endroit clos. Leur vertu est faite de portes entrouvertes.
Ibid., I, 1, Jupiter.

4

Le seul Narcisse coupable est celui qui trouve les autres laids.
L'Apollon de Bellac, scène 8, le monsieur de Bellac
(Grasset).

5

— Comment cela s'appelle-t-il, quand le jour se lève, comme aujourd'hui,
et que tout est gâché, que tout est saccagé, et que l'air pourtant se respire,
et qu'on a tout perdu, que la ville brûle, que les innocents s'entretuent,
mais que les coupables agonisent, dans un coin du jour qui se lève?
— Cela a un très beau nom, femme Narsès, cela s'appelle l'aurore.
Électre, II, 10, la femme Narsès, puis le mendiant
(Grasset).

6

Il est des vérités qui peuvent tuer un peuple.
Ibid., II, 8, Égisthe.

7

Pour tuer quelqu'un, [le mariage] est quand même moins sûr que la mort.
Ibid., I, 3, le mendiant.

8

Heureux écrivains qui, le matin, au réveil — salutaire exercice ! —
faites des haltères avec l'Iliade et l'Odyssée.
Elpénor, épigraphe (Grasset).

9

L'amour comporte des moments vraiment exaltants, ce sont les ruptures.
La guerre de Troie n'aura pas lieu, I, 4, Pâris
(Grasset).

10

[Le destin] est simplement la forme accélérée du temps.
Ibid., I, 1, Cassandre.

11

Le droit est la plus puissante des écoles de l'imagination. Jamais poète
n'a interprété la nature aussi librement qu'un juriste la réalité.
Ibid., II, 5, Hector.

12

L'eau sur le canard marque mieux que la souillure sur la femme.
Ibid., II, 12, Ulysse.

13

Il suffit de chanter un chant de paix avec grimace et gesticulation
pour qu'il devienne un chant de guerre.
Ibid., II, 4, Pâris.

14

Les nations, comme les hommes, meurent d'imperceptibles impolitesses.
C'est à leur façon d'éternuer ou d'éculer leurs talons que se reconnaissent
les peuples condamnés.
Ibid., II, 13, Ulysse.

15

16   **On ne tue bien que ce qu'on aime.**
Ibid., *I, 3, Andromaque.*

17   **Le privilège des grands, c'est de voir les catastrophes d'une terrasse.**
Ibid., *II, 13, Ulysse.*

18   **Quand on retrouve dans le sol une ossature humaine, il y a toujours une épée près d'elle. C'est un os de la terre, un os stérile. C'est un guerrier.**
Ibid., *I, 6, Andromaque.*

19   **Un seul être vous manque et tout est repeuplé.**
Voir la citation de Lamartine (A-**410**-28).   *Ibid.*, *I, 4, Pâris.*

20   **Un peuple n'a une vie réelle grande que s'il a une vie irréelle puissante.**
L'Impromptu de Paris, *scène 4, Jouvet* (Grasset).

21   **Le bourreau n'est exact qu'à l'aurore.**
Intermezzo, *II, 2, le droguiste* (Grasset).

22   **Ce qu'aiment les hommes, ce que tu aimes, ce n'est pas connaître, ce n'est pas savoir : c'est osciller entre deux vérités ou deux mensonges.**
Ibid., *III, 4, le spectre.*

23   **Dieu n'a pas prévu le bonheur pour ses créatures : il n'a prévu que des compensations.**
Ibid., *I, 6, l'inspecteur.*

24   **L'humanité [...] est une entreprise surhumaine.**
Ibid., *III, 1, l'inspecteur.*

25   **Dieu n'a pas encore trouvé d'autre moyen de choisir un peuple ou un être que de le maudire.**
Judith, *II, 7, Judith* (Grasset).

26   **La cour est un lieu sacré où l'homme doit tenir sous son contrôle les deux traîtres dont il ne peut se défaire : sa parole et son visage.**
Ondine, *II, 9, le chambellan* (Grasset).

27   **Je suis toujours furieux contre moi quand les autres ont tort.**
Ibid., *I, 4, le chevalier.*

28   **Adam croit dur comme fer qu'il a été chassé du paradis terrestre. Ève n'en est pas sûre du tout, et agit, en tout cas, comme si elle y restait.**
Pour Lucrèce, *I, 8, Paola* (Grasset).

29   **Cette fosse commune de la vie qu'est la promiscuité.**
Ibid., *I, 2, Lucile.*

30   **Depuis la création du monde il n'y a eu qu'une entente sacrée : la connivence des femmes.**
Ibid., *I, 8, Paola.*

Que c'est beau le mensonge, chez une femme vraie! *Ibid., I, 7, Armand.*	31
La vertu est la faiblesse des militaires forts et la cuirasse des magistrats faibles. *Ibid., I, 7, Armand.*	32
Le plagiat est la base de toutes les littératures, excepté de la première, qui d'ailleurs est inconnue. *Siegfried, I, 6, Robineau* (Grasset).	33
[Servir], c'est la devise de tous ceux qui aiment commander. *Ibid., IV, 3, Waldorf.*	34
Toutes les fois que la fatalité se prépare à crever sur un point de la terre, elle l'encombre d'uniformes. C'est sa façon d'être congestionnée. *Ibid., III, 2, Zelten.*	35
Dieu ne parvient que par sa pitié à distinguer le sacrifice du suicide. *Sodome et Gomorrhe, I, Prélude, l'archange* (Grasset).	36
Il était un pauvre serpent qui collectionnait toutes ses peaux. C'était l'homme. *Ibid., I, 3, Lia.*	37
Il n'y a jamais eu de créature. Il n'y a jamais eu que le couple. *Ibid., II, 7, l'ange.*	38
La grandeur de l'homme est qu'il peut trouver à peiner là où une fourmi se reposerait. *Supplément au voyage de Cook,* *scène 4, Mr. Banks* (Grasset).	39

Comte Joseph Arthur de GOBINEAU
1816-1882

338

Croire à ce qui mérite d'être cru pour ne pas croire le reste. *(Écrit sur l'album de la princesse Victoria.)*	1
À chaque époque, [la science] voudrait dévorer une vérité qui la gêne. *Essai sur l'inégalité des races humaines.*	2
Certains États, loin de mourir de leur perversité, en ont vécu. *Ibid.*	3
La chute des civilisations est le plus frappant et en même temps le plus obscur de tous les phénomènes de l'histoire. *Ibid.*	4
L'espèce blanche, considérée abstractivement, a désormais disparu de la face du monde. *Ibid.*	5

6 Une société n'est, en elle-même, ni vertueuse ni vicieuse ; elle n'est
ni sage ni folle ; *elle est.*
Ibid.

7 Un peuple a toujours besoin d'un homme qui comprenne sa volonté, la résume,
l'explique et le mène où il doit aller.
Ibid.

8 Cette terre est une vallée de misères, un puits de contrariétés,
une soupière de désolations et un saladier d'adversités.
Lettre à sa sœur, 22 juillet 1872.

9 Les aveugles entendent mieux que personne ; les sourds voient plus loin.
Mademoiselle Irnois.

10 Au rebours de ce qu'enseignent les moralistes, les hommes ne sont nulle part
les mêmes.
Nouvelles asiatiques.

11 La beauté est belle ; la passion, l'amour absolu sont plus beaux et plus adorables.
Ibid.

12 Gloire à Dieu qui a voulu, pour des raisons que nous ne connaissons pas,
que la méchanceté et la bêtise conduisent l'univers !
Ibid.

13 Dans l'homme aimé, il arrive le plus ordinairement qu'on ne s'est épris
que de l'amour.
Les Pléiades.

14 Être heureux, c'est une vertu et une des plus puissantes.
Ibid.

15 Rien n'est rendu estimable que par la durée.
Ibid.

16 Il n'est de vraiment haineuse que l'opinion qui, pétrifiée sur elle-même,
ne parle pas.
Les Religions et les philosophies.

17 La République, en France, a ceci de particulier, que personne n'en veut
et que tout le monde y tient.
La IIIe République française et ce qu'elle vaut.

---

339 **Antoine GODEAU**
1605-1672

1 La Provence est fort pauvre. Il ne lui reste plus que des jasmins et des orangers.
On peut l'appeler une gueuse parfumée.
Cité in Menagiana.

Voir Président de Brosses (A-**133**-5).

Vincent Van GOGH
1853-1890

340

[...] Il ne faut pas juger le bon Dieu sur ce monde-ci, car c'est une étude de lui
qui est mal venue.
Lettres de Vincent à son frère Théo (Grasset).

1

Edmond et Jules de GONCOURT
1822-1896 — 1830-1870

341

Ce qui entend le plus de bêtises dans le monde est peut-être un tableau de musée.
Idées et sensations.

1

Les masques à la longue collent à la peau. L'hypocrisie finit par être de bonne foi.
Ibid.

2

Les antipathies sont un premier mouvement et une seconde vue.
Journal (Fasquelle).

3

L'art de plaire [...] consiste simplement en deux choses : ne point parler de soi
aux autres et leur parler toujours d'eux-mêmes.
Ibid.

4

Dans l'histoire du monde, c'est encore l'absurde qui a le plus de martyrs.
Ibid.

5

Dieu a fait le coït, l'homme a fait l'amour.
Ibid.

6

L'excès en tout est la vertu de la femme.
Ibid.

7

La femme excelle à ne pas paraître stupide.
Ibid.

8

L'histoire est un roman qui a été, le roman est de l'histoire qui aurait pu être.
Ibid.

Voir Georges Duhamel (A-**256**-18).

9

Il n'y a que deux grands courants dans l'histoire de l'humanité : la bassesse
qui fait les conservateurs et l'envie qui fait les révolutionnaires.
Ibid.

10

Il n'y a que les domestiques qui savent reconnaître les gens distingués.
Ibid.

11

Les livres qu'on vend le plus sont les livres qu'on lit le moins.
Ce sont les livres de fonds qui font la bibliothèque, par respect humain,
de tous les hommes qui ne lisent pas, les livres *meublants*.
Exemples : Voltaire, Thiers, etc.
Ibid.

12

13   Lorsque l'incrédulité devient une foi, elle est plus bête qu'une religion.
Ibid.

14   Le sceptique doit être reconnaissant aux Napoléon des progrès
qu'ils ont fait faire à la bassesse humaine.
Ibid.

15   La statistique est la première des sciences inexactes.
Ibid.

16   Une religion sans surnaturel ! Cela m'a fait songer à une annonce que j'ai lue,
ces années-ci, dans les grands journaux : *vin sans raisin.*
Ibid.

17   Un livre n'est jamais un chef-d'œuvre : il le devient.
Ibid.

342   **Remy de GOURMONT**
1858-1915

1   Pour expliquer un brin de paille, il faut démonter tout l'univers.
Le Chemin de velours (Mercure de France).

2   L'indulgence, c'est la forme aristocratique du dédain.
Les Chevaux de Diomède
(Mercure de France).

3   La gratitude, comme le lait, tourne à l'aigre, si le vase qui la contient
n'est pas scrupuleusement propre.
Dernières Pensées inédites (La Sirène).

4   Il y a des écrivains chez lesquels la pensée semble une moisissure du cerveau.
Des pas sur le sable
(Société littéraire de France).

5   Soyez humains : si vous avez un fils qui ne sait pas distinguer les couleurs,
faites-en plutôt un critique d'art qu'un mécanicien de chemin de fer.
Ibid.

6   Ce qui est immoral, c'est la bêtise.
*Dialogues des amateurs sur les choses
du temps* (Mercure de France).

7   Juger est abominable ; la sentence qui affirme est un mensonge.
Épilogues (Mercure de France).

8   Le bourgeois qui dit ne croire à rien ne sera jamais qu'un bourgeois frauduleux.
Pensées inédites (Honoré Champion).

9   La superstition est un peu plus humaine que la religion, parce qu'elle manque
de morale.
Ibid.

Le mâle est un accident; la femelle aurait suffi. *Physique de l'amour* (Mercure de France).	10
La civilisation est un produit naturel, tout comme l'état sauvage; ce sont des fleurs différentes poussées dans la même forêt. *Promenades littéraires* (Mercure de France).	11
Les excentricités qui ne réussissent pas deviennent ridicules, et même méprisables. *Ibid.*	12
La femme la plus compliquée est plus près de la nature que l'homme le plus simple. *Ibid.*	13
Le génie et la vertu ne s'accrochent que par hasard. Ce n'est pas chez les grands hommes qu'il faut aller chercher les modèles pour les ordinaires et nécessaires vertus sociales. *Ibid.*	14
L'ironie est une clairvoyance. *Ibid.*	15
Prêter aux bêtes des lueurs d'humanité, c'est les dégrader. *Ibid.*	16
Une pensée fausse n'est jamais bien écrite, ni mal écrite une pensée juste. Il y a là quelque chose d'inséparable. *Ibid.*	17
L'altruiste est un égoïste raisonnable. *Promenades philosophiques* (Mercure de France).	18
La civilisation, c'est la culture de tout ce que le christianisme appelle vice, frivolité, plaisirs, jeux, affaires et choses temporelles, biens de ce monde, etc. *Ibid.*	19
L'homme est un animal arrivé, voilà tout. *Ibid.*	20
Il y a des anticléricaux qui sont vraiment des chrétiens un peu excessifs. *Ibid.*	21
Savoir ce que tout le monde sait, c'est ne rien savoir. *Ibid.*	22
Une opinion n'est choquante que lorsqu'elle est une conviction. *Ibid.*	23
Julien GRACQ (Louis Poirier, dit) 1910	**343**
Il y a des stylistes en gros et en détail : Balzac est un styliste en gros. *Lettrines* (José Corti).	1

2	Quand il n'est pas songe, et, comme tel, parfaitement établi dans sa vérité, le roman est mensonge [...] *Ibid.*
3	Quand on légifère dans la littérature, il faut avoir au moins la courtoisie et la prudence de dire aux œuvres « Après vous... ». *Ibid.*
4	Tant de mains pour transformer ce monde, et si peu de regards pour le contempler ! *Ibid.*
5	C'est par ses admirations surtout que le symbolisme a été grand. Il a mis presque tout son génie à choisir ses patronages. *Préférences* (José Corti).
6	Notre idée de l'immortalité, ce n'est guère que la permission pour quelques-uns de continuer à vieillir un peu une fois morts. *Ibid.*
7	Que j'aimerais [...] qu'on serve les fatalités de sa nature avec intelligence : il n'y a pas d'autre génie. *Un beau ténébreux* (José Corti).

344	**Bernard GRASSET** **1881-1955**
1	Dans les affaires, comme en amour, il est un moment où l'on doit s'abandonner. *Remarques sur l'action* (Gallimard).
2	Être véritablement modeste, c'est comprendre que le sentiment que nous avons de notre propre supériorité ne vaut que pour nous. *Ibid.*
3	La réussite n'est souvent qu'une revanche sur le bonheur. *Ibid.*
4	La solution du bon sens est la dernière à laquelle songent les spécialistes. *Ibid.*

345	**Julien GREEN** **1900**
1	C'est peut-être la plus grande consolation des opprimés que de se croire supérieurs à leurs tyrans. *Adrienne Mesurat* (Plon).
2	Il y a quelque chose de terrible dans ces existences de province où rien ne paraît changer quelles que soient les profondes modifications de l'âme. *Ibid.*
3	Ressemblons-leur : c'est le moyen d'avoir la paix. *Ibid.*

Rien n'est plus proche d'une femme ensorcelée qu'une femme éprise. *Ibid.*	4
L'aboutissement normal de l'érotisme est l'assassinat. *Journal* (Plon).	5
L'anticléricalisme et l'incroyance ont leurs bigots tout comme l'orthodoxie. *Ibid.*	6
Dieu n'ayant pu faire de nous des humbles fait de nous des humiliés ! *Ibid.*	7
L'ennui est un des visages de la mort. *Ibid.*	8
Le grand péché du monde moderne, c'est le refus de l'invisible. *Ibid.*	9
Notre vie est un livre qui s'écrit tout seul. Nous sommes des personnages de roman qui ne comprennent pas toujours bien ce que veut l'auteur. *Ibid.*	10
On est parfois horrifié de se découvrir soi-même en un autre. *Ibid.*	11
L'oubli est une grâce. *Ibid.*	12
Les parties les plus inconvenantes d'un journal intime sont beaucoup moins les passages érotiques que les passages pieux. *Ibid.*	13
La pensée vole et les mots vont à pied. Voilà tout le drame de l'écrivain. *Ibid.*	14
Saint Augustin était d'avis que la propreté était une demi-vertu, mais j'ai toujours pensé qu'il se trompait de moitié. *Ibid.*	15
La sincérité est un don comme un autre. N'est pas sincère qui veut. *Ibid.*	16
Tout ce qui est triste me parait suspect. *Ibid.*	17
Tout homme, à un moment ou l'autre, est un évangéliste sans le savoir. *Ibid.*	18
Un journal est une longue lettre que l'auteur s'écrit à lui-même, et le plus étonnant est qu'il se donne à lui-même de ses propres nouvelles. *Ibid.*	19

20	**Intempérance affreuse de la jeunesse qui n'a de chagrin qu'elle ne s'en soûle.**
	Minuit (Plon).

21	**Les questions auxquelles on répond par oui ou par non sont rarement intéressantes.**
	Ibid.

22	**Il y a autant de générosité à recevoir qu'à donner.**
	Moira (Plon).

346	**Jean GRENIER**
	1898-1971

1	**Écrire, c'est mettre en ordre ses obsessions.**
	Albert Camus (Gallimard).

2	**Il y a quelque chose par quoi les hommes ont su s'égaler aux dieux, et c'est le sens de la proportion.**
	À propos de l'humain (Gallimard).

3	**La liberté d'être ce que nous sommes ne nous suffit pas ; nous voulons encore celle d'être ce que nous ne sommes pas.**
	Entretiens sur le bon usage de la liberté (Gallimard).

4	**Toujours et partout existe une ascension.**
	L'Escalier (Gallimard).

5	**L'homme essaie de justifier le Dieu auquel il croit.**
	L'Existence malheureuse (Gallimard).

6	**La méchanceté ne consiste pas à faire le mal mais à mal faire.**
	Ibid.

7	**Dans une vie qui repose sur un perpétuel pari, le risque peut être un perpétuel bonheur.**
	Inspirations méditerranéennes (Gallimard).

8	**L'homme, quoi qu'on dise, est le maître de son destin. De ce qu'on lui a donné, il peut toujours faire quelque chose.**
	Ibid.

9	**La jeunesse a pour privilège d'être à elle-même sa propre justification. Elle croit parce qu'elle existe et n'a nul besoin de démontrer ce qu'elle croit.**
	Ibid.

10	**C'est l'accident qui fait l'artiste.**
	Lexique (Gallimard).

11	**L'homme ne peut agir que parce qu'il peut ignorer. Mais il ne voudrait agir qu'en connaissance de cause — funeste ambition.**
	Ibid.

Il faut renoncer au monde pour le comprendre. *Ibid.*	12
L'important n'est pas d'aimer mais de donner quelque chose à aimer. *Ibid.*	13
L'art le plus muet est celui qui suscite le dialogue le plus pressant. *Nouveau Lexique* (Gallimard).	14
Il est aussi noble de tendre à l'équilibre qu'à la perfection ; car c'est une perfection que de garder l'équilibre. *Ibid.*	15
Il existe une exigence de vérité en nous qui est précisément la première vérité à laquelle nous puissions accéder. *Ibid.*	16
On n'écrit pas librement tant qu'on pense à ceux qui vous liront, on n'écrit pas bien tant qu'on ne pense pas à eux. *Ibid.*	17
Une chose m'excède maintenant après m'avoir ébloui : ce sont les citations et les références. *La Vie quotidienne* (Gallimard).	18

Jean-Baptiste Louis GRESSET
1709-1777

347

La douleur est un siècle et la mort un moment. *Épître à ma sœur sur ma convalescence.*	1
[...] Elle a d'assez beaux yeux... Pour des yeux de province. *Le Méchant.*	2
L'esprit qu'on veut avoir gâte celui qu'on a. *Ibid.*	3
On ne vit qu'à Paris et l'on végète ailleurs. *Ibid.*	4
Par eux-mêmes souvent les méchants sont trahis. *Ibid.*	5
Les sots sont ici-bas pour nos menus plaisirs. *Ibid.*	6

Baron Frédéric Melchior de GRIMM
1723-1807

348

Qu'on déraisonne tristement sur le bonheur, c'est le sort de presque tous ceux qui en ont écrit. *Correspondance littéraire.*	1

349	**Pierre GRINGORE** v. 1475 - v. 1538 <small>Inexactement connu sous le nom de Gringoire depuis que Victor Hugo en a fait un de ses personnages dans *Notre-Dame de Paris*.</small>
1	**Il n'est pas marchand qui toujours gagne.** *Notables Enseignements, adages et proverbes.*
2	**Il n'y a point de laides amours, ni de belles prisons.** *Ibid.*
3	**Mieux vaut être seul que mal accompagné.** *Ibid.*
4	**Le plus sage se tait.** *Ibid.*
350	**Jean GROSJEAN** 1912
1	**L'être existe parce que le néant le lui demande en grâce.** *Apocalypse* (Gallimard).
2	**Exister s'exténue comme un hymne.** *Ibid.*
3	**Les extatiques ne sont pas à genoux, ils rôdent.** *Ibid.*
4	**La fêlure est la nature des dieux.** *Ibid.*
5	**Le rien a su qu'il n'était rien sauf le besoin de tout.** *Ibid.*
6	**Tout événement n'est qu'un accroît de clarté.** *Ibid.*
7	**Le dieu doute et ne se survit même que par son doute.** *La Gloire* (Gallimard).
8	**Plus l'âme entre en ténèbres mieux le dieu la voit comme plus le dieu s'exténue et mieux l'âme le respire.** *Ibid.*
351	**Jean GUÉHENNO** 1890-1978
1	**L'amour est cette merveilleuse chance qu'un autre vous aime encore quand vous ne pouvez plus vous aimer vous-même.** *Aventures de l'esprit* (Gallimard).
2	**Ce n'est pas à l'Université que se fait la Révolution.** *Caliban et Prospéro* (Gallimard).

On défend bien plus férocement sa chance que son droit. *Changer la vie* (Grasset).	3
L'histoire des hommes n'a jamais été que l'histoire de leur faim. *La Foi difficile* (Grasset).	4
Nous restons au bord de nous-mêmes. *Ibid.*	5
Nous vivons une vie, nous en rêvons une autre, mais celle que nous rêvons est la vraie. *Ibid.*	6
Tout est sauvé si l'on demeure capable d'étonnement. *Ibid.*	7

René GUÉNON **1886-1951**	**352**
L'avis de la majorité ne peut être que l'expression de l'incompétence. *La Crise du monde moderne* (Gallimard).	1
Entre l'esprit religieux, au vrai sens du terme, et l'esprit moderne, il ne peut y avoir qu'antagonisme. *Orient et Occident* (Éditions Véga).	2

Eugénie de GUÉRIN **1805-1848**	**353**
Les rois peuvent voir tomber leurs palais, les fourmis auront toujours leur demeure. *Lettre* à la baronne Almaury de Maistre.	1

Maurice de GUÉRIN **1810-1839**	**354**
La forme, c'est le bonheur de la matière. *Le Cahier vert.*	1
Ma liberté se lève dans la nuit. *Lettre* à H. de la Morvonnais.	2

GUEZ de BALZAC *V. BALZAC (Jean-Louis Guez de).*	

GUILLAUME de LORRIS **Premier tiers du XIIIe siècle** Voir aussi Jean de Meung (A-**385**), auteur de la seconde partie du *Roman de la Rose.*	**355**
C'est le Roman de la rose, où tout l'art d'Amour est enclos. **Ce est li Romanz de la Rose,** **Ou l'art d'Amors est tote enclose.** *Le Roman de la Rose.*	1

| 2 | Le temps qui ne peut séjourner
Mais va toujours sans retourner
Comme l'eau qui s'écoule toute
Sans que n'en remonte une goutte...
<div align="right">*Ibid.*</div> | *Li tens, qui ne puet sejorner,*
Ainz vet torjorz sanz retorner
Con l'eve qui s'avale toute
N'il n'en retorne ariere goute... |

| 3 | « Vilenie fait les vilains ;
C'est pourquoi il n'est pas juste que je l'aime :
Le vilain est félon, sans pitié,
Sans obligeance et sans amitié. »
Paroles du dieu d'Amour à Guillaume de Lorris. <div align="right">*Ibid.*</div> | *« Vilenie fait les vilains,*
Por ce n'est pas drois que je l'ains :
Vilains est fel et sanz pitié,
Sanz servise et sanz amitié. » |

---

356 **GUILLERAGUES (Gabriel-Joseph de Lavergne, comte de)**
1628-1685
Voir aussi Religieuse portugaise (A-**584**).

| 1 | L'oubli me paraît une mort.
Lettre à Mᵐᵉ de La Sablière. |

| 2 | Soyez moins satirique, ou soyez plus satyre.
Valentins.
Vers extrait d'une épigramme adressée par une femme à son amant. |

---

357 **Eugène GUILLEVIC**
1907-1997

| 1 | Il ne faut pas mentir,
Rien n'est si mort qu'un mort.
Exécutoire (Gallimard). |

| 2 | On ne possède rien, jamais,
Qu'un peu de temps.
Ibid. |

| 3 | Mais mourir,
Ce peut être une grande fatigue
Un soir,
Et un aveu.
Terraqué (Gallimard). |

| 4 | Nous construisons le monde
Qui nous le rendra bien.
Ibid. |

---

358 **Louis GUILLOUX**
1899-1980

| 1 | Tous les hommes mentent et savent qu'ils mentent. La vérité, c'est leur poison.
Journal (Gallimard). |

| 2 | La vérité de cette vie, ce n'est pas qu'on meurt, c'est qu'on meurt volé.
Ibid. |

L'homme n'était pas nécessaire.
Le Sang noir (Gallimard). — 3

Sacha GUITRY
1885-1957 — **359**

Dieu, que tu étais jolie ce soir au téléphone.
Elles et Toi (Ami du Livre moderne). — 1

Les honnêtes femmes sont inconsolables des fautes qu'elles n'ont pas commises.
Ibid. — 2

Il y a des femmes dont l'infidélité est le seul lien qui les attache encore à leur mari.
Ibid. — 3

Redouter l'ironie, c'est craindre la raison.
In *l'Esprit de Guitry* (Gallimard). — 4

On peut faire semblant d'être grave ; on ne peut pas faire semblant d'avoir de l'esprit.
Ibid. — 5

Quand on dit d'une femme qu'elle est assez jolie, c'est qu'elle ne l'est justement pas assez.
La Fin du monde (Solar). — 6

La vanité, c'est l'orgueil des autres.
Jusqu'à nouvel ordre (M. de Brunhoff). — 7

On met la femme au singulier quand on a du bien à en dire, et on en parle au pluriel sitôt qu'elle vous a fait quelque méchanceté.
N'écoutez pas Mesdames (Libr. académique Perrin). — 8

On n'est jamais trompé par celles qu'on voudrait.
Ibid. — 9

Ce qui fait rester les femmes, c'est la peur qu'on soit tout de suite consolé de leur départ.
Le Nouveau Testament (Solar). — 10

Une femme qui s'en va avec son amant n'« abandonne » pas son mari : elle le débarrasse d'une femme infidèle.
Ibid. — 11

L'important dans la vie ce n'est pas d'avoir de l'argent mais que les autres en aient.
Le Scandale de Monte-Carlo, I, Davegna (Stock). — 12

C'est un cocu —, et c'est pour ça que je le trompe.
Toâ (Solar). — 13

On se dit au revoir quand on espère bien qu'on ne se reverra jamais, et on se revoit volontiers quand on s'est dit adieu.
Ibid. — 14

| 15 | Ce qui probablement fausse tout dans la vie c'est qu'on est convaincu qu'on dit la vérité parce qu'on dit ce qu'on pense.
Toutes Réflexions faites (Éditions de l'Élan). |

| 16 | Je conviendrais bien volontiers que les femmes nous sont supérieures — si cela pouvait les dissuader de se prétendre nos égales.
Ibid. |

| 17 | Le peu que je sais, c'est à mon ignorance que je le dois.
Ibid. |

| 18 | L'un des mensonges les plus fructueux, les plus intéressants qui soient, et l'un des plus faciles en outre, est celui qui consiste à faire croire à quelqu'un qui vous ment qu'on le croit.
Ibid. |

| 19 | Être fidèle, c'est, bien souvent, enchaîner l'autre.
Une folie (Solar). |

| 20 | Il ne me paraît pas assez intelligent pour être fou.
Ibid. |

| 21 | Je n'ai vraiment l'impression que je suis libre que lorsque je suis enfermé. Lorsque je fais tourner la clef ce n'est pas moi qui suis bouclé ce sont les autres que j'enferme.
Un soir quand on est seul (Plon). |

360 Jean GUITTON
1901

| 1 | Je voudrais que l'idée inspiratrice d'un philosophe soit parfois capable de descendre des neiges où elle est née et qu'elle vienne, comme une colombe, se poser sur la branche d'un arbre au milieu des hommes qui peinent.
La Pensée moderne et le catholicisme
(Éditions Provençales, Aix). |

361 François GUIZOT
1787-1874

| 1 | De toutes les tyrannies, la pire est celle qui peut ainsi compter ses sujets et voir de son siège les limites de son empire.
Essais sur l'histoire de France. |

| 2 | Les événements sont plus grands que ne le savent les hommes.
Ibid. |

| 3 | Le développement intellectuel et moral des individus ne marche pas aussi vite que le développement de leur existence matérielle.
Histoire parlementaire de la France. |

H

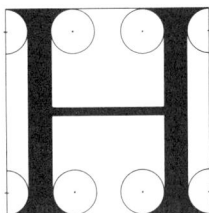

Philippe HABERT 1605-1637	**362**
Les trônes et les Rois sont rongés par les vers [...] *Le Temple de la mort.*	1
Ludovic HALÉVY 1834-1908 <small>Voir aussi : Meilhac et Halévy.</small>	**363**
Je commence à m'embrouiller, moi, dans ces insurrections qui sont un devoir et dans ces insurrections qui sont un crime !... *Monsieur et Madame Cardinal* (Calmann-Lévy).	1
Jean HAMON 1617-1687	**364**
Une bonne confession vaut mieux qu'une mauvaise excuse. *Lettre à un ami.*	1
Edmond HARAUCOURT 1857-1941	**365**
Partir, c'est mourir un peu ; C'est mourir à ce qu'on aime. On laisse un peu de soi-même En toute heure et dans tout lieu. *Rondel de l'adieu* (Lemerre).	1
Les plus beaux vers sont ceux qu'on n'écrira jamais. *Seul* (Charpentier).	2

366	**Claude Adrien HELVÉTIUS** 1715-1771

1

La morale est une science frivole si l'on ne la confond avec la politique
et la législation.
De l'esprit.

2

L'art du politique est de faire en sorte qu'il soit de l'intérêt de chacun d'être vertueux.
Notes, maximes et pensées.

3

La conversation devient plate à proportion que ceux avec qui on la tient
sont plus élevés en dignité.
Ibid.

4

L'envie honore les morts pour insulter les vivants.
Ibid.

5

Il y a des gens qu'il faut étourdir pour les persuader.
Ibid.

6

Rien n'est plus dangereux que les passions dont la raison conduit l'emportement.
Ibid.

367	**HENRI IV, roi de France** 1553-1610

1

Les déplaisirs talonnent toujours les contentements.
Lettres.

2

Le naturel des Français est de n'aimer point ce qu'ils voient.
Ibid.

368	**Marie-Jean HÉRAULT de SÉCHELLES** 1759-1794

1

Citer peu et fondre toujours la citation dans le discours, de peur d'en couper
le fil et de le refroidir.
*Théorie de l'ambition, Codicille politique et pratique
d'un jeune habitant d'Épône.*

2

Pour agacer les facultés et les tenir éveillées, il faut sans cesse chercher
des ennemis et courir au combat.
Ibid.

3

Pour bien saisir les différences, il faut refroidir sa tête, et ralentir
le mouvement de sa pensée. — Pour bien remarquer les analogies, il faut échauffer
sa tête, et accélérer le mouvement de sa pensée.
Ibid.

4

Supposer aux autres verbalement et avec un air de confiance, les vertus dont on a
besoin en eux, afin qu'ils se les donnent au moins en apparence et pour le moment.
Ibid.

Apprendre *par cœur ;* ce mot me plaît. Il n'y a guère en effet que le cœur
qui retienne bien, et qui retienne vite.
Réflexions sur la déclamation.

5

M. de Buffon me dit [...] : « Le génie n'est qu'une plus grande aptitude à la patience. »
Voyage à Montbard, Visite à Buffon.
Voir A-**135**-18.

6

Qui veut la gloire passionnément, finit par l'obtenir, ou du moins en approche
de bien près. Mais il faut vouloir, et non pas une fois ; il faut vouloir
à tous les instants.
Ibid.

7

José Maria de HEREDIA
1842-1905

369

Pour l'artiste scrupuleux, l'œuvre réalisée, quelle qu'en puisse être la valeur,
n'est jamais que la scorie de son rêve.
Notice sur le sculpteur Ernest Christophe
in *les Lettres et les Arts (1886).*

1

Comme un vol de gerfauts hors du charnier natal,
Fatigués de porter leurs misères hautaines,
De Palos de Moguer, routiers et capitaines
Partaient, ivres d'un rêve héroïque et brutal.
[...]
Et les vents alizés inclinaient leurs antennes
Aux bords mystérieux du monde occidental.
[...]
Ou penchés à l'avant des blanches caravelles,
Ils regardaient monter en un ciel ignoré
Du fond de l'océan des étoiles nouvelles.
Les Trophées, les Conquérants (Lemerre).

2

Et là-bas, sous le pont, adossé contre une arche,
Hannibal écoutait, pensif et triomphant,
Le piétinement sourd des légions en marche.
Ibid., La Trebbia.

3

Et sur elle courbé, l'ardent Imperator,
Vit dans ses larges yeux étoilés de points d'or
Toute une mer immense où fuyaient des galères.
Ibid., Antoine et Cléopâtre.

4

Mais l'homme indifférent au rêve des aïeux
Écoute sans frémir au fond des nuits sereines
La mer qui se lamente en pleurant les sirènes.
Ibid.

5

La moitié de mon âme est dans la nef fragile
Qui sur la mer sacrée où chantait Arion
Vers la terre des Dieux porte le grand Virgile.
Ibid.

6

| 7 | Et ses yeux n'ont pas vu, présage de son sort,
Auprès d'elle, effeuillant sur l'eau sombre des roses,
Les deux Enfants divins, le Désir et la Mort.
Ibid., le Cydnus. |

| **370** | **Philippe HÉRIAT (Raymond Gérard Payelle, dit)**
1898-1971 |

| 1 | L'amitié est un exercice de l'âme que les femmes ne pratiquent pas.
Belle de jour (Gallimard). |

| 2 | Le goût de la bonté, qui peut-être ne serait pas un sentiment viril [...]
La Main tendue (Gallimard). |

| **371** | **Abel HERMANT**
1862-1950 |

| 1 | Je ne sais pas ce que peut être la conscience d'une canaille, mais je sais
ce qu'est la conscience d'un honnête homme : c'est effrayant.
Voir Joseph de Maistre, A-**459**-6.   *Le Bourgeois* (Hachette). |

| 2 | Au-dessous de la Loire, le mensonge est une forme de la sociabilité,
et comme une politesse de la race.
Éloge du mensonge (Hachette). |

| 3 | Les hommes sont les roturiers du mensonge, les femmes en sont l'aristocratie.
Ibid. |

| 4 | Le mensonge tue l'amour, a-t-on dit. Eh bien, et la franchise, donc!
Ibid. |

| 5 | L'héroïsme n'exige aucune maturité d'esprit.
Xavier, ou les Entretiens sur la grammaire
(Le Livre). |

| **372** | **Édouard HERRIOT**
1872-1957 |

| 1 | Les nations ont le sort qu'elles se font. Rien d'heureux ne leur vient du hasard.
Ceux qui les servent sont ceux qui développent leur force profonde.
Agir (Payot). |

| 2 | Il est plus facile de proclamer l'égalité que de la réaliser.
Aux sources de la liberté (Gallimard). |

| 3 | La Révolution n'est pas un bloc. Elle comprend de l'excellent et du détestable.
Réponse à l'affirmation de Clemenceau (voir B-**137**-1).   *Ibid.* |

| 4 | Il y a, pour les écrivains français, une qualité plus belle que la couleur : la lumière.
Créer (Payot). |

La cathédrale gothique est une église laïque. *Dans la forêt normande* (Hachette).	5
De tout temps, un homme d'État est celui qui réalise en lui la raison et l'impose au-dehors par une croyance. *Ibid.*	6
Ceux qui ont conquis la liberté l'ont conquise pour tous. *Droit et Liberté* (Tallandier).	7
La Déclaration des droits de l'homme provient de tout l'effort historique de la pensée française pour se libérer et libérer les autres en se libérant. *Ibid.*	8

HOLBACH (Paul Henri Dietrich, baron d')
1723-1789

373

Personne ne rougit d'être bas à la cour. *Morale universelle.*	1
Chaque homme veut un Dieu pour lui seul. *Système de la nature.*	2
Dans les individus de l'espèce humaine, ainsi que dans les sociétés politiques, la progression des besoins est une chose nécessaire ; elle est fondée sur l'essence même de l'homme, il faut que les besoins naturels, une fois satisfaits, soient remplacés par des besoins que nous nommons imaginaires, ou besoins d'opinion : ceux-ci deviennent aussi nécessaires à notre bonheur que les premiers. *Ibid.*	3
Jouir sans interruption, c'est ne jouir de rien. *Ibid.*	4
Nous appelons désintéressé tout homme à qui l'intérêt de sa gloire est plus précieux que celui de la fortune. *Ibid.*	5
Quand on voudra s'occuper utilement du bonheur des hommes, c'est par les Dieux du ciel que la réforme doit commencer. *Ibid.*	6
Si l'on consultait l'expérience au lieu du préjugé, la médecine fournirait à la morale la clef du cœur humain, et en guérissant le corps, elle serait aussi assurée de guérir l'esprit. *Ibid.*	7
Si tous les hommes étaient parfaitement contents, il n'y aurait plus d'activité dans le monde. *Ibid.*	8

374	**Antoine HOUDAR de LA MOTTE, dit aussi de La Motte-Houdar** 1672-1731

1	L'ennui naquit un jour de l'uniformité. *Fables, les Amis trop d'accord.*

375	**Victor HUGO** 1802-1885

1	Quand la liberté rentrera, je rentrerai. *Actes et paroles.*
2	Stupeur sacrée! la preuve se fait par les abîmes. *L'Âme (inédit).*
3	Ce siècle est à la barre et je suis son témoin. *L'Année terrible.*
4	Je n'abdiquerai pas mon droit à l'innocence. *Ibid.*
5	Je n'ai plus d'ennemis quand ils sont malheureux. *Ibid.*
6	Quant à flatter la foule, ô mon esprit non pas! Ah! le peuple est en haut, mais la foule est en bas. *Ibid.*
7	— Eh bien moi, je t'irai porter des confitures. *L'Art d'être grand-père.*
8	Jeanne était au pain sec dans le cabinet noir. *Ibid.*
9	Il y a aujourd'hui une nationalité européenne, comme il y avait, au temps d'Eschyle, de Sophocle et d'Euripide, une nationalité grecque. *Les Burgraves, Préface.*
10	Le théâtre doit faire de la pensée le pain de la foule. *Ibid.*
11	Les montagnes toujours ont fait la guerre aux plaines. *Les Burgraves, 2ᵉ partie, 6, Job.*
12	C'est une triste chose de penser que la nature parle et que le genre humain n'écoute pas. *Carnets, albums, journaux.*
13	Le Rhin est un fleuve sans embouchure. La Tamise est une embouchure sans fleuve. *Ibid.*
14	Une guerre entre Européens est une guerre civile. *Ibid.*

L'exil, c'est la nudité du droit.
Ce que c'est que l'exil.

15

Depuis six mille ans la guerre
Plaît aux peuples querelleurs,
Et Dieu perd son temps à faire
Les étoiles et les fleurs.
Les Chansons des rues et des bois,
Liberté, Égalité, Fraternité.

16

[...] Pendant que, déployant ses voiles,
L'ombre, où se mêle une rumeur,
Semble élargir jusqu'aux étoiles
Le geste auguste du semeur.
Ibid., Saison des semailles, le Soir.

17

Sa haute silhouette noire
Domine les profonds labours.
On sent à quel point il doit croire
À la fuite utile des jours.
Ibid.

18

Ceux qui pieusement sont morts pour la patrie
Ont droit qu'à leur cercueil la foule vienne et prie.
Les Chants du crépuscule, Hymne.

19

Gloire à notre France éternelle !
Gloire à ceux qui sont morts pour elle !
Aux martyrs ! aux vaillants ! aux forts !
Ibid.

20

L'Angleterre prit l'aigle et l'Autriche l'aiglon.
Ibid., Napoléon II.

21

Mil huit cent onze ! — Ô temps où des peuples sans nombre
Attendaient prosternés sous un nuage sombre
Que le ciel eût dit oui !
Ibid.

22

Non, l'avenir n'est à personne !
Sire ! L'avenir est à Dieu !
Ibid.

23

Oh ! Demain c'est la grande chose !
De quoi demain sera-t-il fait ?
Ibid.

24

Seigneur, votre droite est terrible !
Ibid.

25

Oh ! n'insultez jamais une femme qui tombe !
Qui sait sous quel fardeau la pauvre âme succombe !
Ibid., Oh ! n'insultez jamais...

26

27   **Aimer c'est la moitié de croire.**
         Ibid., *Puisque nous avons le doute en nous.*

28   **La conscience de l'homme c'est la pensée de Dieu.**
         Les Châtiments, *Préface.*

29   **Mangez, moi je préfère,**
         Probité, ton pain sec.
         [...]
         Mangez, moi je préfère,
         Ô gloire, ton pain bis.
         [...]
         Mangez, moi je préfère,
         Ton pain noir, liberté !
         Ibid., *Chanson, I, 10.*

30   **Ô soldats de l'an deux ! ô guerres ! épopées !**
         [...]
         Ils chantaient, ils allaient, l'âme sans épouvante
         Et les pieds sans souliers !
         Ibid., *À l'obéissance passive, II, 7.*

31   **La Révolution leur criait : — Volontaires,**
         Mourez pour délivrer tous les peuples vos frères ! —
         Contents, ils disaient oui.
         Ibid.

32   **L'histoire a pour égout des temps comme les nôtres.**
         Ibid., *III, 13.*

33   **Derrière un mamelon la garde était massée.**
         La garde, espoir suprême, et suprême pensée.
         Ibid., *l'Expiation, V, 13.*

34   **L'espoir changea de camp, le combat changea d'âme.**
         Ibid.

35   **Il neigeait, on était vaincu par sa conquête.**
         Pour la première fois l'aigle baissait la tête.
         Ibid.

36   **Le nom grandit quand l'homme tombe.**
         Ibid.

37   **Tranquille, souriant à la mitraille anglaise,**
         La garde impériale entra dans la fournaise.
         Ibid.

38   **Waterloo ! Waterloo ! Waterloo ! Morne plaine !**
         Comme une onde qui bout dans une urne trop pleine,
         Dans ton cirque de bois, de coteaux, de vallons,
         La pâle mort mêlait les sombres bataillons.
         Ibid.

À la septième fois, les murailles tombèrent.
Ibid., VII, 1.

39

Sonnez, sonnez toujours, clairons de la pensée.
Ibid.

40

Ce serait une erreur de croire que ces choses
Finiront par des chants et des apothéoses [...]
Ibid., VII, 10.

41

Si l'on n'est plus que mille, eh bien, j'en suis ! Si même
Ils ne sont plus que cent, je brave encore Sylla ;
S'il en demeure dix, je serai le dixième ;
Et s'il n'en reste qu'un, je serai celui-là.
Ibid., Ultima Verba, VII, 16.

42

Ô République universelle
Tu n'es encor que l'étincelle,
Demain tu seras le soleil.
Ibid., Lux.

43

Ah ! Insensé, qui crois que je ne suis pas toi !
Les Contemplations, Préface.

44

[...] Dieu bénit l'homme,
Non pour avoir trouvé, mais pour avoir cherché.
Ibid., la Vie aux champs, I, 6.

45

Guerre à la rhétorique et paix à la syntaxe !
Ibid., Réponse à un acte d'accusation, I, 7.

46

Je mis un bonnet rouge au vieux dictionnaire.
Ibid.

47

Sur le Racine mort, le Campistron pullule !
Ibid.

48

Car le mot, qu'on le sache, est un être vivant.
Ibid., Suite, I, 8.

49

Car le mot, c'est le Verbe, et le Verbe, c'est Dieu.
Ibid.

50

De quelque mot profond tout homme est le disciple.
Ibid.

51

Les mots sont les passants mystérieux de l'âme.
Ibid.

52

Dieu n'avait fait que l'eau, mais l'homme a fait le vin.
Ibid., la Fête chez Thérèse, I, 22.

53

54 | [...] Oui, brigand, jacobin, malandrin,
J'ai disloqué ce grand niais d'alexandrin.
Ibid., Quelques Mots à un autre, I, 26.

55 | Mes vers fuiraient, doux et grêles,
Vers votre jardin si beau,
Si mes vers avaient des ailes
Des ailes comme l'oiseau.
Ibid., II, 2.

56 | Vous qui pleurez, venez à ce Dieu, car il pleure.
Vous qui souffrez, venez à lui car il guérit.
Vous qui tremblez, venez à lui car il sourit.
Vous qui passez, venez à lui, car il demeure.
Ibid., Écrit au bas d'un crucifix, III, 4.

57 | L'homme injuste est celui qui fait des contresens.
Ibid., III, 8.

58 | Je lisais. Que lisais-je? oh! le vieux livre austère,
Le poème éternel! — La Bible? — Non, la terre.
Ibid.

59 | La terre est au soleil ce que l'homme est à l'ange.
Ibid., Explication, III, 12.

60 | Arbres de la forêt, vous connaissez mon âme.
Ibid., Aux arbres, III, 24.

61 | J'aime l'araignée et j'aime l'ortie
Parce qu'on les hait;
Et que rien n'exauce et que tout châtie
Leur morne souhait.
Ibid., III, 27.

62 | Ô souvenirs! printemps! aurore!
Ibid., IV, 9.

63 | Ô Seigneur! ouvrez-moi les portes de la nuit,
Afin que je m'en aille et que je disparaisse.
Ibid., Veni, vidi, vixi, IV, 13.

64 | Demain, dès l'aube, à l'heure où blanchit la campagne,
Je partirai. Vois-tu, je sais que tu m'attends.
[...]
Et quand j'arriverai, je mettrai sur ta tombe,
Un bouquet de houx vert et de bruyère en fleur.
Ibid., Demain à l'aube, IV, 14.

65 | Toujours l'homme en sa nuit trahi par ses veilleurs!
Ibid., Ponto, V, 11.

[...] Le pâtre promontoire au chapeau de nuées [...]
Ibid., Pasteurs et troupeaux, V, 23.

66

Tout est plein d'âmes.
Ibid., Ce que dit la bouche d'ombre, VI, 26.

67

Un affreux soleil noir d'où rayonne la Nuit.
Ibid.

68

L'idée, trempée dans le vers, prend soudain quelque chose de plus incisif
et de plus éclatant. C'est le fer qui devient acier.
Cromwell, Préface.

69

L'Angleterre toujours sera sœur de la France.
Ibid., II, 2, Cromwell.

70

Si vous avez la force, il nous reste le droit.
Ibid., IV, 8, le docteur Jenkins.

71

En temps de révolution, prenez garde à la première tête qui tombe.
Elle met le peuple en appétit.
Le Dernier Jour d'un condamné, Préface de 1832.

72

On regardera le crime comme une maladie, et cette maladie aura ses médecins
qui remplaceront vos juges, ses hôpitaux qui remplaceront vos bagnes.
Ibid.

73

Alors dans Besançon, vieille ville espagnole,
Jeté comme la graine au gré de l'air qui vole,
Naquit d'un sang breton et lorrain à la fois
Un enfant sans couleur, sans regard et sans voix.
Les Feuilles d'automne, Ce siècle avait deux ans.

74

Ce siècle avait deux ans! Rome remplaçait Sparte,
Déjà Napoléon perçait sous Bonaparte.
Ibid.

75

Il est si beau, l'enfant, avec son doux sourire,
Sa douce bonne foi, sa voix qui veut tout dire,
Ses pleurs vite apaisés.
Ibid., Lorsque l'enfant paraît.

76

Oh! l'amour d'une mère! amour que nul n'oublie!
Pain merveilleux qu'un dieu partage et multiplie!
Table toujours servie au paternel foyer!
Chacun en a sa part, et tous l'ont tout entier!
Ibid., Ce siècle avait deux ans.

77

Tout souffle, tout rayon ou propice ou fatal,
Fait reluire et vibrer mon âme de cristal,
Mon âme aux mille voix, que le Dieu que j'adore
Mit au centre de tout comme un écho sonore!
Ibid.

78

79
Lorsque l'enfant paraît, le cercle de famille
Applaudit à grands cris. Son doux regard qui brille
Fait briller tous les yeux.
Ibid., Lorsque l'enfant paraît.

80
Seigneur! préservez-moi, préservez ceux que j'aime
Frères, parents, amis et mes ennemis même
Dans le mal triomphants,
De jamais voir, Seigneur! l'été sans fleurs vermeilles,
La cage sans oiseaux, la ruche sans abeilles,
La maison sans enfants!
Ibid.

81
Oh! La muse se doit aux peuples sans défense.
J'oublie alors l'amour, la famille, l'enfance,
Et les molles chansons et le loisir serein,
Et j'ajoute à ma lyre une corde d'airain!
Ibid., Amis, un dernier mot!

82
Mêlez toute votre âme à la création!
Ibid., Pan.

83
Donnez, riches! L'aumône est sœur de la prière.
Ibid., Pour les pauvres.

84
Qui donne au pauvre prête à Dieu.
Ibid., Épigraphe.

85
L'enfer est tout entier dans ce mot : solitude.
La Fin de Satan.

86
Je tâte dans la nuit ce mur, l'éternité.
Ibid.

87
Par le mal qu'ils ont fait les hommes sont vaincus.
Ibid.

88
Les bêtises sont le contraire des femmes. Les plus vieilles sont les plus adorées.
Fragments.

89
Le bon sens est bourgeois et n'est pas citoyen.
Ibid.

90
Cambronne à Waterloo a enterré le premier empire dans un mot où est né le second.
Ibid.

91
Dans les temps anciens, il y avait des ânes que la rencontre d'un ange faisait parler.
De nos jours, il y a des hommes que la rencontre d'un génie fait braire.
Ibid.

92
L'espèce d'habitude imbécile de vivre.
Ibid.

La guerre, c'est la guerre des hommes ; la paix c'est la guerre des idées. *Ibid.*	93
Il y a des gens qui ont une bibliothèque comme les eunuques ont un harem. *Ibid.*	94
Le mal est un mulet ; il est opiniâtre et stérile. *Ibid.*	95
Le monosyllabe a une étrange capacité d'immensité : mer, nuit, jour, bien, mal, mort, oui, non, Dieu, etc. *Ibid.*	96
La musique, c'est du bruit qui pense. *Ibid.*	97
Les pires choses en général sont faites des meilleures qui ont mal tourné. Les diables sont faits d'anges. *Ibid.*	98
Les sciences sont des fouilles faites dans Dieu. *Ibid.*	99
Tout bruit écouté longtemps devient une voix. *Ibid.*	100
[...] Le bonheur, amie, est chose grave. Il veut des cœurs de bronze et lentement s'y grave. *Hernani, V, 3, Hernani.*	101
J'en passe, et des meilleurs. *Ibid., III, 6, Don Ruy Gomez.*	102
[...] Je suis une force qui va ! *Ibid., III, 4, Hernani.*	103
Oh ! je porte malheur à tout ce qui m'entoure ! *Ibid., III, 4, Hernani.*	104
Oui, de ta suite, ô roi, de ta suite ! J'en suis ! Nuit et jour, en effet, pas à pas, je te suis. *Ibid., I, 4, Hernani.*	105
Vieillard stupide ! il l'aime. *Ibid., IV, 7, Hernani.*	106
Vous êtes mon lion superbe et généreux ! *Ibid., III, 4, Doña Sol.*	107
C'est de l'histoire écoutée aux portes de la légende. *La Légende des siècles, Préface.*	108

109   Je vous prends à témoin que cet homme est méchant.
                         Ibid., *l'Aigle du casque.*

110   La prière est la sœur tremblante de l'amour.
                         Ibid., *l'Amour.*

111   Le coup passa si près que le chapeau tomba...
                         Ibid., *Après la bataille.*

112   « Donne-lui tout de même à boire », dit mon père.
                         Ibid.

113   Mon père, ce héros au sourire si doux, [...]
           Parcourait à cheval, le soir d'une bataille,
           Le champ couvert de morts sur qui tombait la nuit.
                         Ibid.

114   Ces bons Flamands, dit Charle, il faut que cela mange.
                         Ibid., *Aymerillot.*

115   Deux liards couvriraient fort bien toutes mes terres
           Mais tout le grand ciel bleu n'emplirait pas mon cœur.
                         Ibid.

116   Le lendemain Aymery prit la ville.
                         Ibid.

117   Le cèdre ne sent pas une rose à sa base,
           Et lui ne sentait pas une femme à ses pieds.
                         Ibid., *Booz endormi.*

118   Cet homme marchait pur loin des sentiers obliques
           Vêtu de probité candide et de lin blanc.
                         Ibid.

119   Et l'on voit de la flamme aux yeux des jeunes gens,
           Mais, dans l'œil du vieillard, on voit de la lumière.
                         Ibid.

120   [...] Et Ruth se demandait,
           Immobile, ouvrant l'œil à moitié sous ses voiles,
           Quel Dieu, quel moissonneur de l'éternel été
           Avait, en s'en allant, négligemment jeté
           Cette faucille d'or dans le champ des étoiles.
                         Ibid.

121   Les femmes regardaient Booz plus qu'un jeune homme,
           Car le jeune homme est beau, mais le vieillard est grand.
                         Ibid.

122   Quand on est jeune, on a des matins triomphants.
                         Ibid.

Tout reposait dans Ur et dans Jérimadeth. 123
Ibid.

Une immense bonté tombait du firmament; 124
C'était l'heure tranquille où les lions vont boire.
Ibid.

Un frais parfum sortait des touffes d'asphodèle; 125
Les souffles de la nuit flottaient sur Galgala.
L'ombre était nuptiale, auguste et solennelle.
Ibid.

La moitié d'un ami, c'est la moitié d'un traître. 126
Ibid., le Cid exilé.

Lorsque avec ses enfants vêtus de peaux de bêtes, 127
Échevelé, livide au milieu des tempêtes,
Caïn se fut enfui de devant Jéhovah
Comme le soir tombait, l'homme sombre arriva
Au bas d'une montagne en une grande plaine.
Ibid., la Conscience.

L'œil était dans la tombe et regardait Caïn. 128
Ibid.

Le plus sage en ce monde immense est le plus ivre. 129
Ibid., Diderot.

J'ai regardé de près le dieu de l'étranger, 130
Et j'ai dit : Ce n'est pas la peine de changer.
Ibid., l'Inquisition.

Et maintenant buvons, car l'affaire était chaude. 131
Ibid., le Mariage de Roland.

[...] Ces choses-là sont rudes. 132
Il faut pour les comprendre avoir fait ses études.
Ibid., les Pauvres Gens.

Et dehors, blanc d'écume, 133
Au ciel, aux vents, aux rocs, à la nuit, à la brume,
Le sinistre océan jette son noir sanglot.
Ibid.

Il parla quatre jours, toute la Cour songea, 134
Et quand il eut fini l'Empereur dit : Déjà!
Ibid., les Quatre Jours d'Elciis.

[...] Sachant que c'est à l'ironie 135
Que commence la liberté.
Ibid., Rupture avec ce qui amoindrit.

136   Un roi c'est de la guerre, un dieu c'est de la nuit.
Ibid., le Satyre.

137   Un poète est un monde enfermé dans un homme.
Ibid., Un poète.

138   [...] Voici qu'enfin la traversée
Effrayante, d'un astre à l'autre, est commencée !
Ibid., Vingtième Siècle.

139   Vous créez un frisson nouveau.
Lettre à Baudelaire, 6 octobre 1859.

140   Le corollaire rigoureux d'une révolution politique, c'est une révolution littéraire.
Littérature et philosophie mêlées.

141   La dernière raison des rois, le boulet*. La dernière raison des peuples, le pavé.
Ibid.

* Rappel de l'*ultima ratio regum*, devise que Louis XIV avait fait graver sur ses canons.

142   Grands hommes ! Voulez-vous avoir raison demain ? Mourez aujourd'hui.
Ibid.

143   Grattez le juge, vous trouverez le bourreau.
Ibid.

144   Voltaire parle à un parti, Molière parle à la société, Shakespeare parle à l'homme.
Ibid.

145   Montaigne eût dit : *que sais-je ?* et Rabelais : *peut-être.*
Marion Delorme, IV, 8, L'Angely.

146   Près de toi rien de moi n'est resté,
Et ton amour m'a fait une virginité.
Ibid., V, 2, Marion.

147   Regardez tous ! voilà l'homme rouge qui passe.
Ibid., V, 7, Marion.

148   Ainsi la paresse est mère.
Elle a un fils, le vol, et une fille, la faim.
Les Misérables.

149   L'argot c'est le verbe devenu forçat.
Ibid.

150   Le calembour est la fiente de l'esprit qui vole.
Ibid.

151   [...] Ce génie particulier de la femme qui comprend l'homme mieux que l'homme
ne se comprend.
Ibid.

Devenir un coquin, ce n'est pas commode. Il est moins malaisé
d'être honnête homme.
Ibid.

152

Le dix-neuvième siècle est grand, mais le vingtième sera heureux.
Ibid.

153

L'égout c'est la conscience de la ville. Tout y converge et s'y confronte. Dans ce lieu
livide, il y a les ténèbres, mais il n'y a plus de secrets. Chaque chose a sa forme
vraie, ou du moins sa forme définitive. Le tas d'ordures a cela pour lui
qu'il n'est pas menteur.
Ibid.

154

Les fortes sottises sont souvent faites, comme les grosses cordes,
d'une multitude de brins.
Ibid.

155

La gaminerie est une nuance de l'esprit gaulois. Mêlée au bon sens
elle lui ajoute parfois de la force, comme l'alcool au vin.
Ibid.

156

Ni despotisme ni terrorisme. Nous voulons le progrès en pente douce.
Ibid.

157

Nos chimères sont ce qui nous ressemble le mieux.
Ibid.

158

Nous sommes pour la religion contre les religions.
Ibid.

159

On jugerait bien plus sûrement un homme d'après ce qu'il rêve que d'après
ce qu'il pense.
Ibid.

160

Paris est synonyme de Cosmos. Paris est Athènes, Rome, Sybaris, Jérusalem, Pantin.
Toutes les civilisations y sont en abrégé, toutes les barbaries aussi. Paris
serait bien fâché de n'avoir pas une guillotine.
Ibid.

161

Paris montre toujours les dents. Quand il ne gronde pas, il rit.
Ibid.

162

Personne ne garde un secret comme un enfant.
Ibid.

163

Le premier symptôme de l'amour vrai chez un jeune homme c'est la timidité,
chez une jeune fille c'est la hardiesse.
Ibid.

164

Le sens révolutionnaire est un sens moral.
Ibid.

165

166
Le suicide, cette mystérieuse voie de fait sur l'inconnu.
Ibid.

167
Une révolution est un retour du factice au réel.
Ibid.

168
Une tempête sous un crâne.
Ibid.

169
Waterloo est une bataille du premier ordre gagnée par un capitaine du second.
Ibid.

170
**L'archidiacre considéra quelque temps en silence le gigantesque édifice,
puis étendant avec un soupir sa main vers le livre imprimé qui était ouvert
sur la table et sa main droite vers Notre-Dame, et, promenant un triste regard
du livre à l'église : — Hélas! dit-il, ceci tuera cela.**
Notre-Dame de Paris.

171
**Avant l'imprimerie, la Réforme n'eût été qu'un schisme, l'imprimerie l'a faite
révolution. Ôtez la presse, l'hérésie est énervée. Que ce soit fatal
ou providentiel, Gutenberg est le précurseur de Luther.**
Ibid.

172
**[...] C'est déjà pour nous une chose très curieuse qu'une muraille
derrière laquelle il se passe quelque chose.**
Ibid.

173
C'est une mauvaise manière de protéger les lettres que de pendre les lettrés.
Ibid.

174
Nos pères avaient un Paris de pierre, nos fils auront un Paris de plâtre.
Ibid.

175
**Enfants, voici des bœufs qui passent,
Cachez vos rouges tabliers.**
Voir Courteline. A-**202**-1.
Odes et Ballades, la Légende de la nonne.

176
N'as-tu donc pas, Seigneur, assez d'anges aux cieux ?
Ibid., la Mort de Mlle de Sombreuil.

177
La poésie c'est tout ce qu'il y a d'intime dans tout.
Odes et Poésies diverses, Préface.

178
**— Ami, dit l'enfant grec, dit l'enfant aux yeux bleus,
Je veux de la poudre et des balles.**
Les Orientales, l'Enfant.

179
**Les Turcs ont passé là. Tout est ruine et deuil.
Chio, l'île des vins, n'est plus qu'un sombre écueil.**
Ibid.

Elle aimait trop le bal, c'est ce qui l'a tuée.
Ibid., Fantômes.

180

Hélas! que j'en ai vu mourir, de jeunes filles.
Ibid.

181

Abrutir est un art. Les prêtres des divers cultes appellent cet art
Liberté d'enseignement. Ils n'y mettent aucune mauvaise intention,
ayant eux-mêmes été soumis à la mutilation d'intelligence qu'ils voudraient
pratiquer après l'avoir subie. Le castrat faisant l'eunuque, cela s'appelle
l'Enseignement libre.
Paris et Rome.

182

Abîmes, abîmes, abîmes. C'est là le monde.
Philosophie, Commencement d'un livre.

183

Les brèches que l'athéisme fait à l'infini, ressemblent aux blessures
qu'une bombe ferait à la mer. Tout se referme et continue.
Ibid.

184

[...] Tout crépuscule est double, aurore et soir. Cette formidable chrysalide
qu'on appelle l'univers tressaille éternellement de sentir à la fois agoniser
la chenille et s'éveiller le papillon.
Ibid.

185

Là où le prêtre manque, que le philosophe vienne. La tombe est le lieu
de la philosophie. Le philosophe n'est autre que le prêtre en liberté.
Ibid.

186

La religion n'est autre chose que l'ombre portée de l'univers
sur l'intelligence humaine.
Ibid.

187

Je suis de mon siècle et je l'aime!
Les Quatre Vents de l'esprit.

188

Le vieillard regardait le soleil qui se couche;
Le soleil regardait le vieillard qui se meurt.
Ibid.

189

La bonté d'une guerre se juge à la quantité de mal qu'elle fait.
Quatrevingt-Treize.

190

Mieux vaudrait encore un enfer intelligent qu'un paradis bête.
Ibid.

191

Le correcteur d'épreuves de la Révolution, c'est Robespierre. Il revoyait tout,
il rectifiait tout.
Quatrevingt-Treize, Reliquat.

192

Danton fut l'action dont Mirabeau avait été la parole.
Ibid.

193

194
Les lois font les bagnes, les mœurs font les lupanars. La lumière crée le peuple, la nuit enfante la plèbe. La veste rouge du forçat est taillée dans la robe rouge du juge.
Ibid.

195
Les siècles finissent par avoir une poche de fiel. Cette poche crève. C'est **Marat**.
Ibid.

196
Ami, cache ta vie et répands ton esprit.
Les Rayons et les Ombres, À un poète.

197
Le poète en des jours impies
Vient préparer des jours meilleurs.
Il est l'homme des utopies ;
Les pieds ici, les yeux ailleurs.
Ibid., Fonction du poète.

198
Oh ! combien de marins, combien de capitaines
Qui sont partis joyeux pour des courses lointaines,
Dans ce morne horizon se sont évanouis !
Ibid., Oceano Nox.

199
Voltaire alors régnait, ce singe de génie
Chez l'homme en mission par le diable envoyé.
Ibid., Regard jeté dans une mansarde.

200
Moi, j'ai toujours pitié du pauvre marbre obscur.
De l'homme moins souvent, parce qu'il est plus dur.
Ibid., la Statue.

201
[...] Amour ! toi qui nous charmes !
[...]
Tu nous tiens par la joie, et surtout par les larmes ;
Jeune homme on te maudit, on t'adore vieillard.
Ibid., Tristesse d'Olympio.

202
Les champs n'étaient point noirs, les cieux n'étaient pas mornes,
Non, le jour rayonnait dans un azur sans bornes
Sur la terre étendu [...]
Ibid.

203
De tout ce qui fut nous, presque rien n'est vivant.
Ibid.

204
Les grands chars gémissants qui reviennent le soir.
Ibid.

205
Ma maison me regarde et ne me connaît plus.
Ibid.

206
Que peu de temps suffit pour changer toutes choses !
Nature au front serein, comme vous oubliez !
Ibid.

Nous avons tous les deux au front une couronne
Où nul ne doit lever de regards insolents,
Vous, de fleurs de lys d'or, et moi, de cheveux blancs.
Le Roi s'amuse, I, 5, M. de Saint-Vallier.

207

Sire, je ne viens pas redemander ma fille.
Quand on n'a plus d'honneur, on n'a plus de famille.
Ibid.

208

Souvent femme varie
Bien fol est qui s'y fie!
Une femme souvent
N'est qu'une plume au vent.
Ibid., IV, 2, le roi.

Voir François Iᵉʳ, A-**311**-1, et Robert Garnier, A-**323**-9.

209

Aujourd'hui je suis reine. Autrefois j'étais libre.
Ruy Blas, II, 1, la reine.

210

Bon appétit, Messieurs! Ô ministres intègres!
Conseillers vertueux! Voilà votre façon
De servir, serviteurs qui pillez la maison.
Ibid., III, 2, Ruy Blas.

211

De l'argent qu'on reçoit, d'abord, c'est toujours clair.
Ibid., IV, 3, Don César.

212

Donc, je marche vivant dans mon rêve étoilé!
Ibid., III, 4, Ruy Blas.

213

J'ai l'habit d'un laquais et vous en avez l'âme.
Ibid., V, 3, Ruy Blas.

214

Je vais vous expliquer. Cet homme n'a point d'âme.
Ibid., V, 3, Ruy Blas.

215

Madame, il fait grand vent et j'ai tué six loups.
Ibid., II, 3, billet du roi à la reine.

216

Madame, sous vos pieds, dans l'ombre, un homme est là
Qui vous aime, perdu dans la nuit qui le voile,
Qui souffre, ver de terre amoureux d'une étoile.
Ibid., II, 2, lettre de Ruy Blas à la reine.

217

La moitié de Madrid pille l'autre moitié.
Ibid., III, 2, Ruy Blas.

218

Ô Lucindes d'amour! ô douces Isabelles!
Eh bien! sur votre compte on en entend de belles.
Ibid., I, 2, Don César.

219

La popularité? C'est la gloire en gros sous.
Ibid., III, 5, Don Salluste.

220

221 | Quand la bouche dit oui, le regard dit peut-être.
Ibid., I, 2, *Ruy Blas.*

222 | [...] Une duègne, affreuse compagnonne
Dont la barbe fleurit et dont le nez trognonne.
Ibid., IV, 7, *Don César.*

223 | Vous n'êtes que le gant, et moi je suis la main.
Ibid., III, 5, *Don Salluste.*

224 | L'art est un pâtre obscur qui marche les pieds nus.
Les Tables tournantes de Jersey.

225 | Vous avez fait, mon Dieu, la vie et la clémence ;
Et chacun de vos pas est marqué par un don.
C'est à votre regard que tout amour commence,
Vous écriviez : *Douleur*, un ange lut : *Pardon*.
Ibid.

226 | L'agonie a ses ruades. En langue politique, cela s'appelle réaction.
Tas de pierres (Édit. Milieu du monde).

227 | L'âme française est plus forte que l'esprit français, et Voltaire se brise
à Jeanne d'Arc.
Ibid.

228 | *Ami* est quelquefois un mot vide de sens, *ennemi*, jamais.
Ibid.

229 | À mon sens, le style de Racine a beaucoup plus vieilli que le style de Corneille.
Corneille est ridé ; Racine est fané. Corneille reste magnifique, vénérable et puissant.
Corneille a vieilli comme un vieil homme ; Racine comme une vieille femme.
Ibid.

230 | Au fond, Dieu veut que l'homme désobéisse. Désobéir c'est chercher.
Ibid.

231 | Avez-vous remarqué cela ? Rien n'a l'air plus méchant qu'une tourterelle en colère.
Ibid.

232 | Le bonheur est vide, le malheur est plein.
Ibid.

233 | La civilisation n'est autre chose que le mode de végétation propre à l'humanité.
Ibid.

234 | La continuité des grands spectacles nous fait sublimes ou stupides. Sur les Alpes
on est aigle ou crétin.
Ibid.

235 | Encore un fusillé hier. L'assassinat est une plaie. On panse le meurtre par le meurtre.
Ibid.

Être contesté, c'est être constaté.
Ibid.

236

Il y a des gens qui vous laissent tomber un pot de fleurs sur la tête
d'un cinquième étage et qui vous disent : Je vous offre des roses.
Ibid.

237

Il y a une foule de sottises que l'homme ne fait pas par paresse et une foule
de folies que la femme fait par désœuvrement.
Ibid.

238

L'instinct, c'est l'âme à quatre pattes ; la pensée c'est l'esprit debout.
Ibid.

239

J'ai eu deux affaires dans ma vie : Paris et l'Océan.
Ibid.

240

J[ean]-J[acques] Rousseau. Faux misanthrope rococo.
Ibid.

241

Je suis l'homme qui fait attention à sa vie nocturne.
Ibid.

242

Je suis un homme qui pense à autre chose.
Ibid.

243

La liberté d'aimer n'est pas moins sacrée que la liberté de penser.
Ce qu'on appelle aujourd'hui l'adultère est identique à ce qu'on appelait
autrefois l'hérésie.
Ibid.

244

Londres, c'est de l'ennui, bâti.
Ibid.

245

Les malheureux sont ingrats ; cela fait partie de leur malheur.
Ibid.

246

La modestie argente l'or.
Ibid.

247

Mûrir, mourir ; c'est presque le même mot.
Ibid.

248

Ne rien faire est le bonheur des enfants et le malheur des vieillards.
Ibid.

249

N'imitez rien ni personne. Un lion qui copie un lion devient un singe.
Ibid.

250

L'odieux est la porte de sortie du ridicule.
Ibid.

251

252   On ne se compose pas plus une sagesse en introduisant dans sa pensée
les divers résidus de toutes les philosophies humaines qu'on ne se ferait
une santé en avalant tous les fonds de bouteille d'une vieille pharmacie.
Ibid.

253   Ô tristesse! on passe une moitié de la vie à attendre ceux qu'on aimera
et l'autre moitié à quitter ceux qu'on aime.
Ibid.

254   Les paradoxes-vérité ont une certaine clarté charmante et bizarre qui illumine
les esprits justes et qui égare les esprits faux.
Ibid.

255   Paris, ville où l'on élabore les idées, et où l'on n'en jouit pas.
Lieu où l'on fait toujours la cuisine et où on ne la mange jamais.
Ibid.

256   La philosophie éclaire comme la lanterne sourde et ne jette de la lumière
en avant qu'à la condition de faire de l'ombre derrière elle.
Ibid.

257   La plus grande infirmité qui puisse échoir à un esprit faible,
c'est de devenir un esprit fort.
Ibid.

258   Les plus petits animaux ont les plus grosses vermines et les plus petits esprits
ont les plus gros préjugés.
Ibid.

259   La populace ne peut faire que des émeutes. Pour faire une révolution,
il faut le peuple.
Ibid.

260   La presse a succédé au catéchisme dans le gouvernement du monde.
Après le Pape, le papier.
Ibid.

261   Quand on n'est pas intelligible c'est qu'on n'est pas intelligent.
Ibid.

262   La raison, c'est l'intelligence en exercice; l'imagination c'est l'intelligence
en érection.
Ibid.

263   La raison du meilleur est toujours la plus forte.
Ibid.

264   La sortie de la vie commence un peu avant la mort. On se sent couvert d'ombre.
Ibid.

265   La tangente a plus de puissance que la sécante.
Ibid.

Toutes les religions ont raison au fond et tort dans la forme. Texte : Dieu. Traducteur, trahisseur. Une religion est un traducteur. *Ibid.*	266
Le travail est la meilleure des régularités et la pire des intermittences. *Ibid.*	267
Une calomnie dans les journaux c'est de l'herbe dans un pré. Cela pousse tout seul. Les journaux sont d'un beau vert. *Ibid.*	268
Une femme qui a un amant est un ange, une femme qui a deux amants est un monstre, une femme qui a trois amants est une femme. *Ibid.*	269
Venue inévitable d'un Spartacus russe. *Ibid.*	270
La vérité est comme le soleil. Elle fait tout voir et ne se laisse pas regarder. *Ibid.*	271
La vie est une phrase interrompue. *Ibid.*	272
Les vrais grands écrivains sont ceux dont la pensée occupe tous les recoins de leur style. *Ibid.*	273
Apprivoiser, c'est là tout le gouvernement ; Régner, c'est l'art de faire, énigmes délicates, Marcher les chiens debout et l'homme à quatre pattes. *Théâtre en liberté,* Mangeront-ils ?	274
Nous sommes tous les deux voisins du ciel, Madame, Puisque vous êtes belle, et puisque je suis vieux. *Toute la lyre,* À Mme Judith Gautier.	275
C'est mon tour ; et la nuit emplit mon œil troublé Qui, devinant, hélas, l'avenir des colombes, Pleure sur des berceaux et sourit à des tombes. *Ibid.,* À Théophile Gautier.	276
Oh ! quel farouche bruit font dans le crépuscule Les chênes qu'on abat* pour le bûcher d'Hercule ! *Ibid.*	277
* Le début de ce vers est le titre de l'ouvrage qu'André Malraux a consacré à ses derniers entretiens avec le général de Gaulle.	
La gloire, astre tardif, lune sereine et sombre Qui se lève sur les tombeaux. *Ibid., les Sept Cordes.*	278

279
Je veux être Chateaubriand ou rien.
Victor Hugo raconté par un témoin de sa vie.
Hugo était un écolier de quatorze ans lorsqu'il écrivit cette phrase sur un cahier.

280
Pourquoi Dieu met-il donc le meilleur de la vie
Tout au commencement?
Les Voix intérieures, À Eugène, vicomte H.

281
Quand le poète peint l'enfer, il peint sa vie.
Ibid., Après une lecture de Dante.

282
L'avenir, fantôme aux mains vides,
Qui promet tout et qui n'a rien!
Ibid., Sunt lacrymae rerum.

283
Qu'est-ce que le genre humain depuis l'origine des siècles? C'est un liseur.
Il a longtemps épelé, il épelle encore; bientôt il lira.
William Shakespeare.

284
C'est ici le combat du jour et de la nuit.
Dernier vers du poète prononcé durant son agonie.

285
Vous n'êtes pas jolie, vous êtes pire.
Paroles adressées par le poète à Marie Dorval.

376

Joris-Karl HUYSMANS
1848-1907

1
Chacun doit être l'aide-jardinier de sa propre âme [...]
En route (Plon).

2
Les ordres contemplatifs sont les paratonnerres de la société.
Ibid.

3
Au fond, en littérature, on arrive, comme dans l'armée, à l'ancienneté;
le principal est de débuter.
Lettre, 2 mars 1901.

4
Le démon ne peut rien sur la volonté, très peu sur l'intelligence,
et tout sur l'imagination.
L'Oblat (Plon).

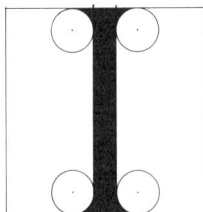

Dominique INGRES
1780-1867

377

Avec le talent, on fait ce qu'on veut.
Avec le génie, on fait ce qu'on peut.

1

Cité par Julien Green dans son *Journal* ; voir aussi Corot A-**198**-1.

Eugène IONESCO
1912-1994

378

Prenez un cercle, caressez-le, il deviendra vicieux !
La Cantatrice chauve (Gallimard).

1

Un médecin consciencieux doit mourir avec le malade s'ils ne peuvent pas
guérir ensemble.
Ibid.

2

Ce n'est que pour les faibles d'esprit que l'Histoire a toujours raison.
Notes et Contre-notes (Gallimard).

3

Ce sont les ennemis de l'Histoire qui, finalement, la font.
Ibid.

4

L'œuvre d'art n'est pas le reflet, l'*image* du monde ; mais elle est
à *l'image du monde.*
Ibid.

5

Plutôt que le maître d'école, le critique doit être l'élève de l'œuvre.
Ibid.

6

Le réalisme, socialiste ou pas, est en deçà de la réalité.
Ibid.

7

8	Les résistants hésitent. Les hésitants résistent. *Ibid.*
9	Seul le théâtre impopulaire a des chances de devenir populaire. Le « populaire » n'est pas le peuple. *Ibid.*
10	Une forme d'expression établie est aussi une forme d'oppression. *Ibid.*
11	Vouloir être de son temps, c'est déjà être dépassé. *Ibid.*
12	Penser contre son temps, c'est de l'héroïsme. Mais le dire, c'est de la folie. *Tueur sans gages* (Gallimard).

Panaït ISTRATI
1884-1935

379	
1	Dès que l'homme est trop heureux, il reste seul ; et il reste seul, également, dès qu'il est trop malheureux. *Oncle Anghel* (Rieder).
2	C'est cela que je *suis* : solitude et solidarité. *Pour avoir aimé la terre* (Denoël).
3	C'est faire confiance à la vie, que se mesurer avec l'impossible. *Ibid.*
4	[...] C'est par la force de l'illusion que les hommes deviennent des héros. *Ibid.*

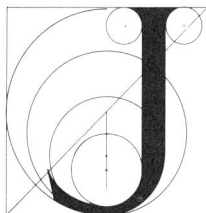

Max JACOB 1876-1944	380
[...] Une œuvre sincère est celle qui est douée d'assez de force pour donner de la réalité à une illusion. *Art poétique* (Émile-Paul).	1
C'est au moment où l'on triche pour le beau que l'on est artiste. *Ibid.*	2
Le propre du lyrisme est l'inconscience, mais une inconscience surveillée. *Conseils à un jeune poète* (Gallimard).	3
Croient-ils donc qu'on ait des truffes dans le cœur ? *Le Cornet à dés* (Gallimard).	4
Brouillard, étoile d'araignée. *Ibid.*	5
Il était de ceux qui pensent avec le derrière de la tête. *Ibid.*	6
Le pauvre examine le manteau de saint Martin et dit : « Pas de poches ? » *Ibid.*	7
Pour se venger de l'écrivain qui leur a donné la vie, les héros qu'il a créés lui cachent son porte-plume. *Ibid.*	8
Un incendie est une rose sur la queue ouverte d'un paon. *Ibid.*	9

| 10 | Un vieillard n'a plus de vices, ce sont les vices qui l'ont. |
| | *Ibid.* |

381 Francis JAMMES
1868-1938

1	Ce chant* semble gonflé de sèves roucoulantes
	comme les gorgées d'eau des carafes de terre.
	* Le chant du merle. *Clairières dans le ciel* (Mercure de France).

2	Confucius rendait les honneurs qui leur conviennent
	aux morts, dans l'Empire bleu du Milieu.
	Il souriait parce que l'eau éteint le feu
	comme la Vie éteint l'homme vers l'époque moyenne.
	De l'angélus de l'aube à l'angélus du soir
	(Mercure de France).

3	J'aime dans les temps Clara d'Ellébeuse,
	l'écolière des anciens pensionnats,
	qui allait, les soirs chauds, sous les tilleuls
	lire les *magazines* d'autrefois.
	Ibid.

4	Une bonne consolation est un amour charmant
	comme une jeune fraise au bord d'un vieux torrent.
	Ibid.

5	Que c'est triste, que c'est triste,
	je trouve, ce temps où on se nommait Évariste.
	Ibid.

| 6 | Et moi, je ne sais pas ce que mes pensées pensent. |
| | *Le Deuil des primevères* (Mercure de France). |

7	Et si tu n'as pas vu ce joli sentiment
	que Zénaïde Fleuriot a nommé l'amour,
	je te l'expliquerai lentement, lentement.
	Ibid.

8	Je fais ce qui me fait plaisir, et ça m'ennuie
	de penser pourquoi.
	Ibid.

9	Il arrive parfois, lorsqu'on se met en croix,
	Que les clous vont blesser quelqu'un derrière soi.
	Géorgiques chrétiennes (Mercure de France).

382 Alfred JARRY
1873-1907

1	Ô le désespoir de Pygmalion, qui aurait pu créer une statue et qui ne fit
	qu'une femme !
	L'Amour absolu (Mercure de France).

Les antialcooliques sont des malades en proie à ce poison, l'eau, si dissolvant
et corrosif qu'on l'a choisi entre autres substances pour les ablutions
et lessives, et qu'une goutte versée dans un liquide pur, l'absinthe,
par exemple, le trouble.
Spéculations (Fasquelle).

2

La plus noble conquête du cheval, c'est la femme.
Pensées hippiques in *Le Canard sauvage*
(Librairie générale française).

3

Les femmes mentent par le chemin des écoliers.
L'Amour absolu (Mercure de France).

4

Dieu est le plus court chemin de zéro à l'infini, dans un sens ou dans l'autre.
Gestes et opinions du Dʳ Faustroll,
pataphysicien (Fasquelle).

5

La mort n'est que pour les médiocres.
Ibid.

6

La 'pataphysique est la science des solutions imaginaires, qui accorde
symboliquement aux linéaments les propriétés des objets décrits par leur virtualité.
Ibid.

7

Songez à la perplexité d'un homme hors du temps et de l'espace, qui a perdu
sa montre, et sa règle de mesure, et son diapason. Je crois, Monsieur,
que c'est bien cet état qui constitue la mort.
Ibid.

8

L'univers, ce qui est l'exception de soi.
Ibid.

9

Le livre est un grand arbre émergé des tombeaux.
Les Minutes de sable mémorial (Fasquelle).

10

La simplicité n'a pas besoin d'être simple, mais du complexe resserré et synthétisé.
Ibid.

11

Nous allons prendre conseil de notre conscience. Elle est là, dans cette valise,
toute couverte de toiles d'araignée. On voit bien qu'elle ne nous sert pas souvent.
Ubu cocu, I, 4, Père Ubu (Fasquelle).

12

L'indiscipline aveugle et de tous les instants fait la force principale
des hommes libres.
Ubu enchaîné, I, 2, le caporal (Fasquelle).

13

Mère Ubu, tu es bien laide aujourd'hui. Est-ce parce que nous avons du monde ?
Ubu roi, I, 2, Père Ubu (Fasquelle).

14

S'il n'y avait pas de Pologne, il n'y aurait pas de Polonais !
Ibid., V, 4, Père Ubu.

15

383	**Jean JAURÈS** 1859-1914
1	Donner la liberté au monde par la force est une étrange entreprise pleine de chances mauvaises. *L'Armée nouvelle* (Rouff).
2	Parce que le milliardaire n'a pas récolté sans peine, il s'imagine qu'il a semé. *Ibid.*
3	Il ne peut y avoir révolution que là où il y a conscience. *Études socialistes* (Rieder).
384	**JEAN d'AUTON** 1466-1527
1	Et au surplus, pour garder ma franchise*, Toujours me tiens avecque les plus forts. * Liberté. *Chroniques.*

385

JEAN de MEUNG ou de MEUN (Jean Clopinel, dit)
v. 1240 - v. 1305

Voir aussi Guillaume de Lorris (A-**355**), auteur de la première partie du *Roman de la Rose*.

1

Car il n'est femme, si honnête soit-elle,
vieille ou jeune, mondaine ou nonne,
il n'est dame si pieuse soit-elle,
si chaste soit-elle de corps et d'âme,
si l'on va louant sa beauté,
qui ne se délecte en écoutant.

Car il n'est fame, tant soit bone
Vielle, jenne, mondaine ou none,
Ne si religieuse dame,
Tant soit chaste de cors ne d'ame,
Se l'en va sa biauté loant,
Qui ne se delit en oant.

Le Roman de la Rose.

2

Jadis il en allait autrement ;
maintenant tout va en empirant.

Jadis soloit estre autrement,
Or va tout par enpirement.

Ibid.

3

La Jeunesse entraîne l'homme à toutes les dissipations ; il suit les mauvaises
compagnies, les façons de vivre déréglées et change souvent de résolution.

Par Jonece s'en va li hons
En toutes dissolucions
Et suit les males conpaignies
Et les desordenées vies
Et mue son propos souvent.

Ibid.

4

Ils choisirent entre eux tous, tant qu'ils étaient, un grand vilain, le plus ossu,
le plus râblé, de la plus haute stature, et ils le firent prince et seigneur.

Un grant vilain entr'eus eslurent,
Le plus ossu de quan qu'il furent,
Le plus corsu et le greigneur,
Si le firent prince et seigneur.*

Ibid.

* Il s'agit des origines de la royauté, selon Jean de Meung.

Étienne JODELLE 1532-1573	**386**

Qui se sert de la lampe, au moins de l'huile y met. | 1
Au roi.

Plus de Dieu l'on dispute, et moins l'on en fait croire. | 2
Contre les ministres de la nouvelle opinion.

Les Dieux tousjours à soy ressemblent. | 3
Didon se sacrifiant.

Jamais homme n'aima sans haïr son repos. | 4
Ibid.

La pitié ne peut mettre la pitié bas. | 5
Ibid.

Qui bien aime, aime impatiemment. | 6
Ibid.

Un mal passe le mal. | 7
Ibid.

Un règne acquis vaut mieux que l'espoir d'estre Roy. | 8
Ibid.

La fraternité se ressemble. | 9
Eugène.

De la mort divine revient pour nous éternellement la mort. | 10
Pour la piété et la justice.

Joseph JOUBERT 1754-1824	**387**

En politique, il faut toujours laisser un os à ronger aux frondeurs. | 1
Carnets.

L'espace est la stature de Dieu. | 2
Ibid.

Il entre, dans toute espèce de débauche, beaucoup de froideur d'âme. | 3
Elle est un abus réfléchi et volontaire du plaisir.
Ibid.

Il y a des esprits qui vont à l'erreur par toutes les vérités ; il en est | 4
de plus heureux qui vont aux grandes vérités par toutes les erreurs.
Ibid.

On peut, à force de confiance, mettre quelqu'un dans l'impossibilité de nous tromper. | 5
Ibid.

6   **Parler plus bas pour se faire mieux écouter d'un public sourd.**
Ibid.

7   **Quand on écrit avec facilité, on croit toujours avoir plus de talent qu'on n'en a.**
Ibid.

8   **Le son du tambour dissipe les pensées ; c'est par cela même que cet instrument
est éminemment militaire.**
Ibid.

9   **Un jeune homme méfiant est en danger d'être un jour fourbe.**
Ibid.

10   **L'art est de cacher l'art.**
Correspondance, à Mme de Beaumont, 12 sept. 1801.

11   **Dieu est le lieu où je ne me souviens pas du reste.**
Pensées.

12   **Enseigner, c'est apprendre deux fois.**
Ibid.

13   **Il est impossible que Voltaire contente, et impossible qu'il ne plaise pas.**
Ibid.

14   **Il faut mourir aimable (si on le peut).**
Ibid.

15   **Il ne faut choisir pour épouse que la femme qu'on choisirait pour ami,
si elle était homme.**
Ibid.

16   **Il y a dans l'art beaucoup de beautés qui ne deviennent naturelles qu'à force d'art.**
Ibid.

17   **Il y a des gens qui n'ont de la morale qu'en pièce ; c'est une étoffe
dont ils ne se font jamais d'habit.**
Ibid.

18   **La justice est le droit du plus faible.**
Ibid.

19   **N'est pas heureux qui ne veut l'être.**
Ibid.

20   **Les passions des jeunes gens sont des vices dans la vieillesse.**
Ibid.

21   **Pour bien écrire, il faut une facilité naturelle et une difficulté acquise.**
Ibid.

22   **Quand mes amis sont borgnes, je les regarde de profil.**
Ibid.

Le soir de la vie apporte avec soi sa lampe. *Ibid.*	23
Souviens-toi de cuver ton encre. *Ibid.*	24
Tous les êtres viennent de peu, et il s'en faut de peu qu'ils ne viennent de rien. *Ibid.*	25
Tout s'apprend, même la vertu. *Ibid.*	26
La vieillesse n'ôte à l'homme d'esprit que des qualités inutiles à la sagesse. *Ibid.*	27

Marcel JOUHANDEAU
1888-1979

388

Aimer, c'est n'avoir plus droit au soleil de tout le monde. On a le sien. *Algèbre des valeurs morales* (Gallimard).	1
Aimer et haïr, ce n'est qu'éprouver avec passion l'être d'un être. *Ibid.*	2
L'instant n'a de place qu'étroite entre l'espoir et le regret et c'est la place de la vie. *Ibid.*	3
Je n'ai pas aimé d'être admiré mais d'en être digne. *Ibid.*	4
Qui sait si Dieu ne sera pas sensible toujours plus à son Enfer qu'à son Ciel ? Celui qui aime songe au rien qu'on lui refuse, quand on lui a déjà presque tout donné. *Ibid.*	5
R. me demande ce que j'ai contre lui. Je ne peux lui pardonner les confidences que je lui ai faites. *Ibid.*	6
Le sacrilège, la seule manière que les impies ont encore d'être dévots. *Ibid.*	7
Savoir aimer, c'est ne pas aimer. Aimer, c'est ne pas savoir. *Ibid.*	8
Les vertus sont sujettes à des vices particuliers qui les rendent inutiles. *Ibid.*	9
Ce n'est ni l'amitié ni la bonté qui nous manquent, mais nous qui manquons à l'amitié et à la bonté. *Chroniques maritales* (Gallimard).	10
C'est parce qu'on imagine simultanément tous les pas qu'on devra faire qu'on se décourage, alors qu'il s'agit de les aligner un à un. *De la grandeur* (Grasset).	11

12	**Le cœur a ses prisons que l'intelligence n'ouvre pas.** *Ibid.* Voir Pascal A-**535**-1,4.
13	**La modestie n'est qu'une sorte de pudeur de l'orgueil.** *Ibid.*
14	**L'avarice est un calcul dont on retrouve la racine à l'origine de maintes vertus.** *Éléments pour une éthique* (Grasset).
15	**Le bien est dans le bon usage que l'on fait de n'importe quoi.** *Ibid.*
16	**Le bonheur, c'est tout de suite ou jamais.** *Ibid.*
17	**La moralité n'est bien souvent qu'une affaire d'éclairage et tu es le gardien de ton propre phare.** *Ibid.*
18	**Tout bon livre est un attentat.** *Essai sur moi-même* (Gallimard).
19	**Pour supporter sa propre histoire, chacun y ajoute un peu de légende.** *L'Imposteur* (Grasset).
20	**On a toujours plus de religion qu'on ne croit.** *La Jeunesse de Théophile* (Gallimard).
21	**Comme rien n'est plus précieux que le temps, il n'y a pas de plus grande générosité qu'à le perdre sans compter.** *Journaliers* (Gallimard).
22	**Mieux vaut laisser aux gens le remords de vous avoir grugé que le regret de vous avoir comblé.** *Ibid.*
23	**On ne perd pas sa réputation aussi vite que sa vertu.** *Léonora ou les Dangers de la vertu* (Gallimard).
24	**Un jour vient où vous manque une seule chose et ce n'est pas l'objet de votre désir, c'est le désir.** *Réflexions sur la vieillesse et la mort* (Grasset).
389	**Pierre Jean JOUVE** **1887-1976**
1	**L'art des fous peut nous toucher; il ne nous enrichit que par ce que nous retrouvons en nous-mêmes de ses étrangetés.** *Commentaires* (La Baconnière).

Pas de plus ample chant que le chant qui finit. Pas de plus douce main
que la main qui s'enfuit.
Diadème (Mercure de France).   2

Incapable de transiger, je suis incapable de combattre.
En miroir (Mercure de France).   3

Je répugne à me lire dans les citations.
Ibid.   4

Notre volonté souterraine n'a ni présent ni avenir ni passé et rien ne la distrait
dans le bloc de sa permanence.
Ibid.   5

Le Poète est un diseur de mots. [...] Le diseur de mots est celui qui,
dans l'extrême veille, harponne un équivalent du rêve.
Ibid.   6

Un artiste n'est comptable que devant lui-même.
Ibid.   7

Rien ne s'accomplira sinon dans une absence.
Matière céleste (Mercure de France).   8

Les joies des hommes sont aussi horribles que leurs douleurs.
Le Monde désert (Mercure de France).   9

En ce siècle, Dieu s'est pour ainsi dire élargi, il a quitté la terre et les humains ;
ou plutôt nous avons donné à Dieu des possibilités infinies.
Paulina 1880 (Mercure de France).   10

Tout amour contient un abîme qui est le Plaisir.
La Scène capitale (Mercure de France).   11

Nous avons connaissance à présent de milliers de mondes à l'intérieur de l'homme,
que toute l'œuvre de l'homme avait été de cacher [...]
Sueur de sang (Mercure de France).   12

La fleur est le regard riant de la ruine.
La Vierge de Paris (Mercure de France).   13

Louis JOUVET
1887-1951

390

Il y a une hérédité de nous à nous-même.
Le Comédien désincarné (Flammarion).   1

Rien de plus futile, de plus faux, de plus vain, rien de plus nécessaire
que le théâtre.
Ibid.   2

3	**Il n'y a pas de science du théâtre.** *Écoute mon ami* (Flammarion).
4	**Une vocation est un miracle qu'il faut faire avec soi-même.** *Ibid.*
5	**Il est facile de faire dire aux personnages ce qu'on pense d'eux.** *Témoignages sur le théâtre* (Flammarion).
6	**Le sein de Dorine est un accessoire métaphysique.** *Ibid.*
7	**Un objet qui soit comme un vrai objet et qui soit faux, c'est le véritable vrai, c'est la vérité du Théâtre.** *Ibid.*

K

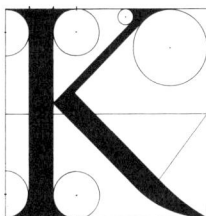

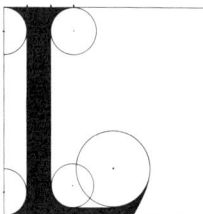

393		**Louise LABÉ** 1524-1566
1		Je ne souhaite encore point mourir. Mais quand mes yeux je sentirai tarir, Ma voix cassée, et ma main impuissante, Et mon esprit en ce mortel séjour Ne pouvant plus montrer signe d'amante : Prierai la Mort noircir mon plus clair jour. *Sonnets, XIII.*
2		Ô doux sommeil, ô nuit à moi heureuse ! Plaisant repos plein de tranquillité, Continuez toutes les nuits mon songe. *Ibid., VIII.*
3		Baise m'encor, rebaise-moi et baise ; Donne m'en un de tes plus savoureux ; Donne m'en un de tes plus amoureux, Je t'en rendrai quatre plus chauds que braise. *Ibid., XVII.*
394		**Laurent Angliviel de LA BEAUMELLE** 1726-1773
1		Je ne vois partout que des gens qui font le bien et qui le font mal. *Mes pensées ou le Qu'en-dira-t-on.*
395		**Eugène LABICHE** 1815-1888
1		Embrassons-nous, Folleville. *(Titre d'un vaudeville, 1850.)*
2		Le dévouement est la plus belle coiffure d'une femme. *Un chapeau de paille d'Italie.*

Mon gendre, tout est rompu ! *Ibid.*	3
Il y a des circonstances où le mensonge est le plus saint des devoirs. *Les Vivacités du capitaine Tic.*	4
Avant d'obliger un homme, assurez-vous bien d'abord que cet homme n'est pas **un imbécile.** *Le Voyage de M. Perrichon.*	5
Les hommes ne s'attachent point à nous en raison des services que nous leur **rendons, mais en raison de ceux qu'ils nous rendent.** *Ibid.*	6
Que l'homme est petit quand on le contemple du haut de la *mère* de Glace ! *Ibid.* <small>« Je ferai observer à M. Perrichon que la mer de Glace n'ayant pas d'enfants, l'E qu'il lui attribue devient un dévergondage grammatical. »</small>	7

Étienne de LA BOÉTIE
1530-1563
396

C'est un extrême malheur que d'être assujetti à un maître, dont on ne peut être **jamais assuré qu'il soit bon, puisqu'il est toujours en sa puissance** **d'être mauvais quand il voudra.** *Discours de la servitude volontaire.*	1
Il est besoin de temporiser, nous ne pouvons pas toujours être les plus forts. *Ibid.*	2
Soyez résolus de ne servir plus, et vous serez libres. *Ibid.*	3
[...] les tyrans, plus ils pillent, plus ils exigent, plus ils ruinent et détruisent **plus on leur baille, plus on les sert, de tant plus ils se fortifient et deviennent** **toujours plus forts et plus frais pour anéantir et détruire tout.** *Ibid.*	4
Je dis ce que mon cœur, ce que mon mal me dit. **Que celui aime peu, qui aime à la mesure.** *Sonnets.*	5
Toujours l'eau va dans l'eau, et toujours est-ce **Même ruisseau, et toujours eau diverse.** *Vers français.*	6

Jean de LA BRUYÈRE
1645-1696
397

La cour est comme un édifice de marbre ; je veux dire qu'elle est composée **d'hommes fort durs, mais fort polis.** *Les Caractères,* <small>De la cour.</small>	1

2

Les hommes veulent être esclaves quelque part, et puiser là de quoi
dominer ailleurs.
Ibid.

3

Il faut des fripons à la cour auprès des grands et des ministres, même
les mieux intentionnés ; mais l'usage en est délicat, et il faut savoir les mettre
en œuvre.
Ibid.

4

Il y a quelques rencontres* dans la vie où la vérité et la simplicité sont
le meilleur manège du monde.
* Circonstances.   *Ibid.*

5

L'on voit des hommes tomber d'une haute fortune par les mêmes défauts
qui les y avaient fait monter.
Ibid.

6

Qui est plus esclave qu'un courtisan assidu, si ce n'est un courtisan plus assidu ?
Ibid.

7

Il y a autant de faiblesse à fuir la mode qu'à l'affecter.
Ibid., De la mode.

8

Un dévot est celui qui sous un roi athée serait athée.
Ibid.

9

C'est une grande misère que de n'avoir pas assez d'esprit pour bien parler,
ni assez de jugement pour se taire.
Ibid., De la société et de la conversation.

10

L'esprit de la conversation consiste bien moins à en montrer beaucoup
qu'à en faire trouver aux autres : celui qui sort de votre entretien
content de soi et de son esprit l'est de vous parfaitement.
Ibid.

11

Il y a des gens qui parlent un moment avant que d'avoir pensé.
Ibid.

12

Le plaisir le plus délicat est de faire celui d'autrui.
Ibid.

13

Toute révélation d'un secret est la faute de celui qui l'a confié.
Ibid.

14

Vous voulez, Acis, me dire qu'il fait froid ; que ne disiez-vous :
Il fait froid ? Vous voulez m'apprendre qu'il pleut ou qu'il neige ; dites :
Il pleut, il neige.
Ibid.

15

C'est une grande difformité dans la nature qu'un vieillard amoureux.
Ibid., De l'homme.

Les enfants n'ont ni passé ni avenir, et, ce qui ne nous arrive guère,
ils jouissent du présent.
Ibid.

16

L'ennui est entré dans le monde par la paresse.
Ibid.

17

L'esprit de parti abaisse les plus grands hommes jusques aux petitesses du peuple.
Ibid.

18

Il ne faut ni vigueur, ni jeunesse, ni santé, pour être avare.
Ibid.

19

Il n'y a pour l'homme que trois événements : naître, vivre et mourir.
Il ne se sent pas naître, il souffre à mourir, et il oublie de vivre.
Ibid.

20

Il y a dans quelques hommes une certaine médiocrité d'esprit qui contribue
à les rendre sages.
Ibid.

21

Il y a d'étranges pères, et dont toute la vie ne semble occupée qu'à préparer
à leurs enfants des raisons de se consoler de leur mort.
Ibid.

22

Il y a une espèce de honte d'être heureux à la vue de certaines misères.
Ibid.

23

L'on craint la vieillesse que l'on n'est pas sûr de pouvoir atteindre.
Ibid.

24

L'on voit certains animaux farouches, des mâles et des femelles, répandus
par la campagne, noirs, livides, et tout brûlés du soleil, attachés à la terre
qu'ils fouillent et qu'ils remuent avec une opiniâtreté invincible ;
ils ont comme une voix articulée, et quand ils se lèvent sur leurs pieds,
ils montrent une face humaine, et en effet ils sont des hommes.
Ibid.

25

La plupart des hommes emploient la meilleure partie de leur vie à rendre
l'autre misérable.
Ibid.

26

Si la pauvreté est la mère des crimes, le défaut d'esprit en est le père.
Ibid.

27

Tout notre mal vient de ne pouvoir être seuls : de là le jeu, le luxe,
la dissipation, le vin, les femmes, l'ignorance, la médisance, l'envie,
l'oubli de soi-même et de Dieu.
Ibid.

28

Pascal « Tout le malheur des hommes vient d'une seule chose, qui est de ne savoir pas demeurer en repos, dans une chambre »
(voir A-**535**-84)

29   Une grande âme est au-dessus de l'injure, de l'injustice, de la douleur,
de la moquerie ; et elle serait invulnérable si elle ne souffrait par la compassion.
Ibid.

30   Le devoir des juges est de rendre la justice ; leur métier est de la différer,
quelques-uns savent leur devoir et font leur métier.
Ibid., De quelques usages.

31   Il n'est pas absolument impossible qu'une personne qui se trouve
dans une grande faveur perde un procès.
Ibid.

32   Il s'est trouvé des filles qui avaient de la vertu, de la santé, de la ferveur
et une bonne vocation, mais qui n'étaient pas assez riches pour faire
dans une riche abbaye vœu de pauvreté.
Ibid.

33   Si la noblesse est vertu, elle se perd par tout ce qui n'est pas vertueux ;
et si elle n'est pas vertu, c'est peu de chose.
Ibid.

34   La témérité des charlatans, et leurs tristes succès, qui en sont les suites,
font valoir la médecine et les médecins ; si ceux-ci laissent mourir, les autres tuent.
Ibid.

35   Un coupable puni est un exemple pour la canaille ; un innocent condamné
est l'affaire de tous les honnêtes gens.
Ibid.

36   Il faut avoir trente ans pour songer à sa fortune ; elle n'est pas faite à cinquante ;
l'on bâtit dans sa vieillesse, et l'on meurt quand on en est aux peintres et aux vitriers.
Ibid., Des biens de fortune.

37   Il se croit des talents et de l'esprit : il est riche.
Ibid.

38   C'est trop contre un mari d'être coquette et dévote : une femme devrait opter.
Ibid., Des femmes.

39   Les femmes vont plus loin en amour que la plupart des hommes ;
mais les hommes l'emportent sur elles en amitié.
Ibid.

40   Les hommes et les femmes conviennent rarement sur le mérite d'une femme :
leurs intérêts sont trop différents.
Ibid.

41   Ne pourrait-on point découvrir l'art de se faire aimer de sa femme ?
Ibid.

42   On tire ce bien de la perfidie des femmes, qu'elle guérit de la jalousie.
Ibid.

La plupart des femmes n'ont guère de principes ; elles se conduisent par le cœur, et dépendent pour leurs mœurs de ceux qu'elles aiment.
Ibid.

43

Tout est tentation à qui la craint.
Ibid.

44

Une femme insensible est celle qui n'a pas encore vu celui qu'elle doit aimer.
Ibid.

45

Une femme oublie d'un homme qu'elle n'aime plus jusqu'aux faveurs qu'il a reçues d'elle.
Ibid.

46

Un homme peut tromper une femme par un feint attachement, pourvu qu'il n'en ait pas ailleurs un véritable.
Ibid.

47

Un mari n'a guère un rival qui ne soit de sa main, et comme un présent qu'il a autrefois fait à sa femme.
Ibid.

48

Le peuple n'a guère d'esprit et les grands n'ont point d'âme : celui-là a un bon fond et n'a point de dehors ; ceux-ci n'ont que des dehors et qu'une simple superficie. Faut-il opter ? Je ne balance pas, je veux être peuple.
Ibid., *Des grands.*

49

La faveur des princes n'exclut pas le mérite, et ne le suppose pas aussi.
Ibid., *Des jugements.*

50

Le flatteur n'a pas assez bonne opinion de soi ni des autres.
Ibid.

51

L'honnête homme tient le milieu entre l'habile homme et l'homme de bien, quoique dans une distance inégale de ces deux extrêmes.
Ibid.

52

Il n'y a rien de plus bas, et qui convienne mieux au peuple, que de parler en des termes magnifiques de ceux mêmes dont l'on pensait très modestement avant leur élévation.
Ibid.

53

Ne songer qu'à soi et au présent, source d'erreur dans la politique.
Ibid.

54

C'est un métier que de faire un livre, comme de faire une pendule.
Ibid., *Des ouvrages de l'esprit.*

55

Corneille nous assujettit à ses caractères et à ses idées, Racine se conforme aux nôtres ; celui-là peint les hommes comme ils devraient être, celui-ci les peint tels qu'ils sont.
Ibid.

56

57 Entre toutes les différentes expressions qui peuvent rendre une seule
de nos pensées, il n'y en a qu'une qui soit la bonne.
Ibid.

58 La gloire ou le mérite de certains hommes est de bien écrire ;
et de quelques autres, c'est de n'écrire point.
Ibid.

59 Il n'a manqué à Molière que d'éviter le jargon et le barbarisme,
et d'écrire purement : quel feu, quelle naïveté, quelle source
de la bonne plaisanterie, quelle imitation des mœurs, quelles images
et quel fléau du ridicule !
Ibid.

60 Le plaisir de la critique nous ôte celui d'être vivement touchés
de très belles choses.
Ibid.

61 Rabelais surtout est incompréhensible : son livre est une énigme,
quoi qu'on veuille dire, inexplicable ; [...] c'est un monstrueux assemblage
d'une morale fine et ingénieuse, et d'une sale corruption. Où il est mauvais,
il passe bien loin au-delà du pire, c'est le charme de la canaille ; où il est bon,
il va jusques à l'exquis et à l'excellent, il peut être le mets des plus délicats.
Ibid.

62 Tout est dit, et l'on vient trop tard depuis plus de sept mille ans
qu'il y a des hommes et qui pensent.
Ibid.

63 L'amour commence par l'amour ; et l'on ne saurait passer de la plus forte amitié
qu'à un amour faible.
Ibid., Du cœur.

64 L'amour et l'amitié s'excluent l'un l'autre.
Ibid.

65 L'amour qui naît subitement est le plus long à guérir.
Ibid.

66 Être avec des gens qu'on aime, cela suffit ; rêver, leur parler,
ne leur parler point, penser à eux, penser à des choses plus indifférentes,
mais auprès d'eux, tout est égal.
Ibid.

67 Les hommes commencent par l'amour, finissent par l'ambition et ne se trouvent
souvent dans une assiette plus tranquille que lorsqu'ils meurent.
Ibid.

Voir La Rochefoucauld A-**418**-89 et Pascal A-**535**-5

68 Les hommes rougissent moins de leurs crimes que de leurs faiblesses
et de leur vanité.
Ibid.

Il faut rire avant que d'être heureux, de peur de mourir sans avoir ri. *Ibid.*	69
Il y a bien autant de paresse que de faiblesse à se laisser gouverner. *Ibid.*	70
Il y a un goût dans la pure amitié où ne peuvent atteindre ceux qui sont nés médiocres. *Ibid.*	71
La libéralité consiste moins à donner beaucoup qu'à donner à propos. *Ibid.*	72
L'on veut faire tout le bonheur, ou, si cela ne se peut ainsi, tout le malheur de ce qu'on aime. *Ibid.*	73
Si une laide se fait aimer, ce ne peut être qu'éperdument. *Ibid.*	74
S'il est ordinaire d'être vivement touché des choses rares, pourquoi le sommes-nous si peu de la vertu ? *Ibid., Du mérite personnel.*	75
Un sot ni n'entre, ni ne sort, ni ne s'assied, ni ne se lève, ni ne se tait, ni n'est sur ses jambes, comme un homme d'esprit. *Ibid.*	76
De tout temps les hommes, pour quelque morceau de terre de plus ou de moins, sont convenus entre eux de se dépouiller, se brûler, se tuer, s'égorger les uns les autres ; et pour le faire plus ingénieusement et avec plus de sûreté, ils ont inventé de belles règles qu'on appelle l'art militaire. *Ibid., Du souverain ou de la république.*	77
Quand le peuple est en mouvement, on ne comprend pas par où le calme peut y rentrer ; et quand il est paisible, on ne voit pas par où le calme peut en sortir. *Ibid.*	78

Jean de LA CEPPÈDE
v. 1550-1622

398

Tu* reprends sa reprise au Corsaire des morts [...] *Imitations des psaumes.* * Le poète s'adresse à Jésus-Christ.	1
Fais que j'aille toujours mes crimes soupirant, Et fais qu'en mon esprit je craigne ta justice, Car le salut consiste à craindre en espérant. *Théorèmes spirituels.*	2
Le lavement des mains ne rend pas l'âme nette. *Ibid.*	3

| 4 | Mon âme est un enfer tout noir d'aveuglement [...]
 Ibid. |

| 5 | Nature n'a rien fait qu'on doive mépriser.
 Ibid. |

| **399** | **Jules LACHELIER**
 1832-1918 |

| 1 | On ne peut pas partir de l'infini, on peut y aller.
 Conversation avec Bouglé (Alcan). |

| 2 | Le dernier point d'appui de toute vérité et de toute existence, <br> c'est la spontanéité de l'esprit.
 Psychologie et métaphysique (Alcan). |

| 3 | Le monde est une pensée qui ne se pense pas, suspendue à une pensée qui se pense.
 Ibid. |

| **400** | **Pierre Choderlos de LACLOS**
 1741-1803 |

| 1 | Partout où il y a esclavage, il ne peut y avoir éducation.
 De l'éducation des femmes. |

| 2 | Ne vous souvient-il plus que l'amour est, comme la médecine,
 seulement l'art d'aider la nature.
 Les Liaisons dangereuses. |

| 3 | La haine est toujours plus clairvoyante et plus ingénieuse que l'amitié.
 Ibid. |

| 4 | L'homme jouit du bonheur qu'il ressent, et la femme de celui qu'elle procure.
 Ibid. |

| 5 | Il ne faut pas fâcher les vieilles femmes ; ce sont elles qui font la réputation des jeunes.
 Ibid. |

| 6 | Le parti le plus difficile ou le plus gai est toujours celui que je prends ;
 et je ne me reproche pas une bonne action, pourvu qu'elle m'exerce ou m'amuse.
 Ibid. |

| 7 | Mon Dieu, que ces gens d'esprit sont bêtes !
 Ibid.
 Voir Beaumarchais A-**60**-19. |

| 8 | On acquiert rarement les qualités dont on peut se passer.
 Ibid. |

| 9 | On peut citer de mauvais vers, quand ils sont d'un grand poète.
 Ibid. |

Pour ce qu'on fait d'un mari, l'un vaut toujours bien l'autre ;
et le plus incommode est encore moins gênant qu'une mère.
Ibid.

10

Pour les hommes, l'infidélité n'est pas l'inconstance.
Ibid.

11

Pouvais-je souffrir qu'une femme fût perdue pour moi sans l'être par moi ?
Ibid.

12

Le scélérat a ses vertus, comme l'honnête homme a ses faiblesses.
Ibid.

13

Le superflu finit par priver du nécessaire.
Ibid.

14

Voilà bien les hommes, tous également scélérats dans leurs projets ;
ce qu'ils mettent de faiblesse dans l'exécution, ils l'appellent probité.
Ibid.

15

La vraisemblance rend les mensonges sans conséquence, en ôtant le désir
de les vérifier.
Ibid.

16

Henri LACORDAIRE
1802-1861

401

Malheur à qui attaque son siècle ! Il faudra bien qu'il subisse les conséquences
de cet attentat.
Conférences.

1

Le peuple juif a été l'historien, le sage, le poète de l'humanité.
Ibid.

2

Retournez, retournez à l'Infini, lui seul est assez grand pour l'homme.
Ibid.

3

Le gouvernement d'un pays n'est pas la nation, encore moins la patrie.
Lettres, à un jeune homme.

4

Quelle pitié que les politiques [...] qui se croient assez forts pour gouverner
le monde avec des écus de cinq francs et des gendarmes !
Ibid., à Mme de la Tour du Pin.

5

L'histoire, ce riche trésor des déshonneurs de l'homme.
Pensées.

6

Partout où l'homme veut se vendre, il trouve des acheteurs.
Ibid.

7

La vie, cette goutte de lait et d'absinthe.
Ibid.

8

402	**LA FAYETTE (M.-M. Pioche de la Vergne, comtesse de)** 1634-1693

1	Je suis si persuadée que l'amour est une chose incommode que j'ai de la joie que mes amis et moi en soyons exempts. *Lettres.*

2	Quand on croit être heureux, vous savez que cela suffit pour l'être. *Ibid.*

3	Il n'y a point de femme que le soin de sa parure n'empêche de songer à son amant. *La Princesse de Clèves.*

4	Les passions peuvent me conduire, mais elles ne sauraient m'aveugler. *Ibid.*

5	Toutes mes résolutions sont inutiles ; je pensais hier tout ce que je pense aujourd'hui et je fais aujourd'hui le contraire de ce que je résolus hier. *Ibid.*

6	Il n'y a de passions que celles qui nous frappent d'abord et nous surprennent ; les autres ne sont que des liaisons où nous portons volontairement notre cœur. Les véritables inclinations nous l'arrachent malgré nous. *Zaïde.*

7	On ne connaît point les femmes, elles ne se connaissent pas elles-mêmes, et ce sont les occasions qui décident des sentiments de leur cœur. *Ibid.*

8	On ne peut exprimer le trouble qu'apporta la jalousie dans un cœur où l'amour ne s'était pas encore déclaré. *Ibid.*

403	**Paul LAFFITTE** 1839-1909

1	L'économie politique l'a proclamé en une formule célèbre : le capital, c'est du travail accumulé. Complétez votre découverte monsieur l'économiste distingué : le capital, c'est le travail de plusieurs accumulé par un seul. Corollaire : le travail, c'est du capital qui ne s'accumule pas. *Jéroboam ou la Finance sans méningite* (La Sir

2	Un idiot pauvre est un idiot, un idiot riche est un riche. *Ibid.*

404	**Jean de LA FONTAINE** 1621-1695

1	[...] Ni la grâce, plus belle encor que la beauté. *Adonis.*

2	Aimez, aimez, tout le reste n'est rien. *Les Amours de Psyché et de Cupidon.*

Voir la citation A-**584**-5 de *la Religieuse portugaise,* publiée en 1669, la même année que *les Amours de Psyché et de Cupidon.*

J'aime le jeu, l'amour, les livres, la musique
La ville et la campagne, enfin tout ; il n'est rien
Qui ne me soit souverain bien,
Jusqu'au sombre plaisir d'un cœur mélancolique.
Ibid.

3

Il me faut du nouveau, n'en fût-il point au monde.
Clymène.

4

Mieux vaut goujat* debout qu'empereur enterré.
Contes, la Matrone d'Éphèse.

* Valet d'armée ; homme grossier.

5

Diversité, c'est ma devise.
Ibid., le Pâté d'anguilles.

6

Il est assez puni par son sort rigoureux ;
Et c'est être innocent que d'être malheureux.
Élégie aux nymphes de Vaux.

7

Le plus sage s'endort sur la foi des zéphirs.
Ibid.

8

Je chéris l'Arioste et j'estime le Tasse ;
Plein de Machiavel, entêté de Boccace,
J'en parle si souvent qu'on en est étourdi ;
J'en lis qui sont du Nord et qui sont du Midi.
Épître à Huet.

9

Mon imitation n'est point un esclavage.
Je ne prends que l'idée, et les tours, et les lois
Que nos maîtres suivaient eux-mêmes autrefois.
Ibid.

10

Et, si de t'agréer je n'emporte le prix,
J'aurai du moins l'honneur de l'avoir entrepris.
Fables, Dédicace au Dauphin.

11

Je me sers d'animaux pour instruire les hommes.
Ibid.

12

Je n'appelle pas gaieté ce qui excite le rire, mais un certain charme,
un air agréable qu'on peut donner à toutes sortes de sujets,
même les plus sérieux.
Ibid., Préface.

13

Il se faut entraider, c'est la loi de nature.
Ibid., l'Âne et le Chien.

14

Ne forçons point notre talent ;
Nous ne ferions rien avec grâce.
Ibid., l'Âne et le Petit Chien.

15

16

D'un magistrat ignorant
C'est la robe qu'on salue.

Ibid., *l'Âne portant des reliques.*

17

À ces mots, on cria haro sur le baudet.

Ibid., *les Animaux malades de la peste.*

18

Ce pelé, ce galeux, d'où venait tout leur mal.

Ibid.

19

La faim, l'occasion, l'herbe tendre, et, je pense,
Quelque diable aussi me poussant,
Je tondis de ce pré la largeur de ma langue.

Ibid.

20

Ils ne mouraient pas tous, mais tous étaient frappés.

Ibid.

21

Selon que vous serez puissant ou misérable,
Les jugements de cour vous rendront blanc ou noir.

Ibid.

22

Les tourterelles se fuyaient :
Plus d'amour, partant plus de joie.

Ibid.

23

Vos scrupules font voir trop de délicatesse.

Ibid.

24

[...] Ne possédait pas l'or, mais l'or le possédait.

Ibid., *L'Avare qui a perdu son trésor.*

25

Il avait du bon sens ; le reste vient ensuite.

Ibid., *le Berger et le Roi.*

26

Le fabricateur souverain
Nous créa besaciers tous de même manière [...]
Il fit pour nos défauts la poche de derrière,
Et celle de devant pour les défauts d'autrui.

Ibid., *la Besace.*

27

Lynx envers nos pareils, et taupes envers nous,
Nous nous pardonnons tout, et rien aux autres hommes.

Ibid.

28

[...] Faisant de cet ouvrage
Une ample comédie à cent actes divers,
Et dont la scène est l'Univers.

Ibid., *le Bûcheron et Mercure.*

29

Un auteur gâte tout quand il veut trop bien faire.

Ibid.

De loin, c'est quelque chose : et de près ce n'est rien.
Ibid., le Chameau et les Bâtons flottants.

30

Ce bloc enfariné ne me dit rien qui vaille,
S'écria-t-il* de loin au général des chats.
* Un rat méfiant.   *Ibid.*, le Chat et un vieux rat.

31

C'était un vieux routier, il savait plus d'un tour.
Ibid.

32

C'était un chat vivant comme un dévot ermite,
Un chat faisant la chattemite,
Un saint homme de chat, bien fourré, gros et gras,
Arbitre expert sur tous les cas.
Ibid., le Chat, la Belette et le Petit Lapin.

33

Jean Lapin allégua la coutume et l'usage [...]
Ibid.

34

Jamais vous n'en * serez les maîtres.
Qu'on lui ferme la porte au nez,
Il reviendra par les fenêtres.
Ibid., la Chatte métamorphosée en femme.
* Le naturel. (Destouches, *le Glorieux* : « Chassez le naturel, il revient au galop » A-**238**-2).

35

Je suis oiseau : voyez mes ailes [...]
Je suis souris, vivent les rats !
Ibid., la Chauve-souris et les Deux Belettes.

36

Le sage dit, selon les gens :
Vive le roi, vive la ligue !
Ibid.

37

Celui* de qui la tête au ciel était voisine
Et dont les pieds touchaient à l'empire des morts.
* Le chêne.   *Ibid.*, le Chêne et le Roseau.

38

Je* plie et ne romps pas.
Ibid.
* Le roseau.

39

La fourmi n'est pas prêteuse :
C'est là son moindre défaut.
Ibid., la Cigale et la Fourmi.

40

Vous chantiez ? j'en suis fort aise :
Eh bien ! dansez maintenant.
Ibid.

41

La mouche, en ce commun besoin,
Se plaint qu'elle agit seule, et qu'elle a tout le soin,
Qu'aucun n'aide aux chevaux à se tirer d'affaire.
Ibid., le Coche et la Mouche.

42

43

Garde-toi, tant que tu vivras
De juger des gens sur la mine.

Ibid., le Cochet, le Chat et le Souriceau.

44

La difficulté fut d'attacher le grelot.

Ibid., Conseil tenu par les rats.

45

Ne faut-il que délibérer ?
La cour en conseillers foisonne :
Est-il besoin d'exécuter ?
L'on ne rencontre plus personne.

Ibid.

46

Les délicats sont malheureux,
Rien ne saurait les satisfaire.

Ibid., Contre ceux qui ont le goût difficile.

47

Mais le moindre grain de mil
Serait bien mieux mon affaire.

Ibid., le Coq et la Perle.

48

[...] Car c'est double plaisir de tromper le trompeur.

Ibid., le Coq et le Renard.

49

Apprenez que tout flatteur
Vit aux dépens de celui qui l'écoute.

Ibid., le Corbeau et le Renard.

50

Cette leçon vaut bien un fromage sans doute.

Ibid.

51

Le corbeau, honteux et confus,
Jura, mais un peu tard, qu'on ne l'y prendrait plus.

Ibid.

52

Sans mentir, si votre ramage
Se rapporte à votre plumage,
Vous êtes le phénix des hôtes de ces bois.

Ibid.

53

À qui donner le prix ? Au cœur, si l'on m'en croit.

Ibid., le Corbeau, la Gazelle, la Tortue et le Rat.

54

Il faut se mesurer ; la conséquence est nette :
Mal prend aux volereaux de faire les voleurs.

Ibid., le Corbeau voulant imiter l'Aigle.

55

Tous les mangeurs de gens ne sont pas grands seigneurs ;
Où la guêpe a passé, le moucheron demeure.

Ibid.

Ne soyez à la cour, si vous voulez y plaire,
Ni fade adulateur ni parleur trop sincère.
Et tâchez quelquefois de répondre en Normand.
Ibid., la Cour du Lion.

56

Il connaît l'univers et ne se connaît pas.
Ibid., Démocrite et les Abdéritains.

57

Mais enfin je l'ai vu, vu de mes yeux, vous dis-je!
Ibid., le Dépositaire infidèle.

58

Deux vrais amis vivaient au Monomotapa.
Ibid., les Deux Amis.
Voir Toulet A-**660**-6.

59

Qu'un ami véritable est une douce chose!
Il cherche vos besoins au fond de votre cœur;
Il vous épargne la pudeur
De les lui découvrir vous-même.
Ibid.

60

Aucun chemin de fleurs ne conduit à la gloire.
Ibid., les Deux Aventuriers et le Talisman.

61

Amour, tu perdis Troie.
Ibid., les Deux Coqs.

62

Deux coqs vivaient en paix : une poule survint,
Et voilà la guerre allumée.
Ibid.

63

L'absence est aussi bien un remède à la haine
Qu'un appareil contre l'amour.
Ibid., les Deux Perroquets, le Roi et son Fils.

64

L'absence est le plus grand des maux.
Ibid., les Deux Pigeons.

65

Ah! si mon cœur osait encor se renflammer!
Ne sentirai-je plus de charme qui m'arrête?
Ai-je passé le temps d'aimer?
Ibid.

66

Amants, heureux amants, voulez-vous voyager?
Que ce soit aux rives prochaines.
Soyez-vous l'un à l'autre un monde toujours beau,
Toujours divers, toujours nouveau;
Tenez-vous lieu de tout, comptez pour rien le reste.
Ibid.

67

Deux pigeons s'aimaient d'amour tendre.
Ibid.
Voir Tristan Bernard (A-**80**-4).

68

69
> Je dirai : j'étais là, telle chose m'avint;
> Vous y croirez être vous-même.
> *Ibid.*

70
> Mais un fripon d'enfant (cet âge est sans pitié) [...]
> *Ibid.*

71
> Mon frère a-t-il tout ce qu'il veut,
> Bon souper, bon gîte et le reste ?
> *Ibid.*

72
> Traînant l'aile et tirant le pied.
> *Ibid.*

73
> Descartes, ce mortel dont on eût fait un dieu
> Chez les païens, et qui tient le milieu
> Entre l'homme et l'esprit [...]
> *Ibid.*, les Deux Rats, le Renard et l'Œuf.

74
> Je suis chose légère et vole à tout sujet;
> Je vais de fleur en fleur, et d'objet en objet.
> *Ibid.*

75
> Hélas! on voit que de tout temps
> Les petits ont pâti des sottises des grands.
> *Ibid.*, les Deux Taureaux et une Grenouille.

76
> Eh! mon ami, tire-moi de danger,
> Tu feras après ta harangue.
> *Ibid.*, l'Enfant et le Maître d'école.

77
> Il n'est pas malaisé de tromper un trompeur.
> *Ibid.*, l'Enfouisseur et son Compère.

78
> Je ne suis pas de ceux qui disent : « Ce n'est rien,
> C'est une femme qui se noie. »
> *Ibid.*, la Femme noyée.

79
> Rien ne pèse tant qu'un secret :
> Le porter loin est difficile aux dames ;
> Et je sais même sur ce fait
> Bon nombre d'hommes qui sont femmes.
> *Ibid.*, les Femmes et le Secret.

80
> À l'œuvre, on connaît l'artisan.
> *Ibid.*, le Frelon et les Mouches à miel.

81
> On fait tant, à la fin, que l'huître est pour le juge,
> Les écailles pour les plaideurs.
> *Ibid.*

Tel, comme dit Merlin, cuide engeigner* autrui, Qui souvent s'engeigne soi-même. * Duper, abuser. *Ibid.*, la Grenouille et le Rat.	82
Ne soyons pas si difficiles : Les plus accommodants, ce sont les plus habiles. *Ibid.*, le Héron.	83
L'onde était transparente ainsi qu'aux plus beaux jours. *Ibid.*	84
Nous n'écoutons d'instincts que ceux qui sont les nôtres, Et ne croyons le mal que quand il est venu. *Ibid.*, l'Hirondelle et les Petits Oiseaux.	85
On en use ainsi chez les grands : La raison les offense ; ils se mettent en tête Que tout est né pour eux, quadrupèdes et gens Et serpents. *Ibid.*, l'Homme et la Couleuvre.	86
Il accusait toujours les miroirs d'être faux. *Ibid.*, l'Homme et son Image.	87
Le repos ? le repos, trésor si précieux Qu'on en faisait jadis le partage des dieux ! *Ibid.*, L'Homme qui court après la fortune et l'Homme qui l'attend dans son lit.	88
On rencontre sa destinée Souvent par des chemins qu'on prend pour l'éviter. *Ibid.*, l'Horoscope.	89
Le bien, nous le faisons ; le mal, c'est la Fortune ; On a toujours raison, le Destin toujours tort. *Ibid.*, l'Ingratitude et l'Injustice des hommes envers la Fortune.	90
Le bonhomme disait : Ce sont là jeux de prince. *Ibid.*, le Jardinier et son Seigneur. Formule reprise par Andrieux (voir A-**16**-1).	91
Puisqu'il est des Vivants, ne songez plus aux Morts. *Ibid.*, la Jeune Veuve.	92
Sur les ailes du Temps, la tristesse s'envole. *Ibid.*	93
Pour vous mieux contempler, demeurez au désert. *Ibid.*, le Juge arbitre, l'Hospitalier et le Solitaire.	94

311

95
> Travaillez, prenez de la peine :
> C'est le fonds qui manque le moins.
>
> *Ibid.*, le Laboureur et ses Enfants.

96
> [...] Adieu veau, vache, cochon, couvée.
>
> *Ibid.*, la Laitière et le Pot au lait.

97
> Légère et court vêtue, elle allait à grands pas,
> Ayant mis ce jour-là, pour être plus agile,
> Cotillon simple et souliers plats.
>
> *Ibid.*

98
> Quel esprit ne bat la campagne ?
> Qui ne fait châteaux en Espagne ?
>
> *Ibid.*

99
> Quelque accident fait-il que je rentre en moi-même,
> Je suis gros Jean comme devant.
>
> *Ibid.*

100
> Mais les ouvrages les plus courts
> Sont toujours les meilleurs [...]
>
> *Ibid.*, les Lapins.

101
> Ce qu'on donne aux méchants, toujours on le regrette [...]
> Laissez-leur prendre un pied chez vous,
> Ils en auront bientôt pris quatre.
>
> *Ibid.*, la Lice et sa Compagne.

102
> Rien ne sert de courir ; il faut partir à point.
>
> *Ibid.*, le Lièvre et la Tortue.

103
> Car que faire en un gîte, à moins que l'on ne songe ?
>
> *Ibid.*, le Lièvre et les Grenouilles.

104
> Cet animal est triste, et la crainte le ronge.
>
> *Ibid.*

105
> Amour, amour, quand tu nous tiens,
> On peut bien dire : « Adieu, prudence ! »
>
> *Ibid.*, le Lion amoureux.

106
> [...] entre nos ennemis
> Les plus à craindre sont souvent les plus petits.
>
> *Ibid.*, le Lion et le Moucheron.

107
> Va-t-en, chétif insecte, excrément de la terre !
>
> *Ibid.*

108
> Il faut, autant qu'on peut, obliger tout le monde :
> On a souvent besoin d'un plus petit que soi.
>
> *Ibid.*, le Lion et le Rat.

Patience et longueur de temps
Font plus que force ni que rage.
Ibid.

109

Alléguer l'impossible aux rois, c'est un abus.
Ibid., le Lion, le Loup et le Renard.

110

[...] mais dans cet antre
Je vois fort bien comme l'on entre,
Et ne vois pas comme on en sort.
Ibid., le Lion malade et le Renard.

111

Quiconque est loup agisse en loup;
C'est le plus certain de beaucoup.
Ibid., le Loup devenu berger.

112

Toujours par quelque endroit fourbes se laissent prendre.
Ibid.

113

La raison du plus fort est toujours la meilleure.
Ibid., le Loup et l'Agneau.

114

Si ce n'est toi, c'est donc ton frère.
Ibid.

115

— Attaché? dit le loup; vous ne courez donc pas
Où vous voulez?
Ibid., le Loup et le Chien.

116

Cela dit, maître loup s'enfuit, et court encor.
Ibid.

117

Ce loup ne savait pas encor bien son métier.
Ibid., le Loup et le Chien maigre.

118

Et chacun croit fort aisément
Ce qu'il craint et ce qu'il désire.
Ibid., le Loup et le Renard.

119

Bergers, bergers, le loup n'a tort
Que quand il n'est pas le plus fort!
Ibid., le Loup et les Bergers.

120

L'un disait : « Il est mort; je l'avais bien prévu.
— S'il m'eût cru, disait l'autre, il serait plein de vie. »
Ibid., les Médecins.

121

Parbleu! dit le meunier, est bien fou du cerveau
Qui prétend contenter tout le monde et son père.
Ibid., le Meunier, son Fils et l'Âne.

122

Le plus âne des trois n'est pas celui qu'on pense.
Ibid.

123

124

Ventre affamé n'a point d'oreilles.

Ibid., *le Milan et le Rossignol.*

125

L'univers leur sait gré du mal qu'ils ne font pas.

Ibid., *le Milan, le Roi et le Chasseur.*

126

Plutôt souffrir que mourir,
C'est la devise des hommes.

Ibid., *la Mort et le Bûcheron.*

127

[...] Je voudrais qu'à cet âge
On sortît de la vie ainsi que d'un banquet,
Remerciant son hôte, et qu'on fît son paquet.

Ibid., *la Mort et le Mourant.*

128

La mort ne surprend point le sage :
Il est toujours prêt à partir.

Ibid.

129

Le plus semblable aux morts meurt le plus à regret.

Ibid.

130

Que vous êtes pressante, ô déesse cruelle !

Ibid.

131

Peuple caméléon, peuple singe du maître.

Ibid., *les Obsèques de la Lionne.*

132

Il n'est, pour voir, que l'œil du maître.

Ibid., *l'Œil du maître.*

133

Rien n'est si dangereux qu'un ignorant ami ;
Mieux vaudrait un sage ennemi.

Ibid., *l'Ours et l'Amateur des jardins.*

134

Chacun se dit ami ; mais fou qui s'y repose :
Rien n'est plus commun que ce nom,
Rien n'est plus rare que la chose.

Ibid., *Parole de Socrate.*

135

Et conter pour conter me semble peu d'affaire.

Ibid., *le Pâtre et le Lion.*

136

Il ne faut point juger des gens sur l'apparence.

Ibid., *le Paysan du Danube.*

137

Toute sa personne velue
Représentait un ours, mais un ours mal léché.

Ibid.

138

Petit poisson deviendra grand,
Pourvu que Dieu lui prête vie.

Ibid., *le Petit Poisson et le Pêcheur.*

Plus fait douceur que violence.
Ibid., Phébus et Borée.

139

Contre de telles gens, quant à moi, je réclame.
Ils ôtent à nos cœurs le principal ressort ;
Ils font cesser de vivre avant que l'on soit mort.
Ibid., le Philosophe scythe.

140

Si *Peau d'âne* m'était conté
J'y prendrais un plaisir extrême.
Ibid., le Pouvoir des fables (À M. de Barillon).

141

[...] Fi du plaisir
Que la crainte peut corrompre.
Ibid., le Rat de ville et le Rat des champs.

142

Mais quelqu'un troubla la fête.
Ibid.

143

Se croire un personnage est fort commun en France.
Ibid., le Rat et l'Éléphant.

144

Il devint gros et gras : Dieu prodigue ses biens
À ceux qui font vœu d'être siens.
Ibid., Le Rat qui s'est retiré du monde.

145

Honteux comme un renard qu'une poule aurait pris.
Ibid., le Renard et la Cigogne.

146

Trompeurs, c'est pour vous que j'écris :
Attendez-vous à la pareille.
Ibid.

147

Belle tête, dit-il, mais de cervelle point.
Ibid., le Renard et le Buste.

148

Ils sont trop verts, dit-il, et bons pour des goujats.
Ibid., le Renard et les Raisins.

149

Que de tout inconnu le sage se méfie.
Ibid., le Renard, le Loup et le Cheval.

150

[...] Rien de trop est un point
Dont on parle sans cesse et qu'on n'observe point.
Ibid., Rien de trop.

151

[...] on nous ruine en fêtes ;
L'une fait tort à l'autre ; et Monsieur le curé
De quelque nouveau saint charge toujours son prône.
Ibid., le Savetier et le Financier.

152

153
> On ne peut trop louer trois sortes de personnes :
> Les dieux, sa maîtresse, et son roi.
> *Ibid.*, *Simonide préservé par les dieux.*

154
> Quand le moment viendra d'aller trouver les morts,
> J'aurai vécu sans soins, et mourrai sans remords.
> *Ibid.*, *le Songe d'un habitant du Mogol.*

155
> Solitude où je trouve une douceur secrète,
> Lieux que j'aimai toujours, ne pourrai-je jamais,
> Loin du monde et du bruit, goûter l'ombre et le frais ?
> *Ibid.*

156
> L'homme est de glace aux vérités,
> Il est de feu pour les mensonges.
> *Ibid.*, *le Statuaire et la Statue de Jupiter.*

157
> Un bloc de marbre était si beau
> Qu'un statuaire en fit l'emplette.
> Qu'en fera, dit-il, mon ciseau ?
> Sera-t-il dieu, table ou cuvette ?
> *Ibid.*

158
> Quand l'eau courbe un bâton, ma raison le redresse.
> La raison décide en maîtresse.
> *Ibid.*, *Un Animal dans la Lune.*

159
> Notre Ennemi, c'est notre Maître :
> Je vous le dis en bon françois.
> *Ibid.*, *le Vieillard et l'Âne.*

160
> Passe encor de bâtir : mais planter à cet âge !
> *Ibid.*, *le Vieillard et les Trois Jeunes Hommes.*

161
> Quittez le long espoir et les vastes pensées.
> *Ibid.*

162
> Toute puissance est faible à moins que d'être unie.
> *Ibid.*, *le Vieillard et ses Enfants.*

163
> La jeunesse se flatte, et croit tout obtenir ;
> La vieillesse est impitoyable.
> *Ibid.*, *le Vieux Chat et la Jeune Souris.*

164
> Bornons ici cette carrière :
> Les longs ouvrages me font peur.
> Loin d'épuiser une matière,
> On n'en doit prendre que la fleur.
> *Ibid.*, *Épilogue du premier recueil, 1668.*

165
> Nous avons changé de méthode,
> Jodelet n'est plus à la mode,
> Et maintenant il ne faut pas
> Quitter la nature d'un pas.
> *Lettre à M. de Maucroix, 1661.*

Tout faiseur de journaux doit tribut au Malin. *Lettre à M. Simon de Troyes, février 1686.*	166
Approche-t-il du but, quitte-t-il ce séjour, Rien ne trouble sa fin : c'est le soir d'un beau jour. *Philémon et Baucis.*	167
Il lit au front de ceux qu'un vain luxe environne Que la Fortune vend ce qu'on croit qu'elle donne. *Ibid.*	168
Ni l'or ni la grandeur ne nous rendent heureux. *Ibid.*	169

Jules LAFORGUE
1860-1887

405

Ah! jusqu'à ce que la nature soit bien bonne, Moi je veux vivre monotone. *Les Complaintes*, Complainte d'un certain dimanche.	1
Ah! que la Vie est quotidienne... Et, du plus vrai qu'on se souvienne, Comme on fut piètre et sans génie... *Ibid.*, Complainte sur certains ennuis.	2
Dans les jardins De nos instincts Allons cueillir De quoi guérir... *Ibid.*, Complainte des formalités nuptiales.	3
Ô femme, mammifère à chignon, ô fétiche [...] *Ibid.*, Complainte des voix sous le figuier bouddhique.	4
Ô mers, ô volières de ma Mémoire! *Ibid.*, Complainte du pauvre chevalier-errant.	5
Vie ou néant! choisir. Ah! quelle discipline! Que n'est-il un Éden entre ces deux usines? *Ibid.*, Complainte des voix sous le figuier bouddhique.	6
Si mon air vous dit quelque chose, Vous auriez tort de vous gêner; Je ne la fais pas à la pose, Je suis la Femme! on me connaît. *Le Concile féerique.*	7
Mon corps, ô ma sœur, a bien mal à sa belle âme [...] *Derniers Vers*, Dimanches.	8
Ah! ce soir, j'ai le cœur mal, le cœur à la Lune. *L'Imitation de Notre-Dame la Lune*, États.	9

10
> Les dieux s'en vont; plus que des hures;
> Ah! ça devient tous les jours pis.
> *Ibid.*, Locutions des Pierrots, XII.

11
> Je ne suis qu'un viveur lunaire
> Qui fait des ronds dans les bassins,
> Et cela, sans autre dessein
> Que devenir un légendaire.
> *Ibid.*, XVI.

12
> Ô! l'Éden immédiat des braves empirismes!
> *Ibid.*, Nobles et touchantes divagations sous la lune.

13
> Penser qu'on vivra jamais dans cet astre*,
> Parfois me flanque un coup dans l'épigastre.
> *Ibid.*, Clair de lune.
>
> * La Lune.

14
> La plupart des femmes qui ont une poitrine exorbitante sont très imperturbables
> et même arrogantes.
> *Mélanges posthumes.*

15
> Ah! tout est bien qui n'a pas de fin.
> *Moralités légendaires.*

16
> L'âme, cet infini qu'ont lassé tous ses dieux [...]
> *Poèmes posthumes*, les Têtes de morts.

17
> L'Homme, ce fou rêveur d'un piètre mondicule,
> Quand on y pense bien, est par trop ridicule.
> *Ibid.*, Farce éphémère.

18
> L'homme entre deux néants n'est qu'un jour de misère.
> *Ibid.*, Sonnet pour éventail.

19
> Ô convoi solennel des soleils magnifiques,
> Nouez et dénouez vos vastes masses d'or,
> Doucement, tristement, sur de graves musiques,
> Menez le deuil très lent de votre sœur qui dort.
> *Ibid.*, Marche funèbre pour la mort de la Terre.

406 — Jules LAGNEAU
1851-1894

1
> L'étendue est la marque de ma puissance. Le temps est la marque
> de mon impuissance.
> *Célèbres Leçons de Jules Lagneau.*

2
> Le chaos n'est rien. Être ou ne pas être, soi et toutes les choses, il faut choisir.
> *Cours sur Dieu.*

3
> Qu'est-ce que la vraie grandeur, sinon celle que rien ne peut mesurer ni remplir?
> *Discours de Sens, 1877.*

Avant l'homme, l'esprit dormait pour ainsi dire dans la nature. Il dormait, et le monde était son rêve : rêve obscur et gigantesque [...]
Discours de Vanves, 1886.

4

Le corps est *dans l'esprit.*
Fragments.

5

De l'inconscient au sens strict : c'est la pensée spontanée, élémentaire, sans liaison, c'est-à-dire la sensation sans aucune pensée proprement dite : il y a de l'inconscient, mais non dans la pensée.
Ibid.

6

Disons-le hardiment, philosopher c'est expliquer [...] le clair par l'obscur, *clarum per obscurius.*
Revue philosophique, février 1880.

7

La philosophie n'est autre chose que l'effort de l'esprit pour se rendre compte de l'évidence.
Ibid.

8

François Joseph de LAGRANGE-CHANCEL
1677-1758

407

Qui vit esclave est né pour l'être.
Odes.

1

Jean François de LA HARPE
1739-1803

408

En France, le premier jour est pour l'engouement, le second pour la critique et le troisième pour l'indifférence.
Mélanges.

1

Tout, jusqu'à la vérité, trompe dans ses écrits.
Éloges.
À propos de J.-J. Rousseau.

2

Ô ma tendre musette,
Musette des amours.
Romance. Musique attribuée à Monsigny.

3

Jean-Baptiste de Monet, chevalier de LAMARCK
1744-1829

409

Dans tout ce que la nature opère, elle ne fait rien brusquement.
Philosophie zoologique.

1

J'espère prouver que la nature possède les moyens et les facultés qui lui sont nécessaires pour produire elle-même ce que nous admirons en elle.
Ibid.

2

Alphonse de LAMARTINE

410

1790-1869

1

C'est la cendre des morts qui créa la patrie.
La Chute d'un ange.

2

Insectes bourdonnants, assembleurs de nuages,
Vous prendrez-vous toujours au piège des images ?
Cours familier de littérature*.

* In *Méditations poétiques.*

3

Le temps seul peut rendre les peuples capables de se gouverner eux-mêmes.
Leur éducation se fait par leurs révolutions.
Ibid.

4

J'aimai, je fus aimé ; c'est assez pour ma tombe.
Le Dernier Chant du pèlerinage d'Harold.

5

[...] Le drapeau rouge que vous nous rapportez n'a jamais fait que le tour du
Champ-de-Mars, traîné dans le sang du peuple en 91 et 93, et le drapeau tricolore
a fait le tour du monde avec le nom, la gloire et la liberté de la patrie !
Discours, 25 février 1848.

6

La France est une nation qui s'ennuie.
Ibid., 10 janvier 1839.

7

Dieu n'est qu'un mot rêvé pour expliquer le monde.
Harmonies poétiques et religieuses.

8

Il* est... il serait tout s'il ne devait finir.
Ibid., Pourquoi mon âme...

* L'amour.

9

Italie ! Italie ! ah ! pleure tes collines,
Où l'histoire du monde est écrite en ruines !
Ibid.

10

Objets inanimés, avez-vous donc une âme
Qui s'attache à notre âme et la force d'aimer ?
Ibid., Milly ou la Terre natale.

11

Le plaisir est une prière
Et l'aumône une volupté.
Ibid., Pour une quête.

12

Rien n'est vrai, rien n'est faux ; tout est songe et mensonge,
Illusion du cœur qu'un vain espoir prolonge.
Nos seules vérités, hommes, sont nos douleurs.
Ibid., le Tombeau d'une mère.

13

On admire le monde à travers ce qu'on aime.
Jocelyn.

Les fables de La Fontaine sont plutôt la philosophie dure, froide et égoïste d'un vieillard que la philosophie aimante, généreuse, naïve et bonne d'un enfant. C'est du fiel. *Les Méditations,* préface.	14
L'homme est Dieu par la pensée. *Ibid.*	15
|La Poésie| doit se faire peuple. *Ibid.*	16
Salut, bois couronnés d'un reste de verdure! Feuillages jaunissants sur les gazons épars! Salut, derniers beaux jours! [...] *Premières Méditations poétiques,* l'Automne.	17
Quel crime avons-nous fait pour mériter de naître? *Ibid.,* le Désespoir.	18
Pour tout peindre, il faut tout sentir. *Ibid.,* l'Enthousiasme.	19
Je ne veux pas d'un monde où tout change, où tout passe. *Ibid.,* la Foi.	20
Borné dans sa nature, infini dans ses vœux L'homme est un dieu tombé qui se souvient des cieux. *Ibid.,* l'Homme.	21
La gloire ne peut être où la vertu n'est pas. *Ibid.*	22
Ici-bas, la douleur à la douleur s'enchaîne. Le jour succède au jour, et la peine à la peine. *Ibid.*	23
J'ai vu partout un Dieu sans jamais le comprendre. *Ibid.*	24
Notre crime est d'être homme et de vouloir connaître. *Ibid.*	25
Qu'importe le soleil? Je n'attends rien des jours. *Ibid.,* l'Isolement.	26
Le soleil des vivants n'échauffe plus les morts. *Ibid.*	27
Un seul être vous manque, et tout est dépeuplé! *Ibid.*	28

Voir Giraudoux, A-**337**-19.

29
Ainsi toujours poussés vers de nouveaux rivages,
Dans la nuit éternelle emportés sans retour,
Ne pourrons-nous jamais sur l'océan des âges
Jeter l'ancre un seul jour ?
Ibid., le Lac.

30
L'homme n'a point de port, le temps n'a point de rive ;
Il coule, et nous passons !
Ibid.

31
Ô lac ! rochers muets ! grottes ! forêt obscure !
Vous que le temps épargne ou qu'il peut rajeunir,
Gardez de cette nuit, gardez, belle nature,
Au moins le souvenir !
Ibid.

32
Ô temps ! suspends ton vol ; et vous, heures propices
Suspendez votre cours !
Ibid.

33
Que le vent qui gémit, le roseau qui soupire,
Que les parfums légers de ton air embaumé,
Que tout ce qu'on entend, l'on voit ou l'on respire,
Tout dise : « Ils ont aimé ! »
Ibid.

34
Que Dieu serait cruel s'il n'était pas si grand !
Ibid., les Oiseaux.

35
Le soin de chaque jour à chaque jour suffit.
Ibid., Philosophie.

36
Celui qui peut créer dédaigne de détruire.
Ibid., la Prière.

37
Tu n'as qu'un jour pour être juste,
J'ai l'éternité devant moi !
Ibid., la Providence à l'homme.

38
Un grand peuple sans âme est une vaste foule !
Ibid., Ressouvenir du lac Léman.

39
Voltaire ! Quel que soit le nom dont on le nomme,
C'est un cycle vivant, c'est un siècle fait homme [...]
Ibid.

40
Mon cœur, lassé de tout, même de l'espérance
N'ira plus de ses vœux importuner le sort.
Ibid., le Vallon.

41
C'est ainsi qu'il mourut, si c'était là mourir !
La Mort de Socrate.

Un seul désir suffit pour peupler tout un monde.
Ibid.

42

La vie est un mystère, et non pas un délire.
Nouvelles Méditations, A M. de Musset.

43

Rien d'humain ne battait sous ton épaisse armure.
Ibid., Bonaparte.

44

Toi que j'ai recueilli sur sa bouche expirante
Avec son dernier souffle et son dernier adieu,
Symbole deux fois saint, don d'une main mourante,
Image de mon Dieu!
Ibid., le Crucifix.

45

Aimer, prier, chanter, voilà toute ma vie.
Ibid., le Poète mourant.

46

Je chantais, mes amis, comme l'homme respire,
Comme l'oiseau gémit, comme le vent soupire,
Comme l'eau murmure en coulant.
Ibid.

47

Le poète est semblable aux oiseaux de passage
Qui ne bâtissent point leurs nids sur le rivage,
Qui ne se posent pas sur les rameaux des bois;
Nonchalamment bercés sur le courant de l'onde,
Ils passent en chantant loin des bords et le monde
Ne connaît rien d'eux que leur voix.
Ibid.

48

J'aimais les voix du soir dans les airs répandues,
Le bruit lointain des chars gémissant sous leur poids,
Et le sourd tintement des cloches suspendues
Au cou des chevreaux dans les bois.
Ibid., les Préludes.

49

L'égoïsme et la haine ont seuls une patrie;
La fraternité n'en a pas!
Poésies diverses, la Marseillaise de la paix.

50

Je suis concitoyen de toute âme qui pense :
La vérité, c'est mon pays.
Ibid.

51

Honte à qui peut chanter pendant que Rome brûle,
S'il n'a l'âme et le cœur et la voix de Néron.
Ibid., A Némésis.

52

On voudrait revenir à la page où l'on aime
Et la page où l'on meurt est déjà sous nos doigts.
Ibid., Vers sur un album.

53

54	Entre la race blanche et la famille noire, Il fallait un combat, puisqu'il faut la victoire! *Toussaint Louverture.*
55	Je suis de la couleur de ceux qu'on persécute! *Ibid.*
56	Je suis las des musées, cimetières des arts. *Voyage en Orient.*

411   LAMBERT (A. T. de Marguenat de Courcelles, marquise de)
1647-1733

1	Nous vivons avec nos défauts comme avec les odeurs que nous portons : nous ne les sentons plus ; elles n'incommodent que les autres. *Avis d'une mère à sa fille et à son fils.*
2	Je ne sépare point l'idée de bonheur de l'idée de perfection. *Lettres, à l'abbé *****
3	Mettre la sagesse à être heureux, cela est raisonnable ; cependant j'aimerais encore mieux mettre mon bonheur à être sage. *Ibid.*
4	Il faut bien plus d'esprit pour plaire avec de la bonté qu'avec de la malice. *Ibid., à la supérieure d'un couvent.*

412   Félicité Robert de LAMENNAIS
1782-1854

1	L'homme est ainsi fait : la lumière du soleil le laisse dans l'obscurité ; il ne discerne rien qu'à la lueur des feux qui consument, qui dévastent. *Lettre au comte de Senfft, 13 juillet 1830.*
2	Au moment où la foi sort du cœur, la crédulité entre dans l'esprit. *Mélanges religieux et philosophiques.*
3	L'on n'estime guère dans les autres que les qualités que l'on croit posséder soi-même. *Ibid.*
4	Si l'on peut en finir du passé avec l'oubli, on n'en finit pas de l'avenir avec l'imprévoyance. *Ibid.*
5	Ce sont les peuples qui font les rois et les rois sont faits pour les peuples et les peuples ne sont pas faits pour les rois. *Paroles d'un croyant.*
6	Le cri du pauvre monte jusqu'à Dieu mais il n'arrive pas à l'oreille de l'homme. *Ibid.*

D'esclave, l'homme de crime peut devenir tyran, mais jamais il ne devient libre.
Ibid.

7

Le travail est partout et la souffrance partout : seulement il y a des travaux stériles et des travaux féconds, des souffrances infâmes et des souffrances glorieuses.
Ibid.

8

Vous n'avez qu'un jour à passer sur la terre ; faites en sorte de le passer en paix.
Ibid.

9

Il faut aujourd'hui de l'or, beaucoup d'or, pour jouir du droit de parler ; nous ne sommes pas assez riche. Silence au pauvre.
(Dans le dernier numéro du journal *le Peuple constituant,* 11 juillet 1848.)

10

Julien Offroy de LA METTRIE
1709-1751

413

Si j'ai perdu mes jours dans la volupté, *ah ! rendez-les moi, grands dieux,* pour les reperdre encore.
L'Art de jouir.

1

Qui vit en citoyen, peut écrire en philosophe — mais écrire en philosophe c'est enseigner le matérialisme !
Discours préliminaire.

2

L'esprit a, comme le corps, ses maladies épidémiques et son scorbut.
L'Homme machine.

3

L'Homme est une machine, et il n'y a dans l'Univers qu'une seule substance diversement modifiée.
Ibid.

4

Il est égal [...] pour notre repos, que la matière soit éternelle ou qu'elle ait été créée, qu'il y ait un Dieu ou qu'il n'y en ait pas.
Ibid.

5

Il y a tant de plaisir à faire du bien, à sentir, à connaître celui qu'on reçoit, tant de contentement à pratiquer la vertu [...] que je tiens pour assez puni, quiconque a le malheur de n'être pas né vertueux.
Ibid.

6

Je sens tout ce que demande l'intérêt de la société ; mais il serait sans doute à souhaiter qu'il n'y eût pour juges que d'excellents médecins.
Ibid.

7

Qui sait si la raison de l'existence de l'homme ne serait pas dans son existence même ?
Ibid.

8

Toute morale est infructueuse, pour qui n'a pas la sobriété en partage.
Ibid.

9

| 10 | Savez-vous pourquoi je fais encore quelque cas des hommes ? C'est que je les crois sérieusement des *machines*.
Système d'Épicure. |

Antoine de LA MOTTE-HOUDAR
V. HOUDAR de LA MOTTE

| **415** | **François de LA NOUE**
1531-1591 |

| 1 | À l'ennemi qui résiste il faut se montrer superbe, et après qu'il est vaincu il est honnête d'user d'humanité.
Discours politiques et militaires. |

| 2 | On ne doit pas être soudain à juger les intentions de ces grands Chefs, car ils ont des considérations que l'effet découvre par après être autres que beaucoup n'eussent cuidé*.
* Cru.   *Ibid.* |

| **416** | **Gustave LANSON**
1857-1934 |

| 1 | La pensée ne s'achève que lorsqu'elle a trouvé son expression.
Histoire de la littérature française (Hachette). |

| **417** | **Valery LARBAUD**
1881-1957 |

| 1 | On croit pardonner, et ce n'est que faiblesse.
Amants, heureux amants (Gallimard). |

| 2 | Voix, la seule voix humaine qui ne mente pas [...]
A. O. Barnabooth, Prologue (Gallimard). |

| 3 | L'art est encore la seule forme supportable de la vie ; la plus grande jouissance, et celle qui s'épuise le moins vite.
Ibid., Journal intime. |

| 4 | Le bonheur, la faculté de jouir de toutes les choses de la vie et de l'esprit, est-il le privilège des seules natures grossières ?
Ibid. |

| 5 | Le Devoir, c'était le nom que la bourgeoisie avait donné à sa lâcheté morale.
Ibid. |

| 6 | Et si le mythe c'était la vérité ?
Ibid. |

| 7 | La femme est une grande réalité, comme la guerre.
Ibid. |

Je n'ai jamais pu voir les épaules d'une jeune femme sans songer à fonder
une famille.
Ibid.

8

Je n'ai pas de conseils à te donner. Je n'ai rien à te dire dont tu puisses
profiter. Chacun des hommes a été mis à part, chacun des hommes a été réservé.
Ibid.

9

Mon hypocrisie est un raffinement d'outrage à la vertu.
Ibid.

Voir La Rochefoucauld, A-**418**-30.

10

Le mot Homme dépasse le mot Surhomme d'une immense hauteur.
Ibid.

11

Ne rien trouver ridicule est le signe de l'intelligence complète.
Ibid.

12

J'ai des souvenirs de villes comme on a des souvenirs d'amours.
Ibid., les Poésies de A. O. Barnabooth.

13

Les liaisons commencent dans le champagne et finissent dans la camomille.
Ibid.

14

Ô ma Muse, fille des grandes capitales !
Ibid., Europe.

15

Prête-moi ton grand bruit, ta grande allure si douce,
Ton glissement nocturne à travers l'Europe illuminée,
Ô train de luxe ! [...]
Ibid., Ode.

16

Ce vice impuni, la lecture*.

* Titre d'un ouvrage d'essais (Gallimard).

17

La gloire n'est qu'une des formes de l'indifférence humaine.
Ce vice impuni, la lecture (Gallimard).

18

Toute grande œuvre d'art est le fruit d'une humilité profonde.
Le Cœur de l'Angleterre (Gallimard).

19

Mais j'aimais le goût des larmes retenues, de celles qui semblent tomber
des yeux dans le cœur, derrière le masque du visage.
Enfantines (Gallimard).

20

Chaque pays a son ange gardien. C'est lui qui préside au climat, au paysage,
au tempérament des habitants, à leur santé, à leur beauté, à leurs bonnes mœurs,
à leur bonne administration. C'est l'ange géographique.
Jaune, bleu, blanc (Gallimard).

21

Tout idéal, dès qu'il est formulé, prend un aspect désagréablement scolaire.
Ibid.

22

| 23 | Faisons en sorte de n'offrir au public, sous le plus petit volume possible, que ce à quoi nous tenons le plus. |

Sous l'invocation de saint Jérôme (Gallimard).

| 24 | [...] La traduction est pour nous tous, gens de lettres, avec la juste proportion de plaisir et de peines qu'elle comporte... une belle et constante école de vertu. |

Ibid.

Duc François de LA ROCHEFOUCAULD
418 — 1613-1680

| 1 | L'absence diminue les médiocres passions et augmente les grandes, comme le vent éteint les bougies et allume le feu. |

Maximes.

| 2 | L'accent du pays où l'on est né demeure dans l'esprit et dans le cœur, comme dans le langage. |

Ibid.

| 3 | L'amour-propre est le plus grand de tous les flatteurs. |

Ibid.

| 4 | Ce n'est pas assez d'avoir de grandes qualités, il en faut avoir l'économie*. |

* Bonne administration. *Ibid.*

| 5 | [...] Ce n'est pas toujours par valeur et par chasteté que les hommes sont vaillants et que les femmes sont chastes. |

Ibid.

| 6 | Ce n'est pas un grand malheur d'obliger des ingrats, mais c'en est un insupportable d'être obligé à un malhonnête homme. |

Ibid.

| 7 | Ce qui nous empêche souvent de nous abandonner à un seul vice est que nous en avons plusieurs. |

Ibid.

| 8 | Ce qui nous rend la vanité des autres insupportable, c'est qu'elle blesse la nôtre. |

Ibid.

| 9 | C'est une grande folie de vouloir être sage tout seul. |

Ibid.

| 10 | C'est une grande habileté que de savoir cacher son habileté. |

Ibid.

| 11 | Ceux qui s'appliquent trop aux petites choses deviennent ordinairement incapables des grandes. |

Ibid.

| 12 | Chacun dit du bien de son cœur, et personne n'en ose dire de son esprit. |

Ibid.

La clémence des princes n'est souvent qu'une politique pour gagner l'affection des peuples. *Ibid.*	13
Dans les premières passions les femmes aiment l'amant, et dans les autres elles aiment l'amour. *Ibid.*	14
Les défauts de l'esprit augmentent en vieillissant, comme ceux du visage. *Ibid.*	15
De toutes les passions violentes, celle qui sied le moins mal aux femmes, c'est l'amour. *Ibid.*	16
En amour, celui qui est guéri le premier est toujours le mieux guéri. *Ibid.*	17
L'enfer des femmes, c'est la vieillesse. *Ibid.*	18
L'envie est plus irréconciliable que la haine. *Ibid.*	19
En vieillissant on devient plus fou et plus sage. *Ibid.*	20
L'espérance, toute trompeuse qu'elle est, sert au moins à nous mener à la fin de la vie par un chemin agréable. *Ibid.*	21
L'esprit est toujours la dupe du cœur. *Ibid.* « Les grandes pensées viennent du cœur », dira Vauvenargues (voir A-**670**-17).	22
Les esprits médiocres condamnent d'ordinaire tout ce qui passe leur portée. *Ibid.*	23
La faiblesse est le seul défaut que l'on ne saurait corriger. *Ibid.*	24
La faiblesse est plus opposée à la vertu que le vice. *Ibid.*	25
La fortune et l'humeur gouvernent le monde. *Ibid.*	26
Les gens heureux ne se corrigent guère : ils croient toujours avoir raison quand la fortune soutient leur mauvaise conduite. *Ibid.*	27
Les hommes ne vivraient pas longtemps en société s'ils n'étaient les dupes les uns des autres. *Ibid.*	28

29 | **L'honnêteté des femmes est souvent l'amour de leur réputation et de leur repos.**
Ibid.

30 | **L'hypocrisie est un hommage que le vice rend à la vertu.**
Ibid.
Voir Larbaud, A **417** 10.

31. | **Il arrive quelquefois des accidents dans la vie d'où il faut être un peu fou**
pour se bien tirer.
Ibid.

32 | **Il est du véritable amour comme de l'apparition des esprits :**
tout le monde en parle, mais peu de gens en ont vu.
Ibid.

33 | **Il est plus aisé de connaître l'homme en général que de connaître**
un homme en particulier.
Ibid.

34 | **Il est plus aisé d'être sage pour les autres que de l'être pour soi-même.**
Ibid.

35 | **Il est plus facile de paraître digne des emplois qu'on n'a pas que de ceux**
que l'on exerce.
Ibid.

36 | **Il est plus honteux de se défier de ses amis que d'en être trompé.**
Ibid.

37 | **Il faut de plus grandes vertus pour soutenir la bonne fortune que la mauvaise.**
Ibid.

38 | **Il n'appartient qu'aux grands hommes d'avoir de grands défauts.**
Ibid.

39 | **Il ne faut pas s'offenser que les autres nous cachent la vérité,**
puisque nous nous la cachons si souvent à nous-mêmes.
Ibid.

40 | **Il n'est pas si dangereux de faire du mal à la plupart des hommes**
que de leur faire trop de bien.
Ibid.

41 | **Il n'y a guère de gens qui ne soient honteux de s'être aimés,**
quand ils ne s'aiment plus.
Ibid.

42 | **Il n'y a guère d'homme assez habile pour connaître tout le mal qu'il fait.**
Ibid.

43 | **Il n'y a point de déguisement qui puisse longtemps cacher l'amour où il est,**
ni le feindre où il n'est pas.
Ibid.

Il n'y a que les personnes qui ont de la fermeté qui puissent avoir une véritable douceur. *Ibid.*	44
Il y a dans la jalousie plus d'amour-propre que d'amour. *Ibid.*	45
Il y a de bons mariages, mais il n'y en a point de délicieux. *Ibid.*	46
Il y a de méchantes qualités qui font de grands talents. *Ibid.*	47
Il y a des gens niais qui se connaissent et qui emploient habilement leur niaiserie. *Ibid.*	48
Il y a des héros en mal comme en bien. *Ibid.*	49
Il y a des méchants qui seraient moins dangereux s'ils n'avaient aucune bonté. *Ibid.*	50
Il y a des personnes à qui les défauts siéent bien, et d'autres qui sont disgraciées avec leurs bonnes qualités. *Ibid.*	51
Il y a des reproches qui louent et des louanges qui médisent. *Ibid.*	52
Il y a du mérite sans élévation, mais il n'y a point d'élévation sans quelque mérite. *Ibid.*	53
Il y a peu d'honnêtes femmes qui ne soient lasses de leur métier. *Ibid.*	54
L'intérêt parle toutes sortes de langues et joue toutes sortes de personnages, même celui de désintéressé. *Ibid.*	55
La jalousie est le plus grand de tous les maux, et celui qui fait le moins de pitié aux personnes qui le causent. *Ibid.*	56
La jalousie naît toujours avec l'amour ; mais elle ne meurt pas toujours avec lui. *Ibid.*	57
La jeunesse est une ivresse continuelle : c'est la fièvre de la santé ; c'est la folie de la raison. *Ibid.*	58
Le mal que nous faisons ne nous attire pas tant de persécution et de haine que nos bonnes qualités. *Ibid.*	59

60

N'aimer guère en amour est un moyen assuré pour être aimé.
Ibid.

61

Nos vertus ne sont le plus souvent que des vices déguisés.
Ibid.

62

Notre défiance justifie la tromperie d'autrui.
Ibid.

63

Nous aimons toujours ceux qui nous admirent, et nous n'aimons pas toujours
ceux que nous admirons.
Ibid.

64

Nous aurions souvent honte de nos plus belles actions si le monde voyait
tous les motifs qui les produisent.
Ibid.

65

Nous avons plus de paresse dans l'esprit que dans le corps.
Ibid.

66

Nous avons tous assez de force pour supporter les maux d'autrui.
Ibid.

L'antithèse est chez Alain (voir A-**9**-66).

67

Nous ne louons d'ordinaire de bon cœur que ceux qui nous admirent.
Ibid.

68

Nous pardonnons souvent à ceux qui nous ennuient, mais nous ne pouvons pardonner
à ceux que nous ennuyons.
Ibid.

69

Nous plaisons plus souvent dans le commerce de la vie par nos défauts
que par nos bonnes qualités.
Ibid.

70

Nous pouvons paraître grands dans un emploi au-dessous de notre mérite,
mais nous paraissons souvent petits dans un emploi plus grand que nous.
Ibid.

71

Nous promettons selon nos espérances, et nous tenons selon nos craintes.
Ibid.

72

Nous sommes si accoutumés à nous déguiser aux autres qu'enfin nous nous
déguisons à nous-mêmes.
Ibid.

73

Nul ne mérite d'être loué de bonté s'il n'a pas la force d'être méchant.
Ibid.

74

Les occasions nous font connaître aux autres, et encore plus à nous-mêmes.
Ibid.

On a bien de la peine à rompre quand on ne s'aime plus.
Ibid.

75

On aime mieux dire du mal de soi-même que de n'en point parler.
Ibid.

76

On est quelquefois aussi différent de soi-même que des autres.
Ibid.

77

On est quelquefois un sot avec de l'esprit, mais on ne l'est jamais
avec du jugement.
Ibid.

78

On fait souvent du bien pour pouvoir impunément faire du mal.
Ibid.

79

On ne devrait s'étonner que de pouvoir encore s'étonner.
Ibid.

80

On ne donne rien si libéralement que ses conseils.
Ibid.

81

On ne méprise pas tous ceux qui ont des vices, mais on méprise tous ceux
qui n'ont aucune vertu.
Ibid.

82

On ne peut répondre de son courage quand on n'a jamais été dans le péril.
Ibid.

83

On ne se peut consoler d'être trompé par ses ennemis et trahi par ses amis,
et l'on est souvent satisfait de l'être par soi-même.
Ibid.

84

On n'est jamais si heureux ni si malheureux qu'on s'imagine.
Ibid.

85

On n'est jamais si malheureux qu'on croit, ni si heureux qu'on avait espéré.
Ibid.

86

On ne trouve guère d'ingrats tant qu'on est en état de faire du bien.
Ibid.

87

On parle peu quand la vanité ne fait pas parler.
Ibid.

88

On passe souvent de l'amour à l'ambition, mais on ne revient guère
de l'ambition à l'amour.
Ibid.

89

Voir Pascal A-**535**-5, et La Bruyère A-**397**-67.

On peut être plus fin qu'un autre, mais non pas plus fin que tous les autres.
Ibid.

90

91
On se console souvent d'être malheureux par un certain plaisir qu'on trouve
à le paraître.
Ibid.

92
On s'ennuie presque toujours avec ceux que l'on ennuie.
Ibid.

93
On s'ennuie presque toujours avec les gens avec qui il n'est pas permis
de s'ennuyer.
Ibid.

94
On trouve des moyens pour guérir de la folie, mais on n'en trouve point
pour redresser un esprit de travers.
Ibid.

95
La parfaite valeur est de faire sans témoins ce qu'on serait capable de faire
devant tout le monde.
Ibid.

96
Les passions sont les seuls orateurs qui persuadent toujours.
Ibid.

97
Peu de gens savent être vieux.
Ibid.

98
Peu de gens sont assez sages pour préférer le blâme qui leur est utile
à la louange qui les trahit.
Ibid.

99
Le plaisir de l'amour est d'aimer, et l'on est plus heureux par la passion
que l'on a que par celle que l'on donne.
Ibid.

100
La plupart des amis dégoûtent de l'amitié, et la plupart des dévots
dégoûtent de la dévotion.
Ibid.

101
La plupart des hommes ont, comme les plantes, des propriétés cachées
que le hasard fait découvrir.
Ibid.

102
Le plus grand miracle de l'amour, c'est de guérir de la coquetterie.
Ibid.

103
Plus on aime une maîtresse, et plus on est prêt de la haïr.
Ibid.

104
La plus subtile de toutes les finesses est de savoir bien feindre de tomber
dans les pièges que l'on nous tend, et on n'est jamais si aisément trompé que
quand on songe à tromper les autres.
Ibid.

Quand on ne trouve pas son repos en soi-même, il est inutile de le chercher ailleurs.
Ibid.

105

Quelque bien qu'on dise de nous, on ne nous apprend rien de nouveau.
Ibid.

106

Les querelles ne dureraient pas longtemps, si le tort n'était que d'un côté.
Ibid.

107

Qui vit sans folie n'est pas si sage qu'il croit.
Ibid.

108

Quoique les hommes se flattent de leurs grandes actions, elles ne sont pas souvent les effets d'un grand dessein, mais des effets du hasard.
Ibid.

109

Le ridicule déshonore plus que le déshonneur.
Ibid.

110

Rien n'empêche tant d'être naturel que l'envie de le paraître.
Ibid.

111

Rien n'est plus rare que la véritable bonté ; ceux mêmes qui croient en avoir n'ont d'ordinaire que de la complaisance ou de la faiblesse.
Ibid.

112

S'il y a des hommes dont le ridicule n'ait jamais paru, c'est qu'on ne l'a pas bien cherché.
Ibid.

113

Si nous n'avions point de défauts, nous ne prendrions pas tant de plaisir à en remarquer dans les autres.
Ibid.

114

Si nous résistons à nos passions, c'est plus par leur faiblesse que par notre force.
Ibid.

115

Si on juge de l'amour par la plupart de ses effets, il ressemble plus à la haine qu'à l'amitié.
Ibid.

116

Le soleil ni la mort ne se peuvent regarder fixement.
Ibid.

117

Tous ceux qui connaissent leur esprit ne connaissent pas leur cœur.
Ibid.

118

Tout le monde se plaint de sa mémoire, et personne ne se plaint de son jugement.
Ibid.

119

120   Le travail du corps délivre des peines de l'esprit, et c'est ce qui rend
les pauvres heureux.
Ibid.

121   Un homme d'esprit serait souvent bien embarrassé sans la compagnie des sots.
Ibid.

122   Un sot n'a pas assez d'étoffe pour être bon.
Ibid.

123   La vérité ne fait pas tant de bien dans le monde que ses apparences
y font de mal.
Ibid.

124   La vertu n'irait pas si loin si la vanité ne lui tenait compagnie.
Ibid.

125   Les vertus se perdent dans l'intérêt, comme les fleuves se perdent dans la mer.
Ibid.

126   Les vices entrent dans la composition des vertus, comme les poisons entrent
dans la composition des remèdes.
Ibid.

127   Les vieillards aiment à donner de bons préceptes pour se consoler de n'être plus
en état de donner de mauvais exemples.
Ibid.

128   Les vieux fous sont plus fous que les jeunes.
Ibid.

129   La violence qu'on se fait pour demeurer fidèle à ce qu'on aime
ne vaut guère mieux qu'une infidélité.
Ibid.

130   Le vrai honnête homme est celui qui ne se pique de rien.
Ibid.
Voir Amiel, A-**13**-20, et Méré, A-**492**-1.

131   Le vrai moyen d'être trompé, c'est de se croire plus fin que les autres.
Ibid.

132   Ce qui fait que la plupart des petits enfants plaisent, c'est qu'ils sont
encore renfermés dans cet air et dans ces manières que la nature leur a donnés,
et qu'ils n'en connaissent point d'autres.
Réflexions diverses.

133   Ce qui fait que si peu de personnes sont agréables dans la conversation,
c'est que chacun songe plus à ce qu'il veut dire qu'à ce que les autres disent.
Ibid.

134   Les vertus sont frontières des vices.
Ibid.

Antoine de Rambouillet, sieur de LA SABLIÈRE 1624-1679	**419**

Et je connais bien que l'absence
Est un prétexte à l'inconstance,
Plutôt qu'un remède à l'amour.
Madrigaux.

1

Marguerite Hessein, dame de LA SABLIÈRE 1636-1693	**420**

Il est difficile de vaincre ses passions, et impossible de les satisfaire.
Pensées chrétiennes.

1

Tout le devoir ne vaut pas une faute qui s'est commise par tendresse.
Ibid.

2

Patrice de LA TOUR du PIN 1911-1975	**421**

Ah! les créations de l'homme, qu'elles tournent
Aisément à la honte de leurs créateurs!
Une somme de poésie (Gallimard).

1

Le beau péché du monde est celui de l'esprit.
Ibid.

2

Commencer l'homme par sa mort, c'est ma tendresse [...]
Ibid.

3

Il passe un vent de toute beauté sur l'Enfer [...]
Ibid.

4

Si Dieu a fait un monde d'amour,
vous êtes faits pour le retrouver.
Ibid.

5

Vous faites tant de morts dans vos engendrements!
Ibid.

6

L'âme haute et l'esprit pur
Se nourrissent de rancune.
Ibid.

7

Et je me dis : Je suis enfant de septembre,
Moi-même, par le cœur, la fièvre et l'esprit.
Ibid.

8

Il faut aller si peu, mais si peu, au-delà [...]
Ibid.

9

Je me méfie de ceux qu'on dit visionnaires : les voyants vont vers leur plaisir
en vision comme tout homme vers ses amours.
Ibid.

10

11
Tous les pays qui n'ont plus de légende
Seront condamnés à mourir de froid...
Ibid.

12
Tout homme est une histoire sacrée.
Ibid.

422
Comte de LAUTRÉAMONT (Isidore Ducasse, dit)
1846-1870

1
[...] beau comme le tremblement des mains dans l'alcoolisme [...]
Les Chants de Maldoror.

2
[...] beau comme la rencontre fortuite sur une table
de dissection d'une machine à coudre et d'un parapluie.
Ibid.

3
Le coq ne sort pas de sa nature moins par incapacité, que par orgueil
Ibid.

4
L'éléphant se laisse caresser. Le pou, non.
Ibid.

5
L'homme se vante sans cesse, et pour des minuties.
Ibid.

6
Moi, si cela avait pu dépendre de ma volonté, j'aurais voulu être plutôt
le fils de la femelle du requin, dont la faim est amie des tempêtes, et du tigre,
à la cruauté reconnue : je ne serais pas si méchant.
Ibid.

7
Ô mathématiques sévères, je ne vous ai pas oubliées, depuis que
vos savantes leçons, plus douces que le miel, filtrèrent dans mon cœur,
comme une onde rafraîchissante.
Ibid.

8
Ô pédérastes incompréhensibles, ce n'est pas moi qui lancerai des injures
à votre grande dégradation.
Ibid.

9
Ô poulpe, au regard de soie [...]
Ibid.

10
Que chacun reste dans sa nature.
Ibid.

11
Reprends la route qui va où tu dors [...]
Ibid.

12
Riez, mais pleurez en même temps.
Ibid.

Toi, jeune homme, ne te désespère point ; car tu as un ami dans le vampire, malgré ton opinion contraire. En comptant l'acarus sarcopte qui produit la gale, tu auras deux amis !
Ibid.

13

Vieil océan, ô grand célibataire [...]
Ibid.

14

Je remplace la mélancolie par le courage, le doute par la certitude, le désespoir par l'espoir, la méchanceté par le bien, les plaintes par le devoir, le scepticisme par la foi, les sophismes par la froideur du calme et l'orgueil par la modestie.
Poésies, exergue.

15

À quoi bon regarder le mal ? [...] Pourquoi pencher la tête d'un lycéen sur des questions qui, faute de n'avoir pas été comprises, ont fait perdre la leur à des hommes tels que Pascal et Byron ?
Ibid., i.

16

Il existe une convention peu tacite entre l'auteur et le lecteur, par laquelle le premier s'intitule malade, et accepte le second comme garde-malade.
Ibid.

17

[...] La poésie est la géométrie par excellence. Depuis Racine la poésie n'a pas progressé d'un millimètre. Elle a reculé. Grâce à qui ? aux Grandes-Têtes-Molles de notre époque.
Ibid.

« Lamartine, Hugo, Musset se sont métamorphosés volontairement en femmelettes. Ce sont les Grandes-Têtes-Molles de notre époque. » (Lettre d'Isidore Ducasse au banquier Darasse, 12 mars 1870.)

18

Le roman est un genre faux, parce qu'il décrit les passions pour elles-mêmes : la conclusion morale est absente. Décrire les passions n'est rien ; il suffit de naître un peu chacal, un peu vautour, un peu panthère.
Ibid.

19

Toute l'eau de la mer ne suffirait pas à laver une tache de sang intellectuelle.
Ibid.

20

Le doute est un hommage rendu à l'espoir.
Ibid., ii.

21

L'erreur est la légende douloureuse.
Ibid.

22

La générosité jouit des félicités d'autrui, comme si elle en était responsable.
Ibid.

Vauvenargues : « La générosité souffre des maux d'autrui, comme si elle en était responsable » (voir A **670**-16).

23

Les hommes qui ont pris la résolution de détester leurs semblables ignorent qu'il faut commencer par se détester soi-même.
Ibid.

24

Il n'y a rien d'incompréhensible.
Ibid.

25

26
Les jugements sur la poésie ont plus de valeur que la poésie. Ils sont la philosophie de la poésie.
Ibid.

27
Le meilleur moyen de persuader consiste à ne pas persuader.
Ibid.

Pascal : « L'art de persuader consiste autant en celui d'agréer qu'en celui de convaincre » (*Opuscules*, « De l'esprit géométrique ») [voir A-**535**-1]. « La vraie éloquence se moque de l'éloquence, la vraie morale se moque de la morale » *(Pensées)* [voir A-**535**-87].

28
La modération des grands hommes ne borne que leurs vertus.
Ibid.

Voir Vauvenargues : « La modération des grands hommes ne borne que leurs vices » (voir A-**670**-28).

29
Nous sommes libres de faire le bien [...] Nous ne sommes pas libres de faire le mal.
Ibid.

30
Nul raisonneur ne croit contre sa raison.
Ibid.

31
On estime les grands desseins, lorsqu'on se sent capable des grands succès.
Ibid.

Voir Vauvenargues : « On méprise les grands desseins lorsqu'on ne se sent pas capable des grands succès » (voir A-**670**-33).

32
On peut être juste, si l'on n'est pas humain.
Ibid.

Voir Vauvenargues : « On ne peut être juste si on n'est pas humain » (voir A-**670**-34).

33
La poésie doit avoir pour but la vérité pratique.
Ibid.

34
La poésie doit être faite par tous. Non par un.
Ibid.

35
Pour étudier l'ordre, il ne faut pas étudier le désordre.
Ibid.

36
Rien n'est faux qui soit vrai ; rien n'est vrai qui soit faux. Tout est le contraire de songe, de mensonge.
Ibid.

37
Si la morale de Cléopâtre eût été moins courte, la face de la terre aurait changé. Son nez n'en serait pas devenu plus long.
Ibid.

Voir Pascal : « Le nez de Cléopâtre : s'il eût été plus court, toute la face de la terre aurait changé » *(Pensées)* (voir A-**535**-48).

38
Un pion pourrait se faire un bagage littéraire en disant le contraire de ce qu'ont dit les poètes de ce siècle.
Ibid.

423
Jean de LA VARENDE
1887-1959

1
L'enfance est un voyage oublié.
Le Centaure de Dieu (Grasset).

Louis LAVELLE 1883-1951	**424**

Chaque homme s'invente lui-même. Mais c'est une invention dont il ne connait pas le terme : dès qu'elle s'arrête, l'homme se convertit en chose.
L'Erreur de Narcisse (Grasset). — 1

Le plus grand bien que nous faisons aux autres hommes n'est pas de leur communiquer notre richesse, mais de leur découvrir la leur.
Ibid. — 2

Jean-Louis LAYA 1761-1833	**425**

Quand on n'a rien à perdre, on peut bien tout risquer.
L'Ami des lois. — 1

Paul LÉAUTAUD 1872-1956	**426**

Un écrivain qui reçoit un prix littéraire est déshonoré.
Entretiens avec Robert Mallet (Gallimard). — 1

C'est une force que n'admirer rien.
Journal littéraire (Mercure de France). — 2

Les hommes se valent tous, un fusil à la main, d'où qu'ils soient.
Ibid. — 3

Il n'y a encore que les gens qui écrivent qui sachent lire.
Ibid. — 4

Je n'ai rien vu de grand dans la vie que la cruauté et la bêtise.
Ibid. — 5

Pourquoi faire part de nos opinions ? Demain, nous en aurons changé.
Ibid. — 6

La seule foi qui me reste, et encore ! c'est la foi dans les Dictionnaires.
Ibid. — 7

La solitude conserve neuf.
Ibid. — 8

L'amour fait des fous, le mariage des cocus, le patriotisme des imbéciles malfaisants.
Passe-temps (Mercure de France). — 9

Est-il rien de plus agaçant que les honnêtes gens qui parlent sans cesse de leur honnêteté ? Vivent les coquins, qui sont muets sur leurs coquineries.
Ibid. — 10

11   Être grave dans sa jeunesse, cela se paie, souvent, par une nouvelle jeunesse
dans l'âge mûr.
Ibid.

12   Les hommes sensibles préfèrent le soir au matin, la nuit au jour, et la beauté
des femmes mûres à celle des jeunes filles.
Ibid.

13   Il vous vient quelquefois un dégoût d'écrire en songeant à la quantité d'ânes
par lesquels on risque d'être lu.
Ibid.

14   Je n'écris bien que si j'écris à la diable. Si je veux m'appliquer,
je ne fais rien de bon.
Ibid.

15   Je suis un moraliste à rebours.
Ibid.

16   Libéré. Il est remarquable que le même mot s'emploie pour les soldats
et pour les forçats.
Ibid.

17   La forme n'est souvent qu'une mise en scène qui déforme.
Les Plus Belles Pages de Stendhal, Préface
(Mercure de France).

18   L'avantage d'être célibataire, c'est que, lorsqu'on se trouve devant
une très jolie femme, on n'a pas à se chagriner d'en avoir une laide chez soi.
Propos d'un jour (Mercure de France).

19   Avoir de l'esprit. Plaire aux femmes. Rien qui s'oppose davantage.
Ibid.

20   Il est curieux comme le même mot peut avoir des sens complètement opposés.
En art, *académie*, c'est la nudité. En littérature, *Académie*, cela veut dire :
jamais trop habillé.
Ibid.

21   Il n'est pas de sentences, de maximes, d'aphorismes, dont on ne puisse écrire
la contrepartie.
Ibid.

22   Il semble, pour un écrivain, que chaque page qu'il écrit doive être pour lui
une nouvelle leçon dans l'art d'écrire.
Ibid.

23   La plupart des liaisons sont faites de « laissés pour compte » qui se rencontrent
et trompent ensemble leurs regrets.
Ibid.

L'intelligence ? une question de chimie organique, rien de plus. On n'est pas
plus responsable d'être intelligent que d'être bête.
Théâtre de Maurice Boissard (Gallimard).

24

Gustave LE BON
1841-1931

427

L'amitié est plus souvent une porte de sortie qu'une porte d'entrée de l'amour.
Aphorismes du temps présent (Flammarion).

1

L'amour craint le doute, cependant il grandit par le doute et périt souvent
de la certitude.
Ibid.

2

Chez beaucoup d'hommes, la parole précède la pensée. Ils savent seulement
ce qu'ils pensent après avoir entendu ce qu'ils disent.
Ibid.

3

Les gens vertueux se vengent souvent des contraintes qu'ils s'imposent
par l'ennui qu'ils inspirent.
Ibid.

4

La libre pensée ne constitue souvent qu'une croyance, qui dispense de la fatigue
de penser.
Ibid.

5

Les révolutions n'ont généralement pour résultat immédiat qu'un déplacement
de servitude.
Ibid.

6

Si l'athéisme se propageait, il deviendrait une religion aussi intolérable
que les anciennes.
Ibid.

7

Un délit généralisé devient bientôt un droit.
Ibid.

8

Beaucoup d'hommes sont doués de raison, très peu de bon sens.
Hier et demain (Flammarion).

9

Ce n'est pas avec la raison, et c'est le plus souvent contre elle, que s'édifient
les croyances capables d'ébranler le monde.
Ibid.

10

La compétence sans autorité est aussi impuissante que l'autorité sans compétence.
Ibid.

11

Le véritable progrès démocratique n'est pas d'abaisser l'élite au niveau
de la foule, mais d'élever la foule vers l'élite.
Ibid.

12

428	### Antoine Louis LE BRUN 1680-1753
1	Un soupçon d'infidélité Fait quelquefois une infidèle. *Épigrammes, madrigaux et chansons.*
429	### LEBRUN-PINDARE (Ponce Denis Écouchard-Lebrun, dit) 1729-1807
1	C'est avoir déjà tort que d'avoir trop raison. *À M. de Brancas.*
2	On fait, défait, refait ce beau Dictionnaire* Qui, toujours très bien fait, sera toujours à faire. * Le Dictionnaire de l'Académie.　　*Épigrammes.*
3	Rien n'est plus dangereux qu'un despote clément. *Odes.*
430	### Cardinal Étienne LE CAMUS 1632-1707
1	Le péché de la chair est le plus abominable de tous les péchés et ce crime est si bien le plus grand de tous les crimes qu'il faut être à deux pour le commettre.
431	### Jean-Marie Gustave LE CLÉZIO 1940
1	L'art est sans doute la seule forme de progrès qui utilise aussi bien les voies de la vérité que celles du mensonge. *L'Extase matérielle* (Gallimard).
2	L'écriture est la seule forme parfaite du temps. *Ibid.*
3	Les mots ne sont pas assez nombreux pour courir aussi vite que la guerre. *La Guerre* (Gallimard).
432	### Pierre LECOMTE du NOÜY 1883-1947
1	Le but de la science est de prévoir et non, comme on l'a dit souvent, de comprendre. *L'Homme et sa destinée* (La Colombe).
2	Dans la vie courante, dans ses relations avec ses pareils, l'homme doit se servir de sa raison, mais il commettra moins d'erreurs s'il écoute son cœur. *Ibid.*

Il n'existe pas d'autre voie vers la solidarité humaine que la recherche
et le respect de la dignité individuelle.
Ibid.

3

LECONTE de LISLE (Charles Marie Leconte, dit)
1818-1894

433

Midi, roi des étés, épandu sur la plaine,
Tombe en nappes d'argent des hauteurs du ciel bleu.
Tout se tait. L'air flamboie et brûle sans haleine ;
La terre est assoupie en sa robe de feu.
Poèmes antiques, Midi.

1

Ô vents ! emportez-nous vers les Dieux inconnus !
Ibid., Dies irae.

2

Il s'enlève en fouettant l'âpre neige des Andes,
Dans un cri rauque il monte où n'atteint pas le vent,
Et loin du globe noir, loin de l'astre vivant,
Il dort dans l'air glacé, les ailes toutes grandes.
Poèmes barbares, le Sommeil du condor.

3

Gabriel Marie LEGOUVÉ
1764-1812

434

Un frère est un ami donné par la nature.
La Mort d'Abel.
Généralement attribué à Legouvé, ce vers aurait été emprunté par lui à l'un de ses contemporains nommé Beaudoin.

1

Tombe aux pieds de ce sexe à qui tu dois ta mère.
Le Mérite des femmes.

2

Jean LE HOUX
v. 1551 - 1616

435

L'eau montre à son effet qu'à boire elle n'est bonne :
Elle rend l'homme étique, et pâle, et morfondu ;
Mais toi*, tu rends gaillarde et saine la personne ;
L'argent qu'on met pour toi n'est point argent perdu.
* Le poète s'adresse au vin.

1

Michel LEIRIS
1901-1990

436

Rien ne me paraît ressembler autant à un bordel qu'un musée.
L'Âge d'homme (Gallimard).

1

Un amour durable, c'est un sacré qui met longtemps à s'épuiser.
Ibid.

2

Toute poésie vraie est inséparable de la Révolution.
Brisées (Mercure de France).

3

4 | Une monstrueuse aberration fait croire aux hommes que le langage est né
pour faciliter leurs relations mutuelles.
Ibid.

5 | Il faut mentir s'il n'y a que du mal à attendre de l'aveu d'une vérité.
Fibrilles (Gallimard).

6 | Ne pas produire un beau mensonge, mais une vérité qui serait aussi belle
que le plus beau mensonge.
Ibid.

7 | Tout le chagrin du monde dans une seule coupe de vin.
Ibid.

8 | Vient un jour où il n'y a plus de magie à être nu.
Ibid.

437 — Pierre LE LOYER
1550-1634

1 | L'Amour c'est un désir mutuel en deux âmes,
Qui toutes deux les pousse à un pourchas* égal ;
L'honneur c'est un respect qu'ont entre elles les femmes,
Qui les fait délayer** de guérir notre mal.
Les Amours de Flore.

* Recherche.
** Différer.

438 — Jules LEMAÎTRE
1853-1914

1 | Notre poésie a toujours trop ressemblé à de la belle prose. Ceux mêmes
qui y ont mis le moins de raison en ont encore trop mis.
Les Contemporains (S. I. L.)

2 | Être dilettante, c'est savoir sortir de soi, non peut-être pour servir
ses frères humains, mais pour agrandir et varier sa propre vie, pour avoir,
au bout du compte, délicieusement pitié des autres, et non, en tout cas,
pour leur nuire.
Myrrha, préface (Ferroud).

3 | Le catholicisme est la religion qui entretient avec l'Inconnu les relations
les plus dramatiques et les plus passionnées.
Texte autographe reproduit dans l'*Anthologie
des poètes français contemporains,*
de G. Walch (Delagrave).

4 | La critique n'est que l'art de jouir des livres.
Ibid.

5 | La tolérance est la charité de l'intelligence.
Ibid.

Un acte vertueux, c'est l'œuvre d'art permise à ceux qui ne sont pas artistes.   6
Ibid.

Antoine Marin LEMIERRE
1723-1793
439

La puissance dépend de l'empire de l'onde.   1
Le Commerce.

Même quand l'oiseau marche on sent qu'il a des ailes.   2
Les Fastes ou les Usages de l'année.

Ninon de LENCLOS (Anne, dite)
1620-1705
440

En amour on plaît plutôt par d'agréables défauts que par des qualités   1
essentielles [...]
Lettres.

Il est plus difficile de bien faire l'amour que de bien faire la guerre.   2
Ibid.

Votre fils ne sait rien ? Que vous êtes heureux, il ne citera pas !   3
Ibid.

Henri René LENORMAND
1882-1951
441

Vous autres les femmes, vous cherchez toujours des causes à la méchanceté.   1
C'est une façon détournée de la justifier.
À l'ombre du mal (Crès).

Là où il cesse de se connaître, le plus pur d'entre nous devient un monstre.   2
L'Amour magicien (Crès).

Chacun tire son plaisir de l'instrument dont il joue le mieux.   3
Le Mangeur de rêves (Crès).

Celle qui n'a jamais eu un peu pitié de celui qu'elle aime n'a probablement pas   4
connu l'amour.
Les Ratés (Crès).

L'homme prend ses curiosités pour de l'amour.   5
Terre de Satan (Albin Michel).

Pierre LEROUX
1797-1871
442

Le despote en se faisant despote devient esclave.   1
*De l'humanité, de son principe et de son
avenir.*

| 2 | L'homme ne supportera-t-il donc jamais deux vérités à la fois ?
Ibid. |

| 3 | Notre être est ce qui dure après la sensation, et non pas ce qui est
dans la sensation.
Ibid. |

| 4 | Vous voulez vous aimer : aimez-vous donc dans les autres ; car votre vie
est dans les autres, et sans les autres votre vie n'est rien.
Ibid. |

443   Adrien LEROUX de LINCY
1806-1869

| 1 | Comme chante le chapelain, ainsi répond le sacristain.
Livre des proverbes français. |

444   Alain René LESAGE
1668-1747

| 1 | Damis est un plaisant homme, de vouloir avoir deux femmes, pendant que tant
d'honnêtes gens sont si fâchés d'en avoir une !
Crispin rival de son maître. |

| 2 | La justice est une si belle chose qu'on ne saurait trop cher l'acheter.
Ibid. |

| 3 | On nous réconcilia : nous nous embrassâmes, et depuis ce temps-là
nous sommes ennemis mortels.
Le Diable boiteux. |

| 4 | Une fille prévenue est à moitié séduite.
Ibid. |

| 5 | Tous les hommes aiment à s'approprier le bien d'autrui ; c'est un sentiment
général ; la manière seule de le faire est différente.
Histoire de Gil Blas de Santillane. |

| 6 | Un de ces esprits sérieux qui veulent passer pour de grands génies, à la faveur
de leur silence [...]
Ibid. |

| 7 | C'est l'usurier le plus juif : il vend son argent au poids de l'or.
Turcaret. |

445   Julie de LESPINASSE
1732-1776

| 1 | Il n'y a que le malheur qui soit vieux ; il n'y a que la passion qui soit raisonnable.
Lettres, à M. de Guibert. |

Mon Dieu, que ne puis-je souffrir tout ce que je crains que vous ne souffriez !
Ibid.

2

Le silence est si doux, lorsqu'il peut consoler l'amour-propre !
Ibid.

3

Duc Gaston de LÉVIS
1764-1830

446

Gouverner, c'est choisir.
Maximes politiques.

1

Réprimez, vous aurez moins à punir.
Ibid.

2

La critique est un impôt que l'envie perçoit sur le mérite.
Maximes et réflexions sur divers sujets.

3

De tous les sentiments, le plus difficile à feindre c'est la fierté.
Ibid.

4

Il est encore plus facile de juger de l'esprit d'un homme par ses questions que par ses réponses.
Ibid.

5

Le regret de n'avoir pas fait une mauvaise action profitable est bien plus commun que le remords.
Ibid.

6

L'habitude de la sagesse dispense presque toujours de la vertu.
Pensées détachées.

7

Claude LÉVI-STRAUSS
1908

447

Peut-être découvrirons-nous un jour que la même logique est à l'œuvre dans la pensée mythique et dans la pensée scientifique, et que l'homme a toujours pensé aussi bien.
Anthropologie structurale (Plon).

1

Chaque progrès donne un nouvel espoir, suspendu à la solution d'une nouvelle difficulté. Le dossier n'est jamais clos.
Le Cru et le cuit (Plon).

2

Les mythes signifient l'esprit qui les élabore au moyen du monde dont il fait lui-même partie.
Ibid.

3

Nous ne prétendons donc pas montrer comment les hommes pensent dans les mythes, mais comment les mythes se pensent dans les hommes, et à leur insu.
Ibid.

4

5
Le savant n'est pas l'homme qui fournit les vraies réponses ; c'est celui
qui pose les vraies questions.
Ibid.

6
L'histoire n'est pas liée à l'homme, ni à aucun objet particulier : elle consiste
entièrement dans sa méthode.
La Pensée sauvage (Plon).

7
Le jour où l'on parviendra à comprendre la vie comme une fonction
de la matière inerte, ce sera pour découvrir que celle-ci possède des propriétés
bien différentes de celles qu'on lui attribuait.
Ibid.

8
La langue est une raison humaine qui a ses raisons, et que l'homme ne connaît pas.
Ibid.

9
Le procès tout entier de la connaissance humaine assume le caractère
d'un système clos.
Ibid.

10
Le propre de la pensée sauvage est d'être intemporelle.
Ibid.

11
Les blancs proclamaient que les Indiens étaient des bêtes, les seconds
se contentaient de soupçonner les premiers d'être des dieux. À ignorance égale,
le dernier procédé était certes plus digne d'hommes.
Tristes Tropiques (Plon).

12
Ce que d'abord vous nous montrez, voyages, c'est notre ordure lancée au visage
de l'humanité.
Ibid.

13
J'ai l'intelligence néolithique.
Ibid.

14
Le moi n'est pas seulement haïssable : il n'a pas de place entre un *nous* et un *rien*.
Ibid.
Voir Pascal, A **535** 46

15
Le monde a commencé sans l'homme, et il s'achèvera sans lui.
Ibid.

16
Qui dit homme dit langage, et qui dit langage dit société.
Ibid.

17
Un voyage s'inscrit simultanément dans l'espace, dans le temps,
et dans la hiérarchie sociale.
Ibid.

18
La vie sociale consiste à détruire ce qui lui donne son arôme.
Ibid.

Villes du Nouveau Monde : elles vont de la fraîcheur à la décrépitude sans s'arrêter à l'ancienneté. *Ibid.*	19

Prince Charles-Joseph de LIGNE
1735-1814

448

L'amour-propre d'un sot est aussi dangereux que celui d'un homme d'esprit est utile. *Mes écarts.*	1
Ceux qui ne savent pas rester chez eux sont toujours des ennuyés et, par conséquent, des ennuyeux. *Ibid.*	2
En amour, il n'y a que les commencements qui soient charmants. Il ne m'étonne pas qu'on trouve du plaisir à recommencer souvent. *Ibid.*	3
Il y a deux espèces de sots : ceux qui ne doutent de rien et ceux qui doutent de tout. *Ibid.*	4
J'aime les gens distraits ; c'est une marque qu'ils ont des idées et qu'ils sont bons : car les méchants et les sots ont toujours de la présence d'esprit. *Ibid.*	5
Je connais des gens qui n'ont d'esprit que ce qu'il leur faut pour être des sots. *Ibid.*	6
Malheur aux gens qui n'ont jamais tort ; ils n'ont jamais raison. *Ibid.*	7

Georges LIMBOUR
1900-1970

449

La terre chantera comme une toupie, dont nous tirerons la ficelle d'or. *La Boîte aux coquillages* (Gallimard).	1
La noble fonction d'un être qui inspire est d'inciter à une création qui ne lui ressemble pas, et qui le dépasse en tous sens. *Cesare Feverelli* (Gallimard).	2
Bohémiens, vous avez emporté tous les enfants du monde. *L'Enfant polaire* (Gallimard).	3
Sonde d'amour, veux-tu mesurer le fond où va pouvoir mouiller la mort ? *Ibid.*	4

Émile LITTRÉ
1801-1881

450

Celui qui veut faire un emploi sérieux de la vie doit toujours agir comme s'il avait à vivre longuement et se régler comme s'il lui fallait mourir prochainement. *Dictionnaire de la langue française.*	1

451	**Antoine LOISEL** 1536-1617
1	Les mariages se font au ciel et se consomment sur la terre. *Institutes coutumières.*

Guillaume de LORRIS
V. GUILLAUME de LORRIS.

452	**LOUIS XIV, roi de France** 1638-1715
1	L'artifice se dément toujours, et ne produit pas longtemps les mêmes effets que la vérité. *Mémoires.*
2	Aussitôt qu'un roi se relâche sur ce qu'il a commandé, l'autorité périt, et le repos avec elle. *Ibid.*
3	Ce qui nous occupe est quelquefois moins difficile que ce qui nous amuserait seulement. *Ibid.*
4	C'est sagement fait que d'écouter tout le monde, et de ne croire entièrement ceux qui nous approchent, ni sur leurs ennemis, hors le bien qu'ils sont contraints d'y reconnaître, ni sur leurs amis, hors le mal qu'ils tâchent d'y excuser. *Ibid.*
5	Les empires ne se conservent que comme ils s'acquièrent, c'est-à-dire par la vigueur, par la vigilance et par le travail. *Ibid.*
6	Encore qu'il soit de la probité d'un prince d'observer indispensablement ses paroles, il n'est pas de sa prudence de se fier absolument à celle d'autrui. *Ibid.*
7	En parlant de nos affaires, nous n'apprenons pas seulement beaucoup d'autrui, mais aussi de nous-mêmes. *Ibid.*
8	L'esprit achève ses propres pensées, en les mettant au-dehors. *Ibid.*
9	Et pour cet art de connaître les hommes [...], je vous dirai, mon fils, qu'il se peut apprendre, mais qu'il ne se peut enseigner. *Ibid.*
10	La fonction de roi consiste principalement à laisser agir le bon sens, qui agit toujours naturellement et sans peine. *Ibid.*

La gloire n'est pas une maîtresse qu'on puisse jamais négliger, ni être digne de ses premières faveurs, si l'on n'en souhaite incessamment de nouvelles. *Ibid.*	11
Il est d'un petit esprit, et qui se trompe ordinairement, de vouloir ne s'être jamais trompé. *Ibid.*	12
Il est sans comparaison plus facile de faire ce que l'on est, que d'imiter ce que l'on n'est pas. *Ibid.*	13
Il est très malaisé de parler beaucoup sans dire quelque chose de trop. *Ibid.*	14
Nous devons aux règles mêmes et aux exemples l'avantage de nous pouvoir passer des exemples et des règles. *Ibid.*	15
On ne fait jamais rien d'extraordinaire, de grand et de beau, qu'en y pensant plus souvent et mieux que les autres. *Ibid.*	16
Quiconque pardonne trop souvent punit presque inutilement le reste du temps. *Ibid.*	17
Les règles de la justice et de l'honneur conduisent presque toujours à l'utilité même. *Ibid.*	18
La sagesse veut qu'en certaines rencontres on donne beaucoup au hasard ; la raison elle-même conseille alors de suivre je ne sais quels mouvements ou instincts aveugles au-dessus de la raison, et qui semblent venir du Ciel. *Ibid.*	19
Tout l'art de la politique est de se servir des conjonctures. *Ibid.*	20
Le travail n'épouvante que les âmes faibles. *Ibid.*	21

LOUIS XVIII, roi de France 1755-1824	**453**
Le privilège des grands hommes est de donner des secousses à leur siècle. La secousse donnée, sauve qui peut. *Le Songe de Maurepas.*	1

Pierre LOUŸS (Pierre Louis, dit) 1870-1925	**454**
L'amour humain ne se distingue du rut stupide des animaux que par deux fonctions divines : la caresse et le baiser. *Aphrodite* (Fasquelle).	1

2	**L'arbre est né pour se rompre et non pour se plier.** *Poèmes* (Crès).
3	**C'est la pensée toute vivante qui dicte le style immortel.** **Dès qu'elle a trouvé ce qu'elle cherche, elle n'est plus.** *Poétique* (Crès).
4	**Une page bien écrite est celle dont on ne saurait enlever une syllabe** **sans fausser la mesure de la phrase.** *Ibid.*

M

Pierre **MAC ORLAN** (Pierre Dumarchais, dit) 1882-1970	**455**
Le désespoir n'habite jamais le cœur des mélancoliques. *Le Bal du pont du Nord* (Gallimard).	1
Quand on possède le goût des gens exceptionnels, on finit toujours par en rencontrer partout. *Ibid.*	2
Le goût du sacrifice que chaque femme porte en soi-même, comme une fleur prête à fleurir [...] *Marguerite de la nuit* (Émile-Paul)	3
Le pittoresque de l'avenir est composé de mots anticipés. *Le Mémorial du petit jour* (Gallimard).	4
Depuis que j'écris, je compose mes souvenirs. *La Petite Cloche de Sorbonne* (Gallimard).	5
Il n'existe pas de chanson sentimentale pour l'avenir. *Ibid.*	6
Je ne connais rien de plus triste qu'un recueil d'anecdotes. *Ibid.*	7
Les mots sont plus mystérieux que les faits. *Ibid.*	8
L'aventurier aime la discipline. *Petit Manuel du parfait aventurier* (Gallimard).	9

10   Une mauvaise action ne meurt jamais ; bien au contraire elle porte ses fruits,
avec une abondance progressive.
Ibid.

11   Celui qui n'a que sa bonne étoile pour se garer des autobus fait aussi bien
de ne pas traverser la rue.
Uranie ou l'Astronomie sentimentale
(Émile Hazan).

12   Il est très difficile d'imaginer quelque chose de simple.
Villes (Gallimard).

456   Maurice MAETERLINCK
1862-1949

1   Il n'y a rien de plus beau qu'une clef, tant qu'on ne sait pas ce qu'elle ouvre.
Aglavaine et Sélysette (Fasquelle).

2   Savons-nous ce que serait une humanité qui ne connaîtrait pas la fleur ?
Le Double Jardin (Fasquelle).

3   S'il est incertain que la vérité que vous allez dire soit comprise, taisez-la.
Ibid.

4   Une vertu n'est qu'un vice qui s'élève au lieu de s'abaisser ; et une qualité
n'est qu'un défaut qui sait se rendre utile.
Ibid.

5   Ils croient que rien n'arrivera parce qu'ils ont fermé la porte.
Intérieur (Fasquelle).

6   Il n'arrive jamais de grands événements intérieurs à ceux qui n'ont rien fait
pour les appeler à eux.
La Sagesse et la destinée (Fasquelle).

7   On n'a que le bonheur qu'on peut comprendre.
Ibid.

8   Allez où vos yeux vous mènent,
Dieu les fermera demain.
Treize Chansons de l'âge mûr (Fasquelle).

9   Encore des fous qui passent...
Ils vont on ne sait où...
Et nous suivrons leurs traces
S'ils sont plus fous que nous...
Ibid.

10   Ne cultivons pas notre peine,
L'Eternité s'en chargera [...]
Ibid.

Quand on n'a pas ce que l'on aime, Il faut aimer ce qu'on n'a pas. *Ibid.*	11
Le silence est l'élément dans lequel se forment les grandes choses. *Le Trésor des humbles* (Fasquelle).	12
L'intelligence est la faculté à l'aide de laquelle nous comprenons finalement que tout est incompréhensible. *La Vie des termites* (Fasquelle).	13

MAINE de BIRAN (François Pierre Gontier de Biran, dit)
1766-1824
457

Notre âme a plus de capacité pour le plaisir que pour la douleur. *Journal, 1793.*	1
J'assiste à ma mort avec les forces entières de ma vie. *Ibid., 1815.*	2

Françoise d'Aubigné, marquise de MAINTENON
1635-1719
458

Soyez en garde contre le goût que vous avez pour l'esprit. Trop d'esprit humilie ceux qui en ont peu. *Conseils à la duchesse de Bourgogne.*	1
Tous ces désirs de grandeur partent du vide d'un cœur inquiet. *Lettres, 1676.*	2
Il faut se servir des gens selon leurs talents, et compter qu'il n'y en a point de parfaits. *Ibid., 1679.*	3
Rien n'est plus habile qu'une conduite irréprochable. Cité par E. Faguet in *les Grands Maîtres du XVIIᵉ siècle.*	4

Joseph de MAISTRE
1753-1821
459

Ce ne sont point les hommes qui mènent la révolution, c'est la révolution qui emploie les hommes. *Considérations sur la France.*	1
Le christianisme a été prêché par des ignorants et cru par des savants, et c'est en quoi il ne ressemble à rien de connu. *Ibid.*	2
L'histoire du neuf thermidor n'est pas longue : *quelques scélérats firent périr quelques scélérats.* *Ibid.*	3

4

Il n'y a point d'*homme* dans le monde. J'ai vu dans ma vie des Français,
des Italiens, des Russes ; je sais même, grâce à Montesquieu, qu'*on peut
être Persan ;* mais quant à l'*homme* je déclare ne l'avoir rencontré de ma vie ;
s'il existe c'est bien à mon insu.
Ibid.

5

Il y a dans la révolution française un caractère *satanique* qui la distingue
de tout ce qu'on a vu et peut-être de tout ce qu'on verra.
Ibid.

6

Je ne sais ce qu'est la vie d'un coquin, je ne l'ai jamais été ;
mais celle d'un honnête homme est abominable.
Lettres et Opuscules inédits.

7

Toute nation a le gouvernement qu'elle mérite.
Ibid.

8

C'est l'imagination qui perd les batailles.
Les Soirées de Saint-Pétersbourg.

9

Les fausses opinions ressemblent à la fausse monnaie qui est frappée d'abord
par de grands coupables, et dépensée ensuite par d'honnêtes gens qui perpétuent
le crime sans savoir ce qu'ils font.
Ibid.

10

Le glaive de la justice n'a pas de fourreau.
Ibid.

11

La guerre est [...] divine en elle-même, puisque c'est une loi du monde.
Ibid.

12

Jamais le christianisme, si vous y regardez de près, ne vous paraîtra
plus sublime, plus digne de Dieu, et plus fait pour l'homme qu'à la guerre.
Ibid.

13

La loi juste n'est point celle qui a son effet sur tous, mais celle
qui est faite pour tous.
Ibid.

14

La terre entière, continuellement imbibée de sang, n'est qu'un autel immense
où tout ce qui vit doit être immolé sans fin, sans mesure, sans relâche, jusqu'à
la consommation des choses, jusqu'à l'extinction du mal, jusqu'à la mort de la mort.
Ibid.

460

Nicolas de MALEBRANCHE
1638-1715

1

De toutes les sciences humaines, la science de l'homme est la plus digne de l'homme.
De la recherche de la vérité.

2

Il n'est pas au pouvoir de notre volonté de ne pas souhaiter d'être heureux.
Ibid.

L'imagination est la folle du logis.
Ibid.

3

**On ne doit jamais aimer absolument un bien si l'on peut sans remords
ne le point aimer.**
Ibid.

4

Pauvre Caton, tu t'imagines que ta vertu t'élève au-dessus de toutes choses.
Ibid.

5

**[...] Le plaisir est toujours un bien, et la douleur toujours un mal;
mais il n'est pas toujours avantageux de jouir du plaisir, et il est
quelquefois avantageux de souffrir la douleur.**
Ibid.

6

Il faut toujours rendre justice avant que d'exercer la charité.
Traité de morale.

7

Nicolas de MALÉZIEU
1650-1729

461

Les Français n'ont pas la tête épique.

Cité par Voltaire, *Essai sur la poésie épique.*

1

François de MALHERBE
1555-1628

462

**L'Aurore, d'une main, en sortant de ses portes,
Tient un vase de fleurs languissantes et mortes.**
Les Larmes de saint Pierre.

1

**[...] l'art d'en* faire les couronnes
N'est pas su de toutes personnes;
Et trois ou quatre seulement,
Au nombre desquels on me range,
Peuvent donner une louange
Qui demeure éternellement.**
Odes.

*Lauriers.

2

Je suis vaincu du temps; je cède à ses outrages.
Ibid.

3

**Les ouvrages communs durent quelques années;
Ce que Malherbe écrit dure éternellement.**
Sonnets.

4

**Beauté mon beau souci, de qui l'âme incertaine
A comme l'Océan son flux et son reflux :
Pensez de vous résoudre à soulager ma peine,
Ou je me vois résoudre à ne la souffrir plus.**
Stances.

5

6	C'est la toile sans fin de la femme d'Ulysse, Dont l'ouvrage du soir au matin se défait. *Ibid.*
7	Et, rose, elle a vécu ce que vivent les roses, L'espace d'un matin. *Ibid.*
8	Je ne trouve la paix qu'à me faire la guerre. *Ibid.*
9	La moisson de nos champs lassera les faucilles, Et les fruits passeront la promesse des fleurs. *Ibid.*
10	N'espérons plus, mon âme, aux promesses du monde, Sa lumière est un verre, et sa faveur une onde [...] *Ibid.*
11	La nuit est déjà proche à qui passe midi. *Ibid.*
12	Le pauvre en sa cabane où le chaume le couvre Est sujet à ses lois* Et la garde qui veille aux barrières du Louvre N'en défend point nos rois. * De la mort. *Ibid.*
13	Tout le plaisir des jours est en leurs matinées. *Ibid.*

463   Stéphane MALLARMÉ
1842-1898

1	Que tout poème composé autrement qu'en vue d'obéir au vieux génie du vers, n'en est pas un [...] *Crayonné au théâtre,* Solennité.
2	[...] Un livre, dans notre main, s'il énonce quelque idée auguste, supplée à tous les théâtres, non par l'oubli qu'il en cause mais les rappelant impérieusement, au contraire. *Ibid.*
3	Le Néant parti, reste le château de la pureté ! *Igitur, V.*
4	Là-bas, où que ce soit, nier l'indicible, qui ment. *La Musique et les lettres* (Gallimard).
5	La littérature, d'accord avec la faim, consiste à supprimer le monsieur qui reste en l'écrivant [...] *Ibid.*

— Oui, que la Littérature existe et, si l'on veut, seule, à l'exclusion de tout. | 6
Ibid.

Le devoir est de vaincre, et un inéluctable despotisme participe du génie. | 7
Les Poèmes d'Edgar Poe, Scolies.

[...] Tout hasard doit être banni de l'œuvre moderne et n'y peut être que feint. | 8
Ibid.

Jouir comme la foule du mythe inclus dans toute banalité, quel repos [...] | 9
Poèmes en prose, Un spectacle interrompu.

[...] Ayant peur de mourir lorsque je couche seul. | 10
Poésies, Angoisse.

Calme bloc ici-bas chu d'un désastre obscur [...] | 11
Ibid., Hommages et tombeaux, le Tombeau d'Edgar Poe.

Ces nymphes, je les veux perpétuer. | 12
Ibid., l'Après-midi d'un faune.

La chair est triste, hélas! et j'ai lu tous les livres. | 13
Fuir! là-bas fuir! Je sens que des oiseaux sont ivres
D'être parmi l'écume inconnue et les cieux!
Ibid., Brise marine.

De l'éternel azur la sereine ironie [...] | 14
Ibid., l'Azur.

Donner un sens plus pur aux mots de la tribu [...] | 15
Ibid., Hommages et tombeaux, le Tombeau d'Edgar Poe.

L'espace à soi pareil qu'il s'accroisse ou se nie [...] | 16
Ibid., Plusieurs Sonnets, I.

Et toi, sors des étangs léthéens et ramasse | 17
En t'en venant la vase et les pâles roseaux,
Cher Ennui, pour boucher d'une main jamais lasse
Les grands trous bleus que font méchamment les oiseaux.
Ibid., l'Azur.

Gloire du long désir, Idées [...] | 18
Ibid., Prose.

[...] L'hiver, saison de l'art serein, l'hiver lucide [...] | 19
Ibid., Renouveau.

J'aime l'horreur d'être vierge [...] | 20
Ibid., Hérodiade.

Je t'apporte l'enfant d'une nuit d'Idumée! | 21
Ibid., Don du poème.

22 | Mais, ô mon cœur, entends le chant des matelots!
Ibid., *Brise marine.*

23 | Nous sommes
La triste opacité de nos spectres futurs.
Ibid., *Toast funèbre.*

24 | Ô miroir!
Eau froide par l'ennui dans ton cadre gelée |...|
Ibid., *Hérodiade.*

25 | Ô mort le seul baiser aux bouches taciturnes!
Ibid., *le Guignon.*

26 | Où fuir dans la révolte inutile et perverse?
Je suis hanté. L'Azur! l'Azur! l'Azur! l'Azur!
Ibid., *l'Azur.*

27 | Le splendide génie éternel n'a pas d'ombre.
Ibid., *Toast funèbre.*

28 | Tel qu'en Lui-même enfin l'éternité le change |...|
Ibid., *Hommages et tombeaux, le Tombeau d'Edgar Poe.*

29 | |...| Un peu profond ruisseau calomnié la mort.
Ibid., *Hommages et tombeaux, Anniversaire, janvier 1897.*

30 | Le vierge, le vivace et le bel aujourd'hui |...|
Ibid., *Plusieurs sonnets.*

31 | Ô poètes, vous avez toujours été orgueilleux; soyez plus, devenez dédaigneux.
Proses de jeunesse, *Hérésies artistiques, « l'Art pour tous ».*

32 | La Science ayant dans le Langage trouvé une confirmation d'elle-même,
doit maintenant devenir une CONFIRMATION du Langage.
Proses diverses, Notes.

33 | Toute méthode est une fiction, et bonne pour la démonstration.
Ibid.

34 | |Rimbaud| Ce passant considérable |...|
Quelques Médaillons et portraits en pied.

35 | Sait-on ce que c'est qu'écrire? Une ancienne et très vague mais jalouse pratique,
dont gît le sens au mystère du cœur.
Ibid., *Villiers de l'Isle-Adam.*

36 | La tombe aime tout de suite le silence.
Ibid., *Verlaine.*

37 | Le monde est fait pour aboutir à un beau livre.
Réponse à des enquêtes, *Sur l'évolution littéraire.*

Nommer un objet, c'est supprimer les trois quarts de la jouissance du poème qui est faite du bonheur de deviner peu à peu ; le *suggérer,* voilà le rêve. *Ibid.*	38
L'Homme, puis son authentique séjour terrestre, échangent une réciprocité de preuves. *Richard Wagner.*	39
Toute Pensée émet un Coup de Dés. *Un coup de dés jamais n'abolira le hasard.*	40
C'était le jour béni de ton premier baiser. *Poésies, Apparition.*	41
Repuiser, simplement, au destin. *Variations sur un sujet,* Grands Faits divers.	42
Toute âme est une mélodie, qu'il s'agit de renouer [...] *Ibid., Crise de vers.*	43

Robert MALLET
1915

464

L'art est un cheminement studieux vers une école buissonnière. *Apostilles* (Gallimard).	1
Avec l'âge, ne pas achever peut donner l'illusion d'entreprendre encore. *Ibid.*	2
Les bonnes idées n'ont pas d'âge, elles ont seulement de l'avenir. *Ibid.*	3
Ce n'est pas l'impossible qui désespère le plus, mais le possible non atteint. *Ibid.*	4
Combien d'esprits pessimistes finissent par désirer ce qu'ils craignent, pour avoir raison. *Ibid.*	5
Il peut tout de même arriver que le plaisir de donner soif à l'autre soit moins grand que celui de lui donner à boire. *Ibid.*	6
L'indifférence qu'on porte à l'autre est sans doute la pire des raisons de lui être fidèle. *Ibid.*	7
J'ai toutes les raisons de t'aimer. Il me manque la déraison. *Ibid.*	8
Je crains les cœurs flâneurs : ils confondent le temps de voir avec le temps d'aimer. *Ibid.*	9

| 10 | Le mensonge est dangereux parce qu'il se fait prendre pour la vérité. La vérité l'est parce qu'on la prend pour la vérité. *Ibid.* |

| 11 | Nos défauts chez les autres nous inquiètent plus qu'ils ne nous rassurent. *Ibid.* |

| 12 | On s'humilie par orgueil. On accepte d'être humilié par humilité. *Ibid.* |

| 13 | Rien de plus émouvant que la beauté qui s'ignore, sinon la laideur qui se sait. *Ibid.* |

| 14 | S'il faut savoir avoir raison sans choquer, il faut aussi savoir se tromper sans commettre d'erreur. *Ibid.* |

| 15 | Le style de celui-là dit qu'il sait s'habiller, et de celui-ci qu'il n'a pas besoin d'habit. *Ibid.* |

| 16 | Une imprudence qui réussit compromet l'intelligence du courage. *Ibid.* |

465

André MALRAUX
1901-1976

| 1 | Cette auberge sans routes qui s'appelle la vie. *Antimémoires* (Gallimard). |

| 2 | Le chef-d'œuvre est garant du génie, le génie n'est pas garant du chef-d'œuvre. *Ibid.* |

| 3 | Dans la Résistance, la France reconnaissait ce qu'elle aurait voulu être, plus que ce qu'elle avait été. *Ibid.* |

| 4 | Je sais mal ce qu'est la liberté, mais je sais bien ce qu'est la libération. *Ibid.* |

| 5 | Les millénaires n'ont pas suffi à l'homme pour apprendre à voir mourir. *Ibid.* |

| 6 | Pourquoi la vanité est-elle aussi forte que la mort ? *Ibid.* |

| 7 | Quel jour étonnant, que le jour où l'homme s'est mis à se croire éternel ! *Ibid.* |

| 8 | Que m'importe ce qui n'importe qu'à moi ? *Ibid.* |

Le rêve secret d'une bonne partie de la France et de la plupart
de ses intellectuels, c'est une guillotine sans guillotinés.
Ibid.

9

Toute civilisation est hantée, visiblement ou invisiblement, par ce qu'elle pense
de la mort.
Ibid.

10

La vérité d'un homme, c'est d'abord ce qu'il cache.
Ibid.

11

La vraie barbarie, c'est Dachau ; la vraie civilisation, c'est d'abord
la part de l'homme que les camps ont voulu détruire.
Ibid.

12

On ne voit vieillir que les autres.
Les chênes qu'on abat... (Gallimard).

13

Un personnage n'est pas un individu en mieux.
Ibid.

14

Ce n'est pas par obéissance qu'on se fait tuer. Ni qu'on tue. Sauf les lâches.
La Condition humaine (Gallimard).

15

Connaître par l'intelligence, c'est la tentation vaine de se passer du temps.
Ibid.

16

Croyez-vous que toute vie réellement religieuse ne soit pas une conversion
de chaque jour ?
Ibid.

17

L'érotisme, c'est l'humiliation en soi ou chez l'autre, peut-être chez
tous les deux.
Ibid.

18

La musique seule peut parler de la mort.
Ibid.

19

On ne connaît jamais un être, mais on cesse parfois de sentir qu'on l'ignore.
Ibid.

20

On trouve toujours l'épouvante en soi, il suffit de chercher assez profond.
Heureusement, on peut agir.
Ibid.

21

Reconnaître la liberté d'un autre, c'est lui donner raison
contre sa propre souffrance.
Ibid.

22

Toute douleur qui n'aide personne est absurde.
Ibid.

23

24	J'ai appris qu'une vie ne vaut rien, mais que rien ne vaut une vie. *Les Conquérants* (Gallimard).
25	La liberté appartient à ceux qui l'ont conquise. *Discours*, à la Chambre des députés, 1945.
26	Les condamnés à mort sont contagieux. *L'Espoir* (Gallimard).
27	Dieu n'est pas fait pour être mis dans le jeu des hommes comme un ciboire dans une poche de voleur. *Ibid.*
28	Le difficile n'est pas d'être avec ses amis quand ils ont raison, mais quand ils ont tort. *Ibid.*
29	— Et le Christ? — C'est un anarchiste qui a réussi. C'est le seul. *Ibid.*
30	L'héroïsme qui n'est que l'imitation de l'héroïsme ne mène à rien. *Ibid.*
31	Les hommes ne meurent que pour ce qui n'existe pas. *Ibid.*
32	Il est mauvais de penser aux hommes en fonction de leurs bassesses. *Ibid.*
33	Il n'y a pas cinquante manières de combattre, il n'y en a qu'une, c'est d'être vainqueur. Ni la révolution ni la guerre ne consistent à se plaire à soi-même. *Ibid.*
34	Il n'y a pas de héros sans auditoire. *Ibid.*
35	Il y a des guerres justes, il n'y a pas d'armées justes. *Ibid.*
36	Il y a une fraternité qui ne se trouve que de l'autre côté de la mort. *Ibid.*
37	J'ai vu des démocraties intervenir contre à peu près tout, sauf contre les fascismes. *Ibid.*
38	La mort n'est pas une chose si sérieuse ; la douleur, oui. *Ibid.*
39	On ne fait pas de politique avec de la morale, mais on n'en fait pas davantage sans. *Ibid.*

On n'enseigne pas à tendre l'autre joue à des gens qui, depuis deux mille ans, n'ont jamais reçu que des gifles. *Ibid.*	40
On ne peut pas faire un art qui parle aux masses quand on n'a rien à leur dire. *Ibid.*	41
Le propre des questions insolubles est d'être usées par la parole. *Ibid.*	42
La révolution, c'est les vacances de la vie. *Ibid.*	43
La sagesse est plus vulnérable que la beauté ; car la sagesse est un art impur. *Ibid.*	44
Toute action est manichéenne. *Ibid.*	45
La tragédie de la mort est en ceci qu'elle transforme la vie en destin. *Ibid.*	46
L'œuvre surgit dans son temps et de son temps, mais elle devient œuvre d'art par ce qui lui échappe. *La Métamorphose des dieux* (Gallimard).	47
Ah ! que la victoire demeure avec ceux qui auront fait la guerre sans l'aimer ! *Les Noyers de l'Altenburg* (Gallimard).	48
Le coup d'état du christianisme, c'est d'avoir installé la fatalité *dans* l'homme. De l'avoir fondée sur notre nature. *Ibid.*	49
Il est peu d'actions que les rêves nourrissent au lieu de les pourrir. *Ibid.*	50
Les intellectuels sont comme les femmes, les militaires les font rêver. *Ibid.*	51
Les marbres grecs regardent en dedans, mais les beaux gothiques ont toujours l'air d'aveugles qui cherchent. *Ibid.*	52
L'Acropole est le seul lieu du monde hanté à la fois par l'esprit et par le courage. *Oraisons funèbres,* Hommage à la Grèce (Gallimard).	53
La culture ne s'hérite pas, elle se conquiert. *Ibid.*	54
La gloire trouve dans l'outrage son suprême éclat. *Ibid.,* Le Corbusier.	55

56
Le tombeau des héros est le cœur des vivants.
Ibid., Jeanne d'Arc.

57
Toute création est, à l'origine, la lutte d'une forme en puissance
contre une forme imitée.
Psychologie de l'art (Skira).

58
Ce n'est pas la passion qui détruit l'œuvre d'art, c'est la volonté de prouver.
Le Temps du mépris (Gallimard).

59
L'individu s'oppose à la collectivité, mais il s'en nourrit.
Ibid.

60
Le mépris des hommes est fréquent chez les politiques, mais confidentiel.
Ibid.

61
Je vois dans l'Europe une barbarie attentivement ordonnée, où l'idée
de la civilisation et celle de l'ordre sont chaque jour confondues.
La Tentation de l'Occident (Grasset).

62
Une culture ne meurt que de sa propre faiblesse.
Ibid.

63
Les personnages principaux de Flaubert sont bien souvent des personnages
de Balzac conçus dans l'échec au lieu de l'être dans la réussite.
Le Triangle noir (Gallimard).

64
Quel génie ne sauva ses enfances ?
Ibid.

65
S'il existe une solitude où le solitaire est un abandonné, il en existe une
où il n'est solitaire que parce que les hommes ne l'ont pas encore rejoint.
Ibid.

66
Tout sadisme semble la volonté délirante d'une impossible possession.
Ibid.

67
Celui qui se tue court après une image qu'il s'est formée de lui-même :
on ne se tue jamais que pour *exister*.
La Voie royale (Grasset).

68
Être roi est idiot ; ce qui compte c'est de faire un royaume.
Ibid.

69
La jeunesse est une religion dont il faut toujours finir par se convertir.
Ibid.

70
Le pouvoir doit se définir par la possibilité d'en abuser.
Ibid.

71
Tout aventurier est né d'un mythomane.
Ibid.

L'art est un anti-destin. *Les Voix du silence* (Gallimard).	72
Le dialogue tour à tour sanglant et serein qu'on appelle Renaissance. *Ibid.*	73
Le génie du vitrail finit quand le sourire commence. *Ibid.*	74
L'homme s'est plus souvent lié à l'au-delà qu'il croit connaître qu'à celui qu'il sait ignorer. *Ibid.*	75
Il n'y a plus d'art populaire parce qu'il n'y a plus de peuple. *Ibid.*	76
Qu'est-ce que l'art ? — Ce par quoi les formes deviennent style. *Ibid.*	77
Tout art est une leçon pour ses dieux. *Ibid.*	78
Toute œuvre d'art survivante est amputée, et d'abord de son temps. *Ibid.*	79

Pieyre de MANDIARGUES
V. PIEYRE de MANDIARGUES.

Jean-Paul MARAT
1743-1793

466

C'est par la violence qu'on doit établir la liberté. *L'Ami du peuple,* 1792.	1
Le peuple ne s'attache qu'à l'écorce des choses, et souffre patiemment le joug, pourvu qu'il ne soit pas apparent. *Les Chaînes de l'esclavage.*	2
Pour enchaîner les peuples, on commence par les endormir. *Ibid.*	3
Quelquefois les plus petits ressorts font mouvoir les plus grandes machines. *Ibid.*	4
La trop grande sécurité des peuples est toujours l'avant-coureur de leur servitude. *Ibid.*	5
Toujours une aveugle obéissance suppose une ignorance extrême [...] *Plan de législation criminelle.*	6

467   Félicien MARCEAU
1913

1

Il est étrange de voir combien nos défauts nous aident,
la légèreté nous sauve, la paresse nous sauve,
mais sont-ce encore des victoires ?
Les Années courtes (Gallimard).

2

On ne devient pas un autre homme. Mais, en nous et autour de nous, tout change.
Ibid.

3

La vertu peut dissiper autant que l'inconduite.
Ibid.

4

Même lorsque l'acte ne nous ressemble pas, les conséquences, elles,
nous ressemblent.
Chair et cuir (Gallimard).

5

Quiconque se met à vivre avec des raisons, c'est qu'il est mûr pour la péripétie.
Ibid.

468   Gabriel MARCEL
1889-1973

1

La solitude est essentielle à la fraternité.
La Dignité humaine (Aubier).

2

La fidélité ne s'affirme vraiment que là où elle défie l'absence.
Du refus à l'invocation (Gallimard).

3

Il n'y a d'opinion que de ce qu'on ne connaît pas.
Ibid.

4

L'essence de l'homme ne serait-elle pas d'être un être qui peut témoigner ?
Être et avoir (Aubier).

5

Toute famille vraiment vivace sécrète un certain rituel
sans lequel elle risque de perdre à la longue
ses assises secrètes.
Homo viator (Aubier).

6

Ce dont l'existence pourrait être démontrée ne serait pas et ne pourrait pas
être Dieu.
Journal métaphysique (Gallimard).

7

Descartes l'avait déjà vu avec une admirable clarté : la liberté d'indifférence
est le plus bas degré de la liberté.
Le Mystère de l'être (Aubier).

8

Exister, c'est coexister.
Présence et immortalité (Flammarion).

MARGUERITE d'ANGOULÊME, reine de Navarre 1492-1549	**469**

Mais liberté m'a très bien fait apprendre Que tout plaisir en elle on peut trouver. *Comédie à dix personnages.*	1

C'est la gloire des vieilles gens qui cuydent* toujours avoir été plus sages que ceux qui viennent après eux. * Pensent. *L'Heptaméron.*	2

Les hommes recouvrent leur diable du plus bel ange qu'ils peuvent trouver. *Ibid.*	3

Je tiens mariage le plus beau et le plus sûr état qui soit au monde. *Ibid.*	4

Le pire diable chasse le moindre. *Ibid.*	5

Un malheureux cherche l'autre. *Ibid.*	6

Où l'esprit est divin et véhément La liberté y est parfaitement. *Les Prisons.*	7

Il n'est que d'être À une fenêtre, Regardant le beau temps venir. *Théâtre profane,* Trop, prou, peu, moins.	8

MARIE de FRANCE Seconde moitié du XIIᵉ siècle	**470**

Mais si l'on veut les séparer, Le coudrier meurt promptement, Le chèvrefeuille mêmement. Belle amie, ainsi est de nous; Ni vous sans moi ni moi sans vous. *Lai du chèvrefeuille.*	1

Jacques MARITAIN 1882-1973	**471**

Tout acte humain est un jugement porté sur la nature divine. *Carnet de notes,* 21 sept. 1910 (Desclée de Brouwer).	1

Non seulement l'état d'esprit démocratique vient de l'inspiration évangélique, mais il ne peut pas subsister sans elle. *Christianisme et démocratie* (Hartmann).	2

| 3 | Il n'y a rien que l'homme désire tant qu'une vie héroïque ; il n'y a rien de moins ordinaire à l'homme que l'héroïsme.
Humanisme intégral (Aubier). |

| 4 | Le religieux parfait prie si bien qu'il ignore qu'il prie. Le communisme est si profondément une religion — terrestre — qu'il ignore qu'il est une religion.
Ibid. |

472   Raïssa MARITAIN
1883-1960

| 1 | Tous les hommes sont faits du même limon, mais pas du même souffle.
Cité par Jacques Maritain dans *Carnet de notes,* 5 juin 1905. |

473   Pierre Carlet de Chamblain de MARIVAUX
1688-1763

| 1 | Femme tentée et femme vaincue, c'est tout un.
Arlequin poli par l'amour, 1. |

| 2 | Quand une femme est fidèle, on l'admire ; mais il y a des femmes modestes qui n'ont pas la vanité de vouloir être admirées.
Ibid. |

| 3 | Il faut avoir bien du jugement pour sentir que nous n'en avons point.
L'Île de la raison, Prologue. |

| 4 | [...] Allons, saute, marquis !
Le Jeu de l'amour et du hasard, III, 9. |

| 5 | Dans ce monde, il faut être un peu trop bon pour l'être assez.
Ibid., I, 2. |

| 6 | La coquette ne sait que plaire, et ne sait pas aimer, voilà pourquoi on l'aime tant.
Lettre sur les habitants de Paris. |

| 7 | L'inférieur n'est-il pas bien flatté d'une familiarité dont on ne l'honore qu'en se montrant satisfait des sentiments qu'il a de sa petitesse ?
Ibid. |

| 8 | Le négligé est une abjuration simulée de coquetterie ; mais en même temps le chef-d'œuvre de l'envie de plaire.
Ibid. |

| 9 | Le vice est comme l'amant chéri de l'âme.
Ibid. |

| 10 | Les âmes excessivement bonnes sont volontiers imprudentes par excès de bonté même, et d'un autre côté, les âmes prudentes sont assez rarement bonnes.
Le Paysan parvenu. |

Il n'y a point de plaisir qui ne perde à être connu. 11
Ibid.

On aime tant Dieu, quand on a besoin de lui! 12
Ibid.

Tout ce qui n'est que suffisant ne suffit jamais. 13
Ibid.

Nous marier? Des gens qui s'aiment! 14
Le Petit Maître corrigé, II, 6.

Un homme qui se trouve bien assis, qu'a-t-il besoin de se mettre debout? 15
Le Prince travesti, I, 13.

Le trop spirituel est un homme qui n'a jamais assez d'esprit pour savoir 16
la juste mesure qu'il en faut avoir.
Réflexions.

J'aurais cru que la gloire de pardonner à ses ennemis valait bien l'honneur 17
de les haïr toujours.
Le Triomphe de l'amour, III, 3.

En général, il faut se redresser pour être grand : il n'y a qu'à rester 18
comme on est pour être petit.
La Vie de Marianne.

Fiez-vous aux personnes jalouses du soin de vous connaître. 19
Ibid.

Il faut que la terre soit un séjour bien étranger pour la vertu, 20
car elle ne fait qu'y souffrir.
Ibid.

Il n'y a que le sentiment qui nous puisse donner des nouvelles un peu sûres 21
de nous.
Ibid.

Mon Dieu, que les hommes ont de talents pour ne rien valoir! 22
Ibid.

Nous sommes plus jaloux de la considération des autres que de leur estime. 23
Ibid.

On s'accoutume à tout dans l'abondance, il n'y a guère de dégoût 24
dont elle ne console.
Ibid.

La plupart des femmes qui ont beaucoup d'esprit ont une certaine façon d'en avoir 25
qu'elles n'ont pas naturellement, mais qu'elles se donnent.
Ibid.

474	**Jean-François MARMONTEL** 1723-1799

1

Où peut-on être mieux qu'au sein de sa famille?

Lucile, opéra sur une musique de Grétry (1769).

475	**Clément MAROT** 1496-1544

1

Ne blâmez point doncques* notre jeunesse
Car noble cœur ne cherche que soulas**.

Ballade des enfants sans souci.

* Donc.
** Joie.

2

Cœur sans amour toujours loyer demande.

Le Balladin.

3

Vertu n'a pas en amour grand'prouesse.

Chansons, xix.

4

Adieu le temps qui si bon a été
Par seul amour.

Rondeaux, lii.

5

Car l'hiver qui s'apprête
A commencé à neiger sur ma tête.

Églogue au roi sous les noms de Pan et Robin.

6

Sur le printemps de ma jeunesse folle,
Je ressemblais l'arondelle* qui vole
Puis çà, puis là : l'âge me conduisait,
Sans peur ni soin**, où le cœur me disait.

Ibid.

* Hirondelle.
** Souci.

7

Amour fait vivre, et Crainte fait mourir.

Élégie, viii.

8

Sais-tu pas bien qu'en cœur de noble dame
Loger ne peut ingratitude infâme?

Ibid., i.

9

Le beau verger des lettres plantureux
Nous reproduit ses fleurs et grand jonchées.

L'Enfer.

10

Ha, bouche que tant je désire :
Dictes Nenny en me baisant.

Épigrammes.

Bref, nul ne peut (soit par feu, sang ou mine)
Gagner profit en guerre féminine.

*Épîtres, Pour le capitaine Raisin audit seigneur
de la Rocque.*

11

Si disent les vieux quolibets
Qu'on ne voit pas tant de gibets
En ce monde que de larrons.

Ibid., Du coq à l'âne.

12

J'avais un jour un valet de Gascogne,
Gourmand, ivrogne, et assuré menteur,
Pipeur, larron, jureur, blasphémateur,
Sentant la hart* de cent pas à la ronde,
Au demeurant le meilleur fils du monde**.

Ibid., Au roi pour avoir été dérobé.

* La corde.
** Voir Rabelais (A-**574**-23).

13

Le pauvre esprit qui lamente* et soupire
Et en pleurant tâche à vous faire rire.

Ibid.

* Se lamente.

14

Petit feu ne peut jeter grand lustre.

Ibid., le Dépourvu.

15

Un homme ne peut bien écrire,
S'il n'est quelque peu bon lisart*.

Ibid., Du coq à l'âne.

* Lecteur.

16

Des sages Dieu la sagesse réprouve,
Et des petits l'humilité approuve,
Auxquels il a ses secrets révélés,
Qu'il a cachés aux sages, et célés.

Sermon du bon pasteur et du mauvais.

17

Roger **MARTIN DU GARD**
1881-1958

476

Ce qui vieillit une œuvre, ce qui la démonétise, ce que la postérité laisse
tomber, c'est justement ce à quoi l'auteur attachait le plus de prix.

Correspondance avec A. Gide (Gallimard).

1

L'esprit de la révolution sera trahi par l'esprit militaire.

Ibid.

2

Je ne vois que l'inconscience qui peut éviter au mourant un atroce sentiment
de vanité et de désespoir.

Ibid.

3

La pensée ne commence qu'avec le doute.

Ibid.

4

5   **Quand la vérité est libre, et l'erreur aussi, ce n'est pas l'erreur qui triomphe.**
Jean Barois (Gallimard).

6   **Une conviction qui commence par admettre la légitimité d'une conviction adverse se condamne à n'être pas agissante.**
Ibid.

7   **La vie, c'est la victoire qui dure.**
Ibid.

8   **Mourir en laissant une œuvre, ce n'est plus mourir autant.**
Journal de guerre (Gallimard).

9   **Admirer n'est pas aimer.**
Les Thibault, la Mort du père (Gallimard).

10   **Il n'y a pas d'ordre véritable sans la justice.**
Ibid., l'Été 1914.

11   **Il y a deux façons d'être spirituel : par l'esprit qu'on met dans ce qu'on dit, et par celui qu'on met dans sa manière de le dire.**
Ibid., Épilogue.

12   **Je ne peux pas admettre la violence, même contre la violence.**
Ibid., l'Été 1914.

13   **Où qu'il soit, où qu'il aille, l'homme continue à penser avec les mots, avec la syntaxe de son pays.**
Ibid., l'Été 1914.

14   **Si l'on ne fait pas le bien par goût naturel, que ce soit par désespoir ; ou du moins pour ne pas faire le mal.**
Ibid., la Mort du père.

15   **C'est toujours l'inlassable médiocrité de la femme qui l'emporte.**
Un taciturne (Gallimard).

16   **La loi morale, c'est nous qui l'avons faite, ce n'est pas nous qui avons été faits par elle.**
Ibid.

17   **Une femme, surtout devant un homme, joue toujours un rôle.**
Ibid.

---

477   ## Maurice MARTIN DU GARD
1896-1970

1   **Il est des moments où il ne vous resterait plus aucun droit si l'on ne pouvait mépriser.**
Petite Suite de maximes et de caractères
(Flammarion).

Il y a des hommes si intelligents qu'on se demande si quelque chose peut encore
les intéresser.
Ibid.

2

La jeunesse, en France, on ne l'admire que chez les vieillards.
Ibid.

3

Louis MASSIGNON
1883-1962

478

Notre finalité est plus que notre origine.
in Dieu vivant, n° 4.

1

[...] La mort laisse la vie de l'âme se maintenir entre ceux qui aiment.
Lettre à Hélène Maspero (l'Herne, Hommage à
Massignon).

2

L'homme qui se tait refuse ; la femme qui se tait consent.
Opera minora (Centre de documentation
scolaire).

3

Il est des cœurs qui n'arrivent que par la lassitude jusqu'à la tendresse.
Ibid.

4

Pour comprendre l'autre, il ne faut pas se l'annexer mais devenir son hôte.
Ibid.

5

Toute la révolte de l'Asie contre l'Europe provient de notre méconnaissance
du droit sacré d'asile et d'hospitalité.
Ibid.

6

La vraie, la seule histoire d'une personne humaine, c'est l'émergence graduelle
de son vœu secret à travers sa vie publique.
*Un vœu et un destin : Marie-Antoinette, reine
de France* in Lettres nouvelles n° 30-31.

7

La vraie, la seule histoire d'un peuple, c'est la montée folklorique
de ses réactions collectives, thèmes archétypiques lui servant à classer
et à juger les témoins « engendrés » par sa masse.
Ibid.

8

Jean-Baptiste MASSILLON
1663-1742

479

Tout ce qui fait la grandeur des rois sur la terre en fait aussi le danger.
Oraisons funèbres, Louis le Grand.

1

Nous disons sans cesse que le monde n'est rien, et nous ne vivons
que pour le monde.
Ibid., Monseigneur Louis, Dauphin.

2

3 | Ce sont les grands et les puissants qui seuls se plaignent, qui se croient toujours les seuls malheureux, qui n'ont jamais assez de consolateurs.
Sermons, Sur les afflictions.

4 | La condition la plus heureuse en apparence a ses amertumes secrètes qui en corrompent toute la félicité.
Ibid.

5 | La source de nos chagrins est d'ordinaire dans nos erreurs.
Ibid., Sur le bonheur des justes.

6 | Quiconque flatte ses maîtres, les trahit*.
Ibid., Sur la mort.
* La même phrase se retrouve dans le *Sermon* : « *Sur les tentations des grands* ».

7 | Tout ce que vous employez au-delà des besoins et des bienséances de votre état est une inhumanité et un vol que vous faites aux pauvres.
Ibid., Sur le petit nombre des élus.

8 | Si tout doit finir avec nous, si l'homme ne doit rien attendre après cette vie et que ce soit ici notre patrie, notre origine, et la seule félicité que nous pouvons nous promettre, pourquoi n'y sommes-nous pas heureux ?
Ibid., Sur la vérité d'un avenir.

9 | De toutes les circonstances de la vie, le choix d'un état est celle où la méprise est plus ordinaire.
Ibid., Sur la vocation.

480 | ## Armand MASSON
1857-1921

1 | La vie est un oignon qu'on épluche en pleurant.
Pour les quais, Mirliton (Messein).

481 | ## Paul MASSON
1849-1896

1 | La dernière marche d'un escalier qu'on gravit est toujours plus haute que les autres.
Le Fond de la besace d'un Yoghi.

2 | Il y a des gens qui ne dépouillent jamais leur orgueil. Leurs fautes, s'ils les passent en revue, c'est à cheval.
Cité par Willy, dans *l'Année fantaisiste, 1893.*

482 | ## Henri MATISSE
1869-1954

1 | On laisse toujours trop de tableaux [...] Un peintre n'a vraiment d'ennemis sérieux que ses mauvais tableaux.
Cité par Aragon, dans *Henri Matisse, roman* (Gallimard).

Si je vivais plus longtemps, je pourrais peindre.
Ibid.

2

Guy de MAUPASSANT
1850-1893

483

De toutes les passions, la seule vraiment respectable me paraît être la gourmandise.
Amoureux et primeurs, in le Gaulois.

1

La vraie peur, c'est quelque chose comme une réminiscence des terreurs fantastiques d'autrefois.
Contes de la bécasse, la Peur.

2

L'enthousiasme en France est un danger public et permanent. C'est lui qui nous jette à toutes les sottises.
Enthousiasme et cabotinage, in le Gaulois.

3

Quand on a le physique d'un emploi, on en a l'âme.
Mont-Oriol.

4

Une femme a toujours, en vérité, la situation qu'elle impose par l'illusion qu'elle sait produire.
Notre cœur.

5

Un baiser légal ne vaut jamais un baiser volé.
Œuvres posthumes, Confession d'une femme.

6

La réalité implacable me conduirait au suicide si le rêve ne me permettait d'attendre.
L'Orient, in le Gaulois.

7

La moindre chose contient un peu d'inconnu. Trouvons-le.
Pierre et Jean.

8

Quelle que soit la chose qu'on veut dire, il n'y a qu'un mot pour l'exprimer, qu'un verbe pour l'animer et qu'un adjectif pour la qualifier.
Ibid.

9

L'homme qui aime normalement sous le soleil, adore frénétiquement sous la lune.
Sur l'eau.

10

François MAURIAC
1885-1970

484

Ce qu'il y a de plus horrible au monde, c'est la justice séparée de la charité.
L'Affaire Favre-Bulle (Grasset).

1

Pour beaucoup de femmes, le plus court chemin vers la perfection, c'est la tendresse.
Asmodée (Grasset).

2

3	L'artiste est menteur, mais l'art est vérité!
	Bloc-notes, I (Flammarion).

4	Dans le doute, il faut choisir d'être fidèle.
	Ibid., III.

5	Là où il n'y a pas de gendarmes, une certaine race d'« honnêtes gens »
	est capable de tout.
	Ibid., V.

6	Le meilleur que nous puissions attendre des hommes, c'est l'oubli.
	Ibid., II.

7	Nous croyons que le monde est finalement sauvé par un petit nombre d'hommes
	et de femmes qui ne lui ressemblent pas.
	Ibid., IV.

8	Qu'on ne dise pas de ce vieux peuple : « Il n'a même plus la force de vomir. »
	Ibid.

9	Le mépris de l'homme est nécessaire à qui veut user et abuser de l'homme.
	Le Cahier noir (Éditions de Minuit).
	Œuvre publiée sous le pseudonyme de Forez, en 1943, pendant l'Occupation, aux Éditions de Minuit, alors clandestines.

10	Chacun de nous est un désert.
	Dieu et Mammon (Le Capitole).

11	Le christianisme ne souffre pas les cœurs médiocres. L'entre-deux ne vaut rien.
	Ibid.

12	Ce n'est pas toujours le pire que les hommes cachent.
	Journal (Grasset).

13	Combien peu d'amours trouvent en elles-mêmes assez de force
	pour demeurer sédentaires!
	Ibid.

14	Comme il existe une fausse délicatesse, il existe une fausse vulgarité.
	Ibid.

15	L'épreuve ne tourne jamais vers nous le visage que nous attendions.
	Ibid.

16	J'ai peine à croire à l'innocence des êtres qui voyagent seuls.
	Ibid.

17	La nature nous est nécessaire comme le mensonge.
	Ibid.

18	La poussière n'est pas encore le néant : elle aussi doit être dispersée.
	Ibid.

Presque tous les hommes ressemblent à ces grands palais déserts dont
le propriétaire n'habite que quelques pièces ; et il ne pénètre jamais
dans les ailes condamnées.
Ibid.

19

Une œuvre sincère ne saurait être plus condamnable qu'un cri. Tout drame inventé
reflète un drame qui ne s'invente pas.
Ibid.

20

Un théologien a le droit d'affirmer qu'il sait comment Dieu juge une hérésie,
non comment il juge ceux qui professent cette hérésie.
Ibid.

21

Il faut bien donner le nom de l'amour à tous les sentiments tendres que nous eûmes.
Mais nous ne saurons jamais si c'était lui.
Journal d'un homme de trente ans
(Librairie de l'Université, Fribourg).

22

Écrire, c'est se souvenir. Mais lire, c'est aussi se souvenir.
Mémoires intérieurs (Flammarion).

23

Une certaine qualité de gentillesse est toujours signe de trahison.
Le Nœud de vipères (Grasset).

24

Le romancier est, de tous les hommes, celui qui ressemble le plus à Dieu :
il est le singe de Dieu.
Le Roman (L'Artisan du livre).

25

Le désir transforme l'être qui nous approche en un monstre qui ne lui ressemble pas.
Thérèse Desqueyroux (Grasset).

26

Les êtres nous deviennent supportables dès que nous sommes sûrs
de pouvoir les quitter.
Ibid.

27

N'importe qui sait proférer des paroles menteuses ; les mensonges du corps
exigent une autre science.
Ibid.

28

Nous ne connaissons bien que ce dont nous sommes dépouillés.
Trois Grands Hommes devant Dieu
(Le Capitole).

29

Judas aurait pu devenir un saint, le patron de nous tous qui ne cessons de trahir.
La Vie de Jésus (Flammarion).

30

Claude MAURIAC
1914-1996

485

C'est encore en disant n'importe quoi que l'on peut le mieux espérer
dire quelque chose.
La Conversation, I (Grasset).

1

2	**La femme est une promesse non tenue.** *Ici, maintenant* (Grasset).

486 André MAUROIS (Émile Herzog, dit)
1885-1967

1	**Le mélange de l'admiration et de la pitié est une des plus sûres recettes de l'affection.** *Ariel ou la Vie de Shelley* (Grasset).
2	**La mort [...] ne peut être pensée puisqu'elle est absence de pensée. Il faut donc vivre comme si nous étions éternels.** *Ce que je crois* (Grasset).
3	**On ne fait pas de grandes choses sans être une brute.** *Le Cercle de famille* (Grasset).
4	**Il est injuste et absurde de rendre les êtres comptables de leurs promesses.** *Climats* (Grasset).
5	**Nos destinées et nos volontés jouent presque toujours à contretemps.** *Ibid.*
6	**Ce que les hommes vous pardonnent le moins, c'est le mal qu'ils ont dit de vous.** *De la conversation* (Hachette).
7	**La certitude d'être aimé donne beaucoup de grâce à un esprit timide en lui rendant le naturel.** *Ibid.*
8	**Il ne suffit pas d'avoir de l'esprit. Il faut en avoir encore assez pour s'abstenir d'en avoir trop.** *Ibid.*
9	**On n'aime pas une femme pour ce qu'elle dit ; on aime ce qu'elle dit parce qu'on l'aime.** *Ibid.*
10	**Dans toute bataille, dans toute affaire, il existe une occasion, parfois très fugitive, d'être vainqueur.** *Dialogues sur le commandement* (Grasset).
11	**Il y a dans tous les succès humains une part mal définie de bonheur.** *Lyautey* (Plon).
12	**Le bonheur est une fleur qu'il ne faut pas cueillir.** *Mémoires* (Flammarion).
13	**Un mariage heureux est une longue conversation qui semble toujours trop brève.** *Ibid.*

Les amours et les haines des peuples sont fondées, non sur des jugements, mais sur des souvenirs, des craintes et des fantômes. *Mes songes que voici* (Grasset).	14
Il n'y a qu'un cynique qui puisse être idéaliste sans danger pour ses contemporains. *Ni ange ni bête* (Grasset).	15
Les grands événements n'enlèvent pas leur charme aux petits plaisirs. *Olympio ou la vie de Victor Hugo* (Hachette).	16
Un mari glorieux ne fait pas nécessairement un mari aimable. *Ibid.*	17

Charles MAURRAS 1868-1952	**487**
Il faut s'attendre à tout en politique, où tout est permis, sauf de se laisser surprendre. *L'Action française*, 22 février 1918.	1
Aucune origine n'est belle. La beauté véritable est au terme des choses. *Anthinéa* (Flammarion).	2
On est plus libre à proportion qu'on est meilleur. *Au signe de Flore* (Grasset).	3
Une espérance collective ne peut [...] pas être domptée. Chaque touffe tranchée reverdit plus forte et plus belle. Tout désespoir en politique est une sottise absolue. *L'Avenir de l'intelligence* (Flammarion).	4
Il n'y a point de majesté qui tienne devant les certitudes de la raison comme devant les règles du goût. *De Démos à César* (Le Capitole).	5
Il n'est pas une idée née d'un esprit humain qui n'ait fait couler du sang sur la terre. *La Dentelle du rempart* (Grasset).	6
Quand un régime tombe en pourriture, il devient pourrisseur : sa décomposition perd tout ce qui l'approche. *Ibid.*	7
Le privilège du succès est, dans l'ordre de l'action, une marque de vérité. *Enquête sur la monarchie* (Fayard).	8
La volonté, la décision, l'entreprise sortent du petit nombre ; l'assentiment, l'acceptation, de la majorité. C'est aux minorités qu'appartiennent la vertu, l'audace, la puissance et la conception. *Ibid.*	9

Marcel MAUSS 1872-1950	**488**
Les classes et les nations et aussi les individus doivent savoir s'opposer sans se massacrer et se donner sans se sacrifier les uns aux autres. *Le Don* (P. U. F.).	1

2	On se donne en donnant. *Ibid.*
3	Qu'on adopte donc comme principe de notre vie ce qui a toujours été un principe et le sera toujours : sortir de soi, donner, librement et obligatoirement : on ne risque pas de se tromper. *Ibid.*
4	L'erreur de Karl Marx est d'avoir cru que l'économie conditionnait la technique alors que c'est l'inverse. *Manuel d'ethnographie* (Payot).

489   François MAYNARD
1582-1646

1	Et j'ai fidèlement aimé ta belle tête Sous des cheveux châtains et sous des cheveux gris. *Stances, la Belle Vieille.*
2	Si je voyais la fin de l'âge qui te reste Ma raison tomberait sous l'excès de mon deuil Je pleurerais sans cesse un malheur si funeste, Et ferais, jour et nuit, l'amour à ton cercueil. *Ibid.*
3	On ne voit point tomber ni tes lys ni tes roses, Et l'hiver de ta vie est ton second printemps. *Ibid.*

490   Henri MEILHAC — Ludovic HALÉVY
1831-1897   1834-1908

1	L'amour est enfant de Bohème. *Carmen,* opéra-comique, musique de Bizet.
2	Il grandira car il est Espagnol ! *La Périchole,* opéra bouffe, musique d'Offenbach.

491   Pierre MENDÈS-FRANCE
1907-1982

1	La démocratie est d'abord un état d'esprit. *La République moderne* (Gallimard).

492   Antoine Gombaud, chevalier de MÉRÉ
1607-1684

1	Il serait à souhaiter, pour être toujours agréable, d'exceller en tout ce qui sied bien aux honnêtes gens, sans néanmoins se piquer de rien. *Des agréments.* Voir Amiel (A-**13**-20) et La Rochefoucauld (A-**418**-130).

Si quelqu'un me demandait en quoi consiste l'honnêteté, je dirais que ce n'est autre chose que d'exceller en tout ce qui regarde les agréments et les bienséances de la vie.
Œuvres posthumes, Discours I.

2

Prosper MÉRIMÉE
1803-1870

493

En close bouche, n'entre point mouche.
Carmen.

1

Ce qui est crime dans un état de civilisation perfectionné n'est que trait d'audace dans un état de civilisation moins avancé, et peut-être est-ce une action louable dans un temps de barbarie.
Chronique du temps de Charles IX, Préface.

2

[...] Je donnerais volontiers Thucydide pour des mémoires authentiques d'Aspasie ou d'un esclave de Périclès.
Ibid.

3

Je n'aime dans l'histoire que les anecdotes.
Ibid.

4

Tout gros mensonge a besoin d'un détail bien circonstancié moyennant quoi il passe.
Portraits historiques et littéraires,
Alexandre Pouchkine.

5

La plupart des femmes du monde sont malades parce qu'elles sont riches.
Lettres, à Edward Ellice, 1857.

6

L'amour fait tout excuser, mais il faut être bien sûr qu'il y a de l'amour.
Ibid., à Jenny Dacquin, 25 septembre 1832.

7

M. de Montrond dit qu'il faut se garder des premiers mouvements parce qu'ils sont presque toujours honnêtes.
Ibid., décembre 1840.

Dans une autre lettre à Jenny Dacquin, le 14 mai 1842, Mérimée attribue la même parole à Talleyrand. Plus habituellement, le mot de celui-ci est connu sous la forme qu'on trouvera plus loin (A-**653**-3).

8

Il ne faut jamais faire que les sottises qui vous plaisent.
Ibid., 14 mai 1842.

9

Qu'importe que l'on vive plus vite, pourvu que l'on soit plus heureux !
Ibid., 12 janvier 1843.

10

La franchise et la vérité sont rarement bonnes auprès des femmes.
Ibid., 1843.

11

Les lois ne font pas les nations, elles sont l'expression de leur caractère.
Ibid., à Mᵐᵉ de La Rochejaquelein, 3 août 1857.

12

Il n'y a rien de si laid que la bassesse dans un vieillard.
Ibid., à Mᵐᵉ de Montijo, 8 octobre 1847.

13

14	**Ni les hommes d'État ni les acteurs ne se retirent à temps.** *Ibid.*, 11 avril 1857.
15	**Souviens-toi de te méfier.** Mérimée avait fait graver cette devise — en grec — à l'intérieur du chaton d'une bague qu'il portait habituellement.

494	**Maurice MERLEAU-PONTY** **1908-1961**
1	**On ne peut être juste tout seul, à l'être tout seul on cesse de l'être.** *Éloge de la philosophie* (Gallimard).
2	**La philosophie n'est pas une illusion : elle est l'algèbre de l'histoire.** *Ibid.*
3	**Pour être tout à fait homme, il faut être un peu plus et un peu moins qu'homme.** *Ibid.*
4	**Tout organisme est une mélodie qui se chante elle-même.** *La Structure du comportement* (P. U. F.).
5	**Comme la nervure porte la feuille du dedans, du fond de sa chair,** **les idées sont la texture de l'expérience [...]** *Le Visible et l'Invisible* (Gallimard).
6	**[...] Le langage réalise en brisant le silence ce que le silence voulait et n'obtenait pas.** *Ibid.*

495	**Claude MERMET** **v. 1550 - v. 1605**
1	**Les amis de l'heure présente** **Ont le naturel du melon ;** **Il en faut essayer cinquante** **Avant d'en rencontrer un bon.** *Le Temps passé.*

496	**Abbé Marin MERSENNE** **1588-1648**
1	**[Notre esprit] étant en quelque façon infini, trouve par toutes sortes** **de ressentiments et d'expériences que ce monde-ci n'est pas sa propre demeure.** *Impiété des déistes athées et libertins,* *renversée et confondue.*

497	**Henri MICHAUX** **1899-1984**
1	**Malheur à ceux qui se contentent de peu.** *Ecuador* (Gallimard).
2	**Tout homme qui n'aide pas à mon perfectionnement : zéro.** *Ibid.*

On n'en finit pas d'être un homme.
Entretiens avec René Bertelé (Seghers).

3

Quand les autos penseront, les Rolls-Royce seront plus angoissées que les taxis.
Passages (Gallimard).

4

Que de soirs pour un seul matin!
Plume, Vieillesse (Gallimard).

5

Si un contemplatif se jette à l'eau, il n'essaiera pas de nager, il essaiera d'abord de comprendre l'eau. Et il se noiera.
Ibid., le Portrait de A.

6

Avec tes défauts, pas de hâte. Ne va pas à la légère les corriger. Qu'irais-tu mettre à la place?
Poteaux d'angle (L'Herne).

7

Ne laisse personne choisir tes boucs émissaires.
Ibid.

8

Le soc de la charrue n'est pas fait pour le compromis.
Ibid.

9

Tu peux être tranquille. Il reste du limpide en toi. En une seule vie tu n'as pas pu tout souiller.
Ibid.

10

On n'est pas seul dans sa peau.
Qui je fus (Gallimard).

11

Comme on détesterait moins les hommes s'ils ne portaient pas tous figure!
Tranches de savoir (Cercle des Arts).

12

Le désert n'ayant pas donné de concurrent au sable, grande est la paix du désert.
Ibid.

13

En pays jeune, les lendemains vendent des surlendemains.
Ibid.

14

L'enseignement de l'araignée n'est pas pour la mouche.
Ibid.

15

Faites pondre le coq, la poule parlera.
Ibid.

16

Il n'y a pas de preuve que la puce, qui vit sur la souris, craigne le chat.
Ibid.

17

Les jeunes consciences ont le plumage raide et le vol bruyant.
Ibid.

18

Le matin, quand on est abeille, pas d'histoires, faut aller butiner.
Ibid.

19

20	**Mendiant, mais gouverneur d'une gamelle.** *Ibid.*
21	**Ne désespérez jamais. Faites infuser davantage.** *Ibid.*
22	**On crie pour taire ce qui crie.** *Ibid.*
23	**Qui a rejeté son démon nous importune avec ses anges.** *Ibid.*
24	**Qui a ses aises dans le vice, trouvera agitation dans la vertu.** *Ibid.*
25	**Qui laisse une trace, laisse une plaie.** *Ibid.*
26	**Qui sait raser le rasoir saura effacer la gomme.** *Ibid.*
27	**Qui s'est abaissé devant une fourmi, n'a plus à s'abaisser devant un lion.** *Ibid.*
28	**Le sage trouve l'édredon dans la dalle.** *Ibid.*
29	**Tout ce qui mûrit s'emplit de brigands.** *Ibid.*

498	**Louise MICHEL** **1830-1905**
1	**On ne peut pas tuer l'idée à coups de canon ni lui mettre les poucettes*.** * Menottes. *La Commune* (Stock).
2	**Tout plébiscite, grâce à l'apeurement, à l'ignorance, donne toujours la majorité contre le droit, c'est-à-dire au gouvernement qui l'invoque.** *Ibid.*

499	**Jules MICHELET** **1798-1874**
1	**La femme change et ne change pas. Elle est inconstante et fidèle. Elle va muant sans cesse dans le clair-obscur de la grâce. Celle que tu aimas ce matin n'est pas la femme du soir.** *L'Amour,* Introduction.
2	***Il n'y a point de vieille femme.* Toute, à tout âge, si elle aime, si elle est bonne, donne à l'homme le moment de l'infini.** *Ibid., v, 4.*

Laissez-moi un peu regarder du côté de la plus haute Asie, vers le profond Orient.
J'ai là mon immense poème.
La Bible de l'humanité.

3

On ne sait pas assez combien les femmes sont une aristocratie.
Il n'y a pas de peuple chez elles.
La Femme, Introduction.

4

L'Angleterre est un empire, l'Allemagne un pays, une race, la France est une personne.
Histoire de France, tome II, livre III.

5

Chaque homme est une humanité, une histoire universelle [...]
Ibid., tome II, livre VIII, 1.

6

La France a fait la France, et l'élément fatal de race m'y semble secondaire.
Elle est fille de sa liberté.
Ibid., Préface de 1869.

7

L'homme est son propre Prométhée.
Ibid.

8

La tyrannie du Moyen Âge commença par la liberté. Rien ne commence que par elle.
Ibid., tome VII, Introduction.

9

[...] le grand siècle, je veux dire [le] dix-huitième.
Histoire de la Révolution française, Préface.

10

La France est le pays de la prose.
Introduction à l'histoire universelle.

11

Même pour se soumettre, il faut être libre ; pour se donner, il faut être à soi.
Les Jésuites.

12

Le style n'est que le mouvement de l'âme.
Journal, 4 juillet 1820 (Gallimard).

13

Il faut apprendre à mourir.
Ibid., 26 août 1839.

14

Prenez le prêtre le plus sage et la femme la plus sage, il sera bientôt
le vrai mari spirituel.
Ibid., 20 août 1843.

15

Le soleil de l'homme, c'est l'homme.
Ibid., 18 avril 1854.

16

La liberté, pour qui connaît les vices obligés de l'esclave, c'est *la vertu possible.*
Le Peuple, 1re partie, ch. 1.

17

Par devant l'Europe, la France, sachez-le, n'aura jamais qu'un seul nom,
inexpiable, qui est son vrai nom éternel : La Révolution.
Ibid., Introduction.

18

19	Quelle est la première partie de la politique ? L'éducation. La seconde ? L'éducation. Et la troisième ? L'éducation. *Ibid.*

Charles Hubert MILLEVOYE
1782-1816

1	De la dépouille de nos bois L'automne avait jonché la terre. *Élégies, la Chute des feuilles.*

2	Triste et mourant à son aurore Un jeune malade, à pas lents, Parcourait une fois encore Le bois cher à ses premiers ans. *Ibid.*

Oscar Venceslas de Lubicz MILOSZ
1877-1939

1	[...] l'éternité, qu'est-elle donc, sinon le premier instant sans fin d'un premier amour ? *Les Arcanes, la Relation du Beth à l'Aleph* (Teillon).

2	L'homme ne doute de sa liberté que parce qu'il ignore l'étendue immense du pouvoir de l'amour. *Ibid., Préfigure de la nature physique.*

3	Le sang est l'étalon des valeurs métaphysiques. *Ars magna, Nombres* (P. U. F.).

4	Il n'y a que les oiseaux, les enfants et les saints qui soient intéressants. Propos rapporté par A. Godoy *in Milosz, poète de l'amour.*

5	Quand on blesse un poète on perd l'éternité [...] *Les Éléments, le Jugement* (Bibliothèque de l'Occident).

6	De la vie à la vie, quel chemin ! *Poèmes, la Confession de Lemuel* (Fourcade).

7	Et la clef de soleil est sous ma main [...] *Ibid., Talita Cumi.*

8	Ma cruelle jeunesse, la seule femme aimée [...] *Ibid., Nihumin.*

9	Mais le jour pleut sur le vide de tout. *Les Sept Solitudes, Dans un pays d'enfance* (Jouve).

10	Les morts, les morts sont au fond moins morts que moi [...] *Ibid., Tous les morts sont ivres...*

La plus humble chose a sa vérité silencieuse. *Poèmes*, *la Confession de Lemuel.*	11
Solitude, ma mère, redites-moi ma vie. *Ibid.*, *Symphonie de septembre.*	12
[...] Toute maladie est une confession par le corps. *Ibid.*, *Cantique de la connaissance.*	13
Tu as le visage de la bonne journée de ta vie. *Les Sept Solitudes*, *le Vieux Jour* (Jouve).	14
Une rose pour l'amante, un sonnet pour l'ami [...] *Ibid.*, *Une rose pour...*	15
Le vieux jour qui n'a pas de but veut que l'on vive Et que l'on pleure et se plaigne avec sa pluie et son vent. *Ibid.*, *le Vieux Jour.*	16
Le ciel tiède et pâle de la pensive contrée qui s'ouvre devant nous a toutes les fraîcheurs du regard des races primitives, il ignore la somptueuse tristesse de mûrir. Cahier spécial de *Poésie 42.*	17

Gabriel Honoré Riqueti, comte de MIRABEAU
1749-1791

502

Gardez-vous de demander du temps; le malheur n'en accorde jamais. *Discours*, *à l'Assemblée constituante, 26 septembre 1789.* Voir Mots historiques B-**185**-2.	1
Le silence des peuples est la leçon des rois! *Ibid.*, *15 juillet 1789.* Formule reprise de l'oraison funèbre de Louis XV par Mgr de Beauvais; voir la citation A-**61**-1.	2
En vérité, dans un sens, tout m'est bon; les événements, les choses, les opinions; tout a une anse, une prise. *Lettre au major de Mauvillon.*	3
Je deviens trop vieux pour user mon reste de forces à des guerres. *Ibid.*	4
Je suis l'homme du rétablissement de l'ordre, et non d'un rétablissement de l'ancien ordre. *Ibid.*	5
Le meilleur moyen de faire avorter la Révolution, c'est de trop demander. *Ibid.*	6
Nous ne devons jamais ni trop admirer ni trop mépriser. *Ibid.*	7

8	**Allez dire à ceux qui vous envoient que nous sommes ici par la volonté nationale et que nous n'en sortirons que par la puissance des baïonnettes.**

Il existe plusieurs variantes à cette apostrophe fameuse (à Dreux-Brézé, grand maître des cérémonies du roi, le 23 juin 1789). « Nous sommes ici par la volonté du peuple et nous n'en sortirons que par la force des baïonnettes », dit la formule habituellement citée. Celle que nous reproduisons, plus pompeuse, fut adoptée par Barnave et les Jacobins pour être gravée sur le buste de Mirabeau par Houdon. Voir Mots historiques B-**185**-1.

9	**La guerre est l'industrie nationale de la Prusse.**

Cette phrase, dont l'attribution à Mirabeau est traditionnelle depuis l'historien Albert Sorel, semble n'être, en réalité qu'une adaptation un peu trop libre d'une phrase de l'essai de Mirabeau sur *la Monarchie prussienne*.

503	**Octave MIRBEAU** 1848-1917

1	**Les affaires sont les affaires.**

Titre d'une comédie en trois actes créée en 1903. Voir la citation A-**52**-1.

2	**Chez moi, tout crime — le meurtre principalement — a des correspondances secrètes avec l'amour.** *Le Journal d'une femme de chambre* (Fasquelle).

3	**Si infâmes que soient les canailles, ils ne le sont jamais autant que les honnêtes gens.** *Ibid.*

504	**MOLIÈRE (Jean-Baptiste Poquelin, dit)** 1622-1673

1	**Je ne sais si cela se peut ; mais je sais bien que cela est.** *L'Amour médecin*, II, 2, Lisette.

2	**Vous êtes orfèvre, Monsieur Josse, et votre conseil sent son homme qui a envie de se défaire de sa marchandise.** *Ibid.*, I, 1, Sganarelle.

3	**Comme avec irrévérence** **Parle des Dieux ce maraud !** *Amphitryon*, I, 2, Mercure.

4	**Et l'absence de ce qu'on aime,** **Quelque peu qu'elle dure, a toujours trop duré.** *Ibid.*, II, 2, Amphitryon.

5	**La faiblesse humaine est d'avoir** **Des curiosités d'apprendre** **Ce qu'on ne voudrait pas savoir.** *Ibid.*, II, 3, Sosie.

6	**J'aime mieux un vice commode** **Qu'une fatigante vertu.** *Ibid.*, I, 4, Mercure.

7	**Peste ! où prend mon esprit toutes ces gentillesses ?** *Ibid.*, I, 1, Sosie.

Qui ne saurait haïr peut-il vouloir qu'on meure ?
Ibid., II, 6, Alcmène.

On trouve presque le même vers dans *Don Garcie de Navarre*, II, 5 : « Qui ne saurait haïr ne peut vouloir qu'on meure. »

8

Le Seigneur Jupiter sait dorer la pilule.
Ibid., III, 10, Sosie.

9

Sur telles affaires, toujours
Le meilleur est de ne rien dire.
Ibid., III, 10, Sosie.

10

Un partage avec Jupiter
N'a rien du tout qui déshonore.
Ibid., III, 10, Jupiter.

11

Le véritable Amphitryon
Est l'Amphitryon où l'on dîne.
Ibid., III, 5, Sosie.

12

Donner est un mot pour qui il a tant d'aversion, qu'il ne dit jamais
Je vous donne mais *Je vous prête le bonjour.*
L'Avare, II, 4, La Flèche.

13

Je crois, si je me l'étais mis en tête, que je marierais le Grand Turc
avec la République de Venise.
Ibid., II, 5, Frosine.

14

Je dis que la peste soit de l'avarice et des avaricieux.
Ibid., I, 3, La Flèche.

15

Quand il y a à manger pour huit, il y en a bien pour dix.
Ibid., III, 1, Harpagon.

16

HARPAGON. — Sans dot !
VALÈRE. — Il est vrai. Cela ferme la bouche à tout, *sans dot*. Le moyen de résister
à une raison comme celle-là ?
Ibid., I, 5.

17

Suivant le dire d'un ancien*, il faut manger pour vivre, et non pas vivre
pour manger.
Ibid., III, 1, Valère.

* Socrate, d'après Plutarque.

18

Il y a plus de quarante ans que je dis de la prose sans que j'en susse rien.
Le Bourgeois gentilhomme, II, 4, M. Jourdain.

19

Tout ce qui n'est point prose est vers ; et tout ce qui n'est point vers est prose.
Ibid., II, 4, le maître de philosophie.

20

Tout le secret des armes ne consiste qu'en deux choses : à donner
et à ne point recevoir.
Ibid., II, 2, le maître d'armes.

21

22   **Bon droit a besoin d'aide.**
La Comtesse d'Escarbagnas, 16, M. Tibaudier.

23   **Ah! ma foi, oui, tarte à la crème! Voilà ce que j'avais remarqué tantôt;
tarte à la crème! Que je vous suis obligé, Madame, de m'avoir fait souvenir
de tarte à la crème! [...] Tarte à la crème, morbleu! tarte à la crème!**
La Critique de l'École des femmes, 6, le marquis.

24   **C'est une étrange entreprise que celle de faire rire les honnêtes gens.**
Ibid., 6, Dorante.

25   **Elle est détestable, parce qu'elle est détestable.**
Ibid., 5, le marquis.

26   **Je voudrais bien savoir si la grande règle de toutes les règles n'est pas de plaire
et si une pièce de théâtre qui a attrapé son but n'a pas suivi un bon chemin.**
Ibid., 6, Dorante.

27   **On ne meurt qu'une fois, et c'est pour si longtemps!**
Le Dépit amoureux, V, 3, Mascarille.

28   **Tu crois te marier pour toi tout seul, compère?**
Ibid., V, 8, Mascarille.

29   **Les inclinations naissantes, après tout, ont des charmes inexplicables, et tout le plaisir
de l'amour est dans le changement.**
Dom Juan, I, 2, Dom Juan.

30   **Je te le* donne pour l'amour de l'humanité.**
Ibid., III, 2, Dom Juan.
* Un louis d'or.

31   **Non, non, la naissance n'est rien où la vertu n'est pas.**
Ibid., IV, 4, Dom Louis.

32   **Quoi que puisse dire Aristote et toute la Philosophie, il n'est rien d'égal au tabac:
c'est la passion des honnêtes gens, et qui vit sans tabac n'est pas digne de vivre.**
Ibid., I, 1, Sganarelle.

33   **Un grand seigneur méchant homme est une terrible chose.**
Ibid.

34   **Chose étrange de voir comme avec passion
Un chacun est chaussé de son opinion!**
L'École des femmes, I, 1, Arnolphe.

35   **[...] Et l'on cherche souvent plus qu'on ne veut trouver.**
Ibid., I, 4, Arnolphe.

36   **Il le faut avouer, l'amour est un grand maître.
Ce qu'on ne fut jamais, il nous enseigne à l'être.**
Ibid., III, 4, Horace.

Le petit chat est mort. 37
Ibid., *II, 5, Agnès.*

Votre sexe n'est là que pour la dépendance : 38
Du côté de la barbe est la toute-puissance.
Ibid., *III, 2, Arnolphe.*

Il nous faut en riant instruire la jeunesse, 39
Reprendre ses défauts avec grande douceur,
Et du nom de vertu ne lui point faire peur.
L'École des maris, *I, 2, Ariste.*

[...], les verrous et les grilles 40
Ne font pas la vertu des femmes ni des filles.
Ibid., *I, 2, Ariste et III, 5, Sganarelle.*

Les plus courtes erreurs sont toujours les meilleures. 41
L'Étourdi, *IV, 3, Anselme.*

Ah! chimères! ce sont des chimères, dit-on? 42
Chimères, moi? Vraiment, chimères est fort bon!
Je me réjouis fort de chimères, mes frères,
Et je ne savais pas que j'eusse des chimères!
Les Femmes savantes, *II, 3, Bélise.*

[...] Ah! permettez de grâce, 43
Que pour l'amour du grec, Monsieur, on vous embrasse.
Ibid., *III, 3, Philaminte.*

Deux époux? C'est trop pour la coutume. 44
Ibid., *V, 3, le notaire.*

Et, dans ce vain savoir qu'on va chercher si loin, 45
On ne sait comme va mon pot, dont j'ai besoin.
Ibid., *II, 7, Chrysale.*

Et je me ressouviens de mes jeunes amours. 46
Ibid., *III, 6, Chrysale.*

Excusez-moi, Monsieur, je n'entends pas le grec. 47
Ibid., *III, 3, Henriette.*

Les femmes d'à présent sont bien loin de ces mœurs : 48
Elles veulent écrire et devenir auteurs.
Ibid., *II, 7, Chrysale.*

La grammaire qui sait régenter jusqu'aux rois. 49
Ibid., *II, 6, Philaminte.*

Guenille, si l'on veut : ma guenille m'est chère. 50
Ibid., *II, 7, Chrysale.*

51

Il n'est pas bien honnête, et pour beaucoup de causes,
Qu'une femme étudie et sache tant de choses.
Ibid., II, 7, Chrysale.

52

Je consens qu'une femme ait des clartés de tout,
Mais je ne lui veux point la passion choquante
De se rendre savante afin d'être savante;
Et j'aime que souvent, aux questions qu'on fait,
Elle sache ignorer les choses qu'elle sait.
Ibid., I, 3, Clitandre.

53

Je vis de bonne soupe, et non de beau langage.
Ibid., II, 7, Chrysale.

54

Jusqu'au chien du logis il s'efforce de plaire.
Ibid., I, 3, Henriette.

55

Nos pères, sur ce point, étaient gens bien sensés,
Qui disaient qu'une femme en sait toujours assez
Quand la capacité de son esprit se hausse
À connaître un pourpoint d'avec un haut-de-chausse.
Ibid., II, 7, Chrysale.

56

Nous l'avons, en dormant, Madame, échappé belle.
Ibid., IV, 3, Trissotin.

57

Nul n'aura de l'esprit hors nous et nos amis.
Ibid., III, 2, Armande.

58

On cherche ce qu'il dit après qu'il a parlé ;
Et je lui crois, pour moi, le timbre un peu fêlé.
Ibid., II, 7, Chrysale.

59

Quand on se fait entendre, on parle toujours bien.
Ibid., II, 6, Martine.

60

Quand sur une personne on prétend se régler,
C'est par les beaux côtés qu'il lui faut ressembler.
Ibid., I, 1, Armande.

61

Qui veut noyer son chien l'accuse de la rage,
Et service d'autrui n'est pas un héritage.
Ibid., II, 5, Martine.

62

Raisonner est l'emploi de toute ma maison,
Et le raisonnement en bannit la raison.
Ibid., II, 7, Chrysale.

63

Un sot savant est sot plus qu'un sot ignorant.
Ibid., IV, 3, Clitandre.

64

Il vaut mieux encore être marié qu'être mort.
Les Fourberies de Scapin, I, 4, Scapin.

Que diable allait-il faire dans cette galère ?

65

Ibid., II, 7, Géronte.

Emprunt fait par Molière à Cyrano de Bergerac, *le Pédant joué*, II, 4 : « Que diable aller faire dans la galère d'un Turc ? » (A-**211**-3).

Vous l'avez voulu, vous l'avez voulu, George Dandin, vous l'avez voulu [...]

66

George Dandin, I, 7, Dandin.

Ah ! il n'y a plus d'enfants.

67

Le Malade imaginaire, II, 8, Argan.

Les anciens, Monsieur, sont les anciens, et nous sommes les gens de maintenant.

68

Ibid., II, 6, Angélique.

Bene, bene, bene respondere.
Dignus, dignus est intrare
In nostro docto corpore.

69

Ibid., III, 3e intermède.

Il faut qu'il ait tué bien des gens pour s'être fait si riche.

70

Ibid., I, 5, Toinette.

Presque tous les hommes meurent de leurs remèdes et non pas de leurs maladies.

71

Ibid., III, 3, Béralde.

La parole a été donnée à l'homme pour expliquer ses pensées, et tout ainsi que les pensées sont les portraits des choses, de même nos paroles sont-elles les portraits de nos pensées.

72

Le Mariage forcé, 6, Pancrace.

Voir Talleyrand, A-**653**-4.

GÉRONTE. — **Il me semble que vous les placez autrement qu'ils ne sont ; que le cœur est du côté gauche et le foie du côté droit.**
SGANARELLE. — **Oui, cela était autrefois ainsi, mais nous avons changé tout cela.**

73

Le Médecin malgré lui, II, 4.

Il y a fagots et fagots.

74

Ibid., I, 5, Sganarelle.

Je veux qu'il me batte, moi. [...] Il me plaît d'être battue.

75

Ibid., I, 2, Martine.

Voilà justement ce qui fait que votre fille est muette.

76

Ibid., II, 4, Sganarelle.

L'âge amènera tout, et ce n'est pas le temps,
Madame, comme on sait, d'être prude à vingt ans.

77

Le Misanthrope, III, 4, Célimène.

Ah ! Qu'en termes galants ces choses-là sont mises !

78

Ibid., I, 2, Philinte.

Allons, ferme, poussez, mes bons amis de cour.

79

Ibid., II, 4, Alceste.

80

Belle Philis, on désespère,
Alors qu'on espère toujours.

Ibid., *I, 2, Oronte.*

81

C'est ainsi qu'un amant dont l'ardeur est extrême
Aime jusqu'aux défauts des personnes qu'il aime.

Ibid., *II, 4, Éliante.*

82

C'est à vous, s'il vous plaît, que ce discours s'adresse.

Ibid., *I, 2, Oronte.*

83

Ce style figuré, dont on fait vanité,
Sort du bon caractère et de la vérité :
Ce n'est que jeu de mots, qu'affectation pure,
Et ce n'est point ainsi que parle la nature.

Ibid., *I, 2, Alceste.*

84

Elle fait des tableaux couvrir les nudités,
Mais elle a de l'amour pour les réalités.

Ibid., *III, 4, Célimène.*

85

Et moi, je vous soutiens que mes vers sont fort bons.

Ibid., *I, 2, Oronte.*

86

Et parfois il me prend des mouvements soudains
De fuir dans un désert l'approche des humains.

Ibid., *I, 1, Alceste.*

87

Franchement, il est bon à mettre au cabinet*.

Ibid., *I, 2, Alceste.*

* Dans son secrétaire, dans son tiroir secret.

88

Il faut parmi le monde, une vertu traitable;
À force de sagesse on peut être blâmable.

Ibid., *I, 1, Philinte.*

89

[...] J'ai le défaut
D'être un peu plus sincère en cela qu'il ne faut.

Ibid., *I, 2, Alceste.*

90

J'ai pour moi la justice, et je perds mon procès !

Ibid., *V, 1, Alceste.*

91

Je vais sortir d'un gouffre où triomphent les vices,
Et chercher sur la terre un endroit écarté
Où d'être homme d'honneur on ait la liberté.

Ibid., *V, 4, Alceste.*

92

Je veux qu'on me distingue ; et pour le trancher net,
L'ami du genre humain n'est point du tout mon fait.

Ibid., *I, 1, Alceste.*

Je veux qu'on soit sincère, et qu'en homme d'honneur,   93
On ne lâche aucun mot qui ne parte du cœur.
Ibid.

Mais la raison n'est pas ce qui règle l'amour.   94
Ibid.

On peut être honnête homme et faire mal des vers.   95
Ibid., IV, 1, Philinte.

On voit qu'il se travaille à dire de bons mots.   96
Ibid., II, 4, Célimène.

La parfaite raison fuit toute extrémité,   97
Et veut que l'on soit sage avec sobriété.
Ibid., I, 1, Philinte.

La solitude effraye une âme de vingt ans.   98
Ibid., V, 4, Célimène.

Sur quelque préférence une estime se fonde,   99
Et c'est n'estimer rien qu'estimer tout le monde.
Ibid., I, 1, Alceste.

[...] Le temps ne fait rien à l'affaire.   100
Ibid., I, 2, Alceste.

Ils commencent ici par faire pendre un homme, et puis ils lui font son procès.   101
Monsieur de Pourceaugnac, III, 2, Sbrigani.

Les gens de qualité savent tout sans avoir rien appris.   102
Les Précieuses ridicules, 9, Mascarille.

Hors de Paris, il n'y a point de salut pour les honnêtes gens.   103
Ibid.

Mon Dieu! ma chère, que ton père a la forme enfoncée dans la matière!   104
Ibid., 5, Cathos.

Ne soyez pas inexorable à ce fauteuil qui vous tend les bras il y a un quart d'heure;   105
contentez un peu l'envie qu'il a de vous embrasser.
Ibid., 9, Cathos.

Vite, voiturez-nous ici les commodités de la conversation.   106
Ibid., 9, Magdelon.

Oui, j'aime mieux, n'en déplaise à la gloire,   107
Vivre au monde deux jours que mille ans dans l'histoire.
La Princesse d'Élide, I, 2, Moron.

Ah! que j'ai de dépit que la loi n'autorise   108
À changer de mari comme on fait de chemise!
Sganarelle, 5, la femme de Sganarelle.

109   **Ah ! pour être dévot, je n'en suis pas moins homme !**
Le Tartuffe, III, 3, Tartuffe.

110   **Ah ! vous êtes dévot et vous vous emportez !**
Ibid., II, 2, Dorine.

111   **Le ciel défend, de vrai, certains contentements ;**
Mais on trouve avec lui des accommodements.
Ibid., IV, 5, Tartuffe.

La formule citée le plus souvent : « Il est avec le ciel des accommodements », ne figure pas dans le texte du *Tartuffe*.
Elle se trouve dans la *Lettre sur la comédie de l'Imposteur*, publiée en 1667 par un défenseur de Molière.

112   **[...] Couvrez ce sein que je ne saurais voir :**
Par de pareils objets les âmes sont blessées,
Et cela fait venir de coupables pensées.
Ibid., III, 2, Tartuffe.

113   **Il est de faux dévots ainsi que de faux braves.**
Ibid., I, 5, Cléante.

114   **Je l'ai vu, dis-je, vu, de mes propres yeux vu,**
Ce qu'on appelle vu [...]
Ibid., V, 3, Orgon.

115   **Laurent, serrez ma haire avec ma discipline.**
Ibid., III, 2, Tartuffe.

116   **Nous vivons sous un prince ennemi de la fraude.**
Ibid., V, 7, l'exempt.

117   **On n'y respecte rien, chacun y parle haut,**
Et c'est tout justement la cour du roi Pétaud.
Ibid., I, 1, Mᵐᵉ Pernelle.

118   **On veut bien être méchant ; mais on ne veut point être ridicule.**
Ibid., Préface.

119   **Le pauvre homme !**
Ibid., I, 4, Orgon.

120   **Qui suit bien ses leçons goûte une paix profonde,**
Et comme du fumier regarde tout le monde.
Ibid., I, V, Orgon.

121   **Remettez-vous, monsieur, d'une alarme si chaude.**
Ibid., V, 7, l'exempt.

122   **Le scandale du monde est ce qui fait l'offense,**
Et ce n'est pas pécher que pécher en silence.
Ibid., IV, 5, Tartuffe.

123   **La vertu dans le monde est toujours poursuivie,**
Les envieux mourront, mais non jamais l'envie.
Ibid., V, 3, Mᵐᵉ Pernelle.

Vous êtes un sot en trois lettres, mon fils.
Ibid., I, 1, Mme Pernelle.

124

Il m'est permis, disait Molière, de reprendre mon bien où je le trouve.
Cité par Grimarest, dans *Vie de M. de Molière, 1705.*

À rapprocher de Buffon : « Je prends le bon partout où je le trouve » (A-**135**-17).

125

Où la vertu va-t-elle se nicher ?

Dans sa *Vie de Molière* — simple reprise de l'ouvrage de Grimarest (1706) —, Voltaire raconte qu'un mendiant lui ayant rendu la pièce dont il avait pu croire qu'elle lui avait été donnée par mégarde, Molière, touché, lui en donna une seconde, en faisant la réflexion ci-dessus.

126

Blaise de Lasseran Massencome, seigneur de MONLUC
1502-1577

505

Aux [guerres] civiles, il faut être ou maître ou valet, vu qu'on demeure sous même toit. Et ainsi il faut venir à la rigueur et à la cruauté.
Commentaires, Livre V.

1

Dieu nous ferme les yeux quand il nous veut châtier.
Ibid., VII.

2

La nécessité de la guerre nous force, en dépit de nous-mêmes, à faire mille maux, et faire non plus d'état de la vie des hommes que d'un poulet.
Ibid.

3

Quand il fait chaud en quelque lieu, si le chef n'y va ou pour le moins quelque homme signalé, le reste ne va que d'une fesse et gronde qu'on les envoie à la mort.
Ibid.

4

Qui gouvernera bien le Gascon, il peut s'assurer qu'il aura fait un chef-d'œuvre ; car, comme il est naturellement soldat, aussi est-il glorieux et mutin.
Ibid., V.

5

Qui n'a pas d'argent en bourse, qu'il ait du miel en bouche.
Ibid., VII.

6

Une armée ressemble* une horloge : si rien défaut**, tout va mal à propos.
Ibid.

* Ressemble à.
** Si quelque chose manque.

7

Henry MONNIER
1799-1877

506

Le char de l'État [...] navigue sur un volcan.
Grandeur et décadence de M. Joseph Prudhomme, III, 3, Prudhomme.

1

Je jure de soutenir, de défendre nos institutions et au besoin de les combattre.
Ibid., II, 13, Prudhomme.

2

3	Je l'ai toujours dit : les hommes sont égaux. Il n'y a de véritable distinction que la différence qui peut exister entre eux. *Ibid., II, 10, Prudhomme.*
4	Messieurs ! ce sabre [...] est le plus beau jour de ma vie. *Ibid., II, 13, Prudhomme.*
5	Si Bonaparte fût resté lieutenant d'artillerie, il serait encore sur le trône. *(Légende sous un dessin.)*
6	C'est mon opinion, et je la partage. *Mémoires de M. Joseph Prudhomme.*
7	On ne va jamais plus loin que lorsqu'on ne sait pas où l'on va, a dit un homme politique célèbre. *Ibid.*
8	Qu'est-ce que la bourgeoisie en ce moment ? Tout. Que doit-elle être ? Je l'ignore. *Ibid.*

507 Michel Eyquem, seigneur de **MONTAIGNE**
1533-1592

1	À l'opposé d'un certain autre, j'aimerais mieux, à l'aventure, être le second ou le troisième à Périgueux que le premier à Paris. *Essais, III, 9.*
2	Au plus élevé trône du monde, si* ne sommes assis que sur notre cul. * Néanmoins. *Ibid., III, 13.*
3	L'avaricieux a plus mauvais compte de sa passion que n'a le pauvre, et le jaloux que le cocu. Et il y a moins de mal souvent à perdre sa vigne qu'à la plaider. *Ibid., II, 17.*
4	Le bien public requiert qu'on trahisse et qu'on mente et qu'on massacre. *Ibid., III, 1.*
5	C'est ici un livre de bonne foi, lecteur. *Ibid., Au lecteur.*
6	Ce grand monde [...] c'est le miroir où il nous faut regarder pour nous connaître de bon biais. *Ibid., I, 26.*
7	Ce n'est pas sans raison qu'on dit que qui ne se sent point assez ferme de mémoire, ne se doit pas mêler d'être menteur. *Ibid., I, 9.*
8	Certes, c'est un sujet merveilleusement vain, divers, et ondoyant, que l'homme. *Ibid., I, 1.*
9	C'est aux chrétiens une occasion de croire, que de rencontrer une chose incroyable. *Ibid., II, 12.*

C'est le déjeuner d'un petit ver que le cœur et la vie d'un grand
et triomphant empereur.
Ibid., *II, 12.*

10

C'est une absolue perfection, et comme divine, de savoir jouir loyalement
de son être.
Ibid., *III, 13.*

11

C'est un plaisir fade et nuisible d'avoir affaire à gens qui nous admirent
et fassent place.
Ibid., *III, 8.*

12

Chaque homme porte la forme entière de l'humaine condition.
Ibid., *III, 2.*

13

La confiance en la bonté d'autrui est un non léger témoignage de la bonté propre.
Ibid., *I, 14.*

14

Les deux voies naturelles pour entrer au cabinet des Dieux et y prévoir le cours
des destinées sont la fureur* et le sommeil.
Ibid., *II, 12.*
* Folie, transe.

15

En quelque manière qu'on se puisse mettre à l'abri des coups, fût-ce
sous la peau d'un veau, je ne suis pas homme qui y reculasse.
Ibid., *I, 20.*

16

Les Français semblent* des guenons qui vont grimpant contremont** un arbre,
de branche en branche, et ne cessent d'aller jusqu'à ce qu'elles sont arrivées
à la plus haute branche, et y montrent le cul quand elles y sont.
Ibid., *II, 17.*
* Ressemblent à.
** En escaladant.

17

[...] frotter et limer notre cervelle contre celle d'autrui*.
Ibid., *I, 26.*
* En voyageant à l'étranger.

18

Le gain de notre étude, c'est en être devenu meilleur et plus sage.
Ibid., *I, 26.*

19

L'honneur que nous recevons de ceux qui nous craignent, ce n'est pas honneur.
Ibid., *I, 42.*

20

Il faut avoir un peu de folie, qui* ne veut avoir plus de sottise.
Ibid., *III, 9.*
* Si l'on.

21

Il ne se voit point d'âmes, ou fort rares, qui en vieillissant ne sentent
l'aigre et le moisi.
Ibid., *III, 2.*

22

Il n'y a rien d'inutile en nature ; non pas l'inutilité même.
Ibid., *III, 1.*

23

24	Il se faut prêter à autrui et ne se donner qu'à soi-même. *Ibid., III, 10.*
25	Ils envoient leur conscience au bordel et tiennent leur contenance en règle. *Ibid., IV, 5.*
26	Il se trouve plus de différence de tel homme à tel homme que de tel animal à tel homme. *Ibid., II, 12.*
27	[Il y a] des pertes triomphantes à l'envi des victoires. *Ibid., I, 31.*
28	L'irrésolution me semble le plus commun et apparent vice de notre nature. *Ibid., II, 1.*
29	Je conçois aisément Socrate en la place d'Alexandre ; Alexandre en celle de Socrate, je ne puis. *Ibid., III, 2.*
30	Je fus pelaudé* à toutes mains ; au Gibelin j'étais Guelphe ; au Guelphe Gibelin. * Étrille. *Ibid., III, 12.*
31	Je hais cet accidentel repentir que l'âge apporte. *Ibid., III, 2.*
32	Je me fais plus d'injure* en mentant que je n'en fais à celui à qui je mens. * Injustice. *Ibid., II, 17.*
33	Je n'ai point l'autorité d'être cru, ni ne le désire, me sentant trop mal instruit pour instruire autrui. *Ibid., I, 26.*
34	Je ne peins pas l'être. Je peins le passage. *Ibid., III, 2.*
35	Je ne serais pas si hardi à parler s'il m'appartenait d'en être cru. *Ibid., III, 11.*
36	Je parle au papier comme je parle au premier que je rencontre. *Ibid., III, 1.*
37	Je pense avoir les opinions bonnes et saines ; mais qui n'en croit autant des siennes ? L'une des meilleures preuves que j'en aie, c'est le peu d'estime que je fais de moi. *Ibid., II, 17.*
38	Je réponds ordinairement à ceux qui me demandent raison de mes voyages : que je sais bien ce que je fuis, mais non pas ce que je cherche. *Ibid., III, 9.*

Je suivrai le bon parti jusqu'au feu, mais exclusivement si je puis*. *Ibid., III, 1.* <small>* Boutade reprise de Rabelais.</small>	39
Les jeux des enfants ne sont pas des jeux, et les faut juger en eux comme leurs plus sérieuses actions. *Ibid., I, 23.*	40
Je veux être maître de moi, à tout sens. La sagesse a ses excès et n'a pas moins besoin de la modération que la folie. *Ibid., III, 5.*	41
Je veux que la mort me trouve plantant mes choux, mais nonchalant d'elle, et encore plus de mon jardin imparfait. *Ibid., I, 19.*	42
Je voudrais aussi qu'on fût soigneux de lui* choisir un conducteur** qui eût plutôt la tête bien faite que bien pleine, et qu'on y requît tous les deux, mais plus les mœurs et l'entendement que la science. *Ibid., I, 26.* <small>* À l'enfant. ** Précepteur. Cette image, l'une des plus connues des *Essais*, est généralement citée à tort et appliquée à l'élève, non au précepteur. Elle était courante au XVIe siècle ; on la trouve, entre autres, chez Henri Estienne dans son *Apologie pour Hérodote*.</small>	43
Les lois se maintiennent en crédit non parce qu'elles sont justes, mais parce qu'elles sont lois. *Ibid., III, 13.*	44
Les moins tendues et plus naturelles allures de notre âme sont les plus belles. *Ibid., III, 3.*	45
Le monde n'est qu'une branloire pérenne*. [...] La constance même n'est autre chose qu'un branle** plus languissant. *Ibid., III, 2.* <small>* Balançoire perpétuelle. ** Mouvement.</small>	46
Mon métier et mon art, c'est vivre. *Ibid., II, 6.*	47
[La mort] ne vous concerne ni mort ni vif : vif, parce que vous êtes ; mort, parce que vous n'êtes plus. *Ibid., I, 20.*	48
Nature est un doux guide, mais non pas plus doux que prudent et juste. *Ibid., III, 13.*	49
Non parce que Socrate l'a dit, mais parce qu'en vérité c'est mon humeur, et à l'aventure non sans quelque excès, j'estime tous les hommes nos compatriotes et embrasse un Polonais comme un Français, postposant* cette liaison nationale à l'universelle et commune. *Ibid., III, 9.* <small>* Subordonnant.</small>	50
Notre grand et glorieux chef-d'œuvre c'est vivre à propos. *Ibid., III, 13.*	51

52

Nous n'avons aucune communication à l'être, parce que toute humaine nature est toujours au milieu entre le naître et le mourir.
Ibid., II, 12.

53

Nous ne devenons pas autres pour mourir. J'interprète toujours la mort par la vie.
Ibid., II, 11.

54

Nous ne sommes hommes et ne nous tenons les uns aux autres que par la parole.
Ibid., I, 9.

55

Nous sommes nés à quêter* la vérité ; il appartient de la posséder à une plus grande puissance.
Ibid., III, 8.

* Faits naturellement pour chercher.

56

Nous troublons la vie par le soin de la mort et la mort par le soin de la vie ; l'une nous ennuie, l'autre nous effraye.
Ibid., III, 12.

57

L'obstination et ardeur d'opinion est la plus sûre preuve de bêtise : est-il rien certain, résolu, dédaigneux, contemplatif, grave, sérieux, comme l'âne ?
Ibid., III, 8.

58

On peut faire le sot partout ailleurs, mais non en la poésie.
Ibid., II, 17.

59

On peut regretter les meilleurs temps, mais non pas fuir aux présents.
Ibid., III, 9.

60

Ô que c'est un doux et mol chevet*, et sain, que l'ignorance et l'incuriosité, à reposer une tête bien faite !
Ibid., III, 18.

* Oreiller.

61

[Paris] Je l'aime tendrement jusqu'à ses verrues et à ses taches.
Ibid., III, 9.

62

Le parler que j'aime, c'est un parler simple et naïf, tel sur le papier qu'à la bouche, un parler succulent et nerveux, court et serré, non tant délicat et peigné comme véhément et brusque.
Ibid., I, 26.

63

Peu d'hommes ont été admirés par leurs domestiques.
Ibid., III, 2.

64

Philosopher, c'est apprendre à mourir.
Ibid., I, 10.

65

La plupart des occasions des troubles du monde sont grammairiennes.
Ibid., II, 12.

66

Le plus âpre et difficile métier du monde, à mon gré, c'est faire dignement le roi.
Ibid., III, 7.

La plus grande chose du monde, c'est de savoir être à soi. *Ibid.*, I, 39.	67
La plus subtile folie se fait de la plus subtile sagesse. *Ibid.*, II, 12.	68
La plus utile et honorable science et occupation à une femme, c'est la science du ménage. *Ibid.*, III, 9.	69
Pourquoi crains-tu ton dernier jour? Il ne confère* non plus à ta mort que chacun des autres. *Ibid.*, I, 20. * Contribue.	70
La préméditation* de la mort est préméditation de la liberté. Qui a appris à mourir, il a désappris à servir. *Ibid.*, I, 20. * Méditation préliminaire.	71
Les princes me donnent prou* s'ils ne m'ôtent rien, et me font assez de bien quand ils ne me font point de mal; c'est tout ce que j'en demande. *Ibid.*, III, 9. * Beaucoup.	72
Qu'a fait l'action génitale aux hommes, si naturelle, si nécessaire et si juste, pour n'en oser parler sans vergogne? *Ibid.*, III, 5.	73
Quand bien nous pourrions être savants du savoir d'autrui, au moins sages ne pouvons-nous être que de notre propre sagesse. *Ibid.*, I, 15.	74
Quand je me joue à* ma chatte, qui sait si elle passe son temps de moi, plus que je ne fais d'elle. *Ibid.*, II, 12. * Avec.	75
Quand je pourrais me faire craindre, j'aimerais encore mieux me faire aimer. *Ibid.*, II, 8.	76
Quand ma volonté me donne à un parti, ce n'est pas d'une si violente obligation que mon entendement s'en infecte. *Ibid.*, III, 10.	77
Quelle vérité est-ce que ces montagnes bornent, qui est mensonge au monde qui se tient au-delà? *Ibid.*, II, 12. Voir Pascal, A-**535**-60.	78
Qui craint de souffrir, il souffre déjà de ce qu'il craint. *Ibid.*, III, 13.	79
[...] la recherche des phrases nouvelles et des mots peu connus vient d'une ambition puérile et pédantesque. Puissé-je ne me servir que de ceux qui servent aux Halles à Paris! *Ibid.*, I, 26.	80

81
**Rien ne presse* un État que l'innovation : le changement donne seul forme
à l'injustice et à la tyrannie.**
Ibid., III, 9.
* Accable.

82
**Savoir par cœur n'est pas savoir : c'est tenir ce qu'on a donné en garde
à sa mémoire.**
Ibid., I, 26.

83
**Si j'avais à revivre, je revivrais comme j'ai vécu ; ni je ne plains* le passé,
ni je ne crains l'avenir.**
Ibid., III, 2.
* Regrette.

84
**Si on me presse de dire pourquoi je l'aimais*, je sens que cela ne peut
s'exprimer qu'en répondant : « Parce que c'était lui, parce que c'était moi. »**
Ibid., I, 28.
* Montaigne parle de son amitié avec La Boétie.

85
Tous les jours vont à la mort, le dernier y arrive.
Ibid., I, 20.

86
Toute opinion est assez forte pour se faire épouser au prix de la vie.
Ibid., I, 14.

87
Tu ne meurs pas de ce que tu es malade, tu meurs de ce que tu es vivant.
Ibid., III, 13.

88
**Un bon mariage, s'il en est, refuse la compagnie et conditions* de l'amour.
Il tâche à représenter celles de l'amitié.**
Ibid., III, 5.
* La nature.

89
**L'une des plus grandes sagesses en l'art militaire, c'est de ne pousser
son ennemi au désespoir.**
Ibid., I, 47.

90
Un fait courageux ne doit pas conclure* un homme vaillant.
Ibid., II, 1.
* Définir.

91
La vieillesse nous attache plus de rides en l'esprit qu'au visage.
Ibid., III, 2.

92
La volupté même et le bonheur ne se perçoivent point sans vigueur et sans esprit.
Ibid., I, 42.

93
La vraie liberté, c'est de pouvoir toute chose sur soi.
Ibid., III, 12.

94
**La vraie solitude [...] se peut jouir au milieu de villes et de cours de rois ;
mais elle se jouit plus commodément à part.**
Ibid., I, 39.

Charles Forbes de Tryon, comte de MONTALEMBERT 1810-1870	**508**
Quand on est réduit à faire de la philosophie religieuse, c'est qu'il n'y a plus de religion ; quand on fait de la philosophie de l'art, c'est qu'il n'y a plus d'art. *Mélanges d'art et de littérature.*	1
Les catholiques de nos jours ont en France un goût prédominant et une fonction qui leur est propre : c'est le sommeil. *Œuvres polémiques et diverses, ı.*	2
On n'est jamais aussi vainqueur ni aussi vaincu qu'on se l'imagine. *Ibid., ıı.*	3
Pauvre France, [...] avais-tu donc besoin pour dernière épreuve, pour dernier affront, d'endurer la tyrannie des écoliers ! *Ibid., ı.*	4

Charles de Secondat, baron de La Brède et de MONTESQUIEU 1689-1755	**509**
Un empire fondé par les armes a besoin de se soutenir par les armes. *Considérations sur les causes de la grandeur* *des Romains et de leur décadence.*	1
Ce n'est point le corps des lois que je cherche, mais leur âme. *De l'esprit des lois.*	2
Dans un État, c'est-à-dire dans une société où il y a des lois, la liberté ne peut consister qu'à pouvoir faire ce que l'on doit vouloir, et à n'être point contraint de faire ce que l'on ne doit pas vouloir. *Ibid.*	3
L'esprit d'égalité extrême, conduit au despotisme d'un seul. *Ibid.*	4
Les grandes récompenses dans une monarchie et dans une république sont un signe de leur décadence, parce qu'elles prouvent que leurs principes sont corrompus. *Ibid.*	5
Il est mille fois plus aisé de faire le bien, que de le bien faire. *Ibid.*	6
Il se trouve que chacun va au bien commun, croyant aller à ses intérêts particuliers. *Ibid.*	7
La liberté est le droit de faire tout ce que les lois permettent. *Ibid.*	8

9   Les lois, dans la signification la plus étendue, sont les rapports nécessaires
qui dérivent de la nature des choses.
Ibid.

10   Les lois inutiles affaiblissent les lois nécessaires.
Ibid.

11   Lorsqu'on veut changer les mœurs et les manières, il ne faut pas les changer
par les lois.
Ibid.

12   On sent les abus anciens, on en voit la correction ; mais on voit encore les abus
de la correction même.
Ibid.

13   Les peuples d'Europe ayant exterminé ceux de l'Amérique, ils ont dû mettre
en esclavage ceux de l'Afrique, pour s'en servir à défricher tant de terres.
Ibid.

14   Quand je vais dans un pays, je n'examine pas s'il y a de bonnes lois,
mais si on exécute celles qui y sont, car il y a de bonnes lois partout.
Ibid.

15   Quand les sauvages de la Louisiane veulent avoir du fruit, ils coupent l'arbre
au pied, et cueillent le fruit. Voilà le gouvernement despotique.
Ibid.

16   [Le véritable esprit d'égalité] ne cherche pas à n'avoir point de maître,
mais à n'avoir que ses égaux pour maîtres.
Ibid.

17   Ce n'est pas l'esprit qui fait les opinions, c'est le cœur.
*Essai sur les causes qui peuvent affecter
les esprits et les caractères.*

18   L'éducation consiste à nous donner des idées, et la bonne éducation à les mettre
en proportion.
Ibid.

19   Un homme qui enseigne peut devenir aisément opiniâtre, parce qu'il fait
le métier d'un homme qui n'a jamais tort.
Ibid.

20   C'est un malheur de n'être point aimée ; mais c'est un affront de ne l'être plus.
Lettres persanes.

21   Comment peut-on être Persan ?
Ibid.

22   La faveur est la grande divinité des Français.
Ibid.

Les Français [...] enferment quelques fous dans une maison, pour persuader que ceux qui sont dehors ne le sont pas. *Ibid.*	23
Les Français ne parlent presque jamais de leurs femmes : c'est qu'ils ont peur d'en parler devant des gens qui les connaissent mieux qu'eux. *Ibid.*	24
Il faut pleurer les hommes à leur naissance, et non pas à leur mort. *Ibid.*	25
Les mœurs font toujours de meilleurs citoyens que les lois. *Ibid.*	26
Presque toutes les monarchies n'ont été fondées que sur l'ignorance des arts et n'ont été détruites que parce qu'on les a trop cultivés. *Ibid.*	27
Si les triangles faisaient un dieu, ils lui donneraient trois côtés. *Ibid.*	28
À l'égard des modes, les gens raisonnables doivent changer les derniers, mais ils ne doivent pas se faire attendre. *Mes pensées.*	29
Les Anglais sont occupés, ils n'ont pas le temps d'être polis. *Ibid.*	30
L'amitié est un contrat par lequel nous nous engageons à rendre de petits services afin qu'on nous en rende de grands. *Ibid.*	31
L'argent est très estimable, quand on le méprise. *Ibid.*	32
Ce n'est pas les médecins qui nous manquent, mais la médecine. *Ibid.*	33
Ce qui m'a toujours beaucoup nui, c'est que j'ai toujours trop méprisé ceux que je n'estimais pas. *Ibid.*	34
C'est Paris qui fait les Français. *Ibid.*	35
C'est une chose extraordinaire que toute la philosophie consiste dans ces trois mots : « Je m'en fous. » *Ibid.*	36
C'est un malheur qu'il y a trop peu d'intervalle entre le temps où l'on est trop jeune, et le temps où l'on est trop vieux. *Ibid.*	37

38 Le Ciel peut faire des dévots, le Prince fait des hypocrites.
Ibid.

39 Dans les jeunes femmes, la beauté supplée à l'esprit. Dans les vieilles,
l'esprit supplée à la beauté.
Ibid.

40 Dans une monarchie bien réglée, les sujets sont comme des poissons
dans un grand filet : ils se croient libres, et pourtant ils sont pris.
Ibid.

41 De tous les plaisirs, les jansénistes ne nous passent que celui de nous gratter.
Ibid.

42 En amour on s'imagine que la seule prétention donne un titre.
Ibid.

43 L'étude a été pour moi le souverain remède contre les dégoûts de la vie,
n'ayant jamais eu de chagrin qu'une heure de lecture ne m'ait ôté.
Ibid.

44 La France se perdra par les gens de guerre.
Ibid.

45 Il faudrait convaincre les hommes du bonheur qu'ils ignorent,
lors même qu'ils en jouissent.
Ibid.

46 Il faut bien connaître les préjugés de son siècle, afin de ne les choquer
pas trop, ni trop les suivre.
Ibid.

47 Il faut d'abord bien savoir le latin. Ensuite il faut l'oublier.
Ibid.

48 Il faut savoir le prix de l'argent : les prodigues ne le savent pas,
et les avares encore moins.
Ibid.

49 Il n'y a pas de mal plus grand, et des suites plus funestes, que la tolérance
d'une tyrannie qui la perpétue dans l'avenir.
Ibid.

50 Il y a autant de vices qui viennent de ce qu'on ne s'estime pas assez,
que de ce qu'on s'estime trop.
Ibid.

51 Il y a une infinité de choses où le moins mal est le meilleur.
Ibid.

52 J'aime les paysans, ils ne sont pas assez savants pour raisonner de travers.
Ibid.

J'ai toujours vu que pour réussir dans le monde, il fallait avoir l'air fou et être sage. *Ibid.*	53
Je n'aime point Dieu parce que je ne le connais pas, ni le prochain parce que je le connais. *Ibid.*	54
Je n'ai plus que deux affaires : l'une de savoir être malade, l'autre de savoir mourir. *Ibid.*	55
Je n'épouse pas les opinions, excepté celles des livres d'Euclide. *Ibid.*	56
Je pardonne aisément, par la raison que je ne sais pas haïr. Il me semble que la haine est douloureuse. *Ibid.*	57
Je suis distrait, je n'ai de mémoire que dans le cœur. *Ibid.*	58
Je suis homme avant d'être Français. *Ibid.*	59
Je suis très charmé de me croire immortel comme Dieu même. *Ibid.*	60
La liberté, ce bien qui fait jouir des autres biens. *Ibid.*	61
La médiocrité est un garde-fou. *Ibid.*	62
Nous louons les gens à proportion de l'estime qu'ils ont pour nous. *Ibid.*	63
On raille de tout, parce que tout a un revers. *Ibid.*	64
On se fie à un honnête homme, comme on se fie à un banquier riche. *Ibid.*	65
La plupart des gens vous nuisent, sans avoir la moindre intention de vous nuire. Ils ont parlé contre vous et ils ne voulaient que parler : ils ont parlé contre vous parce qu'ils étaient dans l'impuissance de se taire. *Ibid.*	66
La plupart des hommes sont plus capables de grandes actions que de bonnes. *Ibid.*	67
La plupart des mépris ne valent que des mépris. *Ibid.*	68

69   Pour écrire bien, il faut sauter les idées intermédiaires, assez pour n'être pas
ennuyeux ; pas trop, de peur de n'être pas entendu.
Ibid.

70   La pudeur sied bien à tout le monde ; mais il faut savoir la vaincre et jamais la perdre.
Ibid.

71   Quand il s'agit d'obtenir les honneurs, on rame avec le mérite personnel,
et on vogue à pleines voiles avec la naissance.
Ibid.

72   Quand on a été femme à Paris on ne peut être femme ailleurs.
Ibid.

73   Quand on court après l'esprit, on attrape la sottise.
Ibid.

74   Quand on veut gouverner les hommes, il ne faut pas les chasser devant soi.
Il faut les faire suivre.
Ibid.

75   Les richesses sont un tort que l'on a à réparer, et l'on pourrait dire :
« Excusez-moi si je suis riche ! »
Ibid.

76   Si je savais quelque chose qui me fût utile et qui fût préjudiciable à ma famille,
je le rejetterais de mon esprit. Si je savais quelque chose utile à ma famille et qui
ne le fût pas à ma patrie, je chercherais à l'oublier. Si je savais quelque chose
utile à ma patrie et qui fût préjudiciable à l'Europe, ou bien qui fût utile à l'Europe
et préjudiciable au genre humain, je la regarderais comme un crime.
Ibid.

77   Si on ne voulait être qu'heureux, cela serait bientôt fait. Mais on veut être
plus heureux que les autres, et cela est presque toujours difficile parce que
nous croyons les autres plus heureux qu'ils ne sont.
Ibid.

78   Le souper tue la moitié de Paris, le dîner l'autre.
Ibid.

79   Tous les hommes sont des bêtes ; les princes sont des bêtes qui ne sont pas
attachées.
Ibid.

80   Tous les maris sont laids.
Ibid.

81   Tout homme doit être poli ; mais il doit aussi être libre.
Ibid.

82   Une chose n'est pas juste parce qu'elle est loi. Mais elle doit être loi
parce qu'elle est juste.
Ibid.

Un fonds de modestie rapporte un très gros intérêt. *Ibid.*	83
Un homme n'est pas malheureux parce qu'il a de l'ambition, mais parce qu'il en est dévoré. *Ibid.*	84
Voltaire n'écrira jamais une bonne histoire. Il est comme les moines qui n'écrivent pas pour le sujet qu'ils traitent, mais pour la gloire de leur ordre. Voltaire écrit pour son couvent. *Ibid.*	85
Les desseins qui ont besoin de beaucoup de temps pour être exécutés ne réussissent presque jamais. *Réflexions sur la monarchie universelle en Europe.*	86

Henry Millon de MONTHERLANT
1896-1973
510

Tout ce qui n'est pas passion est sur un fond d'ennui. *Aux fontaines du désir* (Gallimard).	1
Il faut toujours tout remettre au lendemain. *Le Cardinal d'Espagne*, II, 2, la reine (Gallimard).	2
Il n'y a pas le pouvoir, il y a l'abus de pouvoir, rien d'autre. *Ibid.*, I, 7, Cardona.	3
Les âmes communes n'apprennent le sentiment de la justice que lorsqu'elles ont eu des déboires. *Carnets* (Gallimard).	4
Le bonheur ne m'ennuie jamais. *Ibid.*	5
Ce grand ressort méconnu de tant de conduites humaines, le désœuvrement. *Ibid.*	6
Il y a deux moments de sa vie où tout homme est respectable : son enfance et son agonie. *Ibid.*	7
Il y a une pente des catholiques à croire et à vouloir faire croire que les incroyants sont malheureux. *Ibid.*	8
Je n'imagine pas le génie sans courage. *Ibid.*	9
Les jeunes gens n'ont pas besoin de maîtres à penser, mais de maîtres à se conduire. *Ibid.*	10

11
La liberté existe toujours. Il suffit d'en payer le prix.
Ibid.

12
Nos émotions sont dans nos mots comme des oiseaux empaillés.
Ibid.

13
On blesse l'amour-propre, on ne le tue pas.
Ibid.

14
On ne doit pas accorder sa confiance à quelqu'un qui ne sourit jamais.
Ibid.

15
La politique est l'art de se servir des gens.
Ibid.

16
Qui aime, attend.
Ibid.

17
Qui veut trop trouver ne trouve rien.
Ibid.

18
La religion est la maladie honteuse de l'humanité. La politique en est le cancer.
Ibid.

19
Tout ce qui est naturel est injuste.
Ibid.

20
Une règle d'or : faire peu de choses.
Ibid.

21
Les vieillards meurent parce qu'ils ne sont plus aimés.
Ibid.

22
Il y a un démon qui a nom confiance.
Don Juan, IV, 1 (Gallimard).

23
Nous mourons, quand il n'y a plus personne pour qui nous voulions vivre.
Les Garçons (Gallimard).

24
Ce qu'il y a de difficile dans la charité, c'est qu'il faut continuer.
Les Jeunes Filles (Gallimard).

25
Certaines âmes vont à l'absolu comme l'eau va à la mer.
Ibid.

26
C'est le jour des révolutions que les choses rentrent dans l'ordre.
Ibid.

27
Mourir pour une cause ne fait pas que cette cause soit juste.
Les Lépreuses (Gallimard).

28
Les grandes idées ne sont pas charitables.
Le Maître de Santiago, I, 4, Obregon (Gallimard).

La jeunesse retarde toujours un peu.
Ibid., I, 4, Alvaro.

29

Tant de choses ne valent pas d'être dites. Et tant de gens ne valent pas que les autres choses leur soient dites. Cela fait beaucoup de silence.
Ibid., II, 1, Alvaro.

30

Je n'ai jamais vu d'enthousiasme que pour des causes bêtes.
Malatesta, III, 3, Monsignor Perugia (Gallimard).

31

Nous vivons en un temps où, Dieu merci, une condamnation à mort ne déshonore plus personne.
Ibid., II, 4, Malatesta.

32

Les révolutions font perdre beaucoup de temps.
Ibid., I, 4, Porcellio.

33

Si je pouvais changer un peu de contemporains !
Ibid., II, 5, Malatesta.

34

Vivent mes ennemis ! Eux du moins ne peuvent pas me trahir.
Ibid., I, 8, Malatesta.

35

Il n'y a qu'une préparation à la mort : elle est d'être rassasié.
Mors et Vita (Gallimard).

36

Il faut des haines à la société en vue des bouleversements dont elle progresse, comme la terre a besoin d'être labourée pour être fertile.
Les Olympiques (Gallimard).

37

Dieu ne nous remplit qu'autant que nous sommes vides.
Port-Royal, la sœur Angélique (Gallimard).

38

Quelques-uns prennent pour de l'amitié ce qui est de la charité.
Les Prisonniers (Gallimard).

39

Ce qui est effrayant dans la mort de l'être cher, ce n'est pas sa mort, c'est comme on en est consolé.
La Reine morte, II, 1, Egas Coelho (Gallimard).

40

Chaque fois qu'on me loue, je respire mon tombeau.
Ibid., I, 2, Ferrante.

41

Chez l'homme, c'est le papillon qui devient un ver.
Ibid., I, 3, Ferrante.

42

Je vous reproche de ne pas respirer à la hauteur où je respire.
Ibid., I, 3, Ferrante.

43

La pire colère d'un père contre son fils est plus tendre que le plus tendre amour d'un fils pour son père.
Ibid., I, 2, Don Manoel.

44

45	**Quand on vieillit, les colères deviennent des tristesses.** *Ibid.*, III, 5, Ferrante.
46	**Les remords meurent, comme le reste. Et il y en a dont le souvenir embaume.** *Ibid.*, III, 6, Ferrante.
47	**La confiance est une des possibilités divines de l'homme.** *Service inutile* (Gallimard).

511   Paul MORAND
1888-1976

1	**C'est en public que les femmes se déshabillent le plus volontiers.** *Bouddha vivant* (Grasset).
2	**Les prostituées sont souvent, après les religieuses, nos meilleures patriotes.** *Ibid.*
3	**C'était une jeune fille d'aujourd'hui, c'est-à-dire, à peu près, un jeune homme d'hier.** *L'Europe galante* (Grasset).
4	**En amour, être Français, c'est la moitié du chemin.** *Ibid.*
5	**On finit par s'habituer aux gens intelligents.** *Ibid.*
6	**L'amour est aussi une affection de la peau.** *Fermé la nuit* (Gallimard).
7	**C'est comme dans le mariage : d'abord sous le gui, ensuite sur le houx.** *Ibid.*
8	**Femmes, longs vases entrouverts, grands enfants chauds.** *Ibid.*
9	**L'histoire, comme une idiote, mécaniquement se répète.** *Ibid.*
10	**La pudeur leur va si bien quand elles en ont, si bien quand elles n'en ont plus, que je ne conçois guère de femmes qui ne désirent pas en avoir.** *Ibid.*
11	**La honte n'est pas toujours la conscience du mal que nous faisons, elle est souvent la conscience du mal qu'on nous fait.** *L'Homme pressé* (Gallimard).
12	**L'amour n'est pas un sentiment, c'est un art.** *Isabeau de Bavière* (Gallimard).
13	**L'envers d'un être, c'est cet être encore.** *Ibid.*

Les hommes impopulaires m'ont toujours fasciné. *Journal d'un attaché d'ambassade* (Gallimard).	14
Elle était belle comme la femme d'un autre. *Lewis et Irène* (Grasset).	15
Il faut que les pauvres soient si pauvres qu'il ne leur reste plus qu'à se révolter. *Le Lion écarlate* (Gallimard).	16
Les salons et les académies tuent plus de révolutionnaires que les prisons ou les canons. *Ibid.*	17
Servir est ennuyeux, mais pas plus qu'être servi. *Ouvert la nuit* (Gallimard).	18
L'existence d'une très jolie femme ressemble à celle d'un lièvre, le jour de l'ouverture. *Le Réveille-matin* (Grasset).	19
L'oisiveté exige tout autant de vertus que le travail. *Ibid.*	20

Jean Papadiamantopoulos, dit MORÉAS
1856-1910
512

Encor sur le pavé sonne mon pas nocturne. *Stances* (Mercure de France).	1
Ne dites pas : la vie est un joyeux festin ; Ou c'est d'un esprit sot, ou c'est d'une âme basse. Surtout ne dites point : elle est malheur sans fin ; C'est d'un mauvais courage, et qui trop tôt se lasse. *Ibid.*	2
Paris, ô noir dormeur, chant sur l'enclume, Et sourire dans les sanglots. *Ibid.*	3
Un bonheur passionné ressemble à de l'angoisse. *Le Voyage de Grèce* (La Plume).	4

Emmanuel MOUNIER
1905-1950
513

Pour ceux d'entre nous qui sont chrétiens, une voix familière leur répète de l'aube au crépuscule : « Ne faites pas les malins. » in Revue *Esprit*, mars 1950.	1
Les hommes de l'an 2000 attendent leur bonheur ou leur malheur de notre inlassable sang-froid. *Feu la chrétienté* (Le Seuil).	2

3   Toute révolution qui ne s'accompagnera pas d'une transfiguration mourra de sa mort.
Intervention à l'Union pour la Vérité
in Revue *Esprit*, avril 1933.

4   Nous appelons personnaliste toute doctrine, toute civilisation affirmant
le primat de la personne humaine sur les nécessités matérielles
et sur les appareils collectifs qui soutiennent son développement.
Manifeste au service du personnalisme
(Éditions Montaigne).

5   Le spirituel commande le politique et l'économique. L'esprit doit garder
l'initiative et la maîtrise de ses buts, qui vont à l'homme par-dessus l'homme
et non pas au bien-être.
Refaire la Renaissance in Revue *Esprit*, n° 1.

6   La plus grande vertu politique est de ne pas perdre le sens des ensembles.
Suite française in Revue *Esprit*, décembre 1944.

514   Alfred de MUSSET
1810-1857

1   Vous êtes comme les roses du Bengale, Marianne, sans épines et sans parfum.
Les Caprices de Marianne, II, 1, Octave.

2   Alors s'assit sur un monde en ruines une jeunesse soucieuse.
La Confession d'un enfant du siècle.

3   Il y a des femmes que leur bon naturel et la sincérité de leur cœur empêchent
d'avoir deux amants à la fois.
Ibid.

4   On n'est pas aimé tous les soirs.
Ibid.

5   Tout ce qui était n'est plus; tout ce qui sera n'est pas encore. Ne cherchez pas
ailleurs le secret de nos maux.
Ibid.

6   Si je pouvais seulement sortir de ma peau pendant une heure ou deux! Si je pouvais
être ce monsieur qui passe!
Fantasio, I, 2, Fantasio.

7   Les grands artistes n'ont pas de patrie.
Lorenzaccio, I, 5, l'orfèvre.

8   Tous les hommes ne sont pas capables de grandes choses, mais tous sont sensibles
aux grandes choses.
Ibid., V, 2, Philippe.

9   Le plaisir des disputes, c'est de faire la paix.
On ne badine pas avec l'amour, III, 6, Perdican.

À défaut du pardon, laisse venir l'oubli.

Poésies, la Nuit d'octobre.

10

Après avoir souffert, il faut souffrir encore ;
Il faut aimer sans cesse après avoir aimé.

Ibid., la Nuit d'août.

11

C'est avec celui-là* qu'il est bon de veiller ;
Ouvrez-le sur votre oreiller,
Vous verrez se lever l'aurore.
Molière l'a prédit, et j'en suis convaincu,
Bien des choses auront vécu
Quand nos enfants liront encore
Ce que le bonhomme a conté,
Fleur de sagesse et de gaîté.

Ibid., Silvia.

* La Fontaine.

12

Dors-tu content, Voltaire, et ton hideux sourire
Voltige-t-il encor sur tes os décharnés ?

Ibid., Rolla.

13

Fille de la douleur, Harmonie ! Harmonie !
Langue que pour l'amour inventa le génie !
Qui nous vins d'Italie et qui lui vins des cieux.

Ibid., Lucie.

Ces trois vers se trouvaient déjà dans les *Premières Poésies* (« Le Saule »).

14

[...] le golfe d'argent
Qui montre dans ses eaux, où le cygne se mire,
La blanche Oloossone à la blanche Camyre.

Ibid., la Nuit de mai.

15

L'homme est un apprenti, la douleur est son maître,
Et nul ne se connaît tant qu'il n'a pas souffert.

Ibid., la Nuit d'octobre.

16

J'ai perdu ma force et ma vie,
Et mes amis et ma gaîté ;
J'ai perdu jusqu'à la fierté
Qui faisait croire à mon génie.

Ibid., Tristesse.

17

Je ne crois pas, ô Christ, à ta parole sainte :
Je suis venu trop tard dans un siècle trop vieux.
D'un siècle sans espoir naît un siècle sans crainte.

Ibid., Rolla.

18

J'étais seul, l'autre soir, au Théâtre-Français,
Ou presque seul ; l'auteur n'avait pas grand succès.
Ce n'était que Molière [...]

Ibid., Une soirée perdue.

19

20

Lorsque le pélican, lassé d'un long voyage,
Dans les brouillards du soir retourne à ses roseaux,
Ses petits affamés courent sur le rivage
En le voyant au loin s'abattre sur les eaux.
Ibid., la Nuit de mai.

21

Mes chers amis, quand je mourrai
Plantez un saule au cimetière;
J'aime son feuillage éploré,
La pâleur m'en est douce et chère,
Et son ombre sera légère
À la terre où je dormirai.
Ibid., Lucie.

22

Où le père a passé, passera bien l'enfant.
Ibid., le Rhin allemand, réponse à la chanson de N. Becker.

23

Les plus désespérés sont les chants les plus beaux
Et j'en sais d'immortels qui sont de purs sanglots.
Ibid., la Nuit de mai.

24

Poète, prends ton luth, et me donne un baiser.
Ibid.

25

Que les hommes entre eux soient égaux sur la terre,
Je n'ai jamais compris que cela pût se faire.
Ibid., la Loi sur la presse.

26

[...] Quelle mâle gaîté, si triste et si profonde
Que, lorsqu'on vient d'en rire, on devrait en pleurer!
Ibid., Une soirée perdue.

27

Qu'est-ce donc qu'oublier si ce n'est pas mourir?
Ibid., Lettre à Lamartine.

28

Quinze ans! ô Roméo! l'âge de Juliette!
Ibid., Rolla.

29

Rien ne nous rend si grands qu'une grande douleur.
Ibid., la Nuit de mai.

30

Rien n'est beau que le vrai, dit un vers respecté*;
Et moi, je lui réponds, sans crainte d'un blasphème :
Rien n'est vrai que le beau, rien n'est vrai sans beauté.
Ibid., Après une lecture.

* Voir Boileau (A-**100**-51).

31

Le seul bien qui me reste au monde.
Est d'avoir quelquefois pleuré.
Ibid., Tristesse.

32

Si je vous le disais pourtant, que je vous aime,
Qui sait, brune aux yeux bleus, ce que vous en diriez?
Ibid., À Ninon.

Vive le mélodrame où Margot a pleuré.

Ibid., *Apres une lecture.*

33

Ah! frappe-toi le cœur, c'est là qu'est le génie.

Premières Poésies, *A mon ami Ed. Boucher.*

34

Aimer est le grand point, qu'importe la maîtresse?
Qu'importe le flacon pourvu qu'on ait l'ivresse?

Ibid., *la Coupe et les lèvres.*

35

C'était, dans la nuit brune,
Sur le clocher jauni,
La lune,
Comme un point sur un i.

Ibid., *Ballade à la lune.*

36

Le cœur humain de qui? le cœur humain de quoi?
Celui de mon voisin a sa manière d'être;
Mais, morbleu! comme lui, j'ai mon cœur humain, moi!

Ibid., *Namouna.*

37

Et ne vois-tu pas que changer sans cesse
Nous rend doux et chers les plaisirs passés?

Ibid., *Chanson.*

38

Il faut être ignorant comme un maître d'école
Pour se flatter de dire une seule parole
Que personne ici-bas n'ait pu dire avant vous.

Ibid., *Namouna.*

39

Je hais comme la mort l'état de plagiaire;
Mon verre n'est pas grand, mais je bois dans mon verre.

Ibid., *la Coupe et les lèvres.*

40

Mais je hais les cafards et la race hypocrite
Des tartuffes de mœurs, comédiens insolents,
Qui mettent leurs vertus en mettant leurs gants blancs.

Ibid.

41

Nu comme un plat d'argent, — nu comme un mur d'église,
Nu comme le discours d'un académicien.

Ibid., *Namouna.*

42

Racine, rencontrant Shakespeare sur ma table,
S'endort près de Boileau qui leur a pardonné.

Ibid., *les Secrètes Pensées de Rafaël, gentilhomme français.*

43

Un jeune curé fait les meilleurs sermons.

Un caprice, *8. Chavigny.*

44

N O

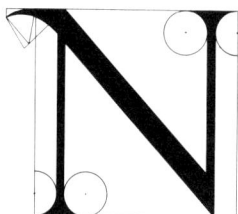

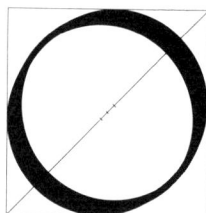

515	**Gustave NADAUD** 1820-1893
1	Deux gendarmes, un beau dimanche, Chevauchaient le long d'un sentier ; L'un portait la sardine blanche, L'autre, le jaune baudrier. Le premier dit d'un ton sonore : « Le temps est beau pour la saison. — Brigadier, répondit Pandore, Brigadier, vous avez raison. » *Chansons, Pandore ou les Deux Gendarmes.*
2	Si je marche plus droit qu'un autre, C'est que je boite des deux pieds. *Ibid., le Roi boiteux.*
516	**NAPOLÉON Ier, empereur des Français** 1769-1821
1	Une société sans religion est comme un vaisseau sans boussole. *Allocution aux curés de Milan, 5 juin 1800.*
2	Les hommes de génie sont des météores destinés à brûler pour éclairer leur siècle. *Discours de Lyon, 1791.*
3	Sachez écouter, et soyez sûr que le silence produit souvent le même effet que la science. *Instructions pour le prince Eugène, 7 juin 1805.*
4	Il est de la sagesse et de la politique de faire ce que le destin ordonne et d'aller où la marche irrésistible des événements nous conduit. *Lettres, à Alexandre Ier, 2 février 1808.*

Il faut être plus grands, malgré nous.
Ibid.

5

Bon Dieu! que les hommes de lettres sont bêtes!
Ibid., à Cambacérès, 24 janvier 1806.

6

L'art de la police est de ne pas voir ce qu'il est inutile qu'elle voie.
Ibid., à Fouché, 24 mai 1800.

7

À tout peuple conquis il faut une révolte.
Ibid., à Joseph, 17 août 1806.

8

Nous naissons, nous vivons, nous mourons au milieu du merveilleux.
Ibid., à Joséphine, 5 avril 1796.

9

Le temps est le grand art de l'homme.
Ibid., au roi de Naples, 1er mars 1807.

10

Les agresseurs ont tort là-haut; ils ont raison ici-bas.
Cité par Las Cases dans le *Mémorial de Sainte-Hélène.*

11

C'est le succès qui fait les grands hommes.
Ibid.

12

Le cœur d'un homme d'État doit être dans sa tête.
Ibid.

13

Du sublime au ridicule, il n'y a qu'un pas.
Ibid.

Voir Mots historiques B-**187**-5.

14

La faute est dans les moyens bien plus que dans les principes.
Ibid.

15

La femme est notre propriété, nous ne sommes pas la sienne; car elle nous donne des enfants, et l'homme ne lui en donne pas. Elle est donc sa propriété comme l'arbre à fruit est celle du jardinier.
Ibid.

16

La haute politique n'est que le bon sens appliqué aux grandes choses.
Ibid.

17

L'homme fait pour les affaires et l'autorité ne voit point les personnes; il ne voit que les choses, leur poids et leur conséquence.
Ibid.

18

Les hommes ne sont ni généralement bons ni généralement mauvais, mais ils possèdent et exercent tout ce qu'il y a de bon et de mauvais ici-bas.
Ibid.

19

Les hommes qui ont changé l'univers n'y sont jamais parvenus en gagnant des chefs; mais toujours en remuant des masses.
Ibid.

20

21 | Il n'est point de petits événements pour les nations et les souverains :
ce sont eux qui gouvernent leurs destinées.
Ibid.

22 | L'imagination gouverne le monde !
Ibid.

23 | La morale publique est le complément naturel de toutes les lois : elle est
à elle seule tout un code.
Ibid.

24 | On peut donner une première impulsion aux affaires ; après, elles vous entraînent.
Ibid.

25 | Presque jamais l'homme n'agit par acte naturel de son caractère, mais par
une passion secrète du moment, réfugiée, cachée dans les derniers replis du cœur.
Ibid.

26 | Quand on connaît son mal moral, il faut savoir soigner son âme comme on soigne
son bras ou sa jambe.
Ibid.

27 | Rien de plus impérieux que la faiblesse qui se sent étayée de la force ;
voyez les femmes.
Ibid.

28 | Si vous aimez à étudier les hommes, apprenez jusqu'où peut aller la patience,
et tout ce qu'on peut dévorer !
Ibid.

29 | Un homme, véritablement homme, ne hait point ; sa colère et sa mauvaise humeur
ne vont point au-delà de la minute.
Ibid.

30 | Un roi n'est pas dans la nature ; il n'est que dans la civilisation.
Il n'en est point de nu ; il n'en saurait être que d'habillé.
Ibid.

31 | Je sais, quand il le faut, quitter la peau du lion pour prendre celle du renard.
Cité par Talleyrand, *Mémoires, I.*

517 | NAPOLÉON III, empereur des Français
1808-1873

1 | La pauvreté ne sera plus séditieuse, lorsque l'opulence ne sera plus oppressive.
L'Extinction du paupérisme.

2 | [La France] a compris* que je n'étais sorti de la légalité que pour rentrer dans le droit.
Lettre à la Commission consultative,
31 décembre 1851.
* Le plébiscite approuvant le coup d'État du 2 décembre 1851. Voir également Mots historiques B *188*-2.

Surtout n'ayez pas peur du peuple, il est plus conservateur que vous!

Mélanges, Du système électoral.   3

Gérard de NERVAL (Gérard Labrunie, dit)
1808-1855

518

La sainte de l'abîme est plus sainte à mes yeux!

Les Chimères, Artémis.   1

Je n'ai jamais éprouvé que le sommeil fût un repos. Après un engourdissement de quelques minutes une vie nouvelle commence.

Aurélia.   2

Notre passé et notre avenir sont solidaires. Nous vivons dans notre race, et notre race vit en nous.

Ibid.   3

Ô Mort, où est ta victoire?*

Ibid.   4

* Simple reprise du Nouveau Testament, I Corinthiens, chapitre 15, verset 55.

Le Rêve est une seconde vie. Je n'ai pu percer sans frémir ces portes d'ivoire ou de corne qui nous séparent du monde invisible.

Ibid.   5

Je pense à toi, Myrtho, divine enchanteresse...

Autres Chimères, Myrtho.   6

Il est dangereux de passer trop tôt pour un écrivain de bon sens : c'est le privilège des médiocrités mûres.

La Bohème galante.   7

Aimez qui vous aima du berceau dans la bière.

Les Chimères, Artémis.   8

Ils reviendront, ces Dieux que tu pleures toujours!

Ibid., Delfica.   9

Le même vers se retrouve dans : Autres Chimères, Myrtho.

Je suis le Ténébreux, — le Veuf, — l'Inconsolé,
Le Prince d'Aquitaine à la tour abolie :
Ma seule *Étoile* est morte, — et mon luth constellé
Porte le *Soleil* noir de la *Mélancolie.*

Ibid., El Desdichado.   10

La connais-tu, Dafné, cette ancienne romance.

Ibid., Delfica.   11

La Treizième revient... C'est encor la première ;
Et c'est toujours la Seule, — ou c'est le seul moment.

Ibid., Artémis.   12

13 Dans le caractère de notre nation, il y a toujours une tendance à exercer la force, quand on la possède, ou les prétentions du pouvoir, quand on le tient en main.
Les Filles du feu, Angélique.

14 Les illusions tombent l'une après l'autre, comme les écorces d'un fruit, et le fruit, c'est l'expérience. Sa saveur est amère.
Ibid., Sylvie.

15 Un souvenir, mon ami. Nous ne vivons qu'en avant ou en arrière.
Fragments, Un souvenir.

16 Dans l'affection que je vous porte, il y a trop de passé pour qu'il n'y ait pas beaucoup d'avenir.
Lettres à Jenny Colon.

17 Il y a toujours quelque niaiserie à trop respecter les femmes.
Ibid.

18 Notre pauvre lune de miel n'a guère eu qu'un premier quartier...
Ibid.

19 On ne peut empêcher les gens de parler, et c'est ainsi que s'écrit l'histoire.
Lettre, à son père, 12 juin 1854.

20 [Ne pas] offenser la pudeur des divinités du songe.
Notes manuscrites.

21 Le vrai, c'est le faux — du moins en art et en poésie.
Les Nuits d'octobre, la Femme mérinos.

22 Où sont nos amoureuses?
Elles sont au tombeau.
Odelettes, les Cydalises.

23 Les âmes sont les idées de Dieu.
Paradoxe et vérité.

24 La vie d'un poète est celle de tous.
Petits Châteaux de Bohème, À un ami.

25 L'amour constant ressemble à la fleur du soleil,
Qui rend à son déclin, le soir, le même hommage
Dont elle a, le matin, salué son réveil!
Poésies diverses, Mélodie.

26 Il voulait tout savoir mais il n'a rien connu.
Ibid., Épitaphe.

27 Le geôlier est une autre sorte de captif. — Le geôlier est-il jaloux des rêves de son prisonnier?
Sur un carnet.

Les grandes idées ne viennent pas du mauvais esprit. *Ibid.*	28
Nous sommes tous parents de Dieu, et la terre a besoin qu'aucun de nous ne souffre ; car ce sont les imprécations des malheureux qui s'amassent et causent des désastres. *Ibid.*	29
Si tu es sage, ne le dis pas et n'en montre pas les raisons, car on dira que tu veux tromper. *Ibid.*	30

Pierre NICOLE
1625-1695

519

Le principal usage que nous faisons de notre amour de la vérité est de nous persuader que ce que nous aimons est vrai. *Essais de morale, De la connaissance de soi.*	1
C'est encore un effet de la faiblesse des hommes que la lumière les aveugle souvent aussi bien que les ténèbres, et que la vérité les trompe aussi bien que l'erreur. *Ibid., De la faiblesse de l'homme.*	2
On peut désirer par amour-propre d'être délivré de l'amour-propre, comme l'on peut souhaiter l'humilité par orgueil. *Ibid., Des diverses manières dont on tente Dieu.*	3
Ce n'est pas l'injustice en soi qui nous blesse, c'est d'en être l'objet. *Ibid., Des moyens de conserver la paix avec les hommes.*	4
Nous nous pouvons dire en quelque sorte citoyens de nous-mêmes et de notre propre cœur. *Ibid.*	5
Souvent il est plus facile de vivre avec tout le monde extérieur qu'avec ce peuple intérieur que nous portons en nous-mêmes. *Ibid.*	6

Roger NIMIER (Roger Nimier de La Perrière, dit)
1925-1962

520

L'efficacité est la révolution dirigée par les conservateurs. *Amour et néant* (Gallimard).	1
On ne haïrait pas si on n'avait pas à se haïr en même temps. *Ibid.*	2
Un homme sans projets est l'ennemi du genre humain. *Ibid.*	3
Certaines vérités n'ont de force que dans l'ombre et piétinées. Au grand jour, elles s'envolent, regagnent leur ciel impérissable. *Le Hussard bleu* (Gallimard).	4

5	Le monde ressemble affreusement au monde. *Ibid.*
6	On a beau se donner du mal, l'ordre est le plus fort et retrouve toujours ses droits. *Ibid.*
7	|La philosophie| est comme la Russie : pleine de marécages et souvent envahie par les Allemands. *Ibid.*
8	Quand on la regarde bien en face, il paraît que la vie se trouble et file sans demander son reste. *Ibid.*
9	Sans les rochers, on sait bien que les vagues ne monteraient jamais si haut. *Ibid.*
10	Aristote a toujours consolé ceux pour lesquels Platon n'avait rien pu. *Journées de lecture,* Jean-Paul Sartre (Gallimard).

521   Paul NIZAN
1905-1940

1	J'avais vingt ans. Je ne laisserai personne dire que c'est le plus bel âge de la vie. *Aden-Arabie* (Maspero).
2	Le voyage est une suite de disparitions irréparables. *Ibid.*
3	Nous serons temporels jusqu'aux os. *Les Chiens de garde* (Maspero).
4	Il n'y a pas d'âge pour la sagesse, qui est un acte orientant tout l'homme vers sa vérité, une conversion et un arrachement. *Les Matérialistes de l'Antiquité* (Maspero).
5	Nous rejetons toute mythologie humaniste qui parle d'un homme abstrait et néglige les conditions réelles de sa vie |...| *Pour une nouvelle culture* (Grasset).

522   Charles NODIER
1780-1844

1	Les hommes n'ont jamais l'air si heureux que le jour où ils abdiquent leur liberté. *Baptiste Montauban ou l'Idiot.*
2	La femme n'était pas de ce monde matériel ; c'est la première fiction que le ciel ait donné à la terre. *Fantaisies et légendes,* l'Homme et la Fourmi.

On va loin quand on ne sait où l'on va, et qui ne voit le but le passe. 3
Ibid., M. Cazotte.

Ce qu'il y a de plus bas au monde, c'est de mortifier la pauvreté. 4
La Fée aux miettes.

Il faut bien passer quelque vanité aux pauvres gens. C'est le seul dédommagement 5
de leurs misères.
Ibid.

Il ne faut léser personne. Il ne faut pas léser ceux qui tuent. Il ne faut pas 6
tuer le bourreau !
Histoire d'Hélène Gillet.

La science consiste à oublier ce qu'on croit savoir, et la sagesse à ne pas 7
s'en soucier.
Léviathan le Long.

Tous les hommes qui s'ennuient dans une planète passent leur pauvre vie à 8
en aller chercher une autre.
Ibid.

Quiconque est parvenu à discerner le bien et le mal a déjà perdu son innocence. 9
Lydie ou la Résurrection.

Les rêves sont ce qu'il y a de plus doux et peut-être de plus vrai dans la vie. 10
Miscellanées.

Il y a dans le cœur d'une femme qui commence à aimer un immense besoin 11
de souffrir.
Smarra.

Mille ans sont si peu de temps pour posséder ce qu'on aime, si peu de temps 12
pour le pleurer !
Trilby ou le Lutin d'Argail.

Marie NOËL (Marie Rouget, dite)
1883-1967
523

Connais-moi si tu peux, ô passant, connais-moi ! 1
Je suis ce que tu crois et suis tout le contraire.
Les Chansons et les heures, Connais-moi
(Stock).

Ce n'est pas un travail vite fait que d'aimer. 2
Chants de la merci, Préludes et exercices (Stock).

Père, ô Sagesse profonde 3
Et noire, Vous savez bien
À quoi sert le mal du monde,
Mais le monde n'en sait rien.
Ibid., Chant de la divine merci.

524	**Géo NORGE (Georges Mogin, dit)** 1898-1990
1	**Quel est le feu qui donne à boire au feu ?** *Les Quatre Vérités,* D'un feu (Gallimard).
2	**Qui mange le vent de sa cornemuse n'a que musique en sa panse.** *La Langue verte* (Gallimard).
525	**Pierre Jean-Baptiste NOUGARET** 1742-1823
1	**Quelle est la créature raisonnable qui puisse se dire véritablement heureuse ?** *Les Méprises ou les Illusions du plaisir.*
526	**Germain NOUVEAU** 1851-1920
1	**L'habitude de fumer n'est peut-être que l'habitude de téter qui reparaît** **après des années.** *Album Richepin** (Cailler). * Écrit en collaboration avec Jean Richepin et ses amis du groupe des Vivants : Ponchon, Bourget et Mercier.
2	**Ne pas oublier que les villes sont dans la campagne !** *Ibid.*
3	**On est bien forcé de croire au doigt de Dieu, quand on voit comme il se l'est mis** **dans l'œil.** *Ibid.*
4	**Nous vivons pour des fers qu'on polit et qu'on graisse [...]** *Le Calepin du mendiant* (Cailler).
5	**Le jour est moins charmant que les yeux de la nuit.** *La Doctrine de l'amour* (Gallimard).
6	**Les mains sont l'homme, ainsi que les ailes l'oiseau.** *Ibid.*
7	**Quelquefois le génie est le mot d'un enfant.** *Ibid.*
8	**On naît ce qu'on peut.** *Premiers Vers,* la Chasse aux cygnes (Gallimard).
9	**[...] La rime, oiseau qu'on prenait** **D'un grain de sel sur la queue.** *Ibid.,* Retour.
10	**Frère, n'est-ce pas là la femme que tu veux :** **Complètement pudique, absolument obscène,** **Des racines des pieds aux pointes des cheveux ?** *Sonnets du Liban,* Musulmanes (Gallimard).

Toutes les femmes sont des saintes, Surtout celles qui sont enceintes [...] *Valentines, Sphinx* (Gallimard).	11

Clovis de NUYSEMENT (Clovis Herteau, dit)
v. 1555 - ?

527

Le froid maintient le chaud; le chaud maintient le froid; L'humide tient le sec, le sec ayde à l'humide, Et à mêmes effets la concorde les guide. *Les Gémissements de la France.*	1

René de OBALDIA
1918

528

L'arrogance du fort s'éteint comme une braise Quand il n'est plus certain de filer à l'anglaise. *Innocentines, Petite Ritournelle impériale* (Grasset).	1
Les petits oiseaux entretiennent l'amitié. *Les Richesses naturelles, les Amitiés difficiles* (Julliard).	2
Presque tous les morts sont bons. *Ibid., la Traite des morts.*	3
Un homme qui consent à devenir esclave durant sa vie l'est naturellement durant sa mort. *Ibid.*	4

Charles d'ORLÉANS
1391-1465

529

C'est grant pitié qu'il convient que je soye *L'homme esgaré qui ne scet ou il va.* *Ballades.*	1
Je meurs de soif en cousté* la fontaine; *Tremblant de froid au feu des amoureux.* *Ibid.*	2

* À côté de.

3

Je suy cellui au cueur* vestu de noir.
Ibid.

* *Cœur.*

4

En verrai ge jamais la fin
De voz œuvres, Merancolie* ?
Quant au soir de vous me deslie**
Vous me ratachez au matin.
Rondeaux.

* *Mélancolie.*
** *Je me délie.*

5

Yver, vous n'este qu'un vilain.
Ibid.

6

Le monde est ennuyé de moy,
Et moy pareillement de lui.
Ibid.

7

Le temps a laissié son manteau
De vent, de froidure et de pluye,
Et s'est vestu de brouderie,
De soleil luyant, cler et beau.
Ibid.

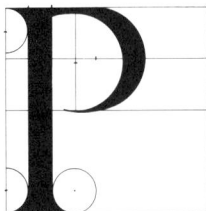

Marcel PAGNOL 1895-1974	**530**

C'est en venant vieux que vous êtes venu couillon ou c'est de naissance ?
César, Sur une route, le chauffeur (Fasquelle).

1

[...] Un secret, ce n'est pas quelque chose qui ne se raconte pas.
Mais c'est une chose qu'on se raconte à voix basse et séparément.
Ibid., Terrasse du bar, César.

2

Telle est la vie des hommes. Quelques joies, très vite effacées
par d'inoubliables chagrins. Il n'est pas nécessaire de le dire aux enfants.
Le Château de ma mère (Pastorelly).

3

[...] Éternellement la science des maîtres passera dans le cœur des disciples,
dans un grand silence attentif, comme cette huile rousse de mes collines
qui coule du pressoir dans la jarre par un long fil d'or immobile,
sans faire de bulles, sans faire de bruit.
Cinématurgie de Paris (Pastorelly).

4

Il faut se méfier des ingénieurs, ça commence par la machine à coudre,
ça finit par la bombe atomique.
Critique des critiques (Nagel).

5

Si vous voulez aller sur la mer, sans aucun risque de chavirer, alors,
n'achetez pas un bateau : achetez une île !
Fanny, II, 3, Panisse (Fasquelle).

6

Les mots qui ont un son noble contiennent toujours de belles images.
La Gloire de mon père (Pastorelly).

7

Maudit soit l'oppresseur qui vient avec un fouet et qui nous méprise
parce qu'il nous opprime !
Judas, I, Simon (Pastorelly).

8

9	C'est dans la marine qu'il y a le plus de cocus. *Marius, III, premier tableau, 5, César* (Fasquelle).
10	L'honneur, c'est comme les allumettes : ça ne sert qu'une fois. *Ibid., IV, 5, César.*
11	Il se peut que tu aimes la marine française, mais la marine française te dit m... *Ibid., III, premier tableau, 5, Escartefigue.*
12	Quand on fera danser les couillons, tu ne seras pas à l'orchestre. *Ibid., I, 5, César.*
13	Si on ne peut plus tricher avec ses amis, ce n'est plus la peine de jouer aux cartes. *Ibid., III, premier tableau, 2, César.*
14	Quand on doit diriger des enfants ou des hommes, il faut de temps en temps commettre une belle injustice, bien nette, bien criante : c'est ça qui leur en impose le plus ! *Topaze, I, 5, Panicault* (Fasquelle).
15	Tu as vu des femmes qui aiment les pauvres ? *Ibid., IV, 4, Topaze.*
531	### Édouard PAILLERON 1834-1899
1	MADAME DE CÉRAN. — Une enfant naturelle ! LA DUCHESSE. — Naturelle ! Eh bien quoi ? naturelle ! Est-ce que tous les enfants ne sont pas naturels ? *Le monde où l'on s'ennuie, I, 7* (Calmann-Lévy).
532	### Bernard PALISSY v. 1510 - 1589
1	Il n'est nul art au monde auquel soit requis une plus grande philosophie qu'à l'agriculture. *Recette véritable par laquelle tous les hommes de la France pourront apprendre à multiplier et augmenter leurs trésors.*
533	### Brice PARAIN 1897-1971
1	L'absurde se nomme. Le désespoir se chante. Tout vient se perdre dans les mots et y ressusciter. *Recherches sur la nature et les fonctions du langage* (Gallimard).
534	### Évariste Désiré de PARNY 1753-1814
1	Ne disons point au jour les secrets de la nuit. *Élégies.*

Une indifférence paisible Est la plus sage des vertus. *Ibid.*	2
Va, crois-moi, le plaisir est toujours légitime. *Ibid.*	3
La voix du sentiment ne peut nous égarer, Et l'on n'est point coupable en suivant la nature. *Ibid.*	4
La variété est la source de tous nos plaisirs, et le plaisir cesse de l'être quand il devient habitude. *Lettres, janvier 1775.*	5

Blaise PASCAL
1623-1662

535

L'art de persuader consiste autant en celui d'agréer qu'en celui de convaincre. *De l'esprit géométrique.* Voir Lautréamont A-**422**-27.	1
Il n'est pas nécessaire, parce que vous êtes duc, que je vous estime ; mais il est nécessaire que je vous salue. *Discours sur la condition des grands, II.*	2
Dans une grande âme tout est grand. *Discours sur les passions de l'amour.*	3
Il y a de deux sortes d'esprits, l'un géométrique, et l'autre que l'on peut appeler de finesse. Le premier a des vues lentes, dures et inflexibles ; mais le dernier a une souplesse de pensée qu'il applique en même temps aux diverses parties aimables de ce qu'il aime. *Ibid.*	4
Qu'une vie est heureuse quand elle commence par l'amour et qu'elle finit par l'ambition. *Ibid.* Voir La Bruyère, A-**397**-67, et La Rochefoucauld, A-**418**-89.	5
Joie, Joie, Joie, pleurs de joie. *Mémorial.*	6
[...] À chaque pas que vous ferez dans ce chemin*, vous verrez tant de certitude du gain, et tant de néant de ce que vous hasardez, que vous connaîtrez à la fin que vous avez parié pour une chose certaine, infinie, pour laquelle vous n'avez rien donné. *Pensées, 233**.* * Le chemin de la foi. C'est ici la fin du célèbre fragment connu sous le titre d'*Argument du pari.* ** Chaque citation des *Pensées* porte en référence un numéro. Celui-ci est le numéro que porte dans l'édition Brunschvicg — laquelle demeure aujourd'hui la plus généralement répandue — le fragment d'où la citation est tirée.	7
L'affection ou la haine changent la justice de face. *Ibid., 82.*	8

9   À mesure qu'on a plus d'esprit, on trouve qu'il y a plus d'hommes originaux.
Les gens du commun ne trouvent pas de différence entre les hommes.
Ibid., 7.

10   Athéisme, marque de force d'esprit, mais jusqu'à un certain degré seulement.
Ibid., 225.

11   Ce que peut la vertu d'un homme ne se doit pas mesurer par ses efforts,
mais par son ordinaire.
Ibid., 352.

12   C'est le cœur qui sent Dieu, et non la raison. Voilà ce que c'est que la foi :
Dieu sensible au cœur, non à la raison.
Ibid., 278.

13   La chose la plus importante à toute la vie est le choix du métier :
le hasard en dispose.
Ibid., 97.

14   Le cœur a ses raisons que la raison ne connaît point; on le sait en mille choses.
Ibid., 277.

15   Combien de royaumes nous ignorent!
Ibid., 207.

16   Console-toi, tu ne me chercherais pas si tu ne m'avais trouvé.
Ibid., 553.

17   Cromwell allait ravager toute la chrétienté; la famille royale était perdue, et la sienne
à jamais puissante, sans un petit grain de sable qui se mit dans son uretère.
Ibid., 176.

18   Le dernier acte est sanglant, quelque belle que soit la comédie en tout le reste :
on jette enfin de la terre sur la tête, et en voilà pour jamais.
Ibid., 210.

19   La dernière chose qu'on trouve en faisant un ouvrage est de savoir celle
qu'il faut mettre la première.
Ibid., 19.

20   La dernière démarche de la raison est de reconnaître qu'il y a une infinité
de choses qui la surpassent.
Ibid., 267.

21   Deux excès : exclure la raison, n'admettre que la raison.
Ibid., 253.

22   *Différence entre l'esprit de géométrie et l'esprit de finesse.* — En l'un, les principes
sont palpables, mais éloignés de l'usage commun [...] Mais dans l'esprit de finesse,
les principes sont dans l'usage commun et devant les yeux de tout le monde.
Ibid., 1.

Diseur de bons mots, mauvais caractère. *Ibid., 46.*	23
La distance infinie des corps aux esprits figure la distance infiniment plus infinie des esprits à la charité, car elle est surnaturelle. *Ibid., 793.*	24
Divertissement. Les hommes n'ayant pu guérir la mort, la misère, l'ignorance, ils se sont avisés, pour se rendre heureux, de n'y point penser. *Ibid., 168.*	25
D'où vient qu'un boiteux ne nous irrite pas, et un esprit boiteux nous irrite ? À cause qu'un boiteux reconnaît que nous allons droit, et qu'un esprit boiteux dit que c'est nous qui boitons. *Ibid., 80.*	26
L'éloquence continue ennuie. *Ibid., 355.*	27
Les enfants qui s'effrayent du visage qu'ils ont barbouillé, ce sont des enfants ; mais le moyen que ce qui est si faible étant enfant, soit bien fort étant plus âgé ! *Ibid., 88.*	28
L'éternuement absorbe toutes les fonctions de l'âme [...] *Ibid., 160.*	29
La grandeur de l'homme est grande en ce qu'il se connaît misérable. Un arbre ne se connaît pas misérable. *Ibid., 397.*	30
L'homme n'est ni ange ni bête, et le malheur veut que qui veut faire l'ange fait la bête. *Ibid., 358.*	31
L'homme n'est qu'un roseau, le plus faible de la nature ; mais c'est un roseau pensant. Il ne faut pas que l'univers entier s'arme pour l'écraser : une vapeur, une goutte d'eau suffit pour le tuer. Mais, quand l'univers l'écraserait, l'homme serait encore plus noble que ce qui le tue, parce qu'il sait qu'il meurt, et l'avantage que l'univers a sur lui ; l'univers n'en sait rien. *Ibid., 347.*	32
Les hommes sont si nécessairement fous, que ce serait être fou par un autre tour de folie, de n'être pas fou. *Ibid., 414.*	33
Il est bien plus beau de savoir quelque chose de tout que de savoir tout d'une chose ; cette universalité est la plus belle. *Ibid., 37.*	34

35   Il est juste que ce qui est juste soit suivi, il est nécessaire que ce qui est le plus
fort soit suivi. La justice sans la force est impuissante, la force sans la justice est
tyrannique. La justice sans force est contredite, parce qu'il y a toujours
des méchants ; la force sans la justice est accusée. Il faut donc mettre
ensemble la justice et la force, et pour cela faire que ce qui est juste
soit fort, ou que ce qui est fort soit juste.
Ibid., 298.

36   Il n'y a que deux sortes d'hommes : les uns justes, qui se croient pécheurs ;
les autres pécheurs, qui se croient justes.
Ibid., 534.

37   Il y a assez de lumière pour ceux qui ne désirent que de voir, et assez d'obscurité
pour ceux qui ont une disposition contraire.
Ibid., 430.

38   *Imagination.* — C'est cette partie décevante dans l'homme, cette maîtresse d'erreur
et de fausseté, et d'autant plus fourbe qu'elle ne l'est pas toujours ; car elle
serait règle infaillible de vérité, si elle l'était infaillible du mensonge.
Ibid., 82.

39   Je blâme également, et ceux qui prennent parti de louer l'homme, et ceux qui
le prennent de le blâmer, et ceux qui le prennent de se divertir ; et je ne puis
approuver que ceux qui cherchent en gémissant.
Ibid., 421.

40   Je ne crois que les histoires dont les témoins se feraient égorger.
Ibid., 593.

41   Je ne puis pardonner à Descartes : il aurait bien voulu dans toute sa philosophie,
se pouvoir passer de Dieu ; mais il n'a pu s'empêcher de lui faire donner
une chiquenaude pour mettre le monde en mouvement ; après cela,
il n'a plus que faire de Dieu.
Ibid., 77.

42   « Je pensais à toi dans mon agonie, j'ai versé telles gouttes de sang pour toi. »
Ibid., 553.

43   Jésus sera en agonie jusqu'à la fin du monde : il ne faut pas dormir
pendant ce temps-là.
Ibid.

44   *Mien, tien.* « Ce chien est à moi, disaient ces pauvres enfants ; c'est là ma place
au soleil. » Voilà le commencement et l'image de l'usurpation de toute la terre.
Ibid., 295.
Voir Rousseau, A **609** 15.

45   [Les misères de l'homme.] Ce sont misères de grand seigneur, misères d'un roi
dépossédé.
Ibid., 398.

46   Le *moi* est haïssable.
Ibid., 455.
Voir Lévi-Strauss, A **447** 14.

La multitude qui ne se réduit pas à l'unité est confusion ; l'unité qui
ne dépend pas de la multitude est tyrannie.
Ibid., 871.

47

Le nez de Cléopâtre : s'il eût été plus court, toute la face de la terre aurait changé.
Ibid., 162.

Voir Lautréamont, A-**422**-37.

48

Ni la contradiction n'est marque de fausseté, ni l'incontradiction n'est
marque de vérité.
Ibid., 384.

49

Non seulement nous ne connaissons Dieu que par Jésus-Christ, mais nous ne
nous connaissons nous-mêmes que par Jésus-Christ. Nous ne connaissons la vie,
la mort que par Jésus-Christ.
Ibid., 548.

50

Nous avons une impuissance de prouver, invincible à tout le dogmatisme.
Nous avons une idée de la vérité, invincible à tout le pyrrhonisme.
Ibid., 395.

51

Nous courons sans souci dans le précipice, après que nous avons mis quelque chose
devant nous pour nous empêcher de le voir.
Ibid., 183.

52

Nous sommes plaisants de nous reposer dans la société de nos semblables :
misérables comme nous, impuissants comme nous, ils ne nous aideront pas ;
on mourra seul.
Ibid., 211.

53

On ne montre pas sa grandeur pour être à une extrémité, mais bien en touchant
les deux à la fois, et remplissant tout l'entre-deux.
Ibid., 353.

54

On ne s'imagine Platon et Aristote qu'avec de grandes robes de pédants.
C'étaient des gens honnêtes et, comme les autres, riant avec leurs amis;
et, quand ils se sont divertis à faire leurs *Lois* et leur *Politique,* ils l'ont fait
en se jouant.
Ibid., 331.

55

On se persuade mieux, pour l'ordinaire, par les raisons qu'on a soi-même trouvées,
que par celles qui sont venues dans l'esprit des autres.
Ibid., 10.

56

Pensée fait la grandeur de l'homme.
Ibid., 346.

57

Pesons le gain et la perte, en prenant croix* que Dieu est. Estimons ces deux cas :
si vous gagnez, vous gagnez tout ; si vous perdez, vous ne perdez rien.
Gagez donc qu'il est, sans hésiter.
Ibid., 233.

* Face, en jouant à pile ou face.

58

59	**Peu de chose nous console, parce que peu de chose nous afflige.**
	Ibid., 136.

60	**Plaisante justice, qu'une rivière borne! Vérité au-deçà des Pyrénées, erreur au-delà.**
	Ibid., 294.
	Voir Montaigne, A-**507**-78.

61	**Plaisante raison qu'un vent manie, et à tout sens!**
	Ibid., 82.

62	**Le plus grand philosophe du monde, sur une planche plus large qu'il ne faut, s'il y a au-dessous un précipice, quoique sa raison le convainque de sa sûreté, son imagination prévaudra. Plusieurs n'en sauraient soutenir la pensée sans pâlir et suer.**
	Ibid.

63	**Pour entendre le sens d'un auteur, il faut accorder tous les passages contraires.**
	Ibid., 684.

64	**Pourquoi me tuez-vous ? — Et quoi, ne demeurez-vous pas de l'autre côté de l'eau ? Mon ami, si vous demeuriez de ce côté, je serais un assassin et cela serait injuste de vous tuer de la sorte ; mais puisque vous demeurez de l'autre côté, je suis un brave, et cela est juste.**
	Ibid., 293.

65	**Les preuves ne convainquent que l'esprit. La coutume fait nos preuves les plus fortes et les plus crues ; elle incline l'automate, qui entraîne l'esprit sans qu'il y pense.**
	Ibid., 252.

66	**Quand on voit le style naturel, on est tout étonné et ravi, car on s'attendait de voir un auteur, et on trouve un homme. Au lieu que ceux qui ont le goût bon et qui en voyant un livre croient trouver un homme, sont tout surpris de trouver un auteur.**
	Ibid., 29.

67	**Que le cœur de l'homme est creux et plein d'ordure !**
	Ibid., 143.

68	**Que l'homme [...] considère ce qu'il est au prix de ce qui est ; qu'il se regarde comme égaré dans ce canton détourné de la nature ; et que, de ce petit cachot où il se trouve logé, j'entends l'univers, il apprenne à estimer la terre, les royaumes, les villes et soi-même son juste prix. Qu'est-ce qu'un homme dans l'infini ?**
	Ibid., 72.

69	**Quelle chimère est-ce donc que l'homme ? Quelle nouveauté, quel monstre, quel chaos, quel sujet de contradiction, quel prodige ! Juge de toutes choses, imbécile ver de terre ; dépositaire du vrai, cloaque d'incertitude et d'erreur ; gloire et rebut de l'univers.**
	Ibid., 434.

70	**Quelle vanité que la peinture, qui attire l'admiration par la ressemblance des choses dont on n'admire point les originaux !**
	Ibid., 134.

Qu'est-ce que l'homme dans la nature ? Un néant à l'égard de l'infini, un tout à l'égard du néant, un milieu entre rien et tout. *Ibid., 72.*	71
Qu'il y a loin de la connaissance de Dieu à l'aimer ! *Ibid., 280.*	72
Qu'on laisse un roi tout seul, sans aucune satisfaction des sens, sans aucun soin dans l'esprit, sans compagnie, penser à lui tout à loisir ; et l'on verra qu'un roi sans divertissement est un homme plein de misères. *Ibid., 142.*	73
Qu'on ne dise pas que je n'ai rien dit de nouveau : la disposition des matières est nouvelle ; quand on joue à la paume, c'est une même balle dont joue l'un et l'autre, mais l'un la place mieux. *Ibid., 22.*	74
Les rivières sont des chemins qui marchent et qui portent où l'on veut aller. *Ibid., 17.*	75
La science des choses extérieures ne me consolera pas de l'ignorance de la morale, au temps d'affliction ; mais la science des mœurs me consolera toujours de l'ignorance des sciences extérieures. *Ibid., 67.*	76
Se moquer de la philosophie, c'est vraiment philosopher. *Ibid., 4.*	77
Le silence éternel de ces espaces infinis m'effraie. *Ibid., 206.* <small>Cette parole, selon toute vraisemblance, est mise dans la bouche du libertin, avec lequel Pascal envisageait de dialoguer dans son ouvrage.</small>	78
S'il se vante, je l'abaisse ; s'il s'abaisse, je le vante ; et le contredis toujours, jusqu'à ce qu'il comprenne qu'il est un monstre incompréhensible. *Ibid., 420.*	79
Soumission et usage de la raison, en quoi consiste le vrai christianisme. *Ibid., 269.*	80
Suivez la manière par où ils ont commencé : c'est en faisant tout comme s'ils croyaient, en prenant de l'eau bénite, en faisant dire des messes, etc. Naturellement même cela vous fera croire et vous abêtira. *Ibid., 233.*	81
Tous les corps ensemble, et tous les esprits ensemble, et toutes leurs productions, ne valent pas le moindre mouvement de charité. *Ibid., 793.*	82
Tout ce qui est incompréhensible ne laisse pas d'être. *Ibid., 430.*	83

| 84 | Tout le malheur des hommes vient d'une seule chose, qui est de ne savoir pas demeurer en repos, dans une chambre.
Ibid., 139.
<small>Voir La Bruyère, A-**397**-28.</small> |

| 85 | Travaillons donc à bien penser : voilà le principe de la morale.
Ibid., 347. |

| 86 | Voulez-vous qu'on croie du bien de vous ? N'en dites pas.
Ibid., 44. |

| 87 | La vraie éloquence se moque de l'éloquence, la vraie morale se moque de la morale [...]
Ibid., 4.
<small>Voir Lautréamont, A-**422**-27.</small> |

| 88 | Étrange zèle, qui s'irrite contre ceux qui accusent des fautes publiques, et non pas contre ceux qui les commettent !
Les Provinciales, 11ᵉ lettre. |

| 89 | Je n'ai fait [cette lettre-ci] plus longue que parce que je n'ai pas eu le loisir de la faire plus courte.
Ibid., 16ᵉ lettre. |

| 90 | Tous les efforts de la violence ne peuvent affaiblir la vérité, et ne servent qu'à la relever davantage. Toutes les lumières de la vérité ne peuvent rien pour arrêter la violence, et ne font que l'irriter encore plus.
Ibid., 12ᵉ lettre. |

| 91 | La vérité subsiste éternellement.
Ibid. |

| **536** | **Jacqueline PASCAL**
1625-1661 |

| 1 | Puisque les évêques ont des courages de filles, les filles doivent avoir des courages d'évêques.
Lettre, 23 juin 1661. |

| 2 | Si ce n'est pas à nous à défendre la vérité, c'est à nous à mourir pour la vérité.
Ibid. |

| **537** | **Étienne PASQUIER**
1529-1615 |

| 1 | Il faut que tous braves menteurs soient gens de bonne mémoire, pour se garder de méprendre.
Recherches de la France, I, 3. |

| 2 | Il n'y a pas moins de reproche à taire une vérité qu'à falsifier un mensonge.
Ibid., I, 1. |

| 3 | Je ne puis me persuader qu'il faille avancer notre religion par les armes.
Ibid., VI, 26. |

Louis PASTEUR
1822-1895

538

Ayez le culte de l'esprit critique.
Discours d'inauguration de l'Institut Pasteur,
14 novembre 1888.

1

La science n'a pas de patrie.
Ibid.

2

Jean PAULHAN
1884-1968

539

Je suis comme tout le monde : je n'ai pas continuellement la certitude de mener une vie véritable.
L'Aveuglette (Gallimard).

1

Aux femmes il est donné de ressembler leur vie durant aux enfants que nous étions.
Le Bonheur dans l'esclavage (Pauvert).

2

Le bonheur dans l'esclavage fait de nos jours figure d'idée neuve.
Ibid.

3

Les seules libertés auxquelles nous soyons sensibles sont celles qui viennent jeter autrui dans une servitude équivalente.
Ibid.

4

Un critique ne doit jamais hésiter à se rendre ridicule.
Ibid.

5

Tout a été dit. Sans doute. Si les mots n'avaient changé de sens ; et les sens, de mots.
Clef de la poésie (Gallimard).

6

Que le poète obscur persévère dans son obscurité, s'il veut trouver la lumière.
In préface des *Contes de Noël Devaulx*
(Cercle du livre précieux).

7

Ce n'est pas un crime de savoir plusieurs langues, c'est plutôt un malheur.
De la paille et du grain (Gallimard).

8

Il est de la nature de l'évidence qu'elle passe inaperçue.
Ibid.

9

Tout ce que je demande aux Politiques, c'est qu'ils se contentent de changer le monde sans changer la vérité.
Ibid.

10

Il est bien vrai que les gens gagnent à être connus. Ils y gagnent en mystère.
Entretien sur des faits divers (Gallimard).

11

[...] Un bon syllogisme n'a jamais convaincu personne.
Ibid.

12

13 | L'esprit est un monde à l'envers. Le clair y procède de l'obscur,
la pensée y sort des mots.
Les Fleurs de Tarbes (Gallimard).

14 | Ne m'aimez pas comme l'argent :
On l'échange pour du riz.
Aimez-moi comme un petit crabe :
On le mange jusqu'aux pattes.
Les Hain-teny mérinas (Gallimard).

15 | Qui passe et ne désire pas a l'air orgueilleux,
Qui désire trop souvent a l'air importun.
Ibid.

16 | La poésie (et la politique) sont, pour une part, une façon d'utiliser au mieux
la folie.
Lettre à J. Debû-Bridel.

17 | La force a les droits de la force. Elle se dégrade et s'humilie — et nous
humilie tous — dès qu'elle ment, et couvre d'un manteau légal ses assassinats.
Lettre aux directeurs de la Résistance
(Éditions de Minuit).

18 | Une nation périclite quand l'esprit de justice et de vérité se retire d'elle.
Réponse à Martin-Chauffier.

19 | Si les règles et les genres ont jamais été imaginés, c'était pour assurer
à l'esprit humain sa pleine liberté, pour lui permettre les cris, et la surprise,
et le chant profond.
La rhétorique renaît de ses cendres
(Cercle du livre précieux).

540 — Charles PÉGUY
1873-1914

1 | Tout est joué avant que nous ayons douze ans.
L'Argent (Gallimard).

2 | L'homme qui est poète à vingt ans n'est pas poète, il est homme ; s'il est poète
après vingt ans, alors il est poète.
Clio (Gallimard).

3 | Heureux ceux qui sont morts dans une juste guerre !
Heureux les épis mûrs et les blés moissonnés.
Ève (Gallimard).

4 | Ô Meuse inépuisable et douce à mon enfance.
Jeanne d'Arc, Troisième partie (Gallimard).

5 | C'est embêtant, dit Dieu. Quand il n'y aura plus ces Français,
Il y a des choses que je fais, il n'y aura plus personne pour les comprendre.
Le Mystère des saints Innocents (Gallimard).

J'aime mieux un saint qui a des défauts qu'un pécheur qui n'en a pas. *Ibid.*	6
J'ai souvent joué avec l'homme, dit Dieu. Mais quel jeu, c'est un jeu dont je tremble encore. *Ibid.*	7
Je comprends très bien, dit Dieu, qu'on fasse son examen de conscience. C'est un excellent exercice. Il ne faut pas en abuser. *Ibid.*	8
Pauvre être. Je n'aime pas, dit Dieu, l'homme qui ne dort pas. *Ibid.*	9
Rien n'est beau comme un enfant qui s'endort en faisant sa prière, dit Dieu. *Ibid.*	10
Aimer, c'est donner raison à l'être aimé qui a tort. *Note conjointe sur M. Descartes* (Gallimard).	11
La mémoire et l'habitude sont les fourriers de la mort. *Ibid.*	12
Homère est nouveau, ce matin, et rien n'est peut-être aussi vieux que le journal d'aujourd'hui. *Note sur M. Bergson et la philosophie bergsonienne* (Gallimard).	13
L'honneur d'un peuple est d'un seul tenant. *Notre jeunesse* (Gallimard).	14
Il faut tout de même voir qu'il y a des ordres apparents qui sont les pires désordres. *Ibid.*	15
Tout parti vit de sa mystique et meurt de sa politique. *Ibid.*	16
Les patries sont toujours défendues par les gueux, livrées par les riches. *Notre patrie* (Gallimard).	17
Ce qui m'étonne, dit Dieu, c'est l'espérance. Et je n'en reviens pas. Cette petite espérance qui n'a l'air de rien du tout. Cette petite fille espérance. Immortelle. *Le Porche du mystère de la deuxième vertu* (Gallimard).	18
Un regret plus mouvant que la vague marine A roulé sur ce cœur envahi jusqu'au bord. *Œuvres poétiques complètes, l'Épave* (Gallimard).	19

20	Étoile de la mer voici la lourde nappe Et la profonde houle et l'océan des blés Et la mouvante écume et nos greniers comblés, Voici votre regard sur cette immense chape [...] *La Tapisserie de Notre-Dame*, Présentation de la Beauce à Notre-Dame de Chartres (Gallimard).
21	Nous ne demandons pas que la grappe écrasée Soit jamais replacée au fronton de la treille *Ibid.*, les Quatre Prières dans la cathédrale de Chartres.
22	Quarante ans est un âge terrible. Car c'est l'âge où nous devenons ce que nous sommes. *Victor-Marie, comte Hugo* (Gallimard).
23	Les victimes de Racine sont elles-mêmes plus cruelles que les bourreaux de Corneille. *Ibid.*

541   Jean PELLERIN
1885-1920

1	Le dieu nous parle à voix trop basse : On ne l'entend jamais. *Le Bouquet inutile* (Gallimard).
2	Foutons ses huit jours au poète ! *Ibid.*
3	Glissant du lit, que tes lisses Jambes nous suggèrent les Chiffres inscrits aux caprices Des mondes émerveillés ! *Ibid.*
4	« Ne touchez pas aux allumettes ! » Disait Prométhée aux enfants. *Ibid.*

542   Benjamin PÉRET
1899-1959

1	[...] Bouche à bouche nous nageons depuis les temps primaires. *Le Grand Jeu*, Souffre-douleurs (Gallimard).
2	Courez vite et songez peu. *Ibid.*, le Travail anormal.
3	Il faut être deux pour être trois. *Ibid.*, Passerelle du commandant.
4	Il faut être rond pour mesurer. *Ibid.*

La joie comme la peine se mesurent au centigramme.   5
Ibid., As de pique.

Louis PERGAUD
1882-1915   **543**

« Dire que, quand nous serons grands, nous serons peut-être aussi bêtes qu'eux ! »   1
La Guerre des boutons (Mercure de France).

Quand il n'y avait point de morts, nos vieux disaient : « Nous n'avons pas   2
bien fait la fête ! »
Ibid.

Odilon Jean PÉRIER
1901-1928   **544**

[...] Tel, un poète où Dieu s'engage   1
Et reste pris.
Poèmes (Gallimard).

Tu n'as pas désespéré,   2
Comment saurais-tu sourire ?
Ibid.

Charles PERRAULT
1628-1703   **545**

« Anne, ma sœur Anne, ne vois-tu rien venir ? »   1
Et la sœur Anne lui répondait :
« Je ne vois rien que le soleil qui poudroie et l'herbe qui verdoie. »
Barbe-Bleue.

Est fou qui veut lutter contre les étoiles.   2
La Chatte cendreuse.

C'est le vrai droit du jeu de tromper le trompeur.   3
Fables, le Chien, le Coq et le Renard.

[...] Rien ne marque tant la vaste étendue d'un esprit que de pouvoir s'élever   4
en même temps aux plus grandes choses et s'abaisser aux plus petites.
Histoires ou Contes du temps passé, Préface.

Aux jeunes gens pour l'ordinaire   5
L'industrie* et le savoir-faire
Valent mieux que des biens acquis.
Le Maître Chat ou le Chat botté, Moralité.
* L'adresse.

À l'ouïr sangloter et les nuits et les jours,   6
On jugea que son deuil ne lui durerait guère.
Peau d'Âne.

7

Le conte de Peau d'Âne est difficile à croire,
Mais tant que dans le monde on aura des enfants,
Des mères et des mères-grands,
On en gardera la mémoire.
Ibid.

8

[...] il est des temps et des lieux
Où le grave et le sérieux
Ne valent pas d'agréables sornettes.
Ibid., Préface.

9

Pour moi, j'ose poser en fait
Qu'en de certains moments l'esprit le plus parfait
Peut aimer sans rougir jusqu'aux marionnettes.
Ibid.

10

« Tire la chevillette, la bobinette cherra. »
Le Petit Chaperon rouge.

11

Il flairait à droite et à gauche, disant qu'il sentait la chair fraîche.
Le Petit Poucet.

12

Tout est beau dans ce que l'on aime.
Tout ce qu'on aime a de l'esprit.
Riquet à la houppe, Moralité.

546   Jacques PERRET
1901

1

Les grands fauteuils n'ont plus de postérieurs à leur mesure.
Bande à part (Gallimard).

2

Il faut se méfier des grandes gueules, bien sûr, et, par conséquent, se méfier
aussi bien du préjugé contre les grandes gueules.
Ibid.

3

Dans le cas peu probable où la fin des temps serait indéfiniment reconduite,
nous dirons, en consolation, que la noblesse de l'homme est de poser
des questions sans réponse.
Bâtons dans les roues (Gallimard).

4

Je persiste à honorer l'homme d'action, mais, quand même, il ne faudrait pas
en faire pulluler l'espèce, encore moins lui ôter le temps de penser un petit peu
à ce qu'il va faire.
Ibid.

5

[...] Si les hommes ne dansaient pas sur des volcans, je me demande où et quand
ils danseraient ; l'important est de bien savoir qu'on a le volcan sous les pieds
afin de goûter son vrai plaisir d'homme libre.
Ibid.

6

L'enfant met un siècle à grandir et à douze ans, il ne lui reste plus qu'à bâcler
sa maturité en quelques heures et expédier la vieillesse en deux minutes.
La Bête Mahousse, Enfantillages (Gallimard).

S'expliquer c'est mentir.
Ibid.

7

La bourgeoisie est toujours condamnée à mort, elle en répand elle-même
assez complaisamment la nouvelle et continue pourtant à vivoter sans avoir l'air
de croire à sa mort et toujours optant pour les solutions mortelles.
Cheveux sur la soupe (Gallimard).

8

En fait de peinture, il n'y a plus guère que les communistes pour ignorer
que Picasso est une des réussites les plus achevées de la bourgeoisie.
Ibid.

9

Henri PETIT
1900-1978

547

À force d'interroger l'homme, on attend la réponse de Dieu.
Le Bonheur (Grasset).

1

Les anges révoltés volent en rangs.
Les Justes Solitudes (Grasset).

2

Croire au mal c'est croire.
Ibid.

3

En cessant d'être aimé, on cesse d'être aimable.
Ibid.

4

L'homme vit d'amour effréné et de prévisions exactes.
Ibid.

5

On désespère des autres pour ne pas trop espérer de soi.
Ibid.

6

On dit du mal des femmes pour se venger de n'en rien savoir.
Ibid.

7

On ne peut pas être heureux à tort ; on ne peut pas avoir tort d'être heureux.
Ibid.

8

Toute pensée efface un rêve.
Ibid.

9

L'amour, cette absence de mémoire, ne retient de nous que notre éternité.
Ordonne ton amour (Grasset).

10

Les flammes de notre foi nous donnent l'échelle de la nuit.
Ibid.

11

Il n'y a qu'un soleil : ne divise pas ton cœur.
Ibid.

12

548	**Charles-Louis PHILIPPE** 1874-1909
1	Ce n'est pas impunément qu'on est venu jusqu'à vingt-trois ans sans casier judiciaire. *Bubu de Montparnasse* (Fasquelle).
2	Deux sortes d'hommes habitent la Terre : ceux qui protestent et ceux qui ne protestent pas. *Les Chroniques du Canard sauvage* (Gallimard).
3	Il a manqué à M. Émile Zola de grands vices pour faire une grande œuvre. *Ibid.*
4	On a toujours l'air de mentir quand on parle à des gendarmes. *Ibid.*
5	Toutes les crises morales de la littérature sont les crises morales de la bourgeoisie. In *Littérature contemporaine*, par G. Le Cardonnel et Ch. Velay (Mercure de France).
6	[...] L'orgueil est plein de silence [...] *Lettres de Jeunesse*, Lettre à Mme Kenty (Gallimard).
7	L'Amour est beau pour ceux qui ont de quoi vivre, mais les autres doivent d'abord penser à vivre. *La Mère et l'enfant* (Gallimard).
549	**Pablo PICASSO** 1881-1973
1	Auparavant [...] un tableau était une somme d'additions. Chez moi, un tableau est une somme de destructions. *Conversations avec Christian Zervos, 1935 in Cahiers d'art.*
2	En réalité on travaille avec peu de couleurs. Ce qui donne l'illusion de leur nombre, c'est d'avoir été mises à leur juste place. *Ibid.*
3	Il y a quelquefois une tête* tellement vraie que tu peux avoir des rapports avec cette tête comme avec une vraie. *Ibid.* * Il s'agit d'un dessin.
4	Je fais un tableau, ensuite je le détruis. Mais à la fin du compte rien n'est perdu. Le rouge que j'ai enlevé d'une part se trouve quelque part ailleurs. *Ibid.*
5	Non, la peinture n'est pas faite pour décorer les appartements. C'est un instrument de guerre offensive et défensive contre l'ennemi. *Ibid., 1945.*

On devrait crever les yeux aux peintres comme l'on fait aux chardonnerets pour qu'ils chantent mieux. *Ibid.*, 1935.	6
On doit prendre son bien où on le trouve, sauf dans ses propres œuvres. *Ibid.*	7
Si l'on sait exactement ce qu'on va faire, à quoi bon le faire? *Ibid.*	8
Un cheval ne va pas tout seul dans les brancards. *Ibid.*	9
Tout l'intérêt de l'art se trouve dans le commencement. Après le commencement, c'est déjà la fin. *Conversation avec Tériade, 1932* in l'Intransigeant.	10
Pour faire une colombe, il faut d'abord lui tordre le cou. Cité dans *Hommage à Picasso* (XXᵉ Siècle).	11
Quand je n'ai pas de bleu, je mets du rouge. Cité par Paul Éluard dans *Donner à voir*, *Je parle de ce qui est bien* (Gallimard).	12
Je n'évolue pas, je suis. Cité par Gaëtan Picon dans *Les Lignes de la main*. *La Mesure de Picasso* (Gallimard).	13
C'est difficile de mettre un peu d'absolu dans la mare aux grenouilles. Cité par Jean Leymarie dans *Picasso,* *métamorphoses et unité* (Skira).	14
En peinture on peut tout essayer. On a le droit, même. À condition de ne jamais recommencer. *Ibid.*	15
Rien ne peut être fait sans la solitude. *Ibid.*	16
S'il y avait une seule vérité, on ne pourrait pas faire cent toiles sur le même thème. *Ibid.*	17
Un tableau ne vit que par celui qui le regarde. *Ibid.*	18
Michel-Ange n'est pas responsable du buffet Henri II. Cité par Pierre de Champris dans *Ombre et soleil* (Gallimard).*	19
Nos morts continuent à vieillir avec nous. *Ibid.*	20

21

Je peux à peine comprendre l'importance donnée au mot recherche dans la peinture moderne. À mon avis, chercher ne signifie rien en peinture. Ce qui compte, c'est trouver.

In Revue The Arts, *Picasso speaks, New York, 1923.*

Cette réflexion est citée d'ordinaire sous une forme condensée : « Je ne cherche pas, je trouve. » Voir aussi Alain, A-**9**-12, et Cocteau, A-**185**-18.

---

550   Gaétan PICON
1915-1976

1

Ce n'est pas l'histoire qui fait le jugement : c'est le jugement qui fait l'histoire.
L'Écrivain et son ombre (Gallimard).

2

Je ne parle, on ne me parle que dans l'insomnie du temps.
Admirable tremblement du temps (Skira).

3

L'art doit chercher son langage dans le langage et contre le langage.
Les Lignes de la main (Gallimard).

4

Écrire n'étant rien d'autre qu'avoir le temps de dire : je meurs.
L'Œil double (Gallimard).

5

Être avec ma vie comme devant un amour à vivre à l'exclusion de tout autre [...]
Ibid.

6

La naissance d'une œuvre n'est pas la prise de conscience d'une expérience : elle est la rencontre d'une voix.
L'Usage de la lecture, (Mercure de France).

---

551   André PIEYRE de MANDIARGUES
1909-1991

1

La poésie, comme l'art, est inséparable de la merveille.
L'Âge de craie (Gallimard).

2

Il n'est rien d'essentiel à l'homme qui ne soit figuré naturellement, dans le caillou, la plante ou la bête.
Le Belvédère, Préliminaires à un voyage au Mexique (Grasset).

3

L'homme ne sait pas se faire absolument dur, et son gel demeure toujours imparfait quand il s'y mêle une paille de tendresse.
Dans les années sordides (Gallimard).

4

La nature du monde change-t-elle, ou bien est-ce la véritable nature qui triomphe de l'apparence ?
Ibid.

5

Il est un degré dans le vierge et le pur, qui par son excès peut faire peur.
Feu de braise, le Diamant (Grasset).

6

Caresser est plus merveilleux que se souvenir.
La Marge (Gallimard).

Rire est mieux qu'expliquer quand on est certaine d'être aimée.
Ibid.

7

L'amour sort du futur avec un bruit de torrent, et il se jette dans le passé
pour le laver de toutes les souillures de l'existence.
Mascarets, le *Marronnier* (Gallimard).

8

Elle était assez femelle pour n'attendre d'une cuirasse rien de mieux
que le bonheur de la capitulation et le plaisir de la défaite.
La Motocyclette (Gallimard).

9

La connaissance et l'amour ont pour effet d'abolir les oppositions.
In Préface aux *Œuvres complètes*
de J. Paulhan (Gallimard).

10

[...] la rue,
Ruisseau des solitudes.
Ruisseau des solitudes (Gallimard).

11

L'histoire, la révolution, l'amour ne vont à leurs hauts paroxysmes
que par la folie de la poésie.
Le Troisième Belvédère (Gallimard).

12

PIGAULT-LEBRUN (Charles Pigault de L'Espinoy, dit)
1753-1835

552

Tout ce qui est exagéré est insignifiant.

1

Attribuée à Pigault-Lebrun, l'observation l'est quelquefois aussi à Talleyrand (A-**653**-5).

Alexis PIRON
1689-1773

553

Ci gît Piron, qui ne fut rien,
Pas même académicien.
Épigrammes, Mon épitaphe.

1

Les personnes d'esprit sont-elles jamais laides ?
La Métromanie, II, 8, Damis.

2

Ils sont quarante*, qui ont de l'esprit comme quatre.
Œuvres complètes (cité par Rigoley de Juvigny dans
l'*Introduction*).

3

* Membres de l'Académie française.

Christine de PISAN
1365-v. 1430 ?

554

Seulete suy et seulete vueil* estre,
Seulete m'a mon doulx ami laissiee,
Seulete suy, sans compaignon ni maistre,
Seulete suy, dolente et courrouciee.
Ballade.

1

* Je veux.

555	**Henri POINCARÉ** 1854-1912
1	Il ne peut pas y avoir de morale scientifique ; mais il ne peut pas non plus y avoir de science immorale. *Dernières Pensées* (Flammarion).
2	La liberté est pour la Science ce que l'air est pour l'animal. *Ibid.*
3	Douter de tout ou tout croire, ce sont deux solutions également commodes, qui l'une et l'autre nous dispensent de réfléchir. *La Science et l'hypothèse* (Flammarion).
4	Une accumulation de faits n'est pas plus une science qu'un tas de pierres n'est une maison. *Ibid.*
556	**Raoul PONCHON (Raoul Pouchon, dit)** 1848-1937
1	N'essayez pas de dire des choses définitives. D'abord vous ne sauriez pas, et puis, ensuite, il n'y a rien de définitif. *Gazette, Des mots, des mots* (Le Courrier français).
2	À quoi bon aujourd'hui faire Ce qu'on peut faire demain ? *Gazettes rimées, Demain* (Le Courrier français).
557	**Francis PONGE** 1899-1988
1	L'amour-propre et la prétention sont les premières vertus. À leurs limites, se définit la personne. *Le Grand Recueil, Entretien avec Breton et Reverdy* (Gallimard).
2	*Radio.* — Tout le flot de purin de la mélodie mondiale. *Ibid., Pièces.*
3	Le siècle du pouvoir de l'homme devint celui de son désespoir. *Ibid., Lyres.*
4	L'histoire, ce petit cloaque où l'esprit de l'homme aime patauger. *Interview à la mort de Staline.*
5	Notre âme est transitive. Il lui faut un objet, qui l'affecte, comme son complément direct, aussitôt. *Nouveau Recueil* (Gallimard).
6	Il ne faut cesser de s'enfoncer dans sa nuit : c'est alors que brusquement la lumière se fait. *Pour un Malherbe* (Gallimard).

Je : cette apparition mince et floue, qui figure en tête de la plupart
de nos phrases.
Réflexions sur les statuettes, figures et
peintures d'Alberto Giacometti (Gallimard).

7

C'est par sa mort parfois qu'un homme montre qu'il était digne de vivre.
Tome premier, Note sur les otages (Gallimard).

8

Homme. — L'Homme est à venir.
L'homme est l'avenir de l'homme.
Ibid., Notes premières de l'homme.

9

Le langage ne se refuse qu'à une chose, c'est à faire aussi peu de bruit
que le silence.
Ibid., Proêmes.

10

Tout l'automne à la fin n'est plus qu'une tisane froide.
Ibid., le Parti pris des choses.

11

Un esprit en mal de notions doit d'abord s'approvisionner d'apparences.
Ibid., Proêmes.

12

Robert PONS de VERDUN
1749-1844

558

C'est elle... Dieux, que je suis aise !
Oui... c'est... la bonne édition ;
Voilà bien, pages neuf et seize,
Les deux fautes d'impression
Qui ne sont pas dans la mauvaise.
Le Bibliomane.

1

François PONSARD
1814-1867

559

Elle vécut chez elle et fila de la laine.
Lucrèce, I.

1

Pierre Alexis PONSON du TERRAIL
1829-1871

560

À vingt ans, Jenny savait déjà tout ce que doit savoir la femme qui entre
dans cette arène meurtrière, où l'homme devient l'ennemi, la ville assiégée,
la victime vouée aux dieux infernaux, le Prométhée dont le cœur sera confié à
ces vautours aux serres roses, aux lèvres de carmin, aux dents éblouissantes
de blancheur, entre lesquelles glisse éternellement le rire impie du scepticisme
et de l'insensibilité.
Le Club des valets de cœur.

1

Et il poussa un de ces soupirs qui n'appartiennent qu'à ceux dont le génie
se heurte aux âpres nécessités de la vie.
Rocambole, les Drames de Paris.

2

561	### Georges de PORTO-RICHE 1849-1930

1

Le mensonge adoucit les mœurs.
Le Passé, I, 5, Bracony (Fayard).

2

[...] Un diplomate qui s'amuse est moins dangereux qu'un diplomate qui travaille.
Ibid., III, 7, *François.*

3

C'est du plaisir savant qu'il faut aux sénateurs.
L'Infidèle, scène 5, Lazzaro (Fayard).

562	### Georges POULET 1902-1989

1

Comprendre, c'est presque l'inverse d'exister.
La Distance intérieure, Balzac (Plon).

2

L'espace, c'est la liberté de l'esprit.
Ibid., *Joubert.*

3

Quand on est encore ce que l'on est, on est déjà ce que l'on sera.
Ibid., *Marivaux.*

4

Le temps n'est jamais perdu. Il est là, au-dehors, parmi les choses.
Ibid., *Hugo.*

5

Dieu est garant qu'on le choisira toujours.
Études sur le temps humain, le Songe de Descartes (Plon).

6

Dieu n'*est* pas trouvé. Il *se trouve.*
Ibid., *Pascal.*

7

Le XVIIe siècle est l'époque où l'être individuel découvre son isolement.
Ibid., *Introduction.*

8

La grande découverte du XVIIIe siècle, c'est donc celle du phénomène de la mémoire.
Ibid.

9

Le temps est le lieu de l'insuffisance et, par conséquent, du mal et du malheur.
Ibid., *Rousseau.*

10

L'être humain n'a jamais le temps d'être, il n'a jamais le temps que de devenir.
Mesure de l'instant, Fénelon (Plon).

563	### Henri POURRAT 1887-1959

1

Ce n'est pas tellement vers la joie, vers la peine, qu'on a choisi d'aller.
On a choisi d'aller vers autre chose.
À la belle bergère (Albin Michel).

Quand on sème des épines on ne va pas sans sabots.
Gaspard des montagnes (Albin Michel).

2

Tous ont bien ce qui achète, il faut avoir ce qui paye.
Ibid.

3

La vie sans farces est comme un voyage sans auberges.
Ibid.

4

Nicolas POUSSIN
1594-1665

564

Les belles filles que vous avez vues à Nîmes ne vous auront, je m'assure,
pas moins délecté l'esprit par la vue que les belles colonnes de la Maison Carrée,
vu que celles-ci ne sont que de vieilles copies de celles-là.
Correspondance.

1

Ce qui vaut la peine d'être fait vaut la peine d'être bien fait.
Ibid.

2

[...] Moi qui fais profession des choses muettes [...]
Ibid.

3

Mon naturel me contraint à chercher et aimer les choses bien ordonnées,
fuyant la confusion qui m'est contraire et ennemie comme est la lumière
des obscures ténèbres.
Ibid.

4

La beauté est en tout éloignée de la matière du corps, dont elle ne s'approche
que si elle y est disposée par des préparations incorporelles.
Observations sur la peinture.

5

Les couleurs dans la peinture sont comme des leurres qui persuadent les yeux,
comme la beauté des vers dans la poésie.
Ibid.

6

La peinture n'est autre qu'une idée des choses incorporelles.
Ibid.

7

Quant à la pensée, c'est une faculté de l'esprit, qui va se fatiguant à l'entour
des choses.
Ibid.

8

Jacques PRÉVERT
1900-1977

565

Il faut [...] être très poli avec la terre et avec le soleil.
Histoires (Gallimard).

1

Il cherche la fameuse machine à peser les balances.
Paroles, Évènements (Gallimard).

2

3	Il ne faut pas laisser les intellectuels jouer avec les allumettes. *Ibid.*, <small>Il ne faut pas...</small>
4	Je suis comme je suis. Je suis faite comme ça. *Ibid.*, <small>Je suis comme je suis.</small>
5	Notre Père qui êtes aux cieux Restez-y Et nous nous resterons sur la terre Qui est quelquefois si jolie. *Ibid.*, <small>Pater Noster.</small>
6	*Les paris stupides* Un certain Blaise Pascal etc... etc... *Ibid.*, <small>Les paris stupides.</small>
7	Tu as regardé la plus triste la plus morne de toutes les fleurs de la terre Et comme aux autres fleurs tu lui as donné un nom Tu l'as appelée Pensée. *Ibid.*, <small>Fleurs et couronnes.</small>
8	Il faudrait essayer d'être heureux, ne serait-ce que pour donner l'exemple. *Spectacle* (Gallimard).
9	Les jeux de la Foi ne sont que cendres auprès des feux de la Joie. *Ibid.*
10	— Qu'est-ce que cela peut faire que je lutte pour la mauvaise cause puisque je suis de bonne foi ? — Et qu'est-ce que ça peut faire que je sois de mauvaise foi puisque c'est pour la bonne cause. *Ibid.*
11	Toutes les opinions sont respectables. Bon. C'est vous qui le dites. Moi, je dis le contraire. C'est mon opinion : respectez-la donc ! *Ibid.*

566   Abbé Antoine François PRÉVOST
1697-1763

1	C'est un fond excellent de revenu pour les petits, que la sottise des riches et des grands. *Histoire du chevalier Des Grieux et de Manon Lescaut.*
2	Crois-tu qu'on puisse être bien tendre lorsqu'on manque de pain ? *Ibid.*
3	Il faut compter ses richesses par les moyens qu'on a de satisfaire ses désirs. *Ibid.*

On se demande la raison de cette bizarrerie du cœur humain, qui lui fait goûter des idées de bien et de perfection, dont il s'éloigne continuellement dans la pratique. *Ibid.*	4
Rien n'est plus admirable et ne fait plus d'honneur à la vertu, que la confiance avec laquelle on s'adresse aux personnes dont on connaît parfaitement la probité. *Ibid.*	5

Jean PRÉVOST
1901-1944

567

Chacun se juge unique, avec raison. Mais on se croit *seul unique*. *Les Caractères* (Albin Michel).	1
Comment lutter de sincérité avec André Gide ? Nous n'en avons qu'une, et il en a douze. *Ibid.*	2
Il n'y a pas de vertu si fréquente que le courage. *Ibid.*	3
Il n'y a rien de si utile que d'envelopper les gens de paroles inutiles. *Ibid.*	4
Me juger toujours responsable ; autrui, jamais. *Ibid.*	5
Nous ressentons le sublime comme une *pensée de la nature*. *Ibid.*	6
Robespierre, Lamartine ou Wilson au pouvoir gâchent tout par leur vertu. *Ibid.*	7
Un bon portrait n'est pas seulement celui qui ressemble au modèle, mais celui qui ne ressemble plus à rien d'autre. *Ibid.*	8

Charles Victor PRÉVOT d'ARLINCOURT
V. *ARLINCOURT.*

Pierre Joseph PROUDHON
1809-1865

568

Il faut avoir vécu dans cet isoloir qu'on appelle Assemblée nationale, pour concevoir comment les hommes qui ignorent le plus complètement l'état d'un pays sont presque toujours ceux qui le représentent. *Confessions d'un révolutionnaire.*	1
Nous marchons à grands pas vers la formation de cinq ou six grands empires. Ces empires une fois formés, rien ne remuera plus, d'autant moins même que, tôt ou tard, ils devront se faire la guerre. *Correspondance, 3 mai 1860.*	2

3

Le peuple voudrait en finir ; or il n'y a pas de fin.
Ibid., décembre 1851.

4

Ce ne sont pas les hommes qui gouvernent les sociétés, ce sont les principes ;
à défaut de principes, ce sont les situations.
De la justice dans la révolution et
dans l'Église.

5

L'homme et la femme peuvent être équivalents devant l'Absolu : ils ne sont point
égaux, ils ne peuvent pas l'être, ni dans la famille, ni dans la cité.
Ibid.

6

La liberté de chacun rencontrant dans la liberté d'autrui, non plus une limite
mais un auxiliaire, l'homme le plus libre est celui qui a le plus de relations
avec ses semblables.
Ibid.

7

Périsse la patrie, et que l'humanité soit sauvée.
La Fédération et l'unité en Italie.

8

Nous avons exagéré le superflu, nous n'avons plus le nécessaire.
La Guerre et la Paix.

9

L'homme a beau étendre le cercle de ses idées, sa lumière n'est toujours
qu'une étincelle promenée dans la nuit immense qui l'enveloppe.
Mélanges, I.

10

L'*homme* vivant est un *groupe.*
Philosophie du progrès.

11

L'homme est principalement une puissance d'*action*, la femme une puissance
de *fascination*.
La Pornocratie ou les Femmes dans
les temps modernes.

12

Le gouvernement de l'homme par l'homme, sous quelque nom qu'il se déguise,
est oppression.
Qu'est-ce que la propriété ?

13

L'homme n'est homme que par la société, laquelle, de son côté, ne se soutient
que par l'équilibre des forces qui la composent.
Ibid.

14

La plus haute perfection de la société se trouve dans l'union de l'ordre
et de l'anarchie.
Ibid.

15

La politique est la science de la liberté.
Ibid.

Si j'avais à répondre à la question suivante : *qu'est-ce que l'esclavage ?* et que d'un seul mot je répondisse : *c'est l'assassinat*, ma pensée serait aussitôt comprise [...] Pourquoi donc à cette autre demande : *qu'est-ce que la propriété ?* ne puis-je répondre de même : *c'est le vol !* sans avoir la certitude de n'être pas entendu, bien que cette seconde proposition ne soit que la première transformée.
Ibid.

16

La république est une anarchie positive.
Solution du problème social.

17

L'homme et la société se servent réciproquement de sujet et d'objet.
Système des contradictions économiques.

18

L'homme peut aimer son semblable jusqu'à mourir ; il ne l'aime pas jusqu'à travailler pour lui.
Ibid.

19

Marcel **PROUST**
1871-1922

569

L'adolescence est le seul temps où l'on ait appris quelque chose.
À la recherche du temps perdu, À l'ombre des jeunes filles en fleurs (Gallimard).

1

L'amour le plus exclusif pour une personne est toujours l'amour d'autre chose.
Ibid.

2

[...] ce prolongement, cette multiplication possible de soi-même, qui est le bonheur [...]
Ibid.

3

[...] Ce qu'on sait n'est pas à soi [...]
Ibid.

4

[...] Chacun appelle idées claires celles qui sont au même degré de confusion que les siennes propres.
Ibid.

5

La cordialité surfait avec autant de plaisir qu'en prend la taquinerie à déprécier.
Ibid.

6

[...] La générosité n'est souvent que l'aspect intérieur que prennent nos sentiments égoïstes quand nous ne les avons pas encore nommés et classés.
Ibid.

7

Nous appelons notre avenir l'ombre de lui-même que notre passé projette devant nous [...]
Ibid.

8

Nous sommes tous obligés, pour rendre la réalité supportable, d'entretenir en nous quelques petites folies.
Ibid.

9

10
On devient moral dès qu'on est malheureux.
Ibid.

11
On ne reçoit pas la sagesse, il faut la découvrir soi-même, après un trajet
que personne ne peut faire pour nous, ne peut nous épargner.
Ibid.

12
[...] Les « quoique » sont toujours des « parce que » méconnus [...]
Ibid.

13
Une idée forte communique un peu de sa force au contradicteur.
Ibid.

14
Un homme qui dort tient en cercle autour de lui le fil des heures, l'ordre
des années et des mondes.
Ibid.

15
[...] Un même fait porte des rameaux opposés et le malheur qu'il engendre annule
le bonheur qu'il avait causé [...]
Ibid.

16
Certains souvenirs sont comme des amis communs, ils savent faire
des réconciliations [...]
Ibid., le Côté de Guermantes.

17
Nos existences sont en réalité, par l'hérédité, aussi pleines de chiffres
cabalistiques, de sorts jetés, que s'il y avait vraiment des sorcières.
Ibid.

18
On est impuissant à trouver du plaisir quand on se contente de le chercher.
Ibid.

19
On ne peut bien décrire la vie des hommes si on ne la fait baigner dans le sommeil
où elle plonge et qui, nuit après nuit, la contourne comme une presqu'île
est cernée par la mer.
Ibid.

20
On pardonne les crimes individuels, mais non la participation à un crime collectif.
Ibid.

21
[...] La vraie beauté est si particulière, si nouvelle, qu'on ne la reconnaît pas
pour la beauté.
Ibid.

22
L'amour physique, si injustement décrié, force tellement tout être à manifester
jusqu'aux moindres parcelles qu'il possède de bonté, d'abandon de soi,
qu'elles resplendissent jusqu'aux yeux de l'entourage immédiat.
Ibid., Du côté de chez Swann.

23
[...] Cette indifférence aux souffrances qu'on cause et qui, quelques autres noms
qu'on lui donne, est la forme terrible et permanente de la cruauté.
Ibid.

Les faits ne pénètrent pas dans le monde où vivent nos croyances [...] *Ibid.*	24
On n'aime plus personne dès qu'on aime [...] *Ibid.*	25
[...] Toutes les choses de la vie qui ont existé une fois tendent à se recréer [...] *Ibid.*	26
C'est étonnant comme la jalousie, qui passe son temps à faire des petites suppositions dans le faux, a peu d'imagination quand il s'agit de découvrir le vrai. *Ibid., la Fugitive.*	27
Il y a des moments de la vie où une sorte de beauté naît de la multiplicité des ennuis qui nous assaillent [...] *Ibid.*	28
Laissons les jolies femmes aux hommes sans imagination. *Ibid.*	29
La Muse qui a recueilli tout ce que les Muses plus hautes de la philosophie et de l'art ont rejeté, tout ce qui n'est pas fondé en vérité, tout ce qui n'est que contingent, mais relève aussi d'autres lois, c'est l'Histoire. *Ibid.*	30
On a tort de parler en amour de mauvais choix, puisque dès qu'il y a choix il ne peut être que mauvais. *Ibid.*	31
Quand on a beaucoup changé, on est induit à supposer qu'on a plus longtemps vécu. *Ibid.*	32
Tout comme l'avenir, ce n'est pas tout à la fois, mais grain par grain qu'on goûte le passé. *Ibid.*	33
L'amour, c'est l'espace et le temps rendus sensibles au cœur. *Ibid., la Prisonnière.*	34
[...] Chaque classe sociale a sa pathologie. *Ibid.*	35
En amour, il est plus facile de renoncer à un sentiment que de perdre une habitude. *Ibid.*	36
L'erreur est plus entêtée que la foi et n'examine pas ses croyances. *Ibid.*	37
[...] Il n'est de jalousie que de soi-même. *Ibid.*	38

39   Il semble que les événements soient plus vastes que le moment où ils ont lieu
et ne peuvent y tenir tout entiers.
Ibid.

40   La musique est peut-être l'exemple unique de ce qu'aurait pu être — s'il n'y avait
pas eu l'invention du langage, la formation des mots, l'analyse des idées —
la communication des âmes.
Ibid.

41   Sous toute douceur charnelle un peu profonde, il y a la permanence d'un danger.
Ibid.

42   [...] La vie en changeant fait des réalités avec nos fables.
Ibid.

43   L'amour cause [...] de véritables soulèvements géologiques de la pensée.
Ibid., Sodome et Gomorrhe.

44   C'est souvent seulement par manque d'esprit créateur qu'on ne va pas assez loin
dans la souffrance.
Ibid.

45   L'habitude est une seconde nature, elle nous empêche de connaître la première
dont elle n'a ni les cruautés, ni les enchantements.
Ibid.

46   Il n'y avait pas d'anormaux quand l'homosexualité était la norme.
Ibid.

47   [...] Il y a une chose plus difficile encore que de s'astreindre à un régime,
c'est de ne pas l'imposer aux autres.
Ibid.

48   Malheureusement dans le monde, comme dans le monde politique, les victimes sont
si lâches qu'on ne peut pas en vouloir bien longtemps aux bourreaux.
Ibid.

49   On serait à jamais guéri du romanesque si l'on voulait, pour penser à celle
qu'on aime, tâcher d'être celui qu'on sera quand on ne l'aimera plus.
Ibid.

50   [...] Quelquefois l'avenir habite en nous sans que nous le sachions,
et nos paroles qui croient mentir dessinent une réalité prochaine.
Ibid.

51   [...] Aimer est un mauvais sort comme ceux qu'il y a dans les contes, contre quoi
on ne peut rien jusqu'à ce que l'enchantement ait cessé.
Ibid., le Temps retrouvé.

52   Le bonheur est salutaire pour les corps, mais c'est le chagrin qui développe
les forces de l'esprit.
Ibid.

Ce sont nos passions qui esquissent nos livres, le repos d'intervalle qui les écrit. *Ibid.*	53
[...] Il en est de la vieillesse comme de la mort. Quelques-uns les affrontent avec indifférence, non pas parce qu'ils ont plus de courage que les autres, mais parce qu'ils ont moins d'imagination. *Ibid.*	54
[...] Il est peu et de réussites faciles, et d'échecs définitifs. *Ibid.*	55
On aime à faire des victimes, mais sans se mettre précisément dans son tort, en les laissant vivre. *Ibid.*	56
Rien n'est plus limité que le plaisir et le vice. *Ibid.*	57
Une œuvre où il y a des théories est comme un objet sur lequel on laisse la marque du prix. *Ibid.*	58
Un livre est un grand cimetière où sur la plupart des tombes on ne peut plus lire les noms effacés. *Ibid.*	59
[...] Les vrais livres doivent être les enfants non du grand jour et de la causerie, mais de l'obscurité et du silence. *Ibid.*	60
Les vrais paradis sont les paradis qu'on a perdus. *Ibid.*	61
Les jours sont peut-être égaux pour une horloge, mais pas pour un homme. *Chroniques, Vacances de Pâques.* Paru dans *le Figaro*, 25 mars 1913.	62
La nature [...] continue les races et ne prévoit pas les individus [...] *Ibid.*	63
Raconter les événements, c'est faire connaître l'opéra par le livret seulement; mais si j'écrivais un roman je tâcherais de différencier les musiques successives des jours. *Ibid.*	64
C'est pour ainsi dire une revanche de l'ambition que le désir de plaire à ses amis. *Contre Sainte-Beuve* (Gallimard).	65
Chez un écrivain, quand on tient l'air les paroles viennent bien vite. *Ibid.*	66

67   Et toutes les âmes intérieures des poètes sont amies et s'appellent
les unes les autres.
Ibid.

68   Il est aussi vain d'écrire spécialement pour le peuple que pour les enfants.
Ce qui féconde un enfant, ce n'est pas un livre d'enfantillages.
Ibid.

69   Une vérité clairement comprise ne peut plus être écrite avec sincérité.
Essais et articles, Senancour c'est moi (Gallimard).

70   Ce qui pour nous fait le bonheur ou le malheur de notre vie consiste pour
tout autre en un fait presque imperceptible.
Jean Santeuil (Gallimard).

71   [...] L'été se marque non moins par ses mouches et moustiques que par ses roses
et ses nuits d'étoiles [...]
Ibid.

72   La jeunesse est cet heureux temps où l'on devrait plutôt dire qu'on ne doute
de rien plutôt que de dire qu'on n'y doute pas de soi.
Ibid.

73   [...] La lâcheté ne sait pas profiter des leçons que la générosité lui donne.
Ibid.

74   [...] Nous ne savons jamais si nous ne sommes pas en train de manquer notre vie.
Ibid.

75   Presque tous nous fauchons en herbe les biens qui nous auraient été
de riches moissons.
Ibid.

76   Si beau que soit l'ostensoir, ce n'est qu'au moment où on ferme les yeux
qu'on sent passer Dieu.
Ibid.

77   Si un autre me ressemble c'est donc que j'étais quelqu'un.
Ibid.

78   [...] le snobisme, c'est-à-dire l'admiration de ce qui chez les autres est
indépendant de leur personnalité.
Ibid.

79   Un amoureux sera moins heureux de causer de l'amour avec Stendhal
que de sa maîtresse avec son porteur d'eau.
Ibid.

80   La matière est réelle parce qu'elle est une expression de l'esprit.
Pastiches et mélanges (Gallimard).

Quand on travaille pour plaire aux autres on peut ne pas réussir, mais les choses qu'on a faites pour se contenter soi-même ont toujours chance d'intéresser quelqu'un. *Ibid.*	81
Le désir fleurit, la possession flétrit toutes choses. *Les Plaisirs et les Jours* (Gallimard).	82
L'espérance est un acte de foi. *Ibid.*	83
Les femmes réalisent la beauté sans la comprendre. *Ibid.*	84
[...] La flatterie n'est parfois que l'épanchement de la tendresse et la franchise la bave de la mauvaise humeur. *Ibid.*	85
Il vaut mieux rêver sa vie que la vivre, encore que la vivre ce soit encore la rêver. *Ibid.*	86
Les paradoxes d'aujourd'hui sont les préjugés de demain. *Ibid.*	87
Un milieu élégant est celui où l'opinion de chacun est faite de l'opinion des autres. Est-elle faite du contre-pied de l'opinion des autres ? C'est un milieu littéraire. *Ibid.*	88

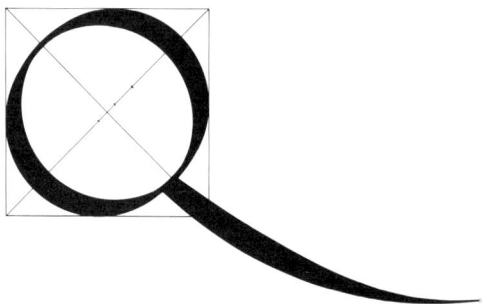

570	**Raymond QUENEAU** 1903-1976
1	La grande histoire véritable est celle des inventions... *Bâtons, chiffres et lettres* (Gallimard).
2	Un empereur changea les mœurs des Chinois en modifiant la langue, voilà qui me paraît fort possible. Il y a une force du langage, mais il faut savoir où l'appliquer [...] *Ibid.*
3	Il serait bien affreux que tout fait imbécile méritât commentaire, exégèse subtile. *Le Chien à la mandoline* (Gallimard).
4	L'homme dissipe son angoisse en inventant ou en adaptant des malheurs imaginaires. *Le Chiendent* (Gallimard).
5	Toute action est déception, toute pensée implique erreur. *Ibid.*
6	[...] le poète, car en un sens il n'y en a jamais qu'un [...] *Les Derniers Jours* (Gallimard).
7	La douleur sous sa forme radicale et dépouillée — celle qui fait l'essence du supplice — est la pierre d'achoppement et le tombeau de toutes les philosophies. *Les Enfants du limon* (Gallimard).
8	La férocité, c'est une des catégories cardinales de l'homme en société. *Gueule de pierre* (Gallimard).
9	Jconnaitrai jamais le bonheur sur terre Je suis bien trop con. *L'Instant fatal* (Gallimard).

Si tu t'imagines Fillette fillette Si tu t'imagines Xa Va Xa Va Xa Va durer toujours [...] *Ibid.*	10
Le vrai poète n'est jamais «inspiré» : il se situe précisément au-dessus de ce plus et de ce moins, identiques pour lui, que sont la technique et l'inspiration. *Odile* (Gallimard).	11
L'humour est une tentative pour décaper les grands sentiments de leur connerie. *Les Œuvres complètes de Sally Mara* (Gallimard).	12
Parler, c'est marcher devant soi. *Ibid.*	13
— [...] Ça m'arrive souvent de ne penser à rien. — C'est déjà mieux que de ne pas penser du tout [...] *Pierrot mon ami* (Gallimard).	14
Comment ne pas avoir peur devant cette absence de raison dénuée de toute folie ? *Les Temps mêlés* (Gallimard).	15
L'histoire est la science du malheur des hommes. *Une histoire modèle* (Gallimard).	16
Les plaintes de la souffrance sont à l'origine du langage. *Ibid.*	17
Tu causes, tu causes, c'est tout ce que tu sais faire. *Zazie dans le métro* (Gallimard). <small>Réplique du perroquet Laverdure, à laquelle se limite tout son répertoire.</small>	18
Si je parle d'un homme, il sera bientôt mort. Si je parle du temps, c'est qu'il n'est déjà plus. *Les Ziaux* (Gallimard).	19

Philippe QUINAULT
1635-1688

571

Ce n'est pas être sage Qu'être plus sage qu'il ne faut. *Armide*, II, 4.	1

Edgar QUINET
1803-1875

572

La bourgeoisie sans le peuple, c'est la tête sans le bras. Le peuple sans la bourgeoisie, c'est la force sans la lumière. *Avertissement au pays.*	1

2	S'il est difficile d'empêcher de penser les peuples qui y sont accoutumés, il est cent fois plus difficile de forcer à penser ceux qui l'ont oublié ou désappris. *La Révolution, XXIV, 3.*
3	La terreur ne réussit pas à la démocratie, parce que la démocratie a besoin de justice, et que l'aristocratie et la monarchie peuvent s'en passer. *Ibid., XX, 6.*
4	Toute pensée qui se bornera aux combinaisons de l'économie politique sera infailliblement trompée dans les grandes affaires humaines. *Ibid., I, 8.*
573	**René QUINTON** 1867-1925
1	La haine est la plus grande affaire de la vie. Les sages qui ne haïssent plus sont mûrs pour la stérilité et pour la mort. *Maximes sur la guerre* (Grasset).

François RABELAIS v. 1494-1553	574
L'appétit vient en mangeant, [...] la soif s'en va en buvant. *Gargantua, livre I, 5.*	1
Le grand Dieu fit les planètes et nous faisons les plats nets. *Ibid.*	2
Jamais homme noble ne hait le bon vin. *Ibid., 27.*	3
Jamais je ne m'assujettis aux heures : les heures sont faites pour l'homme, et non l'homme pour les heures. *Ibid., 41.*	4
Je n'étudie point, pour ma part. En notre abbaye, nous n'étudions jamais, de peur des oreillons. *Ibid., 39.*	5
Lever matin n'est point bonheur Boire matin est le meilleur. *Ibid., 21.*	6
Mieux est de ris que de larmes écrire Pour ce que rire est le propre de l'homme. *Ibid., Aux lecteurs.*	7
Nature n'endure mutations soudaines sans grande violence. *Ibid., 23.*	8
Les nerfs des batailles sont les pécunes. *Ibid., 46.*	9

10
> L'occasion a tous ses cheveux au front : quand elle est outre passée,
> vous ne la pouvez plus révoquer* ; elle est chauve par le derrière de la tête,
> et jamais plus ne retourne.
> *Ibid.*, *37.*

* Rappeler.

11
> L'odeur du vin, ô combien plus est friant, riant, priant, plus céleste
> et délicieux que d'huile !
> *Ibid.*, *Prologue.*

12
> Petite pluie abat grand vent : longues beuvettes* rompent le tonnoire**.
> *Ibid.*, *5.*

* Beuveries.
** Tonnerre.

13
> Rompre l'os et sucer la substantifique moelle.
> *Ibid.*, *Prologue.*

14
> Telle est la nature et complexion des Français qu'ils ne valent
> qu'à la première pointe. Alors ils sont pires que diables, mais, s'ils séjournent,
> ils sont moins que femmes.
> *Ibid.*, *48.*

15
> Thésauriser est fait de vilain.
> *Ibid.*, *33.*

16
> Toute leur vie* était employée non par lois, statuts et règles mais selon leur vouloir
> et franc arbitre. Se levaient du lit quand bon leur semblait, buvaient, mangeaient,
> travaillaient, dormaient quand le désir leur venait ; nul ne les éveillait, nul ne les
> parforçait ni à boire ni à manger ni à faire chose autre quelconque.
> Ainsi l'avait établi Gargantua. En leur règle n'était que cette clause :
> *Fais ce que voudras.*
> *Ibid.*, *57.*

* Des moines de l'abbaye de Thélème.

17
> Vous en telle ou meilleure pensée réconfortez votre malheur, et buvez frais
> si faire se peut.
> *Ibid.*, *1.*

18
> Car je suis né et ai été nourri jeune au jardin de France : c'est Touraine.
> *Pantagruel*, *livre II, 9.*

19
> Ces petits bouts d'hommes* [...] sont voluntiers cholériques. La raison physique
> est parce qu'ils ont le cœur près de la merde.
> *Ibid.*, *27.*

* Les pygmées.

20
> Ce disant, [Gargantua] pleurait comme une vache, mais tout soudain riait
> comme un veau.
> *Ibid.*, *3.*

21
> Faute d'argent, c'est douleur non pareille.
> *Ibid.*, *16.*

Il disait qu'il n'y avait qu'une antistrophe entre femme folle à la messe
et femme molle à la fesse.
Ibid., 17.

22

Malfaisant, pipeur, buveur, batteur de pavés, ribleur*, s'il en était à Paris :
au demeurant le meilleur fils du monde** ; et toujours machinait quelque chose
contre les sergents et contre le guet.
Ibid., 16.

* Pillard.
** Voir Marot (A-**475**-13).

23

Parce que, selon le sage Salomon, sapience* n'entre point en âme malivole**
et science sans conscience n'est que ruine de l'âme.
Ibid., 8.

* Sagesse.
** De mauvaise volonté.

24

Je le maintiens jusques au feu exclusivement.
Le Tiers Livre, 3.

25

Je ne bâtis que pierres vives, ce sont hommes.
Ibid., 6.

26

Onques* vieil singe ne fit belle moue**.
Ibid., Prologue.

* Jamais.
** Grimace.

27

Or çà, de par Dieu, j'aimerais, par le fardeau de saint Christophe, autant
entreprendre tirer un pet d'un âne mort que de vous une résolution.
Ibid., 36.

28

Retournons à nos moutons.
Ibid., 34.

Voir A-**19**-11, *la Farce de Maistre Pathelin.*

29

Un fol enseigne bien un sage.
Ibid., 37.

30

À la bonne et sincère amour est crainte perpétuellement annexée.
Le Quart Livre, 3.

31

Croyez-le, si voulez ; si ne voulez, allez y voir.
Ibid., 38.

32

Ha ! pour manoir déifique et seigneurial, il n'est que le plancher des vaches.
Ibid., 18.

33

Le mal temps passe, et retourne le bon,
Pendant qu'on trinque autour de gras jambon.
Ibid., 65.

34

Ô que trois ou quatre fois heureux sont ceux qui plantent choux !... Ô Parques,
que ne me filâtes-vous pour planteur de choux !
Ibid., 18.

35

36	Pantagruélisme (vous entendez que c'est certaine gaieté d'esprit confite en mépris des choses fortuites). *Ibid.*, Prologue.
37	Amis vous noterez que par le monde y a beaucoup plus de couillons que d'hommes, et de ce vous souvienne. *Le Cinquiesme et Dernier Livre, 8.*
38	Or çà, les lois sont comme toiles d'araignes ; or çà, les simples moucherons et petits papillons y sont pris ; or çà, les gros taons malfaisants les rompent, or çà, et passent à travers. *Ibid., 12.*
39	Ceste année les aveugles ne verront que bien peu, les sourds oyront assez mal, les muets ne parleront guères, les riches se porteront un peu mieux que les pauvres, et les sains mieux que les malades. *Œuvres diverses, VIII, 3.*

575 Honorat de Bueil, marquis de RACAN
1589-1670

1	Heureux qui vit en paix du lait de ses brebis, Et qui de leur toison voit filer ses habits. *Les Bergeries, V, 1.*
2	Le salut des vaincus est de n'en plus attendre. *Ibid., IV, 2.*
3	Quand on lui* demandait son avis de quelques mots français, il renvoyait ordinairement aux crocheteurs du Port-au-Foin, et disait que c'étaient ses maîtres pour le langage. *Mémoires pour la vie de M. de Malherbe.* * Malherbe.
4	Voyez-vous, monsieur, si nos vers vivent après nous, toute la gloire que nous en pouvons espérer est qu'on dise que nous avons été deux excellents arrangeurs de syllabes*. *Ibid.* * Paroles de Malherbe.
5	Tircis, il faut penser à faire la retraite : La course de nos jours est plus qu'à demi faite [...] Il est temps de jouir des délices du port. *Poésies diverses,* Stances à Tircis sur la retraite.
6	Les destins sont jaloux de nos prospérités, Et laissent plus durer les chardons que les roses. *Sonnet,* À Mgr le duc de Guise.

576 Jean RACINE
1639-1699

1	Ah ! Je l'ai trop aimé pour ne le point haïr ! *Andromaque, II, 1, Hermione.*

Ah! ne puis-je savoir si j'aime, ou si je hais?
Ibid., V, 1, Hermione.

2

L'amour n'est pas un feu qu'on renferme en une âme :
Tout nous trahit, la voix, le silence, les yeux,
Et les feux mal couverts n'en éclatent que mieux.
Ibid., II, 2, Oreste.

3

Et ne voyais-tu pas, dans mes emportements,
Que mon cœur démentait ma bouche à tous moments?
Ibid., V, 3, Hermione.

4

Grâce aux Dieux! Mon malheur passe mon espérance!
Ibid., V, 5, Oreste.

5

Je meurs si je vous perds, mais je meurs si j'attends.
Ibid., III, 7, Pyrrhus.

6

Je ne l'ai point encore embrassé d'aujourd'hui.
Ibid., I, 4, Andromaque.

7

Je t'aimais inconstant, qu'aurais-je fait fidèle?
Ibid., IV, 5, Hermione.

8

Mais il me reste un fils. Vous saurez quelque jour,
Madame, pour un fils jusqu'où va notre amour.
Ibid., III, 4, Andromaque.

9

Mon innocence enfin commence à me peser.
Ibid., III, 1, Oreste.

10

Pour qui sont ces serpents qui sifflent sur vos têtes?
Ibid., V, 5, Oreste.

11

Pourquoi l'assassiner? Qu'a-t-il fait? À quel titre?
Ibid., V, 3, Hermione.

12

Seigneur, dans cet aveu dépouillé d'artifice,
J'aime à voir que du moins vous vous rendiez justice.
Ibid., IV, 5, Hermione.

13

Seigneur, tant de prudence entraîne trop de soin :
Je ne sais point prévoir les malheurs de si loin.
Ibid., I, 2, Pyrrhus.

14

Vaincu, chargé de fers, de regrets consumé,
Brûlé de plus de feux que je n'en allumai.
Ibid., I, 4, Pyrrhus.

15

Le bonheur des méchants comme un torrent s'écoule.
Athalie, II, 7, Joas.

16

17
> Celui qui met un frein à la fureur des flots
> Sait aussi des méchants arrêter les complots.
> *Ibid.*, I, 1, Joad.

18
> C'était pendant l'horreur d'une profonde nuit.
> *Ibid.*, II, 5, Athalie.

19
> Le ciel même peut-il réparer les ruines
> De cet arbre séché jusque dans ses racines !
> *Ibid.*, I, 1, Abner.

20
> Comment en un plomb vil l'or pur s'est-il changé ?
> *Ibid.*, III, 7, Joad.

21
> Dieu des Juifs, tu l'emportes !
> *Ibid.*, V, 6, Athalie.

22
> Dieu laissa-t-il jamais ses enfants au besoin ?
> Aux petits des oiseaux il donne leur pâture,
> Et sa bonté s'étend sur toute la nature.
> *Ibid.*, II, 7, Joas.

23
> Et comptez-vous pour rien Dieu qui combat pour nous ?
> *Ibid.*, I, 2, Joad.

24
> Et quel temps fut jamais si fertile en miracles ?
> *Ibid.*, I, 1, Joad.

25
> La foi qui n'agit point, est-ce une foi sincère ?
> *Ibid.*, I, 1, Joad.

26
> Je crains Dieu, cher Abner, et n'ai point d'autre crainte.
> *Ibid.*, I, 1, Joad.

27
> Je vous rends le dépôt que vous m'avez commis.
> *Ibid.*, II, 7, Abner.

28
> Mais je n'ai plus trouvé qu'un horrible mélange
> D'os et de chairs meurtris, et traînés dans la fange,
> Des lambeaux pleins de sang, et des membres affreux
> Que des chiens dévorants se disputaient entre eux.
> *Ibid.*, II, 5, Athalie.

29
> Même elle avait encor cet éclat emprunté
> Dont elle eut soin de peindre et d'orner son visage,
> Pour réparer des ans l'irréparable outrage.
> *Ibid.*, II, 5, Athalie.

30
> Pensez-vous être saint et juste impunément ?
> *Athalie*, I, 1, Abner.

31
> Qu'importe qu'au hasard un sang vil soit versé ?
> *Ibid.*, II, 5, Mathan.

Tout l'univers est plein de sa magnificence.
Ibid., I, 4, le chœur.

32

[...] Une femme inconnue
Qui ne dit point son nom, et qu'on n'a point revue.
Ibid., II, 7, Joas.

33

Un songe (me devrais-je inquiéter d'un songe?)
Ibid., II, 5, Athalie.

34

Mon unique espérance est dans mon désespoir.
Bajazet, I, 4, Atalide.

35

Nourri dans le sérail, j'en connais les détours.
Ibid., IV, 7, Acomat.

36

Un vizir aux sultans fait toujours quelque ombrage.
Ibid., I, 1, Acomat.

37

Ce n'est point une nécessité qu'il y ait du sang et des morts dans une tragédie :
il suffit [...] que tout s'y ressente de cette tristesse majestueuse qui fait
tout le plaisir de la tragédie.
Bérénice, Préface.

38

Dans l'Orient désert quel devint mon ennui!
Ibid., I, 4, Antiochus.

39

Dans un mois, dans un an, comment souffrirons-nous,
Seigneur, que tant de mers me séparent de vous?
Ibid., IV , 5, Bérénice.

40

Depuis cinq ans entiers chaque jour je la vois,
Et crois toujours la voir pour la première fois.
Ibid., II, 2, Titus.

41

Je suis venu vers vous sans savoir mon dessein :
Mon amour m'entraînait; et je venais peut-être
Pour me chercher moi-même, et pour me reconnaître.
Ibid., V, 6, Titus.

42

La principale règle est de plaire et de toucher. Toutes les autres ne sont faites
que pour parvenir à cette première.
Ibid., Préface.

43

Vous êtes empereur, Seigneur, et vous pleurez!
Ibid., IV, 5, Bérénice.
Voir le mot de Marie Mancini quittant Louis XIV : «Vous êtes roi, vous pleurez et je pars!» (B-**180**-1).

44

Belle, sans ornements, dans le simple appareil
D'une beauté qu'on vient d'arracher au sommeil.
Britannicus, II, 2, Néron.

45

46   [...] d'après le plus grand peintre de l'Antiquité, je veux dire d'après Tacite.
Ibid., Seconde Préface.

47   [...] Et que derrière un voile, invisible et présente,
J'étais de ce grand corps l'âme toute-puissante.
Ibid., I, 1, Agrippine.

48   Il n'est point de secrets que le temps ne révèle [...]
Ibid., IV, 4, Narcisse.

49   Je le craindrais bientôt, s'il ne me craignait plus.
Ibid., I, 1, Agrippine.

50   J'embrasse mon rival, mais c'est pour l'étouffer.
Ibid., IV, 3, Neron.

51   J'entendrai des regards que vous croyez muets.
Ibid., II, 3, Néron.

52   Je répondrai, Madame, avec la liberté
D'un soldat qui sait mal farder la vérité.
Ibid., I, 2, Burrhus.

53   J'ose dire pourtant que je n'ai mérité
Ni cet excès d'honneur ni cette indignité.
Ibid., II, 3, Junie.

54   Las de se faire aimer, il veut se faire craindre.
Ibid., I, 1, Agrippine.

55   Seigneur, l'amour toujours n'attend pas la raison.
N'en doutez point, il l'aime. Instruits par tant de charmes,
Ses yeux sont déjà faits à l'usage des larmes.
Ibid., II, 2, Narcisse.

56   Vous dont j'ai pu laisser vieillir l'ambition
Dans les honneurs obscurs de quelque légion [...]
Ibid., I, 2, Agrippine.

57   Du chagrin le plus noir elle écarte les ombres,
Et fait des jours sereins de mes jours les plus sombres.
Esther, II, 7, Assuérus.

58   Je ne trouve qu'en vous je ne sais quelle grâce
Qui me charme toujours et jamais ne me lasse.
Ibid., II, 7, Assuérus.

59   [...] Ô mon souverain Roi !
Me voici donc tremblante et seule devant toi.
Ibid., I, 4, Esther.

60   Que l'on célèbre ses ouvrages
Au-delà des temps et des âges,
Au-delà de l'éternité !
Ibid., III, 9, le chœur.

Mais tout dort, et l'armée, et les vents, et Neptune.
Iphigénie, I, 1, Arcas. | 61

[...] Et nous avons des nuits plus belles que vos jours.
Lettre, À M. Vitart, 17 janvier 1662. | 62

Ariane, ma sœur, de quel amour blessée,
Vous mourûtes aux bords où vous fûtes laissée!
Phèdre, I, 3, Phèdre. | 63

Ce n'est plus une ardeur dans mes veines cachée :
C'est Vénus tout entière à sa proie attachée.
Ibid., I, 3, Phèdre. | 64

Cet heureux temps n'est plus. Tout a changé de face,
Depuis que sur ces bords les Dieux ont envoyé
La fille de Minos et de Pasiphaé.
Ibid., I, 1, Hippolyte. | 65

Ciel! que lui vais-je dire, et par où commencer?
Ibid., I, 3, Phèdre. | 66

Dieux! que ne suis-je assise à l'ombre des forêts!
Ibid., I, 3, Phèdre. | 67

Et l'avare Achéron ne lâche point sa proie.
Ibid., II, 5, Phèdre. | 68

Et Phèdre au Labyrinthe avec vous descendue
Se serait avec vous retrouvée, ou perdue.
Ibid., II, 5, Phèdre. | 69

Le flot, qui l'apporta, recule épouvanté.
Ibid., V, 6, Théramène. | 70

ŒNONE. — Hippolyte? Grands Dieux!
PHÈDRE. — C'est toi qui l'as nommé.
Ibid., I, 3. | 71

ŒNONE. — Ils ne se verront plus.
PHÈDRE. — Ils s'aimeront toujours.
Ibid., IV, 6. | 72

Je le vis, je rougis, je pâlis à sa vue.
Ibid., I, 3, Phèdre. | 73

Je ne me soutiens plus; ma force m'abandonne.
Mes yeux sont éblouis du jour que je revoi,
Et mes genoux tremblants se dérobent sous moi.
Ibid., I, 3, Phèdre. | 74

Je voulais en mourant prendre soin de ma gloire,
Et dérober au jour une flamme si noire [...]
Ibid., I, 3, Phèdre. | 75

76   **Le jour n'est pas plus pur que le fond de mon cœur.**
Ibid., IV, 2, Hippolyte.

77   **Oui, Prince, je languis, je brûle pour Thésée.**
Je l'aime, non point tel que l'ont vu les enfers [...]
Mais fidèle, mais fier, et même un peu farouche,
Charmant, jeune, traînant tous les cœurs après soi,
Tel qu'on dépeint nos Dieux, ou tel que je vous voi.
Ibid., II, 5, Phèdre.

78   **Quand pourrai-je aux travers d'une noble poussière,**
Suivre de l'œil un char fuyant dans la carrière?
Ibid., I, 3, Phèdre.

79   **Que ces vains ornements, que ces voiles me pèsent!**
Quelle importune main, en formant tous ces nœuds,
A pris soin sur mon front d'assembler mes cheveux?
Tout m'afflige et me nuit, et conspire à me nuire.
Ibid., I, 3, Phèdre.

80   **Quelques crimes toujours précèdent les grands crimes.**
Ibid., IV, 2, Hippolyte.

81   **Sa croupe se recourbe en replis tortueux.**
Ibid., V, 6, Théramène.

82   **Soleil, je te viens voir pour la dernière fois.**
Ibid., I, 3, Phèdre.

83   **Avocat, ah! passons au déluge.**
Les Plaideurs, III, 3, Dandin.

84   **Belle conclusion, et digne de l'exorde!**
Ibid., III, 3, Léandre.

85   **Ce que je sais le mieux, c'est mon commencement.**
Ibid., III, 3, Petit Jean.

86   **Il m'avait fait venir d'Amiens pour être Suisse.**
Ibid., I, 1, Petit Jean.

87   **Ils me font dire aussi des mots longs d'une toise,**
De grands mots qui tiendraient d'ici jusqu'à Pontoise.
Ibid., III, 3, Petit Jean.

88   **Mais sans argent l'honneur n'est qu'une maladie.**
Ibid., I, 1, Petit Jean.

89   **Monsieur, tous mes procès allaient être finis;**
Il ne m'en restait plus que quatre ou cinq petits [...]
Ibid., I, 7, la comtesse.

On avait beau heurter et m'ôter son chapeau, On n'entrait point chez nous sans graisser le marteau. Ibid., I, 1. Petit Jean.	90
Point d'argent, point de Suisse, et ma porte était close. Ibid., I, 1. Petit Jean.	91
Les témoins sont fort chers, et n'en a pas qui veut. Ibid., I, 3. Léandre.	92
Quand on est sur le trône, on a bien d'autres soins ; Et les remords sont ceux qui nous pèsent le moins. La Thébaïde, III, 6. Créon.	93
Une extrême justice est souvent une injure*. Ibid., IV, 3. Jocaste.	94

* Injustice.

Raymond RADIGUET
1903-1923

577

[...] cette reconnaissance que l'on éprouve envers qui nous porte envie. Le Bal du comte d'Orgel (Grasset).	1
Il n'était habile à exprimer que ce qu'il n'éprouvait pas. Ibid.	2
L'insouciance ne s'improvise pas. Ibid.	3
Les manœuvres inconscientes d'une âme pure sont encore plus singulières que les combinaisons du vice. Ibid.	4
La poésie tient plus de la précision que du vague. Ibid.	5
Tout âge porte ses fruits, il faut savoir les cueillir. Ibid.	6
Ce n'est pas dans la nouveauté, c'est dans l'habitude que nous trouvons les plus grands plaisirs. Le Diable au corps (Grasset).	7
La puissance ne se montre que si l'on en use avec injustice. Ibid.	8
Que ceux déjà qui m'en veulent se représentent ce que fut la guerre* pour tant de très jeunes garçons : quatre ans de grandes vacances. Ibid.	9

* Celle de 1914-1918.

| 10 | Si le cœur a ses raisons que la raison ne connaît pas, c'est que celle-ci est moins raisonnable que notre cœur. *Ibid.* |

578 — Charles Ferdinand RAMUZ
1878-1947

| 1 | Rien ne naît que d'amour, et rien ne se fait que d'amour; seulement il faut tâcher de connaître les différents étages de l'amour. *Chant de notre Rhône* (Georg). |

| 2 | Je sens que je progresse à ceci que je recommence à ne rien comprendre à rien. *Journal,* 10 septembre 1917 (Mermod). |

| 3 | Tout le secret de l'art est peut-être de savoir *ordonner* des émotions désordonnées, mais de les ordonner de telle façon qu'on en fasse sentir encore mieux le désordre. *Ibid.,* 7 janvier 1906. |

| 4 | Il ne suffit pas de fuir, il faut fuir dans le bon sens. *Questions* (Grasset). |

| 5 | Le poète est à la fois le plus solitaire et le moins solitaire des hommes. *Remarques* (Rencontre). |

| 6 | Il faut bien voir enfin qu'on n'aime que dans l'éternité, c'est pourquoi il faut prendre soin de se conduire en toute chose comme si ce qu'on fait devait être éternel. *Taille de l'homme* (Mermod). |

579 — Félix RAVAISSON-MOLLIEN
1813-1900

| 1 | L'action est comme un instant qui durerait sans succession. *Testament philosophique* (Boivin). |

580 — Paul RAYNAL
1885-1971

| 1 | Nous n'avons de patrie que dans nos âmes. *A souffert sous Ponce Pilate* (Stock). |

| 2 | Il ne suffit pas pour être belle, d'être belle. *Au soleil de l'instinct* (Stock). |

| 3 | La liberté n'est que la femelle de l'honneur. *Ibid.* |

| 4 | On ne peut pas passer du mépris à l'amour. Mais de la haine, on y passe très bien. *Ibid.* |

| 5 | La Fable est le ciel de l'Histoire. *Napoléon unique* (Stock). |

L'absence est plus que le malheur. 6
Le Tombeau sous l'Arc de triomphe (Stock).

Chacun est pleinement responsable de tous. 7
Ibid.

Jean-François REGNARD 581
1655-1709

Hippocrate dit oui, mais Galien dit non. 1
Les Folies amoureuses, III, 7, Crispin.

J'aime un amour fondé sur un bon coffre-fort [...] 2
Cette veuve, je crois, ne serait point cruelle ;
Ce serait une éponge à presser au besoin.
Le Joueur, I. 6.

Rien ne porte malheur comme payer ses dettes. 3
Ibid., III, 8.

Henri de RÉGNIER 582
1864-1936

L'argent donne tout ce qui semble aux autres le bonheur. 1
« *Donc...* » (Kra).

Les feux de l'amour laissent parfois une cendre d'amitié. 2
Ibid.

L'homme n'est pas digne de Dieu. 3
Ibid.

Juger est quelquefois un plaisir, comprendre en est toujours un. 4
Ibid.

On s'entend toujours ; il suffit de ne pas être du même avis. 5
Ibid.

La perfidie est la forme de méchanceté des délicats. 6
Ibid.

Le renom d'habileté vient souvent de maladresses dont on a su tirer parti. 7
Ibid.

Si vous battez une femme avec une fleur, prenez plutôt une rose. 8
Sa tige a des épines.
Ibid.

La solitude n'est possible que très jeune, quand on a devant soi tous ses rêves, 9
ou très vieux, avec derrière soi tous ses souvenirs.
Ibid.

583	**Mathurin RÉGNIER**
	1573-1613

1

L'homme s'oppose en vain contre la destinée.
Élégie, v.

2

Cependant il vaut mieux sucrer notre moutarde.
Satires, II, à M. le comte de Caramain.

3

Chaque âge a ses humeurs, son goût et ses plaisirs,
Et comme notre poil blanchissent nos désirs.
Ibid., V, à M. Bertault, évêque de Sées.

4

Corsaires à corsaires,
L'un l'autre s'attaquant, ne font point leurs affaires.
Ibid., XII, à M. Fréminet.

5

Estimez vos amants selon le revenu.
Ibid., XIII.

6

Les fous sont aux echets* les plus proches des rois.
Ibid., XIV.
* Au jeu d'échecs.

7

L'honneur est un vieux saint que l'on ne chôme* plus.
Ibid., XIII.
* Dont on ne célèbre plus la fête.

8

Ma foi, les beaux habits servent bien à la mine.
Ibid., XIII.

9

Riche vilain vaut mieux que pauvre gentilhomme.
Ibid., XIII.

10

Sotte et fâcheuse humeur de la plupart des hommes
Qui, suivant ce qu'ils sont, jugent ce que nous sommes.
Ibid., VII.

584	**RELIGIEUSE PORTUGAISE**
	XVIIe siècle

1

Il faut de l'artifice pour se faire aimer ; il faut chercher avec quelque adresse
les moyens d'enflammer, et l'amour tout seul ne donne point de l'amour.
Lettres portugaises.
Les *Lettres de la Religieuse portugaise* ou *Lettres portugaises* ont été attribuées à Guilleragues (1628-1685).

2

J'ai éprouvé que vous m'étiez moins cher que ma passion.
Ibid.

3

On est beaucoup plus heureux, et on sent quelque chose de bien plus touchant,
quand on aime violemment, que lorsqu'on est aimé.
Ibid.

Un cœur attendri n'oublie jamais ce qui l'a fait apercevoir des transports
qu'il ne connaissait pas, et dont il était capable.
Ibid.

4

Vous trouverez, peut-être, plus de beauté [...], mais vous ne trouverez jamais
tant d'amour, et tout le reste n'est rien.
Ibid.

5

Voir La Fontaine (A-**404**-2) et la note correspondante.

Ernest RENAN
1823-1892

585

Rien de grand ne se fait sans chimères.
L'Avenir de la science (Lévy).

1

Une école où les écoliers feraient la loi serait une triste école.
Ibid.

2

On n'est héroïque que par le fait de ne pas réfléchir. Il faut donc entretenir
une masse de sots.
Caliban, Orlando (Lévy).

3

Le but du monde est de produire la raison.
Dialogues et fragments philosophiques,
Préface (Lévy).

4

Celui qui obéit est presque toujours meilleur que celui qui commande.
Ibid., I, Certitudes.

5

L'épopée disparaît avec l'âge de l'héroïsme individuel ; il n'y a pas d'épopée
avec l'artillerie.
Ibid., II, Probabilités.

6

La fin de l'humanité c'est de produire de grands hommes.
Ibid., III, Rêves.

7

Le grand œuvre s'accomplira par la science, non par la démocratie.
Ibid.

8

L'injustice est le principe même de la marche de cet univers.
Ibid.

9

Le peuple doit s'amuser, c'est là sa grande compensation. Un peuple gai est
le meilleur des peuples. Ce qu'un peuple donne à la gaieté, il le prend toujours
sur la méchanceté.
Ibid.

10

Le prétendu dieu des armées est toujours pour la nation qui
a la meilleure artillerie, les meilleurs généraux.
Ibid., I, Certitudes.

11

Le salut se fera par des grands hommes.
Ibid., III, Rêves.

12

13 | Une autorité pourrait bien avoir un jour à sa disposition l'enfer, non un enfer chimérique, de l'existence duquel on n'a pas de preuves, mais un enfer réel.
Ibid.

14 | La vérité sera un jour la force. « Savoir, c'est pouvoir » est le plus beau mot qu'on ait dit.
Ibid.

15 | Le grand général (et on peut en dire presque autant du grand politique) est celui qui réussit et non celui qui aurait dû réussir.
Discours et conférences, Réponse au discours de réception de Ferdinand de Lesseps, à l'Académie française, 23 avril 1884 (Lévy).

16 | Une patrie se compose des morts qui l'ont fondée aussi bien que des vivants qui la continuent.
Ibid.

17 | L'homme est désespéré de faire partie d'un monde infini, où il compte pour zéro.
Feuilles détachées, Examen de conscience philosophique (Lévy).

18 | Une nation est une âme, un principe spirituel. Deux choses qui, à vrai dire, n'en font qu'une constituent cette âme, ce principe spirituel. L'une est dans le passé, l'autre dans le présent. L'une est la possession en commun d'un riche legs de souvenirs ; l'autre est le consentement actuel, le désir de vivre ensemble, la volonté de continuer à faire valoir l'héritage qu'on a reçu indivis.
Qu'est-ce qu'une nation ? (Lévy).

19 | L'égoïsme, source du socialisme, la jalousie, source de la démocratie, ne feront jamais qu'une société faible, incapable de résister à de puissants voisins.
La Réforme intellectuelle et morale de la France, I (Lévy).

20 | L'élection encourage le charlatanisme.
Ibid., II

21 | Le hasard de la naissance est moindre que le hasard du scrutin.
Ibid.

22 | N'est pas médiocre qui veut.
Ibid., I.

23 | C'est M. Homais qui a raison. Sans M. Homais nous serions tous brûlés vifs.
Souvenirs d'enfance et de jeunesse, II. Prière sur l'Acropole (Lévy).

24 | La femme nous remet en communication avec l'éternelle source où Dieu se mire.
Ibid., Préface.

25 | La foi qu'on a eue ne doit jamais être une chaîne. On est quitte envers elle quand on l'a soigneusement roulée dans le linceul de pourpre où dorment les dieux morts.
Ibid., II, Prière sur l'Acropole.

On ne doit jamais écrire que de ce qu'on aime. *Ibid., Préface.*	26
Le plus simple écolier sait maintenant des vérités pour lesquelles Archimède eût sacrifié sa vie. *Ibid.*	27
[...] les sciences historiques, petites sciences conjecturales, qui se défont sans cesse après s'être faites [...] *Ibid., IV, le Séminaire d'Issy.*	28
Les vrais hommes de progrès sont ceux qui ont pour point de départ un respect profond du passé. *Ibid., Préface.*	29
Il y a eu des vols d'oiseaux, des courants d'air, des migraines qui ont décidé du sort du monde. *Vie de Jésus, Préface* (Lévy).	30
Le talent de l'historien consiste à faire un ensemble vrai avec des traits qui ne sont vrais qu'à demi. *Ibid.*	31

Jules RENARD
1864-1910

586

L'amour tue l'intelligence. Le cerveau fait sablier avec le cœur. L'un ne se remplit que pour vider l'autre. *Journal, 23 mars 1901* (Gallimard).	1
Appelons la femme un bel animal sans fourrure dont la peau est très recherchée. *Ibid., 1887.*	2
Avoir un style exact, précis, en relief, essentiel, qui réveillerait un mort. *Ibid., 29 mai 1898.*	3
Les bourgeois, ce sont les autres. *Ibid., 28 janvier 1890.*	4
Ce n'est point parce qu'il y a une rose sur le rosier que l'oiseau s'y pose : c'est parce qu'il y a des pucerons. *Ibid., 9 juin 1897.*	5
Ce que Dieu, qui voit tout, doit s'amuser ! *Ibid., 28 janvier 1901.*	6
Ce qui fait le plus plaisir aux femmes, c'est une basse flatterie sur leur intelligence. *Ibid., 21 mai 1895.*	7
C'est une grande preuve de noblesse que l'admiration survive à l'amitié. *Ibid., 25 mai 1897.*	8

9   C'est une question de propreté : il faut changer d'avis, comme de chemise.
Ibid., 17 octobre 1902.

10   Chacun trouve son plaisir où il le prend.
Ibid., 15 juin 1887.

11   La clarté est la politesse de l'homme de lettres.
Ibid., 7 octobre 1892.

12   La conversation est un jeu de sécateur, où chacun taille la voix du voisin
aussitôt qu'elle pousse.
Ibid., 29 janvier 1893.

13   Expérience : un cadeau utile qui ne sert à rien.
Ibid.

14   Le goût mûrit aux dépens du bonheur.
Ibid., 13 janvier 1908.

15   L'homme naît avec ses vices ; il acquiert ses vertus.
Ibid., 26 juillet 1899.

16   L'humoriste, c'est un homme de bonne mauvaise humeur.
Ibid., 4 novembre 1898.

17   Humour : pudeur, jeu d'esprit. C'est la propreté morale et quotidienne de l'esprit.
Ibid., 23 février 1910.

18   Il est plus difficile d'être un honnête homme huit jours qu'un héros
un quart d'heure.
Ibid., 17 juillet 1906.

19   Il faut dompter la vie par la douceur.
Ibid., 6 avril 1892.

20   Il faut que l'homme libre prenne quelquefois la liberté d'être esclave.
Ibid., 27 janvier 1892.

21   L'ironie est la pudeur de l'humanité.
Ibid., 30 avril 1892.

22   Je ne m'occupe pas de politique.
— C'est comme si vous disiez : « Je ne m'occupe pas de la vie. »
Ibid., 23 août 1905.

23   Mon passé, c'est les trois quarts de mon présent. Je rêve plus que je ne vis,
et je rêve en arrière.
Ibid., 26 février 1906.

24   On finit toujours par mépriser ceux qui sont trop facilement de notre avis.
Ibid., 1er juin 1906.

On n'est pas heureux : notre bonheur, c'est le silence du malheur.   25
Ibid., 21 septembre 1894.

Le paradis n'est pas sur la terre, mais il y en a des morceaux. Il y a   26
sur la terre un paradis brisé.
Ibid., 28 décembre 1896.

Penser ne suffit pas : il faut penser à quelque chose.   27
Ibid., 18 juillet 1899.

La peur de la mort fait aimer le travail, qui est toute la vie.   28
Ibid., 10 juillet 1897.

La peur de l'ennui est la seule excuse du travail.   29
Ibid., 10 septembre 1892.

Pour arriver, il faut mettre de l'eau dans son vin, jusqu'à ce qu'il n'y ait   30
plus de vin.
Ibid., 3 juillet 1894.

La prudence n'est qu'une qualité : il ne faut pas en faire une vertu.   31
Ibid., 8 avril 1897.

Si tu veux être sûr de toujours faire ton devoir, fais ce qui t'est désagréable.   32
Ibid., 15 août 1896.

Si vous voulez plaire aux femmes, dites-leur ce que vous ne voudriez pas   33
qu'on dit à la vôtre.
Ibid., 29 avril 1898.

Le sourire est le commencement de la grimace.   34
Ibid., 7 janvier 1893.

Le style, c'est l'oubli de tous les styles.   35
Ibid., 7 avril 1891.

Tel qui veut se griser d'air pur, s'enivrer sur les hauteurs, n'arrive   36
qu'à s'enrhumer.
Ibid., 26 septembre 1908.

Théâtre. J'appelle « plan » le développement naturel des caractères.   37
Ibid., 23 juin 1902.

Tolérez mon intolérance.   38
Ibid., 19 août 1903.

Tout malheur qui ne m'atteint pas n'est qu'un rêve.   39
Ibid., avril 1898.
Voir la citation de Joséphin Soulary (A-**645**-4).

Travailler comme un borgne et laisser faire aux dieux.   40
Ibid., 16 novembre 1895.

| 41 | Un mauvais style, c'est une pensée imparfaite. |
| | *Ibid.*, 15 août 1898. |

| 42 | La vérité vaut bien qu'on passe quelques années sans la trouver. |
| | *Ibid.*, 7 février 1901. |

| 43 | Tout le monde ne peut pas être orphelin. |
| | *Poil de Carotte*, 5, *Poil de Carotte* (Gallimard). |

44	C'est l'homme que je suis qui me rend misanthrope.
	Le Vigneron dans sa vigne
	(Mercure de France).

587   RESTIF DE LA BRETONNE (Nicolas Restif, dit)
1734-1806

| 1 | [...] La femme ne sent son pouvoir qu'autant qu'elle en abuse. |
| | *Le Paysan perverti ou les Dangers de la ville.* |

| 2 | Soyons hommes, et ne soyons que cela ; aussi bien c'est une entreprise absurde que de vouloir être davantage. |
| | *Ibid.* |

| 3 | La plus vertueuse des femmes n'est qu'une coquette plus raffinée. [...] |
| | *Ibid.* |

| 4 | Le bonheur [...] est un fruit délicieux, qu'on ne rend tel qu'à force de culture. |
| | *Les Parisiennes.* |

| 5 | Princes, régnez sur des hommes ; vous serez plus grands qu'en commandant des esclaves. |
| | *Le Nouvel Émile ou l'Éducation pratique.* |

| 6 | La dépravation suit le progrès des lumières. |
| | *Le Pornographe.* |

| 7 | Le mérite produit une inégalité juste. |
| | *Le Thesmographe.* |

| 8 | Les mœurs sont un collier de perles ; ôtez le nœud, tout défile. |
| | Cité par G. de Nerval dans *les Illuminés.* |

588   Jean-François Paul de Gondi, Cardinal de RETZ
1613-1679

| 1 | [...] Auprès des princes il est aussi dangereux et presque aussi criminel de pouvoir le bien que de vouloir le mal. |
| | *Mémoires.* |

| 2 | Les bonnes intentions se doivent moins outrer que quoi que ce soit. |
| | *Ibid.* |

Ce qui est nécessaire n'est jamais ridicule. *Ibid.*	3
Ce qui fait croire à la force l'augmente. *Ibid.*	4
[...] Ceux qui sont à la tête des grandes affaires ne trouvent pas moins d'embarras dans leur parti que dans celui de leurs ennemis. *Ibid.*	5
Cromwell disait que l'on ne monte jamais si haut que quand on ne sait où l'on va. *Ibid.*	6
[...] De toutes les passions la peur est celle qui affaiblit le plus le jugement. *Ibid.*	7
Les effets de la faiblesse sont inconcevables, et je maintiens qu'ils sont plus prodigieux que ceux des passions les plus violentes. *Ibid.*	8
L'esprit dans les grandes affaires n'est rien sans le cœur. *Ibid.*	9
[...] L'expérience nous fait connaître que tout ce qui est incroyable n'est pas faux. *Ibid.*	10
Les gens faibles ne plient jamais quand ils le doivent. *Ibid.*	11
Les gens les plus défiants sont souvent les plus dupes. *Ibid.*	12
Les grands noms sont toujours de grandes raisons aux petits génies. *Ibid.*	13
[...] Il est, à mon sens, d'un plus grand homme de savoir avouer sa faute que de savoir ne pas la faire. *Ibid.*	14
Il est bien plus naturel à la peur de consulter que de décider. *Ibid.*	15
Il n'y a rien dans le monde qui n'ait son moment décisif, et le chef-d'œuvre de la bonne conduite est de connaître et de prendre ce moment. *Ibid.*	16
Il n'y a rien de si fâcheux que d'être le ministre d'un prince dont l'on n'est pas le favori. *Ibid.*	17
[...] Il sied encore plus mal à un ministre de dire des sottises que d'en faire. *Ibid.*	18

19	Il y a certains défauts qui marquent plus une bonne âme que certaines vertus. *Ibid.*
20	Il y a des temps où la disgrâce est une manière de feu qui purifie toutes les mauvaises qualités et qui illumine toutes les bonnes ; il y a des temps où il ne sied pas bien à un honnête homme d'être disgracié. *Ibid.*
21	Les lois désarmées tombent dans le mépris ; les armes qui ne sont pas modérées par les lois tombent bientôt dans l'anarchie. *Ibid.*
22	Monsieur* faisait, en toutes choses, comme font la plupart des hommes quand ils se baignent : ils ferment les yeux en se jetant dans l'eau. * Le frère du roi. *Ibid.*
23	M. le cardinal de Richelieu, qui était un très grand homme, mais qui avait au souverain degré le faible de ne point mépriser les petites choses, [...] *Ibid.*
24	L'on est plus souvent dupe par la défiance que par la confiance. *Ibid.*
25	Les peuples sont las quelque temps devant que de s'apercevoir qu'ils le sont. *Ibid.*
26	Rien ne marque tant le jugement solide d'un homme, que de savoir choisir entre les grands inconvénients. *Ibid.*
27	[...] Rien ne persuade tant les gens qui ont peu de sens, que ce qu'ils n'entendent pas. *Ibid.*
28	Savoir se fier est une qualité très rare, et qui marque autant un esprit élevé au-dessus du commun. *Ibid.*
29	Les scrupules et la grandeur ont été de tous temps incompatibles. *Ibid.*
30	Se trop ériger en négociateur n'est pas toujours la meilleure qualité pour la négociation. *Ibid.*
31	L'un des plus grands défauts du cardinal Mazarin est qu'il n'a jamais pu croire que personne lui parlât avec une bonne intention. *Ibid.*
32	Un homme qui ne se fie pas à soi-même ne se fie jamais véritablement à personne. *Ibid.*

La vérité jette, lorsqu'elle est à un certain carat, une manière d'éclat auquel on ne peut résister.
Ibid.

33

[...] Les vices d'un archevêque peuvent être, dans une infinité de rencontres, les vertus d'un chef de parti.
Ibid.

34

Pierre **REVERDY**
1889-1960

589

Aimer, c'est permettre d'abuser.
En vrac (Éd. du Rocher).

1

À quelque chose, bonheur aussi est bon.
Ibid.

2

L'avenir est un paradis d'où, exactement comme de l'autre, personne n'est encore jamais revenu.
Ibid.

3

Ce n'est pas si simple que ça, d'être simple.
Ibid.

4

Ce qu'il y a de mieux dans la modestie, c'est l'intelligence qu'il faut déployer pour s'y tenir.
Ibid.

5

C'est l'orgueil qui fait dire *non*, et la faiblesse *oui*. La modestie peut également dire les deux sans passion.
Ibid.

6

Esprit moqueur, petit esprit. La moquerie est la fiente de l'esprit critique.
Ibid.

7

Le fini ne se distingue de l'infini que par l'imperfection.
Ibid.

8

La gloire est un vêtement de lumière qui ne s'ajuste bien qu'aux mesures des morts.
Ibid.

9

Il n'est de supportable que ce et ceux qu'on n'est pas obligé de supporter.
Ibid.

10

Il n'y a qu'une chose qui se démode : la mode, et c'est la mode qui emporte le succès.
Ibid.

11

On est orgueilleux par nature, modeste par nécessité.
Ibid.

12

13   Quand tu rencontres la douceur, sois prudent, n'en abuse pas, prends garde
de ne pas démasquer la violence.
Ibid.

14   Rares ceux qui, dans leur vie et dans leur art, savent rejoindre le tact
et la mesure en passant par la démesure.
Ibid.

15   Sévérité bien ordonnée commence envers soi-même.
Ibid.

16   L'évidence paralyse la démonstration.
Le Gant de crin (Plon).

17   Le rêve est un tunnel qui passe sous la réalité. C'est un égout d'eau claire,
mais c'est un égout.
Ibid.

18   Beaucoup d'insensibilité prend parfois figure de courage.
Le Livre de mon bord (Mercure de France).

19   Les civilisations sont les fards de l'humanité.
Ibid.

20   Le contemplatif est celui pour qui l'envers vaut plus que l'endroit.
Ibid.

21   Créer, c'est penser plus fortement.
Ibid.

22   L'éthique c'est l'esthétique du dedans.
Ibid.

23   L'homme est une bête féroce par elle-même apprivoisée.
Ibid.

24   J'ai tellement besoin de temps pour ne rien faire, qu'il ne m'en reste plus assez
pour travailler.
Ibid.

25   La mauvaise conscience, c'est pour les hommes, les femmes l'ont presque toujours
bonne, quand elles en ont.
Ibid.

26   Le moi est haïssable. Aimer le prochain comme soi-même, c'est tout dire.
Ibid.

27   On vit avec beaucoup de mauvaises actions sur la conscience et quelques bonnes
intentions dans le cœur.
Ibid.

28   Le plus solide et le plus durable trait d'union entre les êtres, c'est la barrière.
Ibid.

Pour les femmes, le meilleur argument qu'elles puissent invoquer en leur faveur, c'est qu'on ne peut pas s'en passer. *Ibid.*	29

Le monde est ma prison Si je suis loin de ce que j'aime. *Main-d'œuvre, le Chant des morts* (Mercure de France).	30

Armand Jean du Plessis, Cardinal de RICHELIEU
1585-1642
590

Il faut écouter beaucoup et parler peu pour bien agir au gouvernement d'un État. *Maximes d'État.*	1
Faire une loi et ne pas la faire exécuter, c'est autoriser la chose qu'on veut défendre. *Mémoires.*	2
Savoir dissimuler est le savoir des rois. *Mirame.*	3
En matière d'État, il faut tirer profit de toutes choses, et ce qui peut être utile ne doit jamais être méprisé. *Testament politique.*	4
Les grands embrasements naissent de petites étincelles. *Ibid.*	5
Il ne faut pas se servir des gens de bas lieu : ils sont trop austères et trop difficiles. *Ibid.*	6
Poursuivre lentement l'exécution d'un dessein, et le divulguer, est le même* que parler d'une chose pour ne la pas faire. *Ibid.* * La même chose.	7
Pour tromper un rival, l'artifice est permis, On peut tout employer contre ses ennemis. *Les Tuileries.*	8

Jean RICHEPIN
1849-1926
591

La femme est un danger quand on n'en aime qu'une. *Les Caresses* (Decaux).	1
Voici venir l'hiver, tueur de pauvres gens. *La Chanson des gueux* (Decaux).	2
Les poux, c'est les puces du pauvre. *Le Pavé* (Dentu).	3

4	Le statisticien ramasse les mégots des cigarettes fumées par le flâneur.
	Ibid.

592 Jacques RIGAUT
1898-1929

1	Aidez-moi, j'aiderai le ciel.
	Écrits, Pensées (Gallimard).
2	Autant d'acquis, autant de perdu.
	Ibid., Maximes.
3	L'ennui, c'est la vérité à l'état pur.
	Ibid., Papiers posthumes.
4	Et maintenant, réfléchissez, les miroirs.
	Ibid., Publications posthumes.
	A rapprocher de la citation de Cocteau. Voir A-**185**-9.
5	L'incrédulité est plus forte que les miracles.
	Ibid., Lord Patchogue.
6	On n'a qu'une chose à soi, c'est son désir.
	Ibid., Pensées.

593 Arthur RIMBAUD
1854-1891

1	Baudelaire est le premier voyant, roi des poètes, *un vrai Dieu*.
	Correspondance, à Paul Demeny, 15 mai 1871.
2	Car JE est un autre. Si le cuivre s'éveille clairon, il n'y a rien de sa faute. Cela m'est évident : j'assiste à l'éclosion de ma pensée [...]
	Ibid.
3	C'est faux de dire : Je pense. On devrait dire : On me pense.
	Ibid., à Georges Izambard, 13 mai 1871.
4	La Poésie ne rythmera plus l'action ; elle *sera en avant*.
	Ibid., à Paul Demeny, 15 mai 1871.
5	Le poète se fait *voyant* par un long, immense et déraisonné dérèglement de tous les sens.
	Ibid.
6	Ah ! Que le temps vienne Où les cœurs s'éprennent.
	Derniers Vers, Chanson de la plus haute tour.
7	Elle est retrouvée. Quoi ? — L'Éternité. C'est la mer allée Avec le soleil.
	Ibid., l'Éternité.

Mais moi je ne veux rire à rien ;
Et libre soit cette infortune.

Ibid., Bannières de mai.

8

Oisive jeunesse
À tout asservie,
Par délicatesse
J'ai perdu ma vie.

Ibid., Chanson de la plus haute tour.

9

Ô saisons, ô châteaux
Quelle âme est sans défauts ?

Ibid., Ô saisons...

10

Voici le temps des Assassins.

Les Illuminations, Matinée d'ivresse.

11

A noir, E blanc, I rouge, U vert, O bleu : voyelles,
Je dirai quelque jour vos naissances latentes.

Poésies, Voyelles.

12

Christ ! ô Christ, éternel voleur des énergies.

Ibid., les Premières Communions.

13

Comme je descendais des Fleuves impassibles,
Je ne me sentis plus guidé par les haleurs :
Des Peaux-Rouges criards les avaient pris pour cibles,
Les ayant cloués nus aux poteaux de couleurs.

Ibid., le Bateau ivre.

14

Est-ce en ces nuits sans fonds que tu dors et t'exiles,
Million d'oiseaux d'or, ô future Vigueur ?

Ibid.

15

Et j'ai vu quelquefois ce que l'homme a cru voir !

Ibid.

16

Les Fleuves m'ont laissé descendre où je voulais.

Ibid.

17

Je m'en allais, les poings dans mes poches crevées ;
Mon paletot aussi devenait idéal.

Ibid., Ma bohème.

18

Je regrette l'Europe aux anciens parapets !

Ibid., le Bateau ivre.

19

Mais, ô Femme, monceau d'entrailles, pitié douce.

Ibid., les Sœurs de charité.

20

Mais, vrai, j'ai trop pleuré ! Les Aubes sont navrantes.

Ibid., le Bateau ivre.

21

22	Ô Justes, nous chierons dans vos ventres de grès ! *Ibid.*, le Juste restait droit...
23	Ô Mort mystérieuse, ô sœur de charité ! *Ibid.*, les Sœurs de charité.
24	On n'est pas sérieux, quand on a dix-sept ans. *Ibid.*, Roman.
25	Si je désire une eau d'Europe, c'est la flache Noire et froide où vers le crépuscule embaumé Un enfant accroupi plein de tristesses, lâche Un bateau frêle comme un papillon de mai. *Ibid.*, le Bateau ivre.
26	Le chant des cieux, la marche des peuples ! Esclaves, ne maudissons pas la vie. *Une saison en enfer*, Matin.
27	Il a peut-être des secrets pour *changer la vie* ? *Ibid.*, Délires I.
28	Il dit : « Je n'aime pas les femmes. L'amour est à réinventer, on le sait. » *Ibid.*
29	Il faut être absolument moderne. *Ibid.*, Adieu.
30	J'ai de mes ancêtres gaulois l'œil bleu blanc, la cervelle étroite, et la maladresse dans la lutte. *Ibid.*, Mauvais Sang.
31	J'aurai de l'or : je serai oisif et brutal. Les femmes soignent ces féroces infirmes retour des pays chauds. *Ibid.*
32	J'écrivais des silences, des nuits, je notais l'inexprimable. Je fixais des vertiges. *Ibid.*, Délires II.
33	Je me crois en enfer, donc j'y suis. *Ibid.*, Nuit de l'enfer.
34	Je sais aujourd'hui saluer la beauté. *Ibid.*, Délires II.
35	La main à plume vaut la main à charrue. — Quel siècle à mains ! *Ibid.*, Mauvais Sang.
36	Le malheur a été mon dieu. Je me suis allongé dans la boue. Je me suis séché à l'air du crime. Et j'ai joué de bons tours à la folie. *Ibid.*, Jadis, si je me souviens bien...

La morale est la faiblesse de la cervelle.
Ibid., Délires II.

37

On ne part pas. — Reprenons les chemins d'ici.
Ibid., Mauvais Sang.

38

Un soir, j'ai assis la Beauté sur mes genoux. — Et je l'ai trouvée amère. — Et je l'ai injuriée.
Ibid., Jadis, si je me souviens bien...

39

La vraie vie est absente. Nous ne sommes pas au monde.
Ibid., Délires I.

40

Comte de RIVAROL (Antoine Rivarol, dit)
1753-1801

594

Ce qui n'est pas clair n'est pas français.
*Discours sur l'universalité
de la langue française.*

1

Les écrivains qui savent le plus de langues sont ceux qui commettent le plus d'impropriétés.
Ibid.

2

Elle* est de toutes les langues la seule qui ait une probité attachée à son génie.
Ibid.

* La langue française.

3

La grammaire est l'art de lever les difficultés d'une langue ; mais il ne faut pas que le levier soit plus lourd que le fardeau.
Ibid.

4

D'idées vraies en idées vraies et de clartés en clartés, le raisonnement peut n'arriver qu'à l'erreur.
Discours sur l'homme intellectuel et moral.

5

Il est plus facile à l'imagination de se composer un enfer avec la douleur qu'un paradis avec le plaisir.
Ibid.

6

La liberté, pour l'homme, consiste à faire ce qu'il veut dans ce qu'il peut, comme sa raison consiste à ne pas vouloir tout ce qu'il peut.
Ibid.

7

Les moyens qui rendent un homme propre à faire fortune sont les mêmes qui l'empêchent d'en jouir.
Ibid.

8

La vanité fait plus d'heureux que l'orgueil.
Ibid.

9

Le chat ne nous caresse pas, il se caresse à nous.
Esprit de Rivarol.

10

11	Il faut plutôt, pour opérer une révolution, une certaine masse de bêtise d'une part qu'une certaine dose de lumière de l'autre. *Fragments et pensées politiques.*
12	Malheureusement il y a des vertus qu'on ne peut exercer que quand on est riche. *Ibid.*
13	Les peuples les plus civilisés sont aussi voisins de la barbarie que le fer le plus poli l'est de la rouille. *Ibid.*
14	La raison se compose de vérités qu'il faut dire et de vérités qu'il faut taire. *Ibid.*
15	Malheur à ceux qui remuent le fond d'une nation ! *Maximes et pensées.*
16	Rien n'étonne quand tout étonne : c'est l'état des enfants. *Ibid.*
17	C'est [...] un terrible avantage que de n'avoir rien fait, mais il ne faut pas en abuser. *Pensées, traits et bons mots.*
18	C'est bien, mais il y a des longueurs*. *Rivaroliana.* * Jugement sur un distique.
19	La dévote croit aux dévots, l'indévote aux philosophes ; mais toutes deux sont également crédules. *Ibid.*
20	Mirabeau est capable de tout pour de l'argent, même d'une bonne action. *Ibid.*

595 Jacques RIVIÈRE
1886-1925

1	La franchise est le vice méridional. C'est une inconscience de la mesure. *Correspondance,* à Alain-Fournier, 20 avril 1908 (Gallimard).
2	Il n'y a rien dont on ne soit plus cruellement puni que d'avoir supposé de l'intelligence à un peintre. *Ibid.,* à Alain-Fournier, 13 avril 1912.
3	Le seul remède à la folie, c'est l'innocence des faits. *Ibid.,* à Antonin Artaud, 25 mars 1924.
4	La sincérité est un perpétuel effort pour créer son âme telle qu'elle est. *De la sincérité envers soi-même* (Gallimard).
5	On n'évite pas de fleurir si l'on est bien né. *Nouvelles Études* (Gallimard).

Maximilien de ROBESPIERRE
1758-1794

596

Quand le gouvernement viole les droits du peuple, l'insurrection est pour le peuple le plus sacré et le plus indispensable des devoirs.

À la Convention nationale, 10 juillet 1794.

1

La mort est le commencement de l'immortalité.

Ibid., *Discours du 8 thermidor an II.*

2

Henri ROCHEFORT
(Victor-Henri, marquis de Rochefort-Luçay, dit)
1830-1913

597

En France tout écrivain est un accusé.

La Lanterne, 27 juin 1868.

1

La France contient, dit l'*Almanach impérial*, trente-six millions de sujets sans compter les sujets de mécontentement.

Ibid., *1ᵉʳ juin 1868.*

Voir B-**204**-1.

2

Madame ROLAND
1754-1793

598

Nos Parisiens, qui, serviteurs de tout le monde, ne sont amis de personne [...]

Lettre, *à Sophie Cannet.*

À l'époque de cette correspondance, Manon Phlipon n'avait pas encore épousé Jean-Marie Roland de La Platière, futur ministre de l'Intérieur.

1

Quel dommage que les sentiments ne soient pas des preuves !

Ibid.

2

Romain ROLLAND
1866-1944

599

La fatalité, c'est ce que nous voulons.

Au-dessus de la mêlée (Albin Michel).

1

Je trouve la guerre haïssable mais bien plus ceux qui la chantent sans la faire.

Ibid.

Cette citation est extraite d'un article que Romain Rolland avait publié dès le 30 octobre 1914 dans *le Journal de Genève.*

2

Penser sincèrement, même si c'est contre tous, c'est encore pour tous.

Clérambault (Albin Michel).

3

La vérité, c'est de chercher toujours la vérité.

Ibid.

4

Le divin ne-rien-faire où l'on fait tant de choses !

Colas Breugnon (Albin Michel).

5

L'ennemi mortel de l'âme c'est l'usure des jours.

Jean-Christophe, l'Adolescent (Albin Michel).

6

7	**Un héros, c'est celui qui fait ce qu'il peut.** *Ibid.*
8	**Cette indulgence était pire que la sévérité.** *Ibid., le Matin.*
9	**Il faut être très poli avec les puissances mystérieuses.** *Correspondance, Lettre à Cosette Padoux, 1908* (Albin Michel).
10	**Quand l'ordre est l'injustice, le désordre est déjà un commencement de justice.** *Le Quatorze Juillet* (Albin Michel).
11	**Les mots nous trompent comme des filles.** *Quinze Ans de combat* (Rieder).
12	**L'esprit qui s'élève sur les siècles s'élève pour des siècles.** *Le Théâtre du peuple* (Albin Michel).
13	**Ne jamais formuler un mot de plus ou de moins que ce que l'on croit vrai.** *Le Voyage intérieur* (Albin Michel).

600   Jules ROMAINS (Louis Farigoule, dit)
1885-1972

1	**Trois copains qui s'avancent sur une ligne n'ont besoin de personne, ni de la nature, ni des dieux.** *Les Copains* (Gallimard).
2	**Un peu d'embonpoint, un certain avachissement de la chair et de l'esprit, je ne sais quelle descente de la cervelle dans les fesses, ne messiéent pas à un haut fonctionnaire.** *Ibid.*
3	**[...] Pour juger de ce que les hommes ont vraiment envie de faire, il est toujours imprudent de s'en rapporter à ce qu'ils font.** *Le Dieu des corps* (Gallimard).
4	**L'Europe, mon pays.** *Europe* (Gallimard). Publié en 1916.
5	**C'est un homme qui aime l'honnêteté d'autrui.** *Les Hommes de bonne volonté, Montée des périls* (Flammarion).
6	**Dégustée toute seule, sans aucun ajoutis, sans une cuillerée de ceci ou de cela, la vie est souvent comme l'eau de beaucoup de rivières, elle sent la vase.** *Ibid., le Tapis magique.*
7	**L'individu ne peut pas avoir raison indéfiniment contre l'humanité.** *Ibid., les Amours enfantines.*

Je* crois que tu es dans le vrai en traitant la politique comme l'art d'arriver
par n'importe quels moyens à une fin dont on ne se vante pas.
Ibid., Province.

8

* Jallez.

Je* n'accepte que la grandeur.
Ibid., les Amours enfantines.

9

* Jerphanion.

Ne jamais oublier que la sclérose du cristallin commence à vingt-cinq ans.
Ibid., Recherche d'une église.

10

La notion de Justice est irrésistible. Une goutte suffit.
Ibid., les Amours enfantines.

11

Si notre époque, si notre civilisation courent à une catastrophe, c'est encore
moins par aveuglement que par paresse et par manque de mérite.
Ibid., Montée des périls.

12

Une bonne définition de l'histoire pourrait être : la catégorie de phénomènes
humains qui est à tendance catastrophique ; ou si l'on préfère, le niveau
de la vie collective où s'entretiennent les catastrophes.
Ibid., le Tapis magique.

13

L'univers est une énorme injustice. Le bonheur a toujours été une injustice.
Ibid.

14

La victoire a beau grandir, elle ne réussit plus à rattraper les morts.
Ibid., Vorge contre Quinette.

15

La vie d'un homme, la liberté d'un homme ont si peu d'importance dès qu'elles
cessent d'être des valeurs infinies.
Ibid., le Monde est ton aventure.

16

Les vocations de délateur abondent dans l'espèce humaine.
Ibid., Province.

17

C'est l'abbé Mionnet qui parle.

Les gens bien portants sont des malades qui s'ignorent.
Knock, ou le Triomphe de la médecine, I, Knock
(Gallimard).

18

Malgré toutes les tentations contraires, nous devons travailler à la conservation
du malade.
Ibid., I, Knock.

19

La santé n'est qu'un mot, qu'il n'y aurait aucun inconvénient à rayer
de notre vocabulaire. Pour ma part, je ne connais que des gens plus ou moins
atteints de maladies plus ou moins nombreuses à évolution plus ou moins rapide.
Ibid., II, 3, Knock.

20

Une erreur n'est souvent qu'une vérité coupée en herbe.
Lucienne (Gallimard).

21

22
> On ne peut rien dire de vrai sur rien. On ne peut penser quelque chose de vrai
> que si on n'y fait pas trop attention.
>> *Mort de quelqu'un* (Gallimard).

23
> Je ne puis pas oublier la misère de ce temps,
> Ô siècle pareil à ceux qui campèrent sous les tentes! [...]
> Peu à peu notre destin nous ruisselle sur le dos.
>> *Ode génoise* (Camille Bloch).

24
> Nous sommes tant sur terre, tant
> Qui n'avons pas besoin de guerre
> Pour nous enivrer de vertu.
>> *Ibid.*

25
> Monde à la triste figure,
> Tout barbote dans l'ordure.
> L'excuse est que rien ne dure.
>> *Pierres levées* (Flammarion).

26
> Comme on serait content si l'on avait un Dieu!
>> *La Vie unanime* (Gallimard).

601   Pierre de RONSARD
1524-1585

1
> Les bons ouvriers le* commencent par le milieu, et savent si bien joindre
> le commencement au milieu, et le milieu à la fin, que de telles pièces rapportées
> font un corps entier et parfait.
>
> * Le poème.
>> *Abrégé de l'art poétique français.*

2
> Marie*, levez-vous, vous êtes paresseuse,
> Ja la gaie alouette au ciel a fredonné
> Et ja le rossignol doucement jargonné
> Dessus l'épine assis, sa complainte amoureuse.
>
> * Ronsard décomptait le mot « Marie » pour trois syllabes.
>> *Amours,* Chanson.

3
> [...] Je pense que tous songes
> Sans rien signifier, ne sont que des mensonges [...]
>> *Le Bocage royal.*

4
> Le temps s'en va, le temps s'en va, madame,
> Las! le temps, non, mais nous nous en allons.
>> *Continuation des Amours,* xxxv.

5
> Le vrai trésor de l'homme est la verte jeunesse,
> Le reste de nos ans ne sont que des hivers.
>> *Derniers Vers,* Stances.

6
> On ne meurt point, on change seulement
> De forme en autre, et ce changer s'appelle
> Mort, quand on prend une forme nouvelle [...]
>> *Discours de l'altération et change des choses*
>> *humaines.*

De tant de nouveautés je ne suis curieux,
Il me plait d'imiter le train de mes aïeux.
Discours des misères de ce temps.

7

Celui qui se connait est seul maitre de soi.
Discours, Institution pour l'adolescence
du roi très chrétien, Charles neuvième du nom.

8

Un roi sans la vertu porte le sceptre en vain.
Ibid.

9

Écoute, bûcheron, arrête un peu le bras !
Ce ne sont pas des bois que tu jettes à bas ;
Ne vois-tu pas le sang, lequel dégoutte à force
Des nymphes qui vivaient dessous la dure écorce ?
Élégies, XXIV, Contre les bûcherons de la forêt de
Gastine.

10

La matière demeure et la forme se perd !
Ibid.

11

La parole, Ronsard, est la seule magie,
L'Âme par la parole est conduite et régie, [...]
Car toujours la parole est maîtresse du cœur.
Ibid., XXI.

12

Songes qui, sans tromper par une vanité,
Dessous un voile obscur montrent la vérité.
Ibid.

13

Si le grain de froment ne se pourrit en terre,
Il ne saurait porter ni feuille ni bon fruit :
De la corruption la naissance se suit,
Et comme deux anneaux l'un en l'autre s'enserre.
Épitaphes, À lui-même.

14

Il y a autant de différence entre un Poète et un versificateur qu'entre un bidet
et un généreux coursier de Naples.
La Franciade.

15

Que ta puissance, ô Mort, est grande et admirable !
Hymne de la mort.

16

Je n'avais pas quinze ans que les monts et les bois
Et les eaux me plaisaient plus que la cour des rois.
Hymne de l'automne.

17

Je vous salue, Enfants de la première nuit,
Heureux astres divins [...]
Hymne des astres.

18

Ô Ciel net, pur et beau, haute maison de Dieu,
Qui prêtes en ton sein à toutes choses lieu.
Hymne du ciel.

19

20

Cueillez, cueillez votre jeunesse :
Comme à cette fleur, la vieillesse
Fera ternir votre beauté.
Odes, À Cassandre, I, 17.

21

Mignonne, allons voir si la rose
Qui ce matin avait déclose
Sa robe de pourpre au soleil,
A point perdu cette vesprée
Les plis de sa robe pourprée
Et son teint au vôtre pareil.
Ibid.

22

Sur tout parfum j'aime la Rose.
Ibid., V, 12.

23

Je veux lire en trois jours l'*Iliade* d'Homère [...]
Pièces retranchées.

24

J'aime fort les jardins qui sentent le sauvage,
J'aime le flot de l'eau qui gazouille au rivage.
Réponse aux injures.

25

Tel fleurit aujourd'hui qui demain flétrira,
Tel flétrit aujourd'hui qui demain fleurira.
Le Second Livre des poèmes.

26

Quand vous serez bien vieille, au soir à la chandelle,
Assise auprès du feu, dévidant et filant,
Direz, chantant mes vers, en vous émerveillant :
« Ronsard me célébrait du temps que j'étais belle. »
Sonnets pour Hélène.

27

Vivez, si m'en croyez, n'attendez à demain.
Cueillez dès aujourd'hui les roses de la vie.
Ibid.

28

Vous, chênes, héritiers du silence des bois,
Entendez les soupirs de ma dernière voix.
Ibid., Pièces posthumes.

602

Nestor ROQUEPLAN
1804-1870

1

La mauvaise foi est l'âme de la discussion.
Nouvelles à la main.

2

Qui oblige s'oblige.
Ibid.

603

Edmond ROSTAND
1868-1918

1

C'est la nuit qu'il est beau de croire à la lumière.
Chantecler, II, 3. Chantecler (Fasquelle).

Ô Soleil! Toi sans qui les choses Ne seraient que ce qu'elles sont. *Ibid., I, 2.*	2
À la fin de l'envoi, je touche. *Cyrano de Bergerac*, I, 4, Cyrano (Fasquelle).	3
Ce sont les cadets de Gascogne De Carbon de Castel-Jaloux; Bretteurs et menteurs sans vergogne Ce sont les cadets de Gascogne! *Ibid., II, 7, Cyrano.*	4
Je fais, en traversant les groupes et les ronds, Sonner les vérités comme des éperons. *Ibid., I, 4, Cyrano.*	5
Un point rose* qu'on met sur l'i du verbe aimer. *Ibid., III, 9, Cyrano.* _{* Le baiser.}	6
Si Job avait planté des fleurs sur son fumier, Il aurait eu les fleurs les plus belles du monde! *Les Musardises* (Lemerre).	7
La meilleure prière est la plus clandestine. *La Samaritaine*, III, 2 (Fasquelle).	8

Jean ROSTAND 1894-1977	**604**
Aimer une idée, c'est l'aimer un peu plus qu'on ne devrait. *Carnet d'un biologiste* (Stock).	1
Certitude, servitude. *Ibid.*	2
Dieu, ce dépotoir de nos rêves. *Ibid.*	3
Il est affreux de voir revenir avec des couleurs d'avenir tout ce qu'on détestait dans le passé. *Ibid.*	4
Inutile d'employer un thermomètre de haute précision pour prendre la température d'un fantôme. *Ibid.*	5
J'ai fini par acquérir durablement le sentiment de l'éphémère. *Ibid.*	6
Je demande à un livre de créer en moi le besoin de ce qu'il m'apporte. *Ibid.*	7

8
Je me sens très optimiste quant à l'avenir du pessimisme.
Ibid.

9
**L'odieux de la mauvaise foi, c'est qu'elle finit par donner mauvaise conscience
à la bonne foi.**
Ibid.

10
On n'est pas vieux tant que l'on cherche.
Ibid.

11
Pour ceux qui ont l'austérité trop facile, le devoir peut être dans le plaisir.
Ibid.

12
**Savoir reconnaître l'humain jusque dans l'inhumain. L'ignoble est souvent
du noble mal tourné.**
Ibid.

13
**Chaque fois que nous entendrons dire : de deux choses l'une, empressons-nous
de penser que, de deux choses, c'est vraisemblablement une troisième.**
Esquisse d'une histoire de la biologie,
Conclusion (Gallimard).

14
**Attendre d'en savoir assez pour agir en toute lumière, c'est se condamner
à l'inaction.**
Inquiétudes d'un biologiste (Stock).

15
**Ce qui ôte au vice un peu de sa dignité, c'est qu'il est toujours,
par quelque endroit, le parasite de la vertu.**
Ibid.

16
Certains voient la paille dans leur œil et non la poutre en celui de l'adversaire.
Ibid.

17
**La faiblesse des démocraties, c'est qu'il leur faille, trop souvent, se renier
pour survivre.**
Ibid.

18
J'essaie de donner mauvaise conscience à mon désespoir.
Ibid.

19
**— Qu'avez-vous voulu dire au juste par cette maxime ?
— Si j'eusse voulu en dire davantage, je l'eusse fait.**
Ibid.

20
Sortant de certaines bouches, la vérité elle-même a mauvaise odeur.
Ibid.

21
Le cœur ne mène pas si vite à l'absurde que la raison à l'odieux.
Julien ou Une conscience (Fasquelle).

22
La beauté, en art, n'est souvent que de la laideur matée.
Pensées d'un biologiste (Stock).

Bon gré mal gré, l'on vit de ce que l'on nie. *Ibid.*	23
Ce héros est peut-être bien coupable de n'être pas allé plus haut dans la vertu, ce scélérat bien méritant de n'être pas allé plus bas dans le crime. *Ibid.*	24
Ce que tu redoutes n'arrivera pas, il arrivera pire. *Ibid.*	25
De ce que rien n'est intelligible, il ne s'ensuit pas le droit de conjecturer l'absurde. *Ibid.*	26
Être adulte, c'est être seul. *Ibid.*	27
La grandeur, pour se faire reconnaître, doit souvent consentir à imiter la grandeur. *Ibid.*	28
L'homme étouffe dans l'homme. *Ibid.*	29
Il est dans la tolérance un degré qui confine à l'injure. *Ibid.*	30
Il est des écrivains si suspects qu'ils arriveraient à nous faire prendre des lanternes pour des vessies. *Ibid.*	31
Il m'arrive de me demander si deux erreurs qui se combattent ne sont pas plus fécondes qu'une vérité qui régnât sans conteste. *Ibid.*	32
Il y a bien quelque puérilité dans le goût de la grandeur. *Ibid.*	33
Les injustes dédains nous poussent à briguer d'indignes estimes. *Ibid.*	34
La nature, dans l'homme, s'épanouit et se désavoue. L'homme, ce singe dénaturé [...] *Ibid.*	35
Ne pas croire qu'une chose existe parce qu'il serait trop horrible qu'elle n'existât pas. Il n'y a pas de preuve par l'horrible. *Ibid.*	36
On tue un homme, on est un assassin. On tue des millions d'hommes, on est un conquérant. On les tue tous, on est un dieu. *Ibid.*	37
Qu'il faut donc aimer quelqu'un pour le préférer à son absence! *Ibid.*	38

| 39 | Réfléchir, c'est déranger ses pensées.
Ibid. |

| 40 | La seule chose qu'on ne peut embellir sans qu'elle en périsse, c'est la vérité.
Ibid. |

| 41 | Un bon partisan doit savoir prendre les nécessités de la manœuvre pour
les exigences de la justice.
Ibid. |

| 42 | Un mensonge peut être moins mensonger qu'une vérité bien choisie.
Ibid. |

| 43 | Le vieillissement est d'autant plus actif que l'être est plus jeune.
Ce qui vieillit le moins vite, c'est le vieillard.
Ibid. |

| **605** | **Jean de ROTROU**
1609-1650 |

| 1 | Point, point d'Amphitryon où l'on ne dine point.
Les Deux Sosies, IV, 4.
Voir la citation A-**504**-12 de Molière. |

| 2 | Et que l'or est un charme à la vertu fatal!
Laure persécutée, II, 7. |

| 3 | La justice est souvent le masque du courroux.
Venceslas, V, 6. |

| **606** | **Denis de ROUGEMONT**
1906-1985 |

| 1 | Si un homme pouvait penser complètement la mort, il mourrait à cet instant-là.
Entretien avec Pierre Lhoste, in les Nouvelles littéraires,
24 décembre 1970. |

| 2 | L'amour est le comble de l'esprit.
Penser avec les mains (Gallimard). |

| 3 | La loi du monde est que l'homme lutte contre le monde, en assumant le risque
de sa propre perte.
Ibid. |

| 4 | La vraie condition de l'homme, c'est de penser avec ses mains.
Ibid. |

| **607** | **Claude Joseph ROUGET de LISLE**
1760-1836 |

| 1 | Allons, enfants de la Patrie,
Le jour de gloire est arrivé.
La Marseillaise. |

Amour sacré de la Patrie,
Conduis, soutiens nos bras vengeurs.
Ibid.

2

Liberté, liberté chérie,
Combats avec tes défenseurs!
Ibid.

3

Nous entrerons dans la carrière
Quand nos aînés n'y seront plus.
Ibid.

4

Le couplet auquel appartiennent ces vers aurait en réalité pour auteur non pas Rouget de Lisle, mais le journaliste Louis du Bois.

Mourir pour la patrie,
C'est le sort le plus beau, le plus digne d'envie!
Roland à Roncevaux.

5

Vers repris par A. Dumas et A. Maquet pour le chœur des Girondins de leur drame *le Chevalier de Maison-Rouge* (1847).

Jean-Baptiste ROUSSEAU
1671-1741

608

Le Temps, cette image mobile
De l'immobile éternité.
Odes, III, 2.

1

Jean-Jacques ROUSSEAU
1712-1778

609

Et dans ce monde et dans l'autre, les méchants sont toujours bien embarrassants.
Les Confessions.

1

Il faut bien mentir quelquefois quand on est évêque.
Ibid.

2

Il ne faut rien accorder aux sens quand on veut leur refuser quelque chose.
Ibid.

3

L'oisiveté me suffit, et, pourvu que je ne fasse rien, j'aime encore mieux
rêver éveillé qu'en songe.
Ibid.

4

On dirait que mon cœur et mon esprit n'appartiennent pas au même individu.
Ibid.

5

L'espèce de bonheur qu'il me faut, ce n'est pas tant de faire ce que je veux
que de ne pas faire ce que je ne veux pas.
Correspondance, à M. de Malesherbes.

6

La feinte charité du riche n'est en lui qu'un luxe de plus; il nourrit
les pauvres comme des chiens et des chevaux.
Ibid., à M. Moulton.

7

8	**L'homme n'est point fait pour méditer mais pour agir.** *Ibid.*, *à un jeune homme.*
9	**Je connais trop les hommes pour ignorer que souvent l'offensé pardonne mais que l'offenseur ne pardonne jamais.** *Ibid.*, *à M. Pictet*
10	**Je le* haïrais davantage si je le méprisais moins.** *Ibid.*, *à M. Moulton.* * Il s'agit de Voltaire.
11	**Je me sens le cœur ingrat par cela seul que la reconnaissance est un devoir.** *Ibid.*, *à M. de Malesherbes.*
12	**Une vie dure est plus facile à supporter en province que la fortune à poursuivre à Paris.** *Ibid.*, *à un jeune homme.*
13	**J'ose presque assurer que l'état de réflexion est un état contre nature, et que l'homme qui médite est un animal dépravé.** *Discours sur l'origine et les fondements de l'inégalité parmi les hommes.*
14	**Les peuples une fois accoutumés à des maîtres ne sont plus en état de s'en passer.** *Ibid.*
15	**Le premier qui, ayant enclos un terrain, s'avisa de dire : « Ceci est à moi » et trouva des gens assez simples pour le croire, fut le vrai fondateur de la société civile. Que de crimes, de guerres, de meurtres, que de misères et d'horreurs n'eût point épargnés au genre humain celui qui, arrachant les pieux et comblant le fossé, eût crié à ses semblables : « Gardez-vous d'écouter cet imposteur ; vous êtes perdus et vous oubliez que les fruits sont à tous, et que la terre n'est à personne ! »** *Ibid.* Voir Pascal, A-**535**-44
16	**Le faux est susceptible d'une infinité de combinaisons ; mais la vérité n'a qu'une manière d'être.** *Discours sur les sciences et les arts.*
17	**C'est une prévoyance très nécessaire de sentir qu'on ne peut tout prévoir.** *Du contrat social.*
18	**L'homme est né libre et partout il est dans les fers.** *Ibid.*
19	**J'appelle République tout État régi par des lois, sous quelque forme d'administration que ce puisse être.** *Ibid.*
20	**Les lois sont toujours utiles à ceux qui possèdent et nuisibles à ceux qui n'ont rien.** *Ibid.*

Les peuples ainsi que les hommes ne sont dociles que dans leur jeunesse,
ils deviennent incorrigibles en vieillissant.
Ibid.

21

S'il faut obéir par force on n'a pas besoin d'obéir par devoir.
Ibid.

22

Ces deux mots *patrie* et *citoyen* doivent être effacés des langues modernes.
Émile ou De l'éducation.

23

Les enfants flattent quelquefois les vieillards, mais ils ne les aiment jamais.
Ibid.

24

Généralement, les gens qui savent peu parlent beaucoup, et les gens qui savent
beaucoup parlent peu.
Ibid.

25

Nos passions sont les principaux instruments de notre conservation.
Ibid.

26

On fait apprendre les fables de La Fontaine à tous les enfants, et il n'y en a
pas un seul qui les entende. Quand ils les entendraient, ce serait encore pis ;
car la morale en est tellement mêlée et si disproportionnée à leur âge,
qu'elle les porterait plus au vice qu'à la vertu.
Ibid.

27

On n'est curieux qu'à proportion qu'on est instruit.
Ibid.

28

Oserais-je exposer ici la plus grande, la plus importante, la plus utile règle
de toute l'éducation ? Ce n'est pas de gagner du temps, c'est d'en perdre.
Ibid.

29

Le plus lent à promettre est toujours le plus fidèle à tenir.
Ibid.

30

Riche ou pauvre, puissant ou faible, tout citoyen oisif est un fripon.
Ibid.

31

Si la vie et la mort de Socrate sont d'un sage, la vie et la mort de Jésus
sont d'un Dieu.
Ibid.

32

Tel philosophe aime les Tartares, pour être dispensé d'aimer ses voisins.
Ibid.

33

Toute méchanceté vient de faiblesse.
Ibid.

34

Une des misères des gens riches est d'être trompés en tout.
Ibid.

35

36 · Un homme vraiment heureux ne parle guère et ne rit guère; il resserre
pour ainsi dire son bonheur autour de lui.
Ibid.

37 · Vous ne parviendrez jamais à faire des sages si vous ne faites d'abord des polissons.
Ibid.
Il s'agit de l'éducation des enfants

38 · L'âme résiste bien plus aisément aux vives douleurs qu'à la tristesse prolongée.
Julie ou la Nouvelle Héloïse.

39 · L'enfance a des manières de voir, de penser, de sentir qui lui sont propres;
rien n'est moins sensé que d'y vouloir substituer les nôtres.
Ibid.

40 · Les fripons sont d'honnêtes gens comme tout le monde!
Ibid.

41 · Les hommes à qui l'on parle ne sont point ceux avec qui l'on converse.
Ibid.

42 · Il y a souvent plus de stupidité que de courage dans une constance apparente.
Ibid.

43 · Il y a toujours vingt à parier contre un qu'un gentilhomme descend d'un fripon.
Ibid.

44 · J'ai toujours cru que le beau n'était que le bon mis en action, que l'un tenait
intimement à l'autre, et qu'ils avaient tous deux une source commune
dans la nature bien ordonnée.
Ibid.

45 · Les sensations ne sont rien que ce que le cœur les fait être.
Ibid.

46 · Si c'est la raison qui fait l'homme, c'est le sentiment qui le conduit.
Ibid.

47 · Tout homme est utile à l'humanité par cela seul qu'il existe.
Ibid.

48 · Je m'aime trop moi-même pour pouvoir haïr qui que ce soit.
Les Rêveries du promeneur solitaire.

49 · La nature a fait l'homme heureux et bon, mais [...] la société le déprave
et le rend misérable.
Rousseau juge de Jean-Jacques.

610 · ## Claude **ROY**
1915-1997

1 · Le secret de l'art de voir : c'est la sympathie.
Le Commerce des classiques, Montesquieu
(Gallimard).

Il faut [...] se fier aux mots. Ils en savent plus que nous sur les choses. **Ils en savent plus que nous sur nous.** *Descriptions critiques*, Jean Giraudoux (Gallimard).	2
On ne naît pas innocent. On peut le devenir. *Ibid.*, Colette.	3
Un roman est l'histoire des jours où une vérité se fait jour. *Ibid.*, Aragon romancier.	4
Elle est venue la nuit de plus loin que la nuit **à pas de vent de loup de fougère et de menthe** **voleuse de parfum [...]** *Poésies*, la Nuit (Gallimard).	5
Je me tresse un bonheur comme un panier de jonc, **et j'y mets un grillon, une nuit de septembre,** **le ciel bien lessivé par un matin tout blond,** **une fille endormie qui se mélange à l'ombre.** *Ibid.*, À regret.	6

Jules ROY
1907
611

Pourquoi compliquer de mystère ce qui n'est que la vie ? *La Bataille dans la rizière* (Gallimard).	1
Il y a toujours quelques mauvaises herbes dans nos rites et dans nos jardins. *Le Métier des armes* (Gallimard).	2

Pierre Charles ROY
1683-1764
612

Sur un mince cristal l'hiver conduit leurs pas : **Le précipice est sous la glace ;** **Telle est de vos plaisirs la légère surface.** **Glissez, mortels, n'appuyez pas.** Quatrain placé sous une gravure : le Patinage.	1

RUTEBEUF
2ᵉ moitié du XIIIᵉ siècle
613

Ce sont amis que vens emporte, *Et il ventoit devant ma porte,* *Les emporta.* *La Complainte Rutebeuf.*	1
Que sont mes amis devenus *Que j'avais de si près tenus* *Et tant aimés ?* *Ibid.*	2

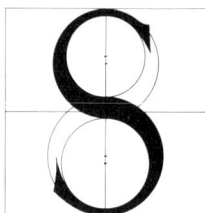

614	**Maurice SACHS** 1906-1944
1	On ne trahit bien que ceux qu'on aime. *Derrière cinq barreaux* (Gallimard).
2	Plus on fait de choses, plus on a de temps pour en faire. Moins on en fait, moins on en a : les oisifs n'ont jamais une minute à eux. *Ibid.*
615	**Marquis Donatien Alphonse François de SADE** 1740-1814
1	Je donnerai des lois simples à cet excellent peuple, mais la peine de mort en punira-t-elle l'infracteur ? À Dieu ne plaise ! Le souverain Être peut disposer lui seul de la vie des hommes. *Aline et Valcour.*
2	Qui sait s'il ne faut pas dépasser beaucoup [la nature] pour entendre ce qu'elle veut nous dire. *Ibid.*
3	L'univers entier se conduirait par une seule loi, si cette loi était bonne. *Ibid.*
4	Ce n'est jamais dans l'anarchie que les tyrans naissent, vous ne les voyez s'élever qu'à l'ombre des lois ou s'autoriser d'elles. *Juliette.*
5	C'est dans le silence des lois que naissent les grandes actions. *Ibid.*

La frivolité n'est point mon vice. *Ibid.*	6
L'idée de Dieu est, je l'avoue, le seul tort que je ne puisse pardonner à l'homme. *Ibid.*	7
Il n'est nullement besoin d'être aimé pour bien jouir et [...] l'amour nuit plutôt aux transports de la jouissance qu'il n'y sert. *Ibid.*	8
Il n'y a d'autre enfer pour l'homme que la bêtise ou la méchanceté de ses semblables. *Ibid.*	9
Il n'y a point de passion plus égoïste que celle de la luxure. *Ibid.*	10
Prenez, prenez, tout cela ne me coûte rien, c'est l'argent de l'État. *Ibid.*	11
Toute espèce de chaîne est une folie, tout lien est un attentat à la liberté physique dont nous jouissons sur la surface du globe. *Ibid.*	12
Très souvent une vertu n'est rien moins qu'une grande action, et plus souvent encore une grande action n'est qu'un crime. *Ibid.*	13
L'impossibilité d'outrager la nature est, selon moi, le plus grand supplice de l'homme. *La Nouvelle Justine.*	14
J'imiterai [la nature], mais en la détestant ; je la copierai, elle le veut, mais ce ne sera qu'en la maudissant. *Ibid.*	15
La tolérance est la vertu du faible. *Ibid.*	16
Tout est bon quand il est excessif. *Ibid.*	17
Un de vos philosophes modernes se disait l'amant de la nature : eh bien, moi, mon ami, je m'en déclare le bourreau. *Ibid.*	18
Adressez-vous plutôt aux passions qu'aux vertus quand vous voudrez persuader une femme. *La Philosophie dans le boudoir.*	19
La bienfaisance est bien plutôt un vice de l'orgueil qu'une véritable vertu de l'âme. *Ibid.*	20

| 21 | Il n'y a pas d'horreur qui n'ait été divinisée, pas une vertu qui n'ait été flétrie.
Ibid. |

| 22 | L'insurrection n'est point un état moral ; elle doit être pourtant l'état
permanent d'une république.
Ibid. |

| 23 | Je ne sais ce que c'est que le cœur, [...] je n'appelle ainsi que les faiblesses
de l'esprit.
Ibid. |

| 24 | Rien n'est affreux en libertinage, parce que tout ce que le libertinage inspire,
l'est également par la nature.
Ibid. |

616   Françoise SAGAN (Françoise Quoirez, dite)
1935

| 1 | Il préférait avoir été malheureux pour une bonne raison qu'heureux
pour une mauvaise.
Aimez-vous Brahms ? (Julliard). |

| 2 | L'attendrissement est un sentiment agréable et entraînant comme la musique militaire.
Bonjour tristesse (Julliard). |

| 3 | C'est drôle comme la fatalité se plaît à choisir pour la représenter des visages
indignes ou médiocres.
Ibid. |

| 4 | L'insouciance est le seul sentiment qui puisse inspirer notre vie
et ne pas disposer d'arguments pour se défendre.
Ibid. |

| 5 | La musique de jazz, c'est une insouciance accélérée.
Un certain sourire (Julliard). |

617   Marc Antoine Girard, sieur de SAINT-AMANT
1594-1661

| 1 | J'écoute, à demi transporté,
Le bruit des ailes du silence
Qui vole dans l'obscurité.
Le Contemplateur. |

| 2 | Tout est détruit, et la Mort même
Se voit contrainte de mourir.
Ibid. |

| 3 | Je tiens pour Hippocrate,
Qui dit qu'il faut à chaque mois
S'enivrer du moins une fois.
Débauche hippocratique. |

Ils* rendent le bruit même agréable au silence.
Moïse sauvé.

4

* Les rossignols.

Ô que j'aime la solitude!
C'est l'élément des bons esprits.
La Solitude.

5

Non, je ne trouve point beaucoup de différence
De prendre du tabac à vivre d'espérance,
Car l'un n'est que fumée, et l'autre n'est que vent.
Sonnet, Assis sur un fagot...

6

Charles Augustin SAINTE-BEUVE
1804-1869

618

Le plus souvent, nous ne jugeons pas les autres, mais nous jugeons
nos propres facultés dans les autres.
Les Cahiers.

1

Ceux qui ont le don de la parole et qui sont orateurs ont en main
un grand instrument de charlatanisme : heureux s'ils n'en abusent pas.
Causeries du lundi.

2

Dis-moi qui t'admire et je te dirai qui tu es.
Ibid.

3

Il est un point élevé où l'art, la nature et la morale ne font qu'un et se confondent.
Ibid.

4

Il n'est que de vivre : on voit tout et le contraire de tout.
Ibid.

5

Quand les Lettres ne rendent pas ceux qui les cultivent tout à fait meilleurs,
elles les rendent pires.
Ibid.

6

Le talent de la plupart des hommes se termine par un défaut qui se prononce
et marque de plus en plus en vieillissant.
Ibid.

7

Une grande aversion présente est souvent le seul signe d'un grand amour passé.
Ibid.

8

Naître, vivre et mourir dans la même maison.
Les Consolations.

9

Connaître à fond, et tel qu'il est, un être humain et l'aimer, c'est impossible.
Correspondance, à Mme Adèle Couriard, 17 mars 1859.

10

Les dettes qu'on diffère de payer abrègent la vie.
Ibid., à la comtesse Agénor de Gasparin, 15 janvier 1859.

11

12   En général, nos jugements nous jugent nous-mêmes bien plus qu'ils ne jugent les choses.

Ibid., à Hortense Allart, 6 novembre 1845.

13   Moins on parle, et bien souvent mieux l'on pense.

Ibid., à la princesse Mathilde, 8 février 1865.

14   La probité est encore ce qu'il y a de plus rare dans les Lettres.

Ibid., à François Morand, 29 février 1864.

15   Les vieux amis sont comme les vieux vins qui, en perdant de leur verdeur et de leur montant, gagnent en chaleur suave.

Ibid., à Paul Lacroix, novembre 1838.

16   C'est ne pas mépriser assez certaines gens que de dire tout haut qu'on les méprise. Le silence seul est le souverain mépris.

Mes poisons.

17   Dans un monde faux, les femmes franches sont ce qu'il y a de plus trompeur.

Ibid.

18   L'expérience est utile, elle est féconde ; oui, mais comme un fumier qui aide à pousser des blés et des fleurs. Mon étable est pleine ; cela sent bien mauvais.

Ibid.

19   Jeune, on se passe très aisément d'esprit dans la beauté qu'on aime et de bon sens dans les talents qu'on admire.

Ibid.

20   La plupart des hommes célèbres meurent dans un véritable état de prostitution.

Ibid.

21   Une laide est plutôt coquette qu'une belle ; elle agace les hommes et l'autre les attend.

Ibid.

22   Un bon gouvernement n'est que la garantie des intérêts.

Étude sur Talleyrand.

23   Combien de gens meurent avant d'avoir fait le tour d'eux-mêmes !

Pensées.

24   Lamartine ignorant, qui ne sait que son âme,
Hugo puissant et fort, Vigny soigneux et fin [...]

Les Pensées d'août.

25   Il se trouve [...] dans les trois quarts des hommes, comme un poète qui meurt jeune, tandis que l'homme survit.

Portraits littéraires, Millevoye.

26   Qu'on dise : il* osa trop, mais l'audace était belle
Et de moins grands depuis eurent plus de bonheur.

* Ronsard.

Tableau de la poésie française au XVIe siècle.

Le désespoir lui-même, pour peu qu'il se prolonge, devient une sorte d'asile dans lequel on peut s'asseoir et reposer. *Vie, poésies et pensées de Joseph Delorme.*	27
Elle ne concevait pas qu'aimer fût l'ennemi d'aimer. *Volupté.*	28

Charles de SAINT-ÉVREMOND
v. 1614-1703
619

On* dit un jour à la reine de Suède que les précieuses étaient les jansénistes de l'amour. *Le Cercle,* à M. P... * Ninon de Lenclos.	1
La poésie demande un génie particulier, qui ne s'accommode pas trop avec le bon sens. Tantôt, c'est le langage des dieux, tantôt c'est le langage des fous, rarement celui d'un honnête homme. *Sur les caractères des tragédies,* De la poésie.	2
Il y a beaucoup moins d'ingrats qu'on ne croit ; car il y a bien moins de généreux qu'on ne pense. *Sur les ingrats.*	3

Antoine de SAINT-EXUPÉRY
1900-1944
620

C'est l'esprit qui mène le monde et non l'intelligence. *Carnets* (Gallimard).	1
L'ordre ne crée pas la vie. *Ibid.*	2
Que m'importe que Dieu n'existe pas. Dieu donne à l'homme de la divinité. *Ibid.*	3
Ce pour quoi tu acceptes de mourir, c'est cela seul dont tu peux vivre. *Citadelle* (Gallimard).	4
La contrainte te délivre et t'apporte la seule liberté qui compte. *Ibid.*	5
Le disparu, si l'on vénère sa mémoire, est plus précieux et plus puissant que le vivant. *Ibid.*	6
Fruits et racines ont même commune mesure qui est l'arbre. *Ibid.*	7
La grandeur de la prière réside d'abord en ce qu'il n'y est point répondu et que n'entre point dans cet échange la laideur d'un commerce. *Ibid.*	8

9
Je ne dirai pas les raisons que tu as de m'aimer. Car tu n'en as point.
La raison d'aimer, c'est l'amour.
Ibid.

10
Moi qui règne, je suis plus soumis à mon peuple qu'aucun de mes sujets
ne l'est à moi.
Ibid.

11
N'espère rien de l'homme s'il travaille pour sa propre vie et non pour son éternité.
Ibid.

12
Pourquoi prendrai-je le parti de ce qui est contre ce qui sera ?
Ibid.

13
Si tu veux comprendre le mot de bonheur, il faut l'entendre comme récompense
et non comme but.
Ibid.

14
Telle fleur est un refus d'abord de toutes les autres fleurs. Et cependant,
à cette condition seulement elle est belle.
Ibid.

15
— Adieu, dit le renard. Voici mon secret. Il est très simple : on ne voit bien
qu'avec le cœur. L'essentiel est invisible pour les yeux.
Le Petit Prince (Gallimard).

16
Chacun est seul responsable de tous.
Pilote de guerre (Gallimard).

17
L'illumination n'est que la vision soudaine, par l'Esprit, d'une route
lentement préparée.
Ibid.

18
Nul ne peut se sentir, à la fois, responsable et désespéré.
Ibid.

19
Vivre, c'est naître lentement. Il serait un peu trop aisé d'emprunter des âmes toutes faites !
Ibid.

20
Aimer, ce n'est pas se regarder l'un l'autre, c'est regarder ensemble
dans la même direction.
Terre des hommes (Gallimard).

21
L'esclave fait son orgueil de la braise du maître.
Ibid.

22
L'homme se découvre quand il se mesure avec l'objet.
Ibid.

23
Une fois pris dans l'événement, les hommes ne s'en effraient plus. Seul l'inconnu
épouvante les hommes.
Ibid.

La vérité, c'est ce qui simplifie le monde et non ce qui crée le chaos. *Ibid.*	24
Dans la vie, il n'y a pas de solutions. Il y a des forces en marche : il faut les créer, et les solutions suivent. *Vol de nuit* (Gallimard).	25

SAINT-JOHN PERSE (Alexis Saint-Léger Léger, dit) 1887-1975	**621**
Aimer est aussi action. *Amers* (Gallimard).	1
L'amour en mer brûle ses vaisseaux. *Ibid.*	2
J'ai pris la marche vers la Mer comme une illustration de cette quête errante de l'esprit moderne, aimanté toujours par l'attrait même de son insoumission. *Ibid.*, Note sur la thématique.	3
Nous qui mourrons peut-être un jour disons l'homme immortel au foyer de l'instant. *Ibid.*	4
Au délice du sel sont toutes lances de l'esprit... J'aviverai du sel les bouches mortes du désir ! *Anabase* (Gallimard).	5
Et le soleil n'est point nommé, mais sa puissance est parmi nous. *Ibid.*	6
Les dieux coiffent le masque à l'approche du poète, et leurs voies sont obscures. *À René Char* (Gallimard).	7
C'est déjà bien assez de n'être pas mort. *À Valery Larbaud* (Dynamo, Liège).	8
Dieu l'épars nous rejoint dans la diversité. *Chant pour un équinoxe* (Gallimard).	9
C'est assez d'engranger, il est temps d'éventer et d'honorer notre aire. *Chronique* (Gallimard).	10
L'art même n'est, à mon sens, qu'inceste entre l'instinct et la volonté. *Correspondance, à Paul Claudel, 1ᵉʳ août 1949* (Gallimard).	11
C'est une déformation de l'extrême solitude, qu'elle finisse par nous faire croire en songe que notre monologue intime puisse être perçu au loin sans mots. *Ibid.*, 7 janvier 1950.	12
Le cœur est une fine horlogerie dont le caprice nous mène infiniment loin, à condition qu'on sache lui témoigner la même délicatesse. *Ibid.*, à André Gide, 1ᵉʳ février 1948.	13

14

Contrairement à ce qu'on en peut imaginer, le poème français le plus expansif, ou même le plus emphatique en apparence, ne serait encore fait que pour l'oreille interne.
Ibid., à la « Berkeley Review », 10 août 1956.

15

De doctrine littéraire, je n'en ai point à formuler : je n'ai jamais trouvé mangeable la cuisine des chimistes.
Ibid., à Archibald Mac Leish, 23 décembre 1941.

16

Et c'est assez, pour le poète, d'être la mauvaise conscience de son temps.
Ibid., et repris dans l'Allocution de Stockholm, 10 décembre 1960.

17

Et Dieu sait que l'heure se fait mendiante.
Ibid., à Paul Claudel, 1er août 1949.

18

Le génie de Rimbaud, c'est la partialité même et l'intérêt humain qu'il a mis dans son tort.
Ibid., à Jacques Rivière, 18 juillet 1913.

19

Prenez garde qu'il peut y avoir une servitude aussi de la liberté, comme il y a une servitude de la malice et de la contradiction.
Ibid., à Jean Paulhan, 3 mai 1949.

20

La démocratie, plus qu'aucun autre régime, exige l'exercice de l'autorité.
Discours sur Briand (New York University).

21

« J'habiterai mon nom » fut ta réponse aux questionnaires du port.
Exil (Gallimard).

22

La foudre vierge du génie court aux pires mésalliances sans déroger.
Pour Dante (Gallimard).

23

À la question toujours posée : « Pourquoi écrivez-vous ? », la réponse du Poète sera toujours la plus brève : « Pour mieux vivre. »
Réponse à un questionnaire sur les raisons d'écrire
(Gallimard).

24

Malheur aux incertains et aux parcimonieux ! On périt par défaut bien plus que par excès.
Sur l'optimisme en politique (Gallimard).

25

Et nos poèmes encore s'en iront sur la route des hommes, portant semence et fruit dans la lignée des hommes d'un autre âge.
Vents (Gallimard).

26

On ne fréquente pas sans s'infecter la couche du divin.
Ibid.

622

Louis Antoine de SAINT-JUST
1767-1794

1

L'art de gouverner n'a produit que des monstres.
Discours à la Convention, 24 avril 1793.

On ne peut point régner innocemment : la folie en est trop évidente. *Ibid.*, Sur le jugement* de Louis XVI, 13 novembre 1791. <small>* Il ne s'agit pas d'une intervention au cours du procès, mais d'un discours réclamant la mise en jugement du roi.</small>	2
Les révolutions sont moins un accident des armes qu'un accident des lois. *Esprit de la Révolution et de la Constitution en France.*	3
Les tyrans périssent par la faiblesse des lois qu'ils ont énervées. *Ibid.*	4
Les vertus farouches font les mœurs atroces. *Ibid.*	5
Celui qui dit qu'il ne croit pas à l'amitié, ou qui n'a point d'amis, est banni. *Fragments sur les institutions républicaines.*	6
Ce qui produit le bien général est toujours terrible, ou paraît bizarre lorsqu'on commence trop tôt. *Ibid.*	7
Il faut ramener toutes les définitions à la conscience : l'esprit est un sophiste qui conduit les vertus à l'échafaud. *Ibid.*	8
Je méprise cette poussière qui me compose et qui vous parle ; on pourra la persécuter et faire mourir cette poussière ! Mais je défie qu'on m'arrache cette vie indépendante que je me suis donnée dans les siècles et dans les cieux. *Ibid.*	9
Les longues lois sont des calamités publiques. *Ibid.*	10
Le prix d'éloquence sera donné au laconisme. *Ibid.*	11
Soyons ingrats si nous voulons sauver la patrie. *Ibid.*	12
Le bonheur est une idée neuve en Europe. *Rapport à la Convention*, 3 mars 1794.	13
Ceux qui font des révolutions à moitié n'ont fait que se creuser un tombeau. *Ibid.*, 26 février 1794.	14
L'empire est aux flegmatiques. <small>Mot de Saint-Just adressé à Robespierre.</small>	15

Louis Claude de SAINT-MARTIN
1743-1803

623

L'homme est un être chargé de continuer Dieu là où Dieu ne se fait plus connaître par lui-même. *Le Ministère de l'homme-esprit.*	1

624	**Claude Henri de Rouvroy, comte de SAINT-SIMON** 1760-1825
1	La société ne vit point d'idées négatives, mais d'idées positives. *Le Système industriel.*
2	La société tout entière repose sur l'industrie. *L'Industrie.*
3	L'histoire est, dit-on, le bréviaire des rois ; à la manière dont les rois gouvernent, on voit bien que leur bréviaire ne vaut rien ; l'histoire, en effet, sous son rapport scientifique, n'est pas encore sortie des langes de l'enfance. *Mémoire sur la science de l'homme.*
4	L'âge d'or du genre humain n'est point derrière nous, il est au-devant, il est dans la perfection de l'ordre social. *Réorganisation de la société européenne.*
625	**Louis de Rouvroy, duc de SAINT-SIMON** 1675-1755
1	Ces princes sont-ils faits comme les autres humains ? *Mémoires.*
2	Le nerf et le principe de la haine et de l'amitié, de la reconnaissance et de la vengeance est le même. *Ibid.*
3	Quel bon pays est la France, à tous les escrocs, les aventuriers et les fripons ! *Ibid.*
4	Une idée sans exécution est un songe. *Ibid.*
626	**Armand SALACROU** 1899-1989
1	Méfiez-vous d'en arriver à croire que les choses doivent être faites pour cette seule raison qu'il vous est difficile de les faire. *L'Archipel Lenoir* (Gallimard).
2	L'avenir n'existe pas. L'avenir, c'est déjà le passé de nos enfants. *Boulevard Durand* (Gallimard).
3	Comment mêler le péché et la rédemption à la vie et à la mort d'un poisson aveugle des grands fonds marins ? *Certitudes et incertitudes* (Gallimard).
4	Il y a des vies de femmes qui ne sont qu'une suite de larmes, et dont l'existence, en fin de compte, est une réussite. *Comme les chardons* (Gallimard).

Le bonheur n'est jamais triste ou gai. Il est le bonheur. *Histoire de rire* (Gallimard).	5
De nos jours, le divorce est une cérémonie aussi respectée que la cérémonie du mariage. *Ibid.*	6
Je chemine toujours le long d'une ligne droite; naturellement, quelquefois je change de ligne droite. *Ibid.*	7
Lorsqu'on souffre d'une vraie souffrance, comme on regrette même un faux bonheur! *Ibid.*	8
Nous sommes beaucoup plus malheureux dans le malheur qu'heureux dans le bonheur. *Ibid.*	9
On ne trahit pas ce qui n'existe plus. *Ibid.*	10
Ce doit être un des désastres de la mort, cette découverte des pensées secrètes de ceux qu'on a aimés. *L'Inconnue d'Arras* (Gallimard).	11
Si vous voulez un conseil, je vous recommanderais plutôt les vices. Ils sont plus fidèles que les amis. *Sens interdit* (Gallimard).	12
Le bel avantage d'être miel pour être dévoré par un ours. *La terre est ronde* (Gallimard).	13
Notre existence est l'addition de journées qui s'appellent toutes aujourd'hui [...] Une seule journée s'appelle demain : celle que nous ne connaîtrons pas. *Ibid.*	14
Sur la terre, deux choses sont simples : raconter le passé et prédire l'avenir. Y voir clair au jour le jour est une autre entreprise. *Ibid.*	15
Les curés sont consolés de ne pas être mariés, quand ils entendent les femmes se confesser. *Une femme libre* (Gallimard).	16
Pourquoi, après une âme, nous avoir offert un corps? J'aurais mieux aimé n'être qu'une âme — ou seulement un corps, mais pas les deux à la fois! *Une femme trop honnête* (Gallimard).	17

George SAND (Aurore Dupin, baronne Dudevant, dite)
1804-1876

627

Le vrai est trop simple, il faut y arriver toujours par le compliqué. *Correspondance*, à Armand Barbès, mai 1867.	1

2	**Les hérésies sont la grande vitalité de l'idéal chrétien.** *Étude sur le Père Hyacinthe.*
3	**L'art est une démonstration dont la nature est la preuve.** *François le Champi.*
4	**Les chefs-d'œuvre ne sont jamais que des tentatives heureuses.** *Ibid.*
5	**En France particulièrement, les mots ont plus d'empire que les idées.** *Indiana.*
6	**J'ai peine à croire qu'en perdant ceux qu'on aime on conserve son âme entière.** *Lettres d'un voyageur,* à V. Hugo.
628	**Victorien SARDOU** **1831-1908**
1	**L'émeute, c'est quand le populaire est battu : tous des vauriens !... La révolution, c'est quand il est le plus fort : tous des héros.** *Rabagas* (Lévy).
629	**Nathalie SARRAUTE** **1900**
1	**On a dit que ce que les gens supportent le moins, c'est d'être accusés de chanter faux. Je crois que d'être soupçonné de manquer de goût est plus pénible.** *Les Fruits d'or* (Gallimard).
2	**Je ne crois pas aux rencontres fortuites (je ne parle évidemment que de celles qui comptent).** *Martereau* (Gallimard).
3	**On n'a pas encore découvert ce langage qui pourrait exprimer d'un seul coup ce qu'on perçoit en un clin d'œil.** *Le Planétarium* (Gallimard).
4	**Forme et fond étant une seule et même chose, comment pourrait-on exprimer un fond identique sous une forme différente?** *Tel quel, nº 9.*
5	**La poésie, dans une œuvre, c'est ce qui fait apparaître l'invisible.** *Ibid.*
630	**Jean-Paul SARTRE** **1905-1980**
1	**L'absence c'est Dieu. Dieu, c'est la solitude des hommes.** *Le Diable et le Bon Dieu* (Gallimard).
2	**Le désordre est le meilleur serviteur de l'ordre établi.** *Ibid.*

Il faut bien tuer ce qu'on aime. *Ibid.*	3
Il n'y a que Dieu. L'homme, c'est une illusion d'optique. *Ibid.*	4
Il suffit qu'un seul homme en haïsse un autre pour que la haine gagne de proche en proche l'humanité entière. *Ibid.*	5
Quand les riches se font la guerre, ce sont les pauvres qui meurent. *Ibid.*	6
Toute destruction brouillonne affaiblit les faibles, enrichit les riches, accroît la puissance des puissants. *Ibid.*	7
Un élu, c'est un homme que le doigt de Dieu coince contre un mur. *Ibid.*	8
Pas besoin de gril, l'enfer, c'est les Autres. *Huis clos* (Gallimard).	9
À moitié victime, à moitié complice, comme tout le monde. *Les Mains sales* (Gallimard).	10
Tous les moyens sont bons quand ils sont efficaces. *Ibid.*	11
La honte ça passe quand la vie est longue. *Morts sans sépulture* (Gallimard).	12
Chaque homme doit inventer son chemin. *Les Mouches* (Gallimard).	13
On ne peut vaincre le mal que par un autre mal. *Ibid.*	14
La peur, la mauvaise conscience ont un fumet délectable pour les narines des Dieux. *Ibid.*	15
Quand une fois la liberté a explosé dans une âme d'homme, les Dieux ne peuvent plus rien contre cet homme-là. *Ibid.*	16
Le secret douloureux des Dieux et des rois : c'est que les hommes sont libres [...] Tu le sais, et ils ne le savent pas. *Ibid.*	17
La vie humaine commence de l'autre côté du désespoir. *Ibid.*	18

19 | **L'argent n'a pas d'idées.**
Nekrassov (Gallimard).

20 | **Il faut un double soleil pour éclairer le fond de la bêtise humaine.**
Ibid.

21 | **La médiocrité ne s'imite pas.**
Ibid.

22 | **La vie, c'est une panique dans un théâtre en feu.**
Ibid.

23 | **Il n'est point, il ne sera jamais d'homme dont l'avenir ne soit l'homme.**
Notes sur les rapports entre l'homme et
l'histoire, in « Sartre » par H. Jeanson
(Desclée de Brouwer).

24 | **Un intellectuel, pour moi, c'est cela : quelqu'un qui est fidèle à un ensemble politique et social, mais qui ne cesse de le contester.**
(Propos recueilli dans *le Nouvel Observateur, 19-25 juin 1968*.)

25 | **Le geste du don nous sépare des hommes ; il n'engendre pas de réciprocité [...]**
Saint Genet, comédien et martyr (Gallimard).

26 | **L'important n'est pas ce qu'on fait de nous, mais ce que nous faisons nous-même de ce qu'on a fait de nous.**
Ibid.

27 | **Toute aventure humaine, quelque singulière qu'elle paraisse, engage l'humanité entière.**
Ibid.

28 | **Ceux qu'on aime, on ne les juge pas.**
Les Séquestrés d'Altona (Gallimard).

29 | **Je déteste les victimes quand elles respectent leurs bourreaux.**
Ibid.

30 | **La beauté est une contradiction voilée.**
Situations, ɪ (Gallimard).

31 | **Ce n'est pas dans je ne sais quelle retraite que nous nous découvrirons : c'est sur la route, dans la ville, au milieu de la foule, chose parmi les choses, homme parmi les hommes.**
Ibid.

32 | **Il est toujours facile d'obéir, si l'on rêve de commander.**
Ibid.

33 | **Un homme ne peut être plus homme que les autres, parce que la liberté est semblablement infinie en chacun.**
Ibid.

Un mystique, c'est toujours un homme qui veut oublier quelque chose. *Ibid.*	34
L'homme est à inventer chaque jour. *Ibid., II.*	35
Il faut affirmer si nous voulons comprendre, et nous donner si nous voulons sentir. *Ibid.*	36
Il faut faire en sorte que l'homme puisse, en toute circonstance, choisir la vie. *Ibid.*	37
Il n'y a pas de liberté donnée ; il faut se conquérir sur les passions, sur la race, sur la classe, sur la nation et conquérir avec soi les autres hommes. *Ibid.*	38
Le monde peut fort bien se passer de la littérature. Mais il peut se passer de l'homme encore mieux. *Ibid.*	39
On ne fait pas ce qu'on veut et cependant on est responsable de ce qu'on est. *Ibid.*	40
Serions-nous muets et cois comme des cailloux, notre passivité même serait une action. *Ibid.*	41
On ne forme pas impunément des générations en leur enseignant des erreurs qui réussissent. Qu'arrivera-t-il un jour, si le matérialisme étouffe le projet révolutionnaire ? *Ibid., III.*	42
Un homme est toujours au-delà de ce qu'il fait. *Ibid.*	43
Pour tous les ouvriers du monde, le bourgeois est le produit du capital ; pour les nôtres, il est aussi le fils de ses œuvres, un tueur — et il va le rester longtemps. *Ibid., VI.*	44

Erik SATIE
1866-1925

631

En Art, j'aime la simplicité ; de même, en cuisine. *Cahiers d'un mammifère.*	1
Nous savons que l'Art n'a pas de Patrie,... le pauvre... Sa fortune ne le lui permet pas... *Ibid.*	2
Si vous voulez vivre longtemps, vivez vieux. *Ibid.*	3

4 | Il y a trois sortes de critiques : ceux qui ont de l'importance ; ceux qui en ont moins ; ceux qui n'en ont pas du tout. Les deux dernières sortes n'existent pas : tous les critiques ont de l'importance.
Éloge des critiques.

5 | La poutre que l'on a dans l'œil, n'empêche nullement de voir la paille qui est dans celui de son voisin : dans ce cas, la poutre devient une longue-vue, très longue, qui grossit la paille de façon démesurée.
Ibid.

632 — Bernard Joseph SAURIN
1706-1781

1 | Rien ne manque à sa gloire, il manquait à la nôtre.
(Sur le buste de Molière placé, en 1778, dans la salle de l'Académie française.)

633 — Paul SCARRON
1610-1660

1 | Passant, ne fais ici de bruit !
Garde que ton pas ne l'éveille,
Car voici la première nuit
Que le pauvre Scarron sommeille !
Épitaphe par lui-même.

634 — Maurice SCÈVE
v. 1501 - v. 1560

1 | Plutôt seront Rhône et Saône disjoints,
Que d'avec toi mon cœur se désassemble.
Délie.

2 | En sa beauté gît ma mort et ma vie.
Ibid.

3 | Toute douceur d'amour est destrempée
De fiel amer et de mortel venin.
Ibid.

4 | Le vain travail de voir divers pays.
Microcosme.
Valery Larbaud a fait de ce vers le titre d'un de ses essais, repris dans son recueil *Jaune, bleu, blanc.*

635 — Georges SCHÉHADÉ
1907-1989

1 | C'est dans la vertu qu'on rencontre les pires excès.
Histoire de Vasco (Gallimard).

2 | Un homme qui a peur est efficace et dangereux, si l'on sait s'en servir.
Ibid.

Méfie-toi des souvenirs comme d'une montre arrêtée. *Monsieur Bob'le* (Gallimard).	3
La vérité est une science enfantine. *Ibid.*	4
Celui qui rêve se mélange à l'air. *Les Poésies* (Gallimard).	5
Qui habite les songes ne meurt jamais. *Ibid.*	6
La paresse fait tourner les moulins. *Rodogune Sinne* (Éditions G.L.M.).	7
C'est peut-être ça, l'amour : un visage autour de soi qui se multiplie, alors qu'on est seul ! *La Soirée des proverbes* (Gallimard).	8
On ne remplace pas l'âge par l'innocence [...] *Ibid.*	9
La vérité a plusieurs visages, le mensonge n'en a qu'un ! *Ibid.*	10

Marcel SCHWOB
1867-1905
636

Bâtis ta maison toi-même et brûle-la toi-même. *Le Livre de Monelle* (Mercure de France).	1
Pense dans le moment. Toute pensée qui dure est contradiction. *Ibid.*	2
Pour tout désir nouveau, fais des dieux nouveaux. *Ibid.*	3
Sois juste envers le moment. Toute justice qui dure est injustice. *Ibid.*	4
Toute habitude nous est pernicieuse ; car elle nous empêche de nous offrir entièrement aux mensonges nouveaux. *Ibid.*	5

Eugène SCRIBE
1791-1861
637

Plus blanche que la blanche hermine. *Les Huguenots* (musique de Meyerbeer), *I, 2.*	1

| 2 | **Prenez mon ours!**
L'Ours et le Pacha, I, 6. |

Dans le vaudeville de SCRIBE, un des personnages, Lagingeole, cherche par ces mots, plusieurs fois répétés, à « placer » un ours auprès du conseiller du pacha Shahabaham. Cette réplique a fait fortune au XIXᵉ siècle, comme antiphrase. C'est une manière de faire comprendre à quelqu'un qu'il vante trop la marchandise et donne des merles pour des grives.

| **638** | **Georges de SCUDÉRY**
1601-1667 |

| 1 | **Ce ne sont que festons, ce ne sont qu'astragales.**
Alaric ou Rome vaincue. |

Vers cité par Boileau dans le chant I de *l'Art poétique*, pour s'élever contre l'abus et la préciosité des descriptions.

| 2 | **Depuis le jour fatal que je quittai ma dame,**
Un enfer portatif j'ai toujours eu dans l'âme.
Ligdamon et Lidias, II, 1. |

| **639** | **Michel Jean SEDAINE**
1719-1797 |

| 1 | **Il faut qu'un domestique soit bien sot lorsque, au bout de sept ans,**
il ne gouverne pas son maître.
La Gageure imprévue, 18. |

| 2 | **Ô Richard! Ô mon Roi!**
L'univers t'abandonne [...]
Richard Cœur de Lion (musique de Grétry),
I, 2, Blondel. |

| **640** | **Victor SEGALEN**
1878-1919 |

| 1 | **L'exotisme est tout ce qui est Autre. Jouir de lui est apprendre à déguster**
le Divers.
Équipée (Plon). |

| 2 | **C'est mauvais signe lorsque les mots se refusent aux hommes que les dieux**
ont désignés pour être gardiens des mots!
Les Immémoriaux (Plon). |

| 3 | **Il est des gens dont l'approche équivaut à tous les maléfices.**
Ibid. |

| 4 | **J'étends les deux bras : je touche aux deux bouts du Temps.**
Odes (Mercure de France). |

| 5 | **C'est grossier comme si souvent la vie dans son goût inné pour le tréteau [...]**
Peintures (Plon). |

| 6 | **Mais comment donc rénover, comment restaurer l'ordre sans tout d'abord**
instaurer le désordre?
Ibid. |

Le Peintre la* donne ici plus douce que l'autre n'est douce dans l'existence
humaine ; car il l'a peinte ici comme il l'aime.
Ibid.

7

* La femme.

Le Peintre seul et ceux qui savent voir ont accès dans l'espace magique.
Ibid.

8

Tant de choses entr'aperçues, ne pourront jamais être *vues.*
Ibid.

9

L'Empire des joies défendues n'a pas de déclin.
Stèles (Plon).

10

Honorez les hommes dans l'homme et le reste en sa diversité.
Ibid.

11

Je règne par l'étonnant pouvoir de l'absence.
Ibid.

12

Point de révolte : honorons les âges dans leurs chutes successives et le temps
dans sa voracité.
Ibid.

13

Repose-toi du son dans le silence, et, du silence, daigne revenir au son. Seul,
si tu sais être seul, déverse-toi parfois jusqu'à la foule.
Ibid.

14

Le Sage dit : Étant sage, je ne me suis jamais occupé des hommes.
Ibid.

15

Étienne Pivert de SENANCOUR
1770-1846

641

Le courage réel est plus patient qu'audacieux.
*De l'amour considéré dans les lois réelles
et dans les formes sociales de l'union des sexes.*

1

Faire consister la force du mariage dans celle de l'amour, c'est aller jusqu'à
méconnaître l'esprit de cette institution.
Ibid.

2

Jouis, il n'est pas d'autre sagesse ; fais jouir ton semblable, il n'est pas d'autre vertu.
Sur les généralités actuelles.

3

Léopold Sédar SENGHOR
1906

642

L'angoisse des départs sans main chaude dans la main.
Chants d'ombre, C'est le temps de partir (Le Seuil).

1

Je ne sais en quel temps c'était, je confonds toujours l'enfance et l'Éden
Comme je mêle la Mort et la Vie — un pont de douceur les relie.
Éthiopiques (Le Seuil).

2

3	Oui Seigneur, pardonne à la France qui dit bien la voie droite et chemine par les sentiers obliques. *Hosties noires, Prière de paix* (Le Seuil).

643   Marie de Rabutin-Chantal, marquise de SÉVIGNÉ
1626-1696

1	L'amitié se réchauffe quand on est dans les mêmes intérêts. *Correspondance,* à M. de Pomponne, 11 octobre 1661.
2	La bise de Grignan me fait mal à votre poitrine. *Ibid.,* à M*me* de Grignan, 29 décembre 1688.
3	Le cœur n'a pas de rides. *Ibid.*
4	Comme on ne connaît d'abord les hommes que par les paroles, il faut les croire jusqu'à ce que les actions les détruisent. *Ibid.,* au comte de Grignan, 28 novembre 1670.
5	Faner est la plus jolie chose du monde, c'est retourner du foin en batifolant dans une prairie ; dès qu'on en sait tant, on sait faner. *Ibid.,* à Coulanges, 22 juillet 1671.
6	Guilleragues disait hier que Pellisson abusait de la permission qu'ont les hommes d'être laids. *Ibid.,* à M*me* de Grignan, 5 janvier 1674.
7	Il n'y a aucune expérience de physique qui soit plus amusante que l'examen, et la suite, et la diversité de tous nos sentiments. *Ibid.,* 23 octobre 1680.
8	Il y a de certaines choses qu'on n'entend jamais, quand on ne les entend pas d'abord*. * Dès l'abord. *Ibid.,* 14 mai 1686.
9	Je comprends qu'il y a quelque sorte de plaisir dans la plainte, plus grand qu'on ne pense. *Ibid.*
10	Je m'en vais vous mander la chose la plus étonnante, la plus surprenante, la plus merveilleuse, la plus miraculeuse, la plus triomphante, la plus étourdissante, la plus inouïe, la plus singulière, la plus extraordinaire, la plus incroyable, la plus imprévue, la plus grande, la plus petite, la plus rare, la plus commune, la plus éclatante, la plus secrète jusqu'aujourd'hui, la plus brillante, la plus digne d'envie... *Ibid.,* à Coulanges, 15 décembre 1670.
11	Je me trouve dans un engagement qui m'embarrasse : je suis embarquée dans la vie sans mon consentement ; il faut que j'en sorte, cela m'assomme ; et comment en sortirai-je? *Ibid.,* à M*me* de Grignan, 16 mars 1672.

Je trouve la mort si terrible, que je hais plus la vie parce qu'elle m'y mène, que par les épines qui s'y rencontrent. *Ibid.*	12
La mémoire est dans le cœur; car, quand elle ne nous vient point de cet endroit, nous n'en avons pas plus que des lièvres. *Ibid., 9 septembre 1671.*	13
Mon père disait qu'il aimait Dieu quand il était bien aise; il me semble que je suis sa fille. *Ibid., 11 septembre 1680.*	14
La morale chrétienne est excellente à tous les maux; mais je la veux chrétienne : elle est trop creuse et trop inutile autrement. *Ibid., 20 septembre 1671.*	15
Nous entendîmes, après dîner, le sermon du Bourdaloue, qui frappe toujours comme un sourd, disant des vérités à bride abattue, parlant contre l'adultère à tort et à travers : sauve qui peut, il va toujours son chemin. *Ibid., 29 mars 1680.*	16
Rien n'est plus capable d'ôter tous les bons sentiments, que de marquer de la défiance. *Ibid., au comte de Grignan, 28 novembre 1670.*	17
La vie est pleine de choses qui blessent le cœur. *Ibid.*	18
Voilà mon ancienne thèse, qui me fera lapider un jour : c'est que le public n'est ni fou ni injuste. *Ibid., au comte de Grignan, 15 août 1670.*	19

André SIEGFRIED
1875-1959

644

En politique, seuls savent s'arrêter ceux qui ne seraient pas partis. *Inédit* (Grasset).	1
Les peuples bien gouvernés sont en général des peuples qui pensent peu. *Ibid.*	2
L'antipathie analyse mieux, mais la sympathie seule comprend. *Quelques maximes* (J. Haumont).	3
En politique, il faut déjà beaucoup de culture pour se contenter d'explications simples. *Ibid.*	4
Notre enthousiasme, c'est le fanatisme d'en face. *Ibid.*	5
Voulez-vous nuire à quelqu'un? N'en dites pas du mal, dites-en trop de bien. *Ibid.*	6

7	Qu'est-ce qu'un bourgeois ? Je proposerai cette définition : c'est quelqu'un qui a des réserves. *Tableau des partis en France* (Grasset).

Paul SIRAUDIN
V. CLAIRVILLE.

645	## Joséphin SOULARY **1815-1891**
1	Ce qui peut venir le plus à point à qui sait attendre, c'est presque toujours le dégoût de la chose attendue. *Promenade autour d'un tiroir.*
2	Il en est de certains esprits comme de certaines maisons sordides ; ils ouvrent sur des basses-cours. *Ibid.*
3	Deux cortèges se sont rencontrés à l'église [...] Et — merveilleux retour qu'inspire la prière — La jeune mère pleure en regardant la bière, La femme qui pleurait sourit au nouveau-né. *Sonnets humoristiques, les Deux Cortèges.*
4	Tout bonheur que la main n'atteint pas n'est qu'un rêve. *Ibid., Rêves ambitieux.* <small>Voir la citation A-**586**-39 de Jules Renard.</small>
646	## Jean de SPONDE **1557-1595**
1	Le Mont est foudroyé plus souvent que la plaine. *Autres sonnets sur le même sujet*. <small>* Sur la mort.</small>
2	À gagner un beau bien on gagne une louange, Mais on en gagne mille à ne le perdre point. *Sonnets d'amour, VIII.*
3	Savez-vous bien que c'est le train de cette vie ? La fuite de la Vie, et la course à la Mort. *Ibid., Sur la mort, IV.*
4	Ah ! que c'est peu de l'homme ! et que cette lumière Qui nous fait vivre peu, de peu de vent s'esteint. *Stances.*
647	## Madame de STAËL (Germaine Necker, baronne de Staël-Holstein, dite) **1766-1817**
1	La gloire elle-même ne saurait être, pour une femme, qu'un deuil éclatant du bonheur. *Corinne ou l'Italie.*

On dirait que l'âme des justes donne, comme les fleurs, plus de parfums
vers le soir.
Ibid.

2

Tout comprendre rend très indulgent.
Ibid.

3

Le bon goût en littérature est, à quelques égards, comme l'ordre
sous le despotisme, il importe d'examiner à quel prix on l'achète.
De l'Allemagne.

4

Le mal que peuvent faire les mauvais livres n'est corrigé que par les bons ;
les inconvénients des lumières ne sont évités que par un plus haut degré
de lumières.
Ibid.

5

On a raison d'exclure les femmes des affaires publiques et civiles ; rien n'est
plus opposé à leur vocation naturelle que tout ce qui leur donnerait des rapports
de rivalité avec les hommes [...]
Ibid.

6

Une nation n'a de caractère que lorsqu'elle est libre.
De la littérature.

7

Un homme doit savoir braver l'opinion ; une femme s'y soumettre.
Delphine, Epigraphe.

8

STENDHAL (Henri Beyle, dit)
1783-1842

648

Cent ans après sa mort, le plus grand bonheur qui puisse arriver à un grand homme,
c'est d'avoir des ennemis.
Armance.

1

Elle lui dit un autre jour qu'elle gagerait qu'il avait deviné tout seul
ce grand principe : que la parole a été donnée à l'homme pour cacher sa pensée.
Ibid.

Le mot passe pour être de Talleyrand, qui aurait employé le verbe « déguiser » au lieu de « cacher ». Voir A-**504**-12, A-**653**-4 et A-**683**-21.

2

On ne se console pas des chagrins, on s'en distrait.
Ibid.

3

Le calembour est incompatible avec l'assassinat.
La Chartreuse de Parme.

4

Le courage consiste à savoir choisir le moindre mal, si affreux qu'il soit encore.
Ibid.

5

En composant *la Chartreuse*, pour prendre le ton je lisais chaque matin
deux ou trois pages du Code civil, afin d'être toujours naturel.
Correspondance, à H. de Balzac, 30 octobre 1840.

6

7   Une collection de baïonnettes ou de guillotines ne peut pas plus arrêter
une opinion qu'une collection de louis ne peut arrêter la goutte.

Ibid., au baron de Mareste, 21 décembre 1819.

8   L'amour est la seule passion qui se paye d'une monnaie qu'elle fabrique elle-même.

De l'amour.

9   La beauté n'est que la promesse du bonheur.

Ibid.

10   En France, les hommes qui ont perdu leur femme sont tristes, les veuves
au contraire gaies et heureuses.

Ibid.

11   La haine a sa cristallisation ; dès qu'on peut espérer de se venger,
on recommence de haïr.

Ibid.

12   Je tremble toujours de n'avoir écrit qu'un soupir, quand je crois avoir noté une vérité.

Ibid.

13   On peut tout acquérir dans la solitude, hormis du caractère.

Ibid.

14   Plus on plaît généralement, moins on plaît profondément.

Ibid.

15   La pruderie est une espèce d'avarice, la pire de toutes.

Ibid.

16   Le succès flatteur est de conquérir et non de conserver.

Ibid.

17   Il est difficile de ne pas s'exagérer le bonheur dont on ne jouit pas.

Journal.

18   Un fils est un créancier donné par la nature.

Lucien Leuwen.

19   La vieillesse n'est autre chose que la privation de folie, l'absence d'illusion
et de passion.

Ibid.

20   C'est en Italie et au XVIIe siècle qu'une princesse disait, en prenant
une glace avec délices le soir d'une journée fort chaude : *quel dommage
que ce ne soit pas un péché !*

Manuscrits italiens, Préface.

21   Je me souviens du mot de monsieur de Talleyrand aux jeunes secrétaires
d'ambassade : « Méfiez-vous du premier mouvement, il est toujours généreux. »

Mémoires d'un touriste.

Voir Talleyrand, A-**653**-3.

Le despotisme frappe le style de bêtise. *Promenades dans Rome*, Marginalia.	22
[...] Il s'agit de ne flatter personne, pas même le peuple. *Ibid.*	23
Prenez garde à vous ; si vous continuez à être de bonne foi, nous allons être d'accord. *Racine et Shakespeare.*	24
Le vers alexandrin n'est souvent qu'un cache-sottises. *Ibid.*	25
J'aime la force, et de la force que j'aime, une fourmi peut en montrer autant qu'un éléphant. *Rome, Naples et Florence.*	26
J'ai assez vécu pour voir que différence engendre haine. *Le Rouge et le Noir.*	27
Quelle est la grande action qui ne soit pas *un extrême* au moment où on l'entreprend ? C'est quand elle est accomplie qu'elle semble possible aux êtres du commun. *Ibid.*	28
Un roman est un miroir qui se promène sur une grande route. *Ibid.*	29
J'aimais et j'aime encore les mathématiques pour elles-mêmes comme n'admettant pas l'*hypocrisie* et le *vague*, mes deux bêtes d'aversion. *Vie de Henry Brulard.*	30
L'amour a toujours été pour moi la plus grande des affaires, ou plutôt la seule. *Ibid.*	31
J'appelle *caractère* d'un homme sa manière habituelle d'aller à la chasse du bonheur, en termes plus clairs, mais moins significatifs : l'*ensemble* *de ses habitudes morales.* *Ibid.*	32
Les paysages étaient comme un archet qui jouait sur mon âme. *Ibid.*	33
Dans tous les partis, plus un homme a d'esprit, moins il est de son parti. *Vie de Napoléon*, Préface.	34

André SUARÈS
1868-1948

649

L'art n'est pas une imitation mais une conquête. *Goethe, le grand Européen* (Émile-Paul).	1
Chacun a les émotions qu'il mérite. *Ibid.*	2

3
La bassesse est le plus sûr moyen de parvenir.
Idées et visions (Émile-Paul).

4
Le désordre est bien puissant quand il s'organise.
Ibid.

5
L'hérésie est la vie de la religion. C'est la foi qui fait les hérétiques.
Péguy (Émile-Paul).

6
La pauvreté est une compagne ardente et redoutable ; elle est la plus vieille noblesse du monde. Bien peu sont dignes d'elle.
Ibid.

7
Bien aimer, c'est aimer follement.
Poète tragique (Émile-Paul).

8
On ne se hait point soi-même ; mais on peut ne pas s'aimer.
Ibid.

9
L'art du clown va bien au-delà de ce qu'on pense. Il n'est ni tragique ni comique. Il est le miroir comique de la tragédie et le miroir tragique de la comédie.
Remarques (Gallimard).

10
Le vrai bonheur est une contemplation active.
Ibid.

11
Le goût est le génie du talent.
Valeurs (Grasset).

12
Le plus grand saint n'est pas le plus paisible ni le moins sanglant ; mais celui qui a vaincu le plus de démons.
Ibid.

13
Les femmes sont jalouses de tout, et même du malheur.
Variables (Émile-Paul).

14
Toute définition est une limite.
Ibid.

15
Une vraie femme sait qu'elle doit être dominée.
Ibid.

16
Entre amants, il n'y a que les coups et les caresses.
Voici l'homme (Albin Michel).

17
Le luxe est le pain de ceux qui vivent de brioche.
Ibid.

18
La pudeur est le parfum de la volupté.
Ibid.

19
C'est aux hommes de ressembler à leurs portraits quand ils sont admirables.
Le Voyage du condottiere (Émile-Paul).

Le dégoût sans borne de la couleur pour la ligne droite est un mystère. *Ibid.*	20

Le voyageur est encore ce qui importe le plus dans un voyage. *Ibid.*	21

SULLY PRUDHOMME (Armand Prudhomme, dit)
1839-1907

650

Le laboureur m'a dit en songe : Fais ton pain, Je ne te nourris plus, gratte la terre et sème. [...] Je connus mon bonheur et qu'au monde où nous sommes Nul ne peut se vanter de se passer des hommes ; Et depuis ce jour-là, je les ai tous aimés. *Les Épreuves, Un songe* (Lemerre).	1

Bleus ou noirs, tous aimés, tous beaux, Des yeux sans nombre ont vu l'aurore. *Stances et poèmes, le Vase brisé* (Lemerre).	2

Le vase où meurt cette verveine, D'un coup d'éventail fut fêlé. Le coup dut l'effleurer à peine : Aucun bruit ne l'a révélé. [...] Personne ne s'en doute ; N'y touchez pas, il est brisé. *Ibid.*	3

Jules SUPERVIELLE
1884-1960

651

On voyait le sillage et nullement la barque Parce que le bonheur avait passé par là. *Les Amis inconnus, le Sillage* (Gallimard).	1

« Ah ! songeait-il, vivre c'est être de plus en plus embarrassé. » *L'Arche de Noé* (Gallimard).	2

L'homme ne peut aboutir qu'à des à peu près. *Boire à la source* (Gallimard).	3

Les souvenirs sont du vent, ils inventent les nuages. *Le Corps tragique* (Gallimard).	4

Voyageur, voyageur, accepte le retour, Il n'est plus place en toi pour de nouveaux visages [...] *Débarcadères* (Gallimard).	5

Faire en sorte que l'ineffable nous devienne familier tout en gardant ses racines fabuleuses. *En songeant à un art poétique* (Gallimard).	6

7	**Laissez le fruit mûrir au fond de son loisir** **Et sans que le pourrisse un brusque repentir.** *Le Forçat innocent,* Supplique (Gallimard).
8	**Ô morts n'avez-vous pas encore appris à mourir ?** *Ibid.*
9	**Ne tournez pas la tête : un miracle est derrière.** *Gravitations* (Gallimard).
10	**Le passé, l'avenir** **Comme des chiens jumeaux flairent autour de nous.** *Ibid.,* Prairie.
11	**Le silence est le meilleur avocat des morts.** *Shéhérazade* (Gallimard).
12	**Les filles — ça pose trop de problèmes, et ça ne les résout pas.** *Le Voleur d'enfants* (Gallimard).
13	**Il faut aussi de la féerie dans le mariage.** *Ibid.*
14	**Il faut pourtant accepter ce que le Bon Dieu ne vous envoie pas.** *Ibid.*
15	**Je suis un parfait honnête homme. Je me dégoûte complètement.** *Ibid.*
16	**Quand on est riche, toutes les gaffes sont permises ; elles sont même recommandées** **si l'on veut avoir le sentiment de sa puissance.** *Ibid.*

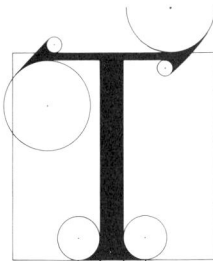

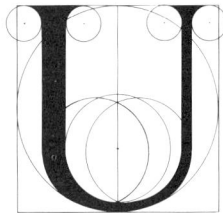

Hippolyte TAINE 1828-1893	**652**

Le vice et la vertu sont des produits comme le vitriol et le sucre.
Histoire de la littérature anglaise, Introduction.

1

On peut considérer l'homme comme un animal d'espèce supérieure qui produit des philosophies et des poèmes à peu près comme les vers à soie font leurs cocons et comme les abeilles font leurs ruches.
La Fontaine et ses Fables, Préface.

2

L'honnête homme, à Paris, ment dix fois par jour, l'honnête femme vingt fois par jour, l'homme du monde cent fois par jour. On n'a jamais pu compter combien de fois par jour ment une femme du monde.
Vie et opinions de Thomas Graindorge.

3

On s'étudie trois semaines, on s'aime trois mois, on se dispute trois ans, on se tolère trente ans et les enfants recommencent.
Ibid.

4

Qui goûte de tout se dégoûte de tout.
Ibid.

5

Charles Maurice de TALLEYRAND-PÉRIGORD 1754-1838	**653**

Il y a quelqu'un qui a plus d'esprit que Voltaire, c'est tout le monde.
Discours sur la liberté de la presse.

1

L'industrie ne fait qu'affaiblir la moralité nationale. Il faut que la France soit agricole.
(Propos rapporté par Michelet dans son *Journal, 9 août 1834.*)

2

---

3 | **Méfiez-vous du premier mouvement, il est toujours généreux.**
Voir Mérimée, A-**493**-8, et Stendhal, A-**648**-21.

---

4 | **La parole a été donnée à l'homme pour déguiser sa pensée.**
Voir Molière, A-**504**-72, Stendhal, A-**648**-2, et Voltaire, A-**683**-21.

---

5 | **Tout ce qui est exagéré est insignifiant.**
Voir Pigault-Lebrun, A-**552**-1.

---

654 | ## R. P. Pierre TEILHARD DE CHARDIN
1881-1955

---

1 | **La Foi a besoin de toute la Vérité.**
L'Apparition de l'homme (Le Seuil).

---

2 | **L'Homme non plus seulement « un être qui sait » mais un être « qui sait qu'il sait ».**
Ibid.

---

3 | **L'Évolution, en découvrant un sommet au Monde, rend le Christ possible, tout comme le Christ, en donnant un sens au Monde, rend possible l'Évolution.**
Comment je crois (Le Seuil).

---

4 | **L'âme humaine est faite pour n'être pas seule.**
Écrits du temps de la guerre (Le Seuil).

---

5 | **En son fourmillement d'âmes, dont chacune résume un monde, l'Humanité est [...] l'amorce d'un Esprit supérieur.**
Ibid.

---

6 | **Il n'y a pas, concrètement, de la Matière et de l'Esprit : mais il existe seulement de la Matière devenant Esprit.**
L'Énergie humaine (Le Seuil).

---

7 | **Vous m'avez dit, mon Dieu, de croire à l'enfer. Mais vous m'avez interdit de penser, avec absolue certitude, d'un seul homme, qu'il était damné.**
Le Milieu divin (Le Seuil).

---

8 | **Rien ne vaut la peine d'être trouvé que ce qui n'a jamais existé encore.**
La Vision du passé (Le Seuil).

---

9 | **Le soleil se lève *en avant*.**
Ibid.

---

655 | ## Jules TELLIER
1863-1889

---

1 | **Avec trop de scrupules, on n'eût jamais rien détruit ni rien fait.**
La Chanson nouvelle.

---

2 | **On dit que l'exception confirme la règle. Elle la confirme en ce sens qu'elle lui donne un soufflet.**
Œuvres, I.

Le plus souvent on réussit non par ce qu'on fait, mais par ce qu'on ne fait pas. | 3
Ibid.

Je n'ai jamais entendu sans étonnement une marche militaire. Cette musique-là | 4
a l'air persuadée qu'il y a un intérêt quelconque à aller quelque part.
Reliques.

Marquise de TENCIN | 656
1682-1749

La grande erreur des gens d'esprit est de ne croire jamais le monde assez bête. | 1
Cité par Chamfort dans *Caractères et Anecdotes.*

Augustin THIERRY | 657
1795-1856

[...] L'alliance des mots la plus menteuse, *un gouvernement qui donne la liberté.* | 1
Dix Années d'études historiques,
Histoire d'Angleterre.

Le despotisme a [...] beau jeu lorsqu'il peut répondre aux peuples qui murmurent : | 2
c'est vous-mêmes qui m'avez voulu.
Ibid.

Henri THOMAS | 658
1912-1993

Ce foyer d'impossibles, un écrivain. | 1
La Chasse aux trésors (Gallimard).

Entre Rimbaud et n'importe quel pastiche de Rimbaud, il y a une différence. | 2
Ibid.

Est en dessous du sujet toute critique qui ne participe pas de la poésie même. | 3
Ibid.

On n'enseigne pas plus à admirer qu'à s'étonner. | 4
Ibid.

Alexis de TOCQUEVILLE | 659
1805-1859

Les grandes révolutions qui réussissent, faisant disparaître les causes qui | 1
les avaient produites, deviennent ainsi incompréhensibles par leurs succès mêmes.
L'Ancien Régime et la Révolution.

L'histoire est une galerie de tableaux où il y a peu d'originaux et beaucoup de copies. | 2
Ibid.

Il faut se défier de la gaieté que montre souvent le Français dans ses plus | 3
grands maux ; elle prouve seulement que, croyant sa mauvaise fortune inévitable,
il cherche à s'en distraire en n'y pensant point, et non qu'il ne la sent pas.
Ibid.

4	Ils [les Français] veulent l'égalité dans la liberté et, s'ils ne peuvent l'obtenir, ils la veulent encore dans l'esclavage. *Ibid.*
5	Qui cherche dans la liberté autre chose qu'elle-même est fait pour servir. *Ibid.*
6	Les grands hommes se passionnent pour les petites choses, quand les grandes viennent à leur manquer. *Correspondance,* à G. de Beaumont, 22 mars 1857.
7	Il ne faut pas mépriser l'homme, si l'on veut obtenir des autres et de soi de grands efforts. *Ibid.,* 22 avril 1838.
8	Quelle triste chose que sur toute la terre les gouvernements soient toujours précisément aussi coquins que les mœurs de leurs sujets peuvent leur permettre de l'être ! *Ibid.,* 5 janvier 1851.
9	Il faut une science politique nouvelle à un monde tout nouveau. *De la démocratie en Amérique.*
10	Il y a aujourd'hui sur la terre deux grands peuples qui, partis de points différents, semblent s'avancer vers le même but : ce sont les Russes et les Anglo-Américains. Écrit en 1835. *Ibid.*
11	Les peuples démocratiques haïssent souvent les dépositaires du pouvoir central ; mais ils aiment toujours ce pouvoir lui-même. *Ibid.*
12	Le plus redoutable de tous les maux qui menacent l'avenir des États-Unis naît de la présence des Noirs sur leur sol. Écrit en 1835. *Ibid.*
13	En politique, la communauté des haines fait presque toujours le fond des amitiés. *Souvenirs.*

660	**Paul-Jean TOULET** 1867-1920
1	Apprends à te connaître : tu t'aimeras moins, et à connaître les autres : tu ne les aimeras plus. *Monsieur du Paur, homme public* (Émile-Paul).
2	Il y a des gens qui ont la susceptibilité de l'huître, on ne peut y toucher sans qu'ils se contractent. *Ibid.*
3	L'amour, au déclin de l'été, Ni la mer, ne s'affronte. *Les Contrerimes* (Émile-Paul).

Badoure, il n'est jardin que des fleurs où l'on aime.
Ibid.

4

C'est à voix basse qu'on enchante
Sous la cendre d'hiver
Ce cœur, pareil au feu couvert
Qui se consume et chante.
Ibid.

5

Deux vrais amis vivaient au Monomotapa*
[...] Jusqu'au jour où l'un vint voir l'autre, et le tapa.
Ibid.

6

* Voir la citation de La Fontaine A-**404**-59.

Ne force pas qui veut les portes de l'enfer.
Ibid.

7

Nuit d'amour qui semblait fuir entre deux dimanches,
Tel un grand oiseau noir dont les ailes sont blanches.
Ibid.

8

Si vous voulez que je vous aime,
Ne riez pas trop haut.
Ibid.

9

C'est la pire lassitude, quand on ne veut plus vouloir.
Les Trois Impostures (Émile-Paul).

10

Les femmes le savent bien que les hommes ne sont pas si bêtes qu'on croit...
qu'ils le sont davantage.
Ibid.

11

Il y a des femmes qui plus elles vieillissent et plus elles deviennent tendres.
Il y a aussi les faisans.
Ibid.

12

On n'est pas tombé d'accord encore si le génie est la perfection de ce qui
va mourir, ou la singularité de ce qui va naître.
Ibid.

13

Le pardon n'est parfois qu'une figure de la vengeance.
Ibid.

14

Quand on a raison, il faut raisonner comme un homme ; et comme une femme,
quand on a tort.
Ibid.

15

Claude de TRELLON
v. 1560 - ?

661

Qui se dit mon valet, je me dis son esclave ;
Qui se hausse d'un pied, je me hausse de deux.
Discours à Monsieur de la Broue.

1

2	La cour est un théâtre où l'on voit à la fin Le pauvre venir riche et le riche coquin. *Le Portrait de la cour.*

662   Elsa TRIOLET
1896-1970

1	L'homme ne peut rien contre la loi de la pesanteur, mais il sait utiliser la chute d'eau. *Le Cheval roux ou les Intentions humaines* (Les Éditeurs français réunis).
2	Créer est aussi difficile que d'être libre. *La Mise en mots* (Skira).
3	Je continue à penser qu'une prose où chaque mot vaut son pesant d'or est illisible. *Ouvertures* (Laffont).
4	Les barricades n'ont que deux côtés. *Proverbes d'Elsa* (Les Éditeurs français réunis).
5	Il n'y a pas de suicides, il n'y a que des meurtres. *Ibid.*
6	J'ai appris que pour être prophète, il suffisait d'être pessimiste. *Ibid.*
7	Les mots sont ces quelques feuilles qui créent l'illusion d'un arbre avec *toutes* ses feuilles [...] *Ibid.*
8	Nous sommes mieux avec un rossignol que sans rossignol. *Ibid.*
9	Le silence est comme le vent : il attise les grands malentendus et n'éteint que les petits. *Ibid.*
10	Toujours et jamais, c'est aussi long l'un que l'autre. *Ibid.*

663   Jacques TURGOT
1727-1781

1	Le grand point de l'éducation, c'est de prêcher d'exemple. *Correspondance,* à Mme de Graffigny.
2	L'étude des langues bien faites serait peut-être la meilleure des logiques. *Réflexions sur les langues.*

Tristan TZARA
1896-1963

664

Je ne chante pas je sème le temps.
De mémoire d'homme (Bordas).

1

Chaque ombre à son âme reconnaît la lumière.
Entre-temps (Le Calligraphe).

2

Une fleur est écrite au bout de chaque doigt
et le bout du chemin est une fleur qui marche avec toi.
Indicateur des chemins de cœur (J. Bucher).

3

DADA ne signifie rien.
[...] Je suis contre tous les systèmes, le plus acceptable des systèmes est celui
de n'en avoir par principe aucun.
Manifeste Dada, 1918 (J. Budrif).

4

J'ai caressé l'éternité j'ai cru en elle et dans le vif silence de ta vigne
j'ai enterré le souvenir et l'amertume.
Le Signe de vie (Bordas).

5

Le chant et le silence mon beau pays de joie [...]
Terre sur terre (Les Trois Collines, Genève).

6

Que la terre advienne sur terre
et se multiplie la graine de son règne.
Ibid.

7

U

Honoré d'URFÉ
1567-1625

665

Ne savez-vous que l'amitié n'a point d'autre moisson que l'amitié, et que
tout ce qu'elle sème, c'est seulement pour en recueillir le fruit?
L'Astrée.

1

Le prix d'Amour, c'est seulement Amour, [...]
Il faut aimer si l'on veut être aimé.
La Sylvanire ou la Morte vive, I. 1.

2

Octave UZANNE
1852-1931

666

La mode est la littérature de la femme. La toilette est son style personnel.
Parisiennes de ce temps
en leurs divers milieux, états et conditions
(Mercure de France).

1

V

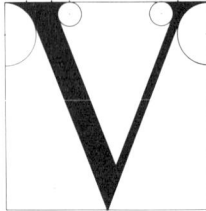

667	**Roger VAILLAND** 1907-1965
1	Un roman commence par un coup de dés. *La Fête* (Gallimard).
2	Dans une société sans mœurs, seule l'austérité est aimable. *Laclos par lui-même* (Le Seuil).
668	**Paul VALÉRY** 1871-1945
1	Baisers, baves d'amour, basses béatitudes, Ô mouvements marins des amants confondus [...] *Album de vers anciens*, Air de Sémiramis (Gallimard).
2	Et toi, maison brûlante, Espace, cher Espace Tranquille, où l'arbre fume et perd quelques oiseaux, [...] *Ibid.*, Été.
3	Nous partagions ce fruit de féeries La lune amicale aux insensés. *Ibid.*, le Bois amical.
4	Ce qui n'est pas *fixé* n'est rien. Ce qui est fixé est mort. *Autres Rhumbs* (Gallimard).
5	Ceux qui redoutent la Blague n'ont pas grande confiance dans leur force. Ce sont des Hercules qui craignent les chatouilles. *Ibid.*

Les grandes flatteries sont muettes.
Ibid.

6

Il en est qui sont véridiques pour n'avoir point de quoi mentir.
Ibid.

7

Le sujet d'un ouvrage est à quoi se réduit un mauvais ouvrage.
Ibid.

8

Tout ce que l'on dit de nous est faux ; mais pas plus faux que ce que nous en pensons. Mais d'un autre faux.
Ibid.

9

Le « génie » est une habitude que prennent certains.
Cahier B 1910 (Gallimard).

10

Les grands hommes meurent deux fois, une fois comme hommes, et une fois comme grands.
Ibid.

11

Le monde ne vaut que par les extrêmes et ne dure que par les moyens. Il ne vaut que par les ultras et ne dure que par les modérés.
Ibid.

12

Le pouvoir sans abus perd le charme.
Ibid.

13

Filles des nombres d'or
Fortes des lois du ciel
Sur nous tombe et s'endort
Un dieu couleur de miel.
Charmes, Cantique des colonnes.

14

Ah ! le soleil... Quelle ombre de tortue
Pour l'âme, Achille immobile à grands pas !
Ibid., le Cimetière marin (Gallimard).

15

Beau ciel, vrai ciel, regarde-moi qui change !
Ibid.

16

Ce toit tranquille, où marchent des colombes,
Entre les pins palpite, entre les tombes [...]
Ibid.

17

Comme le fruit se fond en jouissance,
Comme en délice il change son absence
Dans une bouche où sa forme se meurt [...]
Ibid.

18

L'insecte net gratte la sécheresse [...]
Ibid.

19

20
J'attends l'écho de ma grandeur interne,
Amère, sombre et sonore citerne,
Sonnant dans l'âme un creux toujours futur!
Ibid.

21
La mer, la mer, toujours recommencée!
Ibid.

22
|...| La sainte impatience meurt aussi!
Ibid.

23
Le Temps scintille et le Songe est savoir.
Ibid.

24
Tout va sous terre et rentre dans le jeu!
Ibid.

25
Le vent se lève!... Il faut tenter de vivre!
Ibid.

26
Génie! Ô longue impatience!
Voir les citations A-**135**-18 et A-**674**-12. *Ibid., Ébauche d'un serpent.*

27
Soleil, soleil!... Faute éclatante!
Ibid.

28
Fontaine, ma fontaine, eau froidement présente,
Douce aux purs animaux, aux humains complaisante |...|
Ibid., Fragments du Narcisse.

29
Calme, calme, reste calme!
Connais le poids d'une palme
Portant sa profusion!
Ibid., Palme.

30
Patience, patience,
Patience dans l'azur!
Chaque atome de silence
Est la chance d'un fruit mûr!
Ibid.

31
Honneur des Hommes, Saint LANGAGE |...|
Ibid., la Pythie.

32
Ni vu ni connu,
Le temps d'un sein nu
Entre deux chemises!
Ibid., le Sylphe.

33
Écrire purement en français, c'est un soin et un amusement qui récompense
quelque peu l'ennui d'écrire.
Choses tues (Gallimard).

En toute chose inutile, il faut être divin. Ou ne point s'en mêler.
Ibid.

34

Le goût est fait de mille dégoûts.
Ibid.

35

L'homme se pare de ses chances.
Ibid.

36

Il faut être léger comme l'oiseau et non comme la plume.
Ibid.

37

L'inspiration est l'hypothèse qui réduit l'auteur au rôle d'un observateur.
Ibid.

38

Les petits faits inexpliqués contiennent toujours de quoi renverser
toutes les explications des grands faits.
Ibid.

39

Que de choses il faut ignorer pour « agir » !
Ibid.

40

Les « raisons » qui font que l'on s'abstient des crimes sont plus honteuses,
plus secrètes que les crimes.
Ibid.

41

Le secret d'un homme d'esprit est moins secret que le secret d'un sot.
Ibid.

42

La syntaxe est une faculté de l'âme.
Ibid.

43

Toute vue de choses qui n'est pas étrange est fausse. Si quelque chose est *réelle*,
elle ne peut que perdre de sa réalité en devenant familière. Méditer en philosophe,
c'est revenir du familier à l'étrange, et dans l'étrange affronter le réel*.
Ibid.

44

* La première phrase de cette pensée de Valéry a été écrite sur les murs de la Sorbonne lors des événements de mai 1968 (avec « des choses » au lieu de « de choses ». H. de Montherlant l'a reprise comme épigraphe de son roman *les Garçons*.

Le très grand art est celui dont les imitations sont légitimes, dignes,
supportables ; et qui n'est pas détruit ni déprécié par elles ; ni elles par lui.
Ibid.

45

Un état bien dangereux : croire comprendre.
Ibid.

46

Un homme qui n'a jamais tenté de se faire semblable aux dieux, c'est moins
qu'un homme.
Ibid.

47

Véritablement *bon* est l'homme rare qui jamais ne blâme les gens des maux
qui leur arrivent.
Ibid.

48

49
Grands Dieux! Je perds en vous mes pas déconcertés!
La Jeune Parque (Gallimard).

50
Harmonieuse MOI, différente d'un songe [...]
Ibid.

51
Mon cœur fut-il si près d'un cœur qui va faiblir?
Ibid.

52
Ô Soleil [...]
Feu vers qui se soulève une vierge de sang
Sous les espèces d'or d'un sein reconnaissant!
Ibid.

53
Qui pleure là, sinon le vent simple, à cette heure
Seule, avec diamants extrêmes? Mais qui pleure,
Si proche de moi-même au moment de pleurer?
Ibid.

54
Salut! Divinités par la rose et le sel,
Et les premiers jouets de la jeune lumière,
Iles!..
Ibid.

55
Tout-puissants étrangers, inévitables astres [...]
Ibid.

56
Va! je n'ai plus besoin de ta race naïve,
Cher serpent...
Ibid.

57
Ce qui est le meilleur dans le *nouveau* est ce qui répond à un désir *ancien*.
Littérature (Gallimard).

58
Entre deux mots, il faut choisir le moindre.
Ibid.

59
Est prose l'écrit qui a un but exprimable par un autre écrit.
Ibid.

60
Les livres ont les mêmes ennemis que l'homme : le feu, l'humide, les bêtes,
le temps; et leur propre contenu.
Ibid.

61
Une œuvre dure en tant qu'elle est capable de paraître tout autre que son auteur
l'avait faite.
Ibid.

62
Le bonheur a les yeux fermés.
Mauvaises Pensées et autres (Gallimard).

63
Ceux qui voient les choses trop exactement ne les voient donc pas exactement.
Ibid.

L'espoir voit un défaut de la cuirasse des choses.
Ibid.

64

La faiblesse de la force est de ne croire qu'à la force.
Ibid.

65

L'homme de génie est celui qui m'en donne.
Ibid.

66

Il n'y a d'universel que ce qui est suffisamment grossier pour l'être.
Ibid.

67

La jeunesse est une manière de se tromper qui se change assez vite en une manière de ne plus même pouvoir se tromper.
Ibid.

68

Notre esprit est fait d'un désordre, *plus* un besoin de mettre en ordre.
Ibid.

69

Les Optimistes écrivent mal.
Ibid.
Rappelle le mot plus connu de Gide : « C'est avec les beaux sentiments qu'on fait de la mauvaise littérature. »

70

Politique de la vie.
Le réel est toujours dans l'opposition.
Ibid.

71

Une femme intelligente est une femme avec laquelle on peut être aussi bête que l'on veut.
Ibid.
À rapprocher de cette phrase de *Monsieur Teste* : « M. Teste, d'ailleurs, pense que l'amour consiste à *pouvoir être bêtes ensemble* — toute licence de niaiserie et de bestialité ». (II, 33).

72

Un homme compétent est un homme qui se trompe selon les règles.
Ibid.

73

Un homme sérieux a peu d'idées. Un homme d'idées n'est jamais sérieux.
Ibid.

74

Au XVIIIe siècle seulement les portraits sont expressifs. Les visages marquent l'instant.
Mélange (Gallimard).

75

« L'Avenir » est la parcelle plus sensible de l'instant.
Ibid.

76

Celui qui n'a pas nos répugnances nous répugne.
Ibid.

77

Ce qui n'est pas entièrement achevé n'existe pas encore. Ce qui n'est pas achevé est moins avancé que ce qui n'est pas commencé.
Ibid.

78

79	Chacun est à chaque instant mené par ce qu'il *voit le plus nettement,* composé avec ce qu'il *voit le moins clairement.* *Ibid.*
80	« L'esprit » est peut-être un des moyens que l'Univers s'est trouvé pour en finir au plus vite. *Ibid.*
81	L'homme vaut-il la peine de déranger un Dieu pour le « créer » ? *Ibid.*
82	Les maîtres sont ceux qui nous montrent ce qui est possible dans l'ordre de l'impossible. *Ibid.*
83	Le moi est haïssable... mais il s'agit de celui des autres. *Ibid.* <small>Voir Gide, A-**333**-38.</small>
84	Qui rougit en sait un peu plus qu'il ne devrait en savoir. *Ibid.*
85	Le talent sans génie est peu de chose. Le génie sans talent n'est rien. *Ibid.*
86	Tout homme contient une femme. Mais jamais sultane mieux cachée que celle-ci. *Ibid.*
87	Un homme digne refuse ce qu'on lui refuse, plus que ne le lui refusent ceux qui le lui refusent. *Ibid.*
88	Les vilaines pensées viennent du cœur. *Ibid.* <small>Contrepoint du mot de Vauvenargues : « Les grandes pensées viennent du cœur. » Voir A-**670**-17.</small>
89	La bêtise n'est pas mon fort. *Monsieur Teste,* la Soirée avec Monsieur Teste (Gallimard).
90	Je ne sais pas ce qu'est la conscience d'un sot, mais celle d'un homme d'esprit est pleine de sottises. *Ibid.,* Extraits du Log-book de Monsieur Teste. <small>Valéry se réfère de façon explicite au mot de Joseph de Maistre : « Je ne sais ce qu'est la vie d'un coquin, je ne l'ai jamais été, mais celle d'un honnête homme est abominable. » (Lettre au chevalier de Saint-Réal). Voir Joseph de Maistre, A-**459**-b, et Abel Hermant, A-**371**-1.</small>
91	La jeunesse est un temps pendant lequel les convictions sont, et doivent être, mal comprises : ou aveuglément combattues, ou aveuglément obéies. *Ibid.,* Préface.
92	Trouver n'est rien. Le difficile est de s'ajouter ce qu'on trouve. *Ibid.,* la Soirée avec Monsieur Teste.

Ce qui a été cru par tous, et toujours, et partout, a toutes les chances d'être faux. *Moralités* (Gallimard).	93
Ce qui m'est difficile m'est toujours nouveau. *Ibid.*	94
La facilité n'explique pas tout; et le vice a ses sentiers aussi ardus que ceux de la vertu. *Ibid.*	95
L'homme est absurde par ce qu'il cherche, grand par ce qu'il trouve. *Ibid.*	96
L'homme est animal enfermé — à l'extérieur de sa cage. Il s'agite *hors de soi.* *Ibid.*	97
Il est commode de couper ou de couronner une tête, mais dérisoire à la réflexion. C'est croire que cette tête enferme une Cause Première. *Ibid.*	98
Il faut n'appeler *Science* que *l'ensemble des recettes qui réussissent toujours.* Tout le reste est littérature. *Ibid.*	99
Il faut toujours s'excuser de bien faire — rien ne blesse plus. *Ibid.*	100
Le plus farouche orgueil naît surtout à l'occasion d'une impuissance. *Ibid.*	101
L'histoire est le produit le plus dangereux que la chimie de l'intellect ait élaboré. *Regards sur le monde actuel,* De l'histoire (Gallimard).	102
L'Histoire justifie ce que l'on veut. Elle n'enseigne rigoureusement rien, car elle contient tout et donne des exemples de tout. *Ibid.*	103
Si l'État est fort, il nous écrase. S'il est faible nous périssons. *Ibid., Fluctuations sur la liberté.*	104
Ce qui étonne dans les excès des novateurs de la veille, c'est toujours la timidité. *Rhumbs* (Gallimard).	105
Écrire en Moi-naturel. Tels écrivent en Moi-dièse. *Ibid.*	106
L'idéal est une manière de bouder. *Ibid.*	107
Il faut être *profondément* injuste. — Sinon ne vous en mêlez pas. Soyez juste. *Ibid.*	108

109 | La politique est l'art d'empêcher les gens de se mêler de ce qui les regarde.
Ibid.

110 | Une somme d'époux prévoyants de l'avenir constitue un peuple insoucieux de l'avenir. Il faut perdre la tête ou perdre sa race.
Ibid.

111 | Les hommes se distinguent par ce qu'ils montrent et se ressemblent par ce qu'ils cachent.
Cette pensée figure aussi dans *Mélange.*
Suite (Gallimard).

112 | Le mépris du dieu pour les esprits humains se marque par les miracles.
Ibid.

113 | La vanité, grande ennemie de l'égoïsme, peut engendrer tous les effets de l'amour du prochain.
Ibid.

114 | BÊTISE ET POÉSIE. Il y a des relations subtiles entre ces deux ordres. L'ordre de la bêtise et celui de la poésie.
Calepin d'un poète (Gallimard).

115 | Classique est l'écrivain qui porte une critique de soi-même, et qui l'associe intimement à ses travaux.
Variété, Situation de Baudelaire (Gallimard).

116 | L'école n'est pas seule à instruire les jeunes. Le milieu et l'époque ont sur eux autant et plus d'influence que les éducateurs.
Ibid., le Bilan de l'intelligence.

117 | L'Europe deviendra-t-elle *ce qu'elle est en réalité,* c'est-à-dire : un petit cap du continent asiatique ?
Ibid., la Crise de l'esprit.

118 | L'Histoire est la science des choses qui ne se répètent pas.
Ibid., Discours de l'histoire.

119 | Je n'hésite pas à le déclarer, le diplôme est l'ennemi mortel de la culture.
Ibid., le Bilan de l'intelligence.

120 | Mais je trouvais indigne, et je le trouve encore, d'écrire par le seul enthousiasme. L'enthousiasme n'est pas un état d'âme d'écrivain.
Ibid., Introduction à la méthode de Léonard de Vinci.

121 | Mes vers ont le sens qu'on leur prête.
Ibid., Préface aux Commentaires d'Alain sur Charmes.

122 | Le monde est irrégulièrement semé de dispositions régulières.
Ibid., Introduction à la méthode de Léonard de Vinci.

123 | Le monde, qui baptise du nom de progrès sa tendance à une précision fatale, cherche à unir aux bienfaits de la vie les avantages de la mort.
Ibid., la Crise de l'esprit.

Nous autres, civilisations, nous savons maintenant que nous sommes mortelles. *Ibid.*	124
Nous entrons dans l'avenir à reculons. *Ibid.*, la Politique de l'esprit.	125
Tout classicisme suppose un romantisme antérieur... **L'ordre suppose un certain désordre qu'il vient réduire.** *Ibid.*, Situation de Baudelaire.	126
Tout système est une entreprise de l'esprit contre lui-même. Une œuvre exprime non l'être d'un auteur, mais sa volonté de paraître, qui choisit, ordonne, accorde, masque, exagère. *Ibid.*, Une vue de Descartes.	127
Vous avez découvert ceci : Que le feu tue... Je ne dirai pas qu'on l'ignorât jusqu'à vous. On inclinait seulement à désirer de l'ignorer. *Ibid.*, Réponse au remerciement du maréchal Pétain à l'Académie française.	128

Jules VALLÈS
1832-1885
669

Ah! ceux qui croient que les chefs mènent les insurrections sont de grands innocents! *Jacques Vingtras,* l'Insurgé.	1
Le Capital mourrait si, tous les matins, on ne graissait pas les rouages de ses machines avec de l'huile d'homme. *Ibid.*	2
Les convaincus sont terribles. *Ibid.*	3
Le passé, voilà l'ennemi; c'est ce qui me fait m'écrier dans toute la sincérité de mon âme : on mettrait le feu aux bibliothèques et aux musées qu'il y aurait pour l'humanité, non pas perte, mais profit et gloire. *Lettre ouverte à M. Covielle,* le Nain jaune, 24 février 1867.	4

VAN GOGH
V. Vincent Van GOGH

Luc de Clapiers, marquis de VAUVENARGUES
1715-1747
670

L'art de plaire est l'art de tromper. *Réflexions et Maximes.*	1
Ce qui fait qu'on goûte médiocrement les philosophes, c'est qu'ils ne nous parlent pas assez des choses que nous savons. *Ibid.*	2

3	**C'est être médiocrement habile, que de faire des dupes.** *Ibid.*
4	**C'est un grand signe de médiocrité de louer toujours modérément.** *Ibid.*
5	**C'est un malheur que les hommes ne puissent d'ordinaire posséder aucun talent sans avoir quelque envie d'abaisser les autres.** *Ibid.*
6	**Ceux qui se moquent des penchants sérieux aiment sérieusement les bagatelles.** *Ibid.*
7	**La clarté est la bonne foi des philosophes.** *Ibid.*
8	**La clarté orne les pensées profondes.** *Ibid.*
9	**Les conseils de la vieillesse éclairent sans échauffer, comme le soleil de l'hiver.** *Ibid.*
10	**La coutume fait tout, jusqu'en amour.** *Ibid.*
11	**L'espérance est le plus utile et le plus pernicieux des biens.** *Ibid.*
12	**L'espérance fait plus de dupes que l'habileté.** *Ibid.*
13	**L'estime s'use comme l'amour.** *Ibid.*
14	**Les femmes ne peuvent comprendre qu'il y ait des hommes désintéressés à leur égard.** *Ibid.*
15	**Les feux de l'aurore ne sont pas si doux que les premiers regards de la gloire.** *Ibid.*
16	**La générosité souffre des maux d'autrui, comme si elle en était responsable.** *Ibid.* <small>Voir Lautréamont, A-**422**-23.</small>
17	**Les grandes pensées viennent du cœur.** *Ibid.* <small>Voir Valéry, A-**668**-88, et, en sens inverse, A-**418**-22 de La Rochefoucauld</small>
18	**La guerre n'est pas si onéreuse que la servitude.** *Ibid.*
19	**La haine des faibles n'est pas si dangereuse que leur amitié.** *Ibid.*

La haine n'est pas moins volage que l'amitié. 20
Ibid.

Il est difficile d'estimer quelqu'un comme il veut l'être. 21
Ibid.

Il est faux que l'égalité soit une loi de la nature. La nature n'a rien fait 22
d'égal; la loi souveraine est la subordination et la dépendance.
Ibid.

Il n'y a peut-être point de vérité qui ne soit à quelque esprit faux matière d'erreur. 23
Ibid.

Il y a des semences de bonté et de justice dans le cœur de l'homme, 24
si l'intérêt propre y domine.
Ibid.

Il y a plus de grandes fortunes que de grands talents. 25
Ibid.

L'incrédulité a ses enthousiastes, ainsi que la superstition. 26
Ibid.

La modération des faibles est médiocrité. 27
Ibid.

La modération des grands hommes ne borne que leurs vices. 28
Ibid.
Voir Lautréamont, A-**422**-28.

Ni l'ignorance n'est défaut d'esprit, ni le savoir n'est preuve de génie. 29
Ibid.

Nous n'avons ni la force ni les occasions d'exécuter tout le bien et tout le mal 30
que nous projetons.
Ibid.

Nous n'avons pas assez d'amour-propre pour dédaigner le mépris d'autrui. 31
Ibid.

On dit peu de choses solides lorsqu'on cherche à en dire d'extraordinaires. 32
Ibid.

On méprise les grands desseins lorsqu'on ne se sent pas capable des grands succès. 33
Ibid.
Voir Lautréamont, A-**422**-31.

On ne peut être juste si on n'est pas humain. 34
Ibid.
Voir Lautréamont, A-**422**-32.

On ne peut juger de la vie par une plus fausse règle que la mort. 35
Ibid.
Cette réflexion semble être une réplique à Montaigne, A-**507**-53.

| 36 | On ne s'amuse pas longtemps de l'esprit d'autrui.
Ibid. |

| 37 | On promet beaucoup pour se dispenser de donner peu.
Ibid. |

| 38 | La patience est l'art d'espérer.
Ibid. |

| 39 | Personne n'est sujet à plus de fautes que ceux qui n'agissent que par réflexion.
Ibid. |

| 40 | Pour exécuter de grandes choses, il faut vivre comme si on ne devait jamais mourir.
Ibid. |

| 41 | Les premiers jours du printemps ont moins de grâce que la vertu naissante
d'un jeune homme.
Ibid. |

| 42 | Le prétexte ordinaire de ceux qui font le malheur des autres est qu'ils veulent
leur bien.
Ibid. |

| 43 | Quand on sent qu'on n'a pas de quoi se faire estimer de quelqu'un, on est
bien près de le haïr.
Ibid. |

| 44 | Quiconque est plus sévère que les lois est un tyran.
Ibid. |

| 45 | Qui sait tout souffrir peut tout oser.
Ibid. |

| 46 | La raison nous trompe plus souvent que la nature.
Ibid. |

| 47 | Le sentiment de nos forces les augmente.
Ibid. |

| 48 | La servitude abaisse les hommes jusqu'à s'en faire aimer.
Ibid. |

| 49 | La solitude est à l'esprit ce que la diète est au corps, mortelle lorsqu'elle
est trop longue, quoique nécessaire.
Ibid. |

| 50 | Le vice fomente la guerre ; la vertu combat.
Ibid. |

| **671** | **Nicole VEDRÈS**
1911-1965 |

| 1 | À force d'aimer un livre, on finit par se dire qu'il vous aime.
Paris, le... (Mercure de France). |

Ce mot de « jeune », c'est un mot de vieux. *Paris, 6ᵉ* (Le Seuil).	2
L'homme libre est celui qui n'a pas d'esclaves. *Ibid.*	3
Meublez-vous d'abord, l'amour viendra après. *Suite parisienne* (Mercure de France).	4
Les monuments aux morts des guerres que l'on perd sont moins laids que les monuments aux morts des guerres que l'on gagne. *Ibid.*	5

Pierre Victurnien VERGNIAUD
1753-1793

672

Quand la justice a parlé, l'humanité doit avoir son tour. *Discours à la Convention, 1793.*	1

Paul VERLAINE
1844-1896

673

Mortel, ange ET démon, autant dire Rimbaud [...] *Dédicaces, À Arthur Rimbaud* (Messein).	1
Les grands jets d'eau sveltes parmi les marbres. *Fêtes galantes, Clair de lune* (Messein).	2
— Te souvient-il de notre extase ancienne ? — Pourquoi voulez-vous donc qu'il m'en souvienne ? *Ibid., Colloque sentimental.*	3
Votre âme est un paysage choisi Que vont charmant masques et bergamasques [...] *Ibid., Clair de lune.*	4
« La chair est sainte ! Il faut qu'on la vénère. » *Jadis et naguère, Don Juan pipé* (Messein).	5
De la musique avant toute chose, Et pour cela préfère l'Impair, Plus vague et plus soluble dans l'air, Sans rien en lui qui pèse ou qui pose. *Ibid., Art poétique.*	6
Je suis l'Empire à la fin de la décadence, Qui regarde passer les grands Barbares blancs En composant des acrostiches indolents D'un style d'or où la langueur du soleil danse. *Ibid., Langueur.*	7

8

Ô qui dira les torts de la Rime !
Quel enfant sourd ou quel nègre fou
Nous a forgé ce bijou d'un sou
Qui sonne creux et faux sous la lime ?

Ibid., Art poétique.

9

On est le Diable, on ne le devient point.

Ibid., Don Juan pipé.

10

Pas la Couleur, rien que la nuance.

Ibid., Art poétique.

11

Prends l'éloquence et tords-lui son cou !

Ibid.

12

Que ton vers soit la bonne aventure
Éparse au vent crispé du matin
Qui va fleurant la menthe et le thym...
Et tout le reste est littérature.

Ibid.

13

Rien de plus cher que la chanson grise
Où l'Indécis au Précis se joint.

Ibid.

14

Baiser ! rose trémière au jardin des caresses !

Poèmes saturniens, Il bacio (Messein).

15

Et je m'en vais
Au vent mauvais
Qui m'emporte
Deçà, delà,
Pareil à la
Feuille morte.

Ibid., Chanson d'automne.

16

Il est grave : il est maire et père de famille.
Son faux-col engloutit son oreille. Ses yeux
Dans un rêve sans fin flottent insoucieux,
Et le printemps en fleur sur ses pantoufles brille.

Ibid., Monsieur Prudhomme.

17

Je fais souvent ce rêve étrange et pénétrant
D'une femme inconnue, et que j'aime, et qui m'aime,
Et qui n'est, chaque fois, ni tout à fait la même
Ni tout à fait une autre, et m'aime et me comprend.

Ibid., Mon rêve familier.

18

Pauvres gens ! l'Art n'est pas d'éparpiller son âme :
Est-elle en marbre, ou non, la Vénus de Milo ?

Ibid., Épilogue.

Les sanglots longs
Des violons
    De l'automne
Blessent mon cœur
D'une langueur
    Monotone.

Ibid., Chanson d'automne.

19

Son nom? Je me souviens qu'il est doux et sonore
Comme ceux des aimés que la Vie exila.

Son regard est pareil au regard des statues,
Et, pour sa voix lointaine, et calme, et grave, elle a
L'inflexion des voix chères qui se sont tues.

Ibid., Mon rêve familier.

20

Souvenir, souvenir, que me veux-tu? L'automne
Faisait voler la grive à travers l'air atone [...]

Ibid., Nevermore.

21

C'est bien la pire peine
De ne savoir pourquoi
Sans amour et sans haine
Mon cœur a tant de peine!

Romances sans paroles, III (Messein).

22

Il pleure dans mon cœur
Comme il pleut sur la ville.

Ibid., III.

23

Sur votre jeune sein laissez rouler ma tête
Toute sonore encor de vos derniers baisers;
Laissez-la s'apaiser de la bonne tempête,
Et que je dorme un peu puisque vous reposez.

Ibid., Green.

24

Voici des fruits, des fleurs, des feuilles et des branches
Et puis voici mon cœur, qui ne bat que pour vous.

Ibid.

25

Ah, quand refleuriront les roses de septembre!

Sagesse, III, 3 (Messein).

26

Le ciel est, par-dessus le toit,
    Si bleu, si calme!

Ibid., III, 6.

27

Écoutez la chanson bien douce
Qui ne pleure que pour vous plaire.

Ibid., I, 16.

28

L'espoir luit comme un brin de paille dans l'étable.

Ibid., III, 3.

29

30	Mon Dieu, mon Dieu, la vie est là, Simple et tranquille. *Ibid., III, 6.*
31	Non. Il fut gallican, ce siècle*, et janséniste ! *Ibid., I, 10.* * Le XVIIe siècle.
32	— Qu'as-tu fait, ô toi que voilà Pleurant sans cesse, Dis, qu'as-tu fait, toi que voilà De ta jeunesse ? *Ibid., III, 6.*
33	Qui peut, sans frémir, Juger sur la terre ? *Ibid., III, 2.*
34	Si ces hiers allaient manger nos beaux demains ? *Ibid., I, 7.*
35	Tournez, tournez, bons chevaux de bois, Tournez cent tours, tournez mille tours. *Ibid., III, 17.*
36	La vie humble aux travaux ennuyeux et faciles Est une œuvre de choix qui veut beaucoup d'amour. *Ibid., I, 8.*

VERVILLE
V. BÉROALDE DE VERVILLE

674 | **Boris VIAN**
1920-1959

1	C'est les jeunes qui se souviennent. Les vieux, ils oublient tout. *Les Bâtisseurs d'empire* (L'Arche).
2	Ce qui m'intéresse, ce n'est pas le bonheur de tous les hommes c'est celui de chacun. *L'Écume des jours* (Pauvert).
3	Le plus clair de mon temps je le passe à l'obscurcir. *Ibid.*
4	Le malheur avec un type intelligent, c'est qu'il n'est jamais assez intelligent pour ne pas se dire qu'il est le plus intelligent. *En verve* (P. Horay).
5	On commence à avoir des malheurs quand on a cessé de ne penser qu'à soi. *Ibid.*
6	On passe sa vie à romancer les motifs et à simplifier les faits. *Ibid.*

Le propre du militaire est le sale du civil. *Ibid.*	7

Supprimez le conditionnel et vous aurez détruit Dieu. *Ibid.*	8

C'est drôle comme les gens qui se croient instruits éprouvent le besoin de faire chier le monde. *Les Fourmis* (Scorpion).	9

Les prophètes ont toujours tort d'avoir raison. *L'Herbe rouge* (Toutain).	10

Un général sans soldats est-il dangereux? *Textes et Chansons* (Julliard).	11

Le génie est une longue patience, c'est une réflexion de génie pas doué. *Ibid.* Voir les citations A-**135**-18 de Buffon et A-**668**-26 de Valery.	12

Théophile de VIAU
1590-1626
675

Dans ce climat barbare où le destin me range, Me rendant mon pays comme un pays étrange [...] *Élégie.* Voir Aragon, *les Yeux d'Elsa* : « En étrange pays dans mon pays lui-même » (A-**22**-36). Voir aussi la citation A-**679**-2 de Villon.	1

Imite qui voudra les merveilles d'autrui : Malherbe a fort bien fait, mais il a fait pour lui. *Élégie à une dame.*	2

La règle me déplaît; j'écris confusément : Jamais un bon esprit ne fait rien qu'aisément. *Ibid.*	3

Ah! voici le poignard qui du sang de son maître S'est souillé lâchement : il en rougit, le traître! *Pyrame et Thisbé, v. 2, Thisbé.*	4

Louis VIGÉE
1768-1820
676

Je suis riche des biens dont je sais me passer. *Épître à Ducis sur les avantages de la médiocrité.*	1

Alfred de VIGNY
1797-1863
677

[...] L'imagination et le recueillement sont deux maladies dont personne n'a pitié. *Chatterton, I, 5, le Quaker.*	1

2

On étouffe les clameurs, mais comment se venger du silence ?
Cinq-Mars.

3

Quand on veut rester pur, il ne faut point se mêler d'agir sur les hommes.
Ibid.

4

[...] Qu'est-ce qu'une grande vie sinon une pensée de la jeunesse exécutée
par l'âge mûr ?
Ibid.

5

Aimez ce que jamais on ne verra deux fois.
Les Destinées, la Maison du berger.

6

Elle* me dit : Je suis l'impassible théâtre
Que ne peut remuer le pied de ses acteurs [...]
Je sens passer sur moi la comédie humaine
Qui cherche en vain au ciel ses muets spectateurs.
Ibid.

* La nature.

7

Et, plus ou moins, la Femme est toujours Dalila.
Ibid., la Colère de Samson.

8

La Femme aura Gomorrhe et l'Homme aura Sodome,
Et, se jetant de loin un regard irrité,
Les deux sexes mourront chacun de son côté.
Ibid.

9

La Femme, enfant malade et douze fois impur.
Ibid.

10

Gémir, pleurer, prier, est également lâche.
Fais énergiquement ta longue et lourde tâche
Dans la voie où le Sort a voulu t'appeler,
Puis après, comme moi, souffre et meurs sans parler.
Ibid., la Mort du loup.

11

L'Homme a toujours besoin de caresse et d'amour [...]
Il rêvera partout à la chaleur du sein.
Ibid., la Colère de Samson.

12

Il* se courbe à genoux, le front contre la terre ;
Puis regarde le ciel en appelant « Mon Père ! »
Mais le ciel reste noir et Dieu ne répond pas.
Ibid., le Mont des oliviers.

* Jésus.

13

J'aime la majesté des souffrances humaines [...]
Ibid., la Maison du berger.

14

J'ai mis sur le cimier doré du gentilhomme
Une plume de fer qui n'est pas sans beauté.
Ibid., l'Esprit pur.

[...] Le juste opposera le dédain à l'absence.
Et ne répondra plus que par un froid silence
Au silence éternel de la Divinité.

Ibid., le Mont des oliviers.

15

Seul le silence est grand, tout le reste est faiblesse.

Ibid., la Mort du loup.

16

Tous les tableaux humains qu'un Esprit pur m'apporte
S'animeront pour toi quand devant notre porte
Les grands pays muets longuement s'étendront.

Ibid., la Maison du berger.

17

Le moins mauvais gouvernement est celui qui se montre le moins, que l'on sent
le moins et que l'on paie le moins cher.

Journal d'un poète.

18

La perfection de Bouddha est plus belle que celle du christianisme parce qu'elle
est plus désintéressée.

Ibid.

19

Le christianisme est un caméléon éternel, il se transforme sans cesse.

Ibid.

20

Un livre est une bouteille jetée en pleine mer sur laquelle il faut coller
cette étiquette : attrape qui peut.

Ibid.

21

Tout homme qui a été professeur garde en lui quelque chose de l'écolier.

Mémoires inédits.

22

J'aime le son du cor, le soir, au fond des bois [...]
Dieu, que le son du cor est triste au fond des bois !

Poèmes antiques et modernes, le Cor.

23

Je leur donne des nuits qui consolent des jours*.

Ibid., Eloa ou la Sœur des anges.

* Lucifer parle des songes.

24

Ô Seigneur, j'ai vécu puissant et solitaire,
Laissez-moi m'endormir du sommeil de la terre !

Ibid., Moïse.

25

Roncevaux ! Roncevaux ! dans ta sombre vallée
L'ombre du grand Roland n'est donc pas consolée ?

Ibid., le Cor.

26

Voilà ce qu'ont chanté les filles d'Israël,
Et leurs pleurs ont coulé sur l'herbe du Carmel.

Ibid., la Fille de Jephté.

27

L'armée est une nation dans la nation : c'est un vice de nos temps.

Servitude et grandeur militaires.

28

| 29 | L'existence du Soldat est (après la peine de mort) la trace la plus douloureuse de barbarie qui subsiste parmi les hommes.
Ibid. |

| 30 | L'espérance est la plus grande de nos folies.
Stello. |

678 Auguste VILLIERS de L'ISLE-ADAM
1838-1889

| 1 | Comprendre, c'est le reflet de créer.
Axel, III, 1, Maître Janus. |

| 2 | J'ai trop pensé pour daigner agir.
Ibid., I, 2, Axel. |

| 3 | Il y a toujours du bon dans la folie humaine.
L'Ève future. |

679 François VILLON
1431 - apr. 1463

| 1 | Tant crie l'on Noël qu'il vient.
Ballade des proverbes. |

| 2 | En mon païs suis en terre loingtaine*.
Ballade du concours de Blois.
<small>* Voir les citations d'Aragon (A-**22**-36) et de Théophile de Viau (A-**675**-1).</small> |

| 3 | Je meurs de soif auprès de la fontaine [...]
Rien ne m'est sûr que la chose incertaine.
Ibid. |

| 4 | Je ris en pleurs et attens sans espoir.
Ibid. |

| 5 | Frères humains qui après nous vivez [...]
Mais priez Dieu que tous nous veuille absoudre!
Épitaphe en forme de ballade.
<small>Composée par Villon pour lui-même et ses compagnons, s'attendant à être pendus, et généralement connue, pour cette raison, sous le titre « Ballade des pendus ».</small> |

| 6 | Je ne suis homme sans défaut.
Le Lais, VIII. |

| 7 | Sur le Noël, morte saison,
Que les loups se vivent de vent [...]
Ibid., II. |

| 8 | Alphonse, le roi d'Aragon,
Le gracieux duc de Bourbon,
Et Artus le duc de Bretagne,
Et Charles septième le bon?
Mais où est le preux Charlemagne?
Testament, Ballade des seigneurs du temps jadis. |

Corps femenin, qui tant es tendre,
Poly, souef*, si precieulx [...]
Ibid., XL-XLI.

* Suave.

9

En cette foi je veux vivre et mourir.
Ibid., Ballade que Villon fit à la requête de sa mère pour prier Notre-Dame.

10

Et Jehanne, la bonne Lorraine
Qu'Anglais brûlèrent à Rouen ;
Où sont-ils, où, Vierge souveraine ?
Mais où sont les neiges d'antan.
Ibid., Ballade des dames du temps jadis.

11

Hé Dieu ! si j'eusse étudié
Au temps de ma jeunesse folle [...]
À peu que le cœur ne me fend.
Ibid., XXVI.

12

Il n'est bon bec que de Paris.
Ibid., Ballade des femmes de Paris.

13

Nécessité fait gens mesprendre*
Et faim saillir le loup du bois.
Ibid., XXI.

* Commettre une faute.

14

Vente, gresle, gelle, j'ay mon pain cuit.
Ibid., Ballade de la grosse Margot.

15

Louise de VILMORIN
1902-1969

680

Aujourd'hui, il n'y a plus que les prêtres qui veulent se marier.
À la princesse Bibesco.

1

Philosopher n'est qu'une façon de raisonner la mélancolie.
Julietta (Gallimard).

2

Beaucoup d'amants, c'est beaucoup de malchance.
La Lettre dans un taxi (Gallimard).

3

En amour, il ne s'agit pas d'aimer mais de préférer.
Ibid.

4

Le laisser-aller laisse tout aller, même le cœur.
Ibid.

5

Alexandre Rodolphe VINET
1797-1847

681

L'idée du juste est dans le monde, donc le juste est une réalité.
Philosophie et morale sociale.

1

2	Les individus sont sortis de l'état sauvage, les nations y sont restées.
	Ibid.

682   Eugène Emmanuel VIOLLET-LE-DUC
1814-1879

1	Le style est comme le parfum d'un état primitif des esprits.
	Dictionnaire raisonné de l'architecture française du XIe au XVIe siècle, Style.

683   VOLTAIRE (François Marie Arouet, dit)
1694-1778

1	Cela est bien dit, répondit Candide, mais il faut cultiver notre jardin.
	Candide.

2	Ceux qui ont avancé que tout est bien ont dit une sottise : il fallait dire que tout est au mieux.
	Ibid.

3	Dans ce pays-ci, il est bon de tuer de temps en temps un amiral pour encourager les autres.
	Ibid.

4	Et je suis venu passer le carnaval à Venise.
	Ibid.

5	L'homme est né pour vivre dans les convulsions de l'inquiétude ou dans la léthargie de l'ennui.
	Ibid.

6	Les malheurs particuliers font le bien général ; de sorte que plus il y a de malheurs particuliers et plus tout est bien.
	Ibid.

7	Travaillons sans raisonner, dit Martin, c'est le seul moyen de rendre la vie supportable.
	Ibid.

8	Vous savez que ces deux nations* sont en guerre pour quelques arpents de neige vers le Canada, et qu'elles dépensent pour cette belle guerre beaucoup plus que tout le Canada ne vaut.
	Ibid.
	* La France et l'Angleterre.

9	Cela est fort beau, mais j'ai du mal à croire que je descends d'une morue.
	Les Colimaçons du R. P. L'Escarbotier.
	A propos du « transformisme » de de Maillet et Maupertuis.

10	D'un bout du monde à l'autre on ment et l'on mentit. Nos neveux mentiront, comme ont fait nos ancêtres.
	Contes, les Filles de Minée.

Ce n'est pas l'amour qu'il fallait peindre aveugle, c'est l'amour-propre. 11
Correspondance, à M. Damilaville, 11 mai 1764.

Et voilà comme on écrit l'histoire ; puis fiez-vous à Messieurs les savants. 12
Ibid., à la marquise du Deffand, 24 septembre 1766.

La grande affaire et la seule qu'on doive avoir, c'est de vivre heureux. 13
Ibid., à Mme la présidente de Bernière.

Il est à propos que le peuple soit guidé et non pas qu'il soit instruit. 14
Ibid., à M. Damilaville, 19 mars 1766.

J'avais dit que son génie était à lui*, et que les fautes étaient à son siècle. 15
Ibid., à Horace Walpole, 15 juillet 1768.
* Shakespeare.

On dit que Dieu est toujours pour les gros bataillons*. 16
Ibid., à M. Le Riche, 6 février 1770.
* Mot repris de Bussy-Rabutin : « Dieu est d'ordinaire pour les gros escadrons contre les petits » (A-**136**-4).

On n'a jamais employé tant d'esprit à vouloir nous rendre bêtes. Il prend envie 17
de marcher à quatre pattes, quand on lit votre ouvrage*.
Ibid., à J.-J. Rousseau, 31 août 1755.
* Le Discours sur l'origine de l'inégalité parmi les hommes.

Rien ne se fait sans un peu d'enthousiasme. 18
Ibid., au comte d'Argental, 31 août 1761.

Si la nature ne nous avait faits un peu frivoles, nous serions très malheureux ; 19
c'est parce qu'on est frivole que la plupart des gens ne se pendent pas.
Ibid., à la marquise du Deffand, 12 septembre 1760.

Tout mal arrive avec des ailes et s'en retourne en boitant. 20
Ibid., à Mme de Lutzelbourg, 14 octobre 1754.

Ils ne se servent de la pensée que pour autoriser leurs injustices et n'emploient 21
les paroles que pour déguiser leurs pensées.
Dialogue, le Chapon et la Poularde (1763).

Cette boutade se rencontre déjà en Angleterre, dans Robert South (C-**316**-1) ou dans Edward Young (1683-1765), le poète
des *Nuits*. En France, on l'attribue le plus souvent à Talleyrand : voir les citations A-**504**-72, A-**648**-2 et A-**653**-4.

Ce que nous appelons le hasard n'est et ne peut être que la cause ignorée 22
d'un effet connu.
Dictionnaire philosophique.

Si les imbéciles veulent encore du gland, laisse-les en manger, mais trouve bon 23
qu'on leur présente du pain.
Ibid.

Aime la vérité, mais pardonne à l'erreur. 24
Discours en vers sur l'homme, De la liberté.

On croirait que cet ouvrage* est le fruit de l'imagination d'un sauvage ivre. 25
*Dissertation sur la tragédie ancienne et
moderne* (en tête de *Sémiramis*).
* Hamlet.

26   **Tous les genres sont bons, hors le genre ennuyeux.**
L'Enfant prodigue, Préface.

27   **Dieu ne doit point pâtir des sottises du prêtre.**
Épîtres, À l'auteur du « Livre des trois imposteurs ».

28   **J'ai fait un peu de bien ; c'est mon meilleur ouvrage.**
Ibid., À Horace.

29   **Malheureux, dont le cœur ne sait pas comme on aime,**
Et qui n'ont point connu la douceur de pleurer !
Ibid., Aux mânes de M. de Genonville.

30   **Je me souviens que, lorsque je consultai, il y a plus de douze ans, sur ma *Henriade*,**
feu M. de Malézieu, homme qui joignait une grande imagination à une littérature
immense, il me dit : « Vous entreprenez un ouvrage qui n'est pas fait
pour notre nation ; les Français n'ont pas la tête épique. »
Essai sur la poésie épique, Conclusion.

31   **Il n'y a point de grand conquérant qui ne soit grand politique.**
Essai sur les mœurs, De l'Orient et de Gengis-Kan.

32   **Il semble [...] que la populace ne mérite pas une religion raisonnable.**
Ibid., De la religion de la Chine.

33   **Les mortels sont égaux ; ce n'est point la naissance,**
C'est la seule vertu qui fait leur différence.
Le Fanatisme ou Mahomet le prophète,
I, 4, Omar.
Ces deux vers sont repris par Voltaire de sa propre tragédie *Ériphyle*, 1732 (II, 1, Alcméon).

34   **La patrie est aux lieux où l'âme est enchaînée.**
Ibid., I, 2, Palmire.

35   **Tel brille au second rang qui s'éclipse au premier.**
La Henriade, I.

36   **Il* a porté toutes les vertus des héros à un excès où elles sont aussi dangereuses**
que les vices opposés.
Histoire de Charles XII.
* Charles XII.

37   **[...] À la cour, mon fils, l'art le plus nécessaire**
N'est plus de bien parler, mais de savoir se taire.
L'Indiscret, 1, Euphémie.

38   **En philosophie, il faut se défier de ce qu'on croit entendre trop aisément,**
aussi bien que des choses qu'on n'entend pas.
Lettres philosophiques, XV.

39   **L'intérêt que j'ai à croire une chose n'est pas une preuve de l'existence**
de cette chose.
Ibid., XXV.

Malheur aux faiseurs de traductions littérales, qui en traduisant chaque parole énervent le sens! C'est bien là qu'on peut dire que la lettre tue, et que l'esprit vivifie. *Ibid., XVIII.*	40
Qui veut détruire les passions, au lieu de les régler, veut faire l'*ange*. *Ibid., XXV.* <small>Voir la citation de Pascal A-**535**-31.</small>	41
Si l'homme était parfait, il serait Dieu. *Ibid.*	42
C'est n'être bon à rien de n'être bon qu'à soi. *Mélanges, Sur la vraie vertu.*	43
Un mérite de la poésie dont bien des gens ne se doutent pas, c'est qu'elle dit plus que la prose, et en moins de paroles que la prose. *Mélanges de philosophie, Des poètes.*	44
J'ai jugé justement un injuste adversaire. *Mérope, IV, 2, Égisthe.*	45
Le premier qui fut roi fut un soldat heureux; Qui sert bien son pays n'a pas besoin d'aïeux. *Ibid., I, 3, Polyphonte.* <small>Ce dernier vers est repris presque textuellement par Voltaire de sa propre tragédie *Ériphyle*, 1732 (II, 1, Alcmèon).</small>	46
Chacun baise en tremblant la main qui nous enchaîne. *La Mort de César, II, 2, Brutus.*	47
L'amitié d'un grand homme est un bienfait des dieux. *Œdipe, I, 1, Philoctète.*	48
Nos prêtres ne sont pas ce qu'un vain peuple pense; Notre crédulité fait toute leur science. *Ibid., IV, 1, Jocaste.*	49
On doit des égards aux vivants; on ne doit aux morts que la vérité. *Ibid., Lettre écrite sur « Œdipe » en 1719.*	50
Dieu fit du repentir la vertu des mortels. *Olympie, II, 2, l'hiérophante.*	51
Un jour tout sera bien, voilà notre espérance; Tout est bien aujourd'hui, voilà l'illusion. *Poème sur le désastre de Lisbonne.*	52
L'autre jour, au fond d'un vallon, Un serpent piqua Jean Fréron. Que pensez-vous qu'il arriva? Ce fut le serpent qui creva. *Poésies mêlées, Épigramme imitée de l'Anthologie.*	53

54

Qui que tu sois, voici ton maitre :
Il l'est, le fut, ou le doit être.
Ibid., XLIII.

Cette inscription pour une statue de l'Amour est rappelée par Balzac dans les premières pages du *Père Goriot.*

55

Les Français sont malins et sont grands chansonniers.
Satires, Au roi de la Chine.

56

Ô le bon temps que ce siècle de fer !
Ibid., le Mondain.

57

Le paradis terrestre est où je suis.
Ibid.

58

Le superflu, chose très nécessaire [...]
Ibid.

59

Tricher au jeu sans gagner est d'un sot.
Ibid., Éloge de l'hypocrisie.

60

L'univers m'embarrasse, et je ne puis songer
Que cette horloge existe et n'ait pas d'horloger.
Ibid., les Cabales.

61

Automates pensants, mus par des mains divines.
Sept Discours en vers sur l'homme,
Sur la vraie vertu.

62

Le secret d'ennuyer est celui de tout dire.
Ibid., Sur la nature de l'homme.

63

La plus petite intrigue fait dans un temps ce que les plus grands ressorts
ne peuvent opérer dans un autre.
Le Siècle de Louis XIV.

64

Le plus sûr est donc de n'être sûr de rien.
Singularités de la nature.

65

Les femmes ressemblent aux girouettes : elles se fixent quand elles se rouillent.
Le Sottisier.

66

On a trouvé, en bonne politique, le secret de faire mourir de faim ceux qui,
en cultivant la terre, font vivre les autres.
Ibid.

67

Le pape est une idole à qui on lie les mains et dont on baise les pieds.
Ibid.

68

Les paroles sont aux pensées ce que l'or est aux diamants ; il est nécessaire
pour les mettre en œuvre, mais il en faut peu.
Ibid.

La politique a sa source dans la perversité plus que dans la grandeur
de l'esprit humain.

Ibid.

69

Prier Dieu c'est se flatter qu'avec des paroles, on changera toute la nature.

Ibid.

70

Si Dieu nous a faits à son image, nous le lui avons bien rendu.

Ibid.

71

Qui n'a pas l'esprit de son âge
De son âge a tout le malheur.

Stances, À la marquise du Châtelet.

72

La bile rend colère et malade ; mais sans la bile l'homme ne saurait vivre.
Tout est dangereux ici-bas, et tout est nécessaire.

Zadig ou la Destinée.

73

Il* croyait que les lois étaient faites pour secourir les citoyens autant que
pour les intimider.

Ibid.

* Zadig.

74

Il n'y a point de hasard.

Ibid.

75

Il* se figurait alors les hommes tels qu'ils sont en effet, des insectes
se dévorant les uns les autres sur un petit atome de boue.

Ibid.

* Zadig.

76

Il vaut mieux hasarder de sauver un coupable que de condamner un innocent.

Ibid.

77

N'est-il pas honteux que les fanatiques aient du zèle, et que les sages
n'en aient pas ? Il faut être prudent, mais non pas timide.

Pensées détachées
de M. l'abbé de Saint-Pierre
(à la suite du Dîner du comte de Boulainvilliers).

78

W

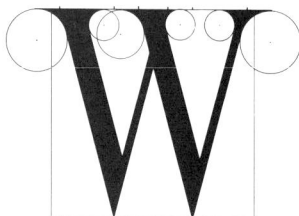

684	**Simone WEIL** 1909-1943
1	Dans un poème, si l'on demande pourquoi tel mot est à tel endroit, et s'il y a une réponse, ou bien le poème n'est pas de premier ordre, ou bien le lecteur n'a rien compris. *Attente de Dieu* (Fayard).
2	La pensée fuit le malheur aussi promptement, aussi irrésistiblement qu'un animal fuit la mort. *Ibid.*
3	Toutes les fois qu'on fait vraiment attention, on détruit du mal en soi. *Ibid.*
4	Seul est éternel le devoir envers l'être humain comme tel. *L'Enracinement* (Gallimard).
5	Une obligation, ne serait-elle reconnue par personne, elle ne perd rien de la plénitude de son être. *Ibid.*
6	Un homme qui serait seul dans l'univers n'aurait aucun droit, mais seulement des obligations. *Ibid.*
7	Les collectivités ne pensent point. *Oppression et Liberté* (Gallimard).
8	On pense aujourd'hui à la révolution, non comme à une solution des problèmes posés par l'actualité, mais comme à un miracle dispensant de résoudre les problèmes. *Ibid.*

Rien au monde ne peut empêcher l'homme de se sentir né pour la liberté. Jamais, quoi qu'il advienne, il ne peut accepter la servitude ; car il pense. *Ibid.*	9
La beauté, c'est l'harmonie du hasard et du bien. *La Pesanteur et la Grâce* (Plon).	10
L'homme voudrait être égoïste et ne peut pas. C'est le caractère le plus frappant de sa misère et la source de sa grandeur. *Ibid.*	11
Nous ne possédons rien au monde — car le hasard peut tout nous ôter — sinon le pouvoir de dire je. C'est cela qu'il faut donner à Dieu, c'est-à-dire détruire. *Ibid.*	12
La pureté est le pouvoir de contempler la souillure. *Ibid.*	13

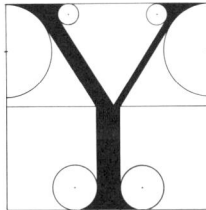

Marguerite YOURCENAR (Marguerite de Crayencour, dite) 1903-1987	**685**
Avoir du mérite à s'abstenir d'une faute, c'est une façon d'être coupable. *Alexis ou le Traité du vain combat* (Plon).	1
Il n'est pas difficile de nourrir des pensées admirables lorsque les étoiles sont présentes. *Ibid.*	2
Nos défauts sont parfois les meilleurs adversaires que nous opposions à nos vices. *Ibid.*	3
Nous nous croyons purs tant que nous méprisons ce que nous ne désirons pas. *Ibid.*	4

5   On ne doit plus craindre les mots lorsqu'on a consenti aux choses.
Ibid.

6   Tout bonheur est une innocence.
Ibid.

7   Le malheur est que, parfois, des souhaits s'accomplissent, afin que se perpétue
le supplice de l'espérance.
Denier du rêve (Plon).

8   On choisit son père plus souvent qu'on ne pense.
Électre ou la Chute des masques, II. 4. Pylade à
Oreste (Plon).

9   Il y a plus d'une sagesse, et toutes sont nécessaires au monde ; il n'est pas
mauvais qu'elles alternent.
Mémoires d'Hadrien (Plon).

10   La passion comblée a son innocence, presque aussi fragile que toute autre.
Ibid.

11   La philosophie épicurienne, ce lit étroit, mais propre.
Ibid.

12   Tout bonheur est un chef-d'œuvre : la moindre erreur le fausse, la moindre
hésitation l'altère, la moindre lourdeur le dépare, la moindre sottise l'abêtit.
Ibid.

13   Le véritable lieu de naissance est celui où l'on a porté pour la première fois
un coup d'œil intelligent sur soi-même.
Ibid.

Z

Michel ZEVACO 1860-1918	**686**
Le mensonge est l'arme des forts. *Les Pardaillan* (Fayard).	1
Pour dérouter entièrement le maréchal, il résolut d'employer l'arme la plus redoutable : la vérité. *Ibid.*	2
Émile ZOLA 1840-1902	**687**
Émanciper la femme, c'est excellent ; mais il faudrait avant tout lui enseigner l'usage de la liberté. *Chroniques, la Tribune, 1868.*	1
Savoir où l'on veut aller, c'est très bien ; mais il faut encore montrer qu'on y va. *Correspondance, à Léon Hennique, 2 septembre 1877* (Fasquelle).	2
Une société n'est forte que lorsqu'elle met la vérité sous la grande lumière du soleil. *Ibid., à Louis Ulbach, 6 novembre 1871.*	3
Une œuvre d'art est un coin de la création vu à travers un tempérament. *Mes haines* (Faure).	4
Une langue est une logique. *Les Romanciers naturalistes, les Romanciers contemporains* (Charpentier).	5
Le romancier est fait d'un observateur et d'un expérimentateur. *Le Roman expérimental* (Charpentier).	6

INDEX

A

Le numéro en caractère **gras** correspond au classement de l'auteur dans l'ouvrage, le numéro en caractère maigre qui le suit au numéro d'ordre de la citation.

ABAISSER
s'— devant une fourmi, **497**-27.

ABANDONNER
s'— en amour et en affaires, **344**-1.

ABAT-JOUR
baisse un peu l'—, **330**-2.

ABBAYE
397-32.

ABDICATION
— et réussite, **62**-24.

ABEILLE
497-19.

ABERRATION
les —(s) et l'art, **249**-2.

ABÊTIR
croire et s'—, **535**-81.

ABÎME
375-183 ;
preuve par les —(s), **375**-2 ;
la sainte de l'—, **518**-1.

ABJECTION
dans le silence de l'—, **170**-41.

ABNÉGATION
97-4.

ABONDANCE
473-24.

ABRUTIR
— est un art, **375**-182.

ABSENCE
640-12 ;
l'— de l'être aimé, **38**-15 ; **504**-4 ;
— et amour, **604**-38 ;
l'—, l'amour et l'inconstance,
419-1 ;
Dieu, solitude, **630**-1 ;
l'—, la haine et l'amour, **404**-64 ;
— et malheur, **580**-6 ;
l'— est le plus grand des maux,
404-65 ;
l'— et les passions, **418**-1.

ABSENT
les —(s) ont toujours tort, **238**-7 ;
les —(s) et la vérité, **36**-10.

ABSINTHE
vie, lait et —, **401**-8.

ABSOLU
aller à l'—, **510**-25 ;
l'— n'a besoin de rien, **32**-3 ;
le couple heureux et l'—, **62**-2 ;
l'— dans la mare aux grenouilles,
549-14 ;
il n'y a rien d'—, **191**-4.

ABSOLUTISME
16-3.

ABSOUDRE
679-5.

ABSURDE (adjectif)
Dieu et le monde —, **256**-12 ;
l'homme — ne change jamais,
184-5 ;
la vie —, **156**-4.

ABSURDE (nom)
28-9 ; **57**-11 ; **144**-36 ;
l'— et l'intelligible, **604**-26 ;
martyrs de l'—, **341**-5 ;
l'— et l'odieux, **604**-21.

ABSURDITÉ
28-9 ; **62**-31 ; **333**-30.

ABUS
— de la correction des —, **509**-12 ;
— de pouvoir, **668**-13 ;
le pouvoir et l'— de pouvoir,
510-3 ;
— et usage, **263**-8.

ABUSER
— et aimer, **589**-1 ;
— des termes, **300**-8.

ACADÉMICIEN
nu comme le discours d'un —,
514-42 ;
la mort d'un —, **146**-3 ;
pas même —, **553**-1.

ACADÉMIE
426-20 ; **511**-17 ;
l'— en corps censure, **100**-56 ;
— et esprit, **291**-18.

ACADÉMIE FRANÇAISE
312-4 ; **553**-3.

ACCENT
l'— du pays natal, **418**-2.

ACCEPTER
651-14.

ACCIDENT
l'— et l'artiste, **346**-10 ;
l'artiste, la surprise et l'—, **141**-3.

ACCOMMODANT
les plus —(s), ce sont les plus
habiles, **404**-83.

ACCOMMODEMENTS
— avec le ciel, **504**-111.

ACCOMPLISSEMENT
— dans l'absence, **389**-8.

ACCORD
— avec soi-même, **317**-1.

ACHÉRON
l'avare —, **576**-68.

ACHETER
— et payer, **563**-3.

ACHÈVEMENT
668-78.

ACHEVER
vieillir, —, entreprendre, **464**-2.

ACHILLE
— et Homère, **170**-42 ;
— et la tortue, **668**-15.

ACQUIS
—, perdu, **592**-2 ;
rien n'est jamais —, **22**-9.

ACROPOLE
465-53.

ACTE
164-2 ;
conséquences des —(s) humains,
62-34 ; **467**-4 ;
le dernier — de la comédie,
535-18 ;
chacun de mes —(s) est une
destruction, **24**-10 ;
— vertueux, **438**-6.

ACTEUR
— et assassin, **32**-16.

ACTION
9-12 ; **9**-35 ; **9**-86 ; **465**-45 ; **579**-1 ;
648-28 ;
bonnes —(s), **400**-6 ;
bonnes —(s) souvent troubles,
39-17 ;
l'— pour une grande cause,
325-24 ;
oh ! combien d'—(s), **196**-19 ;
— et déception, **570**-5 ;
l'— et les défauts, **165**-13 ;
— et épouvante, **465**-21 ;
— et fascination, **568**-11 ;
grandes —(s), **109**-13 ; **418**-109 ;
grandes —(s), bonnes —(s),
509-67 ;
grandes —(s) dans le silence des
lois, **615**-5 ;
grande —, vertu, crime, **615**-13 ;
hommes d'—, **309**-13 ; **546**-4 ;
honte de nos plus belles —(s),
418-64 ;
—(s) humaines, **333**-33 ;
une mauvaise — ne meurt jamais,
455-10 ;
mauvaises —(s), bonnes intentions,
589-27 ;
— morale, **69**-4 ;
la morale, l'— et la loi, **170**-8 ;
noblesse de l'—, **325**-10 ;
— et parole, **13**-29 ; **325**-21 ;
643-4 ;

ACTION *(suite)*
— et passivité, **630**-41 ;
— et pensée, **74**-7 ;
ressorts de l'—, **516**-25 ;
— et rêve, **465**-50 ;
un monde où l'— n'est pas la sœur
du rêve, **57**-24 ;
— et spéculation, **74**-19 ;
— et temps, **74**-24.

ACTIVITÉ
— créatrice, **281**-2 ;
— humaine, **373**-8.

ADAM
337-28.

ADIEU
21-4 ; **170**-37 ;
au revoir, —, **359**-14 ;
—, vive clarté, **57**-22 ;
—, veau, vache, **404**-96.

ADMINISTRATION
— de l'État, **9**-39.

ADMIRATEUR
sot —, **100**-3.

ADMIRATION
— et amitié, **586**-8 ;
l'— fatigue les hommes, **44**-8 ;
— et mérite, **388**-4 ;
—, pitié et affection, **486**-1.

ADMIRER
11-3 ; **62**-21 ; **183**-32 ; **343**-5 ;
658-4 ;
— et aimer, **418**-63 ; **476**-9 ;
— et comprendre, **309**-40 ;
gens qui nous admirent, **507**-12 ;
— et mépriser, **144**-42 ; **502**-7 ;
j'admire et méprise les hommes,
58-1 ;
—, observer, raisonner, **135**-2 ;
dis-moi qui tu admires, **618**-3 ;
n'— rien, **426**-2.

ADOLESCENCE
569-1.

ADRESSE
545-5.

ADULTE
604-27.

ADULTÈRE
375-244.

ADVENIR
telle chose m'advint, **404**-69.

ADVERSAIRE
les alliés de l'—, **125**-10 ;
injuste —, **683**-45.

ADVERSITÉ
170-14 ; **247**-7.

AFFAIRE
44-90 ; **260**-6 ; **344**-1 ; **588**-5 ;
les —(s) sont les —(s), **52**-1 ;
325-25 ; **503**-1 ;
l'Église voilà l'homme d'—(s), **4**-2 ;
femmes et —(s) publiques, **647**-6 ;
l'homme fait pour les —(s) et
l'autorité, **516**-18 ;
le mouvement des —(s), **516**-24 ;
en parlant de nos —(s), **452**-7.

AFFECTION
admiration, — et pitié, **486**-1 ;
l'— et le droit, **183**-47 ;
—, haine, justice, **535**-8 ;
—(s) profondes, **291**-52.

AFFIRMER
— et comprendre, **630**-36 ;
— et douter, **333**-36 ;
— est interroger, **92**-1 ;
— est mensonge, **342**-7.

AFFLIGER
s'— et compatir, **232**-7 ;

tout m'afflige et me nuit, **576**-79.

ÂGE
chaque — a sa beauté, **125**-11 ;
chaque — a ses déplaisirs, **56**-3 ;
avoir l'esprit de son —, **683**-72 ;
la fin de l'— qui te reste, **489**-2 ;
l'— et la fortune, **397**-36 ;
tout — porte ses fruits, **577**-6 ;
chaque — a ses humeurs, **583**-3 ;
— et innocence, **635**-9 ;
— d'or, **22**-31 ; **624**-4 ;
— de pierre, **22**-31 ;
chaque — a ses plaisirs, **100**-8 ;
planter à cet —, **404**-160.

AGÉLISAS
100-40.

AGIR
9-89 ; **668**-40.

AGIR
— et connaître, **346**-11 ;
— sur les hommes, **677**-3 ;
— librement, **74**-9 ;
— en toute lumière, **604**-14 ;
— ou méditer, **609**-8 ;
— et prévoir, **164**-3 ;
règle pour —, **232**-15.

AGITER
l'homme s'agite, mais Dieu le
mène, **284**-22.

AGONIE
375-226 ;
— : moment respectable de la vie,
510-7.

AGRESSEUR
516-11.

AGRICULTURE
683-66.
— et industrie, **653**-2 ;
— et philosophie, **532**-1.

AIDER
592-1 ;
aidons-nous mutuellement, **295**-1.

AÏEUX
683-46 ;
le train de mes —, **601**-7.

AIGLE
l'Angleterre prit l'—, et l'Autriche
l'aiglon, **375**-21 ;
— ou crétin, **375**-234 ;
— et cygne, **85**-2 ;
le temps est un —, **234**-7.

AIGLON
l'Angleterre prit l'aigle, et l'Autriche
l'—, **375**-21.

AILE
les —(s) de l'augure, **129**-39 ;
ses —(s) de géant, **57**-59 ;
la liberté soulevant son poids
d'—(s), **129**-21 ;
—(s) et mains, **526**-6 ;
l'oiseau qui n'a qu'une —, **21**-21 ;
traînant l'—, **404**-72 ;
si mes vers avaient des —(s),
375-55.

AILLEURS
— ou loin, **336**-6.

AIMABLE
être aimé, être —, **547**-4 ;
mourir —, **387**-14.

AIMER
1-1 ; **144**-24 ; **333**-2 ; **388**-1 ;
410-33 ; **569**-25 ; **620**-9 ; **620**-20 ;
— ce que l'on a, **136**-2 ;
— absolument, **460**-4 ;
— et abuser, **589**-1 ;
— est action, **621**-1 ;
— et admirer, **418**-63 ; **476**-9 ;

être aimé, être aimable, **547**-4 ;
l'amour et l'aimée, **337**-1 ; **338**-13 ;
l'art d'—, **181**-1 ;
à travers ce qu'on aime, **410**-13 ;
qui aime, attend, **510**-16 ;
s'— dans les autres, **442**-4 ;
tout est beau dans ce qu'on aime,
545-12 ;
aimez qui vous aima du berceau
dans la bière, **518**-8 ;
le seul bien d'—, **196**-106 ;
ce que c'est que d'—, **196**-91 ;
certitude d'être aimé, **486**-7 ;
commencer à —, **522**-11 ;
— et être compris, **77**-29 ;
— et connaître, **618**-10 ;
à force de s'— l'on ne se connaît
plus, **313**-1 ;
— et craindre, **576**-54 ;
se faire craindre, se faire —,
507-76 ;
— et croire, **375**-27 ;
— jusqu'aux défauts, **504**-81 ;
le devoir d'—, **144**-5 ;
connaître et — Dieu, **535**-72 ;
donner à —, **346**-13 ;
— c'est donner raison, **540**-11 ;
que ceux qui s'aiment dorment en
paix, **19**-1 ;
— : échapper à la médiocrité,
102-4 ;
—, ennemi d'—, **618**-28 ;
— et être aimé, **418**-60 ; **584**-3 ;
être aimé, n'— plus, **202**-7 ;
n'être pas aimé, ne l'être plus,
509-20 ;
on n'est pas aimé tous les soirs,
514-4 ;
se faire — de sa vie, **120**-7 ;
j'aimais, je fus aimé, **410**-4 ;
être avec des gens qu'on aime,
397-66 ;
— et haïr, **388**-2 ; **576**-1 ; **576**-2 ;
haïr ce qu'on a aimé, **196**-96 ;
l'homme que j'aime, **20**-18 ;
l'i du verbe —, **603**-6 ;
— une idée, **604**-1 ;
— et juger, **630**-28 ;
une laide est aimée éperdument,
397-74 ;
que celui aime peu, qui aime à la
mesure, **396**-5 ;
Mirabeau aimait avec force, **189**-5 ;
— moins que Dieu, plus que soi,
196-84 ;
— et mourir, **22**-10 ; **410**-53 ;
ne plus s'—, **418**-41 ; **569**-49 ;
ne plus vouloir —, **62**-19 ;
ô toi que j'eusse aimée, **57**-57 ;
perdre ceux qu'on aime, **627**-6 ;
deux pigeons s'aimaient, **404**-68 ;
— et préférer, **333**-7 ; **680**-4 ;
— prier, chanter, **410**-46 ;
— son prochain et soi-même,
158-52 ;
—, tout le reste n'est rien, **404**-2 ;
il faut — sans cesse, **514**-11 ;
savoir — c'est ne pas —, **388**-8 ;
savoir ce qu'on aime, **171**-2 ;
— son semblable, **568**-19 ;
être aimé pour soi-même, **60**-5 ;
— est un mauvais sort, **569**-51 ;
— et besoin de souffrir, **522**-11 ;
plus on aime, plus on souffre,
13-26 ;
le temps d'—, **404**-66 ;
ils s'aimeront toujours, **576**-72 ;
— n'est pas un travail vite fait,
523-2 ;
— trop ou trop peu, **136**-6 ;

588

B

BANDEAU
le — phosphorescent de la raison,
129-37.

BANQUET
ainsi que d'un —, **404**-127 ;
au — de la vie, infortuné convive,
334-3.

BARBARIE
— et civilisation, **47**-1 ; **245**-2 ;
309-30 ; **465**-12 ; **465**-61 ; **493**-2 ;
594-13.

BARBE
du côté de la — est la toute-
puissance, **504**-38 ;
faisant la — à tout le monde, **60**-7.

BARBOUILLÉ
les enfants qui s'effrayent du
visage qu'ils ont —, **535**-28.

BARQUE
la — de Caron, **41**-4.

BARRE
ce siècle est à la —, **375**-3.

BARRÈS Maurice
183-18.

BARRICADE
12-2 ; **375**-141 ; **662**-4.

BARRIÈRE
— et trait d'union, **589**-28.

BASE
la — et l'élite, **77**-12.

BASSE-COUR
645-2 ;

BASSEMENT
penser —, **291**-63.

BASSESSE
649-3 ;
— du cœur, **100**-37 ;
— à la Cour, **373**-1 ;
— et envie, **341**-10 ;
— humaine, **341**-14 ; **465**-32 ;
— et vieillesse, **493**-13.

BATAILLE
l'imagination perd les —(s), **459**-8 ;
perdre une —, **325**-31 ;
— et occasion de vaincre, **486**-10.

BATAILLON
les gros —(s), **683**-16.

BÂTIR
—, planter, **404**-160.

BÂTON
quand l'eau courbe un —,
404-158 ;
le — enduit de confitures, **12**-10.

BATTRE
il me plaît d'être battue, **504**-75 ;
— une femme avec une fleur,
582-8.

BAUDELAIRE Charles
375-139 ;
— voyant, **593**-1.

BAUDET
haro sur le —, **404**-17.

BAVARD
173-11.

BAVARDAGE
509-66.

BÉATITUDE
les —(s), **183**-44 ; **183**-45.

BEAU
tout est — dans ce qu'on aime,
545-12 ;
le — est toujours bizarre, **57**-7 ;
le — et le bon, **609**-44 ;
le — et le difficile, **284**-17 ;
le — est supérieur au sublime,
13-27 ;

tricher pour le —, **380**-2 ;
le — et le vrai, **100**-51 ; **514**-30.

BEAUTÉ
45-2 ; **129**-17 ; **185**-8 ; **291**-4 ;
313-2 ;
chaque âge a sa —, **125**-11 ;
le simple appareil d'une —,
576-45 ;
j'ai assis la — sur mes genoux,
593-39 ;
— et bonheur, **648**-9 ;
la — comme contradiction,
630-30 ;
la — sera convulsive, **129**-17 ;
— et esprit, **326**-7 ;
la — et la femme, **569**-84 ;
— forte et — frêle, **57**-20 ;
la — et la grâce, **404**-1 ;
la —, le hasard, le bien, **684**-10 ;
— incorporelle, **564**-5 ;
la — ressentie comme insulte,
220-3 ;
laideur qui — en art, **604**-22 ;
— qui s'ignore, laideur qui se sait,
464-13 ;
— et liberté, **125**-11 ;
— du monde, **22**-28 ;
en sa — gît ma mort, **634**-2 ;
la — ne se raconte pas, **62**-7 ;
— et sagesse, **465**-44 ;
je sais aujourd'hui saluer la —,
593-34 ;
—, mon beau souci, **462**-5 ;
— et utilité, **326**-8 ;
la véritable —, **487**-2 ; **569**-21.

BEC
il n'est bon — que de Paris,
679-13.

BÉCASSE
279-13.

BEDEAU
195-1.

BELLE
il ne suffit pas d'être —, **580**-2 ;
vous ne passerez pour —, **196**-76.

BÉNÉDICTION
— et malédiction, **55**-14.

BÉNÉFICE
— illégal, **44**-21.

BENGALE
roses du —, **514**-1.

BERCEAU
qui vous aima du — dans la bière,
518-8.

BERGAMASQUES
673-4.

BERGÈRE
il pleut —, **276**-1 ;
— ô tour Eiffel, **21**-1.

BERLIN
des juges à —, **16**-4.

BERLIOZ Hector
220-2.

BESACIER
404-26.

BESANÇON
375-74.

BESOIN
—(s) et désir, **41**-15 ;
— et excès, **291**-6 ;
—(s) et forces, **140**-1 ;
progression des —(s), **373**-3.

BÊTE
ni ange ni —, **535**-31 ;
qui veut faire l'ange fait la —,
535-31 ;

la — et l'homme, **202**-4 ; **342**-16 ;
507-26 ;
on n'est point toujours une —,
240-5 ;
le savoir des —(s), **108**-1.

BÊTISE
57-21 ; **144**-40 ; **291**-14 ; **507**-57 ;
510-31 ; **660**-11 ; **668**-89 ;
— et cruauté, **426**-5 ;
Dieu, la méchanceté et la —,
338-12 ;
ce qui entend le plus de —(s),
341-1 ;
les —(s) et les femmes, **375**-88 ;
— des gens d'esprit, **250**-2 ; **400**-7 ;
— humaine, **630**-20 ;
immoralité de la —, **342**-6 ;
— de l'intelligence, **80**-14 ;
la — muette est supportable,
44-81 ;
— et poésie, **668**-114 ;
— et révolution, **594**-11 ;
— et sottise, **47**-10 ;
la — est tonitruante, **173**-5 ; **242**-2.

BEUVERIE
— et tonnerre, **574**-12.

BIBLE
375-58.

BIBLIOPHILE
558-1.

BIBLIOTHÈQUE
le feu aux —(s), **669**-4 ;
— et harem, **375**-94.

BIEN
388-15 ;
s'approprier le — d'autrui, **444**-5 ;
la beauté, le hasard, le —, **684**-10 ;
— commun, intérêts particuliers,
509-7 ;
croire du —, dire du —, **535**-86 ;
Dieu donne du — aux hommes,
254-1 ;
dire du —, **60**-28 ; **418**-106 ; **644**-6 ;
être — avec soi, **300**-5 ;
faire le —, **301**-4 ; **394**-1 ; **413**-6 ;
418-40 ; **418**-87 ; **422**-29 ; **424**-2 ;
476-14 ; **509**-6 ; **683**-28 ;
faire du —, faire du mal, **418**-79 ;
— général, **622**-7 ;
héros en mal ou en —, **418**-49 ;
le — et le mal, **57**-10 ; **32**-14 ;
284-20 ; **404**-90 ;
le —, le mal, l'erreur, **267**-4 ;
pouvoir le —, vouloir le mal,
588-1 ;
malheur particulier et — général,
683-6 ;
— pensant, voir : BIEN-PENSANT ;
prendre son — où on le trouve,
504-125 ; **549**-7 ;
tout le — que nous projetons,
670-30 ;
— public, voir : BIEN-PUBLIC ;
souverain —, **404**-3 ;
tout son —, **683**-2 ; **683**-52.

BIENFAISANCE
615-20 ;
— et ingratitude, **240**-8.

BIENFAIT
le compte de nos —(s), **38**-9.

BIEN-PENSANT
291-19.

BIEN PUBLIC
exigences du —, **507**-4.

BIENS
Dieu prodigue ses —, **404**-145 ;
les — et les hommes, **254**-1 ;

— de la terre et vide de l'âme,
170-3.
BIENVENUE
ma — rit dans les yeux, **174**-10.
BIÈRE
qui vous aima du berceau dans la
—, **518**-8.
BIGOT
345-6.
BIJOU
armes, —(x) des hommes, **298**-1 ;
un — rose et noir, **57**-26.
BILE
683-73.
BIZARRE
le beau est toujours —, **57**-7.
BLAGUE
668-5.
BLÂME
— et louange, **418**-98.
BLÂMER
liberté de —, **60**-29 ;
— et louer, **9**-19.
BLANC
—(s) et Indiens, **447**-11 ;
les teintes inimitables du —, **81**-4.
BLANCHE
plus — que l'hermine, **637**-1 ;
la race —, **338**-5.
BLÉ
le — en herbe, **569**-75.
BLEU
quand je n'ai pas de —, **549**-12.
BLOC
— chu d'un désastre, **463**-11 ;
ce — enfariné, **404**-31 ;
la Révolution n'est pas un —,
372-3.
BOBINETTE
— et chevillette, **545**-10.
BOCCACE
404-9.
BŒUF
j'ai deux grands —(s), **261**-2 ;
les —(s) de devant, **254**-5.
BOHÈME
l'amour est enfant de —, **490**-1.
BOHÉMIEN
449-3.
BOILEAU
Racine, —, Shakespeare, **514**-43.
BOIRE
donne-lui tout de même à —,
375-112 ;
donner soif, donner à —, **464**-6 ;
buvez frais si faire se peut, **574**-17 ;
et maintenant, buvons, **375**-131 ;
— sans soif, **60**-15 ;
— du vin, **83**-1.
BOIS
le — dont on fait les bûchers,
144-21 ;
le son du cor au fond des —,
677-23 ;
le — de la croix, **183**-41 ;
grands —, vous m'effrayez, **57**-32.
BOITER
515-2.
BOITEUX
esprit —, **535**-26.
BOMBE
— atomique, **530**-5 ;
la — et le vertige, **32**-25.
BON
le — et le beau, **609**-44 ;
le — droit, voir : DROIT ;

—(s) et mauvais, **516**-19 ;
— et méchant, **418**-50 ; **418**-73 ;
être un peu trop —, **473**-5 ;
— à rien, **683**-43.
BONAPARTE
410-44 ;
—, figure légendaire, **170**-17 ;
— lieutenant d'artillerie, **506**-5 ;
déjà Napoléon perçait sous —,
375-75.
BONHEUR
1-1 ;   **20**-22 ;   **125**-2 ;   **183**-48 ;
210-2 ; **267**-5 ; **300**-5 ; **300**-10 ;
333-67 ; **338**-14 ; **348**-1 ; **388**-16 ;
509-45 ; **509**-77 ; **525**-1 ; **547**-8 ;
569-3 ; **609**-36 ; **620**-13 ; **626**-5 ;
648-17 ; **649**-10 ; **651**-1 ; **668**-62 ;
683-13 ;
notre — s'abîme, **185**-52 ;
— passionné et angoisse, **512**-4 ;
— et argent, **582**-1 ;
tout — que la main n'atteint pas,
645-4 ;
— et beauté, **648**-9 ;
— est bon, **589**-2 ;
tout — est un chef-d'œuvre,
685-12 ;
chercher le —, **241**-1 ; **648**-32 ;
le —, chose grave, **375**-101 ;
— ou compensation, **337**-23 ;
conscience du —, **507**-92 ;
— et courage, **9**-33 ; **9**-34 ;
culture du —, **587**-4 ;
le — et le diable, **291**-26 ;
Dieu, le — et l'instant, **333**-56 ;
le — est difficile, **144**-34 ;
— et ennui, **510**-5 ;
le — dans l'esclavage, **539**-3 ;
faire le —, **80**-11 ; **397**-73 ;
faux —, **626**-8 ;
le — est une fleur, **486**-12 ;
— et gloire, **647**-1 ;
— et goût, **586**-14 ;
— et gravité, **47**-2 ;
— et héroisme, **144**-34 ;
le — des hommes, **373**-6 ;
l'homme, la femme et le —, **400**-4 ;
—, idée neuve, **622**-13 ;
— et injustice, **600**-14 ;
tout — est une innocence, **685**-6 ;
— et joie, **333**-9 ;
— et liberté, **38**-4 ; **609**-6 ;
le — n'est pas un luxe, **183**-62 ;
— et malheur, **104**-2 ; **252**-1 ;
375-232 ; **379**-1 ; **569**-15 ; **616**-1 ;
626-9 ;
—, malheur et autrui, **569**-70 ;
méditer dans le —, **38**-5 ;
le —, moyen de la vie, **183**-19 ;
— et musique, **181**-11 ;
— d'une nature grossière, **417**-4 ;
il n'y a pas de nautonier du —,
41-4 ;
obstacle au —, **300**-7 ;
— et pauvreté, **122**-1 ; **418**-20 ;
— et perfection, **411**-2 ;
— et plaisirs, **185**-52 ;
préférer le —, **144**-41 ;
— et réussite, **344**-3 ;
— et rire, **397**-69 ;
— et sagesse, **411**-3 ;
le —, silence du malheur, **586**-25 ;
— et succès, **486**-11 ;
le — est terrible à supporter, **10**-3 ;
— et talent, **44**-15 ;
le — sur terre, **570**-9 ;
le — de tous et de chacun, **674**-2 ;
je me tresse un —, **610**-6 ;
— et vérole, **291**-24 ;
— et volonté. **460**-2 ;

vrai —, **170**-40 ; **189**-1.
BONJOUR
je vous prête le —, **504**-13.
BONNE FOI
voir : FOI.
BONNET
un — rouge au dictionnaire,
375-47.
BON SENS
232-28 ; **344**-4 ; **375**-89 ; **518**-7 ;
618-19 ;
il avait du —, **404**-25 ;
quand une fille dit deux mots de
—, **20**-2 ;
prendre en grippe le —, **13**-13 ;
— et raison, **427**-9 ;
que toujours le — s'accorde avec
la rime, **100**-24 ;
snobisme du —, **69**-2.
BONTÉ
21-23 ; **473**-5 ; **668**-48 ;
— ou absence de méchanceté,
418-73 ;
croire en la — d'autrui, **507**-14 ;
le goût de la —, **370**-2 ;
—, justice, intérêt, **670**-24 ;
— et malice, **411**-4 ;
manquer à la —, **388**-10 ;
la — des méchants, **418**-50 ;
— et sottise, **13**-16 ; **418**-122 ;
véritable —, **418**-112.
BOOZ
375-121.
BORD
au — de nous-mêmes, **351**-5.
BORDEAUX
vin de —, **84**-1.
BORDEL
conscience au —, **507**-25 ;
— et musée, **436**-1.
BORGNE
amis —(s), **387**-22 ;
travailler comme un —, **586**-40.
BORNER
qui ne sait se —, **100**-26.
BOSSU
quand tout le monde est —, **44**-64.
BOUC
— émissaire, **497**-8.
BOUCHE
femme qui abandonne sa —,
178-4 ;
— à —, **542**-1 ;
en close —, n'entre point mouche,
493-1 ;
la — et le cœur, **168**-3 ; **178**-8 ;
576-4 ;
— que je désire, **475**-10 ;
toi que j'ai recueilli sur sa —
expirante, **410**-45 ;
— et regard, **375**-221 ;
entre la — et le verre, **318**-1.
BOUDDHA
— et le christianisme, **677**-19.
BOUE
atome de —, **683**-76 ;
de toute — faire un ciment,
234-12.
BOULET
— et pavé, **375**-141.
BOURDALOUE Louis
643-16.
BOURGEOIS
9-25 ; **75**-3 ; **279**-16 ; **291**-63 ;
586-4 ; **644**-7 ;
— et artiste, **57**-8 ;
— et citoyen, **375**-89 ;

CARMEL
l'herbe du —, **677**-27.

CARNAVAL
301-2 ;
— à Venise, **683**-4.

CARNOT Sadi
307-3.

CARQUOIS
mourir sans vider mon —, **174**-7.

CARRIÈRE
nous entrerons dans la —, **607**-4.

CARTE
tricher aux —(s), **530**-13.

CARTÉSIANISME
69-2.

CASIER
— judiciaire, **548**-1.

CASTILLANS
196-21.

CASTRAT
la France veut des —(s), **216**-1.

CATASTROPHE
337-17 ;
les —(s) et l'histoire, **600**-13.

CATÉCHISME
la presse a succédé au —,
375-260.

CATHÉDRALE
— gothique, **372**-5.

CATHERINE II (impératrice de Russie)
240-24.

CATHOLICISME
— et inconnu, **438**-3 ;
— et protestantisme, **333**-24.

CATHOLIQUE
83-1 ;
les —(s) de nos jours, **508**-2.

CATIN
mes pensées, mes —(s), **240**-36.

CATON
la vertu de —, **460**-5.

CAUSE
l'action pour une grande —,
325-24 ;
la — et le fait, **300**-15 ;
mourir pour une —, **510**-27 ;
la — et la victoire, **246**-3.

CAUSER
tu causes, tu causes, **570**-18.

CAVALE
— indomptable et rebelle, **48**-2.

CAVERNE
129-43.

CÈDRE
291-1 ;
le — ne sent pas une rose à sa
base, **375**-117.

CEINTURE
dans mes —(s) closes, **231**-4.

CÉLIBAT
— sacerdotal, **680**-1.

CÉLIBATAIRE
426-18 ;
les poètes —(s), **13**-17.

CENDRE
— des morts, **410**-1.

CENSEUR
faites choix d'un —, **100**-13.

CENSURE
60-25 ; **291**-16 ; **291**-40 ; **535**-88 ;
597-1 ;
vanité de la —, **170**-7 ; **170**-33.

CENTIGRAMME
joie et peine se mesurent au —,
542-5.

CERCLE
— vicieux, **378**-1.

CÉRÉMONIE
626-6.

CERTITUDE
—, servitude, **604**-2 ;
— et vertige, **269**-3.

CERVEAU
— et cœur, **586**-1 ;
pensée, moisissure du —, **342**-4.

CERVELLE
frotter et limer notre —, **507**-18 ;
mais de — point, **404**-148.

CERVOISE
— et vin, **178**-1.

CÉSAR
prendre à —, **267**-14.

CHACUN
— et tous, **140**-2 ; **267**-2 ;
tout le monde, —, personne,
333-70.

CHAGRIN
648-3 ;
— d'amour, **295**-14 ;
le — monte en croupe, **100**-42 ;
nos erreurs, sources de nos —(s),
479-5 ;
le — développe les forces de
l'esprit, **569**-52 ;
le — et la femme, **292**-2 ;
inoubliables —(s) de la vie, **530**-3 ;
tout le — du monde, **436**-7 ;
du — le plus noir, **576**-57 ;
se soûler de —, **345**-20 ;
supporter le —, **44**-86.

CHAÎNE
l'infamie et le poids des —(s),
58-4 ;
—(s) et liens, **615**-12 ;
le pied et la —, **195**-6.

CHAIR
égarements de la —, **333**-48 ;
sentir la — fraîche, **545**-11 ;
péché de la —, **430**-1 ;
la — et la pensée, **279**-20 ;
la — est sainte, **673**-5 ;
la — est triste, **463**-13.

CHAMBRE
— à coucher, **291**-41 ;
demeurer en repos dans une —,
535-84 ;
une — royale dans le cœur,
291-32.

CHAMP
l'herbe des —(s), **109**-7 ;
le — couvert de morts, **375**-113 ;
les —(s) n'étaient point noirs,
375-202.

CHANAAN
21-18.

CHANCE
486-11 ; **668**-36 ;
défendre sa —, **351**-3.

CHANDELLE
brûler la — par les deux bouts,
129-3.

CHANGEMENT
467-2 ;
le — et la mort, **169**-1 ;
tout le plaisir de l'amour est dans
le —, **504**-29.

CHANGER
186-12 ;
— d'avis, **586**-9 ;

— toutes choses, **375**-206 ;
410-20 ;
— de contemporains, **510**-34 ;
la femme change et ne change
pas, **499**-1 ;
l'homme absurde ne change
jamais, **184**-5 ;
— et mourir, **601**-6 ;
plus ça change, **391**-2 ;
— sans cesse, **514**-38 ;
nous avons changé tout cela,
504-73 ;
— l'univers, **516**-20 ;
— la vie, **593**-27.

CHANSON
écoutez la — bien douce, **673**-28 ;
tout finit par des —(s), **60**-30 ;
la — grise, **673**-13 ;
la monarchie tempérée par des
—(s), **158**-13 ;
— sentimentale, **455**-6.

CHANT
des —(s) et des apothéoses,
375-41 ;
les plus désespérés sont les —(s)
les plus beaux, **514**-23 ;
éteindre mon —, **22**-38 ;
pas de plus ample — que le — qui
finit, **389**-2 ;
le — des matelots, **463**-22 ;
le — et l'orage, **22**-37 ;
— de paix, — de guerre, **337**-14 ;
l'homme pense son propre —,
9-51 ;
nous portons deux ou trois —(s),
24-1 ;
— et silence, **664**-6.

CHANTER
71-12 ; **410**-47 ;
aimer, prier, —, **410**-46 ;
faire — les choses, **22**-7 ;
— et danser, **404**-41 ;
— et dire, **60**-1 ;
— faux, **629**-1.

CHANTRE
—(s) et dévots, **291**-21.

CHAOS
406-2 ;
la conscience et le — du monde,
155-10 ;
Voltaire : — d'idées claires, **278**-4.

CHAPEAU
— bas ! **71**-1 ;
le coup passa si près que le —
tomba, **375**-111.

CHAPELAIN
— et sacristain, **443**-1.

CHAPELET
183-46.

CHAPERON ROUGE
309-13.

CHAR
le — de l'État, **506**-1 ;
un — fuyant dans la carrière,
576-78 ;
les grands —(s) gémissants,
375-204.

CHARDON
—(s) et roses, **575**-6.

CHARDONNERET
549-6.

CHARITÉ
36-5 ; **39**-4 ; **97**-4 ; **109**-26 ; **412**-6 ;
510-24 ; **535**-82 ;
— et amitié, **510**-39 ;
— et connaissance, **77**-31 ; **95**-2 ;
corps, esprit, —, **535**-24 ;
le devoir de —, **232**-30 ;

COUARDISE
la plus grande —, **35**-7.

COUCHER
lorsque je couche seul, **463**-10.

COUILLON
530-1 ;
faire danser les —(s), **530**-12 ;
plus de —(s) que d'hommes,
574-37.

COULEUR
hommes de —, **38**-11 ; **410**-54 ;
410-55 ;
— et ligne droite, **649**-20 ;
la — et la lumière, **372**-4 ;
— et nuance, **673**-10 ;
les parfums, les —(s) et les sons se
répondent, **57**-58 ;
les —(s) dans la peinture, **564**-6 ;
—(s) à leur juste place, **549**-2.

COUP
à l'abri des —(s), **507**-16 ;
amants, —(s), caresses, **649**-16 ;
— d'essai, — de maître, **196**-16 ;
le — passa si près, **375**-111 ;
tout — vaille, **333**-76.

COUPABLE
le — et l'aveu, **55**-25 ;
le — et l'innocent, **211**-3 ; **683**-77 ;
à force d'être juste, on est souvent
—, **196**-64.

COUPLE
35-5 ; **183**-30 ; **337**-38 ;
le —, c'est autrui à bout portant,
165-2 ;
— heureux, **62**-2.

COUR
337-26 ; **397**-1 ;
bassesse à la —, **373**-1 ;
ne soyez à la —, **404**-56 ;
il faut des fripons à la —, **397**-3 ;
la —, le pauvre, le riche, **661**-2 ;
les —(s) des princes, **254**-4 ;
la —, les renards et les loups,
158-15.

COUR DE JUSTICE
la famille est une —, **173**-6.

COURAGE
333-47 ; **507**-90 ; **567**-3 ; **641**-1 ;
648-5 ;
— et amour, **9**-81 ;
— et bonheur, **9**-33 ; **9**-34 ;
— et connaissance, **9**-81 ;
— et constance, **609**-42 ;
— et douleur, **85**-1 ;
— et esprit, **465**-53 ;
— d'évêque, **536**-1 ;
— et génie, **510**-9 ;
— et imprudence, **464**-16 ;
— et insensibilité, **589**-18 ;
— et jalousie, **507**-3 ;
le — et le péril, **284**-2 ; **418**-83 ;
le — le plus rare, le — de penser,
309-33.

COURIR
— et marcher, **232**-32 ;
rien ne sert de —, **404**-102 ;
— et songer, **542**-2 ;
va, cours, vole, **196**-29 ;
— plus vite que la beauté, **185**-15.

COURONNE
18-1 ; **375**-207 ;
— d'épines, — de roses, **292**-7.

COURROUX
— et justice, **605**-3 ;
voir aussi : COLÈRE.

COURT
du loisir pour faire —, **535**-89 ;
légère et — vêtue, **404**-97.

COURTISAN
esclavage du —, **397**-6 ;
— et prince, **284**-14.

COURTISANE
291-22.

COUTUME
la — et l'amour, **670**-10 ;
la — et le discours, **141**-5 ;
— et preuve, **535**-65 ;
c'est trop pour la —, **504**-44 ;
la — et l'usage, **404**-34.

COUVENT
Voltaire écrit pour son —, **509**-85.

COUVERT
plus on se tient —, **70**-2.

CRAINDRE
576-49 ;
— et aimer, **576**-54 ;
se faire —, se faire aimer, **507**-76 ;
désirer ce qu'on craint, **464**-5 ;
— et espérer, **237**-4 ; **398**-2 ;
l'honneur que nous recevons de
ceux qui nous craignent,
507-20 ;
ne pas — la mort, **196**-26 ;
je crains ce que je veux et veux ce
que je crains, **197**-1.

CRAINTE
— et amour, **475**-7 ; **574**-31 ;
nos espérances et nos —(s),
418-71 ;
la — et le plaisir, **404**-142 ;
la — le ronge, **404**-104.

CRÂNE
une tempête sous un —, **375**-168.

CRASSE
les doigts des laquais dans la —
tracés, **100**-68.

CRÉANCIER
un fils est un —, **648**-18.

CRÉATEUR
souffrance et esprit —, **569**-44 ;
le — et le monde, **62**-22.

CRÉATION
409-2 ;
le chien, baron de la —, **12**-12 ;
— et créature, **326**-6 ;
— de l'homme, **421**-1 ; **668**-81 ;
l'homme, roi de la —, **12**-12 ;
inciter à la —, **449**-2 ;
— et liberté, **662**-2 ;
— et monstruosité, **24**-4 ;
— et récréation, **256**-13 ;
— de soi, **620**-19.

CRÉATION ARTISTIQUE
9-2 ; **44**-25 ; **465**-57 ;
la — et le possible, **255**-4.

CRÉATION LITTÉRAIRE
44-27 ; **291**-34.

CRÉATURE
— et création, **326**-6.

CRÉBILLON (fils)
138-3.

CRÉDIT
faire — aux hommes, **32**-15.

CRÉDULE
dévote, indévote, —, **594**-19.

CRÉDULITÉ
683-49 ;
— et esprit, **412**-2 ;
— et incrédulité, **240**-51 ;
— et science, **309**-43.

CRÉER
— et comprendre, **678**-1 ;
— et copier, **185**-48 ;
— et détruire, **410**-36 ;
— n'est pas un jeu, **329**-1 ;

— et penser, **9**-92 ; **589**-21.

CRÉPUSCULE
375-185.

CRÉTIN
—(s) et génie, **22**-34 ; **291**-3 ;
375-234.

CREVER
crève donc, société !, **36**-2 ;
— les yeux aux peintres, **549**-6.

CRIER
on crie pour taire ce qui crie,
497-22 ;
— à voix basse, **44**-63.

CRIME
47-1 ; **86**-2 ; **576**-80 ; **668**-41 ;
grande action, vertu, —, **615**-13 ;
— et amour, **503**-2 ;
défaut d'esprit, père du —, **397**-27 ;
perdu de dettes et de —(s),
196-43 ;
— et erreur, **267**-8 ;
—, esclave, tyran, **412**-7 ;
notre — est d'être homme, **410**-25 ;
— individuel et collectif, **569**-20 ;
le — comme maladie, **375**-73 ;
— et miséricorde, **96**-6 ;
pauvreté, mère du —, **397**-27 ;
un — est manque de
raisonnement, **44**-32 ;
les hommes rougissent moins de
leurs —(s), **397**-68 ;
— et vertu, **49**-7 ; **196**-53 ; **604**-24.

CRIMINEL
les —(s) et les hésitants, **286**-1 ;
— et martyr, **21**-27 ;
— sans remords et vertueux sans
plaisir, **170**-44.

CRISE
— politique, **101**-1.

CRISTAL
mon âme de —, **375**-78.

CRISTALLIN
sclérose du —, **600**-10.

CRISTALLISATION
648-11.

CRITIQUE (nom féminin)
22-14 ; **291**-4 ; **438**-4 ; **446**-3 ;
la — est aisée, **238**-3 ;
la — et l'art, **238**-3 ; **291**-13 ;
la —, c'est le bagne, **22**-33 ;
engouement, — et indifférence,
408-1 ;
la — et le mouchard, **291**-13 ;
le plaisir de la —, **397**-60 ;
— et poésie, **57**-5 ; **658**-3 ;
la — et le public, **100**-56.

CRITIQUE (nom masculin)
199-1 ; **309**-34 ; **378**-6 ;
le — d'art, **342**-5 ;
esprit —, **538**-1 ;
prudence et imprudence du —,
90-3 ;
le — et le ridicule, **539**-5 ;
— de soi-même, **100**-32 ; **668**-115 ;
trois sortes de —(s), **631**-4.

CRITIQUER
le devoir de —, **273**-1.

CROCHETEUR
les —(s) du Port-au-Foin, **575**-3.

CROCODILE
310-2.

CROIRE
9-76 ;
— et aimer, **375**-27 ;
ce qui est aisé à —, **9**-31 ;
en art, il faut —, **279**-9 ;
douceur de —, **309**-38 ;

D

DÉGOÛT
13-13 ; 46-5 ; 652-5 ;
— et goût, 284-11 ; 668-35 ;
— et richesse, 473-24 ;
— de soi, 57-15.
DÉGUISEMENT
418-72.
DÉGUISER
— sa pensée, 683-21.
DÉJEUNER
du — au dîner, 100-52.
DELACROIX Eugène
57-29.
DÉLASSER
— l'esprit, 232-9 ; 232-17.
DÉLATEUR
vocation de —, 600-17.
DELAVIGNE Casimir
235-1.
DÉLIBÉRER
— et exécuter, 404-45 ;
— et obéir, 101-7.
DÉLICAT
les —(s) sont malheureux, 404-46.
DÉLICATESSE
trop de —, 404-23.
DÉLIRE
vie, mystère, —, 410-43.
DÉLIT
— généralisé, 427-8.
DÉLUGE
l'inutilité du —, 158-3 ;
passons au —, 576-83.
DEMAIN
76-3 ;
—, dès l'aube, 375-64 ;
— et aujourd'hui, 267-32 ; 626-14 ;
avoir raison —, 375-142 ;
— c'est la grande chose, 375-24 ;
— et hier, 73-1 ; 673-34 ;
de quoi — sera-t-il fait ?, 375-24 ;
remettre à —, 556-2.
DEMANDER
on ne se demande rien, 142-2.
DÉMENTI
vérité : — violent, 55-24.
DÉMESURE
— et mesure, 589-14 ;
— et prévision, 547-5.
DEMEURE
salut, — chaste et pure !, 148-4.
DÉMOCRATIE
— et autorité, 621-20 ;
—, état d'esprit, 491-1 ;
— et évangile, 471-2 ;
faiblesse des —(s), 604-17 ;
— et fascisme, 465-37 ;
— et jalousie, 585-19 ;
— et justice, 572-3 ;
la — et le peuple, 292-6 ;
le pouvoir en —, 659-11 ;
— ou science, 585-8 ;
— et terreur, 572-3.
DÉMOCRATIQUE
progrès —, 427-12.
DÉMON
— et anges, 673-1 ;
— nommé confiance, 510-22 ;
l'intelligence, Dieu et le —, 185-19 ;
pouvoir du —, 376-4.
DÉMONSTRATION
— et évidence, 589-16.
DÉNOMINATION
— et vision, 239-4.
DENT
les —(s) dans le fruit, 269-2.

DÉPART
l'angoisse des —(s), 642-1.
DÉPASSEMENT
— de soi, 62-29 ; 74-27.
DÉPASSER
écraser ce qui dépasse, 35-4.
DÉPENDANCE
— de l'homme, 668-97.
DÉPENSER
— et gagner, 67-2 ; 114-3.
DÉPEUPLÉ
tout est —, 410-28.
DÉPLACEMENT
— de servitudes, 427-6.
DÉPLAIRE
l'art de —, 58-3.
DÉPLAISIR
chaque âge a ses —(s), 56-3 ;
— et contentement, 367-1.
DÉPOPULATION
668-110.
DÉPÔT
je vous rends le —, 576-27.
DÉPOTOIR
Dieu, — de nos rêves, 604-3.
DÉPOUILLE
— de nos bois, 500-1.
DÉPOUILLEMENT
183-44 ; 183-45 ;
— et possession, 333-16.
DÉPOUILLER
connaître ce dont on est dépouillé,
484-29.
DÉPRAVATION
587-6.
DÉPUTÉ
568-1.
DÉRAISON
amour, raison, —, 464-8.
DÉRÈGLEMENT
— de tous les sens, 593-5.
DÉRIVE
poésie : mots à la —, 22-11.
DÉSABUSÉ
je suis —, 196-83.
DÉSACRALISER
266-1.
DÉSASTRE
208-2 ;
bloc chu d'un —, 463-11.
DESCARTES René
69-2 ; 191-7 ; 468-7 ;
— et Dieu, 535-41 ;
l'erreur de —, 9-60 ;
—, ce mortel, 404-73 ;
— et Pascal, 535-41.
DESCENDRE
il aspire à —, 196-32.
DÉSERT
chacun est un —, 484-10 ;
demeurez au —, 404-94 ;
le —, c'est Dieu sans les hommes,
44-91 ;
fuir dans un —, 504-86 ;
il n'est plus de —, 103-9 ;
le — prévaudra, 313-9 ;
— et sable, 497-13.
DÉSESPÉRER
les plus désespérés sont les chants
les plus beaux, 514-23 ;
Dieu donne à — de tout, 206-2.
DÉSESPOIR
455-1 ; 497-21 ; 604-18 ; 618-27 ;
630-18 ;
— et dictature, 77-28 ;

— d'enfant, 77-15 ;
— et espoir, 159-5 ; 504-80 ;
547-6 ; 576-35 ;
—, entrelardé de joie, 249-4 ;
— en politique, 487-4 ;
— et pouvoir, 557-3 ;
— et responsabilité, 620-18 ;
— et sérénité, 156-9 ;
— et sourire, 544-2 ;
travailler par —, 57-84.
DÉSHABILLAGE
— des femmes, 511-1.
DÉSHONNEUR
510-32 ;
l'histoire : trésor des —(s) de
l'homme, 401-6 ;
— et ridicule, 418-110.
DÉSINFECTER
— l'amour, 57-90.
DÉSINTÉRESSEMENT
— et intérêt, 256-20 ;
373-5 ; 418-55.
DÉSIR
300-4 ; 484-26 ; 592-6 ;
et le — s'accroît, 196-80 ;
le — et l'âme, 108-2 ;
— et amour, 20-12 ;
—, parfaites amours, 34-12 ;
— et besoin, 41-15 ;
culture de l'esprit, culture du —,
213-3 ;
le — crée le désirable, 62-26 ;
gloire du long —, 463-18 ;
le — et la Mort, 369-7 ;
— nouveau, dieux nouveaux,
636-3 ;
— d'ordre, 256-1 ;
— et possession, 333-51 ; 569-82 ;
un seul — suffit, 410-42 ;
le — et la vieillesse, 388-24.
DÉSIRER
— ce qu'on craint, 464-5 ;
ni —, ni refuser, 310-1.
DÉSOBÉIR
— c'est chercher, 375-230.
DÉSOBÉISSANCE
— et jeunesse, 185-36 ;
— militaire, 309-8.
DÉSŒUVREMENT
510-6 ;
folies par —, 375-238.
DÉSORDRE
20-13 ;
art, ordre et —, 578-3 ;
un beau —, 100-9 ;
— et ordre, 170-45 ; 183-14 ;
183-58 ; 540-15 ; 630-2 ; 640-6 ;
668-126 ;
ordre et — de l'esprit, 668-69 ;
ordre, —, justice et injustice,
599-10 ;
— organisé, 649-4 ;
— et sagesse, 109-24.
DESPOTE
un — clément, 429-3 ;
— est esclave, 442-1.
DESPOTISME
657-2 ;
— et égalité, 509-4 ;
— du génie, 463-7 ;
— et gouvernement, 509-15 ;
— et liberté, 44-69 ;
— et style, 648-22 ;
— et terrorisme, 375-157.
DESSEIN
grands —(s), 422-31 ; 670-33 ; — et
hasard, 418-109 ;
les —(s) et le temps, 509-86.

— plutôt que vivre !, **57**-41.
DORVAL Marie
375-285.
DOT
sans —!, **504**-17.
DOUCEUR
— d'amour, **634**-3 ;
— charnelle, **569**-41 ;
— et fermeté, **418**-44 ;
— de l'homme, **298**-3 ;
— d'oublier, **208**-1 ;
— de la vie, **232**-47 ;
— et violence, **404**-139 ; **589**-13.
DOULEUR
465-23 ; **514**-16 ;
l'âme, le plaisir et la —, **457**-1 ;
la — que l'on cause, **193**-1 ;
au chaudron des —(s), **272**-3 ;
toute — veut être contemplée,
  9-68 ;
— et courage, **85**-1 ;
une grande —, **514**-29 ;
la — et la joie, **109**-8 ;
joies horribles comme les —(s),
  389-9 ;
— du monde, **38**-1 ;
la — et la mort, **347**-1 ; **465**-38 ;
noblesse de la —, **44**-17 ;
— et pardon, **375**-225 ;
— et perfection, **13**-26 ;
— et philosophie, **570**-7 ;
— et plaisir, **460**-6 ; **594**-6 ;
remède aux —(s) présentes, **236**-1 ;
sois sage, ô ma —, **57**-67 ;
la — vaincue par le sommeil,
  44-33 ;
la — suit la —, **410**-23 ;
— et tristesse, **609**-38 ;
vérités de la —, **410**-12.
DOUTE
683-64 ;
le — et l'amour, **44**-92 ; **426**-2 ;
dans le —, **484**-4 ;
le dieu ne survit que par son —,
  350-7 ;
doutons même du —, **309**-6 ;
le — et l'espoir, **422**-21 ;
— et jeunesse, **569**-72 ;
— et pensée, **476**-4 ;
— et suicide, **301**-1.
DOUTER
9-23 ; **9**-31 ; **9**-75 ; **9**-76 ; **333**-18 ;
— et affirmer, **333**-36 ;
—, croire et réfléchir, **555**-3 ;
le dieu doute, **350**-7 ;
ne se — de rien, **183**-29 ;
— et savoir, **333**-64 ;
ne pas savoir —, **300**-27 ;
— de tout, ne — de rien, **448**-4.
DRAME
— inventé, **484**-20.
DRAPEAU
le — noir de l'angoisse, **57**-18 ;
le — rouge et le — tricolore,
  410-5 ;
— souillé, **291**-36.
DROIT (nom)
684-6 ;
c'est un — qu'on achète, **100**-7 ;
— et affection, **183**-47 ;
bon — a besoin d'aide, 504-22 ;
le bon — et la force, **16**-4 ;
le — et le devoir, **170**-19 ; **191**-11 ;
le — et la force, **16**-4 ; **375**-71 ;
— et imagination, **337**-12 ;
la justice, — du plus faible,
  387-18 ;
— et légalité, **517**-2 ;
le — et le législateur, **319**-1.

DROITE
la — du Seigneur, **375**-25.
DROITS DE L'HOMME
221-1 ; **221**-2 ; **221**-3 ; **372**-8 ;
les — et le manant, **201**-1.
DUÈGNE
375-222.
DUPE
263-4.
DUPERIE
418-28 ;
— et habileté, **670**-3.
DUPUYTREN musée
206-3.
DURANDAL
— et Joyeuse, **107**-1.
DURÉE
74-6 ; **338**-15 ;
— et temps, **569**-62 ;
— des villages, **298**-2.
DURETÉ
— de l'homme, **551**-3 ;
un peu de — sied bien aux
  grandes âmes, **196**-101.
DYNASTIE
les —(s) qui commencent, **44**-37.

E

EAU
buveur d'—, **57**-14 ;
comprendre l'—, **497**-6 ;
se griser avec un verre d'—, **291**-7 ;
l'— et le poison, **382**-2 ;
l'— et la source, **164**-18 ;
l'— et le temps, **183**-34 ;
l'— et la terre, **183**-34 ;
l'— et le vin, **230**-1 ; **375**-53 ;
  435-1.
ÉCAILLE
les —(s) et l'huître, **404**-81.
ÉCHAPPER
l'— belle, **504**-56.
ÉCHEC
465-63 ;
l'— et l'impossible, **232**-26 ;
sans —, pas de morale, **62**-28 ;
— et réussite, **569**-55.
ÉCHECS
fous et rois au jeu d'—, **583**-6 ;
on ne joue pas aux — avec un bon
  cœur, **158**-41.
ÉCHO
mon âme comme un — sonore,
  375-78.
ÉCLAIR
— et contemplation, **141**-13.
ÉCLECTISME
57-12.
ÉCOLE
668-116 ;
— buissonnière, **464**-1 ;
— et écoliers, **585**-2 ;
stigmates des grandes —(s),
  336-18 ;
— littéraire, **242**-1.
ÉCOLIER
—(s) et école, **585**-2 ;
— et professeur, **677**-22.
ÉCONOMIE
la plus légère — de mauvaise
  humeur, **13**-23 ;

— politique, **572**-4 ;
— et technique, **488**-4.
ÉCONOMIQUE
le spirituel, le politique, l'—, **513**-5.
ÉCOULEMENT
— de la vie, **27**-1.
ÉCOUTER
— et croire, **452**-4 ;
— et entendre, **60**-10 ; **164**-14 ;
— beaucoup, parler peu, **590**-1 ;
savoir —, **516**-3.
ÉCRASER
— ce qui dépasse, **35**-4.
ÉCRIRE
92-5 ; **291**-42 ; **301**-7 ; **325**-39 ;
  325-48 ; **346**-1 ; **387**-24 ; **426**-4 ;
  426-13 ; **455**-5 ; **463**-35 ; **550**-4 ;
  621-23 ; **668**-33 ; **668**-120 ;
— de ce qu'on aime, **585**-26 ;
apprendre à —, **135**-19 ;
l'art d'—, **387**-21 ; **426**-22 ;
apprendre à penser avant d'—,
  100-4 ;
— bien, **426**-14 ; **509**-69 ;
bien —, n'— point, **397**-58 ;
bien — et penser juste, **342**-17 ;
— bref, **309**-41 ;
— avec facilité, **387**-7 ;
— dans l'indifférence, **62**-17 ;
lassitude d'—, **232**-4 ;
— et lire, **475**-16 ;
—, lire, se souvenir, **484**-23 ;
le métier d'—, **62**-8 ; **135**-19 ;
  183-55 ;
— pour les morts, **57**-95 ;
ceux qui écrivent comme ils
  parlent, **135**-4 ;
— et penser, **100**-4 ;
on pense à partir de ce qu'on écrit,
  22-16.
ÉCRITURE
l'— et le temps, **431**-2.
ÉCRIVAIN
279-5 ; **345**-14 ; **417**-23 ; **426**-1 ;
  426-22 ; **597**-1 ; **658**-1 ;
— français, **372**-4 ;
l'— et le gain, **100**-34 ;
— et grammairien, **183**-53 ;
l'— et ses héros, **380**-8 ;
l'— et le lecteur, **224**-9 ; **346**-17 ;
  426-13 ;
personnalité de l'—, **170**-12 ;
politesse de l'—, **309**-41 ;
— polyglotte, **594**-2 ;
les vrais grands —(s), **375**-273 ;
les yeux d'un —, **216**-3.
ÉDEN
405-6 ;
enfance et —, **642**-2 ;
— immédiat, **405**-12.
ÉDITION
la bonne —, **558**-1.
ÉDREDON
l'— dans la dalle, **497**-28.
ÉDUCATEUR
668-116.
ÉDUCATION
284-10 ; **609**-29 ; **609**-37 ; **609**-39 ;
  663-1 ;
— et bonne éducation, **509**-18 ;
— et esclavage, **400**-1 ;
— de la jeunesse, **504**-39 ;
— et politique, **321**-1 ; **499**-19.
EFFET
les —(s) et les causes, **46**-1.
EFFICACITÉ
520-1 ; **630**-11.

EXISTER
350 - 2 ; 468 - 8 ;
— et comprendre, 562 - 1 ;
—, c'est dépendre, 9 - 11 ;
qu'ai-je fait pour — ?, 240 - 30.

EXORDE
— et conclusion, 576 - 84.

EXOTISME
l'— et le Divers, 640 - 1.

EXPÉRIENCE
586 - 13 ; 618 - 5 ; 618 - 18 ; 652 - 5 ;
— et idée, 494 - 5 ;
— et illusion, 518 - 14 ;
— et jugement, 240 - 52 ;
— et observation, 78 - 3 ;
l'— et la raison, 129 - 37 ;
l'— scientifique contredit l'—
   commune, 41 - 7.

EXPÉRIMENTATEUR
romancier, observateur, —, 687 - 6.

EXPIER
il faut — pour les morts, 77 - 9.

EXPLIQUER
— et comprendre, 47 - 9 ;
— et découvrir, 124 - 2 ;
rire est mieux qu'—, 551 - 7 ;
s'— c'est mentir, 546 - 7.

EXPRESSION
24 - 1 ; 483 - 5 ; 569 - 66 ; 577 - 2 ;
599 - 13 ;
— et conception, 100 - 5 ;
sans la justesse de l'—, 46 - 6 ;
— et oppression, 378 - 10 ;
— et pensée, 9 - 3 ; 9 - 50 ; 9 - 51 ;
397 - 57 ; 452 - 8.

EXTASE
te souvient-il de notre —
   ancienne ?, 673 - 3 ;
— en Dieu, 34 - 16.

EXTATIQUE
350 - 3.

EXTIRPER
291 - 45.

EXTRAORDINAIRE
452 - 16.

EXTRÊME
—(s) et moyens, 668 - 12 ;
les —(s) se touchent, 333 - 49.

F

FABLE
la — et l'Histoire, 580 - 5 ;
—(s) de La Fontaine, 609 - 27 ;
— et réalité, 569 - 42.

FACE
— parlante, 173 - 11.

FACILITÉ
158 - 26 ; 668 - 95 ;
— et difficulté dans l'art d'écrire,
   387 - 21 ;
écrire avec —, 387 - 7 ;
— et rigueur, 58 - 7 ;
— et talent, 387 - 7.

FACTION
le pouvoir et les —(s), 193 - 8.

FACULTÉ
recteur suivi des —(s), 100 - 66 ;
tenir en éveil les —(s), 368 - 2.

FAGOT
il y a —(s) et —(s), 504 - 74.

FAIBLE
— et fort, 170 - 28 ;
les gens —(s), 588 - 11 ;
haine et amitié des —(s), 670 - 19 ;
la haine, colère des —(s), 217 - 3 ;
la justice, droit du plus —, 387 - 18 ;
tolérance, vertu du —, 615 - 16.

FAIBLESSE
418 - 24 ;
la — d'autrui, 35 - 7 ;
effets de la —, 588 - 8 ;
la — et la force, 516 - 27 ;
l'honnête homme a ses —(s),
   400 - 13 ;
— et méchanceté, 609 - 34 ;
orgueil, —, modestie, 589 - 6 ;
— et pardon, 417 - 1 ;
— et probité, 400 - 15 ;
— et trahison, 286 - 1 ;
—, vertu, vice, 418 - 25.

FAIM
404 - 124 ;
la — et l'histoire, 351 - 4 ;
la —, l'occasion, l'herbe tendre,
   404 - 19 ;
la — mit au tombeau, 334 - 4.

FAIRE
bien —, 564 - 2 ;
s'excuser de bien —, 668 - 100 ;
trop bien —, 404 - 29 ;
— et défaire, 332 - 1 ;
— et dire, 225 - 3 ;
je le ferais encor si j'avais à le —,
   196 - 12 ;
ce que les hommes ont envie de
   —, 600 - 3 ;
— et être, 245 - 1 ; 630 - 43 ;
— ce que l'on est, 452 - 13 ;
bien juger pour bien —, 232 - 33 ;
— le mal, 346 - 6 ;
ce qu'on a fait de nous, 630 - 26 ;
ce qui vaut la peine d'être fait,
   564 - 2 ;
— peu de chose, 510 - 20 ;
ne rien —, 148 - 7 ; 375 - 249 ;
589 - 24 ;
n'avoir rien fait, 594 - 17 ;
savoir ce qu'on va —, 549 - 8 ;
vouloir sans — —, 9 - 12.

FAISAN
660 - 12.

FAIT
le — et la cause, 300 - 15 ;
—(s) et commentaires, 570 - 3 ;
— et croyance, 569 - 24 ;
le — et l'idée, 78 - 6 ; 135 - 14 ;
170 - 12 ;
innocence des —(s), 595 - 3 ;
un même — porte des rameaux
   opposés, 569 - 15 ;
les —(s) et les mots, 455 - 8 ;
le — et la science, 555 - 4.

FAÎTE
monté sur le —, 196 - 32.

FAMILIER
. le — et l'étrange, 668 - 44.

FAMILLE
468 - 5 ; 474 - 1 ;
la — est une Cour de justice,
   173 - 6 ;
—(s) et grands hommes, 57 - 77 ;
—(s) ! je vous hais !, 333 - 50 ;
— et honneur, 375 - 208 ;
—(s) nombreuses, 188 - 1 ;
les —(s) me font peur, 77 - 18.

FANATISME
291 - 27 ; 683 - 78 ;
— et enthousiasme, 644 - 5.

FANTAISIE
amour : échange de deux —(s),
   158 - 18 ;
dernière —, première passion,
   205 - 1.

FANTASTIQUE
le — et le réel, 32 - 22 ; 141 - 10.

FANTÔME
l'art, la mathématique et les —(s),
   279 - 10 ;
l'avenir, — aux mains vides,
   375 - 282 ;
température d'un —, 604 - 5.

FARCE
563 - 4 ;

FARCEUR
nous sommes des —(s), 181 - 12.

FARDEAU
le pénible — de n'avoir rien à faire,
   100 - 50 ;
la vérité, cet épineux —, 34 - 8.

FARDER
— la vérité, 576 - 52.

FARNIENTE
599 - 5.

FASCINATION
— et action, 568 - 11.

FASCISME
— et démocratie, 465 - 37 ;
le mépris, fourrier du —, 144 - 28.

FATALISME
193 - 15.

FATALITÉ
291 - 57 ; 337 - 35 ; 599 - 1 ;
— et christianisme, 465 - 49 ;
croire en la —, 62 - 1 ;
— de la nature, 343 - 7 ;
visage de la —, 616 - 3.

FATIGUE
la — et la mort, 62 - 16.

FAUBOURG
— Saint-Germain, 48 - 1.

FAUCILLE
cette — d'or dans le champ des
   étoiles, 375 - 120.

FAUSSETÉ
— et franchise, 618 - 17.

FAUTE
s'abstenir d'une —, 685 - 1 ;
— et devoir, 420 - 2 ;
— et erreur, 304 - 1 ;
c'est la — de, 38 - 8 ;
— et orgueil, 481 - 2 ;
—(s) publiques, 535 - 88 ;
la — et la vertu, 256 - 26.

FAUTEUIL
504 - 105 ; 504 - 106 ; 546 - 1.

FAUVE
le — et l'homme, 141 - 11.

FAUX
tout ce qui est incroyable n'est pas
   —, 588 - 10 ;
le — et le vrai, 410 - 12 ; 422 - 36 ;
518 - 21 ; 609 - 16.

FAVEUR
—, divinité des Français, 509 - 22 ;
plus haute est la —, 238 - 1 ;
— et justice, 397 - 31 ;
— et mérite, 397 - 50.

FAVORI
l'emploi de —, 15 - 1 ;
— et ministre, 588 - 17.

FÉERIE
— et mariage, 651 - 13.

FEINDRE
— les sentiments, 193 - 3.

FONCTIONNAIRE
600-2.
FOND
le — et la forme, **629**-4.
FONDS
c'est le — qui manque le moins,
404-95.
FONTAINE
668-28 ;
auprès de la —, **529**-2 ; **679**-3.
FONTENELLE
mots de —, **158**-9 ; **158**-12.
FORÇAT
195-6 ;
— et juge, **375**-194 ;
— et soldat, **426**-16.
FORCE
518-13 ;
la — que j'aime, **648**-26 ;
— d'âme, **44**-66 ;
la — et le besoin, **140**-1 ;
ce qui fait croire à la —, **588**-4 ;
la — et le droit, **375**-71 ;
les droits de la —, **539**-17 ;
— et faiblesse, **516**-27 ; **668**-65 ;
la — et l'innocence, **225**-7 ;
la — et la justice, **535**-35 ;
— et liberté, **383**-1 ;
— en marche, **620**-25 ;
— et ruse, **516**-31 ;
le sentiment de nos —(s), **670**-47 ;
je suis une — qui va, **375**-103 ;
avoir la — de supporter les maux
d'autrui, **9**-66 ; **418**-66 ;
— et vérité, **585**-14.
FORÊT
arbres de la —, **375**-60 ;
une — sans oiseaux, **309**-42 ;
à l'ombre des —(s), **576**-67 ;
la — c'est du Paradis perdu, **39**-5.
FORME
465-57 ;
art, style et —, **465**-77 ;
— qui déforme, **426**-17 ;
— d'expression, **378**-10 ;
la — et le fond, **629**-4 ;
la-a —, Monseigneur, la-a —,
60-13 ;
— et matière, **354**-1 ; **504**-104 ;
601-11 ;
— et signe, **297**-2 ;
— et transition, **74**-12.
FORT
— et faible, **170**-28 ;
beauté —(e) et beauté frêle, **57**-20 ;
du côté des plus —(s), **384**-1 ;
la raison du plus —, **404**-114.
FORTUIT
mépris des choses —(es), **574**-36 ;
beau comme la rencontre —(e),
422-2.
FORTUNE
404-90 ;
la — et les âges, **397**-36 ;
soutenir la bonne et la mauvaise
—, **418**-37 ;
moyens de faire —, **158**-39 ; **594**-8 ;
une haute —, **397**-5 ;
— et humeur, **418**-26 ;
la — et la joie, **232**-19 ;
ce mépris de —, **247**-7 ;
la — et le sort, **234**-1 ;
— et talent, **670**-25 ;
la — vend ce qu'on croit qu'elle
donne, **404**-168.
FOU
les confidences de —, **129**-11 ;
il faut être un peu —, **418**-31 ;

les —(s) et les folles, **57**-99 ;
les hommes sont nécessairement
—(s), **535**-33 ;
maison de —(s), **509**-23 ;
encore des —(s) qui passent...,
456-9 ;
la raison d'un —, **309**-20 ;
—(s) et rois, **583**-6 ;
—(s) et sages, **161**-2 ; **240**-19 ;
312-6 ; **574**-30 ;
vieux —, **418**-128.
FOUDRE
646-1.
FOUGÈRE
— en fleur, **375**-64.
FOUILLE
les sciences, — dans Dieu, **375**-99.
FOUILLER
— les valises, **333**-5.
FOULE
— et élite, **427**-12 ;
je hais la —, **333**-69 ;
pain de la —, **375**-10 ;
— et peuple, **375**-6 ; **410**-38 ;
— et solitude, **640**-14 ;
suivre et diriger la —, **32**-10 ;
— et théâtre, **375**-10 ;
tirer dans la —, **129**-30.
FOURBE
404-113.
FOURBERIE
387-9 ;
— des femmes, **1**-4 ;
— des imbéciles, **309**-10.
FOURMI
s'abaisser devant une —, **497**-27 ;
— et éléphant, **648**-26 ;
la — n'est pas prêteuse, **404**-40 ;
—(s) et rois, **353**-1.
FOURMILIER
le — et la vie, **129**-25.
FOYER
— de l'instant, **621**-4.
FRAGILITÉ
elle en a la —, **196**-78.
FRAIS
buvez — si faire se peut, **574**-17.
FRANÇAIS
325-16 ;
l'âme —(e), l'esprit —, **375**-227 ;
les — et l'amour, **511**-4 ;
c'est embêtant quand il n'y aura
plus ces —, **540**-5 ;
le — et la contradiction, **215**-3 ;
le — et sa femme, **509**-24 ;
gaieté des —, **659**-3 ;
les — ressemblent aux guenons
dans les arbres, **507**-17 ;
je suis homme avant d'être —,
509-59.
la langue —(e), **183**-35 ;
le — malin, **100**-14 ; **683**-55 ;
le naturel des —, **367**-2 ; **574**-14 ;
savoir et écrire le —, **189**-3.
FRANCE
13-29 ; **39**-11 ; **183**-12 ; **183**-38 ;
325-3 ; **325**-30 ; **484**-8 ; **499**-11 ;
— et Angleterre, **375**-70 ;
Angleterre, Allemagne, —, **499**-5 ;
—, mère des arts, **247**-5 ;
—, nation de bourgeois, **215**-5 ;
la — veut des castrats, **216**-1 ;
citoyens divisés en —, **215**-4 ;
—? : un coq sur le fumier, **185**-7 ;
miracle et vigne, cultures de la —,
215-6 ;
la douce —, **161**-3 ;
gloire à notre — éternelle, **375**-20 ;

la — a fait la —, **499**-7 ;
la — et la grandeur, **325**-17 ;
une certaine idée de la —, **325**-20 ;
— et malfaiteurs, **625**-3 ;
la — militariste, **194**-1 ;
pardonne à la —, **642**-3 ;
la parole et le silence en —, **215**-2 ;
politique de la —, **216**-2 ;
— et Révolution, **499**-18 ;
sauver la —?, **20**-4 ;
servir la —, **325**-48 ;
les vertus et les vices de la —,
253-3 ;
vie simple et vie compliquée en —,
215-1.
FRANCHISE
371-4 ;
— et fausseté, **618**-17 ;
— des femmes, **309**-19 ;
— et flatterie, **569**-85 ;
pour garder ma —, **384**-1 ;
—, vérité et les femmes, **493**-11 ;
—, vice méridional, **595**-1.
FRAPPER
— fort ou — juste, **44**-78 ;
la puissance consiste à — juste,
44-78.
FRATERNEL
la douceur d'un geste —, **39**-4.
FRATERNITÉ
386-9 ;
— et inégalité, **248**-6 ;
— dans la mort, **465**-36 ;
— sans patrie, **410**-50.
FRAUDE
un prince ennemi de la —,
504-116.
FREIN
celui qui met un — à la fureur des
flots, **576**-17.
FRÊLE
beauté forte et beauté —, **57**-20.
FRÈRE
un — est un ami, **434**-1 ;
c'est donc ton —, **404**-115.
FRÉRON Jean
683-53.
FRIPON
609-40 ;
il faut de —(s) à la Cour, **397**-3 ;
— et gentilhomme, **609**-43.
FRISSON
un — nouveau, **375**-139.
FRIVOLE
la morale, science —, **366**-1.
FRIVOLITÉ
186-8 ; **615**-6 ; **683**-19.
FROID
dire qu'il fait —, **397**-14.
FROIDEUR
débauche, — et plaisir, **387**-3.
FROMAGE
un dessert sans —, **131**-7 ;
cette leçon vaut bien un —,
404-50.
FRONDEUR
387-1.
FRUIT
226-3 ;
le — et l'arbre, **164**-5 ;
arbre, —(s), racines, **620**-7 ;
les dents dans le —, **269**-2 ;
voici des —(s), des fleurs, **673**-25 ;
comme le — se fond en
jouissance, **668**-18 ;
les jours sont des —(s), **336**-14 ;
laissez le — mûrir, **651**-7 ;
le poème, — de lumière, **219**-13.

GUERRE *(suite)*
le nerf de la —, **574**-9 ;
— et paix, **184**-6 ; **375**-93 ;
perdre la —, **325**-31 ;
la — et la Prusse, **502**-9 ;
— de quatorze, **577**-9 ;
les réussites de la —, **505**-3 ;
quand les riches se font la —,
630-6 ;
un roi c'est la —, **375**-136 ;
— et servitude, **670**-18 ;
— et solitude, **144**-7 ;
— et vertu, **600**-24 ;
—, vice, vertu, **670**-50 ;
— et vieillesse, **502**-4.

GUERRIER
337-18 ;
—, prêtre, poète, **57**-85.

GUEULE
se méfier des grandes —(s), **546**-2.

GUEUSE
Provence : — parfumée, **339**-1.

GUEUX
il est dur d'être —, **240**-33 ;
les — et la gamelle, **240**-42 ;
la patrie, les — et les riches,
540-17.

GUI
le — et le houx, **511**-7.

GUIDE
la nature est un bon —, **507**-49.

GUIGNE
la — n'aime pas les maigres,
207-1.

GUILLERAGUES
643-6.

GUILLOTINE
375-72 ; **375**-161.

GUITARE
au bois creux des —(s), **111**-1.

GUTENBERG
— précurseur de Luther, **375**-171.

H

HABILE
les plus accommodants, ce sont
les plus —(s), **404**-83.

HABILETÉ
458-4 ;
cacher son —, **418**-10 ;
— et duperie, **670**-3 ;
— et justice, **170**-36 ;
— et maladresse, **239**-3 ; **582**-7.

HABIT
sous l'— militaire, **127**-1 ;
l'— et la mine, **583**-8.

HABITUDE
636-5 ;
amour, sentiment, —, **569**-36 ;
— et mémoire, **540**-12 ;
l'— et la nature, **569**-45 ;
— et plaisir, **534**-5 ; **577**-7.

HACHE
la — et la rose, **181**-16.

HAIE
le long des —(s), **310**-4.

HAINE
510-37 ; **573**-1 ; **630**-5 ; **648**-11 ;
la — et l'absence, **404**-64 ;
affection, —, justice, **535**-8 ;

— et amitié, **400**-3 ; **418**-116 ;
625-2 ; **670**-20 ;
— et amitié des faibles, **670**-19 ;
— et amour, **44**-29 ; **232**-50 ;
404-64 ; **418**-103 ; **418**-116 ;
618-8 ;
mépris, amour et —, **580**-4 ;
amour de soi et — d'autrui,
609-48 ;
—, colère des faibles, **217**-3 ;
—, colère, humeur, **516**-29 ;
— et différence, **648**-27 ;
— et égoisme, **410**-50 ;
— et envie, **418**-19 ;
— et estime, **670**-43 ;
hair la —, **185**-35 ;
— et pitié, **44**-71 ;
—, meilleur espion de la police,
44-68 ;
politique, — et amitiés, **659**-13 ;
— sans risque, **155**-25.

HAÏR
— et aimer, **196**-25 ; **388**-2 ; **576**-1 ;
576-2 ;
— ce qu'on a aimé, **196**-96 ;
des ennemis que je puisse —,
196-52 ;
être haï donne la tranquillité,
155-2 ;
familles ! je vous hais !, **333**-50 ;
je hais la foule, **333**-69 ;
—, se —, **520**-2 ;
— et mépriser, **609**-10 ;
va, je ne te hais point, **196**-30 ;
je ne sais pas —, **509**-57 ;
qui ne saurait —, **504**-8 ;
que de vertus vous me faites —,
196-65.

HAIRE
serrez ma — avec ma discipline,
504-115.

HAÏSSABLE
le moi est —, **333**-38.

HALLES
les — de Paris, **507**-80.

HAMLET
683-25 ;
monologue d'—, **333**-6.

HANNIBAL
369-3.

HARANGUE
la — et le danger, **404**-76.

HARDIESSE
— des mâles, **39**-8.

HAREM
— et bibliothèque, **375**-94.

HARMONIE
514-14 ;
l'— entre deux individus, **62**-9.

HARMONIEUSE
— MOI, **668**-50.

HARO
— sur le baudet, **404**-17.

HASARD
77-32 ; **219**-9 ; **418**-74 ; **418**-101 ;
463-41 ; **585**-30 ; **629**-2 ; **683**-22 ;
683-75 ;
la beauté, le —, le bien, **684**-10 ;
— et décision, **333**-33 ;
— et dessein, **418**-109 ;
le —, logique de Dieu, **77**-1 ;
Sa sacrée Majesté, le —, **312**-7 ;
le — et l'œuvre moderne, **463**-8 ;
— et providence, **109**-19 ; **158**-49 ;
s'en remettre au —, **452**-19 ;
le — comme romancier, **44**-5 ;
— et sots, **320**-1 ;
— et volonté, **44**-95 ;

qui dit par — le vrai, **9**-63.

HÂTER
hâtez-vous lentement, **100**-15.

HAUSSER
se —, **661**-1.

HAUT-DE-CHAUSSES
504-55.

HEGEL
307-1.

HÉLAS
—! que j'en ai vu mourir, de jeunes
filles, **375**-181.

HENRIADE (la)
683-30.

HERBE
le blé en —, **569**-75 ;
la faim, l'occasion, l'— tendre,
404-19 ;
mauvaises —(s), **611**-2 ;
l'— et le serpent, **231**-2.

HERCULE
pour le bûcher d'—, **375**-277.

HÉRÉDITÉ
390-1 ; **569**-17.

HÉRÉSIE
— et foi, **30**-3 ; **649**-5 ;
— et idéal chrétien, **627**-2 ;
— et théologien, **484**-21.

HÉRÉTIQUE
109-3.

HÉRITIER
— de ceux qu'on assassine, **204**-2.

HERMINE
la blanche —, **637**-1.

HÉROÏSME
207-3 ; **371**-5 ; **465**-30 ; **465**-34 ;
471-3 ;
— et bonheur, **144**-34 ;
— et christianisme, **96**-13 ;
l'— au cœur des citadins, **57**-60 ;
— et illusion, **379**-4 ;
l'— est un luxe, **13**-25 ;
— et réflexion, **585**-3 ;
l'— et la veine, **155**-1.

HÉROS
100-49 ; **183**-22 ; **325**-10 ; **599**-7 ;
art, énigme, —, **92**-10 ;
le — et l'écrivain, **380**-8 ;
on se lasse d'être —, **300**-22 ;
— et honnête homme, **586**-18 ;
— en mal ou en bien, **418**-49 ;
mon père, ce —, **375**-113 ;
il y a peu de —, **205**-5 ;
le — et la peur, **217**-6 ;
— et richesse, **300**-22 ;
— et scélérats, **604**-24 ;
les — ne sentent pas bon, **291**-53 ;
le tombeau des —, **465**-56.

HÉSITANT
mieux vaudrait des criminels et
point des —(s), **286**-1.

HÉSITER
44-50 ;
— et résister, **378**-8.

HEURE
574-4 ;
— et honneur, **21**-20 ;
— mendiante, **621**-17 ;
comme passent toutes les —(s),
21-16 ;
nous sommes l'— qui sonne,
156-2.

HEUREUX
être — n'est pas bon signe, **39**-7 ;
quand on croit être —, **402**-2 ;
le devoir d'être —, **240**-17 ;
essayer d'être —, **565**-8 ;

les gens — ne se corrigent guère,
418-27 ;
un homme vraiment —, **609**-36 ;
honte d'être —, **397**-23 ;
les jours les plus —, **21**-28 ;
ni si — ni si malheureux, **418**-85 ;
418-86 ;
être — dans le monde, **158**-46 ;
— ceux qui sont morts, **540**-3 ;
dans les périodes —(ses), **92**-3 ;
se rendre —, **232**-12 ;
tort d'être —, — à tort, **547**-8 ;
— qui comme Ulysse, **247**-6 ;
être — est une vertu, **338**-14 ;
— celui qui veut être, **300**-10 ;
— qui vit en paix, **575**-1 ;
pour vivre — vivons caché, **295**-6 ;
vouloir être —, **387**-19 ; **460**-2 ;
509-77.

HIER
— et demain, **73**-1 ; **673**-34.

HIPPOCRATE
617-3 ;
— et Galien, **581**-1.

HIRONDELLE
475-6.

HISTOIRE
447-6 ; **570**-16 ; **585**-31 ; **668**-102 ;
668-103 ; **668**-118 ;
abus de l'—, **232**-41 ;
— et anecdotes, **493**-4 ;
l'— est un art, **309**-14 ;
—, bréviaire des rois, **624**-3 ;
— et catastrophe, **600**-13 ;
l'—, ce petit cloaque, **557**-4 ;
l'— et le déshonneur, **401**-7 ;
ainsi s'écrit l'—, **518**-19 ;
voilà comme on écrit l'—, **683**-12 ;
égout de l'—, **375**-32 ;
les ennemis de l'—, **378**-4 ;
— et événements, **284**-18 ;
l'envers des événements et l'—,
170-25 ;
— et fable, **580**-5 ;
l'— et la faim, **351**-4 ;
faire l'—, **44**-4 ; **144**-23 ; **378**-4 ;
—, galerie de tableaux, **659**-2 ;
l'— contre le génie de l'homme,
9-78 ;
l'— des grands et des rois, **81**-2 ;
tout homme est une —, **421**-12 ;
l'— des hommes ajoute aux livres,
22-22 ;
— des idées, **181**-6 ;
— et imagination, **309**-14 ;
— des inventions, **570**-1 ;
— et jugement, **550**-1 ;
— et légende, **375**-108 ; **388**-19 ;
logique de l'—, **324**-1 ;
lois de l'—, **74**-3 ;
la Muse de l'—, **569**-30 ;
l'— tombe comme la neige, **129**-2 ;
— d'un peuple, **478**-8 ;
philosophie, algèbre de l'—, **494**-2 ;
l'— a-t-elle raison ?, **378**-3 ;
rencontrer l'—, **325**-28 ;
l'— ne repasse pas les plats,
155-6 ;
l'— se répète, **511**-9 ;
—, révolution, amour, poésie,
551-12 ;
l'— et le roman, **256**-18 ; **341**-9 ;
— et science, **191**-5 ;
l'— est une science, **319**-4 ;
l'—, science conjecturale, **585**-28 ;
— universelle, **499**-6 ;
l'— est écrite par les vainqueurs,
125-3 ;
l'— et les voyages, **232**-31.

HISTOIRE LITTÉRAIRE
98-1.

HISTORIEN
les —(s) manqueront, **44**-4 ;
l'— et sa patrie, **284**-16 ;
—(s) et poètes, **47**-13.

HISTORIQUE
vérité —, **256**-24.

HIVER
529-5 :
l'— qui s'apprête, **475**-5 ;
— lucide, **463**-19 ;
—, tueur de pauvres gens, **591**-2 ;
vaincre l'—, **9**-38 ;
l'— de la vie, **489**-3 ;
— et vieillesse, **34**-3.

HÖLDERLIN Friedrich
313-3.

HOMAIS M.
M. — a raison, **585**-23.

HOMÈRE
175-4 ; **601**-23 ;
— et Achille, **170**-42 ;
— et Newton, **82**-1.

HOMME
1-2 ;
— absurde, **184**-5 ;
accepter d'être un —, **20**-7 ;
l'admiration fatigue les —(s), **44**-8 ;
je n'aime pas les —(s), **333**-71 ;
— en âme, **96**-3 ;
l'— et l'amour, **330**-1 ;
— de l'an 2000, **513**-2 ;
l'— et l'ange, **375**-59 ;
l'— est un animal arrivé, **342**-20 ;
— : le plus sot animal, **100**-59 ;
— ou auteur, **535**-66 ;
—, avenir de l'—, **557**-9 ; **630**-23 ;
l'— et la bête, **202**-4 ; **342**-16 ;
507-26 ;
—, bête féroce, **589**-23 ;
— de bien, **397**-52 ;
l'— et les biens, **254**-1 ;
l'— n'est ni bon ni méchant, **44**-6 ;
bonheur des —(s), **373**-6 ;
l'— est du bois dont on fait les
bûchers, **144**-21 ;
— célèbre, **618**-20 ;
— et chien, **166**-1 ;
connaître les —(s), **452**-9 ;
la conscience d'un honnête —,
371-1 ;
— de couleur, **38**-11 ;
faire crédit aux —(s), **32**-15 ;
notre crime est d'être —, **410**-25 ;
je ne suis — sans défaut, **679**-6 ;
définition de l'—, **240**-2 ;
dépendance de l'—, **668**-97 ;
les déshonneurs de l'—, **401**-6 ;
— désintéressé à l'égard des
femmes, **670**-14 ;
l'— et Dieu, **260**-5 ; **346**-2 ; **582**-3 ;
630-4 ;
Dieu et le jeu des —(s), **465**-27 ;
l'— est Dieu par la pensée, **410**-15
l'— est un dieu tombé, **410**-21 ;
l'— tente d'égaler les dieux,
668-47 ;
les dieux, les —(s) et l'éternel,
245-4 ;
différences et traits communs aux
—(s), **156**-1 ;
disparition de l'—, **275**-2 ;
diversité de l'—, **507**-8 ; **640**-11 ;
douceur de l'—, **298**-3 ;
déclaration des droits de l'—,
221-1 ; **221**-2 ; **221**-3 ; **372**-8 ;
les —(s) éclatants et les lieux
obscurs, **170**-51 ;

— égaré, **529**-1 ;
—, enfant tragique, **313**-4 ;
—(s) et esclaves, **587**-3 ;
essence de l'—, **468**-4 ;
l'— étouffe dans l'—, **604**-29 ;
n'être qu'un —, **55**-11 ;
l'— et l'événement, **361**-2 ;
l'— et le fauve, **141**-11 ;
l'— et la femme, **138**-2 ; **325**-41 ;
342-13 ; **375**-238 ; **397**-39 ;
478-3 ; **668**-86 ;
l'—, la femme et le bonheur,
400-4 ;
femmes, égales des —(s), **359**-16 ;
les femmes sont fausses où les
—(s) sont tyrans, **81**-1 ;
femme, propriété de l'—, **516**-16 ;
l'— et la femme ne se rencontrent
qu'une fois, **35**-5 ;
l'— est comme un feuillage,
336-10 ;
je suis — avant d'être français,
509-59 ;
— de génie, **170**-48 ;
grand —,
voir : GRAND HOMME ;
grandeur de l'—, **144**-42 ;
— et groupe, **568**-10 ;
— heureux, **9**-64 ; **21**-28 ;
l'— et l'histoire, **9**-78 ; **144**-23 ;
chaque — est une histoire, **149**-1 ;
l'— et les —(s), **333**-32 ; **459**-4 ;
— ! il est d'autres —(s), **234**-13 ;
l'— du côté de l'—, **129**-27 ;
l'— en général, en particulier,
418-33 ;
— honnête,
voir : HONNÊTE HOMME ;
un endroit écarté où d'être —
d'honneur on ait la liberté,
504-91 ;
— hors de soi, **668**-97 ;
l'— humble s'asseoit, **183**-23 ;
les —(s) et les idées, **20**-5 ;
l'— et l'image de l'—, **120**-2 ;
inégalité de l'— et de la femme,
568-5 ;
l'— dans l'infini, **585**-17 ;
instruire les —(s), **404**-12 ;
l'—s'invente, **424**-1 ;
l'— est à inventer, **630**-35 ;
jeune —,
voir : JEUNE HOMME ;
— juste, **9**-5 ;
— justifié, **38**-1 ;
—, langage, société, **447**-16 ;
— de lettres, **516**-6 ;
— libre, toujours tu chériras la
mer, **57**-33 ;
l'— est un loup pour l'—, **34**-14 ;
l'— est une machine, **413**-4 ;
413-10 ;
— mauvais, **178**-6 ;
mépris de l'—, **484**-9 ;
ne pas mépriser l'—, **659**-7 ;
l'— et son milieu, **44**-30 ;
misère et grandeur de l'—, **535**-69 ;
535-79 ;
l'— et le monde, **447**-15 ;
les passions de l'— moyen, **77**-6 ;
nature de l'—, **44**-6 ;
nécessité de l'—, **358**-3 ;
l'— et l'objet, **620**-22 ;
l'— occupé des femmes, **186**-5 ;
l'— ondoyant et insaisissable,
167-2 ;
bonne opinion des —(s), **9**-15 ;
l'— ordinaire, le crétin et le génie,
291-3 ;
— parfait, **135**-7 ; **683**-42 ;

J

LOISIR
333-45 ;
— et débauche, **57**-94 ;
—(s) et emplois, **232**-34 ;
gloire, liberté et —, **232**-5.

LONDRES
375-245.

LONG
j'évite d'être —, **100**-29.

LONGUEUR
594-18 ;
patience et — de temps, **404**-109.

LORRAINE
Jehanne, la bonne —, **679**-11.

LOUANGE
509-63 ; **670**-4 ;
blâme et —, **418**-98 ;
— et conseil, **100**-2 ;
— qui demeure éternellement,
462-2 ;
gagner une —, **646**-2 ;
—(s) et reproches, **418**-52.

LOUER
blâmer et —, **9**-19 ;
— de bon cœur, **418**-67 ;
on ne peut trop —, **404**-153.

LOUIS Saint
le roi —, **25**-3.

LOUIS XIV
375-141 ; **576**-44.

LOUISIANE
les sauvages de la —, **509**-15.

LOUP
679-7 ; **679**-14 ;
attaché ? dit le —, **404**-116 ;
la cour, les renards et les —(s),
158-15 ;
l'homme est un — pour l'homme,
34-14 ;
maître — s'enfuit, **404**-117 ;
ce — ne savait pas son métier,
404-118 ;
les —(s) et le pasteur amoureux,
295-8 ;
quiconque est —, **404**-112 ;
le — a tort..., **404**-120 ;
j'ai tué dix —(s), **375**-216.

LOUVE
80-18.

LOUVRE
aux barrières du —, **462**-12.

LUBRIQUE
morale — de Lulli, **100**-60.

LUCINDES
— et Isabelles, **375**-219.

LUEUR
— et lumière, **164**-12.

LUI
parce que c'était —, parce que
c'était moi, **507**-84.

LULLI
100-60.

LUMIÈRE
647-5 ;
il y a assez de —, **535**-37 ;
la — et la couleur, **372**-4 ;
disciples de la —, **234**-4 ;
de la femme vient la —, **22**-29 ;
gloire, vêtement de —, **589**-9 ;
— et lueur, **164**-12 ;
la — et les mystères, **336**-3 ;
— et nuit, **557**-6 ; **603**-1 ;
— et obscurité, **535**-37 ;
dans l'œil du vieillard, on voit de la
—, **375**-119 ;
— et ombre, **664**-2 ;

le poème, fruit de —, **219**-13 ;
— et ténèbres, **234**-4.

LUNAIRE
viveur —, **405**-11.

LUNE
405-13 ;
— amicale, **668**-3 ;
amour, soleil et —, **483**-10 ;
le cœur à la —, **405**-9 ;
— de miel, **518**-18 ;
la —, comme un point sur un i,
514-36.

LUNETTE
chacun de nous a sa —, **295**-5.

LUPANARS
— et bagnes, **375**-194.

LUSTRE
— et feu, **475**-15.

LUTH
poète, prends ton —, **514**-24.

LUTHER Martin
Gutenberg précurseur de —,
375-171.

LUTTE
la — vers les sommets, **144**-39.

LUXE
649-17.

LUXURE
615-10.

LYNX
— envers nos pareils, et taupes
envers nous, **404**-27.

LYRE
j'ajoute à ma — une corde d'airain,
375-81.

LYRISME
le propre du —, **380**-3.

M

MACHIAVEL Niccolo
404-9.

MACHINE
— à faire des dieux, **74**-1 ;
la — qui est en moi, **256**-19 ;
les plus grandes —(s), **466**-4 ;
la — et l'humain, **306**-2 ; **413**-4 ;
413-10 ;
— : idée sans penseur, **9**-74 ;
limites de la —, **256**-23 ;
— à peser les balances, **565**-2.

MACHINE À COUDRE
— et parapluie, **422**-2.

MAÇON
soyez plutôt —, **100**-30.

MADAME (duchesse d'Orléans)
— se meurt, — est morte !, **109**-7 ;
109-9.

MADRID
la moitié de — pille l'autre moitié,
375-218.

MAGIE
— et nudité, **436**-8.

MAGIQUE
espace —, **640**-8.

MAGISTRAT
337-32 ;
robe d'un —, **404**-16.

MAGNIFICENCE
576-32.

MAIGRE
la guigne n'aime que les —(s),
207-1.

MAIN
— et aile, **526**-6 ;
l'avenir, fantôme aux —(s) vides,
375-282 ;
deux —(s) qui se cherchent,
129-33 ;
—(s) divines, **683**-61 ;
la — qui nous enchaîne, **683**-47 ;
la — et le gant, **375**-223 ;
le lavement des —(s), **398**-3 ;
penser avec les —(s), **606**-4 ;
la — à plume vaut la — à charrue,
593-35 ;
— et regard, **343**-4 ;
— tendue, **22**-12 ;
toutes les vérités dans la —,
300-24.

MAINTENANT
nous sommes les gens de —,
504-68.

MAIRE
— et père, **673**-16.

MAISON
110-1 ;
bâtis ta — toi-même, **636**-1 ;
la — est à l'envers, **254**-2 ;
dans la même —, **618**-9 ;
ma — me regarde et ne me connaît
plus, **375**-205.

MAISTRE Joseph de
668-90.

MAÎTRE
668-82 ;
l'amour est un grand —, **504**-36 ;
Dieu, — et jeunesse, **245**-7 ;
—(s) et disciples, **530**-4 ;
— et domestique, **60**-2 ; **60**-12 ;
188-2 ; **238**-5 ; **639**-1 ;
notre ennemi, c'est notre —,
404-159 ;
— et esclave, **109**-20 ; **397**-2 ;
620-21 ;
— et jeunesse, **510**-10 ;
l'œil du —, **404**-132 ;
mon — a raison, **225**-5 ;
— de soi, **196**-35 ;
— et sujet, **396**-1 ;
voici ton —, **683**-54.

MAÎTRESSE
— et amant, **294**-4 ;
qu'importe la —, **514**-35 ;
une — fait oublier ce qu'on sait par
cœur, **158**-50.

MAÎTRISE
— de soi, **507**-41.

MAJESTÉ
—, raison, goût, **487**-5 ;
la — des souffrances humaines,
677-13.

MAJORITÉ
incompétence de la —, **352**-1 ;
—, minorité, **487**-9.

MAL
683-20 ;
— à sa belle âme, **405**-8 ;
— et amour, **333**-75 ;
—, amour et volupté, **57**-79 ;
le — et l'art, **62**-13 ;
le — et le bien, **57**-10 ; **32**-14 ;
284-20 ; **404**-90 ;
le bien, le —, l'erreur, **267**-4 ;
faire du bien, faire du —, **418**-79 ;
héros en — ou en bien, **418**-49 ;
pouvoir le bien, vouloir le —,
588-1 ;

MAL *(suite)*
connaître le — qu'on fait, **418**-42 ;
croire au —, **547**-3 ;
nous ne croyons le — que quand il
est venu, **404**-85 ;
désapprendre le —, **284**-1 ;
détruire du — en soi, **684**-3 ;
le — et Dieu, **55**-23 ;
dire du —, **418**-76 ; **486**-6 ; **644**-6 ;
le — qu'on dit, **100**-65 ;
dire du — des femmes, **547**-7 ;
il existe une euphorie du —, **28**-3 ;
faire le —, **346**-6 ; **418**-40 ; **476**-14 ;
ce qui fait —, **49**-5 ;
le — que nous faisons, **418**-59 ;
le — qu'ils ne font pas, **404**-125 ;
par le — qu'ils ont fait, les hommes
sont vaincus, **375**-87 ;
hommes voués au —, **329**-3 ;
le moins —, **509**-51 ;
le — du monde, **523**-3 ;
le — est un mulet, **375**-95 ;
un — passe le —, **386**-7 ;
le — et la pensée, **207**-4 ;
perfection dans le —, **300**-26 ;
le — et le pire, **100**-29 ; **604**-25 ;
le pire est l'ennemi du —, **38**-10 ;
de — en pis, **385**-2 ;
tout le — que nous projetons,
670-30 ;
regarder le —, **422**-16 ;
— du siècle, **514**-5 ;
je sors d'un —, **196**-60 ;
être sublime en —, **240**-40 ;
vaincre un — par un —, **630**-14 ;
vivre avec le —, **186**-9.

MALADE
conservation du —, **600**-19 ;
un jeune —, **500**-2 ;
— et médecin, **110**-4 ; **378**-2 ;
— et remède, **504**-71 ;
—(s) qui s'ignorent, **600**-18.
savoir être —, **509**-55.

MALADIE
310-7 ; **501**-13 ; **600**-20 ;
— de faire des nœuds, **164**-13 ;
— et philosophie, **312**-3 ;
la science est comme une —,
256-15.

MALADRESSE
— et habileté, **239**-3 ; **582**-7.

MALCHANCE
abuser de la —, **181**-8 ;
beaucoup d'amants, c'est
beaucoup de —, **680**-3.

MÂLE
— et femelle, **342**-10 ;
hardiesse des —(s), **39**-8 ;
— le NON, **219**-2.

MALÉDICTION
337-25 ;
— et bénédiction, **55**-14.

MALÉFICE
640-3.

MALENTENDU
— et silence, **662**-9.

MALÉZIEU Nicolas de
683-30.

MALFAITEUR
—(s) en France, **625**-3.

MALFILÂTRE
334-4.

MALHABILE
—(s) nous sommes, **313**-7.

MALHERBE François de
575-3 ; **575**-4 ;
ce que — écrit, **462**-4 ;

628

— a fort bien fait, **675**-2 ;
enfin — vint, **100**-12.

MALHEUR
222-3 ; **445**-1 ;
— et absence, **580**-6 ;
tout — qui ne m'atteint pas,
586-39 ;
— et bonheur, **104**-2 ; **252**-1 ;
375-232 ; **379**-1 ; **569**-15 ; **616**-1 ;
626-9 ;
bonheur, — et autrui, **569**-70 ;
le bonheur, silence du —, **586**-25 ;
le — a manqué la coche, **39**-7 ;
le — a été mon dieu, **593**-36 ;
le — est drôle, **63**-2 ;
mon — passe mon espérance,
576-5 ;
faire tout le — de ce qu'on aime,
397-73 ;
faire le — d'autrui, **670**-42 ;
diverses fonctions du —, **44**-19 ;
tout le — des hommes, **535**-84 ;
— imaginaire, **570**-4 ;
— et ingratitude, **375**-246 ;
— et modestie, **136**-5 ;
— et morale, **569**-10 ;
le — ne parle pas, **55**-7 ;
— particulier et bien général,
683-6 ;
le — et la pensée, **684**-2 ;
porter —, **375**-104 ;
prévoir les —(s) de si loin, **576**-14 ;
réfléchir dans le —, **38**-5 ;
— et résignation, **44**-18 ;
le vin du —, **44**-87.

MALHEUREUX
334-1 ;
un — cherche l'autre, **469**-6 ;
les délicats sont —, **404**-46 ;
ennemis —, **375**-5 ;
être et paraître —, **418**-91 ;
— et heureux, **418**-85 ; **418**-86.

MALHONNÊTETÉ
la — d'un penseur, **181**-10.

MALICE
— et bonté, **411**-4.

MALIN
faire le —, **513**-1 ;
le Français, né —, **100**-14.

MALLARMÉ Stéphane
183-54.

MALRAUX André
375-277.

MALVEILLANCE
vocation de la —, **13**-14.

MAMMIFÈRE
femme, — à chignon, **405**-4.

MANANT
le — et les droits de l'homme,
201-1 ;
— et gentilhomme, **259**-8.

MANDER
je m'en vais vous —, **643**-10.

MANÈGE
397-4.

MANGER
dis-moi ce que tu manges, **131**-4 ;
quand il y a à — pour huit, **504**-16 ;
savoir —, **131**-1 ;
— pour vivre, **504**-18.

MANGEUR
— de gens, **404**-55.

MANICHÉISME
465-45.

MANIE
44-35.

MANŒUVRE
—(s) de l'ambition, **325**-24.

MANOIR
574-33.

MANQUER
un seul être vous manque, **337**-19 ;
410-28.

MANTEAU
le — sacré de l'univers, **336**-21.

MARAT Jean-Paul
375-195.

MARAUD
504-3.

MARBRE
397-1 ; **404**-157 ; **673**-18 ;
pauvre — obscur, **375**-200 ;
— des tombeaux, **240**-63.

MARCHAND
349-1.

MARCHE
la dernière — d'un escalier, **481**-1.

MARCHER
57-48 ;
— et courir, **232**-32 ;
— droit, **515**-2 ;
— en soi-même, **267**-17 ;
je marche vivant dans mon rêve
étoilé, **375**-213.

MARDI GRAS
38-12.

MARGOT
le mélodrame où — a pleuré,
514-33.

MARI
400-10 ; **509**-80 ;
— et amant, **397**-48 ;
un bon —, **35**-10 ;
changer de — comme de chemise,
504-108 ;
— glorieux, — aimable, **486**-17 ;
— imbécile, **289**-2 ;
—(s) loups, **70**-1.

MARIAGE
10-5 ; **13**-15 ; **20**-14 ; **35**-10 ;
44-76 ; **60**-17 ; **106**-1 ; **146**-5 ;
292-5 ; **397**-38 ; **400**-10 ; **426**-18 ;
451-1 ; **469**-4 ; **511**-7 ; **626**-6 ;
652-4 ;
amitié dans le —, **387**-15 ;
— et amour, **158**-17 ; **397**-41 ;
473-14 ; **507**-88 ; **641**-2 ;
amour, —, patriotisme, **426**-9 ;
il y a de bons —(s), **418**-46 ;
— et féerie, **651**-13 ;
— heureux, **486**-13 ;
la journée du —, **56**-1 ;
le — et la mort, **337**-8 ;
— et perversité, **308**-4 ;
— des prêtres, **680**-1.

MARIE
—, levez-vous, **601**-2.

MARIER
— le Grand Turc avec la
République de Venise, **504**-14 ;
il vaut mieux être marié que mort,
504-64 ;
te — pour toi seul, **504**-28.

MARIN
oh ! combien de —(s), **375**-198.

MARINE
439-1 ;
— et cocuage, **530**-9 ;
— française, **530**-11.

MARIONNETTE
aimer les —(s), **545**-9.

MARIVAUX
138-3 ;

MENSONGE *(suite)*
le — et les mœurs, **561**-1 ;
la mort, le — et l'Infini, **155**-7 ;
le —, ce rêve, **155**-20 ;
je suis un —, **185**-25 ;
— et vérité, **59**-3 ; **124**-5 ; **144**-17 ;
207-2 ; **309**-31 ; **337**-31 ; **358**-1 ;
404-156 ; **436**-6 ; **464**-10 ; **537**-2 ;
635-10 ; **668**-7 ;
deux vérités, deux —(s), **337**-22 ;
vérité en deçà, — au-delà, **507**-78 ;
535-60 ;
— et vérité des femmes, **337**-2 ;
337-31 ;
— et vie, **142**-5 ;
— et invraisemblance, **400**-16.

MENTEUR
une certaine espèce de —(s), **39**-2.

MENTIR
548-4 ; **609**-2 ;
s'expliquer c'est —, **546**-7 ;
les mots mentent tout seuls,
207-2 ;
mourir ou —, **155**-17 ;
— et se taire, **284**-6.

MÉPRIS
158-6 ; **465**-60 ; **509**-68 ; **618**-16 ;
670-31 ;
—, amour et haine, **580**-4 ;
le — plus fort que le destin,
144-38 ;
— et estime, **509**-34 ;
le fascisme est —, **144**-28 ;
— de l'homme, **404**-9 ;
— de la vie, **333**-47.

MÉPRISER
418-82 ;
— et admirer, **144**-42 ; **502**-7 ;
j'admire et méprise les hommes,
58-1 ;
le droit de —, **477**-1 ;
— et haïr, **609**-10 ;
ne pas — l'homme, **659**-7 ;
— ses partisans, **586**-24 ;
se — soi-même, **291**-2.

MER
aller sur la —, **530**-6 ;
la — berceuse, **57**-62 ;
homme libre, tu chériras la —,
57-33 ;
la — qui se lamente, **369**-5 ;
marche avec la —, **621**-3 ;
la — toujours recommencée,
668-21 ;
la — et les vagues, **271**-1 ;
—(s), volières de ma mémoire !,
405-5.

MERDE
ça sent la —, **32**-20 ;
la tour d'ivoire et la —, **291**-37.

MER DE GLACE
395-7.

MÈRE
l'amour d'une —, **375**-77 ;
le cœur d'une —, **44**-44 ;
plus sage que sa —, **295**-4 ;
le sein d'une —, **295**-7 ;
ce sexe à qui tu dois ta —, **434**-2 ;
— Ubu, **382**-14.

MÉRITE
600-12 ;
— et admiration, **388**-4 ;
— et élévation, **418**-53 ;
le — et l'emploi, **418**-70 ;
— et faveur, **397**-50 ;
le — d'une femme, **397**-40 ;
— et importance, **158**-37 ;
— et inégalité, **587**-7 ;

le — et la naissance, **509**-71 ;
pudeur du —, **253**-2.

MÉRITER
chacun a les émotions qu'il mérite,
649-2 ;
— de naître, **410**-18.

MERLE
le chant du —, **381**-1.

MERVEILLE
—, poésie, art, **551**-1.

MERVEILLEUX
le —, **129**-16 ; **516**-9.

MÉSALLIANCE
— du cœur, **158**-43.

MESSIDOR
au grand soleil de —, **48**-2.

MESURE
demi- —(s), —(s) absolues, **202**-11 ;
— et démesure, **589**-14.

MESURER
il faut être rond pour —, **542**-4.

MÉTAMORPHOSE
l'oubli de nos —(s), **267**-11 ;
— et silence, **103**-11.

MÉTAPHORE
réaliser une —, **12**-7.

MÉTAPHYSIQUE (adjectif)
l'état —, **191**-6 ;
étalon des valeurs —(s), **501**-3.

MÉTAPHYSIQUE (nom)
177-4 ;
la — est en l'air, **184**-1.

MÉTÉORE
313-8.

MÉTHODE
463-33 ;
nous avons changé de —,
404-165 ;
les quatre principes de la —,
232-27.

MÉTIER
(Balzac) son — c'est son génie,
51-5 ;
chacun son —, **295**-12 ;
le choix du —, **535**-13 ;
le — d'écrire, **62**-8 ; **183**-55 ;
c'est un — de faire des livres,
397-55 ;
— de roi, **507**-66 ;
vingt fois sur le —, **100**-15.

METS
la découverte d'un — nouveau,
131-2.

MEUBLER
meublez-vous d'abord, **671**-4.

MEUNIER
— et prince, **16**-2.

MEURTRE
— et suicide, **662**-5.

MEUSE
540-4.

MEUTE
oublier la —, **325**-39.

MICHEL-ANGE
57-49 ; **549**-19.

MIDI
il y a deux —(s), **217**-1 ;
j'en lis qui sont du —, **404**-9 ;
la nuit proche de —, **462**-11 ;
—, roi des étés, **433**-1.

MIEL
le — et l'argent, **505**-6 ;
un dieu couleur de —, **668**-14 ;
lune de —, **518**-18 ;
— et ours, **626**-13.

MIEUX
tant —, tant pis, **333**-57.

MIGNONNE
—, allons voir la rose, **601**-21.

MIL
le moindre grain de —, **404**-47.

MILIEU
— élégant, — littéraire, **569**-88 ;
l'homme et son —, **44**-7 ; **44**-13.

MILITAIRE (adjectif)
l'art —, **397**-77 ; **507**-89 ;
l'habit —, **127**-1 ;
musique —, **655**-4 ;
la vie —, **44**-60.

MILITAIRE (nom)
337-32 ; **509**-44 ;
où sont-ils ces beaux —(s) ?,
21-24 ;
le — et la guerre, **184**-8 ;
—(s) et intellectuels, **465**-51 ;
le — et l'intelligence, **325**-12 ;
le — et la pensée, **387**-8 ;
le propre du — est sale du civil,
674-7.

MILITARISME
426-3 ;
— en France, **194**-1.

MILLE
— ans sont si peu de temps,
522-12 ;
— huit cent onze !, **375**-22.

MILLÉNAIRE
465-5.

MILLIARDAIRE
383-2.

MINE
la — et l'habit, **583**-8 ;
juger sur la —, **404**-43 ; **404**-136.

MINERVE
une belle —, **21**-25.

MINISTÈRE
les —(s) et la philosophie, **309**-35.

MINISTRE
588-18 ;
— et favori, **588**-17 ;
ô —(s) intègres !, **375**-211.

MINORITÉ
—, majorité, **487**-9.

MINOS
la fille de — et de Pasiphaé,
576-65.

MINUTE
les —(s) heureuses, **57**-39.

MIRABEAU
189-5 ; **375**-193 ; **594**-20 ;
sous le pont —, **21**-12.

MIRACLE
390-4 ; **651**-9 ; **668**-112 ;
femme —, **24**-3 ;
— et incrédulité, **592**-5 ;
— n'est pas œuvre, **256**-17 ;
—(s) et saints, **272**-1 ;
les —(s) de Satan, **143**-4 ;
temps fertile en —(s), **576**-24 ;
— et vigne : cultures de la France,
215-6.

MIRAGE
il y a des —(s) de la clarté, **103**-6.

MIROIR
404-87 ; **463**-24 ; **592**-4 ;
— et avenir, **301**-3 ;
le — et la femme, **301**-9 ;
le — et les images, **185**-9 ;
ce monde, c'est le —, **507**-6 ;
la poésie est le — brouillé, **22**-4 ;
— sur une grande route, **648**-29.

— et oublier, **514**-27;
partir, c'est — un peu, **365**-1;
— pour le pays, **196**-49; **323**-11;
  607-5;
ayant peur de —, **463**-10;
philosopher, c'est apprendre à —,
  507-64;
je ne veux point — encore, **174**-11;
  240-63;
qu'il mourût!, **196**-50;
— sans remords, **404**-154;
savoir —, **509**-55;
— seul, **535**-53;
— et souffrir, **404**-126;
souffrir longtemps, — vite, **207**-3;
ils ne mouraient pas tous, **404**-20;
meurs ou tue, **196**-7;
on ne meurt qu'une fois, **504**-27;
— et vivre, **20**-21; **195**-2; **295**-13;
  507-87; **620**-4; **643**-11;
voir —, **465**-5.

MOUTARDE
sucer notre —, **583**-2.

MOUTON
des —(s) aux astres, **180**-3;
revenons à nos —(s), **19**-11;
  574-29.

MOUVEMENT
le — dort, **185**-34;
je hais le —, **57**-38;
—(s) marins, **668**-1;
le premier —, **493**-8; **648**-21;
  653-3;
le — et la stabilité, **141**-9.

MOYEN ÂGE
170-9.

MOYENS
les — et les extrêmes, **668**-12;
génie, but et —, **325**-47;
— et principes, **516**-15;
vivre au-dessus de ses —, **263**-5.

MUETTE
la bêtise — est supportable, **44**-81;
ce qui fait que votre fille est —,
  504-76.

MULET
le mal est un — opiniâtre et stérile,
  375-95.

MULTIPLE
l'un et le —, **284**-23.

MULTITUDE
— et unité, **535**-47.

MÛR
pensée de la jeunesse exécutée
  par l'âge —, **677**-4.

MURAILLE
une — derrière laquelle il se passe
  quelque chose, **375**-172;
les —(s) tombèrent, **375**-39.

MÛRIR
497-29;
laissez le fruit —, **651**-7;
—, mourir, **375**-248;
la somptueuse tristesse de —,
  501-17.

MURMURE
approfondir un —, **153**-2.

MUSCADE
aimez-vous la —?, **100**-57.

MUSCLE
les —(s) de Sisyphe, **141**-6.

MUSE
adieu aux —(s), **187**-1;
ô ma —, fille des capitales, **417**-15.

MUSÉE
— et bordel, **436**-1;
—, cimetière des arts, **410**-56;

le feu aux —(s), **669**-4;
tableau de —, **341**-1.

MUSETTE
ô ma tendre —, **408**-3.

MUSICIEN
(Rousseau) cet extravagant —.
  51-6.

MUSIQUE
—, âme de la géométrie, **183**-25;
de la — avant toute chose, **673**-6;
— et bonheur, **181**-11;
—, bruit qui pense, **375**-97;
la — comme communication,
  569-40;
la — creuse le ciel, **57**-76;
— de jazz, **616**-5;
— militaire, **57**-60; **616**-2; **655**-4;
la — et la mort, **465**-19;
roman, événements, — des jours,
  569-64;
la — et le virtuose, **185**-37.

MUSSET Alfred de
422-18.

MUTATION
409-1;
—(s) et nature, **574**-8.

MYRTHO
518-6.

MYSTÈRE
599-9;
le — et l'aube, **219**-11;
le — et la banalité, **92**-8;
— et croyance, **173**-9;
les —(s) me dépassent, **185**-24;
laissons ses —(s) à la femme, **37**-1;
— des gens, **539**-11;
le — et la lumière, **336**-3;
le —, position favorable, **185**-44;
le problème : profanation d'un —,
  181-17;
le — et la vie, **611**-13;
de la foi des chrétiens les —(s)
  terribles, **100**-11;
—, vie, délire, **410**-43.

MYSTIQUE (nom féminin)
66-4;
— de l'amour, **56**-16;
— et politique, **540**-16.

MYSTIQUE (nom masculin)
630-34;
Rimbaud fut un —, **183**-1;
le — et le tricheur, **32**-13.

MYTHE
447-3;
— et banalité, **463**-9;
l'enseignement des —(s), **266**-2;
— et pensée, **447**-4;
— et politique, **38**-13;
— et vérité, **417**-6.

MYTHOLOGIE
— humaniste, **125**-5;
— petite-bourgeoise, **53**-1.

MYTHOMANIE
465-71.

N

NAGEUR
comme un — venant du profond
  de son plonge, **34**-10.

NAISSANCE
contrôle des —(s), **668**-110;
lieu de —, **685**-13;

la — et le mérite, **509**-71;
la — avant la mort, **12**-3;
— et scrutin, **585**-21;
—, vie et mort, **160**-1; **397**-20.

NAÎTRE
526-8;
malheur de — et de faire —,
  170-16;
mériter de —, **410**-18;
— et mourir, **164**-15; **295**-13;
  323-5;
le —, le mourir et l'être, **507**-52;
se donner la peine de —, **60**-27.

NAÏVETÉ
206-5.

NAPOLÉON
déjà — perçait sous Bonaparte,
  375-75;
grandeur de —, **96**-12;
les — et la bassesse humaine,
  341-74;
la mort de —, **210**-3;
— et Parmentier, **325**-11;
souvenir de —, **71**-6; **71**-9.

NARCISSE
337-5.

NATION
585-18;
caractère d'une —, **647**-7;
défense de la — et illégalité, **130**-1;
— et gouvernement, **459**-7;
le gouvernement, la — et la patrie,
  401-4;
—(s) et grands hommes, **57**-77;
— et individus, **681**-2;
les —(s) plus bêtes que les
  individus, **9**-80;
—, justice, vérité, **539**-18;
la — et les lois, **493**-12;
une — méprisable, **82**-3;
nourriture des —(s), **131**-3;
remuer le fond d'une —, **594**-15;
le sort des —(s), **372**-1.

NATIONALISME
49-7.

NATIONALITÉ
476-13;
— et l'État, **13**-11 ;
— européenne, **375**-9 ; **375**-14.

NATURALISTE
la mouche et le —, **135**-3.

NATURE
135-3; **398**-5; **484**-17;
la — et l'amour, **400**-2;
— et apparence, **551**-4;
la — et l'art, **44**-24; **627**-3;
art, —, morale, **618**-4;
bourreau de la —, **615**-18;
nous comprenons la —, **41**-6;
contrarier la —, **325**-34;
dépasser la —, **615**-2;
détester la —, **615**-15;
la — et le devoir, **308**-3;
— divine, **471**-1;
étudier la —, **100**-23;
la — ne fait rien brusquement,
  409-1;
— au front serein, **375**-206;
la — est un bon guide, **507**-49;
la — et l'habitude, **569**-45;
l'homme dans la —, **535**-71;
— de l'homme, **11**-1;
— humaine et religion, **319**-2;
la — est insensible, **2**-1;
ironie de la —, **44**-58;
— et justice, **510**-19;
— et littérature, **44**-46;
— et mutations, **574**-8;
outrager la —, **615**-14;

la — parle, **375**-12;
pouvoirs de la —, **409**-2;
près de la —, **342**-13; **404**-165;
— et raison, **670**-46;
rester dans sa —, **422**-10;
— et ruines, **170**-6; **183**-26;
— et société, **240**-32; **609**-49;
— et stylisation, **255**-1;
suivre et aider la —, **284**-10; **534**-4;
— et symboles, **57**-52;
—, impassible théâtre, **677**-6.

NATUREL (adjectif)
enfant —, **531**-1;
être ou paraître —, **418**-111.

NATUREL (nom)
amour, timidité, —, **486**-7;
le — dans l'art, **387**-16;
chasser le —, **238**-2; **404**-35.

NAUTONIER
il n'y a pas de — du bonheur, **41**-4.

NAVARRAIS
196-21.

NAVIRE
mon beau — ô ma mémoire, **21**-10.

NÉ
être bien —, **595**-5.

NÉANT
l'enfer ou le —, **280**-1;
entre deux —(s), **405**-18;
entre Dieu et le —, **232**-46;
le — et l'être, **109**-28; **350**-1;
le — et le fini, **109**-10;
le — se nie, **183**-2,
le — et la pensée, **41**-2;
— et poussière, **484**-18;
— et pureté, **463**-3;
le — et la vie, **405**-6.

NÉCESSAIRE
— et dangereux, **683**-73;
le — et le ridicule, **588**-3;
le superflu et le —, **41**-14; **109**-21; **400**-14; **568**-8.

NÉCESSITÉ
679-14;
le devoir est la — volontaire, **13**-3.

NÉGATION
92-6.

NÉGLIGÉ
— et coquetterie, **473**-8.

NÉGLIGER
— ses amis, **240**-22.

NÉGOCIATION
588-30.

NEIGE
amour, ange de —, **268**-2;
quelques arpents de —, **683**-8;
cheveux de —, **475**-5;
l'histoire tombe comme la —, **129**-2.

NEIGER
il neigeait..., **375**-35.

NENNI
dites —, **475**-10.

NÉOLITHIQUE
intelligence —, **447**-13.

NEPTUNE
576-61.

NERF
les —(s) des batailles, **574**-9;
la joie est le —, **59**-5.

NÉRON
— et Rome, **410**-52;
— et Tacite, **170**-11.

NESLE
la tour de —, **259**-7; **259**-9.

NEWTON
— et Homère, **82**-1.

NEZ
le — de Cléopâtre, **422**-37; **535**-48.

NIAIS
gens —, **418**-48.

NIAISERIE
habile emploi de la —, **418**-48.

NICE
226-4.

NIER
9-23; **9**-75; **9**-76;
on ne nie bien que dans le concret, **32**-11;
on vit de ce qu'on nie, **604**-23.

NÎMES
564-1.

NOBLE
le — et l'ignoble, **604**-12.

NOBLESSE
— et génie, **60**-23;
— de l'homme, **546**-3;
— et vertu, **397**-33; **504**-31;
la vraie — s'acquiert, **110**-3.

NOCTURNE
vie — de l'homme, **375**-242.

NOËL
679-7;
tant crie l'on —, **679**-1.

NŒUD
maladie de faire des —(s), **164**-13.

NOIR
les —(s) aux États-Unis, **659**-12.

NOM
le — grandit, **375**-36;
les grands —(s), **588**-13;
j'habiterai mon —, **621**-21.

NOMBRE
32-7;
l'enfer, part du plus grand —, **22**-40.

NOMMER
—, appeler, ordonner, **141**-7;
c'est toi qui l'as nommé, **576**-71;
— les choses, **249**-5;
l'honneur d'être nommé, **196**-40;
— et suggérer, **463**-38.

NON
mâle le —, **219**-2.

NON-ÊTRE
— et Dieu, **109**-2.

NORD
j'en lis qui sont du —, **404**-9.

NORMAND
répondre en —, **404**-56.

NORME
la — et l'exception, **44**-64.

NOSTALGIE
— et connaissance, **103**-1.

NOTION
—(s) et apparences, **557**-12.

NOURRITURE
— des nations, **131**-3;
notre seule —, **336**-11.

NOUS
de tout ce qui fut —, **375**-203.

NOUS-MÊMES
au bord de —, **351**-5.

NOUVEAU
— et ancien, **668**-57;
il me faut du —, **404**-4.

NOUVEAUTÉ
540-13; **601**-7;
aimons les —(s) en novateurs prudents, **225**-1.

NOVATEUR
668-105:

aimons les nouveautés en —(s) prudents, **225**-1.

NOYER
qui veut — son chien, **504**-61;
une femme qui se noie, **404**-78.

NU
— comme le discours d'un académicien, **514**-42;
photos de femmes —(es), **13**-18;
le — et la magie, **436**-8;
le — et le pire, **249**-1.

NUAGE
les merveilleux —(s), **57**-97.

NUANCE
— et couleur, **673**-10.

NUDITÉ
— des tableaux, **504**-84.

NUIRE
509-66; **644**-6;
tout m'afflige et me nuit, **576**-79.

NUIT
237-2;
la — est active, **267**-10;
— d'amour, **660**-8;
un dieu c'est de la —, **375**-136;
la douce — qui marche, **57**-30;
— étoilée, **247**-4;
la — et les fleurs noires, **219**-6;
c'était pendant l'horreur d'une profonde —, **576**-18;
la — et le jour, **217**-4; **267**-10; **677**-24;
ajouter la au jour, **183**-16;
—(s) plus belles que vos jours, **576**-62;
combat du jour et de la —, **375**-284;
ma liberté se lève dans la —, **354**-2;
— et lumière, **557**-6; **603**-1;
dans la — de la matière, **41**-3;
la — proche de midi, **462**-11;
— de noces, **44**-79;
le silence et la — pour pleurer, **196**-11;
portes de la —, **375**-63;
enfants de la première —, **601**-18;
secrets de la —, **534**-1;
la — et les ténèbres, **170**-13;
elle est venue la —, **610**-5;
vérité de la —, **246**-2;
les yeux de la —, **526**-5.

NYMPHE
463-12.

O

OBÉIR
609-22;
— et commander, **585**-5; **630**-32;
— et délibérer, **101**-7;
impossibilité d'—. **170**-22.

OBÉISSANCE
9-61; **466**-6;
— des rois, **196**-69.

OBJET
l'— et l'homme, **620**-22;
—(s) inanimés, **410**-10;
— et sujet, **41**-8; **129**-42;
l'— par le sujet prend la forme du projet, **41**-9.

OBLIGATION
9-26; **684**-5; **684**-6;
— et liberté, **74**-5.

Q

le roman invente le —, 22-6 ;
— et surnaturel, 49-4.

RÉFÉRENCE
346-18.

RÉFLÉCHIR
80-16 ; 212-2 ;
—, c'est déranger ses pensées,
604-39 ;
douter, croire, —, 555-3 ;
— dans le malheur, 38-5 ;
—, c'est nier, 9-76.

RÉFLEXION
609-13 ; 654-2 ;
agir par —, 670-39 ;
— et héroïsme, 585-3.

RÉFORME
la — et l'imprimerie, 375-171.

REFUS
la révélation, fille du —, 129-41.

REFUSER
668-87 ;
ni désirer ni —, 310-1.

REGARD
le — et la bouche, 375-221 ;
le — et la chose, 333-59 ;
j'entendrai des —(s), 576-51 ;
—(s) et mains, 343-4 ;
l'œil et le —, 156-3 ;
pureté du —, 183-64.

REGARDER
— un tableau, 549-18 ;
— la vie en face, 520-8 ;
— et voir, 215-8.

REGARDEUR
251-1.

RÉGIME
s'astreindre à un —, 569-47.

RÉGIMENT
au passage d'un —, 194-1.

RÈGLE
point de —(s) pour les grandes
âmes, 224-3 ;
la — me déplaît, 675-3 ;
la — et l'exception, 655-2 ;
la — et l'exemple, 129-35 ; 452-15 ;
—(s) et genres, 539-19 ;
la grande — de toutes les —(s) est
de plaire, 504-26 ;
—(s) et principes, 240-20 ;
— de vie, 333-46.

RÉGLER
— sa conduite, 5-1 ;
quand sur une personne on
prétend se —, 504-60.

RÈGNE
un — acquis, 386-8.

RÉGNER
622-2 ;
celui qui règne dans les cieux,
109-12.

REGRET
aimer sans —(s), 267-6 ;
l'instant, l'espoir et le —, 388-3 ;
un —, plus mouvant, 540-19 ;
—(s) et remords, 388-22.

REGRETTER
71-2.

RÉGULARITÉ
— et irrégularité, 668-122.

REINE
— ou libre, 375-210.

RÉINVENTER
l'amour est à —, 593-28.

RELIGIEUSE
397-32.

RELIGION
375-187 ; 388-20 ; 465-69 ;
— de l'amour, 22-26 ;
— et amour, 138-4 ;
— et art, 9-44 ; 203-1 ;
— et athéisme, 427-7 ;
— et communisme, 471-4
— et conversion, 465-17 ;
— et incrédulité, 341-13 ;
nature humaine de la —, 319-2 ;
— et poésie, 185-16 ;
— et politique, 510-18 ;
— et populace, 683-32 ;
pratique de la —, 59-1 ;
jansénistes : précieux de la —,
183-31 ;
— et religions, 375-159 ; 375-266 ;
— et société, 516-1 ;
superstition, —, morale, 342-9 ;
— et surnaturel, 341-16 ;
— et violence, 537-3.

RELIQUE
143-10.

REMBRANDT
57-63.

REMÈDE
—(s) aux douleurs présentes,
236-1 ;
—(s) et malades, 504-71 ;
—(s) et poisons, 97-2 ; 418-126.

REMORDS
446-6 ;
laissons le — ensevelir le —,
392-4 ;
les — meurent, 510-46 ;
mourir sans —, 404-154 ;
— et regrets, 388-22 ;
— secret, 42-1 ;
— et trône, 576-93.

REMPLIR
— le cœur d'une femme, 294-2.

RENAISSANCE
465-73.

RENARD
la cour, les —(s) et les loups,
158-15 ;
honteux comme un — qu'une
poule aurait pris, 404-146 ;
— et lion, 516-13.

RENARD Jules
156-3.

RENCONTRE
629-2.

RENOMMÉE
toute ma —, 196-72.

RENTE
l'idéal et la —, 208-4.

RENTRER
rentre en toi-même, Octave,
196-39.

REPENTIR
651-7 ; 683-51 ;
— sénile, 507-31.

RÉPONSE
— et question, 92-2 ; 446-5 ; 447-5.

REPOS
232-24 ;
— et amour, 386-4 ;
le — et la peine, 386-4 ;
le —, trésor si précieux, 404-88 ;
trouver le — en soi-même,
418-105.

RÉPRIMER
— et punir, 446-2.

REPROCHE
—(s) et louanges, 418-52.

RÉPROUVÉ
les passions —(es), 308-2.

RÉPUBLIQUE
9-1 ; 338-17 ; 609-19 ;
— et anarchie, 568-17 ;
la — nous appelle, 175-11 ;
ah ! ne me brouillez point avec
la —, 196-67 ;
— et monarchie, 71-7 ;
— universelle, 375-43.

RÉPUGNANCE
668-77.

REPUISER
— au destin, 463-42.

RÉPUTATION
la — et la vertu, 388-23.

REQUIN
— et tigre, 422-6.

RÉSIGNATION
— et malheur, 44-18.

RÉSISTANCE
9-55 ; 9-61 ; 465-3 ;
— politique, 9-1.

RÉSISTER
16-3 ; 259-2 ;
aimez qui vous résiste, 225-2 ;
— et hésiter, 378-8.

RÉSOLUTION
— et conduite, 402-5.

RESPECT
— de soi, 44-88.

RESPECTER
trop — les femmes, 518-17 ;
— l'homme, 13-1.

RESPIRATION
164-19.

RESPIRER
la hauteur où je respire, 510-43.

RESPONSABILITÉ
38-2 ; 38-8 ; 567-5 ; 580-7 ;
620-16 ; 630-40 ;
— et désespoir, 620-18.

RESPONSABLE
une absurdité — d'elle-même,
62-31.

RESSEMBLANCE
567-8 ;
— et différence, 668-111.

RESSEMBLER
ne — à rien, 144-10.

RESSORT
petite intrigue, grands —(s),
683-63 ;
les plus petits —(s), 466-4.

RESTE
bon souper, bon gîte et le —, 404-71.

RESTER
ce qui reste, 108-6 ;
s'il n'en reste qu'un, 375-42.

RÉSURGENCE
— de l'enfance, 173-3.

RETARDATAIRE
185-38.

RETOUR
651-5.

RETRAITE
493-14 ; 630-31 ;
Tircis, il faut penser à faire la —,
575-5.

RETROUVER
apprendre, c'est se —, 173-3.

RÉUSSIR
186-13 ; 655-3 ;
— dans le monde, 509-53 ;
rien ne réussit comme le succès,
259-1.

S

648

TOMBEAU
510-41 ;
les —(x) et la danse, **170**-50 ;
le — des dieux, **9**-84 ;
le — des héros, **465**-56 ;
marbre des —(x), **240**-63 ;
le — et la sagesse, **174**-4.

TOMBER
le coup passa si près que le
chapeau tomba, **375**-111 ;
oh ! n'insultez jamais une femme
qui tombe !, **375**-26 ;
l'homme est un dieu tombé,
410-21.

TONNEAU
—(x) et beuveries, **574**-12.

TORT
avoir —, **60**-26 ; **337**-27 ; **660**-15 ;
674-10 ;
avoir — et raison, **212**-1 ; **429**-1 ;
448-7 ;
— d'être heureux, heureux à —,
547-8 ;
bergers, le loup n'a —, **404**-120 ;
—(s) réciproques, **418**-107.

TORTUE
la — et Achille, **668**-15.

TOUCHER
n'y touchez pas, il est brisé, **650**-3.

TOUJOURS
— et jamais, **662**-10.

TOUR
la — d'ivoire et la merde. **291**-37.

TOURAINE
574-18.

TOUR EIFFEL
bergère ô —, **21**-1.

TOURNESOL
518-25.

TOURTERELLE
404-22 ;
— en colère, **375**-231.

TOUS
— et chacun, **140**-2 ; **267**-2.

TOUT
le — et le rien, **350**-5 ; **535**-71 ;
rien égale —, **1**-6 ;
— est pour tous, **313**-10.

TOUTE-PUISSANCE
du côté de la barbe est la —,
504-38.

TRACASSIN
l'espoir et le —, **325**-40.

TRACE
qui laisse une —, laisse une plaie,
497-25.

TRADITION
la — et le présent, **283**-2 ;
résister à la —, **283**-2.

TRADUCTION
417-24 ; **683**-40.

TRAGÉDIE
20-6 ; **144**-11 ; **196**-45 ;
déshonorer la —, **181**-8 ;
le plaisir de la —, **576**-38.

TRAHIR
161-1 ; **484**-30 ; **510**-35 ; **614**-1 ;
626-10 ;
— et flatter, **479**-6.

TRAHISON
— et faiblesse, **286**-1 ;
— et gentillesse, **484**-24.

TRAIN
les —(s) vont plus vite que les
enterrements, **234**-2 ;
— de luxe, **417**-16 ;

un — qui roule, la vie s'écoule,
21-2 ;
le — de cette vie, **646**-3.

TRAÎNER
traînant tous les cœurs après soi,
576-77.

TRAIT D'UNION
— et barrière, **589**-28.

TRAÎTRE
la moitié d'un —, **375**-126 ;
il en rougit, le — !, **675**-4.

TRANCHÉE
du plus profond de la —, **79**-1.

TRANQUILLE
vivre —, **208**-11 ; **232**-24.

TRANSFIGURATION
— et révolution, **513**-3.

TRANSIGER
— et combattre, **389**-3 ;
— et prendre l'offensive, **193**-12.

TRANSITIF
notre âme est —(ive), **557**-5.

TRANSITION
— et forme, **74**-12.

TRANSPORT
les —(s) du cœur, **584**-4.

TRAVAIL
375-267 ; **452**-21 ;
aimer le —, **586**-28 ;
— et ennui, **142**-3 ; **321**-3 ;
travaux ennuyeux et faciles,
673-36 ;
l'excuse du —, **586**-29 ;
— et littérature, **282**-1 ;
organisation du —, **306**-1 ;
le — d'autrui, **4**-3 ;
— et capital, **93**-2 ; **403**-1 ;
— et souffrance, **412**-8.

TRAVAILLER
1-5 ;
je n'aime pas —, **4**-3 ;
il se travaille à dire de bons mots,
504-96 ;
— par désespoir, **57**-84 ;
— rend fou, **325**-49 ;
— à bien penser, **535**-85 ;
travaillez, prenez de la peine,
404-95 ;
— et raisonner, **683**-7 ;
— et vivre, **129**-20 ; **325**-49.

TRAVERSÉE
la — d'un astre à l'autre, **375**-138.

TREILLE
au fronton de la —, **540**-21.

TREIZIÈME
la — revient, **518**-12.

TREMBLEMENT
admirable — du temps !, **170**-48.

TRÉSOR
les —(s) d'un cœur pur, **234**-16.

TRESSER
je me tresse un bonheur, **610**-6.

TRÊVE
—, mes tristes yeux, **196**-2.

TRIANGLE
si les —(s) faisaient un dieu,
509-28.

TRIBU
mots de la —, **463**-15.

TRICHER
20-22 ;
— pour le beau, **380**-2 ;
— aux cartes, **530**-13 ;
— sans gagner, **683**-59.

TRICHEUR
le — et le mystique, **32**-13.

TRINQUER
574-34.

TRIOMPHANT
matins —(s), **375**-122.

TRIOMPHER
on ne triomphe que de ce qu'on
assimile, **333**-42 ;
— et vaincre, **196**-81.

TRISTE
cet animal est —, **404**-104 ;
ce qui est — est suspect, **345**-17.

TRISTESSE
181-18 ;
la grande — actuelle, **147**-3 ;
— et douleur, **609**-38 ;
— et fièvre lente, **232**-10 ;
la — de l'homme de cœur, **232**-8 ;
la — et la joie, **232**-49 ;
— de la matière, **224**-12 ;
succès mêlés de —, **196**-17 ;
la — et le temps, **404**-93 ;
la — est un vice, **291**-39.

TROIE
amour, tu perdis —, **404**-62.

TROIS
le plus âne des —, **404**-123 ;
que vouliez-vous qu'il fît contre
—?, **196**-50 ;
deux pour être —, **542**-3.

TROMPER
46-4 ; **78**-2 ; **144**-1 ; **452**-12 ;
668-63 ; **668**-68 ; **668**-73 ;
— en amour, **1** 12 ; **360** 0 ;
empêcher autrui de nous —, **387**-5 ;
l'homme que je trompe, **20**-18 ;
le vrai moyen d'être trompé,
418-131 ;
— et plaire, **670**-1 ;
qui trompe-t-on ici ?, **60**-9 ;
avoir raison et se —, **464**-14 ;
les rois peuvent se —, **196**-23 ;
ne crois pas que tu t'es trompé de
route, **38**-7 ;
— le trompeur, **545**-3.

TROMPERIE
— et finesse, **418**-104.

TROMPEUR
404-147 ;
— trompé, **404**-48 ; **404**-77 ; **545**-3.

TRÔNE
au plus élevé —, **507**-2 ;
— et remords, **576**-93 ;
les —(s) et les rois, **362**-1.

TROP
rien de — est un point, **404**-151.

TROU
—(s) bleus que font les oiseaux,
463-17.

TROUBLER
— le monde, **164**-9.

TROUVER
510-17 ; **668**-92 ;
— et cacher, **129**-36 ;
chercher et —, **74**-14 ; **185**-18 ;
300-1 ; **375**-45 ; **504**-35 ; **535**-16 ;
549-21 ; **668**-96.

TRUFFE
des —(s) dans le cœur, **380**-4.

TUER
— ce qu'on aime, **337**-16 ; **630**-3 ;
ne pas — assez, **144**-30 ;
—, se faire —, **465**-15 ;
se faire — ne prouve rien, **240**-45 ;
les gens que vous tuez se portent
assez bien, **196**-59 ;
— des hommes, **604**-37 ;
— l'idée, **498**-1 ;

654

— l'innocent, **170**-18 ;
meurs ou tue, **196**-7 ;
il est des morts qu'il faut qu'on tue,
235-1 ;
— n'apprend pas à mourir, **170**-31 ;
— des gens pour être riche, **504**-70.

TURC
marier le Grand — avec la
République de Venise, **504**-14 ;
les —(s) ont passé là, **375**-179.

TYRAN
396-4 ;
le —, l'anarchie et la loi, **615**-4 ;
l'art est un —, **300**-25 ;
— et esclave, **265**-3 ; **412**-7 ;
—(s), esclaves, patrie, **240**-34 ;
l'homme, les —(s) et les dieux,
144-35 ;
les —(s) et les lois, **622**-4 ; **670**-44 ;
— et opprimé, **345**-1 ;
— du peuple, **256**-4 ;
tout tremble devant le —, **170**-41.

TYRANNIE
361-1 ; **484**-9 ;
— et confusion, **535**-47 ;
— et lâcheté, **45**-3 ;
tolérer une —, **509**-49.

U

UBU
mère —, **382**-14.

ULTRA
—(s) et modérés, **668**-12.

ULYSSE
— et Calypso, **284**-1 ;
la femme d'—, **462**-6 ;
heureux qui comme —, **247**-6.

UN
l'— et le multiple, **284**-23 ;
s'il n'en reste qu'—, **375**-42.

UNANIMITÉ
668-93.

UNIFORME
337-35.

UNIFORMITÉ
l'ennui naquit un jour de l'—,
374-1 ;
— du sentiment, **309**-7.

UNION
l'— fait la force, **404**-162.

UNIQUE
chacun est —, **567**-1.

UNITÉ
— et diversité, **248**-7 ;
l'immense — humaine, **171**-1 ;
— et multitude, **535**-47 ;
les trois —(s) au théâtre, **100**-25.

UNIVERS
183-7 ; **382**-9 ;
il connaît l'—, **404**-57 ;
démonter l'—, **342**-1 ;
l'— et l'esprit, **668**-80 ;
nous sommes l'—, **240**-25 ;
la fonction de l'—, **74**-1 ;
les paroles qui forment et défont
l'—, **21**-3 ;
l'— et l'homme, **129**-38 ; **240**-15 ;
270-2 ;
le manteau sacré de l'—, **336**-21 ;
périsse l'—, pourvu que je me
venge !, **211**-1 ;
l'— sage et philosophe, **240**-35.

UNIVERSALITE
535-34.

UNIVERSEL
668-67 ;
consentement —, **668**-93 ;
l'— est le lieu des pensées, **9**-53 ;
l'— et le singulier, **223**-4.

UNIVERSITÉ
l'— et la Révolution, **351**-2.

UR
tout reposait dans —, **375**-123.

USAGE
— et abus, **263**-8.

USER
l'amour, ça s'use, **302**-1.

USURIER
444-7.

USURPATION
250-1 ; **535**-44.

UTILE
l'— et l'inutile, **256**-21.

UTILITÉ
— et beauté, **326**-8 ;
l'—, la justice et l'honneur, **452**-18.

UTOPIE
375-197.

V

VACANCES
quatre ans de grandes —, **577**-9 ;
révolution, — de la vie, **465**-43.

VACHE
—(s) bien gardées, **295**-12 ;
qui gardera mes —(s) ?, **20**-4 ;
plancher des —(s), **574**-33 ;
pleurer comme une —, **574**-20.

VAGUE
sous la — marine, **174**-12 ;
les —(s) et la mer, **271**-1 ;
—(s) et rochers, **250**-9.

VAILLANCE
—, chasteté, vertu, **418**-5.

VAINCRE
465-33 ;
grand roi, cesse de —, **100**-43 ;
peine et plaisir de —, **85**-3 ;
à — sans péril, **196**-6 ;
— et triompher, **196**-81.

VAINCU
l'espoir des —(s), **34**-1 ;
les —(s) et la jeunesse, **62**-15 ;
pensée de —(s), pensée —(e),
62-30 ;
le salut des —(s), **575**-2 ;
— et vainqueur, **508**-3.

VAINQUEUR
l'histoire est écrite par les —(s),
125-3 ;
occasion d'être —, **486**-10 ;
— et vaincu, **508**-3.

VAISSEAU
l'amour brûle ses —(x), **621**-2.

VALÉRY Paul
183-39.

VALET
qui se dit mon —, je me dis son
esclave, **661**-1 ;
— et maître, **188**-2.

VALEUR
620-4 ;

la — n'attend point le nombre des
années, **196**-13 ;
— et honte, **161**-6 ;
incertitude de l'écrivain sur sa —,
291-15 ;
— militaire, **325**-34 ;
la parfaite —, **418**-95 ;
— de la vie, **465**-24 ; **600**-16 ;
— infinie de la vie et de la liberté,
600-16.

VALISE
fouiller les —(s), **333**-5.

VALOIR
je sais ce que je vaux, **196**-73 ;
talent pour ne rien —, **473**-22 ;
tout coup vaille, **333**-76.

VAMPIRE
422-13 ;
— et anémone, **181**-1 ;
lord Byron, gentleman-—, **195**-4.

VANITÉ
109-11 ; **418**-8 ; **418**-106 ; **422**-5 ;
668-36 ; **668**-113 ;
— et mort, **645**-6 ;
— et orgueil, **359**-7 ; **594**-9 ;
parler par —, **418**-88 ;
— des pauvres gens, **522**-5 ;
— et vertu, **418**-124.

VARIATION
— des perceptions, **13**-5.

VARIÉTÉ
— des hommes, **338**-10.

VASE (nom féminin)
la vie sent la —, **600**-6.

VASE (nom masculin)
l'Aurore tient un — de fleurs,
462-1 ;
le — brisé, **650**-3.

VAUDEVILLE
100-14.

VAUTOUR
femme-—, **560**-1.

VAUVENARGUES
422-23 ; **422**-28 ; **422**-31 ; **422**-32.

VEAU
adieu, —, vache, **404**-96 ;
le — d'or, **148**-6 ;
sous la peau d'un —, **507**-16 ;
rire comme un —, **574**-20 ;
on tuait le — gras, **80**-7.

VEILLER
est-ce donc pour — qu'on se
couche à Paris ?, **100**-72.

VEILLEUR
trahi par ses —(s), **375**-65.

VEINE
— et héroïsme, **155**-1.

VENDRE
homme à —, **401**-7 ;
la Fortune vend ce qu'on croit
qu'elle donne, **404**-168.

VENGEANCE
211-1 ; **313**-6 ;
— des gens vertueux, **427**-4 ;
— et justice, **64**-3 ;
— et pardon, **660**-14 ;
— et reconnaissance, **625**-2.

VENGER
à qui venge son père, **196**-5 ;
pourvu que je me venge !, **196**-94.

VENIR
je suis venu vers vous sans savoir
mon dessein, **576**-42.

VENISE
carnaval à —, **683**-4 ;
marier le Grand Turc avec la
République de —, **504**-14.

vaillance, chasteté, —, **418**-5 ;
— et vanité, **418**-124 ;
— et vérité, **240**-16 ;
la — et le vice, **328**-1 ; **388**-9 ;
418-30 ; **418**-82 ; **418**-126 ;
418-134 ; **456**-4 ; **586**-15 ;
604-15 ; **652**-1 ; **668**-95 ;
aises dans le vice, agitation dans la
—, **497**-24 ;
défauts de la — et qualités du vice,
44-97 ; **158**-33 ;
—(s), vices déguisés, **418**-61 ;
les grands vices et les grandes
—(s), **232**-44 ;
— virile, **329**-3.

VERTUEUX
criminel sans remords et — sans
plaisir, **170**-44 ;
vengeance des gens —, **427**-4.

VESSIE
—(s) et lanternes, **604**-31.

VÊTEMENT
gloire, — de lumière, **589**-9.

VEUVAGE
648-10.

VIANDE
— et lard, **208**-5.

VICE
232-2 ; **473**-9 ; **626**-12 ;
aises dans le —, agitation dans la
vertu, **497**-24 ;
combinaisons du —, **577**-4 ;
un — commode, **504**-6 ;
—(s) et défauts, **685**-3 ;
—(s) de l'esclave, **499**-17 ;
faiblesse, vertu, —, **418**-25 ;
ce — impuni, la lecture, **417**-17 ;
—(s) et passions, **387**-20 ;
le — et le plaisir, **186**-6 ; **569**-57 ;
— et science, **34**-15 ;
les sentiments nobles et les grands
—(s), **44**-31 ; **44**-57 ;
la tristesse est un —, **291**-39 ;
— et vertu, **328**-1 ; **388**-9 ; **418**-30 ;
418-82 ; **418**-126 ; **418**-134 ;
456-4 ; **586**-15 ; **604**-15 ; **652**-1 ;
668-95 ;
vertus, —(s) déguisés, **418**-61 ;
les grands —(s) et les grandes
vertus, **232**-44 ;
guerre, —, vertu, **670**-50 ;
défauts de la vertu et qualités du —,
44-97 ; **158**-33 ;
—(s) et vieillard, **380**-10.

VICTIME
— et bourreau, **57**-40 ; **57**-86 ;
569-48 ; **630**-29 ;
— et complice, **630**-10 ;
— des dieux, **185**-22 ;
on aime à faire des —(s), **569**-56.

VICTOIRE
465-48 ; **600**-15 ;
la — et la cause, **246**-3 ;
la — en chantant, **175**-2 ;
— et défaite, **62**-35 ; **97**-1 ; **227**-3 ;
507-27 ;
la — s'use par ses excès, **28**-8 ;
Mort, où est ta — ?, **518**-4.

VIDE
510-38.

VIE
9-56 ; **129**-9 ; **447**-7 ; **569**-26 ;
— absurde, **156**-4 ;
se faire aimer de sa —, **120**-7 ;
— et amour, **20**-11 ;
la — : auberge sans routes, **465**-4 ;
je vais partout bâillant ma —,
170-38 ;
le banquet de la —, **404**-127 ;

au banquet de la —, infortuné
convive, **334**-3 ;
belle —, **38**-3 ;
— bonne et mauvaise, **309**-17 ;
but de la —, **183**-2 ;
cache ta —, **375**-196 ;
changer la —, **593**-27 ;
choisir la —, **630**-37 ;
— compliquée, **39**-9 ;
faire confiance à la —, **379**-3 ;
— et conscience, **292**-4 ;
— et désillusion, **77**-14 ;
— et destin, **13**-2 ;
destin, —, mort, **465**-46 ;
ne dites pas : la — est un joyeux
festin, **512**-2 ;
dompter la —, **586**-19 ;
la — s'écoule, **21**-2 ;
emploi de la —, **450**-1 ;
— et éternité, **164**-4 ;
être avec ma —, **550**-5 ;
la — et le feu, **219**-1 ;
la —, ça finit toujours mal, **39**-10 ;
la — et le fourmilier, **129**-25 ;
rien qui vaille franche —, **233**-1 ;
une grande —, **677**-4 ;
rien de grand dans la —, **426**-5 ;
grossier comme la —, **640**-5 ;
la — heureuse est un secret perdu,
165-9 ;
— humble, **673**-36 ;
— et immortalité, **105**-1 ;
chaque instant de ma —, **196**-103 ;
la — n'est qu'une ivresse, la Vérité
c'est la Mort, **155**-11 ;
juger de la — par la mort, **670**-35 ;
—, lait et absinthe, **401**-8 ;
— et larmes, **480**-1 ;
— et liberté, valeurs infinies,
600-16 ;
notre — est un livre, **345**-10 ;
manquer sa —, **569**-74 ;
— et matière, **74**-22 ;
ne pas maudire la —, **593**-26 ;
le meilleur de la —, **375**-280 ;
— et mensonge, **142**-5 ;
notre — semblable à la mer, **169**-2 ;
rendre sa — misérable, **397**-26 ;
agonie : moment respectable de la
—, **510**-7 ;
— et mort, **275**-6 ; **325**-37 ;
404-121 ; **507**-56 ;
la — répond de la mort, **507**-53 ;
la mort et les secrets de la —,
170-30 ;
la — et le mystère, **611**-1 ;
mystère, —, délire, **410**-43 ;
naissance, — et mort, **160**-1 ;
397-20 ;
— ou néant, **405**-6 ;
l'ordinaire de la —, **9**-41 ;
la — et l'ordre, **620**-2 ;
la — est une panique, **630**-22 ;
— parfaite, **267**-30 ;
la — n'a qu'une parole, **77**-14 ;
la —, phrase interrompue, **375**-272 ;
la — est un tissu de coups de
poignard, **179**-1 ;
— politique et sociale, **385**-4 ;
prendre la — par les épines,
164-17 ;
regarder la — en face, **520**-8 ;
règle de —, **333**-46 ;
— et rêve, **23**-1 ; **66**-1 ; **351**-6 ;
le rôle de la —, **74**-18 ;
— simple et — compliquée, **215**-1 ;
la — est là, simple et tranquille,
673-30 ;
soir de la —, **387**-23 ;
— et sommeil, **569**-10 ;
la sortie de la —, **375**-264 ;

404-127 ;
le terrain de la —, **78**-5 ; **89**-1 ;
le train de cette —, **646**-3 ;
j'ai traîné ma —, **170**-15 ;
— et travail, **325**-49 ;
valeur de la —, **404**-140 ; **465**-24 ;
la — sent la vase, **600**-6 ;
— véritable, **539**-1 ;
vérité de la —, **358**-2 ;
la —, victoire qui dure, **476**-7 ;
de la — à la —, **501**-6 ;
cette autre — qu'est cette —, **9**-16 ;
vœu secret, — publique, **478**-7 ;
la — est un voyageur, **22**-35 ;
la vraie — est absente, **593**-40.

VIE SPIRITUELLE
90-1.

VIEILLARD
291-51 ; **510**-21 ;
— amoureux, **196**-58 ; **397**-15 ;
comme un — en sort, **258**-1 ;
—(s) et enfants, **609**-24 ;
—(s) et jeunes gens, **375**-121 ;
dans l'œil du — on voit de la
lumière, **375**-119 ;
les pleurs des —(s), **44**-94 ;
le — et le soleil, **375**-189 ;
— stupide, **375**-106 ;
le — et les vices, **380**-10.

VIEILLE
les —(s) choses, **39**-3 ;
quand vous serez bien —, **601**-26.

VIEILLERIE
540-13.

VIEILLES FILLES
conjuration de cagots et de —,
20-20 ;
— et chiens de garde, **44**-82.

VIEILLES GENS
le cœur des —, **151**-3.

VIEILLESSE
39-3 ; **172**-3 ; **186**-8 ; **331**-2 ;
375-207 ; **375**-249 ; **375**-275 ;
418-18 ; **418**-97 ; **418**-128 ;
507-22 ; **507**-31 ; **510**-21 ;
510-45 ; **600**-10 ; **604**-10 ;
648-19 ;
— et bassesse, **493**-13 ;
les conseils de la —, **670**-9 ;
craindre la —, **397**-24 ;
— et désir, **388**-24 ;
ô — ennemie !, **196**-20 ;
la — et la guerre, **502**-4 ;
— et hiver, **34**-3 ;
imagination, —, mort, **569**-54 ;
— et indignation, **333**-63 ;
— et jeunesse, **404**-163 ; **469**-2 ;
477-3 ;
jeunesse et — des peuples, **609**-21 ;
si — pouvait, **272**-4 ;
les rides de la —, **507**-91 ;
— et sagesse, **387**-27 ;
la —, voyageuse de nuit, **170**-54.

VIEILLIR
22-23 ; **125**-9 ; **186**-19 ; **181**-2 ;
267-25 ; **418**-20 ; **465**-13 ;
604-43 ;
—, achever, entreprendre, **464**-2 ;
femmes et faisans deviennent
tendres en vieillissant, **660**-12 ;
nos morts continuent à — avec
nous, **549**-20 ;
ne pas —, **28**-6 ;
les choses n'ont pas le temps de —,
147-3.

VIEILLISSEMENT
618-7.

VIERGE
l'horreur d'être —, **463**-20 ;

le — et le pur, **551**-5 ;
le —, le vivace et le bel aujourd'hui,
463-30.

VIEUX
— et jeunes, **43**-3 ; **44**-46 ; **674**-1 ;
trop jeunes, trop —, **509**-37 ;
le plat pays des —, **313**-8 ;
savoir être —, **418**-97.

VIGNE
507-3 ;
miracle et — : cultures de la
France, **215**-6.

VIGNY Alfred de
618-24.

VILAIN
riche —, pauvre gentilhomme,
583-9 ;
vilenie fait les —(s), **355**-3.

VILENIE
— fait les vilains, **355**-3.

VILLAGE
durée des —(s), **298**-2.

VILLE
— et campagne, **526**-2 ;
égout, conscience de la —,
375-154 ;
—(s) du Nouveau Monde, **447**-19 ;
une — bien policée, **240**-31 ;
prise de la —, **159**-2 ;
perdre un homme et sauver une —,
232-16 ;
souvenirs de —, **417**-13.

VILLON François
100-38.

VIN
84-1 ; **133**-2 ; **574**-3 ;
l'âme du — chantait, **57**-69 ;
— et cervoise, **178**-1 ;
une seule coupe de —, **436**-7 ;
le — et l'eau, **230**-1 ; **375**-53 ;
435-1 ;
mettre de l'eau dans son —,
586-30 ;
— et huile, **574**-11 ;
la morale, le — de Bordeaux et le
style, **165**-7 ;
l'odeur du —, **574**-11 ;
les vieux amis sont comme les
vieux —(s), **618**-15.

VINGT
— ans, **71**-3 ; **71**-8 ; **504**-77 ; **521**-1 ;
540-2 ;
une âme de — ans, **504**-98.

VINGTIÈME
— siècle, **144**-6.

VIOL
44-76.

VIOLENCE
la — contre la —, **476**-12 ;
— et douceur, **404**-139 ; **589**-13 ;
— et liberté, **466**-1 ;
— et religion, **537**-3 ;
— et ruse, **81**-1 ;
— et vérité, **535**-90.

VIOLON
les sanglots longs des —(s),
673-19.

VIRGILE
369-6 ;
— et Quinault, **100**-74.

VIRGINITÉ
223-3 ;
ton amour m'a fait une —, **375**-146.

VIRTUOSE
le — et la musique, **185**-37.

VISAGE
186-24 ; **501**-14 ;

le — et le cul, **240**-6 ;
le — et l'esprit, **418**-15 ;
— et masque, **301**-2 ;
marquise, si mon —, **196**-74 ;
— et parole, **337**-26 ;
la voix est un second —, **58**-2.

VISION
— et dénomination, **239**-4.

VISIONNAIRE
421-10.

VITE
aller — lentement, **185**-14.

VITRAIL
le génie du —, **465**-74.

VITRIOL
— et sucre, **652**-1.

VIVACE
le vierge, le — et le bel aujourd'hui,
463-30.

VIVANT
insulter les —(s), **366**-4 ;
les —(s) et les morts, **9**-65 ; **178**-5 ;
191-2 ; **366**-4 ; **404**-92 ; **410**-27 ;
égards aux —(s), vérité aux morts,
683-50 ;
le soleil des —(s), **410**-27.

VIVEUR
— lunaire, **405**-11.

VIVRE
22-10 ; **507**-47 ; **620**-19 ; **651**-2 ;
— et aimer, **300**-19 ;
— pour mes amis, mes livres et
moi mômo, **226** 2 ;
amour et désespoir de —, **144**-19 ;
— à propos, **507**-51 ;
l'art, l'être et le —, **279**-4 ;
— sans avenir, **142**-7 ;
cesser de —, **404**-140 ;
— et danser, **249**-3 ;
— au monde deux jours, **504**-107 ;
que — est difficile, **13**-30 ;
digne de —, **557**-8 ;
—, c'est discerner les excitations,
285-2 ;
— et étudier, **32**-21 ;
l'habitude imbécile de —, **375**-92 ;
pour — heureux vivons caché,
295-6 ;
l'honneur de —, **267**-9 ;
— est une maladie, **158**-57 ;
manger pour — et non — pour
manger, **504**-18 ;
— et mourir, **20**-21 ; **195**-2 ;
295-13 ; **507**-87 ; **620**-4 ; **643**-11 ;
— au-dessus de ses moyens,
263-5 ;
— et penser, **118**-1 ;
— plus vite et être heureux,
493-10 ;
— et posséder, **336**-20 ;
j'ai vécu puissant et solitaire,
677-25 ;
— : punition de l'homme, **301**-5 ;
il n'est que de — , **618**-5 ;
— et rêver, **569**-86 ;
le mal est de savoir qu'on vit,
309-28 ;
— et cesser de — sont des
solutions imaginaires, **129**-9 ;
— avec son temps, **401**-1 ;
— tranquille, **208**-11 ;
— et travailler, **129**-20 ;
— dans la vie, **333**-12 ;
— longtemps, — vieux, **631**-3 ;
vouloir — pour quelqu'un, **510**-23.

VIZIR
— et sultan, **576**-37.

VOCABULAIRE
483-9 ;

— consacré par l'usage, **9**-18.

VOCATION
390-4 ;
— de l'homme, **270**-4 ;
les —(s) manquées, **44**-56.

VŒU
— de pauvreté, **397**-32 ;
— secret, vie publique, **478**-7.

VOIE
— droite, sentiers obliques, **642**-3 ;
— ferrée, **156**-7 ; **251**-2 ;
— lactée, **21**-18.

VOILE
— et voilette, **243**-1.

VOIR
— et apercevoir, **640**-9 ;
art de —, **610**-1 ;
— beau, **13**-5 ;
— clairement, **668**-79 ;
— et croire, **574**-32 ;
ce que l'homme a cru —, **593**-16 ;
— juste, **13**-5 ;
— pour la première fois, **576**-41 ;
— et regarder, **215**-8 ;
je vois, je sais, je crois, **196**-83 ;
— de ses propres yeux, **404**-58 ;
504-114.

VOIX
le dieu nous parle à — trop basse,
541-1 ;
la — et le bruit, **375**-100 ;
— chères qui se sont tues, **673**-20 ;
— humaine, **417**-2 ;
la pluralité dès —, **232**-43 ;
naissance d'une œuvre : rencontre
d'une —, **550**-6 ;
les — du soir, **410**-49 ;
la — est un second visage, **58**-2.

VOL
la propriété, c'est le —, **568**-16.

VOLCAN
danser sur un —, **546**-5.

VOLER
va, cours, vole, **196**-29.

VOLEREAU
—(x) et voleurs, **404**-54.

VOLEUR
9-58 ;
enfant, — d'étincelles, **195**-8 ;
—(s) et gibets, **475**-12 ;
—(s) et misère, **12**-4 ;
—(s) et voleraux, **404**-54.

VOLIÈRE
mers, —(s) de ma mémoire, **405**-5.

VOLONTAIRE
—(s) de la Révolution, **375**-31.

VOLONTÉ
9-67 ; **57**-78 ; **389**-5 ;
art, instinct, —, **621**-11 ;
— et bonheur, **460**-2 ;
— et destinée, **486**-5 ;
— et hasard, **44**-95 ;
jugement, — et sagesse, **232**-51 ;
mauvaise —, **9**-34 ;
la — et les passions, **402**-6 ;
— et talent, **44**-65.

VOLTAIRE
222-4 ; **240**-28 ; **278**-4 ; **312**-4 ;
387-13 ; **410**-39 ; **461**-1 ; **609**-10 ;
— écrit pour son couvent, **509**-85 ;
plus d'esprit que —, **653**-1 ;
— et Jeanne d'Arc, **375**-227 ;
—, Molière, Shakespeare, **375**-141 ;
—, singe de génie, **375**-199 ;
le hideux sourire de —, **514**-13.

VOLUPTÉ
413-1 ;
— et aumône, **410**-11 ;